COLLECTION NOUVEAUX CONTINENTS

LES MUTATIONS DE L'ÉCONOMIE MONDIALE

AU XXE SIÈCLE

Ouvrage dirigé par Régis Benichi

Régis Benichi
Agrégé d'histoire, professeur de chaire supérieure

Jean-François Grevet
Agrégé et docteur en histoire, maître de conférences en histoire contemporaine à l'université d'Artois / IUFM Nord-Pas-de-Calais

François Martin
Agrégé et docteur en histoire, professeur de chaire supérieure en classe préparatoire aux grandes écoles au lycée Carnot et au lycée Chaptal à Paris

Michel Rapoport
Agrégé d'histoire, maître de conférences à l'université Paris12-Val de Marne, chargé de conférence EPHE

Nathan

Dans la même collection :

– *Géopolitique de l'Afrique et du Moyen-Orient*
Direction scientifique de R. Pourtier, coordination de V. Thébault
Auteurs : Ph. Dugot, J.-M. Henriet, G. Loison, G. Mutin, R. Pourtier

– *Géopolitique des Amériques*
Direction scientifique d'A. Musset, coordination de V. Thébault
Auteurs : A.-L. Amilhat-Szary, M.-G. Lachmann, F. Leriche, M. Guibert, A. Musset, É. Salin

– *Géopolitique de l'Asie*
Direction scientifique de Ph. Pelletier, coordination de V. Thébault
Auteurs : N. Anquetil, G. Boquérat, P. Gentelle, Ph. Pelletier, G. Weissberg

– *Géopolitique de l'Europe*
Direction scientifique de B. Elissalde, coordination de V. Thébault
Auteurs : Ph. Dugot, B. Elissalde, D. Hamon, G. Loison, D. Pierre-Elien, V. Thébault

– *Géopolitique du monde contemporain*
Direction scientifique de P. Gentelle
Auteurs : D. Eckert, B. Elissalde, M. Foucher, P. Gentelle, Ph. Pelletier, R. Pourtier, J.-L. Racine, E. Salin, J. Soppelsa, H. Théry

– *La Mondialisation*
Direction de D. Retaillé
Auteurs : C. Allmang, R.-É. Dagorn, P. François, J.-Ch. Gay, Ph. Guillot, É. Leclerc, D. Retaillé, L. Vignal, O. Vilaça, Ph. Violier

Chez le même éditeur :

– *9 questions sur… La géopolitique de l'Asie*
par P. Gentelle avec la collaboration de F. Dieterich

– *9 questions sur… La géopolitique de l'Europe*
par P. Gentelle avec la collaboration de F. Dieterich

Coordination éditoriale : Christine Asin
Édition : Laure Rouchy – Séverine Martineau
Relecture-correction : Maud Taïeb
Conception graphique de l'intérieur et de la couverture : Dany Mourain
Cartographie et schémas : Légendes cartographie
Mise en page : CGI
Fabrication : Lucile Germaine

ISBN : 978-2-09-161477-9
Achevé d'imprimer en France par I.M.E. - 25110 Baumes-les-Dames

SOMMAIRE

LES MUTATIONS DE L'ÉCONOMIE MONDIALE AU XXE SIÈCLE

Lorsque le 14 avril 1900, le président Loubet inaugure sous un beau soleil printanier l'Exposition universelle de Paris qui couronne « la fin d'un siècle de prodigieux essor scientifique et économique », tous les commentateurs entonnent le même couplet en l'honneur de la science et en faveur de l'avenir. Les hommes politiques, les savants, les philosophes, les intellectuels et la foule des visiteurs partagent le même enthousiasme sur les progrès réalisés et les promesses du nouveau siècle. Dans ses mémoires rédigés au Brésil à la veille de son suicide en 1941, sous le titre *Le Monde d'hier, souvenirs d'un Européen*, l'écrivain autrichien Stefan Zweig évoque la même confiance aveugle en un avenir radieux qui l'habitait lors de sa jeunesse à Vienne au début du siècle : « Il est peut-être difficile de peindre à la génération actuelle qui a été élevée dans les catastrophes, les écroulements et les crises, pour laquelle la guerre a été une menace permanente et une attente de presque tous les jours, l'optimisme, la confiance dans le monde qui nous animaient, nous les jeunes, au début de ce siècle. Jamais l'Europe n'avait été plus puissante, plus riche, plus belle, jamais elle n'avait cru plus intimement à un avenir encore meilleur. »

L'évolution réelle du monde a effectivement démenti les rêves optimistes formulés vers 1900 et la violence des événements a multiplié les mutations.

La première de ces mutations concerne la hiérarchie mondiale.

Jusqu'en 1914, l'Europe occidentale est en position dominante. Qu'il s'agisse de richesses, de vitalité scientifique ou culturelle, de conquêtes extérieures, de puissance militaire ou démographique, l'Europe domine le monde. Malgré leur essor spectaculaire, les États-Unis n'apparaissent encore que comme un prolongement à grande échelle du génie européen. Mais les deux guerres mondiales ruinent le continent européen ensuite fracturé par la guerre froide. La construction de la Communauté européenne depuis les années 1950 a certes assuré le retour de la paix et de la prospérité à l'Ouest. L'effondrement de l'empire soviétique et la fin de la guerre froide ont même permis le retour de la grande Europe, mais, même élargie, l'Union européenne n'a pas retrouvé son rôle géopolitique d'antan.

Conformément au pronostic formulé par Tocqueville, le siècle voit à l'inverse la montée en puissance des deux géants, les États-Unis et la Russie soviétique. Qualifiée dès le début du siècle de « soleil capitaliste » par Jaurès, l'économie américaine confirme sa place de géant mondial dès les années 1920. Le second conflit mondial permet aux États-Unis et à l'URSS d'accéder au rang de superpuissances. Dès 1947, la rivalité entre Moscou et Washington impose un monde bipolaire où se succèdent les crises aiguës et les périodes de relative détente.

Le brusque effondrement de l'empire soviétique et de l'URSS au tournant des années 1990 marque une nouvelle mutation majeure, interprétée dans l'immédiat comme le triomphe planétaire de la « démocratie de marché » incarnée par les États-Unis. En réalité, le monde est devenu multipolaire et les pays du Sud y jouent un rôle croissant. Parmi les pays émergents asiatiques et latino-américains, certains sont déjà de grandes puissances qui pèsent de plus en plus sur les affaires mondiales, en particulier la Chine, l'Inde et le Brésil, qui cumulent puissance démographique, croissance rapide et insertion accélérée dans l'économie mondialisée.

Le XXe siècle est aussi traversé par des tendances longues.

La mondialisation est l'une des plus importantes. Largement engagée avant 1914, interrompue entre les deux guerres, elle est redevenue une donnée majeure depuis 1945. Le raccourcissement des distances lié au progrès des transports et des techniques de communication et la réduction des barrières douanières conduisent à la création d'un marché mondial des marchandises, des services et des capitaux et à une interdépendance de plus en plus étroite entre les pays. Mais la concurrence entre les économies développées et les pays du Sud à bas salaires se traduit depuis les années 1970 par un transfert massif d'industries vers le Sud qui fournit aujourd'hui 52 % de la production mondiale alors qu'à l'inverse les excédents agricoles du Nord vendus à bas prix menacent de ruine les paysanneries des pays en développement. Les mouvements erratiques de capitaux et la spéculation déclenchent depuis les années 1980 des crises financières en série. La mondialisation suscite donc des interrogations, des craintes et des dénonciations venues de la nébuleuse des « alter-mondialistes » pour qui « un autre monde est possible » plus équitable, plus économe et plus respectueux de l'environnement.

Le siècle est aussi marqué par une croissance démographique spectaculaire mais contrastée. Depuis le milieu du XXe siècle, l'explosion démographique dans les pays du Sud contraste avec la stagnation et le vieillissement des populations des pays riches. Joint aux inégalités de développement, ce contraste induit des tensions migratoires Sud-Nord et des flux d'immigrants clandestins que les pays riches maîtrisent difficilement.

Le monde est enfin confronté à des menaces multiformes. Aux déchaînements nationalistes des deux guerres mondiales, a succédé le climat délétère de la guerre froide marqué par la course aux armements nucléaires et par « l'équilibre de la terreur ». Depuis la fin de la guerre froide, d'autres dangers apparaissent. À défaut d'une « guerre des civilisations » prédite par certains, la destruction des tours jumelles de Manhattan le 11 septembre 2001 fait resurgir le spectre des attentats terroristes aussi meurtriers qu'imprévisibles. S'y ajoute aujourd'hui la prise de conscience du danger suscité par le réchauffement climatique et par un mode de production qui développe la pollution et épuise les ressources de la planète. Face à ces nouvelles menaces, la communauté internationale est paralysée par la divergence entre les principaux acteurs et la mise en place d'un nouvel ordre mondial reste un souhait aussi urgent qu'utopique.

Régis Benichi

Partie I
L'économie mondiale au début du XXE siècle

Prolongement et couronnement du XIXe siècle, l'économie mondiale juxtapose au début du XXe siècle des pays industrialisés dominants, des pays émergents et des pays attardés et dominés. Foyer de la révolution agricole, démographique et industrielle, l'Europe occidentale atteint son apogée entre 1890 et 1914. Après la « Grande Dépression » des années 1873-1896, la croissance économique est de nouveau forte, portée par les inventions et innovations de la seconde révolution industrielle, l'essor du commerce international, les progrès de la demande intérieure, les exportations de produits manufacturés dans le monde entier. L'Europe occidentale vit ce début du siècle dans l'euphorie. Son modèle technique fait école, ses capitaux essaiment dans le monde entier, elle déverse ses excédents démographiques sur les pays neufs et ne cesse de renforcer sa puissance politique, économique, militaire, coloniale. Face à ce foyer de richesses, seuls les États-Unis sont en mesure de rivaliser au moins en termes de volume de production mais ils restent dépendants du Vieux continent en matière de peuplement, de capitaux et d'échanges. L'époque est aussi marquée par le décollage des économies japonaise et russe, la première copiant les techniques occidentales, la seconde utilisant les capitaux européens, et par l'épanouissement d'une première phase de mondialisation, sous l'impulsion des grandes puissances européennes. La doctrine libérale dominante en Europe et aux États-Unis se révèle certes un facteur de dynamisme mais elle sécrète aussi des sociétés profondément inégales et très conflictuelles. Si la bourgeoisie goûte les délices de la Belle époque, la classe ouvrière doit se mobiliser pour arracher une législation protectrice et obtenir une amélioration de ses conditions de travail. À la question sociale s'ajoutent aussi les affrontements croissants entre grandes puissances, générateurs de crises diplomatiques, de course aux armements et de déferlements nationalistes qui conduisent tout droit à la déflagration de 1914-1918.

Les quatre premiers chapitres de cette partie décrivent la domination européenne, à travers l'analyse de la puissance industrielle issue de la première et de la seconde industrialisation (chapitre 1), l'étude du libéralisme dans ses principes, ses réalisations et ses contestations (chapitre 2), la première mondialisation commerciale, financière et démographique (chapitre 3) et la colonisation et le partage du monde (chapitre 4).

Les quatre chapitres suivants décrivent la montée en puissance de l'économie américaine (chapitre 5), le réveil du Japon à l'heure du Meiji (chapitre 6), le décollage industriel de la Russie (chapitre 7) et les caractères spécifiques de l'économie française (chapitre 8).

1 LA PRÉPONDÉRANCE INDUSTRIELLE DE L'EUROPE

Amorcée dès la fin du XVIIIe siècle en Angleterre, puis élargie progressivement au cours du XIXe siècle à toute l'Europe occidentale, la première révolution industrielle transforme totalement les modes de production, les structures économiques et sociales ainsi que les modes de vie européens. Elle est suivie, à partir des années 1880, d'une deuxième vague d'industrialisation associée à de nouvelles énergies, de nouvelles industries et une intense innovation qui apportent à l'Europe la prospérité de la Belle Époque et confirment sa prééminence dans le monde. Cette deuxième vague s'accompagne cependant d'une modification du paysage industriel, marqué par le déclin relatif de l'Angleterre et l'irruption de la puissance allemande.

CHRONOLOGIE

1730 : Première expérimentation de culture sans jachère. Début de la révolution agricole en Angleterre

1733 : Invention de la navette volante. Début de la révolution dans l'industrie textile

1780 : Perfectionnement de la machine à vapeur par Watt

1800 : Début de la révolution industrielle en Belgique et en Suisse

1820 : Début de la révolution industrielle en France

1851 : L'Exposition universelle de Londres confirme la primauté britannique

1871 : Invention de la dynamo par Gramme. Début de la forte croissance allemande

1880 : Début de la seconde révolution industrielle

1889 : Exposition universelle à Paris. Inauguration de la tour Eiffel

1900 : Exposition universelle à Paris. Triomphe de « la fée électricité »

1904 : Frederick W. Taylor expose les principes de l'organisation scientifique du travail

1912 : Grève aux usines Renault contre l'introduction du chronométrage

1913 : Ford introduit le travail à la chaîne dans ses usines. L'Europe assure 44 % de la production industrielle mondiale

I. L'héritage de la première révolution industrielle

A. L'IRRUPTION DU MACHINISME

1. Une longue chaîne de petits progrès

À partir du milieu du XVIIIe siècle, l'Angleterre est le théâtre d'une **série d'innovations**, parfois modestes, mais qui créent des « **déséquilibres dynamiques** » en chaîne et finissent par entraîner des changements essentiels. Ainsi, **l'invention de la navette volante par John Kay** en 1733 accélère le tissage et crée du même coup une « faim de fil » qui conduit, vers 1765, à l'apparition des premières machines à filer, puis de métiers à tisser. En moins d'un siècle, les méthodes artisanales traditionnelles sont remplacées par une production industrielle utilisant des machines de plus en plus perfectionnées et automatiques.

■ **La machine à vapeur de Watt**

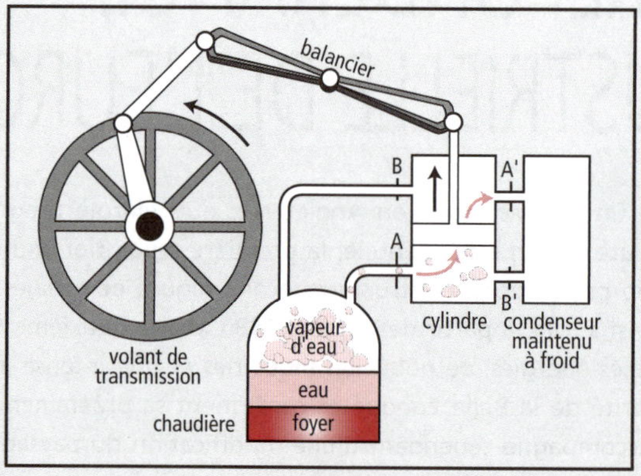

L'innovation concerne aussi la métallurgie : inventée au début du XVIIIe siècle, l'utilisation du coke à la place du bois pour produire de la fonte se répand progressivement ; en 1783, le procédé du *puddlage* permet de réduire la présence de carbone dans la fonte pour obtenir un produit beaucoup plus résistant, le fer et, l'année suivante, le laminage permet de transformer les coulées en tôles et feuilles d'épaisseur variable ; le marteau-pilon qui permet de forger des pièces métalliques est inventé en 1839 et, en 1855, le procédé Bessemer est le premier capable de transformer le fer en acier. L'une des innovations les plus fécondes est due aux **travaux de James Watt** : en 1780, il apporte un perfectionnement décisif aux « pompes à feu » et machines à vapeur créées au cours du XVIIIe siècle. En transformant le mouvement vertical du piston poussé par la vapeur en mouvement circulaire, il crée une énergie mécanique transmissible par courroie à des centaines d'esclaves mécaniques.

Dès 1800, l'Angleterre possède plusieurs centaines de machines à vapeur d'une puissance moyenne de dix chevaux. En 1817, **le mécanicien Stephenson invente une locomotive à vapeur,** la Rocket, qui s'impose par ses performances. En parcourant plus de 40 kilomètres en moins d'une heure trente, elle gagne le concours organisé en 1829 près de Manchester et marque le point de départ de la révolution des transports.

2. La naissance de la grande industrie

Jusqu'à la première révolution industrielle, l'activité artisanale est dispersée en petits ateliers ruraux qui travaillent pour leur propre compte ou sont associés à un « marchand-fabricant » qui fournit la matière première et commercialise les produits finis. Le recours à la machine à vapeur qui ne peut transmettre son énergie qu'à courte distance impose le regroupement des activités : **symbole du nouveau mode de production, l'usine remplace l'atelier**. La concentration technique se double d'une concentration géographique. **Les usines s'accumulent sur les régions les plus favorables**, les zones charbonnières ou ferrifères, les ports où arrive la matière première et qui exportent les produits manufacturés, les grandes villes qui fournissent la main-d'œuvre et un marché. Le nouveau mode de production induit enfin une **concentration financière**. Au début de la révolution industrielle, les besoins en capitaux sont modestes. En France, de Wendel crée son premier établissement sidérurgique en 1782 avec trois bailleurs de fonds ; en Allemagne, Krupp commence à Essen avec 9 ouvriers ; en Angleterre, Robert Owen n'a que quelques centaines de livres sterling quand il quitte son emploi chez un drapier de Manchester pour installer sa première fabrique textile. Mais très vite, le développement du machinisme nécessite une mise de fonds supérieure à ce que peut rassembler un individu. Ainsi, se créent des **sociétés de personnes** où un petit nombre d'associés se partage les parts et, **au milieu du XIXe siècle, des sociétés de capitaux**, en particulier des sociétés anonymes où le capital est fractionné en milliers d'actions souscrites par des particuliers ou des banques. **La concentration financière s'amorce aussi dans le secteur bancaire** : à côté des banques familiales, Rothschild, Lazard, Morgan, Hottinguer, Vernes… apparaissent des banques en sociétés anonymes par actions, **banques de dépôts** qui drainent l'épargne et se spécialisent dans les crédits de courte durée, ou **banques d'affaires** qui prêtent à long terme de l'argent aux entreprises industrielles et achètent des actions. Le développement des actions ou des emprunts suscite à son tour l'essor des **bourses de valeur** où les titres sont cotés et peuvent être achetés et vendus.

Inventions et innovations de la première révolution industrielle

Agriculture

- **1730** Culture sans jachère, lord Townshend (G.-B.)
- **1810** Batteuse à vapeur, Meickle (G.-B.)
- **1825** Charrue métallique, Beere (E.-U.)
- **1826** Moissonneuse, Bell (G.-B.)
- **1840** Engrais chimiques, Liebig (All.)
- **1870** Transport frigorifique, Tellier (Fr.)
- **1878** Moissonneuse-lieuse, Appleby (E.-U.)

Sidérurgie-métallurgie

- **1709** Fonte au coke, Darby (G.-B.)
- **1784** Puddlage, Cort (G.-B.)
- **1784** Laminage, Onions (G.-B.)
- **1839** Marteau-pilon, Nasmyth (G.-B.)
- **1854** Production industrielle d'aluminium, Sainte-Claire Deville (Fr.)
- **1855** Convertisseur acier, Bessemer (G.-B.)
- **1861** Four, Siemens (All.)

Énergie

- **1785** Machine à vapeur, Watt (G.-B.)
- **1801** Pile électrique, Volta (It.)
- **1802** Gaz d'éclairage, Leblanc (Fr.)

Chimie

- **1777** Eau de Javel, Berthollet (Fr.)
- **1841** Premier colorant synthétique (All.)
- **1863** Fabrication de la soude, Solvay (Belg.)
- **1865** Celluloïd, Hyatt (E.-U.)
- **1867** Dynamite, Nobel (Suède)

Médecine

- **1796** Vaccin contre la variole, Jenner (G.-B.)
- **1847** Premier emploi du chloroforme
- **1882** Bacille de la tuberculose, Kock (All.)
- **1885** Vaccin contre la rage, Pasteur (Fr.),

Textile

- **1733** Navette volante, Kay (G.-B.)
- **1765** Machine à filer, Hargreaves (G.-B.)
- **1767** Métier à tisser, Arkwright (G.-B.)
- **1779** « Mule Jenny », Crompton (G.-B.)
- **1805** Métier à tisser la soie, Jacquard (Fr.)

Transport, communications

- **1783** Aérostat, Montgolfier (Fr.)
- **1794** Télégraphe optique, Chappe (Fr.)
- **1814** Première locomotive, Stephenson (G.-B.)
- **1832** Invention de l'hélice, Sauvage (Fr.)
- **1866** Premier cable télégraphique sous l'Atlantique
- **1885** Pneu en caoutchouc, Dunlop (G.-B.)

ZOOM ▶ La diversité des sociétés capitalistes

SNC : société en nom collectif
La direction de l'entreprise est partagée entre tous les associés. Ceux-ci sont responsables sur leur fortune de façon illimitée en cas de faillite. Ex. : la banque Rothschild jusqu'en 1967.

SCS : société en commandite simple
Elle associe un commandité, qui gère l'entreprise et est responsable de façon illimitée, et un commanditaire, qui apporte le capital mais n'est responsable que dans la limite du capital investi. Ex. : de très nombreuses entreprises dans les débuts de la révolution industrielle.

SCA : société en commandite par actions
Le commandité apporte une partie du capital et gère l'entreprise. Le reste du capital est divisé en actions et fourni par des commanditaires dont la responsabilité est limitée. Ex. : la société Schneider créée en 1837, le « Crédit mobilier » créé par les frères Pereire en 1852.

SA : société anonyme
Le capital est divisé en actions librement négociables. La gestion est aux mains d'un conseil d'administration élu par les actionnaires. Ex. : le « Crédit Lyonnais », banque fondée en 1863 par H. Germain.
En Angleterre, la création des SA (*Joint stock companies*) nécessite une autorisation préalable des pouvoirs publics, jusqu'en 1833 pour les banques, et 1856 pour les autres activités. Après cette date, la création est libre sous simple condition de publicité. En France, la liberté de création est accordée par la loi de 1867.

3. Des branches motrices

Trois activités dominent lors de la première révolution industrielle. La première est le **développement de l'extraction charbonnière**. « Pain de l'industrie », le charbon est indispensable pour alimenter les machines à vapeur et pour répondre à la demande croissante de fonte. La production mondiale passe de 16 millions de tonnes en 1800 à 80 millions en 1850 et 800 millions à la fin du siècle. La profondeur des mines croît sans cesse et, à la fin du siècle, l'apparition du marteau-piqueur à air comprimé révolutionne les méthodes d'extraction. Secteur pionnier de l'innovation, **l'industrie textile est pendant tout le XIXe siècle le premier secteur d'emploi industriel** et celui qui recourt le plus au travail des enfants et des femmes. La production se concentre surtout sur les cotonnades où la demande est forte, et, à un moindre degré, sur le travail de la soie et de la laine qui restent des produits de luxe. **La troisième branche motrice est l'industrie sidérurgique et métallurgique**. Elle doit en effet répondre aux besoins croissants de rails et de matériel ferroviaire, fabriquer des bateaux et des machines, alimenter les chantiers de travaux publics et d'urbanisme, satisfaire les commandes d'armement et les demandes d'outillage provenant de l'agriculture ou des ménages. C'est aussi la branche où se développent les plus grandes usines et où se constituent les plus grandes fortunes, celles des « maîtres de forges ».

B. UN PHÉNOMÈNE D'ABORD ANGLAIS PUIS EUROPÉEN

1. La primauté britannique

Le rôle pionnier de l'Angleterre semble découler notamment de la révolution agricole qui s'y est amorcée dès le milieu du XVIIIe siècle. Les méthodes nouvelles sont fondées sur la disparition de la jachère, la sélection des semences, le recours à des assolements complexes qui évitent d'épuiser les terres et le développement de cultures fourragères pour nourrir le bétail. Elles s'accompagnent d'un mouvement « d'enclosures » et d'une concentration des terres au profit d'un nombre réduit de grands propriétaires et de fermiers et d'un départ massif de paysans pauvres vers les villes. **Les mutations agricoles créent ainsi un terrain favorable à l'essor industriel**. L'enrichissement des campagnes induit une demande nouvelle d'outillage, d'engrais, de biens ménagers et dégage une épargne drainée par les banques rurales, mise à la disposition des investisseurs industriels. L'exode rural fournit aux entrepreneurs une main-d'œuvre surabondante et particulièrement bon marché. La croissance des productions alimentaires favorise l'essor démographique et donc le dynamisme du marché intérieur. La population britannique passe ainsi de 7,5 millions en 1780 à 16 millions en 1840. Le développement industriel profite aussi du **capital accumulé pendant les siècles précédents** grâce au négoce, et notamment au commerce colonial, et de **l'adoption précoce du libéralisme** qui favorise l'initiative privée et l'esprit d'entreprise. En 1851, l'Exposition universelle organisée au Crystal Palace de Londres illustre la primauté industrielle de la Grande-Bretagne. Elle fournit à cette date 70 % de la production charbonnière européenne, et son industrie métallurgique et textile dépasse la moitié de la production mondiale. Elle s'affirme comme la première puissance commerciale et possède le tiers de la flotte marchande, alors qu'elle ne représente que 2 % de la population mondiale. Elle apparaît enfin comme le foyer essentiel de l'innovation avec **plus de la moitié des brevets mondiaux** et comme le pays le plus riche et le plus puissant. Premier exportateur de capitaux, premier fournisseur d'outillage, premier foyer d'émigration, première puissance coloniale, elle dispose d'une **position hégémonique**.

2. La croissance atypique de la France

La France ne s'engage dans la révolution industrielle que vers 1820, une quarantaine d'années après l'Angleterre. Peu innovante, elle se contente au début d'importer la technologie britannique. Le pays souffre par ailleurs de sa **pauvreté en charbon** et matières premières et de **l'étroitesse du marché national** : la population rurale prédominante vit largement en circuit fermé et la croissance démographique est deux fois plus faible qu'en Angleterre. De plus, les structures bancaires sont longues à se mettre en place et le pays manque d'une bourgeoisie d'affaires vraiment entreprenante. Jusqu'en 1840, la croissance reste donc limitée et concerne surtout les industries légères, comme le textile.

L'expansion progresse beaucoup plus rapidement à partir de 1840 et pendant le règne de Napoléon III. La mise en place du réseau ferroviaire entraîne un **quadruplement de la production de fonte entre 1840 et 1870**. Le machinisme se développe et le pays dispose de 27 000 machines à vapeur en 1870. Le traité de libre-échange signé en 1860 avec l'Angleterre pousse l'industrie textile à accélérer sa modernisation. Les banques d'affaires se développent et de véritables régions industrielles se forment, autour des activités charbonnières et textiles dans le Nord, des centres métallurgiques dans l'Est ou au Creusot et de la soierie dans la région lyonnaise. La partie Ouest du territoire demeure cependant vouée surtout à l'agriculture et les industries rurales dispersées restent très nombreuses.

3. Des décollages échelonnés

Selon l'économiste américain Rostow, théoricien des étapes de la croissance, **le décollage ou *take-off* marque le moment où des économies jusque-là stagnantes entament leur croissance**. Phase initiale de la révolution industrielle, le décollage, qui dure en moyenne une **vingtaine d'années**, est déclenché par un accroissement de l'investissement qui marque le début d'une transformation profonde, associant industrialisation, croissance du produit national, augmentation du revenu par habitant mais aussi dépeuplement des campagnes, urbanisation accélérée et création d'une classe ouvrière souvent réduite à la misère alors que prospère une bourgeoisie d'affaires. Cette période qui amorce le changement suppose des conditions préalables, un climat de liberté économique, un capital disponible, l'existence d'une classe d'entrepreneurs, un faisceau d'innovations et une forte demande attirant les investisseurs. Selon Rostow, cette période de décollage conduit dans un délai d'un demi-siècle à une phase de maturité et, à plus long terme, au stade de la production et de la consommation de masse.

L'historien Paul Bairoch distingue **quatre groupes de pays en Europe** en fonction de la date à laquelle s'amorce le décollage. **L'industrialisation précoce** concerne deux petits pays, la **Belgique** et la **Suisse**, qui, vers 1820, sont les plus industrialisés après l'Angleterre, ainsi que la **France**, avec un retard lié aux perturbations de la Révolution et aux guerres d'Empire. L'un des points communs à ces trois pays est la présence de techniciens et d'entrepreneurs anglais, comme William Cockerill et son fils John, initiateurs de l'industrie textile et métallurgique belge à partir de 1800, ainsi que l'envoi de nombreux informateurs ou espions en Angleterre. **Le deuxième groupe comprend l'Allemagne et une partie de l'Empire austro-hongrois**. L'industrialisation qui s'amorce ente 1840 et 1860 coïncide avec l'essor du chemin de fer et accorde d'emblée une large place à l'industrie lourde. **Dans le troisième groupe, Suède, Espagne, Italie et Russie**, l'industrialisation s'amorce avec retard entre 1870 et 1890. Chaque pays a sa spécificité : l'appel massif aux capitaux étrangers pour la Russie ; le développement des industries légères et notamment du textile pour l'Italie, pauvre en charbon et en fer ; l'importance au contraire de la sidérurgie pour la Suède, riche en fer, et sa spécialisation précoce dans des secteurs spécifiques comme le téléphone ou les allumettes… **Le dernier groupe concerne les pays qui ne se sont pas industrialisés au XIXe siècle** : Irlande, Norvège, Danemark, Portugal, Grèce et pays balkaniques, Finlande, Pologne, etc. Cet ensemble de pays en retard ne représente cependant que 10 % de la population européenne. En un siècle, la révolution industrielle partie d'Angleterre s'est donc étendue à presque toute l'Europe.

II. Une deuxième révolution industrielle

A. DES CHANGEMENTS MAJEURS ENTRE 1880 ET 1914

1. Le recours à de nouvelles énergies

Le progrès technique fin XIXe – début XXe

Date	Inventeur / Innovateur	Procédé	Pays
		Énergie	
1871	Gramme	Dynamo	Belgique
1869-1873	Bergès	Houille blanche	France
1879	Edison	Lampe à filament	États-Unis
1882	Desprez	Transport de l'énergie électrique	France
1884	Gaulard	Transformateur	France
1888	Tesla	Alternateur	États-Unis
		Sidérurgie-Métallurgie	
1875	Pourcel, Boussingault	Ferro-alliages	France
1878	Thomas-Gilchrist	Fonte à partir de minerais phosphoreux	Royaume-Uni
1884	Héroult	Électrométallurgie	France
1885	Osmond	Métallographie	France

Moyens de transport			
1878-1886	Daimler	Moteur à explosion	Allemagne
1884-1889	Parsons et Laval	Turbine à vapeur	R.-U. / Suède
1890	Ader	1er vol d'un avion	France
1893	Diesel	Moteur à huile lourde	Allemagne
1903	Wright	Vol en aéroplane à moteur	États-Unis
1907	H. Farman	Vol de 1 km	France
1908	H. Ford	Ford T : première automobile en grande série	États-Unis
1909	Blériot	Traversée de la Manche en avion	France
1912	R. Garros	Traversée de la Méditerranée en avion	France
Chimie			
1884	Chardonnet	Soie artificielle	France
1888	Eastman	Pellicule photo	États-Unis
1899	Bayer	Aspirine	Allemagne
1909	Steams	Viscose	Royaume-Uni
1913	Haber	Ammoniac synthétique	Allemagne
Audio-visuel			
1877	Edison	Phonographe	États-Unis
1887	Berliner	Gramophone	États-Unis
1895	Lumière	Cinématographe	France

Une série d'inventions permettent à partir de 1870 le recours à la « **fée électricité** ». Dès 1871, le Belge Gramme met au point la dynamo ; en 1873, le Français Bergès invente la « houille blanche », c'est-à-dire l'utilisation des chutes d'eau pour la production d'hydroélectricité ; en 1876, l'Américain Bell invente le téléphone et trois ans plus tard son compatriote Edison crée la lampe d'éclairage à filament. En 1884, le transformateur est inventé par le Français Gaulard et les premières lignes de transport à haute tension sont créées. À la fin des années 1880, les premières locomotives électriques roulent, Londres se dote d'un tramway et d'un métro utilisant l'électricité et Edison lance l'éclairage des rues de New York. **En moins de trente ans, l'électricité bouleverse les communications, l'organisation du travail en usine et ouvre des perspectives industrielles considérables**. Les régions alpines mais aussi la Scandinavie ou le Canada peuvent désormais attirer des industries, en particulier celles qui nécessitent beaucoup d'énergie comme la production d'aluminium. Le moteur électrique supprime les contraintes de la machine à vapeur. **La vie quotidienne est transformée** par le développement de l'éclairage électrique, du téléphone, de la TSF mais aussi l'invention de l'ascenseur, l'apparition des premiers appareils électroménagers. Les visiteurs de l'Exposition universelle de Paris en 1900 peuvent admirer sur le Champ-de-Mars le Palais de l'Électricité illuminé par 5 700 lampes et parcourir les 112 hectares consacrés à la manifestation en utilisant un train électrique. L'aventure pétrolière s'est aussi amorcée à partir de 1860. Concentrée aux États-Unis et en Russie, la production atteint 20 millions de tonnes en 1900 et 50 millions de tonnes en 1913. Utilisé d'abord pour l'éclairage, **le pétrole amorce son règne à la fin du XIXe siècle**

avec la diffusion du moteur à explosion, la naissance de l'industrie automobile, l'apparition des navires diesel et les premiers balbutiements de l'aviation.

2. Une gamme industrielle élargie...

La sidérurgie continue à prospérer en produisant du fer qui trouve de nombreuses utilisations dans la construction de ponts et de viaducs, de gares, de pavillons comme ceux créés pour les Halles de Paris par Baltard ou de prouesses architecturales comme la tour Eiffel, clou de l'Exposition universelle de 1889 qui en a nécessité 7 000 tonnes. À partir de la fin du siècle, le fer est remplacé par l'acier. Portée notamment par la course aux armements, la production mondiale passe de 18 millions de tonnes en 1890 à 76 en 1913. Spécialité de l'Allemagne, **l'industrie chimique est tournée surtout vers trois grands secteurs**, les engrais chimiques, les colorants synthétiques, les explosifs, auxquels s'ajoutent notamment les produits pharmaceutiques telle l'aspirine mise au point par Bayer en 1899, les textiles artificiels ou les pellicules photographiques qui donnent naissance au cinéma. **La construction automobile progresse très vite** : grâce à l'invention du pneu en caoutchouc par Dunlop en 1885 et du moteur à explosion par Daimler en 1886, les premiers véhicules apparaissent en 1890 et, dès 1908, Ford lance aux États-Unis la production en série de la Ford T. La construction des moteurs et matériels électriques se développe aussi très rapidement, en particulier en Allemagne, de même que la production d'aluminium par électrolyse, procédé mis au point en 1885 par le Français Héroult. C'est aussi l'époque pionnière de l'aviation. Le premier vol est réalisé par Ader en 1890 et les progrès techniques sont tels que Blériot peut franchir la Manche en 1909 et Roland Garros traverser la Méditerranée en 1913.

3. La recherche de la productivité

Le progrès technique qui s'accélère au tournant du siècle se traduit par une forte **augmentation de la productivité**. Dans l'industrie textile anglaise, un ouvrier produit en 1900 dix fois plus qu'en 1820. Dans l'agriculture, il faut trente minutes pour moissonner un are (100 mètres carrés) à la faux en 1800 et 2 minutes avec une moissonneuse en 1900. Le progrès technique induit aussi des baisses de prix parfois spectaculaires. Avant la découverte du procédé Héroult, le kilo d'aluminium est vendu 1 500 francs, soit près de la moitié du prix d'un kilo d'or ; en 1900, son prix est tombé à 80 francs. La **rationalisation du travail en usine**, qui permet d'élever la productivité, est aussi l'une des grandes nouveautés de la deuxième révolution industrielle. Après avoir gravi tous les échelons du travail en usine et analysé minutieusement le comportement des ouvriers et leur « tendance spontanée à la flânerie », l'ingénieur américain **Taylor invente une organisation scientifique du travail** qui vise à lutter contre les temps morts et à permettre à la fois d'augmenter les profits des employeurs, les salaires des ouvriers et le pouvoir d'achat des clients. Pour obtenir le meilleur résultat des machines et des hommes, il prône la parcellisation du travail, réduit pour chaque poste à quelques gestes simples et répétitifs, l'introduction du chronométrage permettant d'imposer des cadences minimales et la rémunération aux pièces. L'application de ces méthodes dans les industries de grande série et notamment l'automobile est complétée par le **recours à des chaînes de montage**, inspirées des procédés utilisés par les conserveries de viandes américaines depuis le milieu du XIXe siècle. Le travail à la chaîne réduit par exemple le temps de fabrication d'une Ford T, de 12 heures lors de son lancement en 1908 à 2 heures 30 à la veille de la guerre.

Croissance des productions de base 1890-1913

Charbon (millions de tonnes)		
	1890	**1913**
États-Unis	143	517
Royaume-Uni	184	292
Allemagne	70	190
France	26	40
Russie	6	33
Autriche-Hongrie	9	17
Monde	475	1 215
Pétrole (millions de tonnes)		
États-Unis	6,1	33
Russie	4	8,7
Mexique	–	3,5
Indes-Néerlandaises	–	1,5
Roumanie	–	1,8
Monde	10,3	51,5
Minerai de fer (millions de tonnes)		
États-Unis	16	60
Royaume-Uni	14	16
Allemagne	7,5	28,6
France	3,4	22
Russie	1,7	9
Espagne	6,5	10
Suède	1	7,5
Monde	58	166
Acier (millions de tonnes)		
États-Unis	4	32
Royaume-Uni	5,3	9
Allemagne	3,7	17
France	1,4	3,5
Russie	0,7	4
Autriche-Hongrie	–	2,6
Belgique	0,7	2,2
Suède	0,5	0,7
Japon	–	0,2
Monde	18	76

ZOOM ▶ L'OST, organisation scientifique du travail, un bienfait pour les ouvriers ?

« Dans le passé, une grande partie des pensées des membres de la direction et des ouvriers se concentrait sur le problème de la répartition convenable de la valeur ajoutée au produit par l'entreprise. La direction s'efforçait d'avoir un profit aussi grand que possible pour elle-même et les ouvriers essayaient d'avoir les plus hauts salaires possibles. C'est ceci que j'appelle la répartition de la valeur ajoutée. [...]
Fréquemment, quand la direction constatait que le prix de vente baissait, elle décidait de réduire les salaires, c'est-à-dire la part de l'ouvrier dans la valeur ajoutée, ce qui était pour elle un moyen d'en sortir et de conserver intact son bénéfice. Quant à l'ouvrier, il n'est naturellement pas prêt à abandonner un dollar de salaire. [...] Alors, progressivement, les deux parties en sont venues à se considérer comme antagonistes, voire même ennemies, se jetant l'une contre l'autre et éprouvant leurs forces réciproques.
[...] La grande révolution qui se produit dans l'attitude des deux camps quand ils acceptent les principes de la direction scientifique est qu'ils ne considèrent plus la répartition de la valeur ajoutée comme une affaire de première importance ; ils centrent leur attention sur l'augmentation de l'importance de la valeur ajoutée, afin que cette valeur devienne suffisamment grande pour qu'il soit inutile de se quereller sur son mode exact de répartition. Ils en viennent à considérer qu'au lieu de tirer l'un d'un côté, l'autre de l'autre, en poussant épaule contre épaule dans la même direction, l'importance de la valeur ajoutée créée par leurs efforts conjugués sera vraiment étonnante. [...]
Cette nouvelle façon de considérer les choses constitue l'essence même du système de direction scientifique : ce système n'existe que quand la nouvelle idée de coopération et de paix a remplacé la vieille idée de discorde et de guerre. »

F. W. Taylor, *La Direction scientifique des entreprises*, 1907.

■ Tableaux comparés de la première et de la seconde révolution industrielle

Première révolution industrielle	
débuts	**1780-1810**
pays initiateur	Royaume-Uni
secteur moteur	coton, fonte
énergie dominante	charbon (machine à vapeur)
population active	diminution du secteur primaire, augmentation du secteur secondaire
mode de production	diminution des ateliers, multiplication des usines
entreprises	individuelles et familiales puis essor des sociétés anonymes
transports	essor du chemin de fer et de la marine à vapeur
aspects sociaux	exode rural, urbanisation accélérée, croissance de la classe ouvrière, de la bourgeoisie d'affaires

Seconde révolution industrielle	
débuts	**1880-1900**
pays initiateur	États-Unis (côte Est), Allemagne
secteur porteur	acier, électrométallurgie, chimie
énergie dominante	débuts du pétrole, de l'électricité
population active	croissance lente du secondaire, augmentation du secteur tertiaire
mode de production	usines de plus en plus vastes, début du taylorisme
entreprises	création de grands groupes industriels, rôle croissant des banques
transports	début de l'automobile, de l'avion, des navires à turbine
aspects sociaux	prédominance de la population urbaine, essor des classes moyennes, hausse du niveau de vie

B. UNE ACCÉLÉRATION DE LA CONCENTRATION FINANCIÈRE

1. Des causes multiples

Si la première révolution industrielle est marquée par la prédominance d'entreprises individuelles ou familiales, la période 1880-1914 correspond à l'émergence de grandes entreprises et à la **formation d'un capitalisme beaucoup plus concentré et anonyme. Le premier facteur de concentration est lié à la conjoncture**. La Grande Dépression de 1873 à 1893 se traduit par une réduction de moitié du taux de croissance et par une baisse des prix industriels de 20 % environ qui lamine les profits et multiplie les faillites. **La mondialisation du marché favorise également la concentration**. Défensive, elle permet de résister à la concurrence ; offensive, elle est destinée à créer des réseaux de vente et des services après-vente adaptés aux nouvelles dimensions du marché. **La course au progrès technique** a le même effet : pour innover, il faut entretenir de coûteux laboratoires qui rassemblent un nombre plus ou moins grand de chercheurs, ce que seules de puissantes entreprises peuvent financer. **Les banques poussent aussi à la concentration** en réservant leurs prêts ou leurs participations financières aux plus puissants. La mobilisation ouvrière et la multiplication des grèves conduisent enfin les entreprises à se rapprocher ou à se regrouper pour opposer des **citadelles patronales** à la montée en puissance des syndicats.

2. Des formes diverses

La concentration peut se limiter à la **recherche d'accords qui organisent la concurrence** entre des entreprises du même secteur qui conservent leur autonomie juridique. C'est notamment le cas des ***pools*** qui se sont développés aux États-Unis entre compagnies ferroviaires pour s'entendre sur les tarifs ou se répartir les trafics. C'est aussi la méthode des **cartels allemands** qui se multiplient à la fin du siècle dans les secteurs de base en particulier, extraction du charbon, production d'acier, métallurgie. Les entreprises d'un même cartel s'engagent à respecter le même prix de vente pour atténuer la concurrence en Allemagne et utilisent leurs super-profits pour conquérir des marchés étrangers en cassant les prix à l'exportation.

La concentration prend cependant surtout la forme d'une **intégration d'entreprises** dans des groupes de plus en plus puissants. Aux États-Unis, les **trusts** se multiplient sur le modèle de la *Standard Oil of Ohio* créée en 1882 par Rockefeller : les actionnaires de 42 sociétés pétrolières confient leurs actions à 9 *trustees* ou hommes de confiance qui gèrent l'ensemble depuis New York. En Allemagne, la concentration se fait au profit de ***konzern***, grandes entreprises familiales comme Krupp ou sociétés anonymes comme AEG, la première entreprise d'Europe par son chiffre d'affaires à la veille de la guerre. Au Japon apparaissent des ***zaibatsu***, sociétés appartenant à de grandes familles et constituées en **sociétés holding**, c'est-à-dire en sociétés détenant des participations financières dans des secteurs divers.

La concentration est **verticale** quand elle regroupe des entreprises qui contrôlent toutes les étapes du processus de production, de la matière au produit fini, sur le modèle du trust créé par Rockefeller qui va « **du puits à la pompe** ». Elle est **horizontale** quand elle se concentre sur un stade de la production, comme dans l'industrie sidérurgique avec les entreprises Krupp ou Tyssen en Allemagne, Schneider ou de Wendel en France ou *l'US Steel*, le trust créé par Carnegie aux États-Unis en 1901. Elle est **conglomérale** comme au Japon lorsque l'intégration concerne des activités diverses et sans lien entre elles.

3. Des niveaux différents

Phénomène général, la concentration reste en même temps très **inégale selon les branches**. Elle est partout beaucoup plus forte dans les secteurs d'activité qui nécessitent à la fois beaucoup de capitaux et des unités de production de grande taille comme **la production**

d'acier, la métallurgie, particulièrement la fabrication du matériel ferroviaire et l'armement, **la chimie**, la production de **matériel électrique**. Le plus gros établissement industriel d'Europe est l'usine Poutilov située à Saint-Pétersbourg qui emploie 12 000 ouvriers pour produire du matériel métallurgique divers et de l'armement. La première entreprise industrielle est la firme allemande AEG qui fabrique des dynamos, des moteurs électriques, des compteurs, des métros et tramways, des lampes, etc. Elle dispose de 10 usines dans la région berlinoise et emploie 71 000 ouvriers. La concentration technique et financière est **beaucoup moins prononcée dans l'industrie textile**, **la mécanique**, l'industrie alimentaire et **les secteurs traditionnels**, travail du bois et du cuir ou industrie de luxe.
Elle est aussi très variable selon les pays. Elle est **peu prononcée au Royaume-Uni** où le capitalisme individuel et familial reste prédominant. Elle est **faible en France**, terre d'élection des PME où les patrons refusent le plus souvent de faire appel aux banques. À la veille du conflit, 60 % des ouvriers français travaillent dans des établissements employant moins de 10 personnes. La concentration est par contre **très prononcée au Japon, en Allemagne et aux États-Unis**. Elle s'amorce également sur le plan mondial avec l'apparition de firmes multinationales qui créent de établissements ou des filiales à l'étranger pour profiter de tous les marchés dynamiques ou assurer à la fois leur approvisionnement et leur débouché.
La concentration est généralement considérée comme une source d'investissement et d'innovation, un atout commercial, un élément de la puissance nationale, voire même un moteur de progrès social lorsque le patronat développe une politique protectrice à l'égard de ses employés. Mais elle conduit aussi à réduire la concurrence et peut déboucher sur la création de monopoles ou d'oligopoles et elle tend à concentrer la richesse aux mains d'une minorité. **Elle suscite donc souvent des réactions hostiles** des syndicats et des partis socialistes, des campagnes de presse et même l'intervention des pouvoirs publics. Seuls les États-Unis se dotent cependant d'une législation pour combattre les abus de position dominante, législation d'ailleurs peu appliquée, malgré la volonté affichée par certains présidents comme Taft ou Roosevelt.

III. Une nouvelle hiérarchie en Europe

A. L'ESSOUFFLEMENT BRITANNIQUE

1. Le déclin relatif de l'industrie

En 1870, le Royaume-Uni est toujours la première puissance industrielle avec 32 % de la production mondiale. **En 1913, il est au troisième rang derrière les États-Unis et l'Allemagne avec 14 % du total mondial**. L'industrie conserve des points forts : la construction navale assure encore 60 % des lancements de navires dans le monde et reste à la pointe de la technique. Avec 292 millions de tonnes, le pays est le deuxième producteur mondial de charbon mais reste le premier exportateur. Cependant, les faiblesses l'emportent. **L'Angleterre a très peu développé les industries de la seconde industrialisation** : sa production d'acier, 9 millions de tonnes en 1913, est largement surclassée par celle de l'Allemagne, 17 millions de tonnes. Elle a fait appel à l'étranger pour électrifier le métro londonien. Après avoir joué un rôle pionnier en matière d'innovation, **elle a perdu sa capacité créative** et souffre d'un retard technologique en matière de chimie, notamment pour les colorants et les engrais, mais aussi de construction automobile, d'électrométallurgie et même d'extraction minière ou de matériel textile. La Grande Dépression a certes accéléré la concentration et le pays dispose de quelques grands groupes comme la firme anglo-hollandaise Royal Dutch Shell créée en 1907, l'Anglo Persian Oil Cy, future BP, formée en 1909, le trust Lever dans les savons et corps gras et la firme Courtaulds, passée du crêpe de deuil à la production de soie artificielle, viscose et rayonne. **Cependant, beaucoup de secteurs restent très dispersés** : l'extraction charbonnière par exemple est partagée entre 3 000 entreprises et la tradition individualiste reste très forte. Sclérosée et trop émiettée, l'industrie britannique souffre aussi du **manque d'investissements** et de la préférence marquée des financiers pour les investissements à l'extérieur.

2. Les problèmes de l'agriculture et du commerce

La surface agricole utile est dominée par la grande propriété et la grande exploitation : avec 10 000 landlords seulement, 250 000 *farmers* et 1,3 million d'ouvriers agricoles, l'agriculture n'emploie que 11 % de la population active. Les exploitations de plus de 40 hectares occupent les trois quarts de la surface et utilisent des techniques très élaborées. Le gouvernement a même créé en 1889 un ministère de l'Agriculture pour poursuivre la modernisation. Mais le maintien du libre-échange a lourdement pesé sur la production. Les cultures ont fortement reculé au profit de l'élevage et **le taux d'autosuffisance alimentaire s'est effondré** de 80 % avant le début de la Grande Dépression à 30 % à la veille du conflit.

Le commerce extérieur reste au premier rang mondial mais il reflète aussi l'affaiblissement britannique. Permanent depuis 1850, **le déficit commercial atteint son maximum à la fin du siècle** et se réduit ensuite sans disparaître au début du XXe siècle, grâce aux fortes commandes venues des pays neufs en cours de peuplement. Les prix anglais sont alourdis par l'obsolescence des techniques de production et le maintien du libre-échange favorise l'entrée des produits étrangers, notamment allemands.

L'essoufflement de l'industrie britannique à la fin du XIXe siècle

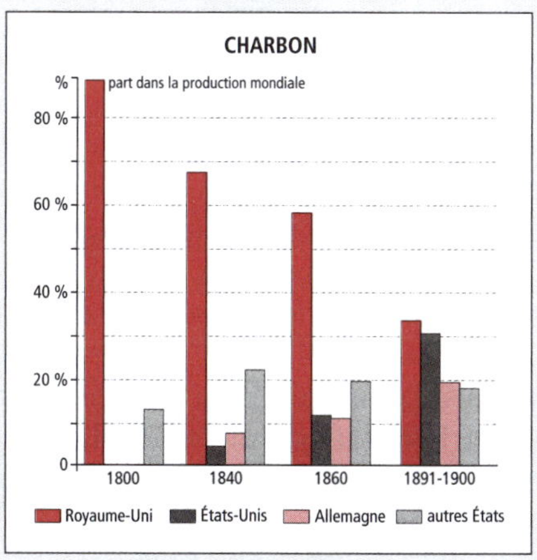

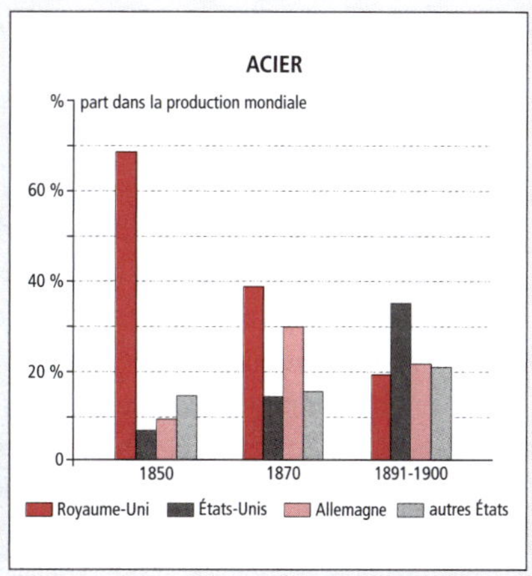

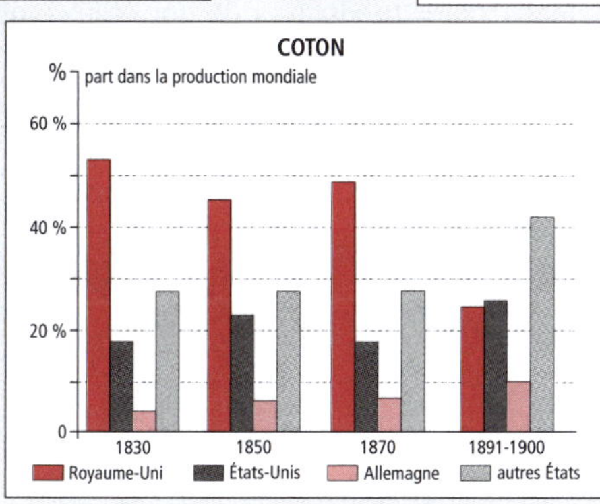

3. Des points forts sans équivalent

« Titan fatigué » selon Chamberlain, l'Angleterre reste cependant **une grande puissance au rayonnement exceptionnel**. Elle est, et de loin, le **principal exportateur de capitaux dans le monde** jusqu'à la guerre et ceci grâce aux revenus considérables que lui procurent sa flotte, qui représente 40 % du tonnage mondial, et les agios encaissés par ses banques et ses sociétés d'assurance, les plus sûres du monde. Seule monnaie entièrement couverte par un stock d'or, **la livre sterling est plus dominante que jamais**. Elle sert à la fois d'étalon pour fixer le taux de change des autres monnaies et les prix notamment des produits de base, d'instrument de règlement des échanges internationaux et de monnaie dirigeante. Le taux d'escompte de la Banque d'Angleterre définit en effet pour le monde entier le loyer de l'argent et les banques anglaises assurent l'essentiel du crédit commercial à trois mois. L'Angleterre est aussi la première puissance coloniale et possède un empire sur lequel « le soleil ne se couche jamais ». Grâce à cet **empire qui s'étend sur 30 millions de kilomètres carrés et compte 300 millions d'habitants**, elle répand sur tous les coins de la planète son organisation politique, sa langue, ses croyances et coutumes, ses sports et loisirs. Malgré sa fidélité au libéralisme, elle est aussi devenue **un modèle social** : les travailleurs britanniques ont été les premiers à se voir reconnaître le droit de grève dès 1825, à bénéficier d'un jour et demi de congé hebdomadaire, la « semaine anglaise », dès 1854, et à obtenir la reconnaissance officielle des syndicats en 1875. L'Angleterre est aussi le premier pays à accorder une allocation aux chômeurs en 1908, à protéger les travailleurs à domicile en 1909 et à créer un véritable système d'assurance sociale en 1911.

B. LA MONTÉE EN PUISSANCE DE L'ALLEMAGNE

1. Des atouts exceptionnels

« L'empire industriel allemand a surgi en quelques années par une sorte de volte-face historique, sans rien de cette lente et séculaire préparation qui caractérise par exemple la puissance anglaise. L'Allemagne industrielle est une œuvre où le temps n'a pas collaboré. » Écrites en 1915 par l'historien Henri Hauser, ces lignes expriment clairement la surprise des contemporains. Après un démarrage tardif, l'Allemagne a réalisé une croissance éclair et, en 1913, elle est devenue **la première puissance industrielle d'Europe** avec 16 % de la production mondiale.

Cette réussite repose d'abord sur des **avantages naturels**. Le gisement de la Ruhr découvert en 1838 assure les deux tiers de la **production de charbon qui atteint 190 millions de tonnes en 1913** et la Lorraine annexée fournit l'essentiel de la production de fer passée de 1,2 million de tonnes en 1870 à 28 millions en 1913. L'Allemagne est aussi le premier producteur mondial de potasse, le deuxième producteur de zinc et le cinquième de plomb…

Grâce à un excédent naturel élevé et au ralentissement rapide de l'émigration à partir de 1890, la croissance démographique est la plus forte d'Europe après celle de la Russie. **Le pays compte 41 millions d'habitants en 1871 et 68 millions en 1914**. Outre l'abondance de la main-d'œuvre, l'Allemagne dispose des cadres nécessaires à son développement industriel. Les écoles polytechniques forment 3 000 ingénieurs par an et les écoles techniques des milliers de « sous-officiers de l'armée industrielle ».

La richesse minière

Charbon			Lignite		
1890		70 millions de tonnes	**1890**		19 millions de tonnes
1913		190 millions de tonnes	**1913**		87 millions de tonnes
dont :	Ruhr	63 %	dont :	Saxe	55 %
	Silésie	26 %		Rhénanie	30 %
	Sarre	7 %		Lusace	15 %
	Lorraine	2 %			
	3e rang mondial			**1er rang mondial**	
Fer (minerai)			**Potasse (minerai)**		
1890		10 millions de tonnes	**1890**		1 million de tonnes
1913		28 millions de tonnes	**1913**		10 millions de tonnes
dont :	Lorraine	75 %	dont :	Saxe	90 %
	2e rang mondial			**1er rang mondial**	

Les industries clés

Sidérurgie (acier)	Chimie	Matériels électriques
1890 : 3,7 millions de tonnes 1913 : 16,3 millions de tonnes 2e production mondiale principale région : la Ruhr 1re firme : Krupp en 1913 : 70 000 salariés	1re production mondiale spécialités : colorants, engrais, produits pharmaceutiques principale région : Rhénanie en 1913 : 10 000 salariés	1re production mondiale principale région : Berlin 1re firme : AEG en 1913 : 71 000 salariés 1re firme : BASF

La population

Population	Émigration
1890 : 50 millions 1914 : 67,8 millions	vers 1880 : 200 000 départs / an 1890-1900 : 53 000 départs / an 1900-1910 : 28 000 départs / an 1910-1914 : 20 000 départs /an

La répartition de la population active

1882	1907
agriculture 42,2 %	agriculture 34 %
industrie 33,8 %	industrie 39 %
tertiaire 24 %	tertiaire 27 %

2. Une forte concentration industrielle et bancaire

L'industrie allemande est la plus concentrée d'Europe. À la veille du conflit, elle compte **548 entreprises employant plus de 1 000 personnes et quelques entreprises géantes à la tête de chaque secteur**. La production électrique est dominée par deux groupes, AEG et la firme Siemens, multinationale depuis 1880. La chimie compte trois entreprises leaders : Bayer, inventeur de l'aspirine et, en 1904, du premier barbiturique, le Veronal ; BASF, connue surtout pour les colorants ; et Hoechst. La sidérurgie compte aussi trois géants, Thyssen, Stinnes et Krupp. Basée dans la Ruhr, la firme Krupp qui fête son centenaire en 1912 a intégré la production de charbon, de fer et d'acier et la métallurgie différenciée, notamment l'armement et la construction navale. Elle possède une cinquantaine d'usines et emploie 71 000 ouvriers dont 38 000 pour les seules installations sidérurgiques d'Essen. **Aux *konzerns* s'ajoutent plus de 350 cartels** pour « substituer à une production anarchique une production organisée », c'est-à-dire s'entendre sur les prix et se partager les marchés. Certains de ces cartels sont internationaux comme celui qui regroupe en 1904 les producteurs de verre français, belges, britanniques et allemands ou la même année les fabricants de rails.

L'industrie allemande bénéficie également d'un fort soutien bancaire. Avec à leur tête les « quatre D », Deutsch, Diskonto, Dresdner et Darmstadter, les banques se caractérisent par leur prise de risques et souscrivent massivement aux émissions d'actions. Elles ont aussi créé un véritable réseau mondial pour soutenir les exportations.

L'ensemble de ces facteurs favorables a permis à l'industrie d'associer puissance et modernité. La sidérurgie, localisée dans la Ruhr, en Lorraine et Silésie, produit plus d'acier que l'Angleterre et la France réunie. La métallurgie fournit en masse des canons, des navires de guerre, du matériel ferroviaire et des machines diverses exportées dans le monde entier. La chimie est la première du monde et dispose grâce à ses laboratoires d'une forte avance technique et l'industrie électrique est une des branches maîtresses. L'Allemagne est aussi un grand producteur de textile qui reste le principal secteur d'emploi.

3. Une économie expansionniste

La montée en puissance de l'Allemagne est reflétée par son dynamisme commercial. En 1890, le commerce allemand est équivalent à celui de la France et ne représente que 60 % du commerce britannique **En 1913, il occupe le second rang mondial avec 12 % des échanges**, soit le double du commerce français et 85 % de celui de l'Angleterre. Depuis 1890, l'Allemagne commerce d'abord avec l'Europe et notamment la Russie, son premier client, mais elle diversifie ses horizons vers l'Empire ottoman, l'Amérique du Sud et l'Asie. Elle exporte le tiers de sa production industrielle et ses méthodes de vente appuyées sur la publicité, le démarchage des commis voyageurs, le dumping se révèlent aussi agressives qu'efficaces. **Elle a aussi tardivement commencé à investir à l'étranger et même à rechercher des territoires coloniaux**. Elle reste cependant dépassée dans ces deux domaines par l'Angleterre et la France. Cependant, les ambitions planétaires affichées par l'empereur Guillaume II, la course aux armements qu'il stimule, l'essor du pangermanisme et la stratégie de crise adoptée notamment au Maroc pour ébranler le rapprochement entre la France et l'Angleterre ne peuvent que nourrir l'inquiétude des pays voisins et imposer à un nombre croissant de contemporains **l'idée que la nation allemande est devenue une force de déstabilisation** dont les appétits menacent la paix européenne.

■ L'industrialisation de l'Europe au début du XXe siècle

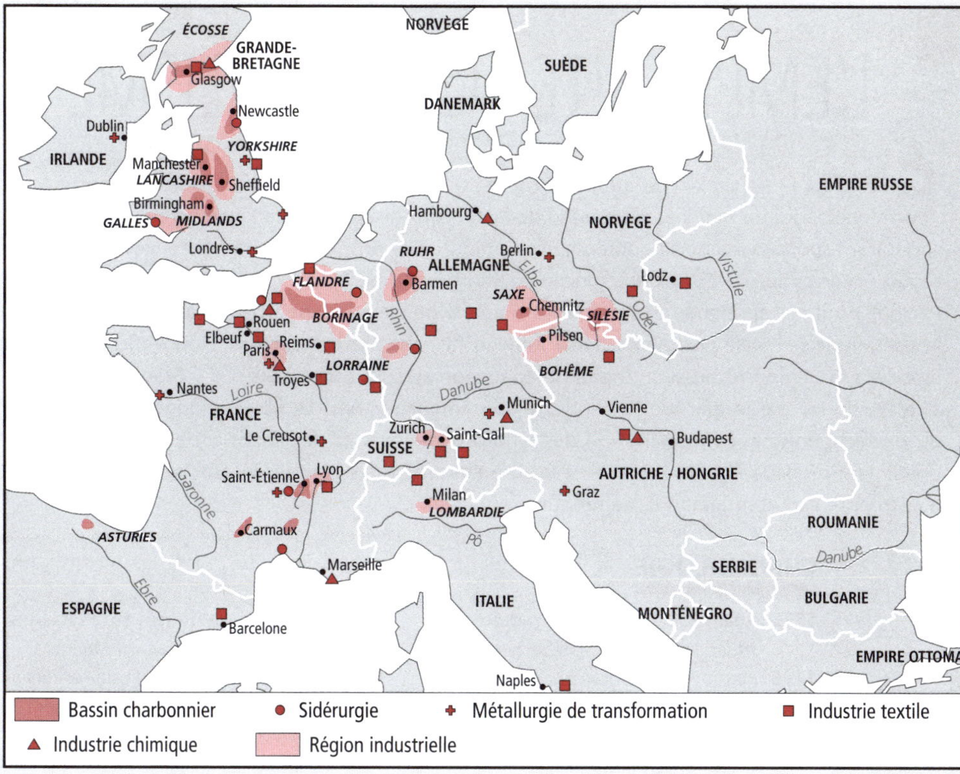

2

L'EMPREINTE DU LIBÉRALISME

Élaborée à la fin du XVIIIe et au début du XIXe siècle, la doctrine libérale exalte la liberté économique, la loi du marché, le libre jeu de la concurrence et affirme l'existence de lois naturelles conduisant spontanément à l'optimum économique. Elle prône le « laisser faire, laisser passer » et réduit l'intervention de l'État à une fonction d'État-gendarme.

Partout où il est appliqué, en Angleterre d'abord puis en Europe occidentale et aux États-Unis, le libéralisme se révèle porteur de dynamisme et favorise l'investissement, l'innovation, l'industrialisation. Mais il nourrit aussi un capitalisme sauvage au coût social élevé. La « Grande Dépression » à la fin du XIXe siècle marque le début de son aménagement. Le libre-échange recule au profit du protectionnisme. La mobilisation des syndicats ouvriers et des partis socialistes débouche sur une limitation de la liberté d'emploi et le vote des premières grandes lois sociales. Seule, la liberté d'entreprise est intégralement maintenue.

CHRONOLOGIE

1776 : Adam Smith : *Essai sur la nature et les causes de la richesse des nations*
1796 : Malthus : *Essai sur le principe de population*
1802 : Jean-Baptiste Say : *Principes d'économie politique*
1817 : Ricardo : *Principes de l'économie politique et de l'impôt*
1879 : Tarif douanier allemand
1880-1890 : Premières lois sociales en Allemagne
1890 : Première loi anti-trust aux États-Unis
1892 : La France adopte le tarif Méline
1897 : Apogée du protectionnisme américain
1906 : Les électeurs britanniques refusent l'abandon du libre-échange. Journée de 10 heures en France
1911 : Le Parlement britannique adopte le *National Insurance Act*
1914 : Deuxième loi anti-trust aux États-Unis

I. Les grands traits de la doctrine libérale

A. TROIS LIBERTÉS FONDAMENTALES

1. L'exaltation de la liberté d'entreprise

Théoricien fondateur de la doctrine libérale, **Adam Smith affirme que la croissance nécessite le respect absolu de l'initiative privée**. À l'opposé du mercantilisme jusque-là dominant qui multipliait les monopoles, les compagnies à charte et réglementait sévèrement les activités manufacturières par le système des corporations, le libéralisme veut dégager les entrepreneurs et producteurs de biens ou de services de toute autorisation préalable et contrainte. Dès lors que la liberté d'entreprise est reconnue, **la recherche du profit suscite un dynamisme spontané** de l'offre pour satisfaire la demande. La concurrence entre les offres privées favorise aussi l'innovation et assure le succès des entreprises les plus performantes, pour la plus grande satisfaction du consommateur et de la collectivité. Adam Smith affirme en effet qu'**une « main invisible » fait coïncider l'intérêt**

général et les intérêts particuliers. Par exemple, le profit réalisé par l'entreprise lui permet de développer ses investissements, donc de créer des emplois et de participer à l'enrichissement général.

2. Le plaidoyer pour la liberté des échanges

Pour que la main invisible fonctionne, il faut respecter la loi du marché, c'est-à-dire assurer une liberté totale des échanges et laisser les prix se former librement en fonction de la loi de l'offre et de la demande. La **libération des échanges intérieurs** permet la création de grands marchés nationaux et stimule la concurrence entre des espaces régionaux jusque-là cloisonnés. La **liberté des échanges internationaux** vantée en particulier par Ricardo pousse chaque pays à mettre en valeur ses **avantages comparatifs** et à spécialiser sa production dans les secteurs où il est le plus performant. Cette spécialisation provoque une **division internationale du travail** qui profite à tous. Les consommateurs sont assurés de trouver les produits les meilleurs et les moins chers. Les producteurs peuvent fabriquer en longue série. Les pays peuvent abandonner les activités inadaptées et coûteuses qu'ils devraient maintenir s'ils étaient en économie fermée.

3. La revendication de la liberté d'emploi

Les libéraux réclament l'abolition du système des corporations, développées depuis la Renaissance, pour permettre la **formation d'un véritable marché du travail** et éliminer les réglementations étouffantes fixant les conditions d'accès à chaque profession et les statuts respectifs des apprentis, compagnons et maîtres. Ils souhaitent aussi **l'interdiction de toute coalition ou entente** contraire à la libre concurrence. L'entrepreneur doit être débarrassé de toute contrainte en matière de durée du travail, de rémunération, d'embauche ou de réduction du nombre de ses employés. Cette liberté, et la souplesse qui l'accompagne, ne peut que favoriser les initiatives des investisseurs, donc nourrir l'emploi et la croissance. Elle leur permet en effet de saisir les opportunités offertes par le marché et de s'adapter sans retard aux variations de la conjoncture.

B. LA LIMITATION DU RÔLE DE L'ÉTAT

1. Un État uniquement gendarme

Les libéraux souhaitent un **État minimum qui se cantonne dans ses fonctions traditionnelles**, défense, police et justice, gestion de la monnaie. L'État, ou le souverain comme l'écrit Adam Smith, doit d'abord « défendre la société contre tout acte de violence et d'invasion de la part des autres sociétés ». **Protecteur du territoire** et gardien des frontières, il est aussi **gardien de l'ordre** : il doit protéger chaque membre de la société de l'injustice ou de l'oppression et combattre tout ce qui menace ou fausse l'ordre du marché, comme les coalitions ouvrières ou les ententes entre producteurs. Il doit veiller à la **stabilité de la monnaie**, gage de la confiance, et respecter un strict **équilibre budgétaire**. Le budget doit être aussi le plus léger possible pour ne pas gêner les investisseurs privés par l'alourdissement des impôts ou le recours à l'emprunt.

2. Pas d'intervention économique

Adam Smith et à sa suite tous les théoriciens libéraux n'admettent qu'une intervention de l'État en dehors de ses fonctions régaliennes, la création et l'entretien des ouvrages publics trop coûteux et trop peu rentables pour attirer les capitaux privés. Il s'agit surtout des grandes infrastructures nécessaires aux échanges, routes, voies navigables, ports, auxquelles s'ajoute au cours du XIXe siècle la construction du réseau ferroviaire. **L'État ne doit être « ni producteur, ni protecteur, ni moralisateur »**. Hostiles à la création d'entreprises publiques, les libéraux condamnent aussi toute politique douanière destinée à protéger un secteur en difficulté et toute conquête coloniale qui entraîne de lourdes dépenses budgétaires et tend à créer des marchés captifs. Ils récusent enfin, en cas de crise, les interventions conjoncturelles qui ne peuvent à leurs yeux que prolonger les difficultés.

3. Pas d'intervention sociale

Dans son *Essai sur le principe de population* publié en 1796 et dont le succès est tel qu'il a été réédité 17 fois du vivant de son auteur, **Malthus** combat avec vigueur le courant « égalitariste » qui réclame alors une taxation spécifique sur les gens riches pour venir au secours des indigents. Il affirme que la pauvreté provient d'une croissance démographique très supérieure à la croissance des subsistances et **qu'une aide aux pauvres « multiplie les pauvres mais non les richesses »**. À sa suite, tous les défenseurs du libéralisme ne cessent de dénoncer les illusions et les **dangers d'une politique de solidarité** et de transfert au profit des plus démunis. Elle ne peut que se retourner contre ceux qu'elle prétend aider : en réduisant la mortalité, elle augmente le nombre des pauvres, aggrave la concurrence sur le marché du travail et donc déprime les salaires. Elle conduit aussi à une **augmentation des charges sociales** qui pénalise les éléments les plus dynamiques de la société, réduit la compétitivité et peut donc induire des pertes de marchés et d'emplois. Seule, la croissance est créatrice de richesses et peut augmenter progressivement le niveau de vie de tous. Dans l'immédiat, **Malthus**, qui est pasteur et se préoccupe de moralité, **prône comme remède à la pauvreté la réduction volontaire du nombre d'enfants** dans les classes populaires et recommande pour y parvenir le mariage tardif et la chasteté dans le mariage.

C. LA CROYANCE EN UNE RÉGULATION SPONTANÉE

1. La loi des débouchés

ZOOM ▶ La mise en place du libéralisme en France

Août 1789 : suppression des droits féodaux. Suppression des douanes intérieures et octrois. Liberté des prix

Mars 1791 : loi Allarde. Suppression des corporations. Proclamation de la liberté d'entreprise

Juin 1791 : loi Le Chapelier. Interdiction des coalitions patronales et ouvrières. Suppression des contraintes de sole dans l'agriculture

Septembre 1791 : suppression du privilège des manufactures. Autorisation de clôturer les exploitations agricoles

1793 : partage des communaux

1807 : le Code de commerce maintient l'obligation d'une autorisation préalable pour toute création de société anonyme.

1860 : traité Chevalier-Cobden. Premier traité de libre-échange signé par la France avec le Royaume-Uni

1863 : suppression de l'autorisation préalable pour la création des sociétés anonymes à responsabilité limitée (SARL)

1867 : suppression de l'autorisation préalable pour toutes les société anonymes

La loi des débouchés sert de fondement à l'optimisme des libéraux. Toute activité économique qui vise à augmenter l'offre conduit aussi l'entrepreneur à distribuer des revenus. Il doit acheter des équipements et des matières premières et verser des salaires au personnel qu'il emploie. À l'ensemble de ces dépenses, il ajoute son propre revenu en tant que producteur, c'est-à-dire son profit. Le prix final de l'offre est donc équivalent à la somme des revenus distribués pour la réaliser : ainsi, **« toute offre crée sa propre demande », selon**

la formule de Jean-Baptiste Say. Les libéraux en déduisent que la liberté économique permet une croissance optimale, utilisant toutes les forces productives disponibles, capital et travail, et **excluant toute crise de surproduction générale**. Les seules surproductions possibles ne peuvent être que sectorielles : en se portant vers de nouveaux produits, la demande crée un déséquilibre temporaire qui fait monter le prix du produit recherché. La loi du profit pousse immédiatement les investisseurs à abandonner le secteur délaissé au profit du nouveau marché. Le capitalisme renouvelle donc en permanence sa gamme de production pour l'adapter aux variations de la demande.

2. Des mécanismes auto-régulateurs

L'optimisme libéral s'est cependant trouvé confronté tout au long du XIXe siècle à des **crises économiques cycliques espacées en moyenne d'une dizaine d'années**. À la différence de la crise traditionnelle de subsistances marquée par une flambée des prix alimentaires à la suite de mauvaises récoltes, **la crise capitaliste se traduit par une baisse des prix et des profits, des faillites d'entreprises, une baisse de la production et une flambée du chômage**. Pour les libéraux, ces crises périodiques, qui naissent le plus souvent d'un excès de spéculation financière qui ruine la confiance, sont certes douloureuses mais éphémères. « Dérangement temporaire du marché », **elles sont résolues par des mécanismes correcteurs spontanés** qui assainissent la situation et assurent la reprise. Elles entraînent en effet une baisse des taux d'intérêt et des salaires qui tendent à reconstituer les profits des entreprises. Elles éliminent les entreprises les moins performantes et améliorent par la concentration la structure économique. **La croissance doit repartir d'elle-même** au bout d'un an ou deux. Le « laisser faire » est, là aussi, la meilleure des solutions.

■ De la crise de subsistance à la crise capitaliste

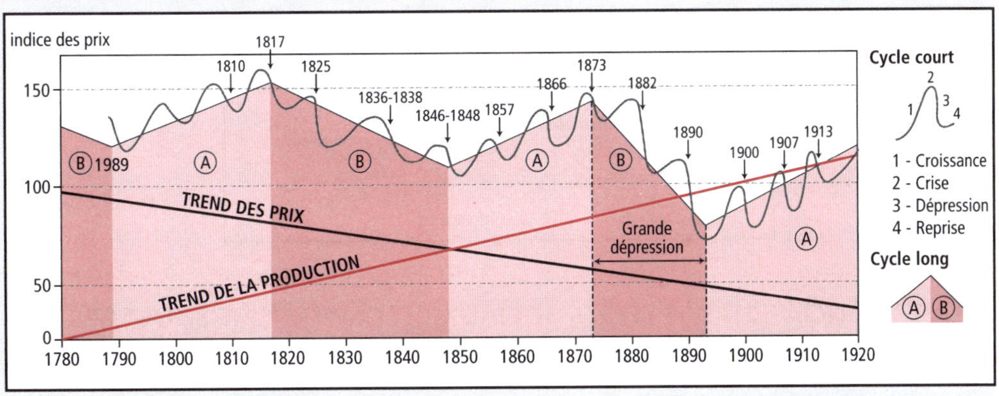

3. Le respect des cycles économiques

Au cours du XIXe siècle, la croissance capitaliste est également marquée par **l'alternance de phases de forte croissance et de périodes dépressives d'une durée moyenne de 25 à 30 ans**. Les phases d'expansion sont marquées par une reprise des investissements, une forte création d'emplois, une hausse lente des prix et l'apparition de nouvelles entreprises. À l'inverse dans les périodes dépressives, la croissance est plus lente, le chômage augmente, les prix et les salaires diminuent, les faillites d'entreprises se multiplient. Ainsi **à la prospérité de la phase 1850-1873, succède la « Grande Dépression » de 1873 à 1893 puis une reprise qui s'épanouit dans la Belle Époque** au début du XXe siècle.

Quelle que soit l'origine de ces alternances, les libéraux adoptent la même attitude que face aux crises ponctuelles. **La période de baisse lente des prix favorise la rationalisation et la recherche de nouveaux procédés de production**. Ce sont les inventions de cette phase qui assurent la reprise suivante et le retour de la prospérité : la période 1850-1873 trouve ainsi sa source dans l'essor spectaculaire des réseaux ferroviaires, la période 1893-1914 dans l'essor des industries de la seconde révolution industrielle – électricité, chimie, automobile – et dans les débuts de la rationalisation du travail.

II. La contestation du libéralisme

Dès la première moitié du XIXe siècle, le sort fait aux classes laborieuses nourrit la protestation des philanthropes et suscite l'apparition des premiers courants socialistes. Dans la seconde moitié du siècle, la mobilisation ouvrière se structure en syndicats appuyés sur des partis socialistes réformistes ou révolutionnaires pour lutter contre ce que Marx appelle « la loi du renard libre dans le poulailler libre ». En 1891, le pape lui-même se prononce dans l'encyclique *Rerum Novarum* pour une amélioration du sort des ouvriers. Les protestations contre les excès du libéralisme émanent aussi des paysans, artisans et petits patrons menacés par le libre-échange et la concurrence et de tous ceux qui s'indignent de l'écart creusé entre l'extrême richesse des « bourgeois conquérants » et la pauvreté ou la misère d'une grande partie de la population des pays industrialisés.

Les fluctuations économiques

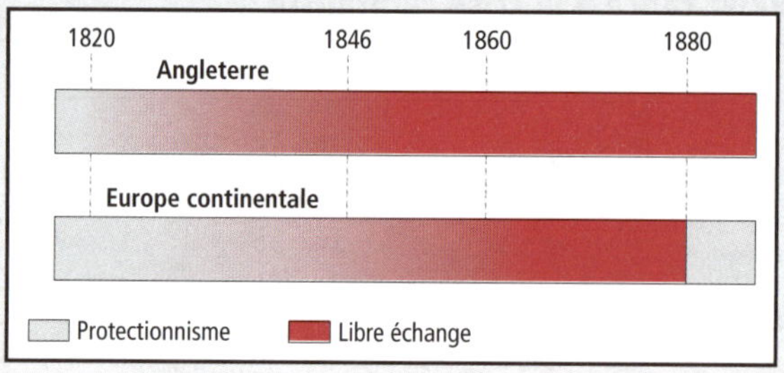

A. LA DÉNONCIATION DES EFFETS SOCIAUX DU CAPITALISME SAUVAGE

1. La grande misère des ouvriers

Au cours du XIXe siècle, le développement industriel a suscité la formation d'une classe ouvrière de plus en plus nombreuse. **En 1914, les effectifs ouvriers représentent 35 % des actifs en France, 41 % en Allemagne, 46 % au Royaume-Uni**. Aux **travailleurs à domicile**, le plus souvent des femmes, payés à la tâche et employés surtout dans le textile et la confection, et aux **artisans** qui disposent d'un savoir-faire acquis après un long apprentissage, s'ajoutent surtout les effectifs de la grande industrie. Ce sont des **ouvriers qualifiés** qui disposent d'une formation professionnelle et sont employés dans la mécanique, la chaudronnerie, le travail du bois, l'imprimerie. Mais les usines recourent surtout à des **travailleurs sans qualification**, manœuvres à tout faire ou ouvriers spécialisés dans des tâches simples et répétitives. Cette catégorie, la plus nombreuse et la plus défavorisée, forme le prolétariat.

La liberté de l'emploi chère aux libéraux soumet le monde ouvrier à une véritable exploitation. Aux journées de travail interminables, 15 heures ou plus jusqu'au milieu du XIXe siècle, à la sévérité des règlements de fabrique qui transforment l'usine en bagne, s'ajoute la faiblesse des salaires, en particulier pour les catégories les plus vulnérables, les enfants, les adolescents, les femmes. Constamment menacé de perdre son travail sans préavis ni indemnité, dépourvu de toute aide en cas d'accident du travail ou de maladie, l'ouvrier est condamné à la précarité et risque à tout moment de plonger dans la misère. Mal nourris, entassés dans des quartiers et des logements le plus souvent insalubres, **les ouvriers sont des réprouvés sociaux** que les classes dirigeantes assimilent à une classe dangereuse.

2. La plainte des campagnes

L'essor de l'économie libérale n'a pas épargné le monde rural. La mécanisation et la concentration des terres qui accompagnent la révolution agricole chassent de nombreux paysans vers les villes : **l'exode rural** fournit l'essentiel de la main-d'œuvre nécessaire au développement industriel. La disparition des douanes internes et l'essor des moyens de communication, en particulier des voies ferrées, précipite une **spécialisation régionale qui fracture les campagnes** : certaines s'enrichissent ; d'autres, défavorisées par le relief ou le climat, subissent un processus de désertification et de vieillissement. Les campagnes européennes ont aussi souffert du libre-échange, en particulier dans les trente dernières années du XIXe siècle. **La concurrence des pays neufs se traduit en effet par une forte baisse des prix en Europe** qui ruine de nombreux paysans et les pousse à affluer dans les villes ou à choisir l'émigration vers le Nouveau Monde. Au début du XXe siècle, l'Angleterre restée fidèle au libre-échange ne compte plus que 11 % de ses actifs dans l'agriculture. C'est aussi le moment où les industries rurales, essentielles pour compléter les revenus ruraux, comme le travail du cuir et des textiles, l'horlogerie, la quincaillerie, reculent ou disparaissent au profit de la grande industrie urbaine.

3. L'enrichissement d'une minorité

Au cours du XIXe siècle, la croissance a suscité **l'émergence d'une grande bourgeoisie d'affaires**, formée de patrons des grands groupes industriels, de banquiers, de grands commerçants, d'armateurs. Elle constitue une véritable caste au mode de vie souvent ostentatoire. Vivant dans de luxueux hôtels particuliers, multipliant les réceptions, servie par une domesticité nombreuse, cette grande bourgeoisie affiche aussi une morale austère et impose une éducation stricte à ses enfants. Au sommet de la pyramide sociale, apparaissent même de **véritables dynasties**, « maîtres de forges », comme Schneider et de Wendel en France, Krupp et Thyssen en Allemagne, banquiers comme les Rothschild dans toute l'Europe, industriels du textile comme Cobden en Angleterre… Les ascensions les plus spectaculaires sont celles **des *self made men* américains**, rois du pétrole comme Rockefeller, de l'acier comme Carnegie, du chemin de fer comme Gould ou de la banque comme Morgan. Dans tous les pays industriels, **cette grande bourgeoisie forme une classe dirigeante qui cumule les pouvoirs** : sa puissance économique est d'autant plus grande que l'État n'intervient pas. Elle accapare aussi le pouvoir culturel, contrôle la presse et l'édition et façonne l'opinion. Elle s'impose enfin dans la vie politique, dans les parlements, les gouvernements, les états-majors des partis, ne laissant à l'aristocratie en déclin que quelques bastions comme la diplomatie ou l'armée. À l'exception de quelques patrons paternalistes soucieux d'améliorer le sort de leurs ouvriers, **cette classe dirigeante défend farouchement l'ordre libéral** et s'appuie sur le pouvoir répressif de l'État pour mater les rébellions ouvrières.

4. La naissance des classes moyennes

Entre les classes populaires et la grande bourgeoisie, **la fin du XIXe siècle voit la lente émergence de catégories intermédiaires, les classes moyennes**. Elles sont constituées de petits patrons de l'industrie et du commerce, d'artisans, de paysans aisés et de tous ceux que Gambetta qualifie de « **couches nouvelles** ». Il s'agit en particulier des représentants des professions libérales, avocats, médecins, notaires, de journalistes, d'ingénieurs et surtout de fonctionnaires, bureaucrates employés dans les administrations et souvent brocardés mais également instituteurs et enseignants qui jouissent d'un grand prestige, en particulier dans les campagnes. Très composites, les classes moyennes représentent un **très large éventail de statuts et de revenus**. Certaines catégories se distinguent à peine des classes populaires et vivent chichement. D'autres atteignent à l'aisance et à une certaine notoriété et constituent une petite ou moyenne bourgeoisie. Tous ont cependant en commun **les mêmes valeurs et attitudes**, une grande méfiance à l'égard des classes populaires, le goût de l'épargne et de la propriété, l'attachement à l'instruction, le refus de nombreuses descendances pour éviter l'émiettement du patrimoine et permettre à chacun de leurs enfants de s'élever dans la hiérarchie sociale. Allergiques au désordre, les classes moyennes adoptent des comportements politiques souvent conservateurs mais restent surtout foncièrement individualistes.

B. LA MOBILISATION OUVRIÈRE

1. L'essor des syndicats réformistes

Jusqu'au milieu du XIXe siècle, les ouvriers sont restés inorganisés. Le libéralisme a d'ailleurs conduit à l'interdiction des coalitions et **la grève est assimilée à une émeute** qui entraîne immédiatement l'intervention des forces de l'ordre. Les brusques flambées de violence qui entrecoupent la résignation ouvrière, comme lors de la poussée révolutionnaire de 1848, sont noyées dans le sang et suivies de répressions impitoyables.

Foyer de la première révolution industrielle, l'Angleterre est le premier pays où le syndicalisme ouvrier prend de l'ampleur. Ouverts à l'origine aux seuls ouvriers qualifiés regroupés par métiers, les *Trade Unions* britanniques se développent rapidement à partir de 1850. Réformistes, ils ne cherchent pas à détruire le capitalisme mais veulent lui arracher, par la négociation et le recours à la grève, des concessions améliorant le sort de leurs adhérents. Reconnus par l'État en 1875, ils s'ouvrent à partir de 1890 aux ouvriers non qualifiés, particulièrement nombreux dans les industries de la deuxième industrialisation. **En 1914, le syndicalisme britannique est le plus puissant d'Europe** et il peut s'enorgueillir d'avoir obtenu des améliorations substantielles de la condition ouvrière. Le syndicalisme se développe aussi en Allemagne à partir de 1875 en s'inspirant des mêmes principes réformistes. Aux États-Unis, le mouvement ouvrier réformiste s'incarne dans l'AFL, *American Federation of Labour*, apparue en 1886.

2. Le syndicalisme révolutionnaire

Les premières mobilisations ouvrières ont été particulièrement radicales en Angleterre. Vers 1820, le **mouvement luddiste** rassemble les briseurs de machines qu'ils accusent d'être

DÉFINITIONS

Luddisme : du nom de Ned Ludd, qui dirige les révoltes ouvrières au début du XIXe siècle, le mouvement luddiste conduit les ouvriers à briser les machines qui sont accusées de ruiner les artisans et de développer le chômage ; le luddisme s'étend dans toute l'Europe dans les années 1820-1830.

des tueuses d'emplois. Aux États-Unis, des travailleurs irlandais fondent en 1869 une organisation secrète, les « **Chevaliers du travail** » rendue responsable des attentats anarchistes qui secouent Chicago en 1881. Une autre organisation syndicale révolutionnaire, réclamant l'abolition du capitalisme, les IWW, ***Industrial Workers of the World***, tente à partir de 1905 de concurrencer le mouvement réformiste américain. **Le syndicalisme contestataire trouve sa terre d'élection en France** où il s'alimente du souvenir du massacre des Communards en 1871. La Confédération générale du travail créée en 1895 est fortement influencée par les idées anarchistes qui inspirent en 1906 la **Charte d'Amiens** : le syndicat refuse toute inféodation à un parti mais aussi tout compromis avec un État bourgeois. La Charte appelle les ouvriers à se mobiliser pour abattre le système capitaliste par la grève générale et à lui substituer une société fondée sur l'autogestion.

ZOOM ▸ Le mythe de la grève générale

Je crois pour ma part que la prochaine révolution se fera sans coup férir, au moyen de l'union syndicale, par le refus simultané des travailleurs de mettre leurs forces au service du capital. Je crois que le jour où quelqu'un aura trouvé la formule de la grève universelle où les ouvriers du monde entier, opposant à la force brutale l'inertie, se croiseront les bras et ne produiront plus, la révolution sera faite. Pour que les engins meurtriers, les baïonnettes, les fusils, les canons, sauvegarde séculaire de la société oisive, deviennent inutiles, pour que les gouvernements s'écroulent, il suffira que plusieurs millions d'hommes demeurent inactifs pendant quinze jours. C'est pour travailler au triomphe de cette idée qu'on doit s'efforcer de créer des syndicats partout où il y a des opprimés ; c'est pour cela qu'aux employés, ouvriers, paysans, marins, c'est-à-dire à tous ceux qui ne trouvent pas l'existence dans le salaire, je conseillerai de se grouper pour parvenir à la conquête de leur émancipation économique. Le jour où tous les travailleurs auront syndiqué leurs intérêts, où, en face de l'armée du capital, utile seulement contre le mouvement révolutionnaire, contre la rébellion violente, se dressera l'armée du salariat constituée sous l'égide de la loi, ce jour-là nous pourrons envisager l'idée de la grève générale, examiner le mode d'organisation, accumuler des capitaux, et enfin, commencer la révolution du chômage. Il suffira du reste que cette révolution soit devenue possible, grâce à l'organisation syndicale, pour qu'il ne vous soit pas nécessaire de la faire. Autrement dit, quand les travailleurs auront trouvé la formule de la grève universelle, la révolution sera faite sans qu'il soit même besoin de mettre la formule en pratique.

Discours de l'anarchiste
Fernand Pelloutier, en 1892.

3. Une montée en puissance à la fin du XIXe siècle

Entre les années 1880 et 1914, les effectifs syndicaux augmentent très rapidement. **À la veille de la guerre, l'Angleterre et l'Allemagne comptent chacune 4 millions de syndiqués et les États-Unis près de 3 millions**. La France reste en retard avec 1 million seulement d'adhérents. Cette croissance s'explique par l'ouverture des syndicats aux ouvriers non qualifiés dont l'importance grandit avec la seconde industrialisation mais aussi par le contexte conjoncturel. Lors de la Grande Dépression, le ralentissement de la croissance développe le chômage et la baisse des prix pousse les patrons à baisser les salaires. Dans tous les pays développés, **le tournant des années 1890 est marqué par une accumulation de grèves** et de violences pour lutter contre la dégradation de la condition ouvrière, comme la grève lancée chez Pullman en 1894 après l'annonce d'une baisse de 30 % des salaires. Le retour de la croissance pendant la « Belle Époque » suscite une **nouvelle vague de grèves de 1905 à 1914**. Partout le mouvement ouvrier se mobilise pour obtenir des améliorations concrètes, la journée de 8 heures et une augmentation des salaires, face aux méthodes de rationalisation du travail qui visent à élever la productivité en imposant le chronométrage et les cadences dans les usines.

C. LA CONTESTATION SOCIALISTE

1. Une nouvelle force politique

Utilisé à partir de 1830, **le terme de socialisme désigne l'ensemble des doctrines qui dénoncent l'injustice et la violence de la société industrielle** et rejettent les valeurs libérales qui exaltent le profit, l'individualisme et le refus de toute législation sociale. Pour y mettre fin, les socialistes prônent le remplacement de la propriété individuelle par la propriété collective et veulent substituer à la jungle du marché une société égalitaire et fraternelle. Certains, comme Charles Fourier, le Britannique Robert Owen ou les disciples de Saint-Simon, tentent même de créer sans délai des avant-gardes de cette société idéale. Utopistes plus que réalistes, ces premiers penseurs ne se préoccupent guère de combat politique et restent enfermés dans leurs rêves.

Dans la seconde moitié du siècle au contraire, **le socialisme donne naissance à des mouvements politiques** plus ou moins puissants. **En Allemagne, le parti social-démocrate** créé en 1875 devient en 1914 le premier parti du Parlement. En Angleterre, après plusieurs tentatives infructueuses, le ***Labour Party*** est fondé lors des élections de 1906. En France les différents courants socialistes se regroupent dans la **SFIO en 1905**. Le seul grand pays industriel où les tentatives de créer un parti socialiste ont échoué est les États-Unis.

2. Des divergences doctrinales

■ **Développement du socialisme et du syndicalisme en Europe en 1911**

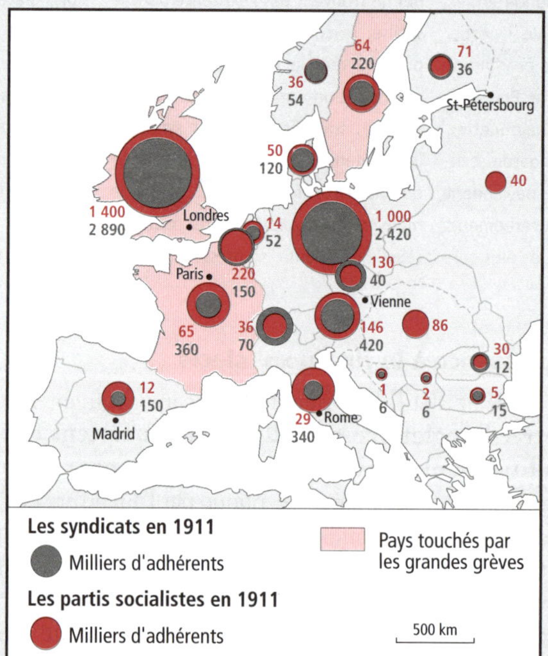

L'émergence des courants socialistes s'accompagne cependant d'incessantes querelles sur les méthodes et les buts. **Les marxistes** appellent le prolétariat à secouer ses chaînes et à engager une lutte de classes. Ils **veulent renverser le capitalisme par la révolution et instituer ensuite la « dictature du prolétariat »**. Apôtres de la grève générale, les **anarchistes** préparent le « grand soir » et croient à l'imminence de la révolution. Mais ils **veulent**

créer ensuite une société libertaire et autogérée. Qu'ils soient marxistes ou anarchistes, les révolutionnaires se heurtent au **courant réformiste qui souhaite améliorer le système et non le détruire par la force**. Les socialistes se divisent aussi sur l'attitude à l'égard des syndicats : les marxistes souhaitent les inféoder au parti ; rebelles à toute allégeance, les anarchistes se prononcent pour l'indépendance syndicale ; les réformistes sont favorables à une collaboration négociée.

Ces divergences expliquent l'échec des tentatives pour fédérer les différents courants nationaux. La Première Internationale créée en 1864 à Londres et ouverte aux partis socialistes et aux syndicats ouvriers est minée par l'opposition entre les marxistes et le courant anarchiste dirigé par Bakounine. Elle est dissoute en 1876. La Deuxième Internationale créée en 1899 est ruinée par la montée des pulsions nationalistes et bellicistes.

III. L'aménagement du libéralisme

Que ce soit en Europe ou aux États-Unis, aucun des pays qui se réclament du libéralisme n'applique intégralement la doctrine. Tous les régimes libéraux mis en place sont des adaptations de l'enseignement d'Adam Smith. Ces compromis nationaux se différencient par le degré réel de liberté économique qu'ils comportent et par leur efficacité respective. **En terme d'efficacité, les solutions américaines et allemandes** donnent de bien meilleurs résultats qu'en Angleterre et en France. **En terme de respect de la doctrine, le Royaume-Uni est le champion incontesté**. Les États-Unis en effet refusent le libre-échange et en France et en Allemagne, l'État dépasse sa fonction de spectateur et d'arbitre. Avec le retour quasi général au protectionnisme à la fin du XIXe siècle et les concessions croissantes arrachées aux forces dirigeantes par les salariés, le système libéral subit des aménagements importants et la croissance qu'il suscite finit même par menacer son socle, la liberté d'entreprise.

A. LA MISE EN CAUSE DU LIBRE-ÉCHANGE

1. L'exception britannique

Bien qu'il soit au cœur de la doctrine libérale, le libre-échange ne se met en place que tardivement et de manière éphémère. En Angleterre, les *Corn laws*, **les lois protégeant la production céréalière britannique, sont abolies en 1846** après une intense campagne menée par les industriels du textile de la région de Manchester avec à leur tête Richard Cobden. Ils affirmaient que l'abolition des douanes ferait baisser le coût des produits alimentaires et profiterait d'abord au peuple mais ils souhaitaient surtout réduire le prix de leur approvisionnement en coton et en laine. De fait, l'industrie textile britannique forte de son avance technique s'impose sur le marché mondial à partir du milieu du siècle. À l'inverse, l'ouverture des frontières a fortement desservi l'agriculture britannique entraînant une concentration accélérée des exploitations, une forte réduction de la main-d'œuvre agricole et un écart croissant entre production intérieure et besoins du pays.

La population britannique reste cependant attachée au slogan de Ricardo : « protectionnisme égale vie chère, libre-échange égale vie bon marché ». **En 1906, la campagne en faveur du retour au protectionnisme est rejetée** avec netteté par les électeurs qui plébiscitent le parti libéral. Première puissance commerciale du monde, l'Angleterre reste donc fidèle à ce qui a fait sa fortune.

2. Un protectionnisme contagieux à la fin du XIXe siècle

La suppression des douanes entre les États allemands avec l'adoption du Zollverein en 1834 a été un élément essentiel pour les rapprocher, favoriser la croissance et préparer l'unification. Mais le libre-échange international rencontre en Allemagne de fortes résistances. L'économiste **List prône même un protectionnisme éducateur** pour son pays où le développement industriel est nettement plus tardif qu'en Angleterre. Dès 1879, l'Allemagne est le premier grand pays à rétablir des droits de douane sous la pression conjuguée des agriculteurs et d'une partie des industriels. Malgré les succès remportés sur les marchés étrangers par le *made in Germany* à partir des années 1880, le pays reste fidèle au protectionnisme jusqu'à la guerre. En France, **le traité de libre-échange signé avec l'Angleterre en 1860 par Napoléon III** a suscité de fortes protestations des industriels du textile en particulier. Le choix napoléonien a pourtant favorisé la modernisation de l'appareil industriel. Mais dès le début des années 1870, les pulsions protectionnistes reprennent le dessus. Pour rallier les campagnes traditionnellement conservatrices à l'idée républicaine, **Méline fait voter en 1892 un tarif protecteur** destiné à sauvegarder d'une concurrence étrangère jugée destructrice les exploitations familiales et les industries les plus fragiles.

C'est **aux États-Unis**, considérés pourtant comme l'un des modèles d'économie libérale, que **le protectionnisme atteint des records**. Après la défaite du Sud exportateur et donc libre-échangiste lors de la guerre de Sécession, les industriels du Nord-Est imposent des droits élevés contre les produits manufacturés européens : les tarifs douaniers sont portés à 37 % de la valeur des produits importés en 1890, 50 % en 1897 et ne sont ramenés à 30 % qu'en 1913.

B. LE RECUL DE LA LIBERTÉ D'EMPLOI

1. La réglementation du travail

Elle porte d'abord sur **l'interdiction du travail des enfants** puis sur la **limitation du temps de travail des adolescents et des adultes**. En France, par exemple, il faut attendre l'émotion soulevée par le rapport du docteur Villermé décrivant l'exploitation des plus jeunes dans les fabriques textiles pour que la **loi interdise en 1841 l'emploi d'enfants de moins de 8 ans** (1801 en Angleterre). L'emploi des moins de 12 ans est interdit en 1874 et le travail des adolescents de 13 à 18 ans est limité à 10 heures par jour et celui des femmes à 11 heures en 1892. Ce n'est également qu'à cette date qu'apparaissent les premiers inspecteurs du travail pour faire respecter une législation que les employeurs considéraient volontiers comme lettre morte. **La durée du travail quotidien est limitée à 10 heures** dans les ateliers mixtes en 1900 et généralisée **en 1906**, date à laquelle est rétabli le congé hebdomadaire limitant la semaine de travail à 60 heures. Mais la journée de 8 heures revendiquée par la CGT pour compenser l'intensification du travail qui se répand dans les usines n'est reconnue qu'en 1919.

2. La protection des travailleurs

Le premier pays à instaurer des droits sociaux est l'Allemagne. Pour tenter de réduire l'audience du parti social-démocrate, **Bismarck fait voter trois lois au cours des**

DÉFINITIONS

Zollverein : union douanière entre les États allemands créée à l'initiative de la Prusse en 1834. La création d'un grand marché allemand a été un facteur essentiel de rapprochement entre les États et de marche vers l'unification.

années 1880 couvrant la maladie, l'accident, la vieillesse. En Angleterre, l'apparition du parti travailliste conduit le Parlement à créer dès 1907 une allocation en cas de chômage, la dole, et en **1911** à promulguer le ***National Insurance Act* qui couvre l'ensemble des risques sociaux, maladie, accident, vieillesse et chômage**. En France, la législation est à la fois tardive et timorée. Le droit de grève n'est accordé qu'en 1864, la reconnaissance des syndicats est obtenue en 1884, l'indemnisation des travailleurs en cas d'accidents du travail date de 1898, la création du ministère du Travail n'intervient qu'en 1906, le congé maternité en 1907, le droit à une retraite pour les plus de 65 ans en 1910 mais rien n'est prévu contre la maladie et le chômage. Aux États-Unis, les lois sociales dépendent des États et non de l'échelon fédéral et varient fortement selon les régions. Quels que soient les progrès arrachés, **nulle part les travailleurs n'obtiennent la fixation d'un salaire minimum**, domaine où le droit de l'employeur reste sans limite.

C. LA MISE EN CAUSE DE LA LIBERTÉ D'ENTREPRISE

1. L'essor des ententes et cartels

La liberté d'entreprise chère aux libéraux trouve en réalité sa limite dans les conséquences de la loi du marché et de la concurrence. La succession des crises économiques et la Grande Dépression de 1873 à 1893 suscitent en effet un **mouvement irrésistible de concentration qui finit par éliminer la concurrence** au profit de quelques groupes, voire même d'un seul. Rares en Angleterre et en France, ces grands groupes caractérisent par contre le capitalisme allemand et américain et aussi les pays émergents comme le Japon ou la Russie. L'**Allemagne** surtout est devenue la **terre d'élection des cartels**. « Enfants des mauvais jours », les cartels sont des ententes apparues lors de la Grande Dépression entre les grandes entreprises de chaque secteur pour organiser la production et se partager le marché de manière à atténuer la baisse des prix. Le modèle est le cartel charbonnier ou *kohlen syndicat* créé en 1893 et qui contrôle en 1914 plus de la moitié de la production charbonnière allemande. À la veille de la guerre, on compte 366 cartels en Allemagne dont 200 avec des comptoirs de vente pour éviter toute fraude entre les entreprises signataires.

Inspirateurs du protectionnisme avec les grands propriétaires fonciers, les cartels en profitent pour pratiquer des surprix en Allemagne, accumuler des profits et conquérir ensuite des marchés étrangers en recourant au **dumping**. Dès la fin du XIXe siècle, l'opinion publique leur reproche de défavoriser le consommateur allemand et l'État s'inquiète de leur puissance. **La grande enquête parlementaire de 1903 les blanchit** cependant de toute accusation en reconnaissant leur rôle d'amortisseur des crises et surtout leur efficacité dans l'expansion commerciale germanique.

2. L'irrésistible ascension des trusts

Symbolisée par la création de la *Standard Oil*, le trust du pétrole, par Rockefeller en 1882, puis par celle de *l'US Steel*, le trust de l'acier, par Carnegie en 1901, **la concentration des entreprises s'accélère aux États-Unis** dans le dernier tiers du XIXe siècle et multiplie les situations d'**oligopole** ou même de **monopole**. Illustration du formidable écart de richesses entre les *self made men* et les classes populaires engendré par le système libéral, cette concentration est dénoncée par le mouvement populiste à la fin du XIXe siècle, par la presse à scandales des *muckrakers*, les « remueurs de boue », puis par le mouvement progressiste, ce qui pousse les pouvoirs publics à réagir. La **première loi anti-trust, le *Sherman Act* de juillet 1890**, est cependant détournée par les tribunaux et la Cour suprême qui l'utilisent contre les coalitions ouvrières. L'enquête officielle lancée en 1904 sous la présidence de Theodore Roosevelt recense 318 trusts menaçant la liberté d'entreprise, mais il faut attendre le vote du ***Clayton Act*** en 1914 pour qu'il soit clairement dit que l'objectif de la loi ne s'applique pas aux organisations ouvrières mais bien aux **abus de position dominante** : partages de marché, ententes sur les prix, contrats d'exclusivité, discriminations entre les clients. Dès les années 1890, le capitalisme américain a trouvé la parade, dans le système des **sociétés holding**, sociétés financières particulièrement opaques qui constituent des portefeuilles d'actions leur donnant la maîtrise de nombreux secteurs, à l'instar des sociétés créées par Morgan ou Rockefeller, ce qui rend inefficace l'éclatement imposé en 1911 à des sociétés aussi emblématiques que *Standard Oil* et *American Tobacco*. Dans un pays attaché aux libertés mais d'abord soucieux d'efficacité, les trusts apparaissent comme les fers de lance du capitalisme américain et l'un de ses « avantages comparatifs » sur le marché mondial.

3 LA PREMIÈRE MONDIALISATION

Contrairement aux idées courantes qui voient dans la mondialisation un phénomène né à la fin du XXe siècle, les années 1880 à 1914 sont marquées par une internationalisation accélérée, une interdépendance accrue entre les pays et la mise en place d'une hiérarchisation où l'Europe dominante grâce à son avance technique et industrielle et à sa richesse financière organise une division internationale du travail. Cette internationalisation se traduit par un essor exceptionnel des échanges de marchandises qui reflète les besoins croissants des pays industrialisés de s'approvisionner en produits bruts et de trouver des débouchés. La révolution des transports permet aussi d'intégrer un nombre croissant de pays dans le système mondial d'échanges. L'internationalisation repose également sur des mouvements massifs de capitaux vers les pays neufs et les colonies pour développer les infrastructures, mettre en valeur les ressources agricoles et minérales et créer des zones d'influence. Elle se traduit enfin par des migrations de masse de l'Ancien vers le Nouveau Monde au profit notamment des États-Unis, terre de liberté et Eldorado pour tous les laissés-pour-compte de la croissance européenne.

CHRONOLOGIE

1845 : Invention du télégraphe
1858-1866 : Pose du premier câble sous-marin entre l'Europe et l'Amérique du Nord
1860 : Début de l'essor des navires à vapeur
1869 : Inauguration du canal de Suez
1876 : Graham Bell invente le téléphone
1880 : Apparition des premières firmes multinationales. 700 000 Européens émigrent outre-mer
1890 : Le réseau ferroviaire mondial atteint 600 000 kilomètres
1896 : Publication du livre *Made in Germany*
1897 : Apparition de la TSF
1907 : Apogée de l'émigration européenne avec 1,4 million de départs
1910 : Le réseau ferroviaire mondial atteint 1 million de kilomètres
1913 : Les pays européens fournissent 81 % des exportations de produits manufacturés, les États-Unis 10 %

I. L'expansion du commerce international

En 1913, la valeur des échanges internationaux de marchandises représente 40 milliards de dollars, soit 20 fois plus qu'en 1830 et, au cours de la même période, le volume de marchandises échangées a été multiplié par 25. Ces échanges qui s'accélèrent à partir de 1870 concernent un nombre croissant de pays, se déroulent sur des distances de plus en plus longues et portent sur des produits de plus en plus diversifiés. La formation de ce marché mondial s'accompagne d'une convergence croissante des prix et de tensions fortes entre les principaux partenaires.

A. LE RÔLE MAJEUR DE LA RÉVOLUTION DES TRANSPORTS

1. L'essor du chemin de fer

Inaugurée en Angleterre par l'ouverture en 1825 d'une ligne reliant Liverpool à Manchester, **la construction ferroviaire prend une ampleur exceptionnelle dans la seconde moitié du siècle**. Cette *railwaymania*, qui stimule la croissance et favorise notamment l'industrie métallurgique, nécessite d'énormes capitaux, ce qui explique l'intervention de l'État pour financer les infrastructures et la concentration rapide des compagnies concessionnaires de lignes. En Europe, le chemin de fer complète le réseau relativement dense de routes et de canaux ou fleuves navigables. Aux États-Unis, il conditionne le peuplement et la mise en valeur du territoire grâce au lancement de liaisons transcontinentales dont la première est achevée en 1869. Les pays européens s'empressent aussi de construire dans leurs colonies des pénétrantes visant à acheminer jusqu'aux ports les richesses intérieures et à permettre la diffusion des produits manufacturés européens. La construction des voies ferrées est aussi un moyen de créer des zones d'influence comme le font l'Allemagne au Moyen-Orient ou les États-Unis au Mexique. En finançant par ses prêts le réseau russe, la France pour sa part cherche à consolider un rapprochement politique et stratégique. Au total **en 1913**, les voies ferrées constituent un réseau de plus de **400 000 kilomètres au États-Unis, de 360 000 kilomètres en Europe et de plus de 1 million de kilomètres dans le monde**. Les progrès techniques de l'industrie ferroviaire permettent de plus d'augmenter les vitesses et les tonnages et de réduire considérablement les coûts. Entre 1850 et 1914, **le chemin de fer a permis de diviser par dix le prix des transports terrestres** et il s'impose comme le premier moyen de transport de marchandises et de voyageurs.

Évolution de la longueur du réseau de voies ferrées (en km)

Année	Total mondial	Europe[a]	Amérique du Nord	Amérique du Sud	Asie[b]	Afrique
1850	38 500	23 500	14 600	410	–	–
1860	108 000	51 900	52 700	1 280	1 390	460
1870	209 800	104 900	89 200	3 980	8 190	1 790
1880	372 400	169 100	161 800	12 900	16 200	4 650
1890	617 300	225 300	291 100	40 300	32 300	9 390
1900	790 100	292 400	340 800	61 400	51 400	20 100
1910	1 030 000	351 300	429 000	97 400	84 500	36 900
1913	1 105 500	362 700	456 200	110 900	92 100	48 000

Source : Paul Bairoch, *Commerce extérieur et développement économique de l'Europe au XIXe siècle*, Mouton, Paris, 1976.

a. Y compris la Russie d'Asie.
b. Sans la Russie d'Asie.

2. La révolution des transports maritimes

Jusqu'au milieu du XIXe siècle, les transports par mer sont exclusivement assurés par des navires en bois et à voile, les *clippers*, dont les capacités sont limitées et qui restent soumis aux caprices des vents. À partir de 1850, ils sont progressivement remplacés par des navires métalliques et utilisant la vapeur, les ***steamers***. Beaucoup plus rapides et réguliers, ils sont surtout capables de transporter des tonnages beaucoup plus importants. À la veille de la Première Guerre mondiale, **ils représentent plus de 90 % de la capacité de transport maritime et ont permis de diviser par 7 au cours du XIXe siècle le coût du fret**. Cette baisse est encore plus forte sur la route des Indes, grâce à **l'ouverture en 1869 du canal de Suez** qui entraîne une réduction considérable des distances et des délais dans les liaisons entre l'Asie et l'Europe. Malgré l'abondance des *tramps,* navires vagabonds à la recherche de fret et donc polyvalents, **les flottes commencent à se spécialiser** avec l'apparition, par exemple, de navires frigorifiques qui acheminent les viandes venues de l'hémisphère Sud ou de pétroliers qui ravitaillent l'Europe. La flotte marchande comporte aussi un nombre croissant de paquebots. Véritables vitrines de la modernité des chantiers navals, ces lévriers des mers sont capables, au début du XXe siècle, de parcourir 25 milles par heure soit 45 kilomètres et de transporter chacun plusieurs milliers de passagers. Aux mains de puissantes compagnies comme la Cunard britannique ou la Hambourg Amerika allemande, ces paquebots sillonnent en particulier l'Atlantique et acheminent des millions d'émigrants vers le Nouveau Monde.

3. Le progrès des communications

Vers 1830, il faut près d'un mois et demi, soit **plus de 800 heures pour relier Londres à New York**, et donc autant de temps pour transmettre une information par courrier. Les initiatives des armateurs et donneurs d'ordre sont obligatoirement freinées par cette lenteur et par l'incertitude dans laquelle ils travaillent. À partir du milieu du siècle, les *steamers* réduisent ce délai de moitié et, **en 1910, la traversée de l'Atlantique ne nécessite plus que 100 heures**. Mais la véritable révolution est apportée par les télécommunications. Le terme inventé en 1900 définit les nouveaux moyens permettant de transmettre instantanément des informations, grâce notamment aux **câbles télégraphiques sous-marins**, qui forment un véritable réseau mondial à partir des années 1880, et aux débuts de la télégraphie sans fil. En permettant des négociations directes entre des partenaires dispersés dans le monde, la circulation de l'information a été un facteur essentiel d'extension et d'intensification des échanges et donc d'intégration, quelle que soit la distance, dans un marché mondial.

B. LA FORMATION D'UN MARCHÉ MONDIAL

1. La croissance des flux et la convergence des prix

La baisse du coût des transports entraîne spontanément l'apparition de flux commerciaux nouveaux. Jusqu'en 1870, il existe une forte différence de prix entre les agricultures intensives d'Europe occidentale, où prédominent des exploitations de faible taille, et les productions extensives à bas coût réalisées dans les domaines souvent immenses des pays neufs d'Amérique du Nord ou du Sud. Tant que le coût du transport est plus élevé que la différence de prix, aucun échange n'est possible et l'Europe se limite à importer ce qu'elle ne produit pas. À l'inverse, **la baisse spectaculaire du fret induit à partir des années 1870 une arrivée massive des grains venus d'Amérique** et, avec l'invention du frigorifique, l'afflux en Europe de viande de bœuf argentin ou de mouton néo-zélandais. L'intensification des échanges liée à la baisse des frets suscite à son tour une **convergence des prix mondiaux**. Ainsi, entre 1870 et 1913, l'écart des prix du blé entre Chicago et Liverpool se réduit de 58 % à 16 %, celui du coton entre Bombay et Liverpool tombe de 57 à 20 %, celui de l'acier entre Philadelphie et Londres de 85 à 19 %. **Plus que l'augmentation spectaculaire des flux, c'est la convergence des prix qui marque entre 1870**

et 1913 la formation d'un véritable marché mondial. Selon le processus décrit par Ricardo, cette convergence accélère la division internationale du travail, en obligeant le pays le plus cher à réduire ou supprimer sa production au profit d'un approvisionnement extérieur. Ainsi, l'industrie textile indienne a été submergée par les produits britanniques et la production de blé anglaise par les grains à bas prix venus des pays neufs. Le seul moyen d'échapper à cette loi du marché consiste à rétablir des droits de douane pour limiter la concurrence et amortir le coût social des adaptations. C'est la solution retenue à la fin du XIXe siècle par la plupart des pays européens pour sauvegarder leur agriculture menacée par la concurrence des pays neufs.

ZOOM ▶ La mondialisation du marché vue par Karl Marx

« Poussée par le besoin d'un débouché toujours plus étendu, la bourgeoisie envahit le globe entier [...]. Par l'exploitation du marché mondial, la bourgeoisie donne un caractère cosmopolite à la production et à la consommation de tous les pays. Au désespoir des réactionnaires, elle a enlevé à l'industrie sa base nationale. Les vieilles industries nationales sont détruites ou sur le point de l'être. Elles sont supplantées par de nouvelles industries, dont l'introduction devient une question vitale pour toutes les nations civilisées, industries qui n'emploient plus de matières premières nationales, mais des matières premières venues des régions les plus lointaines, et dont les produits se consomment non seulement dans le pays même, mais dans toutes les parties du monde [...]. À la place de l'ancien isolement local et national se développe un trafic universel, une dépendance mutuelle des nations. »

Karl Marx , Friedrich Engels,
Le Manifeste du parti communiste (1848).

2. Un système commercial centré sur l'Europe

Tout au long du XIXe siècle, **l'Europe occidentale exerce un rôle moteur dans le dynamisme du commerce mondial**. L'industrialisation nécessite en effet une importation croissante de produits de base. Outre les minerais divers, les combustibles, charbon et pétrole à partir de la fin du siècle, l'Europe importe des fibres textiles, coton, laine, jute, et une gamme diversifiée de produits alimentaires, céréales, viandes, boissons et fruits tropicaux, café, thé, bananes, sucre, épices. L'ensemble de ces produits bruts représente 80 % des achats des pays d'Europe occidentale. À l'inverse, les produits manufacturés constituent 60 % de leurs exportations. **L'Europe à elle seule représente les deux tiers du commerce mondial**, dont 40 % sous forme d'échanges intra-européens et plus de 20 % sous forme d'échanges avec le reste du monde. Les États-Unis et le Canada restent jusqu'à la Guerre de 14-18 les premiers fournisseurs extérieurs des pays européens. Les ventes européennes sont par contre très diversifiées : les pays asiatiques – Inde, Japon et Chine – représentent le premier débouché, suivi par l'Amérique du Nord, puis les pays d'Amérique latine, l'Afrique n'étant qu'un partenaire marginal, malgré la colonisation. Au total, en 1913, l'Europe exporte 16 % de sa production, soit deux fois plus que la moyenne mondiale.

Répartition géographique des importations européennes 1880-1910

	Europe	Amérique du Nord	Amérique du Sud	Asie	Afrique	Océanie	Total
En valeur							
1850	804	171	106	159	30	16	1 288
1870	2 628	404	293	358	99	75	3 857
1890	3 603	805	342	507	168	140	5 566
1910	6 274	1 462	863	1 042	469	352	10 462
En % du total							
1850	62,4	13,3	8,2	12,3	2,3	1,4	100,0
1870	68,1	10,5	7,6	9,3	2,6	1,9	100,0
1890	64,7	14,5	6,1	9,1	3,0	2,5	100,0
1910	60,0	14,0	8,2	10,0	4,5	3,4	100,0

Source : Paul Bairoch, *op. cit.*

Répartition géographique des exportations européennes 1880-1910

	Europe	Amérique du Nord	Amérique du Sud	Asie	Afrique	Océanie	Total
En valeur							
1850	772	139	101	91	30	10	1 143
1870	2 326	303	224	315	68	57	3 293
1890	3 216	391	332	419	137	131	4 626
1910	5 866	657	648	847	415	212	8 646
En % du total							
1850	67,6	12,2	8,9	7,9	2,6	0,8	100,0
1870	70,6	9,2	6,8	9,6	2,1	1,7	100,0
1890	69,5	8,5	7,2	9,1	3,0	2,8	100,0
1910	67,8	7,6	7,5	9,8	4,8	2,4	100,0

Source : Paul Bairoch, *op. cit.*

3. Des échanges asymétriques

La structure des échanges mondiaux confirme l'avance économique des pays européens dans la division internationale du travail qui s'est mise en place sous leur impulsion. **Ils assurent en effet la presque totalité des exportations mondiales de produits manufacturés**, 95 % en 1880 et encore 81 % en 1913, contre 10 % seulement pour les États-Unis. Ces ventes de produits manufacturés vont des biens d'équipement, matériel ferroviaire, navires, machines diverses, aux produits chimiques, engrais, colorants, médicaments et à une gamme très diversifiée de biens de consommation, notamment textiles et produits de luxe. **Les pays européens sont aussi beaucoup moins dépendants qu'aujourd'hui pour leur approvisionnement en produits de base**. L'énergie est fournie par l'Angleterre et l'Allemagne, respectivement premier et second exportateurs mondiaux de charbon. Les trois quarts des besoins en fer sont couverts par la France et la Suède. Les pays européens disposent, grâce à la colonisation, d'approvisionnements protégés et sûrs pour les produits exotiques qui leur manquent, comme le café, le thé, le cacao, les fruits tropicaux mais aussi pour de nombreux minerais.

Les infrastructures et instruments nécessaires aux échanges sont également sous contrôle européen. Jusqu'en 1914, **la livre sterling est la monnaie du commerce mondial**. Elle sert à fixer, dans les bourses de commerce européennes, les cours des produits de base. Elle est aussi la monnaie internationale de règlement et de crédit. **Le crédit commercial à court terme**, matérialisé par les effets de commerce, est en effet **monopolisé par la finance britannique** qui en tire de confortables revenus. Les fonctions d'entrepôt, de transit et de réexpédition sont assurées par les grands ports européens comme Londres, Liverpool ou Anvers, les compagnies marchandes sont européennes et une grande partie du trafic mondial est réalisée par des navires appartenant aux Européens. À la veille de la guerre, les navires américains n'assurent que 10 % du commerce extérieur des États-Unis qui se plaignent aussi de devoir utiliser le système financier de la City et d'être soumis à la conjoncture européenne puisque l'Europe absorbe les deux tiers de leurs ventes.

C. DE FORTES TENSIONS COMMERCIALES

1. L'expansionnisme commercial germanique

En 1880, l'Allemagne n'est que la quatrième puissance commerciale du monde, loin derrière le Royaume-Uni qui contrôle le quart du commerce mondial, mais aussi derrière la France et les États-Unis**. En 1913, l'Allemagne s'est hissée au deuxième rang : avec 13 % des échanges, elle talonne désormais l'Angleterre** qui ne réalise plus que 15 % des échanges mondiaux. Cette réussite fulgurante est liée d'abord aux **méthodes commerciales**. Les Allemands sont les premiers à recourir aux études de marché, à éditer des catalogues de vente dans la langue du pays visé, à mettre en place des services après-vente. Ils ont su aussi s'appuyer sur la diaspora de leurs émigrants et recruter parmi eux des **commis voyageurs** qui servent d'interfaces entre leur pays d'origine et leur pays d'adoption et se révèlent d'une redoutable efficacité. L'Allemagne dispose également de **puissantes sociétés de commerce** et les exportateurs sont systématiquement soutenus par le réseau des banques allemandes à l'étranger, la « pieuvre germanique ». Ils bénéficient par ailleurs d'une nette supériorité technique dans des secteurs clés de la seconde révolution industrielle, en particulier le **matériel électrique** et les **produits chimiques**, colorants synthétiques, engrais, produits pharmaceutiques, explosifs. Enfin, le système des cartels, développé à l'abri des barrières douanières, permet d'accumuler les profits sur le marché allemand pour vendre en recourant au **dumping** à l'exportation. Comme pour la Chine aujourd'hui, les contemporains ont eu l'impression d'une invasion irrésistible des produits germaniques un peu partout dans le monde.

Structure des exportations européennes en 1913

	Allemagne	Belgique	France	Italie	Royaume-Uni	Suède	Suisse	Total des sept pays
En valeur courante[1]								
Produits de base	*676*	*241*	*441*	*292*	*517*	*130*	*57*	*2 354*
dont Aliments	261	94	188	146	174	29	41	933
Matières premières	415	147	253	146	343	101	16	1 421
Articles manufacturés	*1 704*	*441*	*763*	*189*	*1 990*	*89*	*207*	*5 383*
dont Métaux	382	100	68	6	328	29	12	925
Machines	233	16	24	6	198	16	21	514
Véhicules	55	25	52	8	119	1	3	263
Produits chimiques	190	32	51	10	101	3	12	399
Textiles	315	200	300	101	959	2	107	1 984
Divers	529	68	268	58	285	38	52	1 298
Total général	*2 380*	*682*	*1 204*	*481*	*2 507*	*219*	*264*	*7 737*
En % du total général de chaque pays								
Produits de base	*28,4*	*35,3*	*36,6*	*60,7*	*20,6*	*59,4*	*21,6*	*30,4*
dont Aliments	11,0	13,8	15,6	30,3	6,9	13,2	15,5	12,1
Matières premières	17,4	21,6	21,0	30,3	13,7	46,1	6,1	18,4
Articles manufacturés	*71,6*	*64,7*	*63,4*	*39,3*	*79,4*	*40,6*	*78,4*	*69,6*
Métaux	16,1	14,7	5,6	1,2	13,1	13,2	4,5	12,0
Machines	9,8	2,3	2,0	1,2	7,9	7,3	8,0	6,6
Véhicules	2,3	3,7	4,3	1,7	4,7	0,5	1,1	3,4
Produits chimiques	8,0	4,7	4,2	2,1	4,0	1,4	4,5	5,2
Textiles	13,2	29,3	24,9	21,0	38,3	0,9	40,5	25,6
Divers	22,2	10,0	22,3	12,0	11,4	17,3	19,7	16,8
Total général	*100,0*	*100,0*	*100,0*	*100,0*	*100,0*	*100,0*	*100,0*	*100,0*

1. Valeur en millions de dollars.

Source : Paul Bairoch, *op. cit.*

2. Les inquiétudes britanniques

Dominatrice au milieu du XIXe siècle, l'Angleterre est confrontée à **partir de la Grande Dépression à une aggravation de son déficit commercial et une à érosion de ses parts de marché**. Ses exportations diminuent de 1875 à 1895 par suite de la moindre demande de biens d'équipements, de la concurrence allemande, de la montée du protectionnisme et de la cherté relative de ses produits. Inversement, le libre-échange et le pouvoir d'achat britannique se traduisent par un gonflement des importations. **En 1895, son taux de couverture commerciale n'est plus que de 72 %**. Le succès du livre publié en 1896 par le journaliste Williams sous le titre explicite *Made in Germany* alimente le mouvement d'opinion réclamant un *fair trade* à la place du *free trade* et l'abandon d'un libre-échange devenu un marché de dupes. Chamberlain fait même campagne pour la mise en place d'un protectionnisme englobant l'empire. Le retour de la croissance à partir des années 1895 se traduit par un redressement du commerce anglais, grâce aux ventes massives de biens d'équipement vers les pays neufs. En 1906, l'électorat rejette donc les thèses de Chamberlain. Aggravée par les tensions coloniales, **l'animosité commerciale à l'égard de l'Allemagne conduit cependant l'Angleterre à se rapprocher de la France** dans le cadre de « l'Entente cordiale ».

3. La tentation du repli

L'accélération des échanges et la montée de la concurrence, dans le contexte de la Grande Dépression de la fin du XIXe siècle, suscitent un peu partout des inquiétudes et des **protestations de ceux qui s'estiment lésés par l'arrivée massive de produits étrangers**. Confrontés à une forte baisse des prix à partir du milieu des années 1870, les paysans français ou allemands attribuent leurs difficultés à la concurrence déloyale des pays d'Europe centrale et orientale et surtout des pays de l'hémisphère Sud, « ces peuples jeunes favorisés par un sol vierge et presque sans valeur, une main-d'œuvre d'un bon marché invraisemblable, l'absence de charges militaires et l'insignifiance des charges fiscales », selon le ministre français Méline dans son plaidoyer pour le rétablissement d'une protection douanière. Aux États-Unis, les craintes proviennent surtout des milieux industriels concurrencés par les produits européens. En Russie, ce sont les investisseurs étrangers qui réclament le protectionnisme pour rentabiliser leurs investissements. **En Asie**, la « porte ouverte » imposée au Japon à partir des années 1850 par les États-Unis d'abord puis par les autres grandes puissances et les pressions identiques sur la Chine nourrissent des **réactions nationalistes contre l'Occident**. Toutes ces craintes expliquent le retour quasi général à des protections douanières, qui n'ont d'ailleurs pas empêché les échanges de continuer à augmenter rapidement jusqu'à la Première Guerre mondiale.

II. La mondialisation des flux financiers

A. UN MONOPOLE EUROPÉEN

1. La supériorité du Royaume-Uni

À partir du dernier quart du XIXe siècle, « l'or européen ruisselle sur le monde ». L'enrichissement des pays industrialisés conduit en effet une partie de l'épargne disponible à s'expatrier. En 1913, **le stock de capitaux placés ou investis à l'étranger atteint 48 milliards de dollars dont 90 % venus des pays européens**, dans l'ordre Royaume-Uni, France, Allemagne, mais aussi Pays-Bas, Belgique, Suisse et Suède. Le **Royaume-Uni** occupe cependant une place exceptionnelle : ses avoirs à l'étranger atteignent en 1913 18 milliards de dollars, soit 3,7 milliards de livres sterling, ce qui représente **près de la moitié du total mondial**. La répartition géographique est particulièrement large. **47 % des capitaux exportés se sont dirigés vers l'empire britannique**, en particulier les dominions et territoires de peuplement. L'Australie par exemple ou le Canada ont reçu autant de capitaux que l'immense Inde qui compte 300 millions d'habitants. Les capitaux britanniques ont afflué en masse **aux États-Unis où ils représentent 60 % du capital venu de l'étranger**. Les Anglais sont aussi les premiers fournisseurs de capitaux en Argentine et au Brésil et ils s'intéressent également au Moyen-Orient et même à la Chine. Contrairement à la France et à l'Allemagne, ils se montrent très prudents en Europe continentale et particulièrement en Europe centrale et en Russie.

Les investissements britanniques en 1914 (millions de dollars)

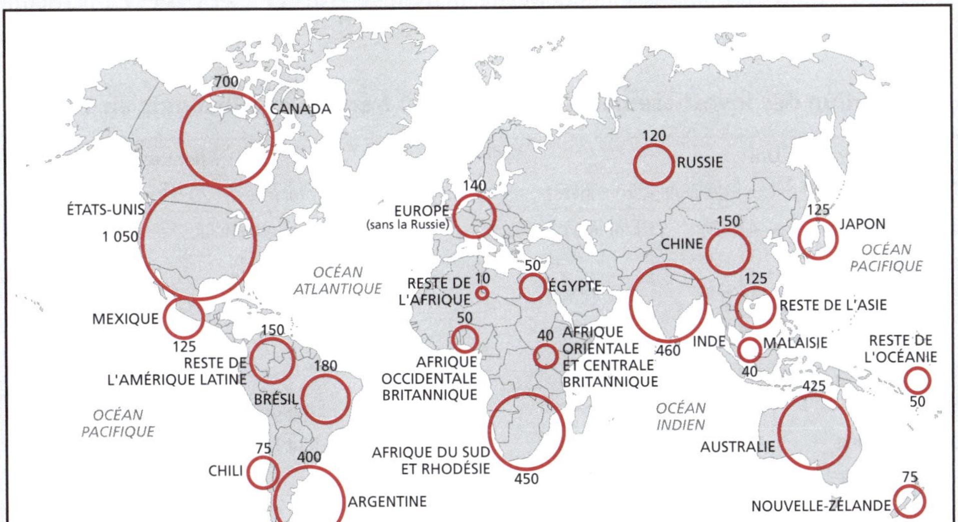

Source : François Bedarida, *L'Angleterre triomphante : 1832-1914*, Paris, Hatier, 1974.

2. La stratégie atypique de la France

Deuxième exportateur mondial de capitaux avec un stock de 9 milliards de dollars en 1913, soit 45 milliards de francs, la France a suivi une stratégie toute différente. Les épargnants français ne s'intéressent guère aux actions et aux investissements extérieurs qui leur paraissent trop risqués et privilégient ce qu'ils jugent le plus sûr : **la souscription à des emprunts d'État**. Rassurés notamment par la signature de l'Alliance franco-russe en 1892, ils souscrivent massivement aux **emprunts publics russes qui représentent en 1913 le quart de leur portefeuille de titres**. Tout républicains qu'ils soient, ils voient dans le pouvoir autocratique du tsar un symbole d'éternité et accentuent leurs placements après la répression de la tentative révolutionnaire de 1905. Il est vrai que la propagande officielle les encourage et que les banques vantent auprès des épargnants les taux d'intérêt alléchants proposés par Moscou. Les Français par contre s'intéressent très peu à la mise en valeur de leur **empire qui ne reçoit que 9 % des capitaux placés à l'étranger**. Ils sont aussi très frileux, même dans des pays en plein essor comme les États-Unis où les avoirs français représentent moins de 6 % du capital étranger en 1913.

3. Le retard relatif de l'Allemagne et des États-Unis

Troisième fournisseur mondial de capitaux, l'Allemagne n'a en 1913 que 23 milliards de marks exportés soit 5,6 milliards de dollars. Cette place relativement modeste s'explique par le caractère beaucoup plus tardif de son développement. Comme pour le commerce extérieur, les contemporains ont surtout été sensibles à l'accroissement annuel spectaculaire de ces capitaux exportés. De plus, **les Allemands privilégient les investissements directs** et développent une stratégie géographique cohérente. La moitié des capitaux exportés est en effet dirigée **vers l'Europe centrale et le Proche-Orient**, où ils cherchent à faire prévaloir leurs intérêts économiques et stratégiques face aux Russes, aux Britanniques et aux Français. **L'autre moitié de leurs investissements répond**

aux principes de la *Weltpolitik* chère à l'empereur Guillaume II et se dirige vers l'Amérique du Nord et les pays latino-américains mais aussi l'Australie et l'Asie, en particulier la Chine.

■ Répartition des investissements britanniques, français et allemands en 1914

Royaume-Uni		France		Allemagne	
Total investi : 3 763 millions de livres		Total investi : 45 milliards de francs		Total investi : 23,5 milliards de marks	
Empire colonial :	47,3 %	Empire colonial :	8,8 %	Empire colonial :	1 %
dont Canada	13,5 %				
Australie	11,0 %				
Afrique du Sud	10,0 %				
Inde	10,1 %				
Étranger :	52,7 %	Étranger :	91,2 %	Étranger :	99 %
dont États-Unis	20,0 %	dont Europe	61,1 %	dont Europe	53,1 %
Amérique latine	20,0 %	Russie	26,2 %	Autr.-Hongrie	12,7 %
Argentine	8,5 %	Turquie	7,3 %	Russie	7,6 %
Brésil	3,9 %	Espagne-Portugal	8,6 %	Turquie	7,6 %
Mexique	2,6 %	Balkans	5,5 %	Balkans	7,5 %
Europe	5,8 %	Autr.-Hongrie	4,8 %	Espagne-Portugal	7,5 %
Russie	2,9 %	Italie	2,8 %	hors Europe	45,9 %
Japon	1,6 %	hors Europe	30,1 %	Amérique latine	15,8 %
Chine	1,2 %	Amérique latine	13,3 %	États-Unis, Canada	15,7 %
Égypte	1,2 %	Égypte, Suez	7,3 %	Australie	7,4 %
		États-Unis, Canada		Asie	4,2 %
		Australie	4,4 %		
		Asie	4,8 %		

Par rapport à ces trois grandes puissances européennes, **le retard des États-Unis est indiscutable**. En 1913, leurs avoirs à l'étranger (3,5 milliards de dollars) sont inférieurs de moitié au capital étranger investi chez eux. De plus, l'impérialisme financier américain reste concentré sur l'étranger proche. Plus des trois quarts de leurs investissements sont concentrés sur le continent américain et notamment sur le Canada, le Mexique, Cuba, Panama et, à un moindre degré, le Brésil ou l'Argentine.

B. UNE TRIPLE MOTIVATION

1. La recherche du profit

Entre 1870 et 1913, le produit national britannique passe de 1 à 2,4 milliards de livres, celui de la France de 20 à 42 milliards de francs, celui de l'Allemagne de 20 à 47 milliards de marks. **Cet enrichissement permet de dégager des sommes d'épargne de plus en plus élevées**, représentant de 10 à 15 % du produit annuel. À la différence de ce qui se passe aujourd'hui, 20 % seulement des capitaux exportés font l'objet d'investissements directs et 80 % d'investissements de portefeuille, c'est-à-dire d'achats d'obligations publiques, ou d'actions et obligations de sociétés privées. Les emprunts étrangers offrent des taux d'intérêt plus élevés qu'en Europe et l'achat d'actions exotiques est stimulé par la perspective de profits exceptionnels. **Les marxistes affirment même que l'exportation des capitaux est imposée par les contradictions internes du capitalisme**. Plus le capitalisme se développe, plus il est contraint de rechercher au-dehors des sources de profit, pour éviter le surinvestissement interne et la surproduction que la sous-consommation des masses laborieuses rend inéluctables. Lénine retient ainsi l'exportation des capitaux comme l'un des caractères essentiels de l'impérialisme, « stade suprême du capitalisme ».

■ L'internationalisation des capitaux

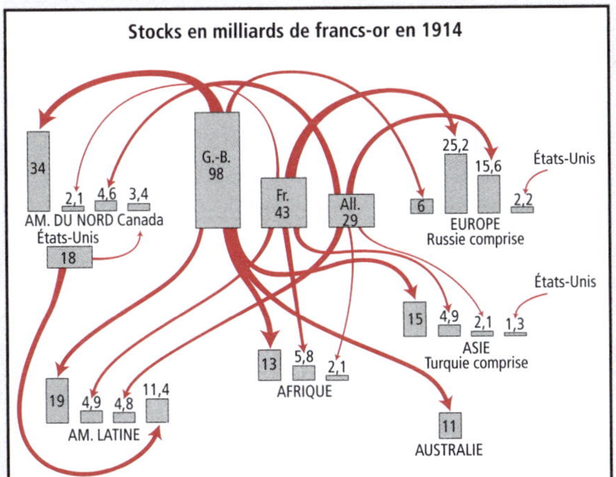

Source : R. Girault, Diplomatie européenne et impérialismes 1871-1914, Masson, 1974

2. La course aux approvisionnements

L'exportation des capitaux répond aussi à des **préoccupations commerciales**. Les pays européens doivent en effet se procurer les ressources nécessaires à leur développement industriel, satisfaire la demande de leurs consommateurs en produits exotiques et développer les infrastructures leur permettant d'importer et d'exporter. Ils sont par contre peu enclins à développer des industries qui concurrenceraient leurs productions. La répartition sectorielle des investissements et placements est particulièrement significative : **les infrastructures de transport occupent la première place suivies par les activités minières, les plantations et plus marginalement les industries et les entreprises de service**. En 1913 par exemple, les investissements britanniques à l'étranger se répartissent pour 58 % dans les transports, contre 10 % respectivement dans les mines, les plantations et les industries, le solde concernant des services variés, services bancaires, distribution d'eau ou d'énergie, transports urbains. L'exportation des capitaux est donc un facteur essentiel dans la division internationale du travail et la hiérarchisation du système mondial au profit du centre européen.

3. Une stratégie de puissance

L'exportation des capitaux vise aussi à développer des zones d'influence, à faire pression sur des pays étrangers et à **servir les intérêts stratégiques des grandes puissances**. La défaite de la Chine face au Japon en 1895 déclenche ainsi les convoitises de tous les pays développés. Le pouvoir impérial trouve sans difficulté le moyen de financer ses emprunts mais doit offrir des compensations : l'octroi de larges concessions littorales et le contrôle des créanciers sur les recettes douanières transforment le pays en territoire semi-colonial. L'Empire ottoman surendetté est contraint d'accepter la présence d'étrangers dans les services chargés de gérer la dette publique et donc d'aliéner une partie de sa souveraineté. En Russie, le tsar utilise les emprunts publics souscrits par les Français pour développer notamment le réseau ferroviaire mais il a dû tenir compte des fortes pressions des militaires français. Ceux-ci souhaitaient privilégier les lignes stratégiques dans la partie européenne du territoire de manière à permette une mobilisation accélérée des troupes russes en cas de conflit avec l'Allemagne et à obliger les troupes allemandes à combattre sur deux fronts.

Les préoccupations stratégiques sont aussi au cœur de ce que les **Américains** appellent la « diplomatie du dollar ». Citoyens d'une ancienne colonie révoltée, ils rejettent l'impérialisme territorial et la colonisation de type européen mais **privilégient l'impérialisme financier, jugé moins coûteux et plus efficace**. Ils utilisent les investissements directs ou le contrôle du service de la dette pour placer sous leur influence les pays voisins d'Amérique centrale ou des Caraïbes. Au début du XXe siècle, le président Theodore Roosevelt invente même le « corollaire à la doctrine Monroe » qui attribue à son pays un rôle de gendarme sur tout le continent pour intervenir en lieu et place des puissances européennes partout où les intérêts financiers de l'Europe seraient menacés.

C. UN PHÉNOMÈNE AMBIVALENT

1. L'émergence des premières firmes multinationales

La firme américaine Singer, spécialisée dans la fabrication de machines à coudre, est la première à implanter dès les années 1870 des usines à l'étranger et à se doter d'un réseau commercial mondial. **En Europe, la stratégie multinationale concerne d'abord les entreprises de petits pays** qui cherchent à dépasser des marchés nationaux trop étroits, comme la firme suisse Nestlé, l'entreprise suédoise Ericsson ou la firme néerlandaise Philips. Les entreprises allemandes des secteurs électrique et chimique, comme Siemens, AEG, BASF, multiplient aussi les filiales, notamment sur les différents marchés européens pour contourner les droits de douane et tirer le meilleur profit de leur avance technique. Les firmes anglaises cherchent également à s'installer à l'étranger et privilégient les marchés les plus dynamiques, comme les États-Unis, le Canada et même l'Allemagne. **À partir de 1880, la multinationalisation concerne un nombre croissant de secteurs industriels**, comme le matériel téléphonique, l'agroalimentaire, la prospection pétrolière ou la construction électrique. **En 1913, on estime entre 3 et 6 % la part de la production mondiale réalisée par ces implantations extérieures** et à 350 le nombre de filiales de grands groupes installées à l'étranger, deux tiers étant d'origine européenne et un tiers d'origine américaine.

2. Des effets positifs

Pour les pays fournisseurs de capitaux, outre les avantages en termes d'approvisionnement, de débouchés, de prestige et de zone d'influence, l'exportation de l'épargne assure en retour de confortables revenus et une véritable **rente financière**. Au Royaume-Uni, les revenus des investissements et placements extérieurs représentent en 1913 près de 10 % du revenu national, soit 200 millions de livres, qui couvrent largement le déficit commercial de 131 millions de livres. L'Allemagne et la France compensent aussi largement leur déficit commercial par les rentrées liées à leurs avoirs extérieurs. La mondialisation financière favorise donc l'enrichissement des populations européennes, même si les profits restent inégalement répartis.

Pour les pays receveurs, l'impact est loin d'être négligeable en termes de désenclavement, de mise en valeur des ressources locales, de créations d'emplois ou d'insertion sur le marché mondial. Les investissements européens s'accompagnent aussi de transfert de technologie, d'essor des régions littorales et même d'émergence d'une classe d'entrepreneurs. Dans les cas les plus favorables, les États-Unis, le Canada, l'Australie, **la pluie de capitaux venue d'ailleurs est un facteur de décollage économique et d'émergence.**

3. Des effets pervers

Premier exportateur de capitaux, le Royaume-Uni est aussi la première victime. **L'investissement extérieur s'accompagne en effet d'un affaiblissement des investissements intérieurs** et d'un vieillissement technique de l'appareil de production. Les industries de la seconde révolution industrielle ont été négligées et l'innovation britannique, si féconde dans la première moitié du XIXe siècle, se tarit. Dès 1880, **l'Angleterre souffre de « surexpansion impériale »**, alors que son économie s'essouffle. En **France, la priorité accordée à l'épargne** par la bourgeoisie et les classes moyennes **renforce un comportement malthusien et limite la consommation**, au grand dam de la croissance et de la modernisation du pays. Ce goût excessif pour l'épargne s'accompagne d'une préoccupation absolue de sécurité des placements qui pousse les Français à s'intéresser prioritairement aux emprunts publics nationaux et aux emprunts russes. Double illusion puisque les titres de la dette nationale vont être totalement dévalorisés par l'inflation durant la Première Guerre mondiale et les créances sur la Russie annulées par la chute du régime tsariste. **L'exportation des capitaux allemands a, pour sa part, aggravé la germanophobie de l'Angleterre et de la France** et renforcé les mouvements nationalistes dénonçant l'expansionnisme tous azimuts des firmes d'outre-Rhin. Comme l'écrit Lénine en 1917 : « Contre le groupe franco-anglais s'est dressé un autre groupe capitaliste, le groupe allemand, encore plus rapace, encore plus doué pour le brigandage, qui est venu s'asseoir au banquet du festin capitaliste alors que toutes les places étaient déjà prises… La présente guerre est le produit de la politique de deux colosses qui, bien avant les hostilités, avaient étendu sur le monde entier les tentacules de leur exploitation financière et s'étaient partagé économiquement le monde. »

III. Des flux migratoires exceptionnels

A. UN PHÉNOMÈNE AUX MULTIPLES ORIGINES

1. Le reflet de la vitalité démographique européenne

Monde plein, l'Europe passe de 180 millions d'habitants en 1800 à **450 millions en 1913, soit le quart de la population mondiale**. L'Europe est en effet le foyer initial de la révolution démographique. Celle-ci repose d'abord, contrairement aux prévisions pessimistes de Malthus, sur les **progrès induits par la révolution agricole** qui s'est amorcée dès le milieu du XVIIIe siècle en Angleterre avant de se répandre dans l'Europe occidentale : l'augmentation des surfaces cultivées grâce à la disparition de la jachère jusque-là triennale et la croissance des rendements, due à l'amélioration des rotations culturales puis à l'apport des engrais, ont permis une **forte croissance des récoltes et une nette amélioration de l'alimentation**. La dernière grande famine en Europe occidentale atteint l'Irlande dans les années 1840. Le libre-échange permet aussi d'importer des compléments et la Grande Dépression fait baisser de plus d'un tiers le prix des produits alimentaires. S'y ajoutent **les progrès continus de la médecine** depuis la mise au point en 1796 du vaccin contre la variole, première grande victoire contre la maladie, jusqu'aux découvertes de Pasteur et au développement de l'industrie pharmaceutique. La révolution agricole et la révolution médicale se traduisent par une **baisse de moitié du taux de mortalité au cours du XIXe siècle**. Combiné avec un maintien de la natalité au moins jusqu'au dernier tiers du siècle, le recul de la mortalité permet un allongement de l'espérance de vie, qui dépasse 50 ans vers 1900, et une croissance démographique qui contraste avec la stagnation des siècles précédents. **La population européenne augmente de 1,2 % par an en moyenne à la fin du XIXe siècle** et les fortes densités contrastent avec les mondes vides hors d'Europe. En 1850, au moment où s'amorcent les migrations de masse, l'Europe compte 275 millions d'habitants contre 50 millions seulement pour l'ensemble des grands pays d'accueil : États-Unis, Canada, Argentine, Brésil, Australie et Nouvelle-Zélande.

2. De nombreux facteurs de départ

Natalité et mortalité en France, Allemagne et Royaume-Uni

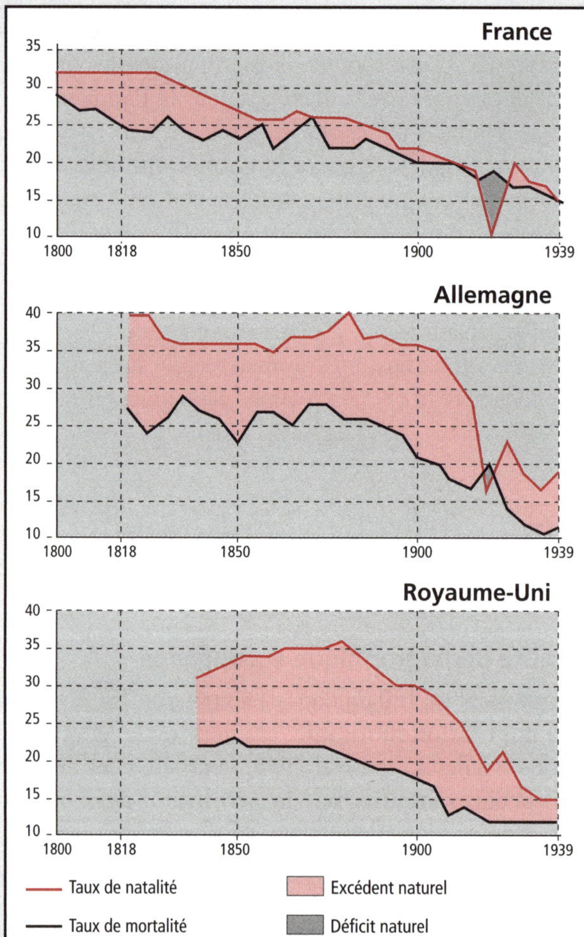

La liaison entre croissance démographique et émigration est confirmée par le cas atypique de la France. Géant démographique européen à la fin du XVIIIe siècle, la France se révèle particulièrement malthusienne au lendemain des guerres de la Révolution et de l'Empire. Elle ne compte que 39 millions d'habitants au début du XXe siècle. À la différence de ses voisins, elle n'est pas un pays de départ mais une terre d'accueil où les étrangers représentent 2,8 % de la population au recensement de 1911.

L'émigration a cependant d'autres causes que la simple pression démographique. Les crises conjoncturelles, agricoles comme pour l'Irlande ou industrielles comme celles de 1848, 1873, 1893, 1901, se traduisent par un gonflement des vagues migratoires. **Les persécutions religieuses, politiques ou ethniques entraînent également de nombreux départs** parmi les révolutionnaires de 1848, les communards de 1871, les Polonais confrontés à la répression russe en 1831 et 1863, les juifs d'Europe centrale ou orientale fuyant les pogroms, etc. Pour tous ceux dont la vie quotidienne est sans issue, populations rurales misérables des régions méditerranéennes ou orientales, ouvriers sans travail, **les Nouveaux Mondes offrent la perspective d'un avenir d'autant plus radieux qu'il est idéalisé.**

3. Des vagues de plus en plus fortes

Jusqu'en 1840, l'insuffisance des moyens de déplacement **limite les migrations à 100 000 personnes par an**. L'essor du chemin de fer et de la navigation à vapeur facilite ensuite l'augmentation des flux. Dans la décennie 1880-1890, plus de 700 000 Européens quittent le Vieux Continent chaque année et le mouvement atteint son apogée avec des **départs annuels dépassant le million au début du XXe siècle**. Au total, près de **50 millions de personnes**, hommes surtout mais aussi femmes et enfants, **émigrent entre 1840 et 1913**, dont les trois quarts après 1880. Les origines de ces migrants évoluent sensiblement. Jusqu'en 1880, ils viennent pour l'essentiel du Royaume-Uni, de Scandinavie et d'Allemagne. Cette première vague migratoire se réduit ensuite très fortement. En Allemagne par exemple, l'émigration tombe de 200 000 départs annuels jusqu'en 1880 à 20 000 seulement à la veille du conflit mondial. Ce ralentissement tient à la fois à la hausse du niveau de vie dans ces pays, à l'amélioration du sort ouvrier grâce aux premières lois sociales, à la forte création d'emplois induite par la croissance, notamment en Allemagne, et à l'affaiblissement du dynamisme démographique, notamment en Angleterre. **Les forts contingents d'émigrés après 1880 proviennent des pays européens les moins développés** où la pression démographique reste forte, pays méditerranéens comme l'Italie et l'Espagne, pays d'Europe centrale et Russie.

L'origine des immigrants aux États-Unis

Date	Total général	Europe	Grande-Bretagne	Irlande	Scandinavie	Autres pays de l'Europe du N.-O.
1820	8 385	7 691	2 410	3 614	23	452
1830	23 322	7 217	1 153	2 721	19	1 305
1840	84 066	80 126	2 613	39 430	207	7 978
1850	369 980	308 323	51 085	164 004	1 589	11 470
1860	153 640	141 209	29 737	48 637	840	5 268
1870	387 203	328 626	103 677	56 996	30 742	9 152
1880	457 257	348 691	73 273	71 603	65 657	15 042
1890	455 302	445 680	69 730	53 024	50 368	20 575
1900	448 572	424 700	12 509	35 730	31 151	5 822
1905	1 006 499	974 273	84 189	52 945	60 625	24 693
1907	1 285 349	1 199 566	79 037	34 530	49 965	26 512
1910	1 041 570	926 291	68 941	29 855	48 267	23 852

1913	1 197 982	1 055 855	60 328	27 876	32 267	28 086
1914	1 218 480	1 058 391	48 729	24 688	29 391	25 591
1915	326 700	197 919	27 237	14 185	17 883	12 096
1920	430 001	246 295	38 471	9 591	13 444	24 491
1930	241 700	147 438	31 012	23 445	6 919	9 170

Date	Allemagne	Russie et Pays baltes	Autres pays d'Europe centrale	Italie	Autres pays d'Europe du Sud
1820	968	14	–	30	174
1830	1 976	3	–	9	27
1840	29 704	–	–	37	151
1850	78 896	31	–	431	797
1860	54 491	65	–	1 019	1 056
1870	118 225	907	4 425	2 891	1 322
1880	84 638	5 014	17 267	13 354	1 631
1890	92 427	35 598	56 199	52 003	3 960
1900	18 507	90 787	114 847	100 135	8 360
1905	40 574	184 897	275 693	221 479	18 156
1907	37 807	258 943	338 452	285 731	52 079
1910	31 283	186 792	258 737	215 737	37 740
1913	34 329	291 040	254 625	265 542	43 526
1914	35 734	255 660	278 152	283 738	55 288
1915	7 799	26 187	18 511	49 688	21 441
1920	1 001	1 751	5 666	95 145	48 009
1930	26 569	2 772	9 184	22 327	4 647

Source : Denise Artaud, André Kaspi, *Histoire des États-Unis*, Paris, Colin, 1977.

B. DES ZONES D'ACCUEIL DANS LE MONDE ENTIER

1. L'attrait pour les États-Unis

Identifiés à une véritable terre promise, **les États-Unis attirent les deux tiers des émigrants européens**. Depuis le *Homestead Act* de 1862, tout immigrant peut obtenir quasi gratuitement sur le front pionnier un lot de terres de 65 hectares à condition de se faire naturaliser et de s'engager à mettre cette terre en valeur pendant au moins 5 ans. Les compagnies ferroviaires et les industriels à la recherche de main-d'œuvre acceptent aussi de payer les frais de voyage et de fournir un contrat de travail aux nouveaux arrivants. Le pays apparaît enfin comme une **terre de liberté** où la libre entreprise peut conduire à des enrichissements spectaculaires et le mythe du ***melting pot*** nourrit pour tous les immigrants, quelles que soient leur origine et leur religion, l'espoir de s'intégrer rapidement dans leur nouvelle patrie. Cette intégration est facile pour les immigrants d'Irlande, du Royaume-Uni, des pays scandinaves et même d'Allemagne qui fournissent les quatre cinquièmes des effectifs jusqu'en 1885. Elle est plus problématique pour les Méditerranéens et les Slaves qui fournissent les deux tiers des contingents à partir de 1900. L'*establishment WASP* s'inquiète d'ailleurs de l'entrée en masse d'immigrants qui ne sont pas protestants, ne parlent pas anglais, n'ont aucune qualification et sont le plus souvent analphabètes. Mais **jusqu'en 1913, les mesures de fermeture ne concernent que les Asiatiques** : l'immigration chinoise est stoppée dès 1882 et celle des Japonais en 1907.

2. Les autres pays d'accueil

Les mouvements migratoires

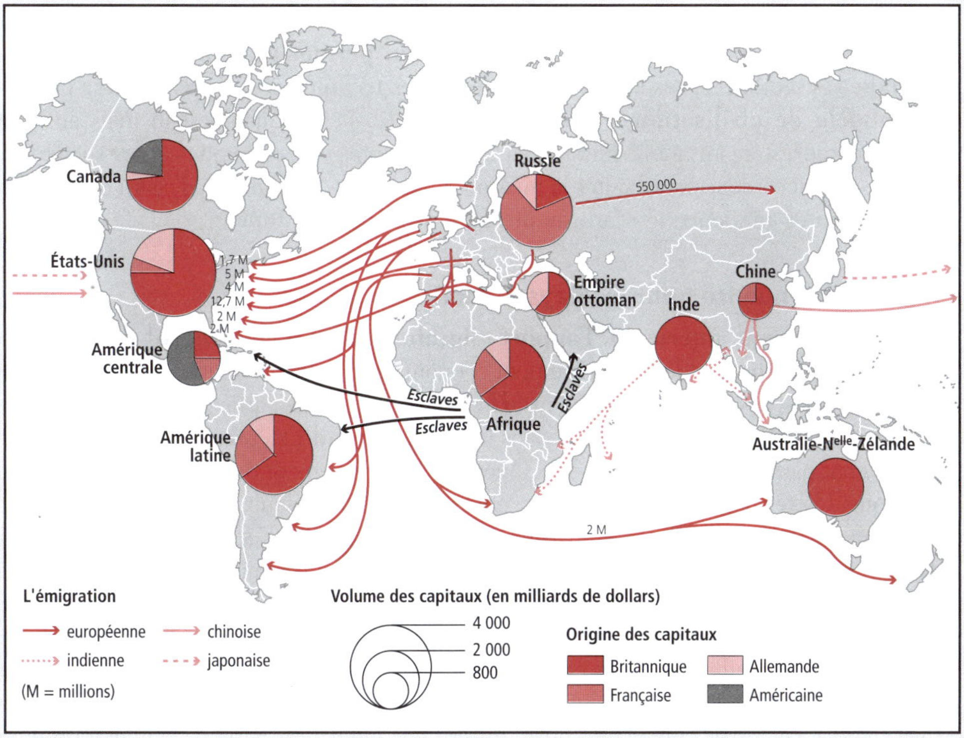

La deuxième région d'accueil est représentée par **les pays d'Amérique latine qui ont attiré 10 millions d'Européens**. L'Argentine comprend ainsi une forte minorité d'Italiens tandis que le Brésil voit arriver des Portugais et des Allemands et le Chili des Espagnols. **Le Canada pour sa part a accueilli 7 millions d'immigrants** de 1850 à 1913 mais beaucoup choisissent ensuite de s'installer définitivement aux États-Unis. Les autres dominions britanniques, Australie, Nouvelle-Zélande et Afrique du Sud, se révèlent beaucoup moins attractifs malgré les découvertes d'or en Australie ou de diamants et d'or en Afrique du Sud. Enregistrés à la veille de la guerre, les flux maxima ne représentent pour ces territoires que 2 à 5 % du flux qui se dirige au même moment vers les États-Unis. De même, **les territoires colonisés en Afrique ou en Asie n'attirent qu'un faible noyau de peuplement européen** composé de militaires, de fonctionnaires, de commerçants et de colons. L'Inde par exemple ne compte pas plus de 200 000 Anglais à la veille de la guerre. Malgré les encouragements officiels, l'Algérie n'a attiré que 600 000 Européens à la même date et les colonies africaines quelques milliers de personnes seulement.

C. DES CONSÉQUENCES DE LONGUE DURÉE

1. Un facteur essentiel du rayonnement européen

Si quelques voix s'élèvent pour déplorer la perte que représente le départ de populations jeunes, dynamiques et le plus souvent animées d'une farouche envie de réussir, le sentiment dominant consiste à se féliciter de voir l'Europe peupler le monde. **L'émigration est d'abord conçue comme une véritable soupape de sûreté** qui atténue la question sociale et les risques révolutionnaires, en particulier dans les périodes dépressives. Comme l'écrit en 1874 l'économiste Leroy-Beaulieu : « Ceux qui ne trouvaient pas dans le Vieux Monde l'emploi de leurs aptitudes naturelles, qui surchargeaient inutilement le marché du travail, qui subsistaient parfois aux dépens de la société, ne délivrent-ils pas par leur départ la métropole d'un poids accablant ? » **L'émigration permet également à l'Europe** de répandre ses croyances, ses langues, ses valeurs, ses techniques et **de s'affirmer comme un modèle de civilisation à l'échelle mondiale**. Ferry, Chamberlain mais aussi les très nombreuses organisations missionnaires protestantes ou catholiques et les sociétés de géographie s'accordent pour exalter la mission civilisatrice de l'Europe à l'égard des peuples jeunes, réputés inférieurs, le « fardeau de l'homme blanc » (R. Kipling).

2. Un bilan plus nuancé pour les pays accueil

Pour le continent américain, l'apport migratoire s'est révélé décisif dans la mise en valeur de l'espace et le développement économique. Entre 1840 et 1913, la population des États-Unis passe de 17 à 99 millions d'habitants, en grande partie grâce à l'immigration. Si beaucoup d'immigrants sont restés dans les villes du Nord-Est, près de leur lieu d'arrivée, d'autres ont participé à la marche vers l'Ouest et au déplacement de la frontière vers la côte Pacifique. Cette conquête permet certes aux États-Unis de devenir, à l'aube du XXe siècle, la première puissance agricole et industrielle du monde mais elle s'accompagne de la **quasi-destruction des tribus indiennes**. Il en est de même à un moindre degré en Amérique latine où les Indiens sont repoussés vers l'intérieur et souvent décimés. **Dans les colonies de peuplement**, **les immigrants bien que très minoritaires accaparent le pouvoir**, s'approprient les meilleures terres et contrôlent l'essentiel des richesses. Toutes les colonies juxtaposent ainsi deux types de société, aux modes de vie très contrastés et où s'opposent l'aisance des colons et la pauvreté ou la misère des indigènes. Partout, l'émigration européenne conduit certes au développement des infrastructures, à la création d'une armature urbaine, à la mise en valeur de ressources jusque-là peu exploitées mais elle crée aussi des **déséquilibres régionaux durables** au profit des régions d'arrivée et des zones les plus favorables comme le Nord-Est des États-Unis, le sud du Canada, les littoraux africains, les métropoles de Buenos Aires, Rio ou São Paulo en Amérique latine…

4 LA COLONISATION

Quand, au milieu des années 1870, les grandes puissances européennes se lancent dans le « steeple-chase », la « course au clocher » de J. Ferry, il existe deux grands ensembles de territoires coloniaux. L'un – ibérique et hollandais – est l'héritage de la première expansion européenne et n'a plus le dynamisme nécessaire à de nouvelles conquêtes. L'autre, français et britannique, qui s'est renforcé durant la première moitié du siècle, connaît à partir de 1874 un nouvel élan. Si la conquête étend le contrôle de la France et du Royaume-Uni à de nouveaux espaces, elle aiguise aussi l'appétit de concurrents européens – Allemagne, Italie, Belgique – et de puissances émergentes – États-Unis, Japon, Russie – qui souhaitent participer au partage du gâteau. Ce partage est cependant très inégal et profite d'abord à la Grande-Bretagne et à la France, l'une gagnant 10 millions de km², la seconde 9 millions ; l'Allemagne avec 3 millions devance la Belgique et l'Italie (moins d'un million) ; États-Unis et Japon se contentent d'environ 250 000 km². En 1914, 90 % de l'espace africain et 56 % de l'Asie sont dominés par l'Europe. Seul l'Empire russe est continental et dans la périphérie de la métropole.

CHRONOLOGIE

1er janvier 1877 : Victoria est proclamée impératrice des Indes

16 février 1881 : Le traité du Bardo place la Tunisie sous protectorat français

février 1885 : Fin de la conférence internationale de Berlin et début du « Scramble for Africa »

28 juillet 1885 : Discours de Ferry sur la politique coloniale

17 octobre 1887 : Création du Gouvernement général de l'Indochine

Juin 1892 : Formation d'un « groupe colonial » à la Chambre des députés

1er mars 1896 : Désastre italien d'Adoua

10 juillet 1898 : La mission Marchand occupe Fachoda

10 décembre 1898 : Par le traité de Paris, les États-Unis acquièrent Porto-Rico, Guam et les Philippines

31 mai 1902 : La paix de Vereeniging met fin à la guerre des Boers

16 janvier-7 avril 1906 : Conférence internationale d'Algésiras sur le Maroc

4 novembre 1911 : Fin de la deuxième crise marocaine. L'Allemagne s'engage « à ne pas entraver l'action de la France au Maroc »

I. Mobiles et acteurs de la colonisation

En 40 ans, les grandes puissances s'engagent dans des expéditions coloniales, cherchent à développer leur sphère de puissance et de domination économique et culturelle, au-delà des limites de la métropole. Lié en partie, au départ, à des initiatives individuelles, ce mouvement rallie rapidement à l'idéologie coloniale une grande partie des élites politiques, intellectuelles et religieuses. Il s'inscrit en un temps où s'affirme **un vaste courant de**

curiosité pour les contrées lointaines, nourri par l'essor de la presse, d'une littérature de voyage et d'aventure. Parmi d'autres, Kipling, Stevenson, Loti, Jules Verne, Paul d'Ivoi distillent par leurs récits l'Afrique, l'Inde ou l'Orient dans les esprits de lecteurs avides d'exotisme et de plus en plus nombreux grâce aux progrès de l'alphabétisation.
Les mobiles qu'avancent les « colonistes », et bientôt les colonisateurs, sont triples : le « devoir de civilisation » qui sert en quelque sorte de couverture aux deux autres, les intérêts socio-économiques et les mobiles politiques.

A. DES MOBILES MULTIPLES

1. Les mobiles humanitaires

Dans le discours colonial, **la mission civilisatrice des nations européennes** est l'argument peut-être le plus utilisé. Jules Ferry écrit en 1882 : « Proclamer partout la loi du travail, enseigner une morale plus pure, étendre et transmettre notre civilisation, cette tâche est assez belle pour honorer une grande entreprise coloniale. » En 1885, il affirme devant les députés « le devoir de civiliser les races inférieures » et deux ans plus tard écrit à l'un de ses proches : « Ce que le génie de la France a fait de cette terre admirable et barbare (l'Algérie) met la puissance colonisatrice de la France au-dessus de toute contestation. » En Grande-Bretagne, Joseph Chamberlain, au même moment, exalte « la race anglo-saxonne, force prédominante de la civilisation universelle » tandis que Kipling célèbre « le fardeau de l'homme blanc » qui doit veiller « sur les races sauvages et agitées ». Dans le jeune royaume d'Italie, dans le Reich, aux États-Unis se retrouvent des appels semblables.
La lutte contre l'esclavage, la pacification des tribus, la conversion, la diffusion de l'instruction, le combat contre les maladies servent de **paravent** aux défenseurs de la « conquête morale » qui laissent pourtant se développer le travail forcé en Afrique.
Si les publics nationaux sont sensibles à cette argumentation, elle a cependant des **opposants**. En France, en 1907, le secrétaire général de l'Union coloniale dénonce « cette formule hypocrite dont personne n'est dupe », tandis que le directeur des Affaires politiques au ministère des Colonies condamne « certains prophètes malfaisants (qui) ont voulu ériger l'humanitarisme en mobile véritable ».

2. L'argumentation économique

Bien que discutée, la nature économique de la colonisation reste essentielle, **en un temps de difficultés** nées de la Grande Dépression, où, en dehors de la Grande-Bretagne, les grandes puissances ont fait le choix du protectionnisme.
Ferry, dans son discours de juillet 1885, le dit clairement : « La politique coloniale est fille de la politique industrielle… La question coloniale… c'est la question même des débouchés. Là où est la prédominance politique, là est également la prédominance des produits, la prédominance économique. » J. Ferry reprend à son compte les propos des **« colonistes »,** P. Leroy-Beaulieu pour qui « la grande utilité d'une colonie, c'est de donner au commerce de la métropole un grand essor », P. Larousse qui dans l'article « Colonies » de son *Dictionnaire* écrit qu'« au point de vue économique, la colonisation est la conséquence de l'immense mouvement industriel qui, depuis 1815, a décuplé le travail des manufactures. Il faut à tout prix accroître les approvisionnements de matières premières et les débouchés pour les produits. Les colonies répondent à ce double besoin ». Un proche de Ferry, l'historien A. Rambaud, écrit en 1886 que « le seul remède rationnel à la crise, c'est de créer des débouchés nouveaux… Il faut, sous peine de mort commerciale, que la France se garde ouvertes l'Afrique, l'Asie, l'Océanie ». Point de vue que partage dix ans plus tard Eugène Étienne,

sous-secrétaire d'État aux Colonies : pour la métropole, la colonisation doit « assurer dans la populeuse Asie, dans la ténébreuse Afrique, d'inépuisables réserves à l'activité de ses industriels, de ses commerçants et de ses agriculteurs ». En Angleterre, Chamberlain, industriel de Birmingham, devenu ministre des Colonies, clame en 1895 sa foi en l'empire britannique, répétant « l'Empire, c'est le commerce » et les cotonniers du Lancashire réclament en 1879 « l'ouverture au commerce de nouveaux territoires ». Dans *L'Allemagne a-t-elle besoin de colonies ?*, Fabri, à l'unisson avec les industriels allemands, insiste en 1884 sur la nécessité de conquérir des colonies comme débouchés pour l'industrie. Quant aux propos de Carl Peters, fondateur de la Société de l'Afrique orientale, ils sont sans ambiguïté : « La colonisation a pour but d'enrichir sans scrupule et avec décision notre peuple, aux dépens d'autres peuples plus faibles. »

Les partisans de l'expansion coloniale estiment aussi qu'elle est un exutoire à la croissance démographique, un débouché pour la réalisation d'ambitions sociales limitées dans une métropole en crise. L'Allemand Fabri comme l'Anglais Cecil Rhodes voient dans la colonisation l'amortisseur des tensions sociales : « Si l'on veut éviter une guerre civile, il faut devenir colonialiste » (C. Rhodes).

3. Un moteur politique et idéologique

Dans un temps où les nationalismes s'exacerbent, **le chauvinisme français, le jingoisme britannique, le pangermanisme** poussent les nations à trouver de nouvelles terres où « planter le drapeau », affirmation de leur rayonnement, de leur puissance, de leur rang.

En France, les républicains qui dénoncent dès 1874 la « politique de recueillement » font leur la doctrine impérialiste. Avant même J. Ferry, Gambetta reprend à son compte les propos de Leroy-Beaulieu – « un peuple qui colonise, c'est un peuple qui jette les assises de sa grandeur » – et souhaite que « la France mutilée, mais non ruinée, sache reprendre véritablement son rang dans le monde ». Jules Ferry affirme en 1885 : « La politique de recueillement ou d'abstention, c'est tout simplement le grand chemin de la décadence. » Les nationalistes qui dénonçaient une politique détournant la France de la « revanche » finissent à la fin des années 1890 par devenir les farouches défenseurs de la colonisation, école d'énergie, « celle où se retrempe, se refond la race » (Lyautey).

Bien que déjà largement pourvue, **la Grande-Bretagne ne peut imaginer rester en marge de la course aux nouvelles possessions**. Dès 1868, Charles Dilke publie le manifeste des partisans de « la plus grande Bretagne », *Greater Britain*. L'historien Seeley, en 1884, dans *The Expansion of England*, rappelle la mission impériale de la Grande-Bretagne, garante de son rang face aux géants émergents, États-Unis et Russie. Victoria se fait couronner impératrice des Indes en 1876 et vingt ans plus tard, le jubilé de 1897, célébration de ses 60 ans de règne, est l'occasion d'exalter l'empire. Le jingoisme, incarnation de l'esprit belliqueux britannique d'alors, se manifeste agressivement lors des grandes crises, Fachoda, guerre des Boers.

Un sentiment comparable existe chez nombre de dirigeants et intellectuels italiens : Crispi, tard venu au colonialisme, voit dans les colonies « une nécessité de la vie moderne », mais aussi le moyen de détourner l'opinion d'autres problèmes. **En Allemagne, il faut distinguer deux moments, celui de Bismarck, celui de Guillaume II**. Bismarck utilise la politique coloniale des autres États à des fins politiques : détourner la France de la « ligne bleue des Vosges », susciter des tensions entre puissances européennes, s'imposer comme arbitre lors des congrès de Berlin de 1878 et de 1884-1885. Après le retrait de Bismarck en 1890, Guillaume II apporte son appui aux pangermanistes convaincus du bon droit d'une Allemagne entrée tardivement sur le terrain colonial d'avoir sa place au soleil. Enfin, la

Grande-Bretagne et, dans une moindre mesure, la France cherchent, par le contrôle des îles et détroits à **s'assurer la maîtrise des grandes routes commerciales** : de Londres à Bombay, les Britanniques contrôlent les routes stratégiques des Indes tant par Le Cap que par le canal de Suez et la mer Rouge.

B. LES ACTEURS DE LA COLONISATION

1. Les bâtisseurs d'empires

Si le rôle des politiques tels Disraeli, Chamberlain, Ferry, Gambetta, Crispi ou Léopold II de Belgique est essentiel, celui **des explorateurs, des aventuriers, des consuls, des militaires** mus par le goût de l'aventure, le désir de gloire ne peut être négligé. À la découverte du Congo sont attachés l'officier de marine Savorgnan de Brazza et le journaliste américain Stanley ; à celle de l'Afrique occidentale, Gallieni ; à celle du Soudan, Kitchener ; à celle du Sahara, Flatters, Lamy, Laperrine… En 1883, Ferry charge d'une mission officieuse d'exploration en Extrême-Orient le consul polyglotte François Deloncle, mission qu'il remplit en partie avec l'aide d'un autre protégé de Ferry, Jules Harmand, consul à Bangkok depuis 1881, et qui ouvre la voie au protectorat sur le Tonkin.

Certains, au-delà de la conquête, ont théorisé la colonisation. Lyautey, « empoigné par cette œuvre de création », souhaite moderniser le Maroc et lui apporter la prospérité tout en respectant son identité dans le cadre du « **protectorat** », formule qu'il emprunte à J.-M. de Lanessan. Ce dernier, médecin, député, gouverneur général de l'Indochine, ministre de la Marine, véritable spécialiste des questions coloniales, développe ses théories dans les *Principes de colonisation* (1897) et dans *Les Missions et leur protectorat* (1907). Inversement, Jules Harmand se fait dans *Domination et colonisation* (1910) le défenseur de la **politique d'association**. En Afrique australe, Cecil Rhodes, le « Napoléon du Cap », qui a bâti sa fortune sur le diamant et l'or, poursuit un programme de conquête territoriale, rêvant de joindre Le Cap au Caire par une voie ferrée passant par la région des Grands Lacs. L'objectif de ce défenseur de la « fédération impériale » est de mettre la plus grande partie du monde sous la loi britannique, selon lui une nécessité vitale pour le Royaume-Uni.

2. Les sociétés de géographie et les missions

Sociétés de géographie, missions, associations coloniales ont amplement contribué à la propagation de l'idéologie coloniale et à la mise en œuvre des politiques de conquête.

Les **sociétés de géographie** encouragent les explorations et s'en font l'écho auprès des opinions publiques par des conférences, la diffusion de journaux et de revues. En France, la Société de géographie, fondée à Paris en 1821, compte 2 000 membres en 1881 auxquels s'ajoutent 9 500 adhérents qui participent aux activités des 12 sociétés locales nées sur le modèle de la société parisienne dans les principales villes. La Société parisienne est présidée de 1881 à 1889 par Ferdinand de Lesseps ; celle de Marseille par l'homme d'affaires Jules Charles-Roux, vice-président de la Compagnie de Suez, député de Marseille et représentant des intérêts des armateurs. En 1895, le Congrès national de géographie demande « l'annexion pure et simple de Madagascar ». La *Royal Geographical Society of London*, créée en 1830, finance les expéditions de nombreux explorateurs en Afrique, tout comme la Société de géographie de Berlin qui, par sa revue, attire l'attention de ses lecteurs sur l'Afrique et joue aussi un rôle international en organisant, à Berlin, la grande conférence de 1885. Quant à la Société géographique italienne, elle ancre dans les mentalités bourgeoises, par la diffusion des récits d'exploration, le « rêve africain » et lance des expéditions en Abyssinie. Belgique, Espagne, Portugal participent également de ce mouvement géographique.

Les **missions catholiques et protestantes** sont aussi d'actifs agents de la colonisation. L'Église accepte l'œuvre coloniale au nom du devoir d'évangélisation, s'appuie sur les militaires, les négociants, les gouvernements qui tirent parti eux-mêmes des activités missionnaires. Le clergé missionnaire diffuse la scolarisation, la médicalisation, l'hygiène mais n'exerce pas toujours une action modératrice, comme le montrent les relations de l'homme d'affaire bordelais André Ballande, catholique fervent, installé à la tête d'un empire commercial à Nouméa, et de Mgr Fraysse, évêque de Nouvelle-Calédonie qui, en échange d'un généreux financement de ses œuvres de prélat, couvre un véritable trafic de chair humaine en provenance d'Indochine.

3. Les lobbies coloniaux

Enfin, le **lobby colonial** exerce son influence jusque dans les Parlements et les décisions gouvernementales. En France, en 1890, Eugène Étienne, élu d'Oran, fonde avec le prince d'Arenberg le Comité de l'Afrique française. L'âme du comité est le journaliste Paul Percher, qui multiplie les articles en faveur de la conquête coloniale. En 1892, **le « parti colonial »,** formé par E. Étienne compte 42 députés et sénateurs ; dix ans plus tard, ils sont 200 et forment un puissant groupe de pression au Parlement où se développe une réelle collusion entre les représentants du monde politique et les milieux d'affaires et du commerce. La recherche du profit devient en effet un motif de plus en plus invoqué pour justifier l'expansion coloniale, en un temps où l'opinion française n'a qu'un intérêt limité pour le monde colonial. Le phénomène touche l'Allemagne où la *Deutsch Kolonial Gesellschaft,* créée en 1888, compte en 1902 plus de 32 000 membres ; l'Angleterre où les associations sont nombreuses : *Royal Colonial Institute* (1868), *Imperial Federation* (1884), *Indian Society* (1910)... Ces multiples associations, qui publient leurs bulletins, subventionnent des expéditions et agissent auprès des gouvernements, sont **les auxiliaires actifs de la colonisation**.

II. Les empires

Le partage colonial n'a pas été égal. Les premiers partis, la Grande-Bretagne et la France, ont été les mieux servis ; le Royaume-Uni s'est taillé la part du lion, profitant des avantages acquis au XVIIIe siècle ; l'empire français ne représente qu'un tiers, en superficie, de l'empire britannique. Les autres puissances, Russie exceptée, n'ont construit que de modestes empires. Mais il ne faut pas se limiter à l'existence des seules constructions territoriales. Par le partage de zones d'influence, principalement en Chine, par la mise sous tutelle budgétaire d'États en faillite, les puissances coloniales se sont adjoint des **empires invisibles**. Ce partage génère des **crises** entre puissances européennes qui exacerbent le sentiment national et risquent de conduire à des affrontements armés à plusieurs reprises. **Des conférences internationales et des accords bilatéraux** tentent de les désamorcer.

A. LES DEUX GRANDS ET LES AUTRES

1. La puissance coloniale britannique

L'empire britannique, « sur lequel le soleil ne se couche jamais », couvre, à la veille de la Grande Guerre, 33 millions de km^2 et compte 450 millions d'habitants. Il est présent sur tous les continents, contrôlant des territoires très riches (Inde, Afrique du Sud), des comptoirs commerciaux (Hong-Kong), des points d'escale sur les grands axes maritimes et stratégiques (Gibraltar, Malte, Chypre, Aden, Zanzibar, Singapour).

L'empire britannique en 1914

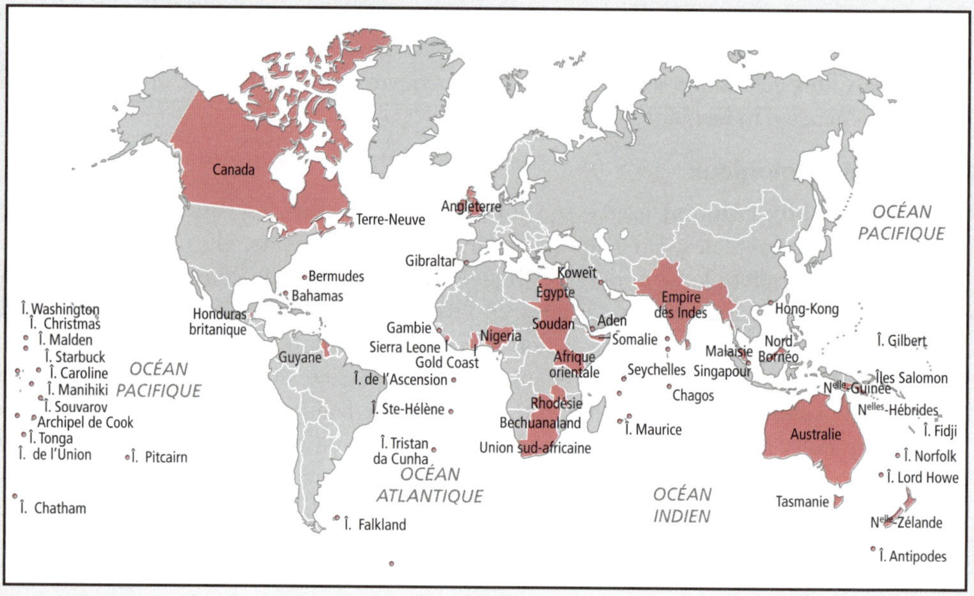

L'Inde, « perle de la couronne », sous domination britannique depuis 1763, est la **pièce maîtresse de l'empire**. Elle est gouvernée de Londres par *l'India Office* dirigé par un ministre. Sur place, à Delhi, un vice-roi exerce le pouvoir avec l'aide des 2 000 fonctionnaires de *l'Indian Civil Service* qui s'appuient sur une administration et une armée indigènes. La nécessité de protéger l'Inde conduit les Anglais à renforcer le glacis défensif sur les frontières en prenant le contrôle à l'ouest du Bélouchistan (1879), à l'est de la Birmanie (1886) et en plaçant le Tibet sous leur influence (1905). Si l'Afghanistan, État-tampon entre la Russie et l'Inde, ne peut être conquis, les passes qui ouvrent sur l'Inde sont néanmoins contrôlées.

En **Extrême-Orient**, l'Angleterre établit un protectorat sur Bornéo et les États malais et renforce sa présence dans le Pacifique en contrôlant les îles Fidji, Salomon, Gilbert, Tonga et en établissant un condominium avec la France sur les Nouvelles-Hébrides.

En **Afrique**, l'Angleterre participe activement au « **Scramble for Africa** », le partage du continent. En Afrique occidentale, partant des comptoirs du golfe de Guinée, elle colonise la Côte de l'Or, le Nigeria, le Sierra Leone. **Mais la grande ambition britannique est de contrôler la partie orientale du continent, du Caire au Cap** : la mainmise sur l'Égypte en 1882, la Somalie en 1884, le Kenya puis l'Ouganda en 1890, le Soudan en 1892 assurent aux Anglais la domination sur les pays du Nil et le Nord-Est africain. En 1889-1890, à l'initiative de Cecil Rhodes est fondée la Rhodésie. Enfin l'Afrique du Sud, après une lutte acharnée contre les Boers, devient entièrement anglaise en 1902. Cependant, la Belgique en s'installant au Congo et l'Allemagne au Tanganyika ont brisé le grand rêve de Cecil Rhodes, la liaison Le Cap-Le Caire.

2. L'empire français

La France dans le monde en 1880 et 1902

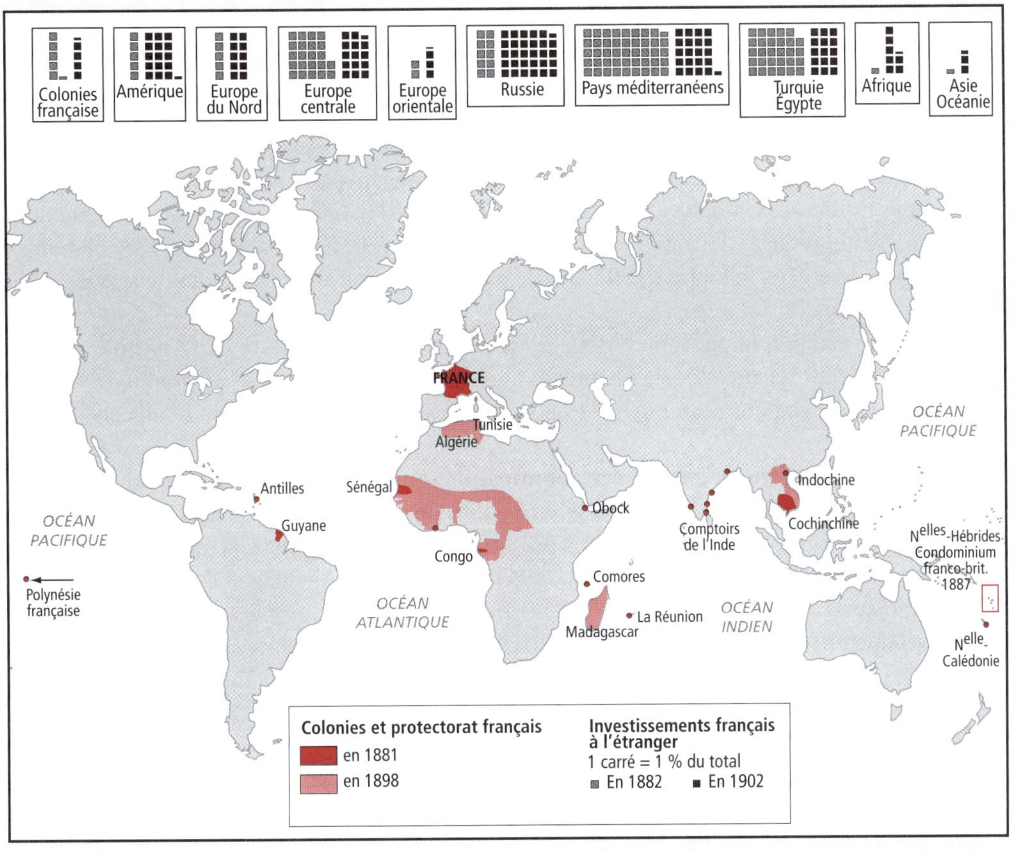

La conquête coloniale engagée avec la prise d'Alger en 1830, poursuivie sous le second Empire, se développe selon trois axes : l'Afrique du Nord, l'Afrique noire et Madagascar, l'Indochine. En 1914, la France domine un empire de 11 millions de km^2, mais faiblement peuplé avec 50 millions d'habitants seulement.

Au Maghreb, la France, déjà présente en Algérie, établit son **protectorat sur la Tunisie et le Maroc**. Encouragée par l'Allemagne et la Grande-Bretagne, elle s'installe en **Tunisie** à la suite d'une intervention militaire et de la signature du traité du Bardo, en mai 1881, complété en 1883 par la convention de la Marsa qui établit « le protectorat de la France ». Au **Maroc**, malgré deux crises nées des ambitions allemandes, la France, soutenue par la Grande-Bretagne, signe en mars 1912 un traité établissant son protectorat.

Les objectifs français en **Afrique noire** sont, dans les années 1880, de contrôler la région du Tchad, « plaque tournante du continent noir », et dans les années 1890 de joindre *via* le haut Nil le Sénégal à Djibouti. En 1895, naît **l'Afrique occidentale française** qui regroupe Sénégal, Haute-Volta, Guinée, Côte-d'Ivoire et Dahomey et en 1900 le Niger et la Mauritanie. En 1910, le Tchad, les bassins du Congo et de l'Ogooué, le Gabon sont réunis dans **l'Afrique équatoriale française**. Djibouti et la côte des Somalies restent isolées, la tentative pour contrôler le Haut-Nil ayant échoué à Fachoda. Dans l'océan Indien, la France impose un protectorat à Madagascar qui devient une colonie, après les soulèvements de 1898.

En **Indochine**, les Français, présents depuis le second Empire en Cochinchine et au Cambodge, engagent la conquête du Tonkin après avoir établi leur protectorat sur l'Annam (1883). En 1887, **l'Union indochinoise** réunit ces territoires auxquels est rattaché le Laos en 1893.

3. Les empires secondaires

Comparées à ces deux grands empires, les autres colonisations sont plus modestes. Tardivement partie dans le partage colonial, **l'Allemagne** acquiert quelques morceaux d'Afrique : le Togo, le Cameroun, le Sud-Ouest africain, le Tanganyika. Quant aux archipels acquis dans le Pacifique, Carolines, Bismarck, Mariannes, Marshall, ils sont stratégiquement de première importance. L'État indépendant du Congo, créé par Léopold II en 1885, fabuleux réservoir de cuivre, échoit en 1907 à la Belgique et devient une riche colonie avec l'exploitation du minerai katangais.

L'Italie, réduite à la portion congrue, doit se contenter en Afrique de l'Érythrée et de la Somalie (1890) et renoncer à l'Éthiopie après sa cuisante défaite d'Adoua en 1896. Elle a une faible compensation en 1912 en enlevant à l'Empire ottoman le Dodécanèse et la Tripolitaine.

Parmi les puissances extra-européennes, la seule à se tailler un véritable empire colonial est le Japon. Après une guerre contre la Chine en 1894-1895, par le traité de Shimonoseki, il acquiert Formose et la presqu'île de Liao-Toung avec la rade de Port-Arthur, presqu'île à laquelle il devra renoncer sous la pression de l'Allemagne et de la France. Dix ans plus tard, la victoire du Japon sur les Russes lui permet, par le traité de Portsmouth, de récupérer le Liao-Toung et les intérêts russes en Mandchourie. En 1910, le pays du Soleil Levant annexe la Corée sur laquelle il exerçait un protectorat commun avec la Chine depuis 1885. Il dispose désormais de l'espace, des terres agricoles et des ressources minières qui lui faisaient défaut.

Les États-Unis, eux, se lancent à leur tour, mais modestement, dans l'aventure coloniale : en 1898, après leur victoire sur l'Espagne, ils lui achètent les Philippines et annexent les îles de Porto-Rico et de Guam.

Le cas de **la Russie** est particulier : son empire s'étend vers l'Extrême-Orient, l'Asie centrale et le Caucase, donc à sa périphérie.

4. Les empires informels

Les grandes puissances cherchent aussi à être présentes dans les deux empires qu'il est possible de dépecer mais dont la conquête est rendue impossible par l'immensité et par leurs rivalités : les Empires chinois et ottoman.

La Chine, à la fin des années 1890, est la proie des puissances européennes, américaine et japonaise. **Après la guerre sino-japonaise commence le *break up* de l'empire du Milieu.** Chaque puissance, après avoir obtenu des concessions territoriales dans les grands ports où elle exerce les pouvoirs économiques, juridictionnels, acquiert un territoire à bail où elle installe ses troupes, exploite les richesses, construit des usines, des voies ferrées. S'esquisse ainsi un partage en zones d'influence de la Chine où les États-Unis revendiquent l'égalité des droits, la « porte ouverte », et où les capitaux étrangers contribuent à l'exploitation.

L'Empire ottoman est lui aussi la proie des appétits européens : l'Allemagne obtient de construire le chemin de fer de Berlin à Bagdad, le B.B.B., et de reconstruire l'armée du Sultan. Les Anglais contrôlent les douanes et les Français participent à la gestion des finances d'un État ainsi placé sous tutelle.

B. LES RIVALITÉS ET TENSIONS COLONIALES

1. La conférence coloniale de Berlin (1884-1885)

■ Les territoires européens en Afrique en 1895

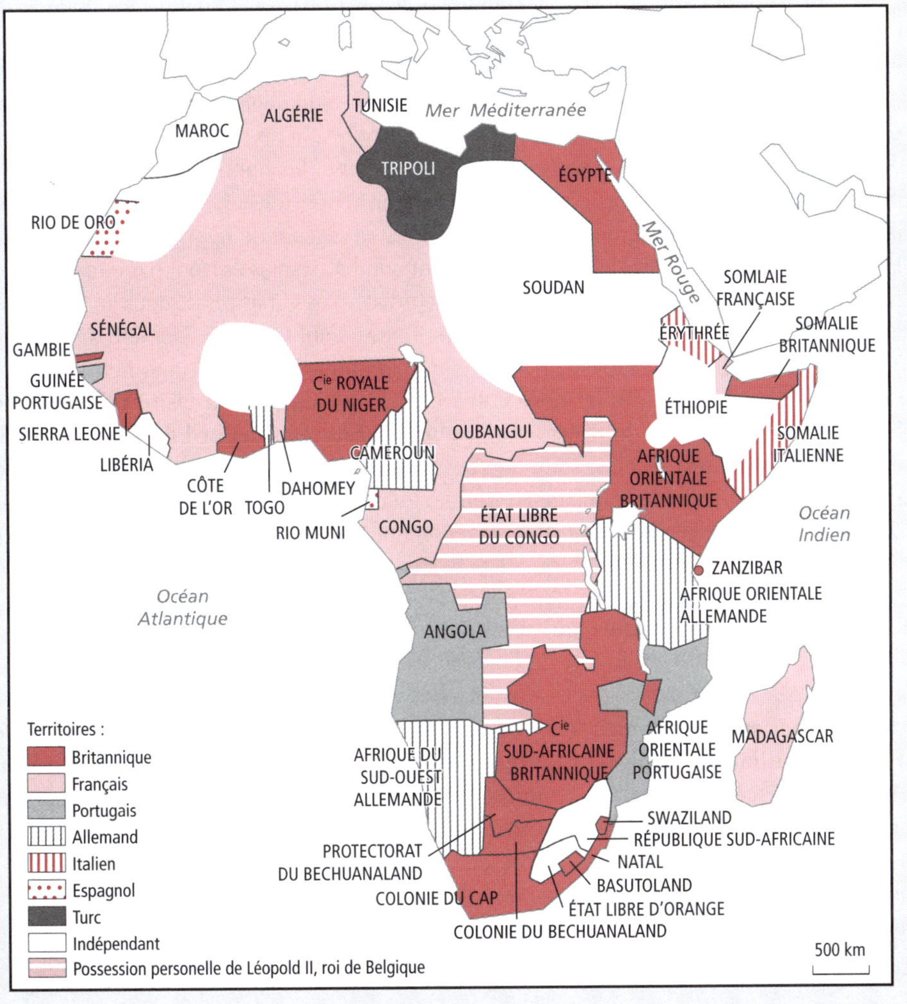

Pour tenter de régler les désaccords nés de la compétition entre Européens en Afrique et plus particulièrement dans le bassin du Congo, le chancelier Bismarck, qui pratique alors une politique de rapprochement avec la France, invite les principales puissances européennes à participer à une conférence coloniale. Réunie à Berlin de novembre 1884 à février 1885, elle définit dans un acte final les conditions d'annexion des territoires, impose le respect du libre-échange dans le bassin du Congo et reconnaît les droits de Léopold II sur le Congo qui forme un État indépendant, État tampon entre les possessions des grandes puissances européennes. Loin de régler les conflits, **la conférence de Berlin déclenche dans toute l'Afrique une fièvre coloniale** où Français, Anglais et Allemands rivalisent dans le partage du continent, au risque de se faire la guerre.

2. La crise de Fachoda

La crise de Fachoda (juillet 1898- mars 1899) découle de la rivalité entre les projets de la France (l'axe Atlantique-mer Rouge) et du Royaume-Uni (l'axe du Cap au Caire) et de la **rencontre dans la région du Haut-Nil entre la mission française dirigée par le commandant Marchand et le corps expéditionnaire britannique sous les ordres du général Kitchener.** En France, au lendemain de l'arrivée de Marchand à Fachoda, la presse célèbre avec enthousiasme l'exploit mais, après l'abandon de la place aux troupes anglaises et la signature de la convention par laquelle la France renonce aux sources du Nil, elle se déchaîne contre le gouvernement, donne libre cours à son anglophobie et fait de Marchand un héros trahi par ses supérieurs. À l'inverse, à Londres, la presse fait de Kitchener le héros de l'empire britannique. Des deux côtés de la Manche, les opinions publiques se livrent à une surenchère nationaliste, donnant l'impression d'une tension internationale extrême à laquelle les deux gouvernements respectifs ont eu la sagesse de ne pas répondre.

Les points de discorde entre les deux pays restent nombreux mais ils n'ont pas empêché l'accord franco-britannique de 1904, scellant l'Entente cordiale. Les initiatives de deux anglophiles, l'un, Delcassé, au ministère des Affaires étrangères, l'autre, Paul Cambon, à la tête de l'ambassade à Londres, et l'accueil favorable d'un souverain britannique francophile, permettent le rétablissement progressif de bonnes relations entre les deux pays. **Après la visite officielle du roi Édouard VII à Paris et du président Loubet à Londres, l'accord de 1904 met fin aux différends coloniaux**, par une sorte de troc : l'Angleterre, en échange de sa liberté d'action en Égypte, reconnaît celle de la France au Maroc. Le danger allemand transforme rapidement ce qui n'est qu'un arrangement colonial en une entente qui semblait jusque-là totalement exclue.

3. La question marocaine

Les deux crises marocaines, qui opposent la France et l'Allemagne en 1905 (discours de Guillaume II à Tanger en faveur de l'indépendance marocaine) puis en 1911 (envoi d'une canonnière allemande à Agadir), sont en effet essentielles dans la dégradation du climat international en un temps où la « course au clocher » se termine. **En voulant isoler la France, Guillaume II obtient l'effet inverse : il renforce l'Entente cordiale France-Angleterre face à la Duplice**. La tension entre les deux blocs est apaisée par la conférence internationale d'Algésiras en janvier-avril 1906 et par un accord de compensation en 1911 : la France a les mains libres au Maroc contre la cession d'un morceau du Congo à l'Allemagne, mais ces deux crises sont le point de départ « d'une vague psychologique collective » nationaliste et belliciste qui ne retombe plus jusqu'en 1914.

III. Un bilan colonial controversé

A. DES COLONIES MISES EN VALEUR OU EXPLOITÉES ?

1. Une tutelle administrative

À la fin du XIXe siècle, le débat sur la gestion des territoires colonisés s'articule autour de deux théories : **l'assimilation ou l'association**. La première doit conduire à terme les peuples colonisés au niveau du colonisateur, à l'égalisation des droits et peut s'achever par une fusion complète entre les deux entités. La seconde, reconnaissant la personnalité des peuples colonisés, conçoit l'empire comme un ensemble d'entités différentes. Ces deux conceptions ont pesé sur les modes d'administration des territoires. **Les Anglais pratiquent**

soit l'administration directe, soit, en suivant l'exemple de Lugard au Nigeria, ***l'indirect rule***, en respectant lois et coutumes locales et en s'appuyant sur les hiérarchies africaines traditionnelles. D'où, à l'intérieur d'un même territoire, comme en Inde, la possibilité de trouver une mosaïque de colonies, de protectorats administrés selon des règles différentes. Quant aux dominions, colonies de peuplement blanc, ils disposent d'une large autonomie et d'institutions représentatives sur le modèle anglais. Centralisateur, le système français tente, quel que soit le statut du territoire, de limiter les différences, au profit de **l'administration directe** assurée par des hommes formés par l'École coloniale créée en 1889. Dans les colonies, le gouverneur général dispose de pouvoirs si étendus qu'il rappelle l'intendant de l'Ancien Régime et la place des indigènes est très réduite. Dans les protectorats, Tunisie, Tonkin, Cambodge, Maroc, la présence française est beaucoup plus réduite. L'administration reste indigène mais le résident général qui représente la métropole a la haute main sur la politique extérieure et la défense.

2. La mise en valeur des richesses

Les ports et les voies ferrées sont les instruments indispensables à l'exploitation économique des colonies. Prioritaires, ces infrastructures sont construites pour favoriser l'exportation des richesses coloniales et la pénétration des produits manufacturés de la métropole et visent donc à désenclaver les territoires. À la veille de la guerre, l'Inde dispose d'un réseau ferroviaire qui dépasse 50 000 km mais, en Afrique noire française, le réseau n'est que d'environ 1 000 km. Les colonisateurs ont multiplié les infrastructures portuaires modernes. Les Anglais ont développé les ports de Hong-Kong, Singapour, Bombay, Aden, Le Cap, les Français les ports de Saïgon, Alger, Bizerte, Dakar, Casablanca à partir de 1913… Le financement est assuré par les budgets coloniaux, peu élevés, les emprunts publics, les investissements privés. Les adjudications profitent à de grandes sociétés, Schneider, le groupe Hersant au Maroc.

Sur le modèle des vieilles compagnies à charte, **de grandes sociétés concessionnaires sont chargées de mettre en valeur les terres et les richesses minières et de commercialiser les produits**. Elles recourent pour ces missions au travail forcé que, par ailleurs, le colonisateur tente de justifier moralement. À l'origine, le travail obligatoire est exigé sous forme de portage, pour réaliser les équipements locaux mais **la construction des infrastructures généralise le travail forcé** qui entraîne d'importants déplacements de population et fait de nombreuses victimes. Cette pratique est développée par les Français et les Belges et aussi par les Anglais, notamment en Afrique du Sud pour l'exploitation minière. En plus du travail obligatoire ou forcé, les Africains paient la capitation, l'impôt par tête. Là où il est payé en nature, certaines compagnies obtiennent que les produits ainsi prélevés leur soient vendus à bas prix et finissent même par les percevoir directement. Les compagnies concessionnaires recourent à **l'économie de cueillette** pour les richesses forestières notamment et accaparent les meilleures terres pour développer des **plantations** de coton, riz, café, hévéas… L'Afrique équatoriale, Madagascar, l'Indochine, dans le domaine français, voient se multiplier ce type de sociétés. En 1899-1900, 40 sociétés, qui promettent de réunir les fonds nécessaires à la mise en valeur du territoire, reçoivent ainsi 70 millions d'hectares au Congo. L'exploitation minière se fait selon des méthodes comparables.

3. Les investissements coloniaux

La mise en valeur des richesses coloniales nécessite de la part des métropoles d'énormes capitaux qui proviennent des pouvoirs publics et d'investisseurs privés. **En 1914, le montant des investissements dans l'empire britannique s'élève à 2,4 milliards de**

livres, soit la moitié des investissements extérieurs. 70 % de ces investissements vont vers les dominions blancs : Canada, Afrique du Sud, Australie, Nouvelle-Zélande ; l'Inde en absorbe environ 450 millions et l'Afrique noire 100 millions. **À la même date, les capitaux investis dans l'empire français sont évalués entre 4 et 7,5 milliards de francs-or** (entre 160 et 280 millions de livres), ce qui place l'empire en troisième position dans les flux financiers venus de la métropole, derrière la Russie et l'Amérique latine. La répartition de ces investissements a été très inégale, les capitaux suivant les orientations données par l'État aux budgets des divers territoires. Ce sont les régions les plus prometteuses qui en profitent : de 1890 à 1914, l'Indochine reçoit 300 millions de francs, soit 30 % du capital exporté ; la Nouvelle-Calédonie, l'Algérie, le Maroc, riches en minerais, en sont aussi les principaux bénéficiaires. L'investissement en Afrique subsaharienne française, terres de plantations, est particulièrement faible.

Des organismes spécifiques se mettent en place pour financer l'exploitation. Dans l'empire britannique apparaissent les *Chartered Banks* ; en France, les banques coloniales s'organisent sur le modèle de la Banque de France : elles regroupent des capitaux privés et bénéficient de privilèges dont celui de l'émission. Certaines de ces banques, comme la Banque de l'Indochine, sont des banques commerciales et des banques d'affaires.

France : capitaux placés dans l'empire (capital appelé en 1914, en millions de francs)

	Actions	Obligations	Total	Taux de profit1 en 1913
Sociétés bancaires, foncières et immobilières	283,6	14,9	298,5	14
Sociétés minières	277,6	29,6	307,2	32,8
Sociétés de transport	180,3	906,0	1 086,3	9,1
Plantations et sociétés agricoles	108,5	4,0	112,5	– 1
Sociétés industrielles	57,5	29,4	86,9	19,2
Sociétés commerciales	76,8	2,5	79,3	26,1
Total	983,3	986,4	1 970,7	–

1. Rapport du bénéfice net au capital versé.

Source : Jacques Marseille, *Empire colonial et capitalisme français. Histoire d'un divorce*, Paris, Albin Michel, 1984, p. 106 et 109

Bilan de la Banque de l'Indochine (en millions de francs)

	1875	1888	1898	1913
Passif				
Capital social versé	2,0	3,0	3,0	12
Réserves	–	1,3	2,0	45
Billets en circulation	–	13,0	31,4	86
Dépôts	0,6	3,0	16,0	76
Correspondants	0,5	5,8	13,6	81
Comptes du Trésor	–	–	–	26

Actif				
Caisse	0,4	6,0	15,9	71
Participations	–	–	–	2
Portefeuille	0,7	11,4	17,7	103
Avances	1,1	6,2	9,4	95
Correspondants	0,9	0,9	10,8	43
Bénéfice de l'exercice	0,0	0,7	0,7	7
Dividende/action				
(actions de 500 francs)	0,0	30,0	25,0	55

Source : Marc Meuleau, Des Pionniers en Extrême-Orient. Histoire de la Banque de l'Indochine (1875-1975), Paris, Fayard, 1990, p. 614

B. LES COLONIES, UNE BONNE AFFAIRE ?

1. Une complémentarité commerciale colonies-métropole

Les colonies sont des partenaires commerciaux essentiels pour les métropoles. Le Royaume-Uni réalise en 1913 près du tiers de ses échanges avec son empire (20 % de ses importations et 37 % de ses exportations). Pour la France, les colonies ne pèsent que 9,4 % des importations et 13 % des exportations, mais elles sont le deuxième partenaire commercial derrière la Grande-Bretagne et devant l'Allemagne. Elles sont un débouché privilégié pour certaines branches, bière et eau-de-vie, cotonnades, matériel ferroviaire, bougie et savon, ce qui ne veut pas dire pour autant que ce marché soit toujours porteur. Le réservoir colonial répond aussi aux besoins des industriels de la métropole : riz, sucre, corps gras, phosphates en provenance des colonies représentent entre 90 % et 75 % des importations.

■ **Part de l'empire britannique dans le commerce du Royaume-Uni**

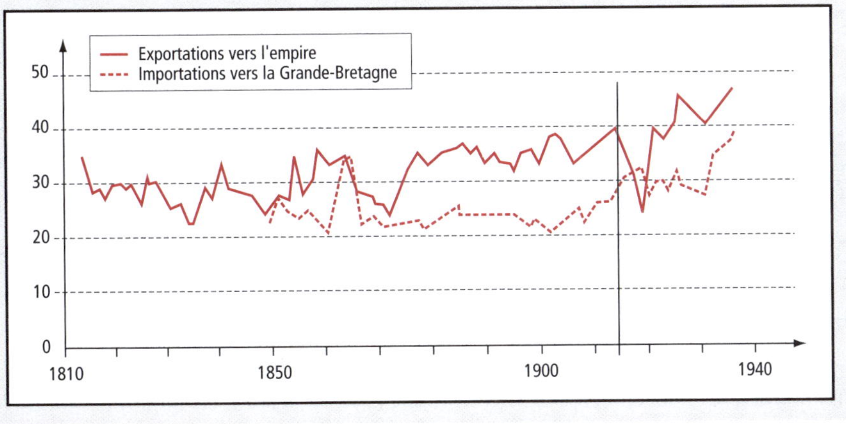

■ **Pourcentage des exportations françaises vers l'empire**

	1890	1913
Sucres raffinés	12,7	67,6
Savons	56,2	65,1
Outils et ouvrages en métal	13,3	41,4
Ciment	–	35,9
Tissus de coton	34,8	33,1
Machines et mécaniques	8,1	29,6
Fers et aciers	10	21,6
Papiers et applications	10,1	17,9
Automobiles	–	15,7
Ouvrages en cuir et peau	16,6	14,6
Vêtements et lingerie	13,7	11,2
Vins	8,4	10,8

■ **Pourcentage des importations françaises en provenance de l'empire**

	1890	1913
Sucres non raffinés	71,8	100,0
Riz	11,1	85,3
Vins	16,8	56,7
Phosphates	–	54,8
Graines oléagineuses et arachides	17,8	25,1
Fruits de table	4,7	17,3
Caoutchouc	–	14,1
Céréales (sauf riz)	10,2	12,1
Peaux et pelleteries brutes	4	10,9

De surcroît, **le réservoir colonial accompagne les phases de ralentissement et d'accélération de la croissance.** En englobant l'empire, à l'exception des territoires où la France a dû concéder le principe de la « porte ouverte » (le bassin du Congo, le Maroc), le protectionnisme mélinien apporte à l'économie française un amortisseur de fluctuations. Les marchés réservés d'outre-mer ont servi notamment à atténuer les effets de la Grande Dépression et ont favorisé ensuite la reprise de la Belle Époque.

2. De bons dividendes

Les taux de profit réalisés par les sociétés exploitant les colonies apparaissent nettement supérieurs à ceux des compagnies exerçant leur activité en métropole ou à l'étranger. En Indochine en 1913, les profits s'élèvent à 84 % pour les Charbonnages du Tonkin, à 51 % pour les Distilleries. Un placement en Indochine est une bonne affaire avant 1914. En Tunisie, le taux de profit de la Compagnie des Phosphates de Gafsa est de 67, 7 %. La spéculation connaît de beaux jours : l'action de la Société française des Distilleries de l'Indochine, achetée 500 francs en 1901, se revend 1 345 francs en 1913. La *British Malacca Rubber Plantation*

Ltd verse, entre 1912 et 1919, des dividendes allant de 10 % à 75 %. Néanmoins, il n'y a aucune garantie qu'une entreprise coloniale assure des profits élevés et des investisseurs ont pu perdre leur mise ou rester des années sans toucher de dividendes. De plus, si l'empire est plutôt une bonne affaire pour la métropole, il l'est en fait uniquement pour une frange de la population. Seuls quelques grands négociants, industriels, porteurs de titres des grandes sociétés engagées dans l'exploitation des colonies, les *moneyed men* de la City et de l'Angleterre du Sud-Est, les gros porteurs parisiens, bordelais et marseillais du « parti colonial », en tirent les bénéfices, alors que les charges de la colonisation, en particulier les dépenses de défense, portent sur l'ensemble des citoyens. Quelques rares autochtones réussissent aussi à s'enrichir grâce à l'économie de plantation comme la confrérie mouride qui, au Sénégal, produit et vend des arachides, ou des hommes d'affaires indiens qui, en Birmanie, font cultiver le riz qu'ils exportent.

3. Des effets pervers

Surcroît de puissance et élément clé du rayonnement des nations européennes, **la colonisation comporte aussi un coût souvent mal mesuré**. Si les dépenses militaires liées aux conquêtes semblent réduites, celles qui correspondent à la pacification et à la défense des territoires conquis sont souvent beaucoup plus lourdes. **Les budgets militaires se doublent de dépenses civiles** pour amorcer la mise en valeur et créer les premiers équipements. Un nombre croissant de contemporains se révèle aussi de plus en plus critique face aux excès de la colonisation. Qu'elles soient humanistes ou socialistes, ces critiques dénoncent le **décalage entre les grands principes européens de démocratie et de liberté et des pratiques contraires aux droits de l'homme**, comme le recours au travail forcé, la confiscation des terres, ou comme la création de camps de concentration par les Anglais lors de la guerre des Boers et les répressions systématiques de toute contestation. Enfin et surtout, la course aux colonies pèse sur les opinions publiques qu'elle conditionne, fracturant l'Europe en nations irréconciliables et de plus en plus agressives. **Les crises coloniales jalonnent le chemin qui conduit les puissances impérialistes européennes aux déferlements nationalistes**, à la course aux armements et finalement à l'hécatombe de la guerre et au déclin. Comme l'écrit Stefan Zweig dans *Le Monde d'hier, souvenirs d'un Européen* : « Le sentiment de leur force incite les hommes, comme les États, à en abuser. La France regorgeait de richesses. Mais elle en voulait davantage encore, elle voulait encore une colonie… l'Italie voulait la Cyrénaïque, l'Autriche annexait la Bosnie. La Serbie et la Bulgarie attaquaient la Turquie, et l'Allemagne, encore tenue à l'écart, serrait déjà les poings pour porter un coup furieux. Partout, le sang montait à la tête des États pour y produire une congestion cérébrale. »

5 L'ÉMERGENCE DU GÉANT AMÉRICAIN

Lorsque le 6 avril 1917 les États-Unis entrent en guerre, voilà près d'un quart de siècle qu'ils dominent l'économie mondiale. Avec 36 % du total mondial, leur production industrielle est, en 1913, égale à celles du Royaume-Uni, de l'Allemagne et de la France réunis. Première puissance industrielle mondiale, ils sont aussi la première puissance agricole. Ils fournissent 60 % du maïs et plus de 50 % du coton mondial.

Jeune nation à peine centenaire, les États-Unis ont atteint la maturité économique, connaissant pour la période 1894-1913 un taux de croissance annuel du PNB proche de 4 %.

Cet essor a été accompagné d'importantes mutations structurelles. En 1890, la part de la production industrielle dépasse celle de la production agricole ; en 1914, l'agriculture emploie moins d'un tiers de la main-d'œuvre. Dans le même temps, l'urbanisation progresse rapidement : en 1880, 72 % de la population vivent dans les campagnes, en 1910, ils ne sont plus que 54 %.

Premier pays d'accueil des immigrants, première économie moderne, les États-Unis ont construit un système de production qui associe efficacité et modernité mais dont les profits sont très inégalement partagés entre le capital et le travail.

CHRONOLOGIE

1886 : Création de *l'American Federation of Labour*
1887 : *Interstate Commerce Act*
1890 : *Sherman Act*, première loi antitrust
1892 : Ouverture du centre d'accueil des immigrants d'Ellis Island
1897 : Tarif douanier Dingley
1898 : Guerre contre l'Espagne ; acquisition des Philippines, Guam et Porto Rico ; annexion des îles Hawaï
1900 : Adoption de l'étalon-or
1906 : Upton Sinclair publie *The Jungle*, réquisitoire contre l'industrie de la viande à Chicago
1908 : Début de la production de la Ford T
1911 : Taylor publie *The principles of scientific management*
1912 : Grèves des ouvriers du textile et des mineurs
1913 : *Clayton Act. Federal Reserve Act.* Tarif douanier Underwood

I. Des facteurs dynamisants

A. L'ESPACE, UN ATOUT

1. L'abondance de l'énergie et des matières premières

Le territoire des États-Unis, État-continent de 9,3 millions de km², recèle d'**immenses ressources naturelles** tant pour l'énergie (charbon, pétrole) que pour les produits miniers (fer, cuivre) et les métaux précieux que l'expansion vers l'Ouest permet de mettre en valeur. Les **Appalaches** continuent de fournir l'essentiel du charbon dont la production passe de 50 millions de tonnes en 1880 à 515 en 1913. Le pétrole, exploité d'abord dans les Appalaches, provient de Californie, du *Midcontinent* (Kansas et Oklahoma) et des côtes texanes.

En 1913, les États-Unis assurent plus de la moitié de la production mondiale. Le fer est extrait dans la région des Grands Lacs (Wisconsin et Minnesota). Dès les années 1890-1905, les champs aurifères du Colorado, du Dakota du Sud et surtout de l'**Alaska** ont pris le relais des gisements californiens. Pour toutes ces richesses, les États-Unis sont les premiers producteurs mondiaux et disposent de réserves considérables : les seules réserves de houille représentent, au début du siècle, la moitié des réserves mondiales.
La **géographie de l'industrialisation** est en partie liée à celle des ressources naturelles et le Nord-Est demeure la première région d'industries lourdes. Sidérurgie et industries métallurgiques se sont développées sur le charbon des Appalaches, autour de Pittsburgh dans la vallée de l'Ohio et dans la région des Grands Lacs, riche en minerai de fer et de cuivre.

2. Un potentiel agricole exceptionnel

Les États-Unis disposent d'un **potentiel quasi inépuisable de terres agricoles** et d'une variété de sols et de climats permettant une production diversifiée. La mise en valeur des terres est **encouragée par l'État** qui facilite l'installation des fermiers sur les terres des Grandes Plaines et de l'Ouest : en 1862, le **Homestead Act** accorde 65 hectares de terre publique à toute personne qui s'y installe et les met en culture dans les cinq années suivantes. Quinze ans plus tard, la conquête des terres arides est soutenue par le *Desert Land Act* qui favorise l'installation en contrepartie de travaux d'irrigation. Près de 100 millions d'hectares ont ainsi été distribués. Mais comme le souligne P. Mélandri, « pour la majorité des fermiers, *la terre gratuite* releva plus du mythe que de la réalité ». De fait, les grandes compagnies ferroviaires ou les sociétés de spéculation foncière ont obtenu les meilleures terres revendues ensuite avec d'immenses profits. D'autre part, si l'acquisition de terres semble aisée, leur mise en valeur nécessite un capital d'environ 1 000 dollars dont ne disposent pas tous les *farmers*. Néanmoins, de 1860 à 1910, la surface des terres nouvellement exploitées représente quasiment la surface totale de l'Europe occidentale et, vers 1910, chaque actif agricole masculin dispose en moyenne de 15 ha de terres agricoles, soit trois fois plus qu'en France.

3. Des productions diversifiées

La géographie agricole répond à une spécialisation accrue qui se caractérise par l'apparition de « **ceintures** » où domine une production : la *wheat belt* court des Dakotas au nord du Texas ; la *corn belt* qui combine maïs et élevage des porcs va de l'Ohio à l'Iowa et progresse vers le Nebraska et le Missouri ; la *cotton belt*, d'abord dans le Vieux Sud, a progressé vers l'ouest et le cœur en est, vers 1910, le Texas. Seules, la Californie et la Nouvelle-Angleterre qui alimente les marchés urbains des États industriels sont des régions de cultures diversifiées. Quant à l'élevage des bovins il couvre toutes les Grandes Plaines, du Rio Grande à la frontière canadienne, et gagne la Californie. Mais les temps ne sont plus euphoriques comme dans les grandes années 1865-1880. Les « barons du bétail » et leurs cow-boys se heurtent aux agriculteurs qui avancent et entourent leurs terres de fil de fer barbelé.

4. La maîtrise de l'espace

Le développement des moyens de transport dans un espace aussi étendu était une nécessité vitale pour favoriser le peuplement de l'Ouest mais aussi pour permettre la création d'un véritable marché national. Outre les voies navigables comme le Mississippi ou le réseau qui relie les Grands Lacs à la région de New York grâce notamment au canal Érié achevé en 1825, les États-Unis ont privilégié pour irriguer cet espace un réseau de communications dominé par le chemin de fer. Secteur de pointe et d'entraînement dans les années 1865-1900, le chemin de fer reste au cœur des grands empires financiers du tournant du siècle.

Dès 1870, les États-Unis disposent d'un réseau de 85 000 km et le premier transcontinental a été mis en service en 1869. En 1900, l'infrastructure ferroviaire, dense à l'Est, dépasse les 320 000 km et cinq transcontinentaux traversent les États-Unis reliant de grandes villes en pleine croissance, permettant la circulation des hommes et des marchandises. En 1913, le réseau américain est le premier du monde avec 420 000 km.

B. LE RÔLE DES HOMMES

1. Le dynamisme démographique

Entre 1880 et 1915, la population a doublé, passant de plus de 50 millions d'habitants à plus de 100 millions, le rythme de croissance annuel étant de 2,3 % entre 1880 et 1910 puis de 1,5 % les dix années suivantes. La part de **l'accroissement naturel** reste essentielle durant cette période, même si elle tend à fléchir avec la baisse de la natalité : entre 1860 et le tournant du siècle, le taux de natalité passe de 44 ‰ à 31 ‰. Quant au taux de mortalité, grâce aux progrès de l'hygiène et de la médecine qui ont permis le recul des grandes épidémies, il régresse, mais à un rythme plus lent, de 23 ‰ à 17,5 ‰.
Bon nombre d'actifs dans l'industrie et l'agriculture sont **des nouveaux venus** aux États-Unis. En 1910, plus des deux tiers des mineurs et des ouvriers sont nés à l'étranger ou enfants d'immigrés. Durant les années 1860-1917, les États-Unis ont connu l'un des transferts de population les plus importants de l'histoire : **28 millions d'immigrants** ont alors débarqué sur le territoire américain dont près de 9,5 millions pour la décennie 1906-1915. Les rythmes d'arrivée ont considérablement varié durant ce demi-siècle : les creux correspondent aux années de dépression (1876-1879 et 1895), le nombre culminant date de 1907 avec 1 285 000 entrées. Au total, l'immigration représente 20 % de l'accroissement de la population ; il ne faut pas oublier qu'un tiers des immigrants repartait soit dans leur pays d'origine, soit vers d'autres destinations.

La croissance de la population

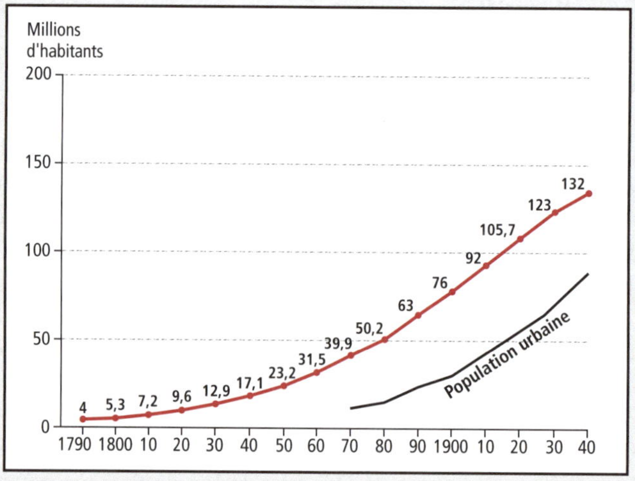

2. Le renouvellement des flux migratoires

Pour construire les transcontinentaux, le traité Burlingame en 1868 a favorisé la venue de **Chinois** qui vers 1880 sont un peu plus de 100 000, fixés en majorité dans les États de l'Ouest. Mais jusque dans les années 1880, les flux viennent pour l'essentiel de **l'Europe septentrio-**

nale et occidentale, l'Europe méridionale ne pesant que pour 10 %. Dans les années 1890, **un changement majeur dans l'origine des flux se produit** avec l'arrivée d'immigrants en provenance de **l'Europe orientale et méridionale**. À partir de 1896, cette immigration nouvelle l'emporte sur l'immigration « traditionnelle » et représente plus de 75 % des entrées.

3. Une ouverture maintenue jusqu'en 1914

Ces mutations géographiques s'accompagnent d'**une évolution qualitative.** Les immigrants britanniques, allemands ou scandinaves étaient d'excellents agriculteurs ou artisans, aptes à former des ouvriers qualifiés. De plus, en dehors des Irlandais catholiques, ils passaient pour facilement assimilables. Les nouveaux immigrants, accueillis à partir de 1892 à **Ellis Island**, issus de campagnes souvent arriérées, plus pauvres, peu instruits et sans qualification – à l'exception des Juifs –, nourrissent les bataillons d'ouvriers spécialisés, préposés aux travaux les plus durs et très faiblement rémunérés, dont a besoin l'industrie américaine. **Ces nouvelles vagues, non protestantes, incapables de parler l'anglais, qui s'installent dans les villes sont rapidement jugées inassimilables, voire dangereuses**. Un courant xénophobe souhaite que soit mise en œuvre une politique de limitation, même d'interdiction de cette immigration, prenant pour exemple le *Chinese Exclusion Act* de 1882 qui, voulu par les nativistes et les ouvriers de l'Ouest, ferme l'accès des États-Unis aux Chinois, puis en 1907 aux Japonais. Les tentatives pour limiter l'immigration européenne, en imposant un *literacy test* permettant l'exclusion des illettrés, échouent. **En effet, pour la majorité des Américains, l'immigration reste nécessaire et bénéfique à l'économie.**

C. LE MARCHÉ AMÉRICAIN, UN ELDORADO

1. La demande croissante des « cols blancs »

Grâce à leur croissance démographique, les États-Unis disposent d'**un grand marché national** qui nourrit l'essor industriel. De plus, **le pays est très riche** et durant toute la période continue de s'enrichir : entre 1899 et 1913, le PNB quadruple et le PNB/ha double, passant de 202 à 407 dollars, dépassant d'un tiers celui de la Grande-Bretagne, tandis que le coût de la vie augmente de 35 %. Les années 1897-1917 sont des années de plein-emploi et **le niveau de vie d'une grande partie de la population progresse**. Ce mouvement est lié à l'accélération de l'urbanisation, aux transformations des modes d'organisation et de gestion de la grande entreprise, à l'essor du secteur tertiaire. Membres des professions libérales et « **cols blancs** » – cadres supérieurs et moyens des entreprises, techniciens, employés de bureau et de commerce, commis voyageurs – s'accroissent sensiblement. Leurs revenus, plus de 4 000 dollars pour les cadres supérieurs, entre 1 500 et 4 000 dollars pour les autres, en font les principaux bénéficiaires de la prospérité après 1896. Les grands magasins, comme Macy's à New York, les magasins à prix unique tel Woolworth répondent aux besoins de cette clientèle. **Une partie de ces classes moyennes goûte à la modernité avec le téléphone ou la voiture** qui, à la veille de la guerre, devient accessible. New York compte 2 400 automobiles en 1900, 31 000 en 1910 ; à cette date, le parc automobile américain est de 500 000 véhicules et du triple en 1914. En 1912, il y a, aux États-Unis, 8 millions de postes téléphoniques et un abonné pour 12 habitants (1 pour 183 en France).

2. La demande des ouvriers et des ruraux

À ce marché national, **les ouvriers contribuent davantage par leur nombre** – ils sont 8 300 000 en 1910 – que par leur pouvoir d'achat. Ils bénéficient de la baisse des prix de détail durant la période, en particulier des prix alimentaires, et de légères hausses de salaire. Mais nombre d'entre eux connaissent encore la pauvreté au début du XXe siècle et 60 % des dépenses ouvrières continuent à se concentrer sur l'alimentation.

Le monde rural n'est pas en marge du marché. Les *farmers* achètent du matériel agricole ; les grandes firmes, McCormick, Harvester, John Deere, développent leurs services vente et après-vente qui assurent démonstration, installation, réparations, et pratiquent le crédit. La vente sur catalogue, développée par des maisons telles que Sears Roebuck, vise les marchés ruraux, diffusant dans les campagnes les produits de la ville. Quant à Ford, l'une de ses premières cibles est le *farmer* isolé, dont l'endettement croît.

Ainsi l'espace, l'apport d'hommes et l'existence d'un grand marché de consommation ont représenté des atouts formidables pour assurer le triomphe d'une économie capitaliste moderne.

II. Un capitalisme efficace mais sauvage

A. UNE INDUSTRIE CONQUÉRANTE

1. Le culte de la liberté et du profit

À la fin du siècle, **le profit est sacralisé**. L'accumulation des richesses est considérée comme l'activité la plus noble. Ce culte de l'argent est renforcé par le **darwinisme social** théorisé par Herbert Spencer : la lutte au sein du monde des affaires est le moyen indispensable du progrès. Les survivants de ce combat, les grands capitaines de la finance et de l'industrie, élus de la Providence et champions de la civilisation, font bénéficier la société tout entière des fruits de leurs richesses. Une condition est nécessaire à la réalisation de cette sélection naturelle : **la liberté absolue**. W. Sumner, professeur de sociologie à Yale, affirme que la liberté avec l'inégalité garantit la survie des meilleurs ; alors que l'absence de liberté et l'égalité assurent celle des moins doués. Les barons de la finance et de l'industrie partagent la même conviction. **Carnegie est l'auteur à succès de « l'Évangile de la richesse »** ; Rockefeller voit dans l'essor de la Standard Oil « l'accomplissement d'une loi de la nature et d'une loi de Dieu ». Les Églises suivent : le riche peut faire davantage de bien que le pauvre. Les classes moyennes y adhèrent.

Si chacun peut espérer avoir les clés de la fortune conformément au **rêve américain**, la réussite de quelques-uns des « titans » partis de rien, **les *self-made men***, comme Carnegie, fils d'un tisserand écossais, ou Rockefeller, fils d'un représentant de commerce, est exceptionnelle. **L'élite du monde des affaires est une élite d'héritiers**. Dans leur majorité, les dirigeants sont nés américains, issus des milieux aisés des petites villes de Nouvelle-Angleterre, généralement d'ascendance anglaise et presbytérienne. Ils ont reçu une éducation au-dessus de la moyenne et ont grandi dans l'atmosphère des affaires.

2. Une concentration croissante du capital

Le mouvement de fusions amorcé vers 1880 s'accentue à partir de 1896. **Initiées par des financiers et des spéculateurs**, ces fusions visent à créer de gigantesques sociétés de portefeuille, les **holdings,** qui permettent de maintenir les profits en prenant le contrôle de secteurs entiers de la production. Cette « stratégie d'intégration, au sein d'une même entité, de la production de masse et de la distribution de masse » répond aux jugements de la Cour suprême qui, jusqu'en 1903, déclarent en application du Sherman Act de 1890 les trusts illégaux, mais n'émettent pas d'objection à la formation de holdings. **L'exemple le plus**

probant de ce capitalisme financier est l'empire Morgan dont le fleuron est l'US Steel. Constituée en 1901 quand Carnegie cède ses avoirs au banquier Morgan qui acquiert aussi les huit autres grandes sociétés productrices d'acier (Federal Steel, National Steel…), elle produit les 3/5e de l'acier américain dans ses 150 aciéries. Mais la société holding créée par Morgan englobe aussi des banques, des compagnies d'assurances, des sociétés de transport ferroviaire, maritime ou urbain et détient des participations dans l'industrie agricole (International Harvester), l'électricité (General Electric), le téléphone (ATT), etc. L'enquête menée en 1912 par la Commission de la banque et de la monnaie estime que les deux premières sociétés holding, celle de Morgan et celle de Rockefeller, contrôlent des centaines de sociétés industrielles et d'entreprises de service, créant **selon les mots du président Wilson, « le plus grand monopole du pays, le monopole de l'argent ».**

3. Une course à l'innovation

Durant le XIXe siècle, les États-Unis ont été, dans le champ des technologies, un pays « suiveur », adoptant généralement les nouvelles technologies nées en Europe occidentale, mais en sachant remarquablement les adapter et les commercialiser à grande échelle. **Dès la fin du XIXe siècle, ils deviennent le principal foyer d'innovations devant l'Allemagne**. Cette mutation résulte de la relation alors nouée entre la science et l'industrie. D'un côté, les universités créent des **départements scientifiques** où sont formés les ingénieurs dont l'industrie a besoin. De l'autre, les entreprises créent des **laboratoires de recherche** et se lancent dans la recherche à grande échelle. En introduisant de nouveaux produits et en créant de nouveaux marchés, les entreprises assurent leur croissance. General Electric, en 1900, se dote d'un laboratoire de recherche inspiré des laboratoires de l'industrie chimique allemande ; Du Pont de Nemours qui, en 1913, emploie 250 chimistes, ATT, US Steel consacrent chacune plus de 300 000 dollars par an à la recherche. Ces grandes firmes puisent leurs chercheurs dans les universités. Il en résulte **une forte croissance du nombre de brevets déposés** : 235 000 pour les années 1890-1900, 315 000 pour la décennie suivante. Si tous les secteurs sont concernés, **les innovations majeures apparaissent dans les branches nouvelles** : électricité, automobile, assurant rapidement à Westinghouse, General Electric, Thomas-Houston, Edison, Western Electric et Ford des positions dominantes.

4. Le renouvellement des méthodes de production

L'innovation ne concerne pas seulement les technologies. **L'application de la science s'étend aussi aux méthodes de travail**. F. W. Taylor, « ingénieur consultant spécialiste en organisation systématique des ateliers et en prix de revient », d'après sa carte de visite, voit ses théories et ses méthodes d'organisation scientifique du travail diffusées depuis la fin du siècle et résumées en 1911 dans ***The Principles of scientific management***, faire l'objet d'un enseignement à Harvard et être largement adoptées à la veille de la guerre. **L'OST accélère l'apparition de la production en série, indissociable de la standardisation des pièces et permet des progrès spectaculaires de la productivité**. H. Ford met ces principes en œuvre, dans son usine de Detroit, en expérimentant, en 1913, **le montage à la chaîne** du châssis de la Ford T. Alors qu'il fallait plus de douze heures pour produire une voiture au début de 1913, il ne faut plus qu'une heure trente au printemps 1914. La production de masse, les gains de productivité et l'efficacité qui résultent de ce mode de production permettent à Ford de produire la voiture la moins chère du monde, de payer les salaires les plus élevés – le salaire minimum est de 5 dollars par jour pour l'ouvrier le moins qualifié –, d'introduire la journée de huit heures et de devenir l'une des plus grosses fortunes du monde.

Le puissance de l'industrie américaine en 1913

	États-Unis	Allemagne	Royaume-Uni	France	Russie
Part de la production industrielle mondiale	36 %	16 %	14 %	6,4 %	6
Production de charbon	515 Mt	190	300	40	36
Production de pétrole	33 Mt	–	–	–	8,5 Mt
Production de fer (minerai)	60 Mt	29 Mt	16 Mt	22 Mt	9,2 Mt
Production d'acier	32 Mt	16,7 Mt	9 Mt	4 Mt	4 Mt
Production d'automobiles	500 000			45 000	

L'industrie

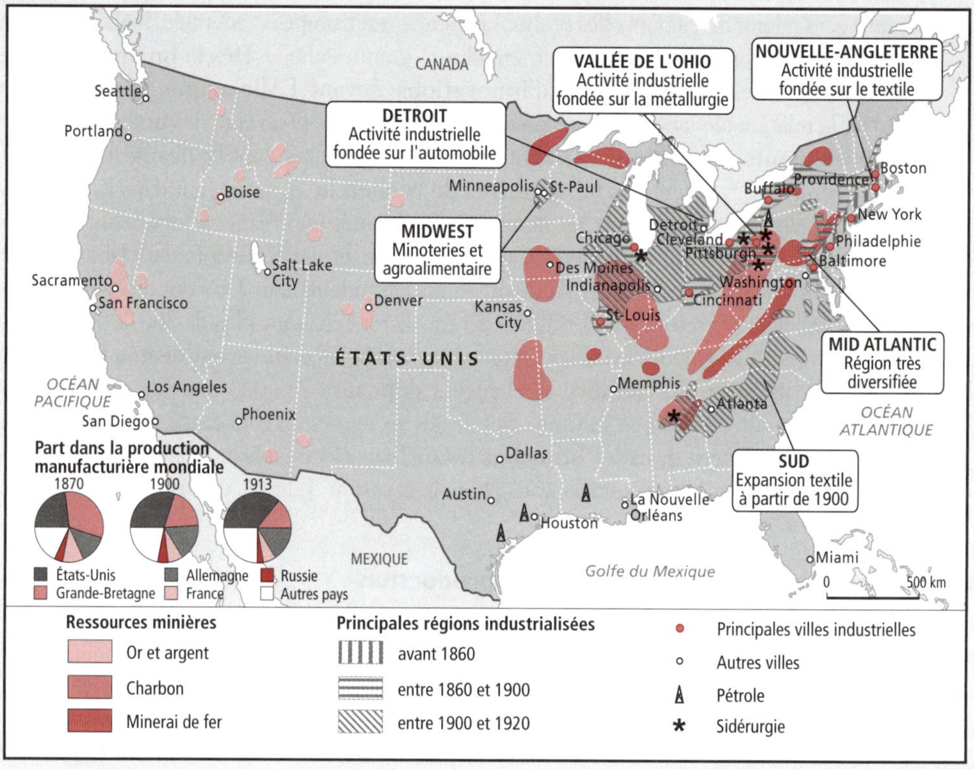

B. UNE SOCIÉTÉ INÉGALITAIRE

1. L'enrichissement d'une minorité

Même si les conditions de vie des ouvriers s'améliorent quelque peu entre 1897 et 1917, la redistribution des bénéfices engrangés dans ces années de prospérité n'est pas équitable. **La fortune se concentre entre les mains d'un petit groupe de familles**. En 1913, 5 % de la population accaparent 15 % du revenu national et 1 % des Américains détient 47 % de l'ensemble des biens du pays. À la même date, le revenu annuel de Carnegie est de 12,5 millions de dollars, alors qu'un professeur d'université est payé 4 000 dollars. Bien qu'en majorité issues des milieux puritains, ces familles richissimes multiplient les demeures somptueuses à la campagne, les hôtels particuliers à la ville, notamment à New York, et les soirées mondaines qui peuvent engloutir à chaque fois des centaines de milliers de dollars. **Certains de ces millionnaires s'affichent cependant, avec l'aide du fisc, philanthropes et mécènes**, finançant institutions universitaires, bibliothèques, musées, fondations. Carnegie investit ainsi 350 millions de dollars dans des fondations pour la paix ou pour les ouvriers. Rockefeller dépense 550 millions dans la création du *Rockefeller Institute for Medical Research* et de la *Rockefeller Foundation,* pour le bien-être de l'humanité.

2. La précarité du monde ouvrier

Si une partie des classes moyennes, particulièrement le groupe émergent des *managers* et des cadres d'entreprise, bénéficie, dans une moindre mesure, du partage des profits, à l'autre extrémité de l'échelle sociale, **la condition ouvrière demeure précaire et le travail est une marchandise mal payée**. Le salaire moyen annuel de l'ouvrier, évalué selon les sources pour la période 1911-1914 entre 570 et 685 dollars, reste faible, surtout pour les immigrés. Alors qu'une famille a besoin de 15 dollars par semaine pour survivre, la moitié des immigrants gagne moins de 10 dollars. L'ouvrier immigré de New York, dans ces conditions, n'a d'autre choix que de se loger dans un *tenement,* habitat ouvrier à bon marché. **Les conditions de travail sont dures** : six jours sur sept, douze heures par jour. Chaque année, on dénombre 35 000 morts et 536 000 blessés par accident du travail. De plus, **il faut souligner les énormes inégalités** entre régions, sexes, âges et couleur de la peau, les rémunérations des noirs restant les plus faibles. Les parents n'hésitent pas à placer sur le marché du travail leurs enfants dès leur plus jeune âge ; en 1910, un enfant sur cinq ayant entre 10 et 15 ans travaille, soit 5,2 % de la main-d'œuvre totale. À la même date, les femmes qui représentent 20 % de la main-d'œuvre perçoivent un salaire hebdomadaire inférieur à 6 dollars.

ZOOM ▶ Le progressisme

Le mouvement progressiste est un mouvement réformiste issu en partie du mouvement populiste, né à la fin des années 1890 dans l'Amérique urbaine du Nord et de l'Est. Ce mouvement, se fondant sur les valeurs de la démocratie américaine, dénonce les excès de la civilisation urbaine, la corruption des dirigeants, les inégalités de la société. Il prend la défense des exploités et des opprimés, ouvriers, femmes, enfants, Noirs, *farmers*. Issus des classes moyennes, les progressistes s'appuient, à un moment où la presse prend de l'importance, sur les journalistes, les *mudrakers* (déterreurs de scandales) pour dénoncer les abus, appeler à la justice sociale et à la démocratie politique. Le premier théoricien réformiste est Henry George qui publie en 1880 un ouvrage intitulé *Progrès et pauvreté*. Ce réquisitoire qui dénonce les dangers d'une trop forte inégalité (« le vice et la misère naissent de l'inégale distribution des richesses et des privilèges ») a rencontré un énorme succès au point de connaître de très nombreuses rééditions avant 1914. Le mouvement progressiste n'a cependant jamais réussi à s'imposer face aux deux grands partis américains.

Même s'il n'accepte pas les conditions qui lui sont faites, le monde ouvrier américain, dépourvu de conscience de classe, peine à s'organiser. Après plusieurs tentatives, l'***American Federation of Labor*** (**AFL**), dirigée par S. Gompers, naît en 1886. Mais cette fédération qui réunit des syndicats de métiers, proche des *trade-unions* britanniques, ne s'adresse qu'aux **ouvriers qualifiés bien payés**, soit 10 % des ouvriers. Elle se désintéresse de la masse croissante des OS, des immigrés, des Noirs, des femmes. **L'AFL accepte le système capitaliste et ses revendications portent sur les salaires, les conditions de travail,** la reconnaissance syndicale par les patrons. Son arme est la négociation collective, avec, en cas d'échec, la grève. Entre 1898 et 1914, le nombre d'adhérents de l'AFL passe de 278 000 à plus de 2 millions. Quant aux ouvriers non qualifiés, notamment les mineurs de l'Ouest et les ouvriers du textile de l'Est, ils se retrouvent dans un éphémère syndicat d'industries, *l'Industrial Workers of the World*, créé en 1905, qui recourt à la grève violente, comme en témoignent les grèves des ouvriers du textile de Lawrence (Massachusetts) ou des mineurs de Ludlow (Colorado) en 1912. Mais l'IWW ne parvient pas à dépasser les 100 000 adhérents. **Une grande partie des améliorations obtenues par les ouvriers résulte davantage de la croissance économique que des luttes syndicales**.

■ Les ouvriers et les syndiqués

	Total	Ouvriers agricoles	Ouvriers industriels	H	F	dont – 15 ans	Syndiqués
1890	23,0 millions	10,0	13,0	19,0	4,0	1,1	0,3
1900	29,0 millions	11,0	18,0	23,7	5,3	1,7	0,9
1910	37,3 millions	11,6	25,7	30,0	7,3	1,6	2,0

Bureau of the Census.

3. Le monde paysan, de la crise à la prospérité

Grâce à la mécanisation (première moissonneuse en 1858), puis à la motorisation à partir de 1900 et à l'extension du domaine mis en valeur, l'agriculture a triplé sa productivité depuis la guerre de Sécession et fortement augmenté ses productions. En 1913, les 6 millions d'exploitations assurent le quart de la production mondiale de blé, plus de la moitié de celle du coton, 60 % de la production de maïs, etc. **Cette réussite économique s'est cependant accompagnée d'un fort malaise paysan jusqu'au début du XXᵉ siècle**. De 1870 à 1896, les prix agricoles ont en effet reculé de 40 % pour le coton, de 50 % pour le maïs et de 60 % pour le blé, chute bien supérieure à celle de produits industriels abrités de la concurrence par le protectionnisme. Les paysans dénoncent les ententes des compagnies ferroviaires qui pratiquent des prix de transport prohibitifs, les intermédiaires et transformateurs comme les trusts de la viande qui imposent des prix d'achat très bas, et l'absence d'un crédit adapté à l'agriculture. Ils se sont fortement endettés pour se mécaniser et la baisse des prix les contraint à verser des intérêts considérables aux banques, sans pouvoir rembourser leurs dettes. Faute d'organisation syndicale, **le malaise paysan débouche sur le plan politique dans les revendications formulées par le parti populiste créé au début des années 1890**. Les *farmers* réclament notamment le contrôle des monopoles les plus nuisibles, la création d'un réseau bancaire spécifique et défendent ardemment le bi-métallisme pour lutter contre la déflation qui les accable. **Leur situation s'améliore nettement à partir de 1900** : le gonflement de la demande interne et européenne se traduit par un net redressement des prix (un quasi-doublement pour le blé de 1895 à 1914). L'État limite les abus ferroviaires, l'exode rural s'accélère et l'essor du frigorifique avantage les éleveurs face à l'industrie alimentaire.

C. LE RÔLE RÉGULATEUR DE L'ÉTAT

1. La lutte contre les ententes et les trusts

La Constitution qui sépare les trois pouvoirs, exécutif, législatif et judiciaire, et qui protège les droits des citoyens, l'organisation fédérale qui limite les pouvoirs de Washington et l'exaltation de la libre entreprise créent en principe **un climat peu favorable à une intervention forte de l'État dans l'économie et la société**. À partir de la fin du XIXᵉ siècle, la concentration permet cependant aux pouvoirs publics d'intervenir pour protéger ou rétablir la concurrence et la loi du marché. En 1887, face aux abus tarifaires des compagnies ferroviaires, qui menacent la liberté du commerce et sous la pression des *farmers*, des commerçants et des usagers, l'*Interstate Commerce Act* introduit une réglementation et crée une commission chargée de surveiller les compagnies et d'instruire les plaintes. En 1890, pour répondre à la création de trusts qui menacent la libre concurrence – le trust du sucre et la Standard Oil de Rockefeller sont particulièrement visés –, **le Congrès vote le Sherman Antitrust Act qui déclare illégal tout trust ou monopole entravant le commerce**. Cependant, la Cour suprême tend à rendre ces lois inopérantes, refusant en particulier de reconnaître au gouvernement fédéral le droit d'intervenir pour réglementer les tarifs ferroviaires et le Sherman Act, détourné de sa finalité première, sert essentiellement à entraver l'essor du syndicalisme.

Dénonçant les débordements des grands intérêts économiques et **la loi de la « jungle »**, le mouvement progressiste souhaite une intervention de l'État, voie dans laquelle s'engagent tant le président républicain T. **Roosevelt** avec le *Square Deal* (1901-1908) que le président démocrate W. **Wilson** avec la *New Freedom* (1913-1920). Roosevelt, bientôt surnommé le « dompteur de trusts », obtient du Congrès en 1903 la création d'un Bureau des corporations chargé de surveiller les trusts. En 1904, il arrache à la Cour suprême, en application du Sherman Act, le démantèlement de la Northern Securities, holding ferroviaire constitué en 1901 par le groupe Morgan. À son tour, en 1914, Wilson tente de renforcer la lutte contre les trusts avec le **Clayton Act**. **Cette loi indique clairement que les syndicats ne sont pas concernés par le Sherman Act**. Elle ne condamne pas les trusts ou les holdings, mais les abus de position dominante nuisibles à l'intérêt national, aux consommateurs ou aux concurrents comme les discriminations de prix, les contrats d'exclusivité, les partages de marché. Quant aux grandes compagnies ferroviaires, dont les pratiques tarifaires n'ont pas été jugulées par la loi de 1887, elles doivent se conformer aux lois **Elkins** de 1903 et **Hepburn** de 1906. L'une met fin aux rabais accordés à certains gros clients et rend responsables de ces pratiques tant les sociétés que les bénéficiaires ; l'autre rétablit dans la plénitude de ses pouvoirs l'Interstate Commerce Commission et élargit son champ d'action.

2. La réorganisation monétaire

Monnaie et banques représentent un autre domaine d'intervention de l'État. En 1900, en un temps d'abondance de métal jaune, le **Gold Standard Act** instaure l'étalon-or et met fin à la querelle qui opposait partisans du bimétallisme or-argent et tenants du monométallisme or. Les bimétallistes, appuyés par les États producteurs d'argent de l'Ouest, les *farmers* et le parti démocrate, voyaient dans ce système un moyen d'augmenter la masse monétaire et de lutter contre la baisse des prix de la période 1870-1896. Les partisans du monométallisme appuyés par les banquiers et le parti républicain souhaitaient au contraire une émission plus rigoureuse évitant toute inflation. Le redressement des prix à partir de 1896 a permis de trancher la querelle. La loi cependant n'envisage pas de rendre plus efficace le système bancaire des États-Unis, dépourvus d'une Banque centrale depuis 1836. Il faut la crise financière de 1907 et le rapport de la Commission nationale monétaire pour qu'apparaissent les insuffisances du système en matière d'émission monétaire et de contrôle des moyens de crédit. Il faut aussi l'administration Wilson pour que, malgré la forte opposition des *farmers* et des banquiers, une première réponse partielle soit apportée. Le **Federal Reserve Act de 1913** crée un **Bureau fédéral de réserve coiffant douze banques fédérales de district**, dotées de pouvoir d'émission, auxquelles toutes les National Banks jusque-là émettrices doivent adhérer, les autres établissements bancaires y étant simplement invités. Bien que ses membres soient nommés par le président, **le Bureau fédéral est un**

organisme indépendant chargé de définir la politique monétaire du pays et de fixer le taux d'escompte. Si la loi ne résout pas tous les problèmes, en particulier ceux de l'endettement des *farmers*, elle est une étape vers la création d'une Banque centrale.

L'État mène une politique d'intervention dans d'autres secteurs aussi : industries alimentaires et pharmaceutiques avec l'adoption du Meat Inspection Act et du Pure Food and Drug Act en 1906 qui assurent la défense des intérêts et de la santé des consommateurs ; législations destinées à protéger les richesses naturelles contre une exploitation sans frein et qui font de Roosevelt un précurseur de l'écologie. Mais l'intervention dans le domaine social reste quasi inexistante. Ce n'est qu'en 1916 par exemple qu'une législation prohibe le commerce entre États fédérés de produits fabriqués par des firmes employant des enfants de moins de 14 ans.

ZOOM ▶ Theodore Roosevelt et Woodrow Wilson : deux conceptions de la réforme

Le président républicain Roosevelt veut sauver la libre entreprise des dangers que lui font courir ses propres excès. Pour cela, il entend soumettre les *corporations*, dont il ne veut pas la disparition, au contrôle d'un gouvernement fédéral fort (d'où le *Bureau of Corporations* chargé de surveiller les ententes industrielles). Sensible aussi aux aspirations populaires, il s'attaque aux compagnies ferroviaires accusées de pratiquer des tarifs discriminatoires.

Wilson veut restaurer une véritable liberté tant de l'entreprise que de l'individu. L'intérêt général primant sur la somme des intérêts particuliers, le gouvernement fédéral a la mission d'intervenir pour assurer la défense des citoyens ; c'est tout le sens de la « nouvelle liberté » que prône Wilson et dont il entreprend la mise en œuvre avec une série de réformes démocratiques et de lois augmentant le pouvoir fédéral, la création d'un impôt fédéral sur le revenu, la réduction des droits de douanes (tarif Underwood), la réorganisation du système monétaire (Federal Reserve Act), le renforcement de la législation antitrust (Clayton Act) et, en 1920, l'extension du droit de vote aux femmes.

III. Les États-Unis face au monde

A. LE CREDO PROTECTIONNISTE

1. Une balance commerciale en excédent

Dans l'essor du commerce international entre 1898 et 1917, le rôle des États-Unis devient essentiel. **Leur part dans les échanges internationaux ne cesse de progresser**. De 10 % dans les années 1870, elle est de l'ordre de 15 % pour les années 1900-1913 ; seules l'Angleterre et l'Allemagne font mieux. Les exportations américaines de biens manufacturés, qui ne représentent que 2,8 % du mouvement mondial en 1880, atteignent 12,6 % en 1900 et assurent 35 % des exportations du pays, alors que la part des produits agricoles régresse très sensiblement de 63 % en 1898 à 40 % en 1914. **Dès 1894, le commerce extérieur américain est excédentaire**. Malgré tout, **le taux d'ouverture de l'économie américaine demeure faible**. Si le principal partenaire commercial des États-Unis reste l'Europe, depuis le milieu des années 1900, sa part tend à diminuer au profit de nouveaux partenaires américains, le Canada et l'Amérique latine, et du commerce avec les pays asiatiques comme la Chine et le Japon qui fournissent la soie dont a besoin l'industrie américaine.

La balance commerciale

	Exportations	Importations
1880	835 millions de dollars	667 millions
1890	857 millions	789 millions
1900	1,4 milliard	850 millions
1910	1,7 milliard	1,5 milliard
1920	8,2 milliards	5,2 milliards

Composition des exportations en 1900 et 1910

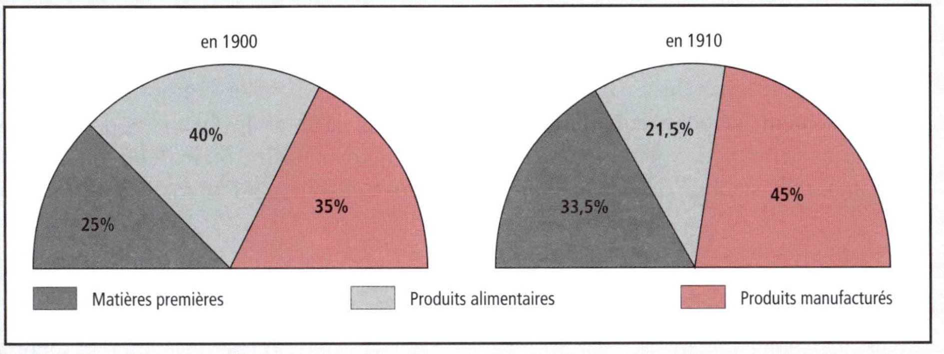

2. Une tradition protectionniste

La politique protectionniste des États-Unis naît avec le pays : dès 1789, Hamilton obtient l'instauration de tarifs dont le revenu alimente le budget fédéral. Jusqu'à la guerre civile, le commerce extérieur devient un enjeu politique essentiel opposant le Sud agrarien libre-échangiste et les États industrialisés du Nord qui souhaitent réserver à leurs industries le marché américain. Si le parti démocrate, dans sa majorité, soutient les premiers, les républicains appuient plutôt les seconds. Après la victoire du Nord et des républicains en 1865, la tendance protectionniste l'emporte. De 24 % *ad valorem* en 1861, les droits passent à 33 % en 1862 (tarif Morrill), 47 % en 1864 et culminent entre 1890 et 1908 à 49 % puis 57 % avec **les tarifs McKinley (1890) et Dingley (1897). La législation douanière de 1897 innove même en dotant le président de l'arme tarifaire** : il a désormais le pouvoir de baisser d'au moins 20 % les droits sur certains produits en provenance de pays pratiquant des baisses réciproques sur leurs importations de produits américains et celui de **conclure des traités de commerce avec l'étranger**. Le marché américain est ainsi protégé par un véritable bouclier dont la nécessité en période de croissance et à l'âge de la maturité n'apparaît plus évidente, d'autant qu'il génère la hausse des prix et du coût de la vie, les salaires ne suivant guère. Mais le poids du lobby industriel rend difficile toute tentative de baisse réelle des tarifs et celle de Taft en 1909 aboutit même à un effet inverse avec l'adoption du tarif Payne-Aldrich. **Tout au long de cette période, les États-Unis sont les champions du protectionnisme.** En 1913, la moyenne des droits de douane américains s'élève à 44 %, alors qu'elle est de 20 % pour la France, de 13 % pour l'Allemagne et que le Royaume-Uni reste fidèle au libre-échange.

3. Une légère décrue à la veille de la guerre

L'élection de Wilson marque une réelle inflexion de la politique douanière. La baisse des tarifs est l'un des grands engagements du candidat démocrate qui entend l'utiliser pour réduire la puissance des trusts en les soumettant au jeu de la concurrence. Élu, il obtient du Congrès en 1913 le vote du **tarif Underwood** qui ramène à 30 % le tarif moyen, supprime les droits sur le fer, l'acier, la laine, les produits agricoles. Les pertes subies par le Trésor sont compensées par un léger **impôt sur le revenu**, en conformité avec le 16e amendement à la Constitution adopté quelques mois plus tôt. S'il rompt avec la politique suivie depuis cinquante ans, ce tarif est cependant loin d'annoncer une conversion des États-Unis au libre-échange.

À l'inverse, les frontières américaines sont largement perméables aux flux de capitaux. De 1897 à 1914, **le montant des investissements étrangers double**, passant de 3,4 milliards de dollars à près de 7 milliards. Essentiellement européens, ces capitaux sont encore fournis, en 1914, pour plus de la moitié par le Royaume-Uni (4,2 milliards de dollars). Les Européens ont été attirés par les besoins des industries extractives ou du développement ferroviaire, par les prises de participation dans les entreprises américaines (investissements de portefeuille) mais aussi contraints de créer des filiales et d'investir pour contourner le protectionnisme et tenter de profiter du dynamisme du marché. L'adoption de l'étalon-or et la stabilité du dollar inspirent confiance et sont aussi un facteur d'attraction.

B. LES PREMIÈRES PULSIONS IMPÉRIALISTES

1. La naissance d'un courant expansionniste

Ancienne colonie, émancipée par la force, les États-Unis ont longtemps donné le sentiment d'être étrangers à toute tentation impérialiste. En 1898, leur engagement brutal dans l'aventure coloniale, lorsqu'ils « libèrent » Cuba de la domination espagnole, semble marquer un tournant, témoignant d'un intérêt nouveau pour les affaires mondiales. En fait, il n'est que l'aboutissement d'une évolution amorcée plus tôt. Dès la fin des années 1860, certains songent à des annexions dans le Pacifique (Hawaï) ou les Caraïbes (Saint-Domingue). Mais **c'est au cours de la décennie 1885-1895 qu'émerge un réel courant impérialiste** mêlant arguments politiques, économiques, stratégiques, voire missionnaires. En 1885, John Fiske, dans *Manifest Destiny*, appelle à une extension de l'influence commerciale et politique des États-Unis, tandis que Josiah Stung, dans *Our Country*, invite les Américains à diffuser dans le monde les bienfaits du « modèle » américain : spiritualité chrétienne, liberté politique et économique. Quant au futur amiral **Mahan**, auteur en 1890 de *The Influence of Sea Power in History*, considérant que la source de puissance et de richesse d'une nation repose sur un actif commerce extérieur, il défend la construction d'un empire maritime appuyé sur une flotte de guerre, une marine marchande et un réseau stratégique de bases navales. Les impérialistes, en particulier T. **Roosevelt**, futur secrétaire à la Marine puis vice-président et président des États-Unis, et le sénateur H. Cabot Lodge, propagent ces théories qui connaissent un début d'application en 1898 dans le contexte de **la guerre contre l'Espagne** : annexion des îles Hawaï, acquisition des Philippines, de Guam, de Porto Rico.

2. Le choix d'un impérialisme économique

Les États-Unis renoncent cependant à se doter d'un empire territorial sur le modèle européen au profit d'un **impérialisme économique** visant à conquérir **des marchés étrangers**. Les milieux d'affaires, financiers et industriels, souhaitent disposer de nouvelles sources d'approvisionnement en matières premières, de débouchés pour leur production, de nouveaux espaces où investir. **Dès la présidence Roosevelt, intérêt politique et intérêts économiques se conjuguent** : les milieux économiques ont besoin du gouvernement pour défendre leurs intérêts à l'étranger face aux rivaux européens détenteurs de colonies ou au Japon ; les dirigeants veulent promouvoir une politique assurant le dynamisme des exportations et la sécurité des investissements extérieurs, source de prospérité pour la nation américaine.

Cette politique emprunte **trois voies** qui, bien que différentes, convergent au service des intérêts américains. La vieille « **doctrine de Monroe** », qui réserve l'« Amérique aux Américains » et interdit toute intervention européenne sur le continent américain, est réactivée face aux menaces commerciales et financières britanniques et allemandes en Amérique latine. Elle est désormais accompagnée du « **corollaire Roosevelt** » qui donne aux États-Unis un pouvoir de police sur tout le continent. Ils interviennent en 1905 en République dominicaine, prennent le contrôle des douanes dont une partie des recettes sert à rembourser une banque américaine qui avait éloigné les créanciers européens du marché dominicain en les remboursant. Par la suite, Cuba (1906), le Nicaragua (1912), le Mexique (1914), Haïti (1915) font l'objet d'interventions. Le gouvernement américain prend le contrôle de la zone de Panama où il fait construire le canal ouvert en 1914.

Une voie différente est suivie dans le Pacifique dès 1899 : face au dépècement de **la Chine** par les puissances européennes et le Japon qui s'y taillent des zones d'influence, le secrétaire d'État John Hay demande que soient respectés l'intégrité territoriale de la Chine et **le principe de la « porte ouverte »** qui permet à tous, sans discrimination, de commercer et d'investir dans la totalité de l'Empire chinois. Quelques années plus tard, Wilson fait sien ce principe et souhaite son extension au monde entier. Enfin, Taft développe **la diplomatie du dollar** destinée à encourager les hommes d'affaires à investir à l'étranger tout en servant les intérêts politiques américains : l'Amérique centrale et les Caraïbes restent les points d'application privilégiés de cet impérialisme financier.

3. La création d'une zone d'influence

Le résultat de ces politiques est un développement considérable des exportations de capitaux américains : entre 1897 et 1914, elles sont multipliées par cinq. Mais l'évolution est très inégale selon les sphères : **le continent américain** avait reçu 497 millions de dollars en 1897, il en reçoit plus de 2,5 milliards en 1914, dont la moitié pour le Mexique et l'Amérique centrale. **Les deux principaux bénéficiaires sont le Canada et le Mexique** avec plus de 850 millions de dollars chacun en 1914. Les investissements reçus par le Canada vont tant à l'exploitation des matières premières qu'aux industries (pièces pour automobile, équipements électriques, chimie, papier), ceux qui sont destinés au Mexique vont vers le pétrole, les mines, le chemin de fer.

Les investissements lointains sont beaucoup plus limités. La part de l'Asie progresse de 23 millions à 245, celle de l'Europe de 151 millions à 691, celle de l'Océanie de 1,5 million à 17. Cependant, les entreprises américaines n'hésitent pas à s'installer hors des États-Unis, comme la firme Singer, la première à choisir une stratégie multinationale, ou Duke, le roi de la cigarette, qui s'implante en Chine puis en Angleterre.

6 LE RÉVEIL DU JAPON

Entre 1868, début de l'ère Meiji, et 1914, le Japon passe du stade féodal et d'une société et une économie bloquées au rang de puissance émergente associant force militaire et modernité technique. Atypique en pleine ère libérale, la croissance japonaise est décrétée par l'empereur et pilotée par les pouvoirs publics pour conjurer l'appétit des grandes puissances. Paradoxalement, pour assurer son indépendance, le Japon se met à l'école de l'étranger mais préserve son autonomie financière et développe en réponse au défi extérieur un nationalisme orgueilleux et un esprit de conquête.

En Occident et aux États-Unis, la transformation spectaculaire de ce pays endormi suscite des inquiétudes et nourrit le sentiment d'un « péril jaune ». En Asie, les succès militaires remportés par le pays du Soleil levant favorisent l'éveil des nationalismes.

Avec la montée en puissance des États-Unis, l'irruption de la puissance allemande et le décollage de la Russie, le réveil japonais est à la fin du XIXe siècle l'un des changements majeurs dans l'organisation du monde et l'un des signes annonciateurs du XXe siècle où l'histoire est désormais étroitement liée au comportement de ces quatre acteurs.

CHRONOLOGIE

1853 : Une flotte militaire américaine exige l'ouverture des ports japonais
1854 : Le Japon capitule devant l'ultimatum américain. Premier « traité inégal »
1868 : Révolution de palais. L'empereur destitue le Shogoun et lance le Meiji (« politique éclairée »)
1871 : La féodalité est abolie. Création du yen et d'un réseau de banques publiques. Enseignement primaire obligatoire
1872 : Premières usines modernes financées par l'État. Première ligne ferroviaire Tokyo-Yokohama
1873 : Réforme de la fiscalité. Création du service militaire obligatoire
1875 : Annexion des îles Ryukyu
1876 : La Corée est contrainte de s'ouvrir au commerce japonais
1877 : La révolte des samouraïs est noyée dans le sang
1889 : Promulgation de la Constitution
1894-95 : Guerre et victoire contre la Chine. Annexion de Formose
1904-05 : Guerre et victoire contre la Russie. Protectorat sur la Corée
1908 : L'immigration japonaise est interdite aux États-Unis
1912 : Mort de l'empereur Mutsu-Hito. Fin de l'ère Meiji

I. Une croissance décrétée par l'État

A. UN PAYS FIGÉ DANS SES TRADITIONS

1. Une société hiérarchisée et bloquée

Depuis le XIIe siècle, **la dynastie impériale vit cloîtrée dans son palais de Kyoto**. Entouré d'une noblesse de cour, l'empereur est considéré comme un Dieu vivant mais n'exerce aucun pouvoir. **Le pays est dirigé par un général en chef, le Shogun**, toujours issu de la même famille depuis le XVIIe siècle et installé à Edo. Il est appuyé par une **noblesse militaire de**

270 grands seigneurs, les daïmyos. Ces derniers possèdent des fiefs, rendent justice et battent monnaie ; ils vivent des redevances versées par les paysans mais doivent séjourner six mois par an à la cour du Shogoun. Les daïmios entretiennent **500 000 samouraïs** qui se consacrent au métier des armes et doivent respecter un code d'honneur très strict, le Bushido. 50 000 d'entre eux sont au service du Shogoun mais de nombreux samouraïs n'ont plus ni suzerain ni moyen de survivre et sont devenus des guerriers errants, des *ronins*, qui louent leurs services aux plus offrants et sont prêts à devenir les soutiens actifs du Meiji.

■ La pyramide sociale du Japon traditionnel

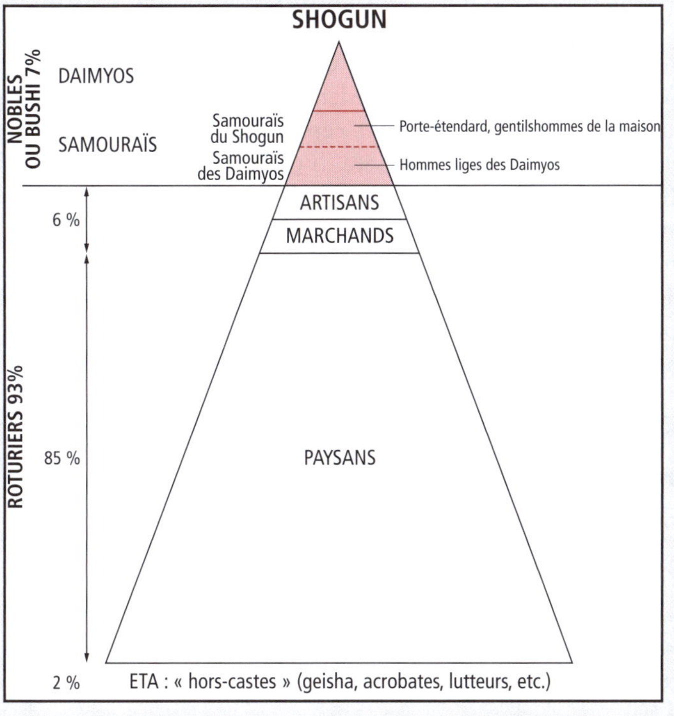

En dessous de cette noblesse, la classe moyenne des commerçants et usuriers, les *chonins*, dont la capitale est Osaka, est très réduite. L'État contrôle en effet strictement les échanges internes et interdit tout commerce avec l'étranger. Enfin, **la majorité de la population est formée de paysans** qui vivent misérablement. Les conditions naturelles réduisent en effet la surface agricole utile à 4,2 millions d'hectares, les exploitations sont minuscules, les taxes féodales confisquent une grande partie des récoltes et les famines sont fréquentes, de même que les jacqueries aussitôt écrasées par le pouvoir féodal.

2. Une démographie bloquée

Le premier recensement sérieux **en 1872** indique que **le pays compte 32 millions d'habitants**. Cette population semble stable depuis des siècles. **Les pratiques antinatalistes sont en effet ancrées dans la tradition** et tolérées par l'État, sous forme d'infanticides dans les familles pauvres et d'avortements dans les familles riches. Expression sans doute d'un risque de surpeuplement dans un pays au sol exigu, les familles nombreuses sont une cible constante de critiques. **L'État** a cependant créé des magasins pour stocker des vivres et les distribuer en cas de famines et **semble donc soucieux de maintenir une population stable**. Le Japon se caractérise aussi par des **densités très contrastées** : la population s'entasse dans les régions les plus favorisées par le climat et le relief, en particulier le sud de l'archipel, où se situent aussi les plus grandes villes. La ville de l'empereur, Kyoto, et celle du Shogoun, Edo, comptent chacune 500 000 habitants et la ville des marchands, Osaka, 400 000. Le nord de Hondo, l'île principale, et l'île septentrionale d'Hokkaïdo sont vides, mais pour maintenir le système féodal et ne pas priver les fiefs de leur main-d'œuvre, **la colonisation du Nord est interdite.**

3. Une stagnation économique

Secteur économique essentiel, **l'agriculture souffre d'une surface agricole utile inférieure à 20 % du territoire**, consacrée essentiellement à des cultures vivrières et surtout à la monoculture du riz qui nécessite d'énormes travaux, épuise les sols et ne fournit que des rendements très faibles. La lourdeur des charges et les micro-exploitations bloquent toute amélioration. **L'élevage n'est représenté que par le ver à soie**. L'artisanat est une activité traditionnelle importante. Il est cependant figé dans des techniques souvent très raffinées mais répétitives. En dehors de quelques mines exploitées par l'État, **l'industrie est inexistante**. Au milieu du XIXe siècle, il n'existe donc aucun signe annonciateur d'une révolution technologique à l'européenne. De plus, les contacts avec l'extérieur sont quasiment exclus : le pays s'est fermé en 1637 et les commerçants étrangers n'ont accès qu'au port de Nagasaki. Ils sont de plus étroitement contrôlés et se heurtent à une forte xénophobie.

B. UN CHOC EXTÉRIEUR

1. Un ultimatum américain

ZOOM ▶ Le décret impérial ouvrant le Meiji

« Nous venons de prendre la succession au Trône Impérial et l'Empire est actuellement soumis à une réforme totale. Nous-mêmes exerçons le pouvoir de décider suprêmement et exclusivement à la fois en matières civiles et militaires. La dignité et le bonheur de la nation tiennent à l'exécution des devoirs de Notre haute fonction ; constamment et sans repos, Nous y consacrons nos pensées. Tout indigne que Nous sommes pour cette tâche, Nous désirons continuer le travail commencé par nos sages ancêtres et appliquer la politique que nous a léguée le défunt empereur, en donnant la paix aux clans et au peuple à l'intérieur, en faisant briller la gloire de la nation au-delà des mers à l'extérieur. Parce que le shogoun Tokugawa Keiki a nourri des intrigues effrénées, l'Empire a été réduit en pièces et la conséquence en fut une guerre civile qui a imposé au peuple les plus grands torts. Nous avons donc été obligé de Nous résoudre à faire personnellement campagne contre lui. Comme il a déjà été déclaré, l'existence de relations avec des pays étrangers implique des problèmes très importants. Aussi Nous sommes disposé, pour l'amour du Peuple, à braver les dangers de l'abîme et à subir les difficultés les plus grandes, à jurer d'étendre à l'étranger la gloire de la nation et à satisfaire les mânes de nos ancêtres et du défunt empereur.

Ainsi, que vos clans rassemblés Nous assistent dans nos imperfections ; qu'unissant vos cœurs et vos forces, vous accomplissiez les rôles qui vous sont impartis et que vous déployiez votre zèle pour le bien de l'État. »

Décret impérial sur la restauration du 21 mars 1868.

En 1853, conformément à la doctrine de la « porte ouverte » prônée par les États-Unis, une escadre américaine fortement armée sous les ordres de l'amiral Perry se présente en rade d'Edo pour exiger une ouverture des ports japonais dans un délai d'un an. Lors de son retour **en 1854, le Shogoun, sans moyen de résistance face aux canons, doit céder et signer un « traité inégal »** qui ouvre deux ports aux ressortissants américains, leur accorde le privilège de l'extraterritorialité et le droit de commercer librement sur tout le territoire. Le Japon s'engage aussi à ne pas mettre de droit de douane supérieur à 5 % sur les produits américains. 4 ans plus tard, le nombre de ports ouverts est porté à 7 et **le Japon est contraint de signer des traités inégaux de même nature** avec les autres grandes puissances, l'Angleterre, la Russie, la France, la Hollande…

2. Une réaction nationaliste

L'ouverture commerciale imposée désorganise l'économie japonaise. L'artisanat subit la concurrence des produits étrangers, la hausse du prix des produits recherchés par l'Occident, soie et coton, conduit à négliger les cultures vivrières et le déficit commercial réduit l'encaisse or. L'humiliation subie suscite surtout une violente poussée xénophobe **et des affrontements entre les troupes du Shogoun et les fiefs favorables à la résistance nationaliste.** Au cri de ralliement « union de la cour et des militaires », une partie des daïmyos et samouraïs groupés autour du nouvel empereur Mutsu-Hito, dont l'avènement date de 1867, déclenche **une révolution de palais en 1868 contre le Shogoun dont le crédit est ruiné**. **L'empereur** le contraint à démissionner, supprime sa charge, s'installe à Edo désormais appelée Tokyo et **publie le décret impérial ouvrant l'ère du Meiji, destinée à relever le défi américain et occidental** et à « faire briller la gloire de la nation au-delà des mers à l'extérieur ».

C. UNE CROISSANCE DÉCRÉTÉE ET DIRIGÉE PAR L'ÉTAT

1. Une révolution moderniste

La « Charte des 5 articles » définit les objectifs du Meiji : **abandonner les coutumes pernicieuses du passé, recueillir le savoir dans le monde entier, mais pour mieux expulser les barbares et honorer l'empereur**. **Le Japon se met à l'école des techniques occidentales** en faisant appel aux meilleurs spécialistes étrangers. Il fait venir des techniciens anglais pour développer l'industrie textile et les voies ferrées, des Hollandais pour la construction navale, des Français pour les soieries, des Allemands pour la sidérurgie et la chimie, des Autrichiens pour l'industrie du papier et même des Suédois pour créer les premières manufactures d'allumettes. **En 1883, 2 500 spécialistes occidentaux travaillent au Japon**. L'empereur envoie aussi de nombreux étudiants japonais à l'étranger, rend l'enseignement primaire obligatoire dès 1871, développe l'enseignement secondaire dès 1872 et ouvre la première université moderne en 1875. **Dès 1871, il décrète l'abolition du système féodal** : les daïmyos perdent leurs fiefs, leurs privilèges, leurs droits féodaux sur la terre et doivent démanteler leurs châteaux. Dès 1873, le service militaire obligatoire est institué. Les samouraïs perdent le droit de porter seuls des armes et sont poussés à se reconvertir en hommes d'affaires et à mettre leur esprit guerrier et leur culte de l'honneur au service de la croissance nationale. Le pays, désormais divisé en préfectures, est géré par un corps nouveau de fonctionnaires recrutés sur concours. Despote éclairé, **l'empereur** s'appuie sur un noyau de conseillers mais il **détient tous les pouvoirs**, gouverne seul par décret et n'admet aucune contestation. La révolte des samouraïs en 1877 se termine par 15 000 morts et 2 500 suicides rituels ou *hara-kiri*. **La Constitution promulguée en 1889** laisse à l'empereur la totalité du pouvoir exécutif, aidé d'un conseil privé et de 10 ministres. Le pouvoir législatif est partagé entre deux chambres, l'une nommée, l'autre élue selon un suffrage restreint à 6 % de la population adulte masculine. Réunies, ces deux chambres forment la Diète dont le pouvoir consiste essentiellement à voter le budget.

2. Un souci majeur, l'indépendance financière

À la différence des États-Unis qui ont bénéficié des capitaux européens et de la Russie qui multiplie à la fin du XIXe siècle les emprunts extérieurs, **l'empereur Meiji est résolu à financer la croissance sans appel aux capitaux extérieurs** pour ne pas compromettre l'objectif central qu'est l'indépendance nationale. **Dès 1873, la réforme fiscale vise à prélever sur l'agriculture le capital nécessaire au développement de l'industrie**. Les taxes féodales sont remplacées par une taxe foncière perçue par l'État. Payable en espèces et non en nature comme à l'époque féodale, calculée sur la valeur de la récolte et non sur la surface pour encourager le progrès et les initiatives, **cette épargne forcée agricole fournit pendant les 20 premières années du Meiji 80 % des recettes budgétaires** et prélève près du quart de la valeur produite par l'agriculture. L'effort demandé à l'agriculture pour financer le décollage industriel est donc considérable mais de courte durée. **Dès les années 1890, le financement est reporté sur les activités nouvelles** et la taxe foncière est progressivement remplacée par la taxe sur les affaires et par l'impôt sur le revenu. Dans les années 1920, elle ne représente plus que 10 % des recettes publiques. Dans les premières années, l'État recourt aussi à quelques emprunts extérieurs et à l'inflation avant de remettre son budget en équilibre au cours des années 1880, prélude à l'adoption en 1895 de l'étalon-or.

3. Un démarrage industriel sur fonds publics

Jusqu'au début des années 1880, l'État crée et finance les premières implantations industrielles. Il développe la production de cuivre et surtout l'extraction charbonnière, finance les premières voies ferrées et crée de nombreuses usines pilotes, les premières usines de moulinage de la soie en 1872, les premières filatures de coton à Hiroshima en 1878, le complexe sidérurgique de Yawata en 1895, les premières cimenteries, les premiers chantiers navals, etc. Mais **dès le début des années 1880, l'État entreprend de transférer progressivement les établissements qu'il a fondés** à quelques grandes familles, favorisant la formation d'un capitalisme privé très concentré dominé par les zaibatsu. Les premiers de ces groupes, Mitsui, Mitsubishi, Sumitomo et Yasuda, sont apparus sous forme de compagnies commerciales et financières dès le début du Meiji à partir de dynasties de marchands ou de familles samouraïs. Leur puissance se renforce lorsque l'État leur revend à bas prix ses créations. Dès l'origine, **les zaibatsu apparaissent comme des conglomérats** où se mélangent les activités industrielles et les services commerciaux et financiers. Ils sont d'autant plus dynamiques que les débuts du Meiji se caractérisent par l'absence de toute législation sociale et qu'ils sont encouragés et protégés par l'empereur.

II. Un expansionnisme précoce

A. UNE CROISSANCE SPECTACULAIRE MAIS DÉSÉQUILIBRÉE

1. Les progrès de l'agriculture

Malgré les lourds prélèvements initiaux, **le Meiji a réussi à doubler la production agricole globale et à tripler celle du riz**. Grâce à la colonisation et la mise en valeur d'Hokkaïdo, la surface agricole utile est portée de 4,2 à 6,1 millions d'hectares soit une augmentation d'un tiers. Pour favoriser l'amélioration des méthodes culturales, l'État crée deux écoles nationales d'agriculture, multiplie les fermes modèles, finance des laboratoires pour la sélection des semences et développe l'irrigation ainsi que le recours aux engrais. **Les rendements agricoles progressent de 2 % par an et la productivité par actif de 3 %.** La population agricole reste stable à 15 millions de personnes mais, compte tenu de la forte croissance démographique, l'époque est marquée par un important exode rural qui touche quelque 170 000 personnes par an. Le progrès vient aussi de l'amélioration des structures. La taille des exploitations reste cependant très faible puisque 75 % d'entre elles disposent de moins d'un hectare et 4 % seulement de plus de 3 hectares.

2. Un décollage industriel spectaculaire

Priorité du Meiji, l'industrie progresse rapidement, servie par une main-d'œuvre habile et bon marché, des entreprises très concentrées et dynamiques et l'intervention active de l'État. **En 1914, le Japon compte 14 000 établissements industriels qui emploient 900 000 ouvriers**. L'industrie textile qui emploie près de la moitié de la main-d'œuvre se partage presque à égalité entre l'industrie cotonnière qui emploie 250 000 personnes et l'industrie de la soie destinée surtout à l'exportation de soie grège. Le développement de la métallurgie est plus limité. La production de charbon atteint 22 millions de tonnes à la veille de la guerre et couvre les besoins, la production de cuivre est la seconde du monde, mais la production de fer ne dépasse pas 300 000 tonnes, le tiers des besoins, et la production de pétrole se limite à 5 400 tonnes. Créée en 1895, la sidérurgie de Yawata a connu des difficultés constantes et elle ne produit que 280 000 tonnes d'acier alors que le pays doit en importer 400 000 tonnes. Malgré le manque de fer, la construction navale a bénéficié de l'aide de l'État et des importantes commandes militaires et lance 50 000 tonneaux en 1914. Le Japon a aussi développé les industries d'équipement, notamment la construction de machines textiles, de machines-outils, de moteurs mais surtout d'armements. L'industrie a donc parcouru un chemin considérable depuis 1868 et l'appel aux meilleures techniques étrangères lui assure un niveau de modernité remarquable. Mais **en 1914, le Japon ne représente que 2 % de la production industrielle mondiale** et il bute sur la faiblesse des ressources locales qui le pousse à se tourner vers des conquêtes extérieures.

B. UN ESPRIT DE CONQUÊTE AUX MULTIPLES SOURCES

1. Des considérations stratégiques

L'agression initiale de 1854 qui a révélé l'extrême vulnérabilité du Japon hante l'esprit des inspirateurs du Meiji mais aussi de la population comme le montrent les fréquentes références des estampes aux « bateaux noirs » de l'amiral Perry. La proximité de la Russie et de la Chine et la longueur démesurée des côtes conduisent les dirigeants du Japon à affirmer que **la défense stratégique de l'archipel suppose la création d'une zone de protection**. Le pays est en effet confronté de toutes parts à l'impérialisme étranger : à la politique russe de pénétration en Extrême-Orient s'ajoute le déchaînement des appétits occidentaux dans toute la région, comme l'illustrent la colonisation de l'Indochine par la France, la ruée des grandes puissances sur la Chine et leurs rivalités pour s'assurer la mainmise sur les îles du Pacifique. Dans un pays imbu de la supériorité de sa civilisation et où l'ancienne noblesse a constamment cultivé le culte de l'honneur, **l'humiliation de 1854 nourrit un fort sentiment de revanche et une volonté de démontrer les qualités exceptionnelles de la nation**. Le rescrit impérial de 1890 sur l'éducation rappelle les missions prioritaires de l'école : nourrir l'orgueil d'appartenir à la nation japonaise, développer l'esprit de sacrifice, le mépris de l'étranger et le dévouement total à la dynastie.

2. Des raisons démographiques et économiques

Après des siècles de stagnation démographique, **le Meiji prône ouvertement une attitude nataliste**. L'infanticide et l'avortement sont immédiatement interdits. Dès 1872, l'État amorce le développement d'une infrastructure médicale moderne pour lutter contre les épidémies, la mortalité infantile et pour vacciner la population. Il encourage aussi le peuplement et la colonisation des zones désertes. Cette révolution démographique se traduit par une **forte augmentation du taux de natalité** qui dépasse rapidement 30 pour mille et du taux d'excédent naturel qui atteint 1,3 % en 1914. **La population japonaise passe de 32 millions en 1872 à 52 millions à la veille de la guerre**. Le régime peut arguer du contraste entre cette croissance et l'exiguïté du territoire agricole pour justifier la conquête de terres riches, notamment pour le développement des cultures vivrières de base. Le même argument prévaut pour compenser les pénuries en minerai de fer ou la médiocrité des mines de charbon. **La balance commerciale est en effet structurellement déficitaire** et les matières premières, énergies et produits alimentaires représentent plus des deux tiers des importations. Au Japon traditionnel vivant fermé sur lui-même, le Meiji entend substituer un Japon moderne décidé à nourrir sa croissance en complétant son espace vital par la conquête.

■ L'évolution démographique

	Taux de natalité	Taux de mortalité	Millions d'habitants
1875	25,3 ‰	19,1 ‰	34,3
1880	24,3 ‰	16,1 ‰	36,4
1890	28,3 ‰	20,4 ‰	40,4
1900	31,9 ‰	20,4 ‰	44,8
1910	33,9 ‰	21,1 ‰	50,8
1920	36,2 ‰	25,4 ‰	55,9

C. UNE EXPANSION MÉTHODIQUE

1. Une prudence initiale

La construction d'une force militaire est une priorité dès le lancement du Meiji et répond au slogan populaire : « Un pays riche et une armée forte ». La conscription est instituée dès 1873, et le Japon fait appel à des missions militaires françaises et allemandes pour organiser l'armée de terre et aux Britanniques pour développer une flotte de guerre. Les moyens budgétaires consacrés à l'armement ne cessent de croître au cours de la période. Dès 1873 le Japon occupe les îles Bonin, situées à 900 km au sud de Tokyo où le commodore Perry avait fait flotter le drapeau américain. En 1874, malgré les protestations chinoises, il annexe les îles Ryukyu et en 1875 il négocie avec les Russes l'abandon de la moitié sud de l'île de Sakhaline contre les îles Kouriles, au nord d'Hokkaïdo, qui lui donnent le contrôle d'une zone de pêche très riche. **En 1876, il impose au royaume de Corée qui fait partie de l'Empire chinois un « traité inégal »** semblable à ceux qu'il a subis. La Corée convoitée pour sa richesse en fer et sa production de riz doit ouvrir trois ports aux commerçants japonais et leur accorder l'extraterritorialité. Le Japon accueille aussi des étudiants coréens pour se créer des appuis et tente même un coup d'État sur Séoul qui échoue en 1884.

2. La victoire sur la Chine

Durant l'été 1894, le Japon envoie des troupes occuper la Corée et au printemps 1895 débarque en force en Mandchourie, à Formose et dans le Chantoung qui ferme la rade de Pékin. **L'écrasante supériorité de l'armée nipponne contraint la Chine à signer le traité de Shimonoseki** : le Japon annexe Formose, obtient le droit de commercer librement en Chine et la reconnaissance par Pékin de l'indépendance coréenne. Mais il doit reculer devant le « **conseil amical** » **des grandes puissances** (Russie, France et Allemagne) et ne conserve que Formose. Le Japon a en effet révélé sa force mais plus encore la faiblesse de l'empire du Milieu, ce qui déclenche la ruée des puissances occidentales qui se partagent concessions portuaires et zones d'influence. La victoire permet cependant aux militaires d'obtenir des moyens supplémentaires et si l'intervention étrangère a frustré le Japon et suscité la colère contre la Russie, elle lui sert aussi de leçon. Il est désormais conscient que pour profiter des richesses chinoises et notamment de la Mandchourie riche en fer et en charbon, il faut stopper l'influence croissante des Russes et jouer sur les rivalités entre grandes puissances. En 1902, il s'assure ainsi de la neutralité bienveillante de l'Angleterre.

3. La victoire sur la Russie

Après une attaque surprise en février 1904 qui détruit la flotte russe de Port-Arthur, le Japon mène des opérations terrestres en Mandchourie contre les troupes du tsar. Premier exemple de guerre des tranchées, l'affrontement tourne progressivement à l'avantage des Japonais. La révolution de janvier 1905 oblige le tsar à rapatrier une partie de ses forces. Les Japonais s'emparent de la ville de Moukden en mars au bout d'un long siège et détruisent en quelques heures, lors de la bataille de Tsoushima en mai 1905, l'escadre russe arrivée de Baltique après un périple de près d'un an. Négocié grâce aux bons offices du président des États-Unis, Theodore Roosevelt, le **traité de Portsmouth** permet au Japon de récupérer la moitié sud de Sakhaline, de remplacer les Russes dans l'exploitation des richesses minières du sud de la Mandchourie et de faire reconnaître son protectorat sur la Corée, prélude à son annexion en 1910. Mais, contrairement aux espérances, le pays n'obtient pas d'indemnité de guerre, ce qui suscite une forte amertume dans la population japonaise.

Première victoire d'un peuple jaune sur un peuple blanc, le succès japonais a un immense retentissement dans toute l'Asie. Il renforce le prestige de l'armée et surtout de la flotte qui n'a pas perdu un seul navire de guerre. Elle obtient une forte augmentation des crédits militaires au point de devenir, en 1913, la quatrième du monde. La victoire sert enfin la croissance de l'économie. Outre l'exploitation du chemin de fer sud-mandchourien construit par les Russes, le Japon investit massivement dans les gisements miniers de la région et y envoie 50 000 colons. Il développe aussi ses échanges avec la Chine, soutient activement les adversaires chinois de la dynastie et finance même une partie de l'emprunt lancé par la nouvelle République chinoise en 1912.

Lorsque cette même année, l'empereur Mutsu-Hito meurt et que se termine l'ère Meiji, le Japon est devenu un **pays puissant fondé sur l'alliance entre les milieux d'affaires et la caste militaire** et prêt à poursuivre la même stratégie de croissance expansionniste. Premier pays non occidental à adopter des techniques industrielles et commerciales modernes, **le Japon tire son exceptionnelle efficacité économique du mélange entre la modernité et la tradition**, en particulier le maintien d'un esprit féodal illustré par la déférence à l'égard du supérieur, de l'aîné, les liens entre les dirigeants des entreprises et un personnel employé à vie, la frugalité et l'esprit d'épargne du peuple.

L'expansion japonaise

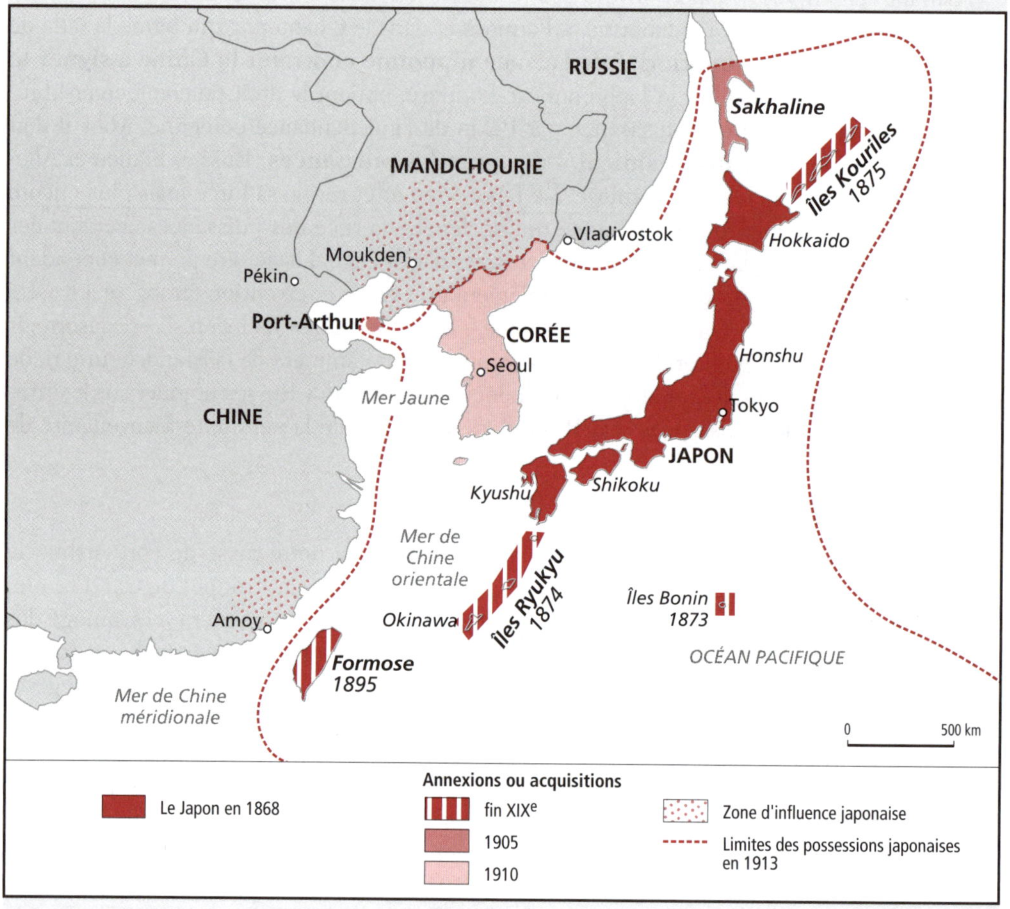

7 L'INDUSTRIALISATION DE LA RUSSIE

À partir de la fin des années 1880, 20 ans après le début de l'ère Meiji, la Russie s'engage à son tour dans la modernisation de son économie pour répondre aux troubles intérieurs provoqués par une croissance démographique très rapide et par les incessants soulèvements dans les campagnes. La croissance est, comme au Japon, largement liée à l'intervention de l'État mais, à la différence du pays du Soleil Levant, le tsar fait appel non seulement aux techniques mais aussi aux placements et investissements extérieurs. Le développement industriel privilégie les énergies, l'industrie lourde et l'équipement ferroviaire indispensable à la circulation des hommes et des marchandises dans un pays immense au climat hostile. Malgré les troubles révolutionnaires de 1905, la croissance russe est très rapide et, au début du XXe siècle, l'épargne nationale commence à prendre le relais des capitaux extérieurs. Le géant russe reste cependant fragile : la mise en valeur se concentre dans quelques régions de la partie européenne où s'entasse la population, les campagnes restent misérables et surpeuplées et le régime autocratique se heurte à la virulence des partis révolutionnaires. La guerre va faire basculer le destin de la Russie pour 70 ans.

CHRONOLOGIE

1854 : Défaite russe dans la guerre de Crimée
1861 : Abolition du servage
1864 : Réformes de l'administration, de la justice et de l'enseignement
1876 : Début du relèvement des tarifs douaniers
1881 : Assassinat du tsar Alexandre II
1882 : Création de la Banque des paysans
1883 : Réforme fiscale destinée à équilibrer le budget
1888 : Début de l'arrivée massive des capitaux français
1891 : Tarif douanier Mendeleiev destiné à attirer les investisseurs étrangers
1892 : Alliance franco-russe
1897 : Journée de 11 h 30 pour les adultes. Création du rouble or
1902 : Achèvement du Transsibérien. Récession économique jusqu'en 1905
1905 : Première tentative révolutionnaire
1906 : Début des réformes agricoles conduites par Stolypine. Forte reprise de la croissance jusqu'en 1913
1910 : La loi autorise la dissolution du mir
1913 : Le réseau ferroviaire atteint 70 000 km

I. Un colosse aux pieds d'argile

A. UNE QUESTION AGRAIRE NON RÉSOLUE

1. La réforme agraire de 1861

Au lendemain de la défaite russe de 1855 dans la guerre de Crimée qui révèle l'ampleur du retard pris sur l'Occident, le tsar Alexandre II engage une série de réformes qui concernent la justice, l'administration, l'enseignement, l'armée. **La première en date de ces réformes en 1861 proclame l'abolition du servage**. Le régime veut mettre fin aux innombrables soulèvements paysans et au risque politique que représente un système archaïque que la police du tsar qualifie à juste titre de « poudrière ». Il veut aussi engager une modernisation de l'agriculture pour faire face à l'accroissement rapide de la population qui a doublé dans la première moitié du XIXe siècle et pour tenter de maintenir les exportations de céréales vers l'Europe occidentale, seule grande ressource du commerce extérieur. Cependant, le tsar doit veiller à ne pas mécontenter la noblesse qui est son principal appui politique et il entend préserver les grands domaines qui fournissent la production exportable.

L'abolition du servage libère 25 millions de paysans qui se voient reconnaître les droits civils de toute personne : ils ne peuvent plus être vendus, ils peuvent se marier librement, ils ont désormais droit à une isba, un enclos et un lot de terres concédé par le tsar ou par la noblesse foncière. **Mais ils doivent verser en compensation une indemnité de rachat**. Calculée très largement pour ne pas mécontenter les grands propriétaires, cette indemnité est immédiatement versée par l'État sous forme de bons du Trésor et doit être remboursée par les paysans bénéficiaires sous forme d'un versement annuel étalé sur 50 ans. Les lots attribués à chaque famille paysanne sont de plus très exigus : les anciens serfs de la Couronne obtiennent en moyenne 6 hectares, ceux de la noblesse 3 hectares alors que la surface minimale pour faire vivre une famille était estimée à 8 hectares. Sur les 120 millions d'hectares appartenant à la noblesse, seuls 35 millions ont été cédés aux communautés villageoises.

2. Des effets pervers

Contrairement aux espoirs du régime, **la réforme n'a pas déclenché un processus de modernisation** et se révèle source de difficultés supplémentaires. La terre cédée aux anciens serfs est en effet gérée par le mir, la communauté villageoise traditionnelle. **Le mir est collectivement responsable du versement de l'indemnité et il doit procéder périodiquement à une redistribution des lots** entre les membres de la communauté pour tenir compte de l'évolution des familles. Ce dispositif empêche tout exode rural massif puisque les autorités du mir s'opposent aux départs qui réduiraient le nombre des contributeurs au paiement de l'indemnité. Il freine aussi toute amélioration des techniques pourtant très archaïques. La surabondance de la population rurale assure aux grands propriétaires une main-d'œuvre quasi gratuite qui ne les pousse guère à modifier leurs techniques. Seuls, quelques-uns d'entre eux s'intéressent à l'agronomie et à l'amélioration des méthodes sur leurs terres. La redistribution des lots décourage toute initiative de la part des membres du mir. Enfin, la réforme n'a pas modifié la situation financière dans les campagnes. Les paysans sont aussi lourdement taxés qu'avant. Les nobles ont certes reçu une indemnité mais ils l'ont utilisée pour éponger leurs dettes souvent considérables et pour soutenir leur train de vie, en particulier dans leurs séjours auprès de la cour, à Saint-Pétersbourg ou à Moscou.

3. Une « faim de terre croissante »

L'effet sans doute le plus négatif de la suppression du servage est **le maintien d'une croissance démographique exceptionnelle dans les milieux paysans** qui représentent 90 % de la population russe. La redistribution périodique des terres au prorata du nombre de personnes dans chaque famille explique que le taux de natalité soit encore de 44 pour mille à la veille de la guerre, deux fois le taux français au même moment. Malgré une mortalité également très forte, 30 pour mille au début du XXe siècle, **la population russe passe de 75 millions en 1860 à 130 millions en 1897, date du premier recensement, et 173 millions en 1913**. Cette masse démographique est pour 85 % dans la partie européenne du territoire, à l'ouest de l'Oural, frontière traditionnelle entre l'Europe et l'Asie. Le résultat est inéluctable : à chaque redistribution des terres, les lots s'amenuisent. **Déjà exaspérés par le rachat des terres, les paysans sont confrontés à une « faim de terre »** et à une dégradation de leurs conditions d'existence. La réforme n'a en réalité qu'à peine entamé une structure foncière très inégalitaire. Les terres de la Couronne couvrent 150 millions d'hectares dont une faible partie est cultivée, la propriété noble 85 millions d'hectares et l'ensemble des paysans ne dispose que d'environ 100 millions d'hectares. Pour réduire le risque d'explosion agraire, le tsarisme doit donc impérativement favoriser un développement industriel capable d'absorber le surplus démographique des campagnes. Il lui faut aussi développer les moyens de transport pour permettre la colonisation des immenses terres vierges de Sibérie et engager une modernisation des méthodes agricoles pour lutter contre les risques de famine et l'extrême faiblesse des rendements.

B. L'IMPOSSIBILITÉ D'UN DÉCOLLAGE SPONTANÉ

1. De nombreux facteurs de blocage

Souhaitable et même nécessaire et urgente, **la croissance industrielle ne peut s'amorcer librement comme en Europe occidentale**. Les éléments précurseurs à un démarrage de l'économie sont en effet, comme au Japon, inexistants ou largement insuffisants. **La Russie manque d'abord d'une classe d'entrepreneurs** capables d'amorcer le développement. Imbue de ses privilèges et fortement attachée au régime, la noblesse reste profondément conservatrice. Dans une société encore très féodale, la bourgeoisie est quasi inexistante et ne compte guère que deux millions de personnes, essentiellement des marchands et négociants et des fonctionnaires de haut rang. L'élite intellectuelle rêve surtout d'une évolution politique de l'autocratie vers un système parlementaire où elle pourrait jouer un rôle. De plus, contrairement à l'Europe occidentale et malgré la très forte croissance démographique, **le marché intérieur ne crée aucune stimulation**. La masse paysanne est misérable et endettée et elle vit en économie fermée d'autosubsistance. Le pays souffre d'une absence de moyens modernes de communication qui condamne chaque région à l'isolement. L'équipement ferroviaire ne s'amorce que vers 1860 et il est entièrement aux mains de concessionnaires privés, surtout étrangers, dont l'enrichissement rapide scandalise la population russe.

2. Un grand retard technique

Autre différence avec l'Europe occidentale, **l'économie russe ne donne pas de signes d'un véritable progrès technique**, capable de déclencher un « déséquilibre dynamique ». L'artisanat est certes répandu, notamment sous forme de travail rural saisonnier pour le bois, le cuir, la laine, le lin ou la production d'alcool, mais il reste répétitif. Les activités industrielles se limitent à quelques manufactures textiles dans la région de Moscou, sidérurgiques dans l'Oural et mécaniques dans la région de Saint-Pétersbourg dont les techniques sont particulièrement archaïques ; les importations de machines occidentales ont créé quelques unités plus modernes mais dont le poids est marginal. La mise en valeur des énormes richesses énergétiques du pays est à peine amorcée. En 1880, la Russie ne produit que 3 millions de tonnes de charbon et n'a pas encore commencé à exploiter le pétrole de Bakou découvert en 1870. Dernier facteur de blocage, **l'absence de capitaux disponibles pour amorcer l'industrialisation**. Le choix du libre-échange de 1855 à 1877 pour faciliter l'importation de produits manufacturés et notamment de matériel ferroviaire décourage le capital national ou étranger de tout investissement. La Russie ne dispose pas de véritables banques d'affaires et l'épargne est faible. Trois fois plus imposés que les nobles, les paysans ne sont même pas capables de payer les sommes dues au titre du rachat des terres, ce qui oblige l'État à créer en 1882 une Banque des paysans pour avancer les sommes nécessaires à ce paiement et pour aider les plus entreprenants à acheter des terres. Quant à la noblesse, la sous-utilisation de ses domaines fonciers ne lui laisse guère de disponibilités financières et elle maintient difficilement son train de vie.

II. L'intervention de l'État

A. LE DÉVELOPPEMENT PRIORITAIRE DE L'INDUSTRIE

1. L'appel aux techniciens et aux capitaux étrangers

Sous l'influence de deux ministres, Bunge de 1881 à 1887 et surtout Serge Witte, ministre des Travaux publics de 1888 à 1892 puis des Finances jusqu'en 1903, **le tsar Alexandre III engage une politique d'industrialisation en faisant appel à l'Occident**. Il fait venir d'abord des **entrepreneurs et techniciens étrangers**, aussi soigneusement sélectionnés que ceux que le Japon avait choisis dès le début de l'ère Meiji pour compenser son retard technique. Ce sont des spécialistes anglais qui sont chargés de développer la sidérurgie de l'Ukraine et de créer des usines cotonnières avec des machines venues d'Angleterre. La Russie fait appel à la firme belge Cockerill pour la mise en valeur du minerai de fer de Krivoï-Rog, à la firme allemande Siemens pour développer l'industrie électrique, à Schneider et à Krupp pour l'industrie métallurgique, à Bayer pour l'industrie chimique, à la firme Nobel pour l'industrie pétrolière et à l'entreprise lyonnaise Giraud pour l'industrie de la soie.

La répartition des capitaux investis en Russie et les souscriptions aux emprunts russes

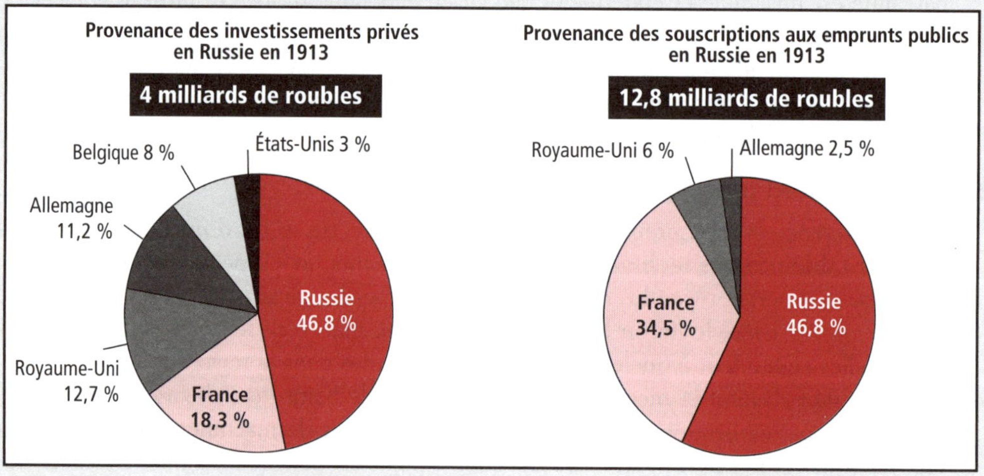

À la différence du Japon, **la Russie fait également un appel systématique aux capitaux extérieurs**, sous forme d'investissements directs dans les secteurs industriels, de participations financières dans les entreprises par l'intermédiaire des banques commerciales russes, mais **surtout sous forme d'emprunts publics** lancés par l'État russe sur les marchés étrangers. Les tensions entre l'Angleterre et la Russie à propos de l'Afghanistan ferment le marché londonien dès 1885 et Berlin se montre réticent, ce qui conduit la Russie à se tourner vers Paris où le premier emprunt russe est proposé en 1888. En 1913, 53 % du capital industriel et bancaire du pays est aux mains d'investisseurs étrangers, français, anglais, allemands et belges qui ont apporté au total l'équivalent de plus de 2 milliards de roubles (le rouble équivaut à 2,66 francs). Les sommes procurées par les emprunts sont beaucoup plus élevées : de 1888 à 1913, la Russie a reçu l'équivalent de 5,5 milliards de roubles dont **4,4 milliards soit 11,7 milliards de francs or fournis par les seuls épargnants français**.

2. Les garanties offertes aux capitaux étrangers

ZOOM ▶ Le prix à payer pour obtenir les capitaux français : l'alliance franco-russe

« La France et la Russie étant animées d'un égal désir de conserver la paix et n'ayant d'autre but que de parer aux nécessités d'une guerre défensive provoquée par une attaque des forces de la Triple Alliance contre l'une et l'autre d'entre elles, sont convenues des dispositions suivantes :

1. Si la France est attaquée par l'Allemagne ou par l'Italie soutenue par l'Allemagne, la Russie emploiera toutes ses forces disponibles pour attaquer l'Allemagne.
Si la Russie est attaquée par l'Allemagne ou par l'Autriche soutenue par l'Allemagne, la France emploiera toutes ses forces disponibles pour combattre l'Allemagne.
2. Dans le cas où les forces de la Triple Alliance, ou d'une des puissances qui en font partie, viendraient à se mobiliser, la France et la Russie, à la première annonce de l'événement et sans qu'il soit besoin d'un concert préalable, mobiliseront immédiatement et simultanément la totalité de leurs forces et les porteront le plus près possible de leurs frontières.
3. Les forces disponibles qui doivent être employées contre l'Allemagne seront, du côté de la France de 1 300 000 hommes, du côté de la Russie de 700 000 à 800 000 hommes. Ces forces s'engageront à fond, en toute diligence, de manière à ce que l'Allemagne ait à lutter à la fois à l'Est et à l'Ouest.
4. Ils se communiqueront, dès le temps de paix, tous les renseignements relatifs aux armées de la Triple Alliance qui sont ou parviendront à leur connaissance.
5. La France et la Russie ne conclueront pas de paix séparée.
6. La présente convention aura la même durée que la Triple Alliance.
7. Toutes les clauses énumérées ci-dessus seront tenues rigoureusemeent secrètes. »

Extrait de la convention militaire franco-russe de 1892.

Pour rassurer les souscripteurs des emprunts russes, l'État apporte des garanties financières et politiques. Sur le plan financier, le régime offre **des taux d'intérêt supérieurs à ceux du marché occidental et une monnaie solide**, condition indispensable puisque les titres émis sont libellés en roubles. Dès 1883, la réforme fiscale a mis fin au traditionnel déficit budgétaire en augmentant les impôts indirects sur la consommation, en particulier les taxes sur les tabacs et allumettes, le sucre et surtout l'alcool qui fournit le tiers des rentrées. L'excédent budgétaire est strictement maintenu ensuite jusqu'en 1913, grâce notamment aux recettes procurées par le retour du protectionnisme et par l'augmentation de la richesse nationale. La **réforme monétaire de 1897** remplace le rouble papier déprécié par un rouble or et **fixe des règles d'émission très sévères** : l'émission des billets doit être couverte à 50 % par une encaisse or jusqu'à 600 millions de roubles et à 100 % au-delà. L'émission est de plus réservée à une Banque d'empire entièrement contrôlée par l'État. Aucun État européen n'a à l'époque adopté des règles aussi rigoureuses : la loi anglaise impose une couverture intégrale de l'émission fiduciaire mais la Banque centrale est indépendante ; les autres pays européens ont généralement retenu le principe d'une couverture partielle de 30 à 40 % et la France a choisi le système d'un plafond d'émission fiduciaire révisable par le Parlement. Tout a donc été mis en œuvre pour que le rouble inspire une totale confiance. Le régime apporte aussi aux souscripteurs des emprunts une double garantie politique. **L'afflux des capitaux français est conforté par l'alliance entre les deux pays et par le maintien à Moscou d'un régime autocratique** qui pourchasse tous les opposants et mate toutes les révoltes alors qu'en Europe occidentale les partis socialistes grandissent et les grèves se multiplient. Après l'écrasement de la révolution de 1905, les épargnants français ont d'ailleurs plébiscité la fermeté du tsarisme, symbole d'éternité, en souscrivant massivement aux emprunts émis de 1906 à la guerre. Aux capitaux privés investis en Russie, le régime offre aussi une double garantie. La première est **le retour au protectionnisme**. Amorcé en 1876, il est lourdement renforcé en 1891 par le tarif Mendeleiev, en particulier sur les produits manufacturés étrangers. L'objectif est de **sécuriser les investisseurs en les mettant à l'abri de la concurrence**. L'autre garantie non moins essentielle est d'assurer un débouché pour la production réalisée sur le territoire russe par les entrepreneurs étrangers. Le marché de consommation étant très réduit, c'est **l'État qui se porte acquéreur de la production**, en utilisant pour cela les capitaux apportés par les Français. Le régime assure aussi à ces investisseurs une main-d'œuvre certes peu formée mais avec des salaires très faibles, des journées de travail exceptionnellement longues et une législation sociale réduite au minimum, soit des conditions salariales qui reproduisent à la fin du siècle celles de l'ouvrier anglais vers 1820 ou de l'ouvrier français vers 1840.

3. Le développement du réseau ferroviaire

Le développement des voies ferrées est une priorité pour le tsar. Le pays ne dispose en effet que de mauvaises pistes quasi impraticables l'hiver et ne peut utiliser les voies d'eau que pendant la belle saison. L'essor du chemin de fer est une nécessité économique pour assurer la mise en valeur des gisements, la circulation des produits agricoles et en premier lieu des céréales, mais aussi pour mettre fin aux différences de prix entre les régions et aboutir à la création d'un marché unifié. Il répond également à des préoccupations stratégiques et politiques pour permettre l'acheminement de troupes vers l'Extrême-Orient ou vers les frontières occidentales et pour favoriser la russification des nombreuses minorités de l'Empire. Il est enfin indispensable à la politique de peuplement des régions vides comme la Sibérie. En 1881, le pays disposait déjà de 20 000 km de voies ferrées. Mais **entre 1881 et 1913, 50 000 km supplémentaires ont été construits**. Pour réserver les commandes à la production intérieure, le ministre Bunge relève fortement les droits sur les rails et le matériel ferroviaire au début des années 1880 et l'État prend en charge directement la construction ferroviaire en rachetant le réseau privé puis en finançant avec les prêts français un programme ambitieux de plus de 2 000 km nouveaux par an. Aux lignes qui relient les principales villes de la partie européenne et forment un véritable réseau s'ajoutent **de grandes antennes** comme le **Transcaucasien** achevé en 1890 pour favoriser l'évacuation du pétrole de Bakou jusqu'au port de Batoum sur la mer Noire, **le Transsibérien** Moscou-Vladivostok construit entre 1892 et 1902 et prolongé par le **Transmandchourien** jusqu'à Port-Arthur ou le **Transcaspien** mis en service en 1906 pour desservir l'Asie centrale. Cet énorme marché public a entraîné une croissance prioritaire de la sidérurgie et de la métallurgie, en particulier en Ukraine où l'exploitation du minerai de fer de la région de Krivoï-Rog et du charbon du Donbass permet la constitution d'une des plus grandes régions métallurgiques du monde.

B. LA MODERNISATION TARDIVE DE L'AGRICULTURE

1. Le développement de l'exode rural

Si Bunge et Witte ont surtout cherché à industrialiser la Russie, après la large participation des paysans aux troubles révolutionnaires de 1905, **Stolypine, Premier ministre de 1906 à 1911**, **privilégie la transformation des campagnes** pour consolider le régime. Le plus urgent à ses yeux est de soulager l'agriculture de sa surcharge démographique et donc de mettre fin à l'amenuisement dramatique des lots qui ont perdu en moyenne la moitié de leur surface entre les années 1860 et 1905. Il veut donc encourager l'exode rural alors que jusque-là le régime s'opposait aux départs pour ne pas priver la noblesse de main-d'œuvre. Il souhaite aussi peupler et mettre en valeur des zones nouvelles, en profitant notamment du Transsibérien. Dès 1905, les indemnités de rachat ont été abandonnées ce qui lève un des obstacles au départ des paysans. **En 1906 et 1910, deux oukases autorisent la dissolution du mir** dès lors que la majorité des paysans de la communauté y est favorable. Des tarifs ferroviaires réduits sont offerts aux paysans qui partent vers des zones nouvelles, en particulier la Sibérie mais aussi l'Asie centrale. Bien que tardives, ces mesures se sont révélées immédiatement très efficaces. À partir de 1907, on enregistre en moyenne 400 000 à 500 000 départs de ruraux par an. 30 millions d'hectares sont mis en valeur en Sibérie dont la population passe de 3,5 millions d'habitants vers 1880 à 11 millions à la veille de la guerre. L'exode rural profite aussi à la population urbaine qui double entre 1895 et 1913.

2. L'essor des koulaks

L'accélération de l'exode rural et la dissolution du mir ont pour Stolypine un autre objectif. **Il souhaite créer dans les campagnes une classe d'entrepreneurs dynamiques** capables d'introduire des techniques modernes, d'augmenter les rendements et les productions et de développer les exportations. C'est pourquoi il renforce les moyens de la Banque des paysans créée en 1882 par le ministre Bunge. Il augmente ses possibilités de crédit et met à sa disposition 10 millions d'hectares appartenant à la Couronne. **Le pouvoir veut renforcer le plus vite possible le poids des koulaks**, ces paysans aisés apparus progressivement dans les campagnes grâce au rachat de terres mises en vente par des nobles toujours à la recherche d'argent. À partir de 1906, ils peuvent à la fois profiter de la dissolution du mir et des départs de paysans pour agrandir leurs exploitations et obtenir des crédits pour racheter les terres mises en vente par certains nobles pris de panique après la révolution de 1905. En 1913, la Russie compte effectivement 30 à 35 millions de koulaks qui occupent le tiers de la surface paysanne. Pour Stolypine, ces koulaks ne sont pas seulement les **fers de lance du progrès agricole mais aussi un allié politique fort utile pour le tsarisme**.

■ Composition de la population russe en 1900

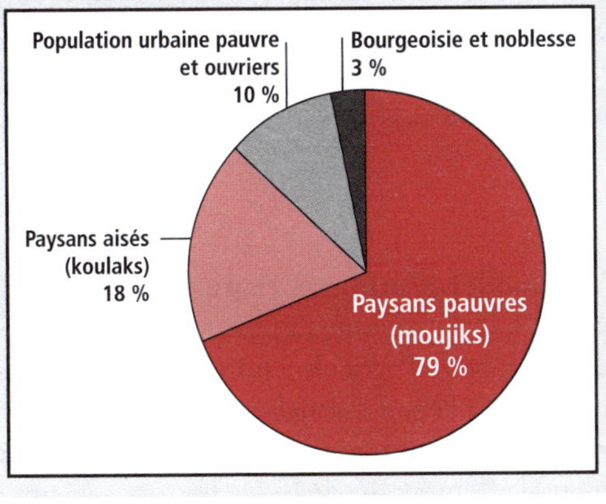

■ Le recul de la propriété foncière de la noblesse, de la réforme de 1861 à la guerre

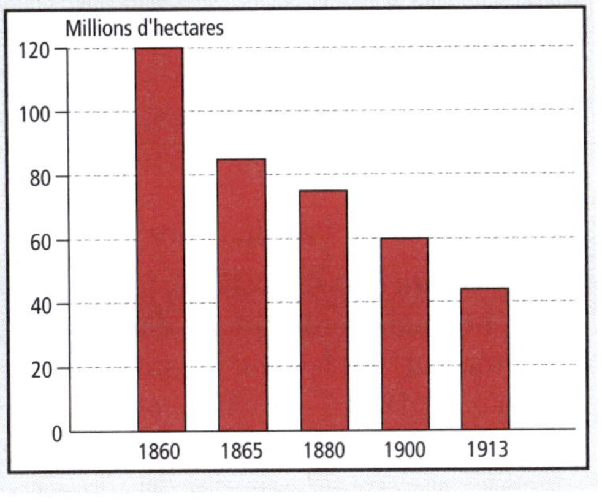

III. Un bilan contrasté

A. DES ASPECTS POSITIFS

1. Un décollage industriel

De 1890 à 1900, la croissance industrielle est de 8 % par an, un taux qui n'a jamais été enregistré en Europe occidentale. Au cours de cette décennie, la production de fonte triple, celle de fer double, de même que le nombre d'ouvriers. Avec l'achèvement du Transsibérien en 1902, le rythme se réduit mais la croissance est de nouveau très vive de 1906 à 1913, ce qui permet à la Russie de compenser une partie de son retard sur l'Occident. **Le développement industriel s'accompagne d'une forte concentration technique et financière**. La moitié des ouvriers travaille dans des usines employant plus de 500 personnes et le record est représenté par l'usine Poutilov de Saint-Pétersbourg qui emploie 12 000 ouvriers en 1913 pour fabriquer du matériel ferroviaire et de l'armement. L'industrie est également dominée par quelques grands groupes. La moitié de la production de fonte est assurée par 9 entreprises. L'industrie du pétrole est aux mains de trois trusts, Nobmazout qui assure 40 % de la production, la Royal Dutch Shell et la Russian Oil. Comme en Allemagne, des cartels se sont formés. Prodameta créé en 1902 contrôle la moitié de la sidérurgie et de la métallurgie, Produgol créé en 1906 les trois quarts du charbon ukrainien. **La Russie est devenue en 1913 la cinquième puissance industrielle mondiale** avec près de 5,5 % de la production, contre 6,4 % à la France.

2. Le développement d'un capital national

Inexistante dans les années 1890, l'épargne russe se développe très vite au début du XXe siècle. Elle se matérialise notamment dans les dépôts en banque ou dans les caisses d'épargne, dans les souscriptions aux actions et aux emprunts de l'État et dans l'essor des investissements nationaux. **En 1913, les souscriptions russes aux emprunts publics atteignent 7,3 milliards de roubles** et l'emportent sur les emprunts financés par l'étranger. À la même date, **les investissements russes représentent 1,8 milliard de roubles soit 46 % du capital industriel**. L'accumulation de capital provient aussi des échanges extérieurs. La balance commerciale reste en effet positive tout au long de cette période de décollage. À la veille du conflit, la Russie est certes endettée mais elle est engagée dans un processus d'autonomisation financière qui semble justifier le pari initial de Serge Witte. Même si la très forte croissance démographique limite le revenu individuel qui ne représente en 1913 que le tiers du revenu allemand ou français, **le revenu national a doublé entre 1900 et 1913**. La Russie peut donc espérer reconquérir une indépendance financière dans un délai relativement bref. La marge de manœuvre est cependant réduite : tout ralentissement des commandes publiques déclenche un marasme industriel qui accentue les risques d'explosion politique.

3. Les progrès de l'agriculture

À partir du début du siècle, les signes d'une modernisation de l'agriculture se multiplient. **La mécanisation se développe** : en 1913, le pays compte 800 000 moissonneuses, les tracteurs ont fait leur apparition et le stock de matériel agricole est trois fois plus important qu'en 1890. Le recours croissant aux engrais dont la consommation est multipliée par 6 depuis la fin du XIXe siècle permet une **progression des rendements,** même si le rendement moyen reste très en retard sur l'Europe occidentale (8 quintaux de blé à l'hectare seulement à la veille de la guerre). L'intensification des méthodes et le début de la colonisation de la Sibérie entraînent une **forte hausse des productions**, en particulier pour les céréales et, grâce à l'immensité de son domaine agricole, la Russie est au premier rang mondial pour les céréales, les pommes de terre, le lin, l'importance de l'élevage et au deuxième rang pour la production de coton. **Avec 60 % des exportations en 1913 et 80 % des actifs, l'agriculture reste un secteur clé de l'économie russe** et bénéficie en particulier de la forte hausse des prix mondiaux agricoles de 1896 à 1914.

■ Les progrès russes de 1865 à 1914

ANNÉES	POPULATION	AGRICULTURE	ÉLEVAGE			INDUSTRIE				Voies ferrées en service	COMMERCE	
	en millions d'habitants	Céréales (en millions de tonnes)	Bovins (en millions de têtes)	Ovins	Chevaux	coton (en millions de tonnes)	charbon	pétrole	fonte	en milliers de km	export (en millions de roubles)	solde
1865	75,1	38	20,9	44,1	15,5	-	0,38	-	0,30	3,8	209	+ 45
1880	97,7	56	22,1	45,5	15,5	-	3,27	-	0,45	22,9	498	- 124
1885	108,8	56	23,0	45,3	15,7	-	4,25	1,88	0,52	26,0	537	+ 102
1890	117,8	60	25,5	46,0	19,7	0,11	6,01	3,70	0,88	30,6	692	+ 284
1895	123,9	42,0	24,5	38,2	17,0	0,17	8,9	5,78	1,4	37,0	689	+ 163
1900	132,9	49,0	31,6	47,6	19,7	0,23	16,1	10,34	2,9	53,2	716	+ 90
1905	143,9	47,5	31,1	46,4	20,7	0,24	18,6	7,46	2,7	61,1	1 077	+ 432
1910	163,9	45,8	31,0	40,1	21,8	0,33	28,4	9,20	3,6	68,9	1 591	+ 430
1913	170,,9	68,7	31,9	41,4	22,7	-	35,9	9,22	4,6	70,2	1 520	+ 146
Progression 1890/1913	+ 45 %	+ 63 %	+ 25 %	- 10 %	+ 15 %	+ 200 %	+ 488 %	+ 150 %	+ 422 %	+ 129 %	+ 119 %	

B. UNE CROISSANCE FRAGILE

1. Un développement industriel lacunaire

Dans un pays qui compte 170 millions d'habitants en 1913, **la grande industrie n'emploie que 3 millions d'ouvriers et reste limitée à quelques régions du territoire**. Elle souffre aussi de déséquilibres sectoriels et d'un marché limité. L'industrie lourde, la plus développée, se concentre dans deux régions. La région la plus ancienne est celle de **l'Oural** à cause de la richesse en fer. Mais elle est desservie par son éloignement, elle n'a guère attiré de capitaux étrangers et son importance décline au profit de la région ukrainienne où se concentrent les investisseurs européens. C'est **l'Ukraine qui assure en 1913 l'essentiel des productions lourdes**, 34 millions de tonnes de charbon, 9 millions de tonnes de fer et 4,8 millions de tonnes d'acier. Les industries plus légères se concentrent dans deux régions, celle de **Saint-Pétersbourg**, où prédominent les industries mécaniques, électriques, chimiques, et la **région de Moscou**, la plus diversifiée même si l'activité dominante est l'industrie textile. L'activité pétrolière ne concerne que la région caucasienne de Bakou. Il existe aussi quelques centres isolés comme Kiev en Ukraine ou le long du Transsibérien. Mais la plus grande partie du territoire reste vouée aux activités agricoles ou vide d'habitants et l'immense réservoir de richesses de la Sibérie est encore inconnu ou inaccessible. **La faiblesse du pouvoir d'achat limite le développement des industries de consommation** et les secteurs de base restent dépendants des commandes d'État. Tout ralentissement de ces achats crée des difficultés immédiates comme au début des années 1880 au moment où les pouvoirs publics rétablissent l'équilibre budgétaire ou au début du siècle quand le moindre afflux des capitaux étrangers freine les dépenses publiques.

2. Des ouvriers surexploités

Pour attirer et maintenir les investissements étrangers, le régime tsariste cherche à leur garantir des conditions salariales particulièrement favorables. La surabondance de la main-d'œuvre compense l'absence de formation et la faible productivité et se traduit par **l'extrême faiblesse des salaires**. L'ouvrier russe touche un demi-rouble par jour dans les années 1890 et moins d'un rouble à la veille de la guerre, soit trois fois moins qu'un ouvrier français non qualifié et 10 fois moins qu'un ouvrier américain employé par Ford. Les salaires féminins sont inférieurs de moitié et ceux des enfants des deux tiers. **Les règlements de fabrique permettent de plus d'amputer ce salaire** en multipliant les possibilités d'amendes et en imposant l'utilisation du magasin de fabrique pour les produits de première nécessité. Les logements ouvriers se réduisent à des baraquements insalubres autour des usines. **La législation sociale est particulièrement favorable à l'employeur** et le régime ne consent des améliorations que lorsqu'il est confronté à des vagues de grève. En 1882, la loi a créé des inspecteurs du travail pour interdire l'emploi des enfants de moins de 12 ans mais elle n'est pas appliquée et il faut attendre 1897 pour que le travail des moins de 15 ans soit limité à 9 heures par jour. **La durée du travail quotidien des adultes dépasse 12 heures jusqu'à la fin du siècle**. La limitation à 11 heures 30 en 1897 intervient après de violentes grèves et ce n'est qu'après la révolution de 1905 que la journée de travail est ramenée à 10 heures et la liberté d'association reconnue aux ouvriers. La grève reste interdite et entraîne de lourdes condamnations et notamment des déportations pour tous ceux qui sont considérés comme des agitateurs. La dureté de ces conditions et l'accumulation des ouvriers dans des usines géantes ne peuvent que favoriser la pénétration des idées révolutionnaires dans le prolétariat russe.

3. L'effervescence des partis révolutionnaires

Tsar de 1881 à 1894, **Alexandre III** est hanté par l'assassinat de son père victime des nihilistes et affirme dès son arrivée au pouvoir **sa volonté de renforcer l'autocratie**. Il crée en 1883 une police politique chargée de traquer les opposants, l'Okkhrana. Il renforce la censure sur la presse, fait épurer les bibliothèques de toute littérature subversive et la justice recourt massivement aux déportations en Sibérie et aux exécutions (parmi les victimes, le frère de Lénine, pendu en 1887 pour tentative d'assassinat contre le tsar). Il renforce aussi la centralisation et la russification des minorités, en particulier contre la Pologne qui s'était révoltée en 1863. **Le régime encourage enfin l'antisémitisme** et les pogroms se multiplient contre les 5 millions de juifs du pays, poussant 1 million d'entre eux à émigrer et beaucoup d'autres à rejoindre l'opposition révolutionnaire. **Le tsar Nicolas II qui lui succède en 1894 affirme à son tour sa volonté de refuser toute concession**. Ce maintien rigoureux du despotisme nourrit l'essor de deux courants révolutionnaires et d'un mouvement réformiste. L'opposition légaliste est représentée par la bourgeoisie libérale qui souhaite une évolution vers un véritable régime parlementaire. **En 1901 est créé le parti**

DÉFINITION

Autocratie : système politique dans lequel le souverain gouverne seul et affirme ne tirer son pouvoir que de lui-même, niant ainsi toute limite à son autorité et tout contrôle légal. Les tsars se sont arrogé le titre d'autocrate en 1492 et l'ont conservé jusqu'à leur disparition en 1917. Synonyme d'absolutisme, l'autocratie tsariste est cependant affaiblie par l'immensité de l'Empire. Absolu à Saint-Pétersbourg ou Moscou, le pouvoir du tsar devient flou dans les provinces périphériques et les régions les plus éloignées de la cour.

social-révolutionnaire qui reprend les idées et les méthodes des nihilistes. Il recourt au terrorisme, et notamment aux assassinats de responsables politiques, et rencontre une large audience dans le monde paysan en prenant position pour le « **partage noir** », c'est-à-dire le partage sans indemnité des grands domaines de la Couronne et de la noblesse entre tous ceux qui travaillent la terre. C'est l'audience de ce mouvement que Stolypine combat par ses réformes. **Le parti ouvrier social-démocrate qui se réclame du marxisme a été fondé clandestinement en 1898** à Minsk. Dès le congrès de 1903, les partisans de Lénine, les bolcheviks, s'imposent aux dépens des minoritaires ou mencheviks. Lénine refuse toute alliance avec les bourgeois ; il veut un parti discipliné de révolutionnaires professionnels et croit à la possibilité de déclencher la révolution en Russie malgré la faiblesse numérique de la classe ouvrière.

Les partis d'opposition à la veille de la guerre

	Courant libéral	Courant révolutionnaire		
Principaux partis	Constitutionnel-démocrate (KD)	Socialiste-révolutionnaire (SR)	Socialiste-démocrate (SD)	
			menchevik (minoritaire)	bolchevik (majoritaire)
Principale audience	Bourgeoisie	Intelligentsia Paysannerie	Prolétariat ouvrier	
Programme principal	Réformes politiques (établissement d'un véritable régime parlementaire, comme en Occident)	Réforme agraire (confiscation des grandes propriétés et partage gratuit des terres)	Révolution sociale, selon les théories de Marx (collectivisation des moyens de production et d'échanges)	
Tactique	Opposition parlementaire légale à la Douma	Action dans les campagnes Assassinats terroristes	Alliance provisoire avec les libéraux	Révolution instaurant la dictature du prolétariat
Principal leader	Milioukov	Kerenski, Tchernov	Martov	Lénine

4. L'échec de la révolution de 1905

Nicolas II comptait sur la guerre contre le Japon pour détourner l'attention et calmer les opposants au nom du patriotisme russe. En réalité, l'accumulation des échecs a eu l'effet inverse et le massacre par l'armée d'une manifestation populaire venue porter une adresse au tsar, **le « dimanche rouge » 9 janvier 1905, déclenche une année de troubles** marquée par des jacqueries paysannes contre les grands domaines, la multiplication des grèves ouvrières avec formation de soviets, notamment à Moscou et Saint-Pétersbourg, en juillet la mutinerie du cuirassé *Potemkine* en mer Noire et en novembre le soulèvement des marins de Kronstadt. Le retour des troupes d'Extrême-Orient restées fidèles au tsar, l'abolition des indemnités de rachat dues par les anciens serfs et la promesse d'une Douma, assemblée législative élue au suffrage universel, permettent aux **forces conservatrices de reprendre l'initiative à l'automne**. Menée par Stolypine jusqu'à son assassinat en 1911, la répression qui suit est extrêmement brutale (plusieurs milliers d'activistes sont condamnés à la potence, surnommée « la cravate de Stolypine ») et le tsar dissout les deux premières Doumas pour finalement obtenir une assemblée complètement soumise. Avec la forte reprise économique liée à l'afflux des capitaux français, **le despotisme semble donc plus puissant que jamais**. En 1907, Lénine lui-même écrit : « Une ère de contre-révolution est ouverte. Elle durera 20 ans à moins que la Russie ne soit dans l'intervalle entraînée dans une guerre importante. »

La Russie à la veille de la guerre

8 LA FRANCE DE LA BELLE ÉPOQUE, UN PAYS EN RETARD ?

Longtemps et précocement présentée comme un pays en retard industriellement, la France occupe une place singulière dans l'histoire économique des sociétés occidentales. Plongeant ses racines dans une évolution économique originale au cours du XIXe siècle, la croissance française se nourrit au début du XXe siècle de l'apogée d'industries mûres et du dynamisme de nouveaux secteurs. Mais les performances restent inégales entre les secteurs abrités à l'évolution lente et les secteurs dynamiques mieux insérés dans les échanges mondiaux. L'étude de ce qui fut appelé *a posteriori* la Belle Époque met en lumière un dualisme de structures économiques dominées par la petite propriété et une mutation lente d'une société encore majoritairement rurale.

CHRONOLOGIE

1892 : Loi Méline instaurant un protectionnisme douanier pour l'industrie et l'agriculture
1895 : Mise au point du cinématographe par les frères Lumière
1898 : Loi établissant le principe de la responsabilité du patron en cas d'accident du travail. Création de l'entreprise Renault
1900 : Exposition universelle de Paris. Inauguration du premier tronçon du métro parisien
1903 : Création du Tour de France cycliste
1905 : Loi limitant le travail dans les mines à 8 heures par jour
1906 : Création du ministère du Travail. Importantes grèves à l'occasion du 1er mai. Charte d'Amiens. Loi imposant le repos hebdomadaire en faveur des employés et des ouvriers
1907 : Crise viticole du Languedoc
1909 : Traversée de la Manche en avion par Louis Blériot
1910 : Loi sur les retraites ouvrières et paysannes financées par le patronat
1911 : Loi fixant le principe de la maladie professionnelle
1913 : Grève contre l'introduction du taylorisme chez Renault

I. Une dynamique originale

A. LA CROISSANCE RETROUVÉE

1. Une croissance moins vigoureuse que ses concurrents

Après la Grande Dépression des années 1880-1890, l'économie française retrouve une période de croissance d'abord lente à partir de 1896, plus vigoureuse ensuite à partir de 1905. Pourtant cette croissance apparaît moins forte que celle de ses homologues européennes et américaine.

Cette croissance plus lente de l'économie française explique son reclassement. Alors que la France occupait à la fin du second Empire le 2e rang dans la production industrielle mondiale derrière le Royaume-Uni, elle a rétrogradé au 4e rang mondial. **Elle est désormais devancée par les États-Unis, le Royaume-Uni et l'Allemagne.**

■ **Taux de croissance annuelle du PIB de quelques pays européens 1880-1913**

	1880-1900	1900-1913
Royaume-Uni	2,2 %	1,5 %
Allemagne	3,2 %	3,0 %
France	1,7 %	1,7 %
Italie	1,3 %	1,6 %
Belgique	1,5 %	2,0 %
Pays-Bas	2,0 %	1,9 %

Source : A. Maddison, *L'Économie mondiale : 1820-1992*, OCDE, Paris, 1995.

2. Une croissance portée par l'industrie

Si la production agricole retrouve une certaine vigueur avec un taux d'accroissement de l'ordre de 1 %, l'essentiel de la croissance est assuré par l'industrie. **La production industrielle augmente en moyenne de 2,6 % par an entre 1896 et 1913.** Cette croissance industrielle fortement diversifiée est portée soit par des secteurs nouveaux issus de la seconde industrialisation (électricité, automobile, aéronautique) [→ Ch. 1], soit par des secteurs anciens réanimés par le dynamisme de ces nouveaux secteurs (industrie sidérurgique, électrométallurgie, chimie). Par contraste, l'industrie textile qui emploie encore 41,4 % de la population active industrielle en 1911 apparaît nettement moins dynamique.

■ **Taux de croissance des principaux secteurs industriels**

	1880-1913	1880-1904	1904-1913
Mines	+ 2,5 %	+ 2,4 %	+ 2,5 %
Métallurgie primaire	+ 3,1 %	+ 1,8 %	+ 6,8 %
Transformation des métaux	+ 3,0 %	+ 1,9 %	+ 6,2 %
Industrie mécanique	+ 5,9 %	+ 4,8 %	+ 8,0 %
Chimie	+ 5,1 %	+ 4,7 %	+ 6,2 %
Industrie alimentaire	+ 1,9 %	+ 2,1 %	+ 1,8 %
Industries textiles	+ 1,2 %	+ 0,4 %	+ 3,2 %

Source : d'après F. Caron, *Histoire économique de la France, XIX-XXe siècles*, Armand Colin, Paris, 1995.

3. Une croissance qui n'empêche pas le déséquilibre du commerce extérieur

L'économie française apparaît mal insérée dans les échanges mondiaux en raison de positions fragiles et dégradées. **En 1913, la France n'assure plus que 12 % des exportations mondiales de produits manufacturés** contre 20 % en 1860. Ce déclassement essentiellement au profit de l'Allemagne s'est opéré pendant la Grande Dépression. Les exportations sont composées d'articles de « qualité » principalement à destination de l'Europe (textiles dont soierie, automobile…). Les exportations vers les autres continents en Asie et en Afrique progressent peu et uniquement grâce à la protection coloniale. Elles offrent cependant un débouché pour les secteurs traditionnels (textile, constructions ferroviaires…). En raison de ressources insuffisantes, **la France est contrainte d'importer une partie de ses matières premières et de son énergie**. Parallèlement, l'accélération de la croissance et la phase d'investissements industriels qui l'accompagne imposent des importations de biens manufacturés destinés à l'outillage de l'industrie qui accentuent la dégradation de la balance commerciale.

En revanche, **une forte épargne permet à la France d'être une véritable puissance financière**. Elle se place au **2e rang mondial derrière le Royaume-Uni pour le volume de capitaux exportés** et privilégie l'Europe, la Russie, l'Empire ottoman ou encore les pays neufs de l'Amérique latine. Dans ces zones incertaines politiquement et disputées, diplomatie militaire et intérêts économiques s'épaulent. Bien que l'expansion coloniale des années 1880 vers l'Afrique et l'Indochine ait été justifiée par la nécessité d'assurer des débouchés nouveaux aux industries métropolitaines, **les investissements restent faibles dans l'empire colonial**, pourtant le deuxième en taille derrière celui du Royaume-Uni. Cette exportation de capitaux dans laquelle les banques jouent un rôle décisif dégage des **revenus considérables**. Joints aux revenus du tourisme, ils compensent le déficit de la balance commerciale. Si la place de Paris devient un grand marché financier, le marché londonien reste cependant la place de référence et la livre anglaise la monnaie internationale de référence.

Évolution de la balance des paiements, 1890-1913

	Commerce	Services	Tourisme	Finances	Espèces	Solde
1890-1894	– 736	+ 364	+ 300	+ 669	– 158	+ 427
1895-1899	– 440	+ 368	+ 307	+ 732	– 45	+ 922
1900-1904	– 297	+ 415	+ 336	+ 945	– 286	+ 1 113
1905-1909	– 359	+ 520	+ 435	+ 1 286	– 487	+ 1 395
1910-1913	– 1 440	+ 671	+ 558	+ 1 565	– 213	+ 1 141

Source : d'après Maurice Levy-Leboyer, reproduit dans F. Caron, *Histoire économique de la France, XIX-XXe siècles*, Armand Colin, Paris, 1995.

B. LES CONDITIONS DE LA CROISSANCE

1. Le poids de la faiblesse démographique

Depuis le premier tiers du XIXe siècle, **la France connaît une croissance démographique atone**. Le territoire compte 36,5 millions d'habitants après la défaite de 1870-1871 et la perte de la population d'Alsace-Lorraine rattachée à l'Allemagne, 37,9 millions en 1886 et 39,2 millions en 1911, date du dernier recensement. Cette stagnation découle d'un **malthusianisme démographique aux motivations complexes**. Sont évoqués les effets du Code civil napoléonien et la crainte d'un morcellement de la propriété, les effets d'une déchristianisation plus ou moins forte selon les régions et les catégories sociales, un désir d'ascension sociale par une descendance moins nombreuse et mieux éduquée. La conséquence, une chute précoce de la natalité, constitue un trait original de la France en Europe

DÉFINITION

Malthusianisme : le malthusianisme découle de l'*Essai sur le principe de population*, publié en 1798 par le pasteur anglican Thomas Robert Malthus. Celui-ci dénonce les dangers d'une croissance excessive de la population et prône la réduction volontaire des naissances par la « contrainte morale », c'est-à-dire le mariage tardif et la chasteté. Au xixe siècle, le malthusianisme, qui se développe de manière précoce en France avant de frapper toute l'Europe occidentale, est lié au recours à la contraception, méthode assimilée par Malthus au « vice ».

et fait pleinement sentir ses effets au début du XXe siècle. Malgré le recul lent mais désormais sensible de la mortalité, **l'accroissement naturel reste faible**. Certaines années, le taux de mortalité dépasse même légèrement le taux de natalité. Cette situation qui contraste avec la croissance démographique rapide de l'Allemagne devient préoccupante devant la montée des périls extérieurs. Mais cette atonie de la démographie pèse aussi sur le rythme de la croissance économique nécessairement plus lent. L'étroitesse du marché national se conjugue avec une stabilité du volume de main-d'œuvre disponible et rend indispensable le recours au travail féminin et à la main-d'œuvre immigrée.

ZOOM ▶ Le mythe de la grève générale

38,5 millions d'habitants dénombrés en 1896, 38,2 millions en 1901 dont 1 million d'étrangers, 39,2 millions en 1906, 39,6 en 1911, les recensements confirment que la France de la Belle Époque est en pleine stagnation démographique. L'accroissement ne dépasse pas 50 000 personnes par an et à plusieurs reprises en 1900, 1907 et 1911, le nombre de berceaux est inférieur à celui des cercueils. Malgré les progrès de l'hygiène et de la vaccination, la mortalité est plus élevée que dans les autres pays européens industriels du fait de la tuberculose, des maladies vénériennes et surtout de l'alcoolisme. La natalité est la première en Europe à tomber en dessous de 20 pour mille à la veille de la guerre. Ce recul des naissances qui est sensible depuis la première moitié du xixe siècle touche toutes les catégories sociales, le monde rural où les pratiques religieuses reculent et où le souci de ne pas émietter les exploitations conduit à réduire le nombre d'héritiers (« un seul veau au champ »), la bourgeoisie et les classes moyennes qui préfèrent faire des épargnes que des enfants. Une partie des ouvriers est également sensible à la propagande des anarchistes qui prônent « la grève des ventres » pour ne pas multiplier les chômeurs et ne pas faire « de la chair à canon ». Cette dénatalité augmente l'âge moyen de la population. Au recensement de 1901, les moins de 20 ans ne forment que 17 % de la population. L'affaiblissement démographique n'empêche pas les surenchères nationalistes et les discours revanchards contre une Allemagne qui compte, en 1913, 68 millions d'habitants.

2. Le nécessaire recours à l'immigration

Outre sa rareté relative, la main-d'œuvre est plutôt mal adaptée aux besoins. Le manque d'attraits des nationaux pour certains postes de l'industrie et pour les travaux saisonniers agricoles a nécessité un recours précoce à l'immigration. **En 1906, la population immigrée essentiellement d'origine européenne représente 2,1 % de la population totale**, soit 1,160 million. Cette immigration surtout frontalière est italienne pour un 1/3 et belge pour 1/4. Elle comporte aussi des Espagnols, essentiellement dans les régions agricoles du Sud. À partir de 1906, s'y ajoutent des Polonais. Si la période de dépression à la fin du siècle a engendré des réactions d'hostilité à l'encontre des Italiens dans le Sud ou des Flamands dans le Nord, la reprise de la croissance estompe ces réactions et rend nécessaire une immigration qui, à la différence des États-Unis, est d'abord une **immigration de travail**. La sidérurgie lorraine fait ainsi appel aux Italiens pour assurer les postes les moins qualifiés et les moins payés. À cette immigration majoritairement économique, s'ajoute de façon plus marginale depuis la fin du XIXe siècle une immigration slave d'origine politique (Russie), essentiellement dans la région parisienne.

3. Une formation inégalement adaptée aux besoins

La hausse du niveau d'instruction par le recul de l'illettrisme (4 % d'analphabètes en 1911) est due aux lois scolaires de la IIIe République rendant l'enseignement primaire gratuit et obligatoire. Dans le dernier tiers du XIXe siècle et au début du XXe siècle, **la hausse continue des dépenses de l'État en faveur de l'instruction** est remarquable : à peine 1,2 % du budget en 1868, 2,3 % en 1881, 3,5 % en 1882 et enfin 6 % en 1913. Les structures d'enseignement supérieur ont été renouvelées par deux vagues de création d'institutions dans les années 1830 et 1880, sous l'impulsion d'industriels, d'intellectuels et de professeurs. À l'École polytechnique sont venues s'adjoindre les Écoles centrales de Paris et de Lyon, les Écoles des arts et métiers. À partir de 1880, sont développées des universités avec des chaires d'enseignements scientifiques appliqués et des écoles de commerce comme HEC. Nombre d'ingénieurs à l'origine de la création d'entreprises et d'innovations de la seconde industrialisation sortent de ces grandes écoles. En revanche, l'enseignement secondaire pèche notamment en raison de son inadaptation à la formation d'une main-d'œuvre industrielle d'ouvriers qualifiés et de techniciens. Par ailleurs, l'investissement en recherche appliquée et en laboratoires ne présente pas la même ampleur qu'aux États-Unis et en Allemagne.

La population immigrée en 1911

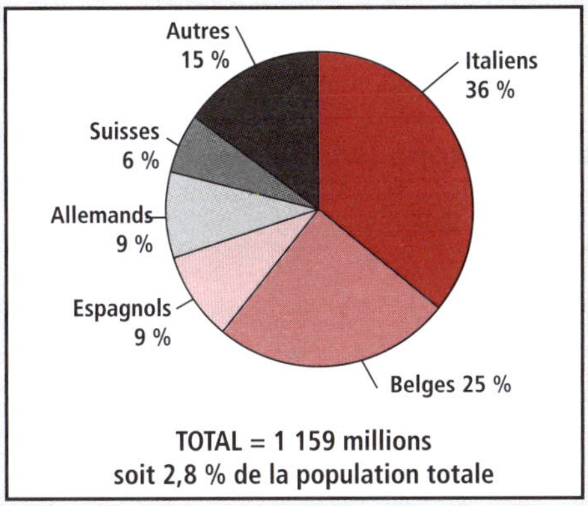

4. Les pesanteurs d'une France des terroirs

L'urbanisation progresse lentement et **la population française reste majoritairement rurale**, surtout à l'ouest d'une ligne Le Havre-Marseille. En 1911, plus de la moitié de la population vit dans des localités de moins de 2 000 habitants. Malgré l'exode rural qui frappe cette France des terroirs, surtout dans les régions à forte natalité et moins favorisées (Bretagne, Alpes, Massif central), l'urbanisation reste lente et partielle. **L'armature urbaine est constituée essentiellement de petites villes entre 5 000 et 20 000 habitants**. Cette France des bourgs et des villes moyennes, celle des sous-préfectures et préfectures, sert souvent de relais à l'exode rural avant l'émigration vers la plus grande ville, notamment dans le Bassin parisien.

16 villes seulement dépassent 100 000 habitants et concentrent l'essentiel de la croissance. Seules Lyon et Marseille font figure de métropoles régionales avec plus de 500 000 habitants. Paris, qui bénéficie de l'héritage renouvelé de la centralisation politique, administrative et partiellement économique, compte 3 millions d'habitants. La capitale voit se constituer à sa périphérie une banlieue à la croissance anarchique, composée d'industries diverses et de quartiers ouvriers. Dans le Nord, l'industrialisation favorise une croissance urbaine marquée par l'émergence d'une future conurbation Lille-Roubaix-Tourcoing et d'un « pays noir » constitué d'un chapelet de villes minières de Béthune à la frontière belge.

5. Un territoire globalement bien aménagé

La qualité et la densité des infrastructures de transports renforcées par les investissements du plan Freycinet à la fin du XIXe siècle dotent le territoire d'un **réseau de communication dense**. Désormais, le réseau des grandes lignes ferroviaires en étoile autour de Paris est complété par un **réseau de chemins de fer secondaire**. En reliant la France des petites villes et bourgs, il accélère l'unification du marché national et la spécialisation des régions agricoles. **L'essentiel des transports est désormais assuré par le chemin de fer**, alors que la modernisation des canaux n'a pas débouché sur l'établissement d'un réseau complet qui reste concentré dans le Nord et l'Est. La qualité du réseau routier favorise également l'acclimatation de l'industrie automobile en France. Le dernier tiers du XIXe siècle a vu la **modernisation des transports urbains** par la construction de réseaux de tramways. L'Exposition universelle de 1900 consacre le triomphe de l'électricité et l'inauguration du premier tronçon du métro dans la capitale. Le développement des préoccupations hygiénistes conduit à une amélioration des réseaux d'égouts et une meilleure adduction d'eau, permettant enfin un recul de la mortalité infantile dans les grandes agglomérations. La constitution de réseaux postaux, l'invention du téléphone, réservé à l'élite urbaine, l'essor de la presse à grand tirage favorisent l'accélération des communications et la diffusion des modes de consommation urbains dans le monde rural.

La croissance urbaine en Europe (en milliers d'habitants)

	1800	1850	1900
Amsterdam	217	224	511
Berlin	172	419	1 889
Birmingham	74	233	523
Bruxelles	66	251	599
Budapest	54	178	732
Glasgow	77	357	776
Hambourg	130	132	706
Londres	1 117	2 685	6 586
Milan	135	242	493
Moscou	250	365	989
Paris	581	1 053	2 714
Rome	163	175	463
St.-Petersbourg	336	485	1 267
Vienne	247	444	1 675
Varsovie	100	160	638

II. Les acteurs de la croissance économique

A. UNE ADAPTATION INÉGALE DU MONDE ENTREPRENEURIAL À LA SECONDE INDUSTRIALISATION

1. Des percées spectaculaires

La France connaît un certain nombre de **réussites dans les secteurs de la seconde industrialisation** et atteint dans différentes branches les meilleurs rangs mondiaux grâce à la mise en œuvre d'une grappe d'innovations. La mobilisation des savoir-faire artisanaux et ouvriers associée aux connaissances scientifiques d'ingénieurs sortis des grandes Écoles permet aux entreprises de jouer un rôle moteur dans **l'essor de l'industrie automobile**. D'abord fabriquée dans de petites entreprises fondées par de jeunes gens, l'automobile est initialement un produit de luxe destinée à une clientèle sportive. Peu à peu, celle-ci s'élargit aux usages professionnels (taxis, médecins, représentants de commerce, transports en commun par autocars et autobus). Avec 100 000 véhicules en 1914 contre à peine 300 en 1895, **le parc occupe le 1er rang européen et le second rang mondial derrière les États-Unis**. À la veille de 1914, la production est le fait d'une centaine d'entreprises déjà dominées par quelques grands noms (Peugeot, Panhard et Levassor, De Dion-Bouton, Renault ou Berliet).

Le développement de l'industrie automobile entraîne dans son sillage celui de l'aéronautique et l'essor de la production de caoutchouc (Michelin à Clermont-Ferrand). Elle absorbe aussi la majeure partie des productions de l'aluminium, des aciers spéciaux et de la mécanique de précision qui se développent dans les vallées alpines grâce à l'hydroélectricité. **La production française d'aluminium occupe là aussi le 1er rang européen** et le second rang mondial derrière les États-Unis.

Le cinéma né à Lyon en 1895 sous l'impulsion des frères Lumière donne naissance aux firmes Méliès, Pathé et Gaumont qui développent l'édition de films et leur projection dans un réseau de salles spécialisées. Dominant le marché européen, le cinéma français rivalise avec le cinéma américain.

En revanche, **la situation est moins flatteuse dans les industries chimiques et électriques**. La croissance de la chimie française est certes vigoureuse grâce à de grandes entreprises telles Kuhlmann, Saint-Gobain et la compagnie d'Alais et de Camargue (future Péchiney). Bien qu'à l'origine de certaines avancées dans la chimie organique, les entreprises françaises ont été cependant distancées et sont largement dépendantes des technologies développées par les grandes firmes allemandes dans le domaine des colorants synthétiques (BASF), de la chimie fine (Bayer).

Dans le domaine électrique, les efforts dispersés et la faiblesse des investissements antérieurs ont contrarié l'essor de grandes firmes et contraint là aussi à la dépendance face aux technologies américaine (General Electric) et allemande (Siemens et AEG). La situation est également **préoccupante dans le domaine clé des machines-outils**. Malgré quelques tentatives ici et là, les investissements industriels se font essentiellement par le recours à l'importation. Les machines-outils nécessaires à l'industrie automobile en plein essor proviennent des États-Unis, du Royaume-Uni et d'Allemagne.

2. L'inégale tenue des secteurs hérités de la première industrialisation

Les secteurs hérités de la première industrialisation [→ Ch. 1] participent également à la croissance. Mais les contraintes antérieures continuent de peser en raison des pénuries relatives

de matières premières et d'énergies fossiles facilement exploitables. La croissance de la production charbonnière du Nord-Pas-de-Calais ralentit tandis que les gisements du Centre restent modestes en taille et peu modernisés. Plus cher qu'en Grande-Bretagne et en Allemagne, **le prix du charbon, « pain » de l'industrie, grève les coûts de production de tous les secteurs**.
Dans la sidérurgie, les innovations technologiques et la mise en œuvre de nouveaux procédés permettent enfin la mise en valeur du minerai de fer lorrain. La sidérurgie lorraine couvre la moitié des besoins nationaux en acier tandis que la sidérurgie du Centre se concentre dans les aciers spéciaux.
Premier secteur industriel français, l'industrie textile reste marquée par le maintien d'une multitude d'unités dispersées. Elle connaît donc **un certain essoufflement** mais de façon variable selon les fibres travaillées. Les textiles traditionnels comme le lin sont en déclin et subissent la concurrence du coton à la production fortement mécanisée. L'industrie lainière dominée par la fabrique roubaisienne s'en sort mieux et conserve un certain nombre de marchés extérieurs. La perte de l'Alsace-Lorraine a entraîné le passage de l'industrie cotonnière mulhousienne sous contrôle allemand, malgré le repli de certaines entreprises et leur réinstallation en France. La soierie lyonnaise, fortement concurrencée, voit son salut dans l'émergence des textiles artificiels.
L'industrie du luxe constitue un secteur traditionnel fort. Constituée d'un tissu de petites entreprises essentiellement parisiennes, elle propose par la mise en valeur de savoir-faire artisanaux sous l'appellation « articles de Paris » une gamme d'objets autour de la confection, des parfums, des bijoux, de l'art de la table, de l'ameublement et de la décoration, destinés aux clientèles bourgeoises européennes, influencées par le goût aristocratique à la française.

3. Une agriculture diversifiée

Partiellement à l'abri d'une trop forte concurrence en raison des effets du protectionnisme de la loi Méline de 1892 réaffirmé en 1910, **l'agriculture française ne parvient pas à satisfaire aux besoins nationaux**. L'élévation des rendements est limitée en dépit d'une modernisation lente mais réelle par la mécanisation, l'utilisation plus fréquente des engrais et la sélection des espèces.
Au début du XXe siècle, **le secteur primaire, encore largement dominant, occupe 43 % de la population active en 1906** avec 8,7 millions d'actifs, son maximum historique. D'une manière globale, **l'agriculture française demeure le domaine de l'exploitation familiale** de petite taille et la grande exploitation reste l'exception. Cet émiettement tient d'abord à l'attachement à la propriété, conquise âprement et continûment depuis la Révolution française. Il est aussi à rapprocher des modalités de l'industrialisation française, diffuse et s'appuyant sur l'artisanat rural et le travail à domicile. La survie de la petite propriété doit beaucoup à l'obtention de revenus complémentaires liés aux activités extra-agricoles au moment des mortes-saisons. **L'ouvrier-paysan** reste une réalité présente dans la France du début du XXe siècle.
Pourtant, l'agriculture offre une **diversité de situations sectorielles et régionales**. Les productions des grandes régions céréalières du Bassin parisien (Beauce, Brie) et du nord de la France, certaines régions d'élevage comme la Normandie, les Flandres sont tournées vers la satisfaction des besoins d'une industrie agroalimentaire (minoteries, sucreries, fourniture du lait aux grandes villes). Leur équipement, leurs méthodes culturales et leur rendement rapprochent ces exploitations, souvent de grande taille, des agricultures européennes les plus avancées.

La viticulture connaît une situation contrastée. La France s'impose ainsi sur les marchés mondiaux par l'exportation des vins fins issus du Bordelais, de Bourgogne et de Champagne et de spiritueux (Cognac). En revanche, la situation est plus difficile pour les vins de qualité courante. À la suite de la crise du phylloxéra, le réencépage avec des variétés à gros rendement et la montée de la concurrence du vignoble des colons algériens condamnent la monoculture viticole du Languedoc à une surproduction chronique de vins de qualité médiocre. Malgré l'augmentation de la consommation moyenne de vin, cette **crise de la viticulture** alimente des manifestations violentes à Béziers en 1907.

Ailleurs, domine une petite propriété qui s'adonne à la polyculture autour de céréales, de l'élevage, voire des fruits et primeurs à destination des marchés urbains. L'agriculture de moyenne montagne survit avec difficulté et les Alpes, les Pyrénées et le Massif central restent marqués par l'exode rural, tout comme la Bretagne, encore fortement enclavée.

4. Des services inégalement dynamiques

La distribution est le secteur qui s'est le moins transformé. L'attachement à l'indépendance explique la domination du petit commerce. Les grands magasins fondés au XIXe siècle tout comme les structures coopératives demeurent minoritaires. Ils accroissent cependant leur zone de chalandise par le recours à la réclame et les services de livraison par automobile. Le service aux entreprises s'est structuré. Les agences en droit de la propriété industrielle, les assurances émergent, tandis que la France dispose d'un **appareil bancaire étoffé**. Les grandes banques de dépôt comme le Crédit Lyonnais ou la Société Générale disposent de vastes réseaux d'agences de collecte de l'épargne et concurrencent les banques régionales. **L'orientation de l'épargne privilégie les emprunts d'État, nationaux et étrangers**, mais le développement de banques d'affaires et l'augmentation des revenus mobiliers liée à la possession de portefeuilles d'actions de sociétés industrielles et commerciales deviennent une réalité peu avant 1914. Le rayonnement culturel de la France tout comme ses paysages et ses climats diversifiés lui permettent de dégager des revenus liés à **l'émergence du tourisme**. Phénomène en plein essor, le tourisme est essentiellement le fait d'une clientèle bourgeoise et aristocratique attirée par la « Ville lumière », Paris, les cités balnéaires sur la côte normande ou la côte d'Azur, les stations thermales et les hauts lieux du tourisme alpin.

B. UN ÉTAT ENCORE DISCRET MAIS DE PLUS EN PLUS PRÉSENT

1. Des dépenses publiques croissantes

L'État n'a pas le poids qu'on lui connaît dans la seconde moitié du XXe siècle : les **dépenses publiques** atteignent 11 % de la production intérieure brute en 1872 et 15 % à la veille de la Première Guerre mondiale. Le maintien de la dette publique à un niveau raisonnable (à peine 20 % du PNB à la veille du conflit) montre la prudence financière des gouvernements successifs de la IIIe République. Les dépenses à caractère économique et social (Éducation, travaux publics, dépenses des ministères de l'Agriculture, du Commerce et de l'Industrie) constituent le quart des dépenses publiques en 1914. Les dépenses d'investissements, notamment en matière d'éducation et d'amélioration des conditions de vie, deviennent l'élément moteur des dépenses publiques.

2. Une intervention économique ciblée

En dépit d'une idéologie libérale dominante, la **pression d'intérêts très divers** pousse à une intervention croissante de l'État dans le fonctionnement de l'économie. Le système parlementaire fait des députés les intercesseurs entre les intérêts de leur circonscription et le pouvoir central. Ceci explique de nombreux **arbitrages en faveur de subventions et de protections diverses** rendus dans de nombreux domaines économiques, notamment en matière de transports et de réglementation douanière. La stabilité sociale à travers le maintien de la petite propriété trouve au Parlement des défenseurs nombreux. Sont ainsi justifiés les principes protectionnistes en faveur de l'agriculture et de l'industrie inscrits dans la loi Méline en 1892, et réaffirmés en 1910.

L'État intervient plus directement avec des succès divers dans un certain nombre de secteurs. **Le tracé des infrastructures** est le fruit d'arbitrages qui ne visent pas toujours à l'efficience économique. Ainsi, le plan des voies ferrées secondaires est souvent perçu comme celui des « chemins de fer électoraux ». La pression des puissantes compagnies de chemin de fer empêche la véritable transformation des canaux et retarde le projet du Canal du Nord. Déjà propriétaire d'arsenaux et du réseau de téléphone, l'État se porte au secours de la Compagnie des chemins de fer de l'Ouest en 1908 et en devient le propriétaire. Limitées quantitativement, les subventions au réarmement ont des effets qualitatifs divers. En privilégiant tardivement la marine à vapeur, les soutiens publics n'ont pas pu enrayer le déclin relatif de la flotte française. *A contrario*, les subventions versées par l'Armée en faveur des achats de camions accélèrent la mise au point de ce nouveau mode de transport et la diversification des constructeurs automobiles. L'État continue cependant parallèlement de subventionner l'élevage de chevaux...

3. Un rôle accru en matière sociale

L'interdiction récente et définitive du travail des enfants accompagne l'effort en matière de scolarisation. Mais **la législation française en matière de protection sociale suit avec retard l'évolution des autres pays européens**. La IIIe République doit cependant faire face à la question ouvrière alors que se développe l'influence des idéologies socialistes et que le mouvement ouvrier s'oriente vers l'anarcho-syndicalisme. Réaffirmé lors de la Charte d'Amiens en 1906, le recours à la grève générale comme moyen privilégié d'action débouche sur une montée des mouvements sociaux revendiquant l'amélioration des salaires et des conditions de travail et la réduction des horaires. Si l'État intervient fermement pour réprimer les mouvements sociaux, notamment au cours de l'année 1906, il jette dans le même temps les premières bases d'une véritable législation sociale, rattrapant ainsi partiellement le retard pris sur l'Allemagne. La **création d'un ministère du Travail** symbolise cette nouvelle orientation.

III. Les mutations lentes de la société française

A. UNE SOCIÉTÉ FIGÉE ?

1. Une incontestable stabilité des structures

La répartition du revenu national apparaît étonnamment stable et donne l'image d'une société à la faible mobilité. Elle montre la faiblesse relative des revenus du salariat et l'importance des revenus non salariaux (près de 55 %). Pourtant sur le plan qualitatif, les revenus mobiliers l'emportent désormais sur les revenus immobiliers.

La répartition de la population active montre également qu'il n'y a pas de bouleversement de structure de la société française. L'évolution vers une société plus industrielle et tertiaire se fait à un rythme lent, comme en témoigne le faible recul de la population active employée dans l'agriculture.

Évolution de la répartition du revenu national entre 1890 et 1913

	1890	1913
Salaires et traitements (non compris les salaires agricoles)	42,6 %	43,2 %
Agriculture (non compris les loyers de la terre)	23,8 %	23,1 %
dont salaires	9,5 %	
Entrepreneurs de l'industrie et du commerce	11,0 %	11,0 %
Professions libérales	2,1 %	1,7 %
Revenus du capital	19,5 %	19,6 %
Pensions et retraites		1,4 %

Source : F. Caron, *Histoire économique de la France, XIX-XXe siècles*, Armand Colin, Paris, 1995.

Évolution de la répartition de la population active entre les recensements de 1896 et 1906

	Agriculture	Industrie	Tertiaire
1896	44,8	28,6	26,6
1906	42,7	28,2	28,1

Source : J. Marczewski, *Cahiers de l'ISEA*, 1965, reproduit dans F. Caron, *Histoire économique de la France, XIX-XXe siècles*, Armand Colin, Paris, 1995.

2. La France, refuge de la petite propriété ?

Selon l'expression de F. Caron, la France est, tout au long du XIXe siècle qui s'achève véritablement avec le début de la Première Guerre mondiale, « un grand pays industriel faiblement industrialisé ». L'importance du travail à domicile et le maintien de l'artisanat rural traduisent le refus du travail en usine et l'attachement à l'indépendance. **L'industrialisation française reste diffuse** et explique la survivance jusque tard dans le XXe siècle de l'ouvrier-paysan, employé dans nombre de régions industrielles en raison de sa plus grande docilité et de son moindre coût. Vestige de la période préindustrielle, **le maintien de la dispersion de la propriété** tant sur le plan agricole, qu'industriel et commercial est **assuré sur le plan politique par le parti radical** comme troisième voie entre libéralisme et socialisme et comme vecteur de mobilité sociale.

La France n'ignore pourtant pas la grande entreprise. Certains secteurs sont fortement capitalistiques et voient leur concentration se renforcer, tel le secteur minier ou l'industrie chimique. Les ententes et cartels [→ Ch. 1] se constituent en vue de maintenir les prix, notamment dans la sidérurgie. Certaines sociétés forment une véritable nébuleuse d'activités comme Schneider qui offre le visage d'un groupe diversifié, présent dans la sidérurgie, les constructions mécaniques, l'armement et le BTP. La petite entreprise peut être aussi l'expression de la modernité et l'image du renouvellement du capitalisme, comme en témoigne l'essor de l'industrie automobile reposant sur la croissance interne de petites firmes fondées par de jeunes entrepreneurs.

3. Une géographie économique déséquilibrée

La géographie elle-même reflète le dualisme des structures de l'économie française. **La France industrielle est majoritairement située à l'est d'une ligne Le Havre-Marseille.** Dans cette partie du territoire, l'héritage de la première industrialisation a permis la constitution de bassins industriels dont l'avant-guerre marque l'apogée. Le nord de la France et la Lorraine concentrent l'exploitation charbonnière, la sidérurgie, le textile et l'industrie agroalimentaire (sucreries...). La région lyonnaise a construit son expansion autour de l'industrie automobile, de la soierie et de la chimie de spécialité (produits pour la photographie, le cinéma, l'industrie pharmaceutique). L'industrie marseillaise n'est pas en reste avec un complexe industrialo-portuaire reposant sur la transformation des produits coloniaux (huileries, savonneries, industrie agroalimentaire).

La France industrielle

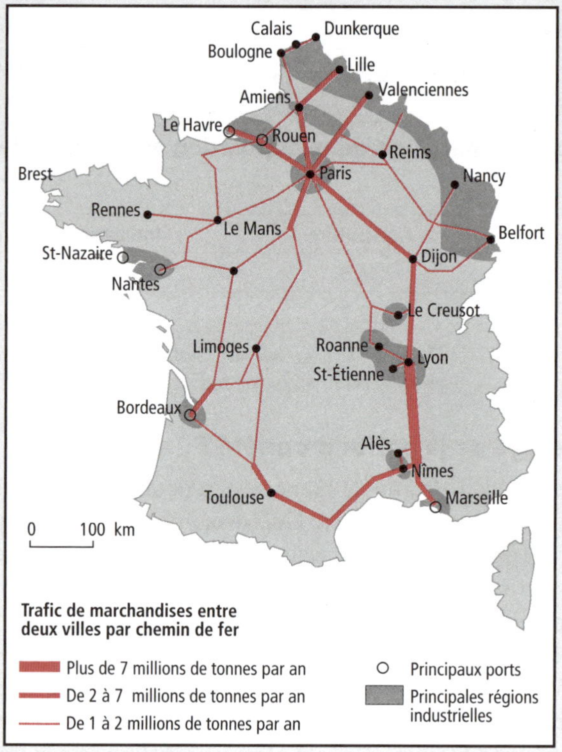

À l'Ouest, la France enracinée est fortement dominée par le monde rural et les industries diffuses. L'industrie y reste disséminée dans de petits bassins (mines de Decazeville, Carmaux...) et consacrée à des productions traditionnelles dans des structures souvent artisanales (porcelaine de Limoges, coutellerie de Thiers). Seuls les ports de Nantes et Bordeaux font figure d'isolats industriels, et recueillent comme Marseille les bénéfices du commerce colonial.

B. EN RÉALITÉ, UNE MUTATION AMORCÉE...

1. Une amélioration globale des conditions de vie

Sur le plan qualitatif, les effets de la croissance sont indéniables et atteignent toutes les couches de la société. La hausse du revenu moyen est réelle et nourrit un goût pour l'épargne et une diversification des dépenses, même pour les plus démunis. En témoigne la **réduction de la part des dépenses des ménages réservées à l'alimentation**, elle-même plus variée, même si elle reste prépondérante dans les ménages ouvriers. L'habillement reste un marqueur social et tend à une certaine uniformisation. **Mais les dépenses en matière de culture et de loisir augmentent.** L'émergence d'une presse sportive spécialisée encourage le développement d'épreuves qui deviennent vite populaires et accompagnent l'essor des nouvelles industries. Le **Tour de France** épouse et amplifie la passion pour la « petite reine » et les ventes de bicyclettes, tandis que les **courses automobiles** et les **meetings aériens** attirent les amateurs de sensations fortes. La **pratique sportive** individuelle et collective se développe autour de la résurrection des Jeux olympiques à partir de 1896. La création des premiers **clubs de football** dans la banlieue parisienne et dans les villes industrielles se fait souvent à l'instigation d'industriels soucieux d'offrir des structures d'encadrement de leurs ouvriers. Le nombre des livrets d'épargne augmente et répond aux besoins de faire face aux aléas de l'existence, devant les balbutiements des systèmes de prévoyance.

2. Une mobilité limitée mais réelle

La méritocratie républicaine et la **promotion sociale par la réussite scolaire** obtiennent des effets encourageants. La délivrance des bourses permet à une fraction des fils d'agriculteurs, d'ouvriers et d'instituteurs de faire des études secondaires et d'accéder ainsi par la réussite aux concours aux fonctions publiques, notamment dans l'administration et l'enseignement. La condition féminine s'améliore lentement. Si les femmes restent incontestablement placées en situation d'infériorité civique, légale, judiciaire et salariale, la tertiarisation de la société offre des possibilités de promotion limitées mais réelles par l'essor de l'enseignement, des professions libérales ou des services.

C. ... MAIS UNE SOCIÉTÉ FORTEMENT HIÉRARCHISÉE

1. Une société dominée par la bourgeoisie

ZOOM ▶ L'Exposition universelle de 1900

Inaugurée le 14 avril par le président de la République, Émile Loubet, l'Exposition qui célèbre le nouveau siècle couvre 112 hectares et s'étend le long de la Seine, de la Concorde au Champ-de-Mars. Les pavillons étrangers sont placés sur la rive gauche, les pavillons coloniaux sur la colline de Chaillot et le clou de l'Exposition est le « Palais de l'électricité » qui fait face à la tour Eiffel. Du 15 avril au 12 novembre, l'Exposition, qui compte 83 000 exposants, dont la moitié sont des étrangers, a attiré 50 millions de visiteurs (27 millions pour l'Exposition de Chicago en 1893) qui ont payé un droit d'entrée d'un franc et qui ont pu, à partir du 14 juillet, utiliser la première ligne du métro parisien. Les travaux qui ont duré près de 5 ans comportent quelques réalisations de prestige comme le Grand et le Petit Palais, la gare d'Orsay ou le pont Alexandre III. L'Exposition a donné lieu à de nombreuses manifestations comme les deuxièmes Jeux olympiques d'été (les premiers à accueillir des femmes), des congrès divers, par exemple le premier congrès international d'électricité en août qui rassemble 758 participants venus de 26 pays, et le 22 septembre un gigantesque banquet républicain où le président de la République accueille 22 000 maires. Cette fête populaire consacrée aux progrès techniques a été abondamment filmée par les frères Lumière.

La France compte encore environ 4 000 familles nobles dont la fortune est d'ailleurs très variable et qui ne jouent qu'un rôle économique et politique marginal. **Le sommet de la pyramide sociale est constitué par 200 000 familles de la grande bourgeoisie**, grands patrons de l'industrie, du commerce, de la banque, de la presse, riches propriétaires fonciers et membres de professions libérales ayant atteint la notoriété. Ces **bourgeois conquérants** qui dirigent la vie économique et politique et font l'opinion ont souvent des trains de vie fastueux et des fortunes considérables. 20 000 personnes ont des revenus annuels supérieurs à 50 000 francs alors que le salaire d'un instituteur est de 2 000 francs et celui d'une ouvrière de 6 à 700 francs par an. Au total, cette élite qui est la grande bénéficiaire de la Belle Époque se limite à moins d'un million de personnes dans une France de 39 millions d'habitants.

2. L'essor des classes moyennes

Beaucoup plus nombreuses, puisqu'on estime qu'elles englobent **près de 5 millions de familles**, les classes moyennes sont d'une **extrême hétérogénéité**. Elles s'étendent des notables de province et des agriculteurs riches aux artisans, aux petits patrons de l'industrie et du commerce, aux fonctionnaires, aux professions libérales et comportent des catégories en pleine croissance : « les couches nouvelles », instituteurs, employés de bureau, ingénieurs, techniciens, journalistes, médecins… Les revenus annuels sont très divers mais le mode de vie est assez semblable : peu d'enfants pour leur assurer une chance de promotion, une part importante du budget consacrée au logement, à l'alimentation mais aussi à l'éducation, le goût de l'effort et de l'épargne, des réflexes individualistes, des opinions politiques généralement modérées mais un esprit souvent cocardier et, en permanence, le souci de se distinguer des couches populaires.

3. Un monde ouvrier hétérogène et en marge

Le monde ouvrier apparaît encore en marge d'une société marquée par le poids symbolique et réel des classes moyennes. La condition ouvrière s'est améliorée même si elle reste précaire, dépendante de la conjoncture et du bon vouloir patronal en matière de rémunération, de conditions de travail. **Les revenus d'une famille ouvrière restent en moyenne dix fois moins élevés que ceux d'une famille bourgeoise.** Au sein même du monde ouvrier, les conditions de rémunération, de travail et de logement varient beaucoup selon l'âge, le sexe, la qualification. L'ouvrier(e) à domicile est plus mal loti que l'ouvrier d'usine, surtout s'il travaille dans une grande entreprise. Les **taudis surpeuplés et insalubres** sont encore une réalité dans certaines villes et expliquent le faible recul de certaines maladies comme la tuberculose. Alors que le développement d'habitations à bon marché est à peine ébauché, l'initiative patronale marquée par le paternalisme favorise l'émergence de cités ouvrières qui permettent de fixer la main-d'œuvre. Les différences régionales demeurent également fortes, notamment entre les salaires de la capitale et ceux de province, nettement inférieurs.

4. Une condition féminine encore inférieure

La situation démographique incite à recourir au travail féminin malgré les considérations morales et natalistes. **Le taux d'activité féminin en France est supérieur à celui des autres pays.** Les femmes participent donc de façon importante à la croissance économique. Contrairement à une opinion tenace, le travail féminin et la présence de la femme dans le monde du salariat ne commencent pas avec la Première Guerre mondiale. Dans l'agriculture et dans le commerce de détail, elles fournissent un appoint indispensable au fonctionnement d'exploitations et d'entreprises familiales, même si leur activité n'est pas rémunérée et de ce fait longtemps mal comptabilisée par les statistiques. Moins nombreuses dans le monde ouvrier, elles ne perçoivent qu'environ la moitié du salaire masculin et sont cantonnées dans les secteurs aux tâches réputées moins dures mais peu qualifiées, comme le textile ou les conserveries. Nombre d'entre elles sont aussi employées comme travailleuses à domicile, domestiques, vendeuses des grands magasins, demoiselles des Postes, personnel des services de santé…

Partie II
L'entre-deux-guerres

Les deux décennies qui séparent les deux guerres mondiales sont dominées par les traumatismes, les déséquilibres, les incertitudes, les affrontements. La Première Guerre mondiale bouleverse totalement le paysage mondial. La domination européenne est détruite par la violence et la longueur du conflit qui a tué des millions d'hommes et emporté aussi bien la stabilité des monnaies et des prix que la foi en l'avenir. L'Allemagne est humiliée par les conditions que lui imposent les vainqueurs, l'Angleterre accélère son déclin, la France est appauvrie par la perte de ses avoirs à l'étranger et confrontée à une coûteuse reconstruction. La guerre a aussi ébranlé la colonisation, désormais mise en cause par la perte de prestige des métropoles et le principe wilsonien du droit des peuples à disposer d'eux-mêmes. Elle conduit également à la destruction des Empires austro-hongrois et ottoman, isole la Russie soviétique et fait des États-Unis le nouveau centre du monde. Auréolés par leur fonction de libérateurs et enrichis par leur rôle de grenier et d'arsenal des démocraties, les États-Unis sont devenus l'économie dominante mais refusent d'assumer cette responsabilité en s'enfermant dans l'isolationisme. Les années 1920 sont donc marquées par une entrée lente et difficile dans la paix et un recul prononcé du processus de mondialisation : le commerce international est freiné par le manque de devises, l'instabilité des monnaies et la chute du cours des produits de base. Les pays d'accueil se ferment aux migrations et les mouvements de capitaux deviennent spéculatifs et imprévisibles.

Les « années folles » contiennent en germe tous les ingrédients de la crise de 1929, la plus grave de l'histoire capitaliste. L'effondrement de la production industrielle et le déferlement du chômage s'accompagnent d'un désarroi des populations et des gouvernants et d'un repli général des pays sur eux-mêmes, générateur de guerres commerciales et monétaires et d'une réduction drastique des échanges mondiaux. Face à la violence de la crise, les solutions divergent : certains pays choisissent comme la France une politique de déflation qui se révèle catastrophique ; les États-Unis inventent avec Roosevelt la révolution du New Deal ; les dictatures privilégient le réarmement, l'autarcie et la construction d'un espace vital. Seule l'URSS, isolée du système capitaliste, échappe au marasme et prétend accumuler les records de production industrielle, au prix du sacrifice de l'agriculture et de l'asservissement de la population dans un système policier et sanguinaire.

Les huit chapitres de cette deuxième partie retracent les principaux traits de cette époque de troubles. Ils analysent le coût humain, économique, financier et politique de la Première Guerre mondiale (chapitre 9), les déséquilibres des années 1920 (chapitre 10), l'évolution de la France pendant la décennie (chapitre 11), les causes, manifestations et conséquences de la crise de 1929 (chapitre 12), la réponse américaine à la crise (chapitre 13), l'arrivée au pouvoir et les choix du nazisme en Allemagne (chapitre 14), les mutations de l'économie et de la société soviétiques à l'heure de Staline (chapitre 15) et l'évolution de la France pendant les années 1930 (chapitre 16).

9 LE MONDE AU LENDEMAIN DE LA PREMIÈRE GUERRE MONDIALE

Le bilan de la guerre est dramatique et tout nouveau par l'ampleur des pertes et des destructions, résultat d'une guerre industrielle dans laquelle les principaux belligérants sont allés jusqu'à la limite de la rupture. L'évolution de la hiérarchie des puissances est la seconde conséquence du conflit : face à l'affaiblissement général de l'Europe, les États-Unis affirment leur rôle de première puissance mondiale. L'Europe dont on parle au lendemain de la Grande Guerre n'est plus la même : redessinée par des traités qui entérinent la fin des grands empires et fracturée par la naissance de la Russie soviétique qui porte en germe la division du monde. Mais le fait majeur reste sans doute que, malgré ce bilan extrêmement lourd, les États n'ont pas su s'entendre sur les moyens de construire une paix solide. Cette Grande Guerre, au lieu d'être la « der des der », ne sera en fait que la Première Guerre mondiale, la première des « guerres en chaîne » selon la formule de Raymond Aron. Cette guerre est donc à la fois un « accélérateur de l'histoire » (Lénine) et le « grand tournant » du xxe siècle (J. K. Galbraith).

CHRONOLOGIE

1918 : Janvier : les « quatorze points » du président Wilson
Mars : paix de Brest-Litovsk
9 novembre : abdication de l'empereur Guillaume II

11 novembre : Armistice

1919 : Janvier : la révolte spartakiste en Allemagne est écrasée

Mars : Création de la IIIe Internationale ou Komintern

28 juin : Traité de Versailles avec l'Allemagne. Création de la SDN

Octobre : Traité de Saint-Germain avec l'Autriche

1920 : Mars : rejet du traité de Versailles et de la SDN par le Congrès américain

Juin : Traité de Trianon avec la Hongrie

Août : Traité de Sèvres avec la Turquie

1921 : La Conférence de Londres fixe le montant des réparations dues par l'Allemagne

1922 : Mai : conférence de Gênes. Création du *Gold Exchange Standard*
Décembre : naissance de l'URSS

I. Des pertes et des destructions sans précédent

A. UNE HÉCATOMBE HUMAINE ET UN SÉISME MORAL

1. Les pertes humaines

La première nouveauté de ce bilan est la difficulté à enregistrer le nombre de morts. La nature de la guerre, les bombardements qui déchiquettent les corps ou les ensevelissent au fond des tranchées provoquent **un grand nombre de disparus** dont on ne retrouve pas trace. Ainsi, 237 045 soldats français ont été officiellement portés disparus. Le bilan exact devient donc impossible à mesurer **: 9 à 10 millions de morts et disparus pour l'ensemble des belligérants**. À la fin du conflit, une terrible épidémie de grippe s'abat de plus sur la population européenne affaiblie par la sous-alimentation, provoquant la disparition d'un million de personnes.

■ **Les pertes humaines**

	Morts et disparus	Pourcentage par rapport à la population active masculine
Allemagne	1 900 000	10 %
Russie	1 700 000	3,5 %
France	1 400 000	10,5 %
Autriche-Hongrie	1 000 000	10 %
Grande-Bretagne	760 000	5,5 %
Italie	750 000	6 %
Serbie	400 000	environ 40 %
Roumanie	400 000	18 %
États-Unis	110 000	0,4 %

À ces **morts et disparus**, pour l'essentiel des hommes jeunes européens, s'ajoutent les victimes de décès prématurés dans les années suivantes, les **blessés**, **mutilés, gazés** (environ 20 millions) et les **invalides**. Effrayés par l'ampleur du désastre, les pays vont s'entendre lors de la **Convention de Genève** en 1925 pour renforcer le statut des blessés et des prisonniers de guerre et pour interdire l'utilisation des armes chimiques.

La séparation des couples a aussi provoqué une forte diminution du nombre de naissances durant les années de guerre : les « **classes creuses** » de 1914-1918 se répercutent sur plusieurs générations, et d'abord dans les années 1930 où les jeunes adultes sont moins nombreux que les générations précédentes. L'affaiblissement du dynamisme démographique accroît le vieillissement de la population européenne par rapport à celle des pays neufs et des États-Unis.

Pour la France, qui a été le principal champ de bataille pendant quatre ans, le bilan est particulièrement lourd et ses effets sont durables puisqu'il faut attendre 1950 pour que la France retrouve le nombre d'habitants de 1913. Les paysans et certaines régions comme la Bretagne et la Corse sont touchés plus que la moyenne. Le pays a perdu aussi une partie de ses élites et nombre d'intellectuels, d'artistes et d'écrivains comme Charles Péguy, Alain Fournier ou Guillaume Apollinaire. Des grands pays industrialisés, c'est celui où la population, y compris la population active, est la plus affaiblie. Les civils paient également un lourd tribut indirect puisqu'on recense **700 000 veuves et près de 800 000 orphelins**.

Les **anciens combattants** ont certes droit à la reconnaissance de la nation mais les survivants sont le plus souvent dans une situation psychologique effroyable et le retour à la vie civile est difficile (le nombre de divorces augmente). Des millions d'hommes ont vécu pendant des années dans la peur, la terreur, l'angoisse de la mort, entourés de rats et assaillis de poux. Se réaccoutumer à la vie civile s'avère difficile pour tous et quasi impossible pour les plus invalides, ceux qui ont été défigurés, les « gueules cassées », 10 000 à 15 000 pour la seule France, et pour ceux qui ont perdu la raison ou sont devenus amnésiques. **La plupart, hantés par leurs souvenirs, sont marqués à vie d'un traumatisme psychologique profond**. D'où cette volonté exprimée aussitôt par les anciens combattants que cette guerre soit la dernière des dernières, **la « der des der »**, et leur engagement politique en faveur du pacifisme. Dans tous les pays, le souvenir des victimes se traduit par l'érection de monuments aux morts et par des cérémonies commémoratives dédiées à l'héroïsme des soldats. Le 11 novembre 1920, deuxième anniversaire de l'armistice, **la France inaugure**

la tombe du soldat inconnu sous l'Arc de Triomphe à la mémoire de tous ceux qui n'ont même pas eu de sépulture. De la même façon, la première **mosquée** est inaugurée à Paris en 1926 en hommage aux soldats musulmans de l'empire.

2. L'évolution des sociétés

Les conséquences de la guerre sur l'organisation des sociétés sont plus diffuses et se manifestent plus progressivement, elles sont aussi variables selon les pays et les régions. **Les conditions de travail** dans l'industrie se sont durcies pour fournir les productions de guerre. Tous **les revenus fixes, loyers, rentes, mais aussi les salaires ont été largement amputés par l'inflation** et les larges profits des entreprises les plus engagées dans l'économie de guerre comme Renault ou Boussac suscitent de fortes rancœurs : « On croit se battre pour la patrie, on se bat pour des industriels », s'écrie Anatole France. Les années 1919-1920 sont marquées par des **mouvements sociaux de grande ampleur en Europe**, des grèves, encore plus dures en Grande-Bretagne qu'en France où la journée de huit heures est adoptée en 1919, et des troubles de nature révolutionnaire relayant l'exemple russe en Allemagne, en Hongrie, en Italie.

Même si **les femmes** sont souvent licenciées des usines à la fin de la guerre pour laisser la place aux soldats démobilisés, leur apport essentiel au travail industriel accélère leur reconnaissance sur le plan politique et la plupart des pays européens vont leur accorder le **droit de vote** comme l'avait fait, avant 1914, la Norvège et comme le réclamaient les suffragettes. La France est l'une des dernières à reconnaître ce droit en 1944.

Au moment où cesse le « bourrage de crâne », où toutes les censures tombent et où l'opinion publique prend conscience de l'ampleur du drame, **c'est le désarroi et l'incompréhension qui dominent** : comment la civilisation européenne a-t-elle pu enfanter une telle barbarie ? Comment le progrès technique célébré au XIXe siècle a-t-il pu être ainsi transformé en instrument de mort ? Les interrogations sur les conséquences du progrès ne sont certes pas nouvelles mais elles atteignent leur apogée après ce qui apparaît comme un **véritable suicide européen**. Le mouvement Dada puis le surréalisme dont André Breton rédige le manifeste en 1924 veulent rompre avec un système qui a produit un tel cataclysme. En Allemagne, Otto Dix et George Grosz, tous deux anciens combattants, expriment dans leurs peintures et leurs dessins au graphisme tourmenté leur haine du militarisme, de la guerre, de l'ordre établi. Mais la violence est loin de disparaître, elle devient au contraire le moyen de diffuser, d'imposer des idées dans le combat politique pour les révolutionnaires et surtout pour les mouvements totalitaires, fascistes et nazis, qui utilisent des groupes paramilitaires et dont l'idéologie exalte cette violence sinon la guerre elle-même.

B. LE BILAN ÉCONOMIQUE

1. Le déclin de l'Europe

Globalement, **la guerre a affaibli les économies européennes** et stimulé les économies des États-Unis, de certains pays d'Amérique latine, du Japon et des dominions britanniques. Aux États-Unis et au Japon, où les commandes de guerre ont suscité une forte croissance économique, l'arrêt de ces commandes s'accompagne d'une **crise de reconversion.** Dans les pays belligérants, il faut **reconvertir l'économie de guerre** en économie de paix, ce qui signifie la fin du dirigisme de l'État et le retour à des productions destinées à satisfaire les besoins des civils. Il faut aussi réinvestir pour relancer un potentiel très affaibli et reconstruire ce qui a été détruit. **La guerre a en effet coûté une large partie de la fortune nationale** des belligérants : 32 % en Grande-Bretagne, 30 % en France, 22 % en l'Allemagne et même 9 % aux États-Unis. **Les zones de combat,** essentiellement le nord-est de la France et le nord de l'Italie, **ont particulièrement souffert**. Toute la bande de territoire qui, en France, a été creusée par les tranchées et retournée par les bombardements est à reconstruire : il faut retracer les voies ferrées, les routes, les ponts, les chemins, les champs, reconstruire les villages (300 000 maisons détruites) et certaines villes (Reims). Les Allemands ont de plus inondé les mines et saboté les usines dans la zone qu'ils occupaient. C'est pourquoi les vainqueurs exigent de lourdes réparations de l'Allemagne rendue responsable du cataclysme et les répartissent en fonction des dégâts subis par chaque pays (52 % à la France, 22 % à la Grande-Bretagne, 10 % à l'Italie, 8 % à la Belgique…).

■ Bilan économique des principales puissances en 1919 (indice 100 en 1913)

	Production industrielle	PIB	Prix
Grande-Bretagne	**93**	97	254
France	**70**	78 en 1920	356
Allemagne	**59**	–	415
Russie	**23**	–	
États-Unis	**122**	111	206
Japon	**176**	141	236

J. Ch. Asselain, *Histoire économique du XXe siècle (1914-1919)*, Presses Sc. Po, 1995.

La guerre a transformé d'un autre côté les économies en accélérant **les gains de productivité** dans l'industrie. En France, le mouvement ouvrier qui avait résisté au chronométrage avant-guerre a dû céder pendant le conflit et Louis Renault annonce à ses ouvriers en 1918 : « Vous vous doutez que lorsque cette guerre sera finie, l'autre guerre, la guerre économique commencera… Dans cette guerre, vous serez les soldats de première ligne. » Les entraves au commerce international ont provoqué **un rattrapage dans les branches en retard** : en Grande-Bretagne, la chimie bénéficie de la confiscation des brevets et des installations allemandes sur le territoire britannique. Les grandes entreprises qui ont été les partenaires des gouvernements se sont renforcées et certaines utilisent les profits accumulés pour lancer de nouvelles activités comme Citroën dans l'automobile.

La guerre laisse donc des traces dans le monde du travail et dans l'économie : si **le rôle de l'État**, grand ordonnateur de l'économie de guerre, **s'estompe**, **il reste le souvenir de son efficacité** en cas de besoin, il reste également des séquelles financières et monétaires importantes qui posent de redoutables problèmes aux pouvoirs publics.

2. Les difficultés monétaires et financières de l'Europe

La guerre a été financée par les dons des particuliers, l'impôt, **l'inflation et l'endettement** auprès de la population (dette interne) et de pays étrangers, surtout les États-Unis (dette extérieure). **Les pays européens ont également rapatrié des capitaux** placés à l'étranger, ce qui affaiblit leur situation financière internationale.

Phénomène tout nouveau par rapport à l'avant-guerre, l'inflation se manifeste par une hausse des prix et une perte de pouvoir d'achat de la monnaie. Par exemple, en France de 1913 à 1919, l'encaisse or reste stable (les dons reçus compensent à peu près les dépenses en or) mais dès 1914, l'État a supprimé la convertibilité en or des billets, établi le cours forcé des billets et recouru massivement aux avances de la Banque centrale. La circulation fiduciaire a été multipliée par 6,2. Mais, au moment où la masse monétaire s'accroît fortement, les réquisitions, le rationnement et les pénuries diverses réduisent la quantité de biens sur le marché, ce qui entraîne en moyenne un triplement des prix par rapport à 1914. Or, **l'inflation ne cesse pas avec la guerre**. Il faut en effet financer des **charges nouvelles** comme le paiement des pensions aux anciens combattants invalides ainsi qu'aux veuves, orphelins et autres victimes de guerre et prendre en charge la reconstruction. Les dépenses de l'État continuent à dépasser ses recettes et **la création monétaire se poursuit.** À l'inflation, s'ajoute l'instabilité des taux de change. Dès lors qu'elles sont détachées de l'or, la fixité des monnaies disparaît et leur cours devient flottant. Si les cotations ont été suspendues pendant la guerre, l'ampleur de la dépréciation apparaît en 1919. Désormais cotés par rapport au dollar, seule grande monnaie restée stable et toujours convertible en or, **la livre sterling a perdu un tiers de sa valeur, le franc français la moitié et le mark allemand plus des trois quarts**. La fin de la guerre pose donc la question du retour à la convertibilité en or des monnaies européennes et de la reconstruction d'un système monétaire stable.

Les États doivent également **rembourser les dettes** qui ont permis de financer la guerre. Globalement, **la dette interne a été multipliée par près de 10**, de 26 à 225 milliards de dollars entre 1914 et 1920, mais son remboursement est facilité par l'inflation qui réduit la valeur des titres d'emprunt détenus par les résidents. Il n'en est pas de même des dettes extérieures. La Grande-Bretagne et la France ont emprunté respectivement environ 4 et 3 milliards de dollars aux **États-Unis qui ont prêté au total 9,5 milliards de dollars aux belligérants**, ce qui les place désormais en position de créanciers par rapport au reste du monde. Les **paiements internationaux**, dettes interalliées et réparations imposées à l'Allemagne, deviennent un des enjeux majeurs de l'après-guerre.

II. L'évolution de la hiérarchie mondiale

Face au déclin relatif de l'Europe, la rupture introduite par la création de l'URSS et l'affirmation des États-Unis sont les deux faits majeurs de l'après-guerre. S'ajoutent quelques développements de questions antérieures.

A. LE POIDS DE LA RÉVOLUTION D'OCTOBRE

1. Une fracture européenne et mondiale

« Immense cadeau fait à la révolution » selon Lénine, la guerre a précipité l'effondrement du tsarisme. La Révolution d'octobre 1917 est la plus grande conséquence pour le XXe siècle de la Première Guerre mondiale. Cet événement provoque des changements fondamentaux sur le plan économique et politique : c'est un affaiblissement de l'économie capitaliste confrontée à une perte de capitaux, puisque les bolcheviks refusent de reconnaître les dettes de l'ancien régime, et à une perte d'un marché. Les échanges se poursuivent avec l'URSS mais tous les flux commerciaux et financiers diminuent fortement et sont désormais étroitement contrôlés. L'Europe cesse d'être un espace de libre circulation pour les biens et les personnes et **le marché mondial qui se mettait en place depuis la fin du XIXe siècle est désormais fracturé**. La fracture est aussi de nature idéologique puisque **s'édifie un système socialiste alternatif au capitalisme libéral et désormais concurrent.**

2. La dynamique révolutionnaire

La Révolution russe encourage des mouvements de même nature en Europe centrale en 1918-1919, surtout en Allemagne. Avec la défaite, dès l'automne 1918, des conseils ouvriers à l'image des soviets russes se constituent dans les grandes régions industrielles, Ruhr, Saxe, Bavière et dans les grands ports. **L'insurrection déclenchée par le parti communiste allemand, créé en décembre 1918, est férocement réprimée** par le gouvernement socialiste de Ebert en janvier 1919 et ses responsables, Karl Liebknecht et Rosa Luxemburg, sont assassinés. Cette contestation cesse pratiquement au cours de l'année 1919. En **Hongrie**, un gouvernement qui prend le nom de Commune dirigé par Bela Kun et porté par une alliance de communistes et de socialistes développe, à partir de février 1919, des réformes de type soviétique dans un contexte très tendu de disette, de tensions aux frontières au moment où les Alliés négocient les modalités du démantèlement de l'Empire austro-hongrois. Mais cette **Commune qui ne contrôle en fait qu'une partie du pays est écrasée en août** par une opposition soutenue par des pays étrangers (Roumanie, alliée de la France). En mars 1919, Lénine crée la Troisième Internationale ou **Komintern** pour soutenir les mouvements révolutionnaires étrangers à partir de Moscou, la nouvelle capitale. En 1919, des marins français qui convoyaient par la mer Noire des troupes destinées à lutter contre l'Armée rouge se mutinent par solidarité. Les mouvements de grève dans les autres pays comme le Royaume-Uni, la France, les troubles qui secouent l'Italie sont considérés comme des manifestations du péril rouge et de la **volonté bolchevique d'exporter la révolution dans le monde entier.**

3. L'URSS : un pays fragile et isolé

Formation politique ultra-minoritaire qui ne recueille que 25 % des voix aux seules élections libres de janvier 1918, le parti bolchevik se heurte dès sa prise de pouvoir à une vive opposition et **dès 1918 la guerre civile éclate**. Face à une coalition qui va des nostalgiques de l'Empire aux socialistes modérés évincés du pouvoir, renforcée par des mouvements indépendantistes, finlandais, baltes, polonais, ukrainien et des contingents étrangers, anglais, français, Trotsky organise la résistance à la tête de l'Armée rouge créée en janvier 1918 et qui compte rapidement 5 millions d'hommes. Quant à Lénine, il n'hésite pas à signer une paix séparée avec l'Allemagne à Brest-Litovsk en mars 1918 et à instaurer une **véritable dictature**, le « **communisme de guerre** » : l'Assemblée constituante élue en janvier est aussitôt dissoute, le parti communiste devient parti unique, l'économie est entièrement étatisée en juin, les récoltes réquisitionnées par la force et le rationnement organisé par l'État (100 grammes de pain par jour pour les ouvriers, 25 grammes pour les anciens « exploiteurs »). Les « ennemis de classe » sont traqués par la police politique, la Tcheka, les soviets privés de toute réalité et le parti communiste porté en deux ans à près de 600 000 membres.

Si les mouvements révolutionnaires échouent hors de Russie, **les bolcheviks réussissent à stabiliser leur pouvoir et à sauver la Révolution dès la fin de 1920**. Mais la situation est catastrophique sur le plan économique et politique. Le pays connaît sa **première grande famine** (la récolte de céréales représente la moitié de celles d'avant-guerre), des grèves éclatent pour obtenir une amélioration des conditions de vie et plus de démocratie. **Les révoltes sont durement réprimées** comme celle des marins de Kronstadt qui exigeaient la liberté d'expression, le droit de vote et un meilleur ravitaillement (février-mars 1921). Mais sur le plan économique, le régime est contraint de faire preuve d'un certain réalisme en assouplissant toutes les mesures contraignantes et en définissant au printemps

1921 une **nouvelle politique économique, la NEP**. En 1922, une structure fédérale est créée, **la Russie devient l'URSS** : Union des républiques socialistes soviétiques, au nombre de quatre à ce moment.
Face à ces menaces révolutionnaires, l'attitude des pays européens a évolué au cours de ces quelques années : ils soutiennent activement la résistance des contre-révolutionnaires en Russie et, après leur échec, ils établissent un « **cordon sanitaire** » en Europe centrale pour isoler la Russie soviétique. Mais **dès 1921, ils se résignent à accepter une coexistence** et à rétablir des relations diplomatiques avec Moscou : en 1922, le traité de Rapallo signé entre l'Allemagne et la Russie marque la fin de l'isolement diplomatique de ces deux pays, puis, en 1924, la France, le Royaume-Uni et l'Italie reconnaissent l'URSS.

B. LA PRÉPONDÉRANCE DES ÉTATS-UNIS

1. Un poids économique renforcé

La guerre a été l'occasion d'une **accélération de la puissance économique des États-Unis** qui disposent à la fin du conflit d'une position hégémonique. Leur territoire est resté intact, leurs pertes humaines modérées (face aux 600 000 morts de la guerre de Sécession) et toutes leurs productions ont augmenté comme leurs parts de marché. En quatre ans, la production nationale a augmenté de 20 %, la production agricole, de charbon, de pétrole, d'acier de 30 %, la production de fer de 50 % et l'excédent commercial est passé de 400 millions à 4 milliards de dollars. Ils ont comblé des retards, leur flotte marchande dépasse la flotte britannique et ils dominent désormais le marché du cinéma devant la France. L'arrêt des commandes européennes provoque cependant une crise de reconversion, brève mais violente, en 1920-1921, qui entraîne l'adoption de mesures destinées à **abriter le marché national** de la concurrence étrangère sur le plan du commerce (hausse des taxes douanières à 38 % en moyenne en 1922) et de l'emploi (en 1921 et 1924, des lois limitent sévèrement l'immigration). Le marché américain est **moins ouvert qu'avant la guerre**.

2. Une suprématie monétaire et financière

Mais surtout, **les États-Unis sont devenus les créanciers du monde**. En 1913, les flux de capitaux exportés dépassaient déjà les flux entrant sur le territoire américain, mais en termes de stock, ils étaient débiteurs à l'égard du monde. En 1919, grâce à l'affaiblissement financier de l'Europe et aux prêts consentis, leur situation financière s'est inversée et **leurs créances nettes sur le monde sont évaluées à 6 milliards de dollars**. Les États-Unis disposent de plus d'une balance commerciale et d'une balance des paiements excédentaires. Pour financer le rétablissement de leurs économies, les pays européens vont devoir à nouveau leur emprunter des capitaux, ce qui est à l'origine d'une dépendance et de **déséquilibres financiers importants dans les années 1920**. Cette suprématie financière s'appuie sur une monnaie devenue forte sur le plan international, puisque les États-Unis disposent à la fin du conflit de la moitié du stock d'or mondial. De nombreux capitaux sont néanmoins restés à Londres et la City conserve un rôle important mais menacé désormais par la concurrence entre la livre et le dollar, entre Londres et New York. Le nouveau système monétaire (appelé **système de l'étalon de change or**) défini lors de la conférence de Gênes en 1922 prend en compte cette évolution. Les **Banques centrales pourront désormais détenir dans leur encaisse de l'or et des monnaies convertibles en or**. Cet élargissement de l'encaisse est destiné à permettre l'émission d'une masse monétaire accrue. Mais il confirme dans l'immédiat le rôle du dollar, seule monnaie convertible en métal précieux, et l'affaiblissement de la livre sterling inconvertible depuis 1914 et flottante. La conférence de Gênes va pousser l'Angleterre à s'engager dans une politique de rigueur pour revaloriser sa monnaie, lui redonner sa parité d'avant-guerre et pouvoir rivaliser avec le dollar.

C. DE NOUVELLES QUESTIONS

1. Le génocide arménien

En 1915, au moment où la défaite de l'Empire ottoman et sa dislocation s'esquissent, le gouvernement « Jeune Turc » a ordonné la déportation et le massacre systématique de la population arménienne. C'est la reprise avec une ampleur toute nouvelle des premiers massacres commis en 1894-1896 contre une population arménienne considérée comme allogène et qui a le tort de souhaiter la victoire des Alliés alors que la Turquie s'est alliée à l'Allemagne. Sur 2,1 millions d'Arméniens présents dans l'Empire ottoman en 1914, entre 1 et 1,5 million disparaissent. À la fin de la guerre, l'Arménie orientale accède à une brève indépendance (mai 1918-décembre 1920) avant d'être intégrée à la Russie soviétique. Ce massacre massif sera considéré comme **le premier génocide du XXe siècle**.

2. La déclaration Balfour

En 1917, le secrétaire britannique aux Affaires étrangères James Balfour déclare envisager « favorablement l'établissement en Palestine d'**un foyer national pour le peuple juif** [...] étant entendu que rien ne sera fait qui puisse porter atteinte aux droits civils et religieux des communautés non juives de Palestine ». Ce texte très ambigu qui ménage les deux parties est guidé par l'opportunisme : il est rendu public au moment où les troupes britanniques approchent de Jérusalem et où les autorités britanniques encouragent les tribus arabes à se rebeller contre l'Empire ottoman mais aussi au moment où Londres attend avec impatience l'entrée en guerre des États-Unis et veut obtenir l'appui de l'influente communauté juive américaine. À la fin de la guerre, l'État que les Juifs attendaient n'est pas créé mais la Palestine est placée sous mandat britannique, ce qui aux yeux des Arabes ne peut que favoriser les implantations juives. **Juifs et Arabes sont déçus** et inquiets et **les affrontements vont progressivement commencer**.

3. La partition de l'Irlande

Les tensions accumulées entre l'Irlande et la Grande-Bretagne depuis le milieu du XIXe siècle provoquent un tournant au lendemain de la Grande Guerre. Après l'échec de l'insurrection déclenchée au printemps 1916, les indépendantistes reprennent dès 1919 le combat contre Londres qui aboutit en 1921 à la partition de l'île. **L'Irlande du Nord à majorité protestante reste intégrée au Royaume-Uni**. **La partie à majorité catholique forme l'État libre d'Irlande ou Eire** dont l'indépendance est reconnue par les Anglais et qui reçoit le statut de dominion. Bien que le Parlement irlandais ait accepté ce statut en 1922 et malgré l'intégration de l'Eire dans la Société des Nations, les protestants unionistes ne se résignent pas à la partition et les tensions entre les deux communautés ne cessent pas.

DÉFINITION

Génocide : notion forgée à la fin de la Seconde Guerre mondiale pour désigner la volonté programmée de détruire une population en tant que telle.

4. L'ébranlement de la colonisation

La guerre modifie profondément les rapports entre les grandes puissances européennes et leurs dépendances coloniales. Les métropoles qui ont largement bénéficié de l'apport des empires coloniaux, en matières premières, en travailleurs et en combattants ont contracté une dette à leur égard. **Le président américain Wilson** affirme dans ses « quatorze points » le droit des peuples à disposer d'eux-mêmes et **réclame « un arrangement librement débattu**, dans un esprit large et absolument impartial, **de toutes les revendications coloniales** ». La Russie soviétique affiche ouvertement son soutien à l'émancipation des peuples colonisés. En **mars 1919, l'Internationale communiste appelle « les esclaves coloniaux d'Afrique et d'Asie » à lutter pour leur libération**. En juillet 1920, la huitième des 21 conditions d'adhésion des partis à l'Internationale communiste définies par le deuxième congrès du Komintern affirme : « Tout parti appartenant à la IIIe Internationale a pour devoir de soutenir, non en paroles mais en fait, tout mouvement d'émancipation dans les colonies… » Le conflit a aussi fortement affaibli le prestige des Européens et les scènes d'horreur vécues par les soldats coloniaux remettent totalement en cause la « mission civilisatrice » que l'Europe prétendait apporter.

En Inde, **la revendication de** *self-government* est formulée dès 1920 par le parti du Congrès sous l'influence de Gandhi. En Indochine, le parti communiste réclame un statut comparable à celui des dominions britanniques. Au Maroc, les tribus du Rif menées par Abd-el-Krim se soulèvent en 1925. Partout où l'Europe est présente, la guerre marque la naissance des mouvements nationalistes. Comme l'avait pressenti l'économiste Paul Leroy-Beaulieu, **la colonisation entre désormais dans son âge critique.**

III. La difficile construction de la paix

A. LES PROPOSITIONS DU PRÉSIDENT WILSON

1. Les « quatorze points »

Dès janvier 1918, le président démocrate **Woodrow Wilson** fixe les grands principes de son « **programme de la paix du monde** » dans un **message en quatorze points** adressé au Sénat des États-Unis. Il propose que la diplomatie renonce aux accords secrets, que la liberté de circulation sur les mers soit toujours assurée, que les taxes douanières soient supprimées, que les pays procèdent à un large désarmement et qu'un arrangement global soit trouvé sur les revendications coloniales. Il se prononce pour le règlement de tous les contentieux concernant les territoires (évacuation des troupes présentes en Russie, restauration de la Belgique, retour de l'Alsace-Lorraine à la France…). Il affirme que la paix suppose le respect du principe des nationalités (en Autriche-Hongrie, Pologne, Roumanie, Serbie et Monténégro et dans les territoires de l'Empire ottoman). Il souhaite enfin la création d'une « association générale des nations pour garantir l'intégrité territoriale et l'indépendance politique de tous les États grands ou petits ». En juillet, Wilson ajoute qu'aucune question de territoire ou de souveraineté ne pourra être traitée sans le consentement des populations concernées. C'est sur ces bases que le gouvernement allemand demande l'armistice dans la nuit du 3 au 4 octobre 1918 et qu'après l'armistice, les négociations commencent pour définir les conditions de la paix.

ZOOM ▶ Les « quatorze points » de Wilson

1. Des conventions de paix, préparées au grand jour ; après quoi il n'y aura plus d'ententes particulières et secrètes ; [...] la diplomatie procédera toujours franchement et en vue de tous.

2. Liberté absolue de la navigation sur mer, en dehors des eaux territoriales, aussi bien en temps de paix qu'en temps de guerre [...].

3. Suppression de toutes les barrières économiques et établissement de conditions commerciales égales pour toutes les nations [...].

4. Échange de garanties suffisantes que les armements seront réduits au minimum compatible avec la sécurité intérieure.

5. Un arrangement librement débattu de toutes les revendications coloniales, basé sur la stricte observation du principe que, dans le règlement de ces questions de souveraineté, les intérêts des populations en jeu pèseront d'un même poids que les revendications équitables du gouvernement.

6. Évacuation du territoire russe tout entier et règlement de toutes questions concernant la Russie [...] en vue de donner à la Russie toute latitude de décider, en pleine indépendance, de son développement politique et de son organisation nationale [...].

7. Il faut que la Belgique soit évacuée et restaurée [...].

8. Le territoire français tout entier devra être libéré et les régions envahies devront être restaurées ; le préjudice causé à la France par la Prusse en 1871, en ce qui concerne l'Alsace-Lorraine [...] devra être réparé [...].

9. Une rectification des frontières italiennes devra être opérée, conformément aux données clairement perceptibles du principe des nationalités.

10. Aux peuples de l'Autriche-Hongrie [...] devra être accordée au plus tôt la possibilité d'un développement autonome.

11. La Roumanie, la Serbie et le Monténégro devront être évacués ; à la Serbie devra être accordé un libre accès à la mer [...].

12. Aux régions turques de l'Empire ottoman actuel devront être garanties la souveraineté et la sécurité ; mais aux autres nations qui sont maintenant sous la domination turque, on devra accorder une sécurité absolue d'existence [...]. Les Dardanelles devront rester ouvertes comme un passage libre pour les navires et le commerce de toutes les nations.

13. Un État polonais devra être constitué, qui comprendra les territoires habités par des populations indiscutablement polonaises auxquelles on devra accorder un libre accès à la mer [...].

14. Il faut qu'une association générale des nations soit constituée [...] ayant pour objet d'offrir des garanties mutuelles d'indépendance politique et d'intégralité territoriale aux petites comme aux grands États.

Message au Congrès, janvier 1918.

2. Le contexte des négociations

Les négociations se déroulent dans un état d'esprit tout autre que celui proposé par Wilson. **La conférence sur la paix s'ouvre en janvier 1919 à Paris** réunissant les pays vainqueurs, à l'exclusion des vaincus qui ne sont conviés que pour signer le texte définitif, alors que le congrès de Vienne, qui a remodelé la carte d'Europe en 1815 après la défaite napoléonienne, avait réuni tous les États européens concernés, y compris la France.

Les négociations se déroulent dans un contexte difficile, dominé par les difficultés économiques, la poursuite de l'inflation, les grèves et les poussées révolutionnaires et font **apparaître les divergences d'intérêt entre les vainqueurs**, en particulier au sein du « conseil des Quatre », Woodrow Wilson, Georges Clemenceau, Lloyd George et Vittorio Orlando, qui vont prendre l'essentiel des décisions. Hostile à l'idéalisme wilsonien, Clemenceau veut briser définitivement la menace allemande et démanteler l'Empire austro-hongrois. Lloyd George est surtout soucieux de maintenir un équilibre sur le continent et veut donc limiter les prétentions de la France devenue la première puissance militaire européenne. Il souhaite également profiter de la défaite de l'Empire ottoman pour établir une hégémonie britannique sur le Proche-Orient. Orlando veut obtenir les territoires promis à l'Italie lors de son entrée en guerre. **Il n'y a donc pas de réelle solidarité entre les Alliés**. Le premier traité signé à Versailles, le 28 juin 1919, règle le sort de l'Allemagne. Les traités de Saint-

Germain-en-Laye et de Trianon démantèlent l'Empire austro-hongrois. Le traité de Sèvres fait subir le même sort à l'Empire ottoman.

B. LES DÉCISIONS PRISES

1. La nouvelle carte de l'Europe et du Proche-Orient

L'Allemagne après le traité de Versailles

L'Allemagne est à la fois affaiblie et humiliée : amputée de 90 000 km², elle rétrocède l'Alsace-Lorraine à la France, des territoires frontaliers à la Belgique et au Danemark et une partie de la Silésie à la Pologne. La Sarre est placée sous tutelle de la SDN avant de pouvoir décider par plébiscite dans un délai de 15 ans de son rattachement à l'Allemagne ou à la France. La rive gauche du Rhin est démilitarisée et occupée par les Alliés, la capacité militaire du pays est sévèrement réduite, ses colonies passent sous la tutelle des vainqueurs (le Cameroun et le Togo reviennent à la France), sa flotte, ses avoirs à l'étranger et ses brevets sont confisqués. Le plus inacceptable pour l'Allemagne est l'article 231 du traité qui affirme que « **l'Allemagne et ses alliés sont responsables, pour les avoir causés, de toutes les pertes, de tous les dommages** subis par les gouvernements alliés et associés et leurs nationaux… ». En conséquence, l'article 232 affirme que les responsables **doivent « réparer tous les dommages causés…** » et l'article 233 confie à la Commission des réparations le soin de fixer le montant dû aux vainqueurs.

■ **L'Europe et le Proche-Orient au lendemain de la Première Guerre mondiale**

Les autres traités confirment la disparition des Empires austro-hongrois et ottoman et la reconnaissance **de nouveaux États**. L'Autriche est limitée à 6 millions d'habitants, la Hongrie subit le même sort mais, sur les décombres de l'Empire, la Pologne est reconstituée, la Tchécoslovaquie et la Yougoslavie sont créées. Le traité de Sèvres qui émiette l'Empire ottoman crée une Arménie et un Kurdistan indépendants et place sous mandat français le Liban et la Syrie et sous mandat britannique la Palestine et l'Irak.

2. La création de la SDN

Un acte joint au traité de Versailles crée la **Société des Nations** dont l'objectif majeur est de « respecter et maintenir contre toute agression extérieure l'intégrité territoriale et l'indépendance politique présente de tous les membres de la Société » (article 10) et d'organiser le désarmement. **Organisme de sécurité collective** chargé de faire respecter le droit international et d'imposer des procédures d'arbitrage, la SDN ne peut cependant que recourir à des sanctions économiques et financières contre un État contrevenant et ne peut prendre des résolutions exécutoires qu'à l'unanimité. Le fonctionnement de la SDN, qui siège à Genève, repose sur une Assemblée générale composée des États membres (48 en 1920, 59 en 1934) qui se réunit chaque année en septembre et décide à l'unanimité, ainsi que d'un Conseil composé de membres permanents (aux cinq premiers désignés, Royaume-Uni, France, Italie, Japon et États-Unis, s'ajoutent l'Allemagne en 1926 et l'URSS en 1934) et de membres non permanents (quatre au début, jusqu'à onze en 1936). S'ajoutent un Secrétariat permanent, une Cour internationale de justice à La Haye et des organismes comme l'Organisation internationale du travail (OIT), l'Office international pour les réfugiés, la Commission chargée des mandats et d'autres organes spécialisés pour lutter contre le protectionnisme, l'esclavage, la drogue et faire prévaloir « l'harmonie des intérêts et des droits »…

C. LA PAIX EST-ELLE POSSIBLE ?

1. Des traités controversés

ZOOM ▶ La SDN et la sécurité collective (extraits du pacte, article 16)

Si un membre de la Société recourt à la guerre, contrairement aux engagements prix aux articles 12, 13 ou 15, il est *ipso facto* considéré comme ayant commis un acte de guerre contre tous les autres membres de la Société. Ceux-ci s'engagent à rompre immédiatement avec lui toutes relations commerciales ou financières, à interdire tous rapports entre leurs nationaux et ceux de l'État en rupture de pacte et à faire cesser toutes communications financières, commerciales ou personnelles entre les nationaux de cet État et ceux de tout autre État, membre ou non de la Société.
En ce cas, le Conseil a le devoir de recommander aux divers gouvernements intéressés les effectifs militaires, navals ou aériens par lesquels les membres de la Société contribueront respectivement aux formes armées destinées à faire respecter les engagements de la Société.
Les membres de la Société conviennent, en outre, de se prêter l'un à l'autre un mutuel appui dans l'application des mesures économiques et financières à prendre en vertu du présent article pour réduire au minimum les pertes et les inconvénients qui peuvent en résulter. Ils se prêtent également un mutuel appui pour résister à toute mesure spéciale dirigée contre l'un d'eux par l'État en rupture de pacte. Ils prennent les dispositions nécessaires pour faciliter le passage à travers leur territoire des forces de tout membre de la Société qui participe à une action commune pour faire respecter les engagements de la Société.
Peut être exclu de la Société tout membre qui s'est rendu coupable de la violation d'un des engagements résultant du Pacte. L'exclusion est prononcée par le vote de tous les autres membres de la Société représentée au Conseil.

Selon Raymond Aron, « le traité de Versailles est, beaucoup plus que ses critiques ne l'ont admis, la conséquence logique de la guerre, considérée à la fois dans ses origines et dans la signification idéologique qu'elle a progressivement acquise au cours des hostilités ». **Les traités expriment l'incapacité des États à organiser la paix**, c'est-à-dire à créer une situation acceptable par tous et durable. Non seulement ils ne règlent pas les problèmes qui ont mené à la guerre mais ils les aggravent et multiplient les sources de contentieux parce que le drame immense qu'a représenté cette guerre a radicalisé les positions. **La nouvelle carte des États** prétend représenter un progrès de la démocratie et du respect du droit des peuples à disposer d'eux-mêmes, mais elle **est loin de correspondre à la carte des nationalités et nombre de minorités s'estiment lésées.** La Tchécoslovaquie inclut 3 millions d'Allemands dans les Sudètes et 700 000 Hongrois. La Yougoslavie incorpore des minorités slaves diverses, Slovènes, Croates, Serbes, Dalmates. **La Prusse orientale est séparée du territoire allemand par le couloir de Dantzig** destiné à donner à la Pologne un accès à la mer et le rattachement de l'Autriche à l'Allemagne (*Anschluss*) est interdit.

La **déception de l'Italie** qui ne reçoit pas tous les territoires convoités alimente aussitôt une vive propagande nationaliste dont se nourrit le fascisme (Mussolini accède au pouvoir en 1922). **La réaction nationaliste est aussi très forte en Allemagne,** qui dénonce le diktat » de Versailles et se sent humiliée sans que soient brisées son unité ni sa capacité de puissance.

Dès 1919, J. M. Keynes critique vivement l'attitude des Alliés dans un ouvrage, *Les Conséquences économiques de la paix,* où il dénonce les conditions imposées à l'Allemagne par le traité de Versailles qui, en la ruinant, vont ébranler et fragiliser la paix. Il oppose sans être entendu à la volonté de revanche des vainqueurs **l'existence d'un intérêt commun aux grands pays européens** par-delà leurs divergences et leurs antagonismes.

2. Les limites de la SDN

La Turquie selon les traités de Sèvres et de Lausanne

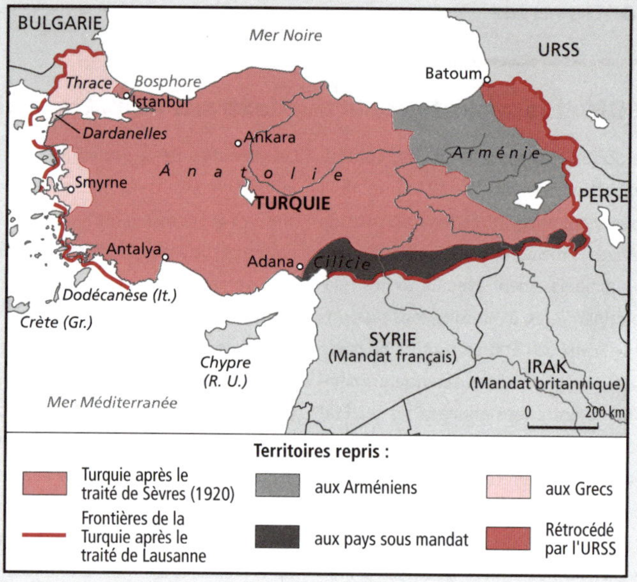

Face à ces contestations, **la SDN est un organisme faible**. « Parlement sans épée », elle ne possède aucun moyen réel de faire respecter ses décisions puisque la proposition française d'une force militaire internationale a été rejetée par les États-Unis. Mais surtout, elle souffre de **la non-ratification du traité de Versailles et ainsi du pacte créant la SDN par le Congrès américain** (mars 1920). Les républicains devenus majoritaires craignent d'avoir à intervenir dans un conflit en Europe où les intérêts des États-Unis ne seraient pas directement en jeu. En 1920, le président républicain Harding déclare : « J'ai en notre Amérique une confiance qui rend inutile la réunion d'un conseil des puissances étrangères pour indiquer où se trouve notre devoir. Appelez cela, si vous le voulez, de l'égoïsme nationaliste, mais moi je pense que c'est une inspiration de la ferveur patriotique. Sauvegarder l'Amérique d'abord !... Penser à l'Amérique d'abord ! » En quittant cet organisme de sécurité collective, les États-Unis l'affaiblissent considérablement et laissent les pays européens face à face. Dès le début des années 1920, la SDN assiste impuissante à une remise en cause des traités par la force. La Pologne entre en guerre contre la Russie soviétique et impose par les armes en 1921 une progression de 200 km de sa frontière orientale. C'est aussi par les

armes que le mouvement nationaliste turc dirigé par Mustapha Kemal obtient une révision du traité de Sèvres. En 1923, **le traité de Lausanne supprime toute référence à l'indépendance arménienne ou kurde** et impose un transfert de population entre Grecs de Turquie et Turcs de Grèce. **Pour les États vaincus, la SDN n'est qu'un syndicat au service des vainqueurs** pour maintenir une paix dont ils ont dicté les conditions.
Au total, le monde nouveau est dominé par des incertitudes. La stabilité économique et monétaire d'avant-guerre n'est pas retrouvée. La situation politique reste dominée par des antagonismes antérieurs à 1914 et renforcés par la guerre et le contenu des traités, notamment l'antagonisme franco-allemand. Celle qui devait être la « der des der » sème les germes d'une nouvelle guerre. Dès 1919, Keynes écrivait : « J'ose prédire que la revanche allemande sera terrible. »

10 LES DÉSÉQUILIBRES DES ANNÉES 1920

« Années folles » pour les Français, *Roaring twenties* pour les Américains, période de stagnation pour l'Angleterre, de convulsions politiques et monétaires pour l'Allemagne, les années 1920 offrent un visage tout en contrastes. Les États-Unis profitent des bienfaits de la prospérité et croient entrer dans un nouvel âge d'or fondé sur la production et la consommation de masse. Mais les déséquilibres nés de la guerre restent profonds. À l'inflation qui atteint des sommets en Europe centrale et en Allemagne s'ajoutent l'instabilité des taux de change, les désordres monétaires et l'extrême fragilité de nombreux pays. La croissance ne profite pas à tous les secteurs et ne concerne qu'un nombre très réduit de pays. Le ralentissement du commerce international, la désorganisation des mouvements de capitaux, l'insuffisance de la demande, les excès du crédit et le déchaînement de la spéculation aggravent les risques et préparent l'effondrement brutal de 1929.

CHRONOLOGIE

1920-1921 : Crise économique aux États-Unis, en Angleterre et au Japon

1921 : Fixation du montant des réparations allemandes. Première loi américaine des quotas

1922 : Relèvement des tarifs douaniers américains. Conférence de Gênes : création du *Gold Exchange Standard*

1923 : Hyperinflation allemande. Démonétisation du mark

1924 : Deuxième loi des quotas. Le plan Dawes réduit les réparations allemandes

1925 : Début du boom spéculatif à la Bourse de New York

1926 : Dépréciation brutale du franc. Formation du ministère Poincaré

1927 : Début de la fuite des capitaux d'Angleterre. Fin de la fabrication de la Ford T vendue à 18 millions d'exemplaires

1928 : Stabilisation officielle du franc. Création du Cartel international du pétrole

1929 : Adoption du plan Young. Début du krach à Wall Street

I. Une mondialisation en crise

Les années 1920 sont marquées par la remise en cause du processus de mondialisation qui s'est développé entre 1870 et 1914. Le commerce international ne progresse plus qu'au ralenti. Les échanges se heurtent à des douanes renforcées et au manque de moyens de paiement de nombreux partenaires. L'Europe appauvrie cesse d'investir à travers le monde, les marchés financiers sont déstabilisés par des déplacements massifs de capitaux flottants et le système monétaire inventé en 1922 se révèle fragile et même dangereux. Enfin les migrations sont fortement réduites et les grands pays d'accueil tendent à se fermer.

A. L'ATONIE DU COMMERCE INTERNATIONAL

1. La montée du protectionnisme

En 1920-1921, l'économie américaine subit un violent coup de frein qui fait reculer la production de 15 % et les prix de plus de 30 %. Bien qu'elle soit due à la brutale politique de retour à l'équilibre budgétaire et de relèvement des taux d'intérêt destinée à purger l'inflation plus qu'à l'arrêt des commandes extérieures, **la crise économique de 1921 réactive les réflexes protectionnistes** ancrés dans la mentalité américaine : les droits de douane sont relevés dans l'urgence en 1921 et portés à 38 % en 1922 par le vote du tarif Mac Cumber. Un dispositif permet même au président de relever ces tarifs de 50 % si des produits étrangers menacent un secteur américain. Cette fermeture du premier marché mondial gêne les pays européens qui ont besoin de vendre aux États-Unis pour acquérir les devises nécessaires au remboursement de leur dette. Venant du pays le plus riche et le plus puissant du monde, celui que Jaurès appelait déjà le « soleil capitaliste », elle **encourage un recours généralisé au protectionnisme**. De fait, les pays neufs qui ont accéléré leur industrialisation pendant la guerre – Canada, Japon, Australie, Argentine – maintiennent des droits de douane élevés pour se protéger de la concurrence et le protectionnisme concerne aussi l'Europe. En Italie, la moyenne des droits est de 17 % et, dès 1925, Mussolini lance la « bataille du blé » qui amorce une politique d'autosuffisance. La France maintient une protection douanière moyenne de 12 %, comparable à celle de l'Allemagne. Champion du libre-échange depuis 1846, le Royaume-Uni met en place des protections sur certains produits étrangers comme les automobiles ou les produits de luxe en 1921 mais, au cours de la décennie, la moyenne des droits anglais ne dépasse pas 4 %.

Ce protectionnisme généralisé nourrit un **ralentissement du commerce mondial**. Tout au long du XIXe siècle et en particulier de 1870 jusqu'à la guerre, les échanges internationaux ont progressé plus vite que la production et ont été un moteur de croissance, en particulier pour les pays européens. Au cours des années 1920 au contraire, **ces échanges progressent moins vite que la production**. Le volume échangé n'augmente que de 2,2 % en moyenne par an et même 1,6 % pour les produits manufacturés. **Le processus de mondialisation est donc stoppé** et la fermeture des économies s'amorce dès les années 1920.

2. Le déclin relatif de l'Europe

Entre 1914 et 1929, **la part des pays européens dans les exportations de produits manufacturés recule de 81 à 67 %** au profit du Japon, du Canada, de l'Australie et surtout des États-Unis qui fournissent, en 1929, 20 % des exportations de produits manufacturés, tout en restant les premiers exportateurs de matières premières et de produits agricoles. Le tassement des exportations européennes n'est cependant pas uniforme. L'Allemagne, la France, l'Italie bénéficient pendant au moins une partie de la décennie de l'affaiblissement de leur monnaie et conservent des secteurs d'excellence, respectivement la machine-outil, l'automobile et le textile habillement. L'Angleterre, au contraire, souffre de sa monnaie trop forte et de sa spécialisation sur des marchés peu dynamiques comme la construction navale ou très concurrencés comme l'industrie textile.

L'Europe souffre aussi de l'évolution du marché énergétique. Riche en charbon, elle est en revanche dépourvue de pétrole dont les besoins croissent avec l'essor de l'automobile et de l'aviation. **Elle se heurte enfin à la forte diminution du commerce intra-européen.** Celui-ci est affecté par la multiplication des frontières en Europe centrale, par la chute des échanges avec la Russie soviétique, par le cloisonnement douanier et par les évolutions monétaires contrastées qui perturbent les courants traditionnels.

Pionnier de l'idée européenne, Coudenhove-Kalergi appelle dans son manifeste *Paneurope*, publié en 1922, les pays européens à s'entendre pour éviter cet émiettement et cherche à recruter des hommes d'influence pour faire avancer l'idée d'un rapprochement économique européen, gage de paix. En 1929, le ministre des Affaires étrangères de la France, Aristide Briand, fait écho aux propositions des « européistes ». **À la tribune de la SDN, il se**

prononce en faveur d'une fédération européenne. Mais le mémorandum qu'il présente aux 27 États membres de la SDN en mai 1930 est victime de la conjoncture : après le krach de Wall Street, chaque pays tend à se replier sur ses propres intérêts.

■ Le déclin commercial de l'Europe

L'évolution du marché des biens primaires (en %)

	Part de chaque pays ou zone			
	1913		1928	
	Export	Import	Export	Import
Europe	69,1	74,4	35,3	64,6
dont Royaume-Uni	6,2	19,0	4,8	19,9
États-Unis et Canada	17,3	11,3	20,0	16,7
Reste du monde	36,6	14,3	44,7	18,7

L'évolution du marché des biens manufacturés (en %)

	Part de chaque pays ou zone			
	1913		1928	
	Export	Import	Export	Import
Europe	81,5	48,0	67,3	42,3
dont Royaume-Uni	25,3	8,2	21,8	9,1
États-Unis et Canada	10,6	12,1	19,2	12,8
Reste du monde	7,9	39,9	13,5	44,9

Source : M. Dehove, J. Mathis, *Le Commerce international*, Dunod, Paris, 1987.

3. La baisse des cours des produits de base

Le commerce mondial des années 1920 est aussi affaibli par la **forte détérioration des termes de l'échange qui affecte les producteurs et exportateurs de matières premières**. La baisse des prix est particulièrement prononcée pour les produits agricoles, blé, sucre, café mais aussi coton ou soie. Les commandes de guerre ont en effet induit un essor de la production hors d'Europe. Le retour de la paix et la reprise des productions européennes suscitent une surproduction : **les prix baissent fortement en 1921 et se dégradent de nouveau à partir de 1925**. Les prix du blé reculent de 50 % et ceux du maïs d'un tiers. La chute est encore plus forte sur le marché du sucre où s'affrontent les producteurs de canne et les producteurs européens de betterave sucrière. Premier producteur mondial de café, le Brésil doit engager dès 1924 une coûteuse politique de stockage pour freiner la chute des cours. Le climat de détente qui s'installe à partir de 1924 pousse aussi à la baisse le cours des minerais et notamment les produits stratégiques comme le cuivre ou le nickel. L'excès de l'offre pousse les producteurs d'acier à créer en 1926 un cartel international pour amortir la baisse. Le seul marché dynamique et rémunérateur de l'époque est celui du pétrole.

Dans les pays développés, cette « crise des ciseaux » crée des poches de pauvreté et de sous-consommation, comme aux États-Unis où le monde paysan est largement exclu de la *Prosperity*. **Elle affecte surtout le commerce international où la majorité des partenaires sont des exportateurs de produits de base.** La réduction de leurs recettes d'exportation ne leur laisse que le choix de s'endetter ou de réduire leurs achats. **La croissance économique se heurte donc à une demande mondiale insuffisante.**

■ **La baisse des cours des produits bruts**

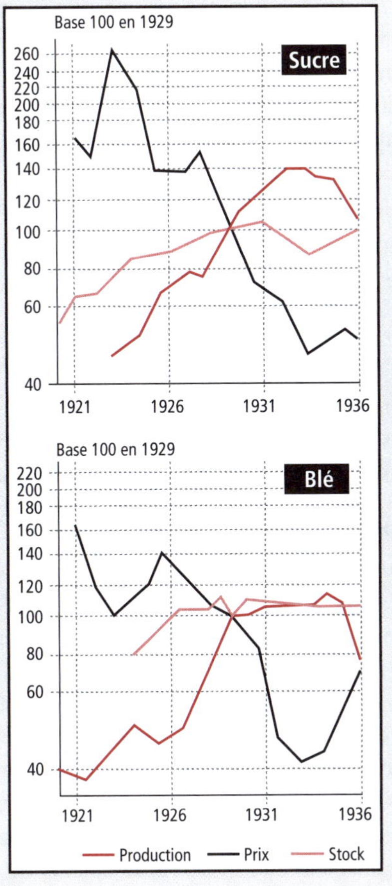

B. LA DÉSORGANISATION DES MOUVEMENTS DE CAPITAUX

1. La chute des investissements à l'étranger

La guerre a détruit l'ordre financier international qui faisait de l'Europe occidentale riche la plaque tournante du recyclage des capitaux. **Elle tarit les flux financiers venus d'Europe** qui ont été avant 1914 un agent essentiel de mondialisation. Une partie de ces capitaux exportés disparaît avec le conflit : les créances françaises sur la Russie sont rendues caduques par la révolution bolchevique, les avoirs allemands sont confisqués par les vainqueurs et l'Angleterre a aliéné une partie de ses capitaux pour financer son effort militaire. Appauvris, les pays belligérants doivent aussi rembourser les emprunts faits aux États-Unis. **Seules les firmes américaines poursuivent des investissements extérieurs**, vers des zones pétrolifères en Amérique latine ou au Moyen-Orient ou vers l'Europe centrale et notamment l'Allemagne (General Motors rachète Opel en 1927 et Ford ouvre sa première usine allemande en… 1930). Au total, les entreprises américaines investissent 10 milliards de dollars dont un tiers en Europe au cours de la décennie. Les banques américaines multiplient aussi les prêts en Europe centrale ou en Amérique latine mais il s'agit pour l'essentiel de prêts à très court terme. Le gouvernement américain a également favorisé le lancement d'emprunts internationaux, en particulier pour aider l'Allemagne à payer les réparations. Mais **les États-Unis sont très loin de fournir un volume de capitaux à long terme comparable aux flux européens d'avant 1914**.

2. L'ampleur des mouvements spéculatifs

Les années 1920 sont marquées par des mouvements erratiques de capitaux spéculatifs. Ces capitaux à la recherche d'un gain immédiat ou d'un pays refuge se révèlent extrêmement volatils et l'ampleur des sommes en jeu pose de redoutables problèmes aux pays européens, les plus concernés par la spéculation. Souvent amplifiés par des campagnes de presse, **ces déplacements** peuvent déboucher sur des paniques collectives et **pèsent lourdement sur les évolutions politiques**. Ainsi, la fuite des capitaux d'Allemagne jusqu'en 1924 affaiblit gravement la République de Weimar. La fuite des capitaux de France en 1925-1926 discrédite le Cartel des gauches et leur retour massif sert de plébiscite à la droite. **Les conséquences économiques sont également considérables.** La dépréciation du mark au lendemain de la guerre dope les exportations, créant une concurrence déloyale qui affaiblit l'Angleterre et favorise une reprise rapide de l'économie qui exaspère les Français. Inversement, pour attirer les capitaux flottants avant la revalorisation de 1925 et pour tenter de les retenir ensuite, l'Angleterre maintient des taux d'intérêt élevés qui paralysent l'investissement. Enfin, **en amplifiant les variations de taux de change, les capitaux flottants accentuent le sentiment d'instabilité** et le désarroi des populations.

3. Les dangers du système monétaire

En 1922, tous les pays européens ainsi que l'URSS mais sans les États-Unis participent à la conférence de Gênes. Destinée à organiser la reconstruction économique européenne, elle ne débouche que sur le plan monétaire. L'appauvrissement des encaisses or de nombreux pays et l'importance de l'inflation fiduciaire pratiquée depuis 1914 rendent impossible le retour à l'étalon-or. Baptisé *Gold Exchange Standard* ou étalon de change-or, le nouveau système distingue deux catégories de monnaies : **celles qui sont convertibles en or peuvent servir de monnaies internationales de règlement ou de réserve**. Les autres sont limitées à un usage uniquement national. À l'expérience, le système présente de réels dangers. Il crée une concurrence entre les devises « fortes », dollar, livre sterling et même franc après 1928, génératrice de guerre des taux d'intérêt et de déplacements de capitaux. Malgré une balance de paiements largement excédentaire, **les États-Unis n'assurent pas une redistribution suffisante de dollars** pour permettre aux pays les plus fragiles de reconstituer leur encaisse. **L'autre pilier du système, la livre sterling, est miné par le manque de confiance** qui pousse les pays détenant des livres dans leur encaisse à les échanger contre de l'or. L'inconvertibilité de la monnaie britannique en 1931 fait voler en éclats le fragile édifice esquissé à Gênes.

C. LA FIN DES MIGRATIONS DE MASSE

1. La fermeture du territoire américain

Après une interruption durant la guerre, l'émigration d'Européens vers les États-Unis semble repartir avec force. **On compte en effet 500 000 entrées nettes sur le territoire en 1920 et 800 000 en 1921.** Alimenté par les troubles politiques, révolution russe, modification de frontières en Europe centrale, agitation révolutionnaire en Italie, ce nouveau flot de migrants composé pour l'essentiel de Slaves et de Méditerranéens inquiète pour des raisons diverses : crainte d'une aggravation du chômage, hantise de laisser entrer des « Rouges », rejet d'une population orthodoxe ou catholique au moment où la réaction puritaine et fondamentaliste se développe dans le pays. Ces inquiétudes conduisent aux **deux lois des quotas votées en 1921 et 1924**. La première limite les entrées annuelles à 3 % du nombre de ressortissants de chaque pays européen d'origine présent aux États-Unis en 1910. La seconde prend pour référence 1890 et fixe le quota annuel à 2 %. **Il s'agit donc à la fois d'une stratégie de**

fermeture et d'une politique sélective. Les Américains veulent freiner l'immigration pour limiter la concurrence sur le marché du travail : la crise de 1921 a fait apparaître 5 millions de chômeurs et la généralisation du taylorisme se traduit par une forte augmentation de la productivité qui limite les besoins de main-d'œuvre. Ils veulent aussi privilégier les migrants anglo-saxons ou scandinaves aux dépens des Slaves et Méditerranéens jugés moins assimilables. De 1920 à 1930, alors que la population totale passe de 106 à 123 millions, les États-Unis admettent 4 millions d'immigrants, deux fois moins que dans la décennie 1900-1910.

Les conséquences des lois de quotas en Europe

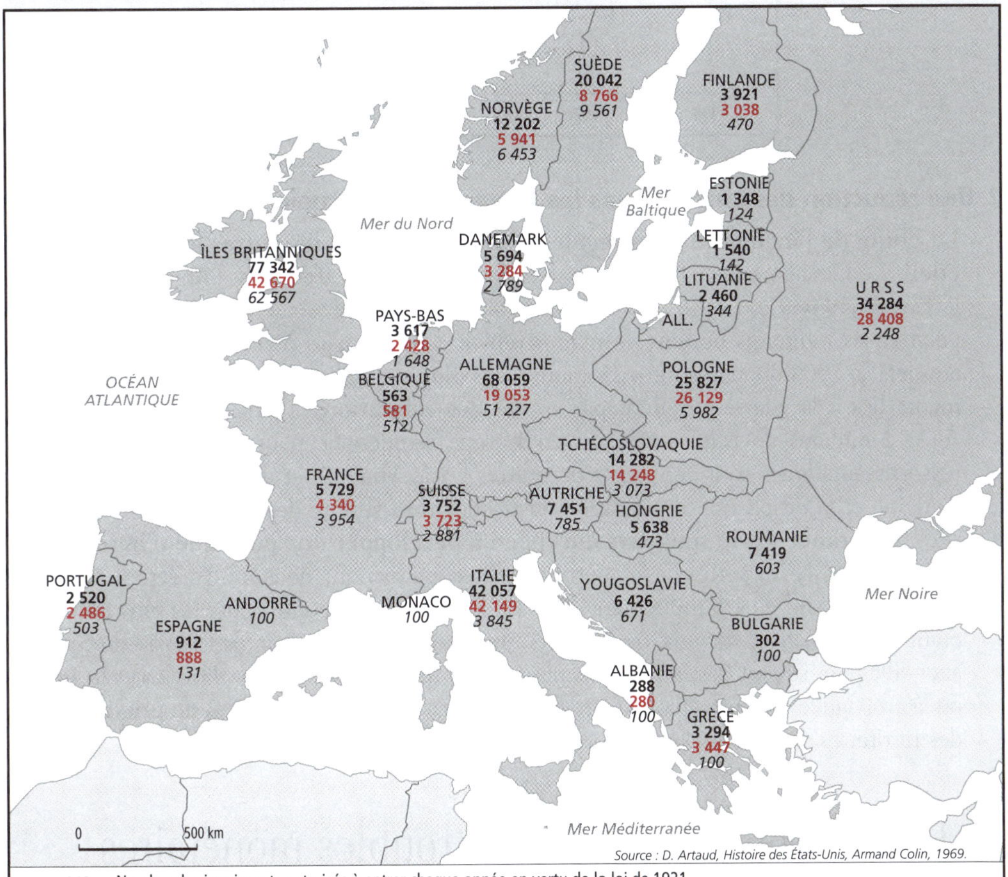

Source : D. Artaud, Histoire des États-Unis, Armand Colin, 1969.

912	Nombre des immigrants autorisés à entrer chaque année en vertu de la loi de 1921.
888	Nombre des immigrants réellement admis pendant l'année qui a suivi la mise en application de la loi de 1921.
131	Nombre des immigrants autorisés à entrer chaque année en vertu de la loi de 1924.

Les chiffres indiqués à l'intérieur de chaque État sont :
– chiffre supérieur : nombre des immigrants autorisés à entrer chaque année en vertu de la loi de 1921 ;
– chiffre en rouge : nombre des immigrants réellement admis pendant l'année qui a suivi la mise en application de la loi de 1921 ;
– chiffre en italique : nombre des immigrants autorisés à entrer chaque année en vertu de la loi de 1924.
Pour les États baltes, dont l'indépendance n'était pas encore reconnue au moment du vote de la loi de 1921, le chiffre supérieur est celui des admissions en 1923.
Aucun État ne pouvait avoir un quota inférieur à 100 habitants, d'où le quota attribué à Monaco et à Andorre.

Source : D. Artaud, A. Kaspi, *Histoire des États-Unis*, Armand Colin, 1969.

■ **Le taux d'immigration aux États-Unis**

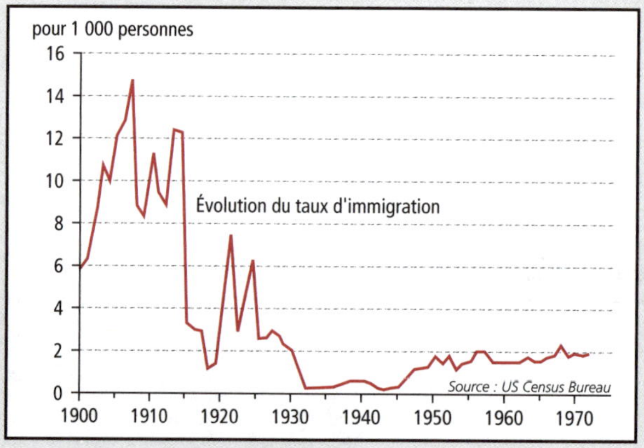

2. Une réduction des entrées dans les autres pays d'accueil

La chute de l'immigration est également sensible dans les autres grands pays d'accueil. Le Canada enregistre dans la décennie 1,2 million d'entrées, l'Argentine 900 000, le Brésil 650 000 et l'Australie moins de 500 000. L'affaiblissement démographique européen et les moindres besoins de main-d'œuvre dans les pays neufs réduisent les départs annuels à 700 000 personnes, la moitié des flux du début du siècle. Les bouleversements liés à la guerre suscitent par contre **des migrations à l'intérieur de l'Europe**. Ainsi 2 millions de Russes affluent en Europe occidentale pour fuir la Révolution, les ressortissants grecs sont contraints de quitter l'Asie Mineure et de rentrer dans leur pays d'origine et la dislocation de l'Empire austro-hongrois suscite des déplacements de minorités. **La France est le seul pays européen à développer une politique d'immigration** pour compenser les pertes de la guerre et pallier son manque de main-d'œuvre. Le nombre d'étrangers passe de 1,5 million en 1921 à 2,7 en 1930, les contingents les plus nombreux étant les Polonais et Italiens, que le pays cherche d'ailleurs à assimiler. L'Asie du Sud-Est accueille pour sa part des immigrants chinois qui fuient les troubles politiques et **le Japon**, où la croissance démographique reste forte, **encourage une émigration de proximité** vers des territoires dépendants ou sous influence, Corée, Formose et Mandchourie.

II. Une Europe en proie aux troubles monétaires

Au lendemain de la guerre, toutes les monnaies européennes sont flottantes et confrontées à des inflations et des dépréciations plus ou moins fortes. En Allemagne, en Russie, en Autriche, partout où se développe une crise de la nation, de l'État, de l'autorité, de la confiance, l'après-guerre conduit à un véritable désastre monétaire et financier marqué par un effondrement du taux de change et des inflations incontrôlables qui imposent des démonétisations. À l'inverse, en Angleterre et dans les pays scandinaves, les gouvernements engagent des politiques de déflation et de revalorisation destinées à rétablir les parités d'avant-guerre. En France, en Italie et dans un grand nombre de pays, c'est une solution intermédiaire qui prévaut : après une période de flottement plus ou moins longue, les monnaies sont stabilisées mais à des niveaux très inférieurs aux parités d'avant-guerre. À la veille de la crise, la situation monétaire européenne semble de nouveau stabilisée mais reste précaire.

A. L'EFFONDREMENT DE LA MONNAIE ALLEMANDE

1. Une dégradation progressive de 1919 à 1922

La monnaie allemande sort très affaiblie de la guerre. Entre 1914 et 1918, les dépenses budgétaires sont passées de 3,8 à 34 milliards de marks, la dette publique de 5 à 150 milliards, la masse monétaire en circulation de 2 à 27 milliards, le taux de change de 4,2 marks pour un dollar à 9 et les prix ont plus que triplé. La situation s'aggrave cependant dans les premières années après la défaite. **Le contexte intérieur impose en effet une poursuite de l'inflation** : en butte à l'hostilité des milieux d'affaires et des nationalistes, la jeune République de Weimar se heurte au paiement en retard des impôts et à la grève des emprunts. Elle ne peut financer les pensions, indemnisations et la reconversion de l'économie que par la planche à billets. **Le contexte international favorise également la fuite des capitaux.** Le taux de change plonge, en particulier quand les exigences des Alliés sont connues en avril 1921. **L'Allemagne doit verser 132 milliards de marks-or, livrables par annuités de 2 milliards.** La somme est d'autant plus écrasante que l'encaisse or ne dépasse pas un milliard et que l'économie est affaiblie par les amputations territoriales et la perte de la flotte, des colonies, des avoirs à l'étranger et des brevets. De plus, les Français font preuve d'une totale intransigeance : en janvier 1922, le président du Conseil Briand, favorable à un aménagement des versements, doit céder la place à Poincaré, hostile à toute concession.

2. Le chaos monétaire de 1923

Effondrement du mark et hyperinflation allemande

	1 $ = en marks
Juillet 1914	4,2
Janvier 1919	8,9
Juillet 1919	14,0
Janvier 1920	64,8
Juillet 1920	39,5
Janvier 1921	76,7
Janvier 1922	191,8
Juillet 1922	493,2
Janvier 1923 (occupation de la Ruhr)	17 792,0
Juillet 1923	353 410,0
Août 1923	4 620 455,0
Septembre 1923	98 860 000,0
Octobre 1923	25 260 208 000,0
15 novembre 1923	4 200 000 000 000,0

Cours du change du dollar à la Bourse de Berlin, de 1914 à 1923.

Années	Indices
Janvier 1913	1,0
Janvier 1920	12,6
Juillet 1920	13,7
Janvier 1921	14,4
Juillet 1921	14,3
Janvier 1922	36,7
Juillet 1922	101,0
Janvier 1923	2 785,0
Juillet 1923	74 787,0
Août 1923	944 041,0
Septembre 1923	23 949 000,0
Octobre 1923	7 095 800 000,0
15 novembre 1923	750 000 000 000,0

Évolution des indices des prix de gros dans le Reich, de 1913 à 1923.

Cours du change du dollar à la Bourse de Berlin, de 1914 à 1923.

En janvier 1923, pour obliger les Allemands à payer, Poincaré envoie l'armée française occuper la Ruhr. Dès lors, la situation monétaire devient incontrôlable : la République de Weimar doit prendre en charge financièrement des milliers de personnes expulsées de la zone occupée, ce qui fait exploser la masse monétaire au moment où l'économie est asphyxiée par la perte de sa « veine jugulaire ». **Le pays sombre dans l'hyperinflation et l'effondrement du taux de change.** En novembre 1923, il faut des milliards de marks pour acheter un timbre et la monnaie a perdu toute valeur. Si quelques spéculateurs ont réussi à se constituer d'immenses fortunes, **des millions de citoyens sont ruinés**, épargnants, rentiers, retraités, pensionnés. La prolétarisation touche même les classes moyennes, nourrissant une rancœur contre la République et contre l'étranger qui va largement profiter à terme à la propagande des partis extrémistes. Poincaré, désavoué par une bonne partie de l'opinion française et isolé des Alliés, doit admettre son échec en décidant d'évacuer la Ruhr. Mais **le mark ne peut être sauvé**. Le 15 novembre, il est remplacé par une nouvelle monnaie, le rentenmark, sur la base de 1 000 milliards contre un.

3. Un redressement spectaculaire mais fragile

Munis des pleins pouvoirs, le ministre des Finances, Luther, et le directeur de la Reichsbank, Schacht, entreprennent la reconstruction monétaire : la disparition de la dette publique et une augmentation des impôts permettent de retrouver un excédent budgétaire et la masse monétaire est strictement contrôlée. **L'essentiel du redressement repose cependant sur la réduction des réparations.** Élaboré par les Alliés, le plan Dawes accorde un prêt initial de 800 millions de marks-or et limite les paiements annuels allemands dont une partie est désormais transférable en marchandises. S'y ajoutent le retour des capitaux allemands surtout après l'élection du maréchal Hindenburg à la présidence de la République en 1925 et **l'arrivée de capitaux américains**. De 1924 à 1930, l'Allemagne a reçu l'équivalent de 25 milliards de marks-or, somme supérieure à ce qu'elle a versé au titre des réparations. Le redressement monétaire s'accompagne d'une forte reprise économique et du retour au calme social. Dès août 1924, la monnaie est de nouveau rattachée à l'or. En 1926 l'Allemagne entre à la SDN. En 1929, le plan Young réduit encore les réparations allemandes en les échelonnant sur… 59 ans ! Cependant, le pays ne dispose que d'une encaisse or de 3 milliards de marks et son équilibre dépend des capitaux américains. Le krach de Wall Street, en entraînant le rapatriement de ces capitaux, fait s'écrouler tout l'échafaudage.

ZOOM ▶ Le plan Dawes

À l'automne 1923, l'effondrement monétaire de l'Allemagne contraint Poincaré à accepter la proposition des États-Unis de confier à une commission d'experts la question des réparations allemandes. Réunie en novembre 1923 sous la direction du banquier américain Charles Dawes, la commission présente son plan en avril 1924. Il organise les versements allemands pour 5 ans selon un échéancier progressif : la première année, les versements allemands sont limités à 1 milliard de marks-or dont 200 millions à la charge de l'Allemagne et 800 millions réunis par un emprunt international. Les versements sont ensuite augmentés jusqu'à 2,8 milliards la cinquième année. Le plan prévoit la présence en Allemagne d'experts américains chargés de gérer les sommes versées par les Allemands et d'organiser les transferts. L'alimentation en marks de la caisse des réparations est répartie de manière précise entre une contribution budgétaire, une contribution de l'industrie et une contribution du chemin de fer. Les transferts en devises sont limités pour ne pas créer une nouvelle menace sur la monnaie et réalisés pour l'essentiel sous forme de livraisons de marchandises.

Pendant les 5 ans de fonctionnement du plan, l'Allemagne a transféré l'équivalent de 7,5 milliards de marks-or. En août 1929, il est remplacé par le plan Young. En juillet 1932, la conférence de Lausanne arrête définitivement les paiements allemands.

B. LE CALVAIRE DE LA LIVRE STERLING

1. Une orgueilleuse politique de revalorisation

De tous les pays européens belligérants, c'est sans conteste l'Angleterre qui est la moins atteinte en 1919. Les pertes humaines sont deux fois plus faibles qu'en France, la balance des paiements est restée positive grâce aux revenus des services et les avoirs à l'étranger n'ont diminué que d'un quart. Certes, la livre est détachée de l'or depuis 1914 mais, en janvier 1919, le taux de change n'a reculé que de 27 % par rapport à l'avant-guerre. **L'Angleterre s'engage donc dans une politique de revalorisation** destinée à redonner à la monnaie sa convertibilité en or et sa parité d'avant-guerre. Outre le souci moral de ne pas léser les épargnants qui ont souscrit aux emprunts de guerre, le choix britannique est guidé par la volonté de redonner au sterling son rôle international et de regarder le dollar en face. Encouragé aussi par le « rapport Cunliffe » de 1918 qui vante les mérites de l'étalon-or, ce choix contraint l'Angleterre à une politique d'excédent budgétaire pour réduire la masse monétaire et l'inflation, et à un taux d'intérêt porté à 7 % pour attirer les capitaux flottants. L'afflux des capitaux allemands puis français favorisent effectivement l'ambition britannique. En **mai 1925**, la loi rétablit la livre dans son statut d'avant-guerre.

2. Une asphyxie de l'économie

Pour compenser la remontée de la livre, les économistes libéraux réunis en 1925 dans une « Commission royale » recommandent une forte baisse des salaires qui se heurte à la mobilisation syndicale. La grève générale échoue en quelques jours mais les mineurs de charbon résistent pendant 6 mois, désorganisant toute la production. Malgré la défaite apparente des salariés, les salaires ne baissent que de 10 %. Comme l'avait prévu Keynes, farouche adversaire de la revalorisation, **l'économie anglaise est victime de la monnaie forte**. Les pertes de marché aggravent le déficit commercial (le taux de couverture de la balance commerciale n'est plus que de 59 % en 1929), la mévente entraîne la stagnation de l'industrie et suscite un chômage chronique qui touche 10 % des actifs et même 25 % des mineurs et 15 % des salariés du textile. **En 1929, l'Angleterre n'assure plus que 9 % de la production industrielle mondiale** contre 14 % en 1914.

3. Une méfiance croissante à l'égard de la livre

L'Angleterre est victime à son tour de la spéculation. La revalorisation du franc à partir de juillet 1926 et le haut taux d'intérêt français attirent tous les capitaux flottants et tendent à assécher la place de Londres. Comme le note le gouverneur de la Banque de France dans son journal, dès le 24 mai 1927 : « La solidité de la livre est si peu assurée que la monnaie britannique risque d'être ébranlée par la manifestation de la puissance que nous donnent sur Londres nos énormes crédits-sterling... Le trouble profond de l'Europe d'après-guerre apparaît donc en pleine lumière. **Pour défendre l'étalon-or en France, nous le menaçons en Angleterre**. » En juin 1928, quand le franc est de nouveau rattaché à l'or, **la Banque de France s'est constitué une énorme encaisse en livres, qu'elle transforme ensuite en métal précieux**, réduisant dangereusement l'encaisse britannique. La survie de la livre n'est plus assurée que par l'excédent de la balance des services, revenus des banques, des sociétés d'assurances, de la flotte, des avoirs à l'étranger et réparations allemandes. Privée de ces ultimes recettes par la crise de 1929, l'Angleterre doit le 20 septembre 1931 abandonner la convertibilité et laisser la monnaie flotter à la baisse.

C. LES VICISSITUDES DU FRANC

1. Un affaiblissement progressif de 1919 à 1924

La France a financé son effort de guerre par la planche à billets et par l'emprunt. Les dépenses budgétaires ont été multipliées par 10 pendant le conflit alors que les impôts n'ont augmenté que de 50 %. En 1918, la dette intérieure atteint 132 milliards de francs contre 35 en 1914 et les prix ont été multipliés par 3. **Le financement de la reconstruction par les mêmes procédés accélère l'inflation et la dépréciation.** Bien que la baisse du franc provienne essentiellement du départ des capitaux nationaux, Poincaré affecte d'y voir un complot monétaire anglo-saxon pour obliger la France à infléchir sa politique de fermeté à l'égard de l'Allemagne. Après avoir mis fin aux lourdes dépenses occasionnées par l'occupation de la Ruhr fin 1923, il emprunte des devises aux banques américaines pour racheter des francs et réduire la dépréciation. Mais au printemps 1924, les électeurs sanctionnent sa politique et donnent une courte majorité au Cartel des gauches, dominé par le parti radical.

La dépréciation du franc

Monnaie de référence, la livre « cote au certain », le franc à l'incertain : le marché des changes indique donc que pour 1 livre il faut donner 40, puis 50, puis 100, etc., francs. Les Français ont donc eu le sentiment que c'était la livre qui montait alors qu'en réalité c'était le franc qui descendait.

2. Un déchaînement spéculatif de 1924 à 1926

Le cours du franc se maintient pendant l'année 1924 mais la **dépréciation s'accélère dans la deuxième partie de l'année 1925 pour se transformer en véritable panique entre mai et juillet 1926** : la livre qui valait 75 francs en mai 1924 monte à 170 francs en mai 1926 et culmine à 243 francs en juillet. Le Cartel qui a commis l'erreur d'évoquer la création d'un impôt sur le capital se heurte au « **mur d'argent** ». L'importance de la dette flottante, c'est-à-dire à court terme, offre une opportunité à ses adversaires : une véritable campagne de presse pousse les détenteurs de bons à court terme à demander le remboursement de leurs créances et à échanger leurs liquidités contre des devises. **Le « plébiscite des porteurs de bons »** alimente donc le déficit budgétaire, les appels à la Banque centrale et plus encore la dépréciation. La sous-évaluation du franc favorise en réalité les exportations et est saluée par les industriels comme « un formidable coup de chance ». Mais l'accélération de la chute du franc fait craindre une évolution à l'allemande et contraint la gauche à céder la place à un gouvernement d'union nationale.

3. Le retour d'un franc stable et fort, 1926-29

Dès la formation du gouvernement Poincaré le 22 juillet 1926, la spéculation se renverse. **Le retour en masse des capitaux est favorisé** par le relèvement du taux d'escompte à 7 %, la mise en équilibre du budget mais surtout par **la perspective d'une revalorisation jusqu'au niveau de 1914 que souhaite ouvertement Poincaré** et qui offrirait aux spéculateurs un profit considérable. En décembre 1926, conscient des risques pour l'économie, le gouverneur de la Banque de France engage une stabilisation au cours de 124 francs pour une livre. Mais Poincaré laisse pendant un an et demi les capitaux affluer en France avant de se résigner à officialiser cette stabilisation le 25 juin 1928. À son départ en 1929, il lègue une situation monétaire exceptionnelle mais aussi dangereuse. Dès la stabilisation, le commerce extérieur redevient déficitaire, preuve que le franc est déjà trop haut. La chute des prix mondiaux et des monnaies étrangères va renforcer la crise commerciale alors que **l'énormité du stock d'or empêche tout recours à la dévaluation**. Ainsi se met en place le drame de la France dans les années 1930, condamnée à s'épuiser et à s'affaiblir dans une déflation inefficace et destructrice.

III. Une Amérique triomphante

Si, selon les mots de Lénine, la guerre a été « un immense cadeau fait à la révolution », elle ouvre aussi pour les États-Unis une ère de croissance exceptionnelle. Le pays présente désormais tous les traits d'une économie dominante qui associe puissance et modernité et sert désormais de modèle. L'essor simultané de la production standardisée et de la consommation euphorise toute la société américaine. La prospérité est certes éclatante, mais elle est aussi inégale, déséquilibrée et malsaine et conduit tout droit à l'effondrement du début des années 1930.

A. LES ÉTATS-UNIS À L'HEURE DE LA *PROSPERITY*

1. Les débuts de la production et de la consommation de masse

Après une courte crise en 1921 qui a permis de purger l'inflation, **l'économie américaine connaît de 1922 à 1929 une croissance exceptionnelle**, au cours de laquelle le revenu national passe de 60 à 87 milliards de dollars et le revenu individuel de 522 à 716 dollars. Inventé par Ford qui voulait permettre à ses ouvriers d'acheter les voitures qu'ils fabriquaient, **le cercle vertueux de la *prosperity* repose sur le dynamisme associé de l'offre et de la demande, le taylorisme-fordisme**. La production standardisée à la chaîne permet de doubler la productivité industrielle et d'augmenter les profits et les salaires tout en abaissant les prix des produits manufacturés. Ainsi, la Ford T, qui nécessite 12 heures d'assemblage et coûte 850 dollars lors de son lancement en 1908, est vendue 310 dollars pour un temps de fabrication réduit à 1 heure 30 en 1926.

Le marché favorise surtout les industries nouvelles et d'abord l'industrie automobile. En 1929, elle représente 12 % de la production industrielle, emploie 7 % de la main-d'œuvre et produit 5 millions de véhicules. L'engouement pour les bienfaits de la « **fée électricité** » n'est pas moindre. En 1929, tout le territoire est équipé et l'on compte 13 millions de radios et autant ou plus de fers électriques, d'aspirateurs, de réfrigérateurs et de téléphones. Lancée par la guerre, la **construction aéronautique** prospère grâce aux besoins de l'aéropostale, du transport aérien et même de l'agriculture : le moteur utilisé par Charles Lindbergh pour réussir en 33 heures la première traversée de l'Atlantique en 1927 a été mis au point pour l'épandage de produits de traitement des cultures. Les États-Unis se dotent aussi d'une puissante **industrie chimique** associant raffinage du pétrole, production de colorants synthétiques, de textiles artificiels, de médicaments et de matériel pour la photo et le cinéma. **L'industrie du bâtiment** enfin profite d'une urbanisation accélérée qui englobe, en 1930, 56 % des Américains.

2. Le renforcement de la concentration

Le libéralisme résolu affiché par les présidents républicains et la mise en sommeil de la législation antitrust favorisent **une forte accélération de la concentration**. Les fusions se multiplient dans les services comme dans l'industrie, conduisant à des situations généralisées d'oligopoles. **Trois firmes dominent le marché de l'automobile**, Ford, la plus ancienne, General Motors créée en 1915 et Chrysler apparue en 1926. La production d'énergie électrique a suscité la création de milliers d'entreprises mais, en 1929, trois firmes assurent la moitié de la production et les 6 premières entreprises contrôlent les deux tiers de cette énergie. La concentration touche aussi la banque. Il reste encore 24 000 banques en 1929 mais **240 d'entre elles, soit 1 % du total, disposent de la moitié des ressources bancaires**. Dans le commerce, **les chaînes de magasins à succursales se généralisent**. En 1929, elles contrôlent les trois quarts de la distribution d'essence, la moitié des ventes de produits laitiers, 40 % de l'épicerie… Au total, **en 1929, les 200 premières firmes détiennent les 2/5e de la fortune nationale**. L'opinion publique semble d'ailleurs se résigner à cette concentration et les seules protestations de l'époque portent sur le prix excessif de l'électricité, ce dont Roosevelt se souviendra en 1933 en concurrençant les firmes privées par l'équipement de la vallée du Tennessee. Les firmes américaines réussissent même à créer en **1928 le Cartel international du pétrole** qui associe cinq « Majors » américains et deux firmes européennes pour dominer le marché mondial en évitant les concurrences ruineuses.

■ La croissance de la production industrielle dans les années 1920

	France	Royaume-Uni	États-Unis	Allemagne
1919	57		124	
1920	62	100	141	61
1921	55	68	100	77
1922	78	81	129	88
1923	88	89	152	56
1924	109	91	141	80
1925	108	88	156	89
1926	126	68	161	92
1927	110	98	159	112
1928	127	94	166	109
1929	140	109	178	110
(base 100 pour 1913)				

Les progrès industriels pendant la prospérité

Charbon et pétrole	+ 156 %
Vins, spiritueux, brasserie	– 30 %
Exploitation des forêts	+ 27 %
Cuir	+ 11 %
Industrie alimentaire	+ 54 %
Tabac	+ 44 %
Textiles	+ 49 %
Caoutchouc	+ 46 %
Imprimerie	+ 85 %
Papier	+ 89 %
Voitures	+ 255 %
Transports	+ 64 %
Appareils électriques	+ 300 %
Réfrigérateurs	+ 900 %

ZOOM ▶ L'accord pétrolier de 1928

Les principes et dispositions pratiques de l'accord ont été négociés entre les dirigeants des trois plus grandes compagnies pétrolières mondiales, la firme américaine Standard Oil of New Jersey issue de l'éclatement du trust de Rockefeller en 1911, la société anglo-hollandaise Royal Dutch Shell créée en 1907 et l'Anglo-Persian Oil britannique fondée en 1909. Signé en septembre 1928 à Achnacarry, en Écosse, dans la résidence du président de la Shell, l'accord vise à mettre fin à une compétition destructrice par une entente sur les prix et les volumes commercialisés. Les signataires s'engagent à pratiquer partout le même prix de vente, en s'alignant sur le prix du pétrole américain du golfe du Mexique auquel s'ajoute un prix de transport arbitraire. C'est le système « Golfe plus » : quel que soit le lieu de production, le transport est calculé du golfe du Mexique au lieu de vente effectif. Les signataires s'engagent aussi à collaborer et à se partager des quotas de commercialisation révisables. Paradoxalement, ce principe d'entente et de non-concurrence s'applique au monde entier à l'exception du territoire américain où la législation anti-trust l'interdit.

L'accord a été rapidement étendu à 4 autres sociétés américaines, Gulf Oil, Mobil Oil, Texas Oil et Standard Oil of California. Les 7 Majors ont contrôlé le marché pétrolier mondial jusqu'en 1973.

3. L'affaiblissement du syndicalisme

En 1920, la centrale syndicale AFL comptait 4 millions d'adhérents. En 1929, ils ne sont plus que 2,5 millions. Le tiers des 105 syndicats que compte la fédération a en effet perdu des adhérents. Cette désaffection tient en partie à la disparition en 1924 du dirigeant de l'AFL Samuel Gompers et à l'inefficacité de ses successeurs. Les entreprises ont aussi multiplié les parades qui affaiblissent les syndicats. Les plus grandes firmes recourent à **l'intéressement ouvrier**. En 1929, un million d'ouvriers possèdent des actions de leur entreprise. La démocratisation du capital reste cependant plus apparente que réelle puisqu'ils ne détiennent qu'1,5 % des actions de leur firme. **Une partie du patronat recourt aussi au paternalisme** pour réduire les revendications et stabiliser la main-d'œuvre. À la fin des années 1920, près de 5 millions sont couverts par une assurance médicale négociée par l'entreprise et 4 millions par une assurance retraite. Enfin, les employeurs ont réussi à multiplier les syndicats d'entreprises ou **syndicats « jaunes »**. Ils sont une centaine à la veille de la crise, groupant 1,4 million d'adhérents, en particulier dans l'automobile, les chemins de fer, la métallurgie ou l'industrie électrique. Le bien-être ouvrier progresse pendant la prospérité mais le recul de l'indépendance et de l'initiative syndicale se traduit par des **inégalités croissantes des conditions de travail et des salaires** selon les secteurs et les régions.

B. L'ENVERS DE LA PROSPÉRITÉ

1. Des secteurs oubliés

Malgré l'optimisme officiel, **la prospérité ne concerne qu'une partie des Américains**. L'ensemble du monde agricole traverse au contraire de graves difficultés. En 1919, les 31 millions d'agriculteurs se partagent 16 % du revenu national ; **en 1929, ils sont encore 30 millions mais leur part du revenu n'est plus que de 8,8 %**. Le prix de la terre baisse d'ailleurs de plus d'un tiers mais le matériel reste très coûteux, les paysans sont endettés et, après leur chute brutale en 1921, **les prix restent déprimés, entraînant une multiplication des faillites**. Dès 1921, le malaise paysan suscite la formation d'un **Farm Bloc** qui s'appuie sur quelque 125 membres du Congrès. Mais leur principale revendication, la création d'un organisme fédéral soutenant les cours, se heurte à deux reprises au veto du président Coolidge. **Le Federal Farm Board qu'ils souhaitent n'apparaît qu'en 1929** et sera vite balayé par la crise.

De nombreux secteurs industriels ou tertiaires sont aussi écartés de la croissance et de la prospérité. **L'industrie textile** est contrainte de se délocaliser de Nouvelle-Angleterre vers le Vieux Sud où les salaires sont plus faibles. **L'extraction charbonnière** qui se heurte à la concurrence du pétrole et de l'électricité recule de 615 à 520 millions de tonnes. **La construction navale** souffre de la stagnation du commerce mondial et du plafonnement des flottes de guerre décidé à la conférence de Washington en 1922. Le chemin de fer est confronté au développement des voies navigables et des routes surtout. Ces difficultés sectorielles et la forte croissance de la productivité conduisent enfin à un **noyau de chômage** qui touche entre 1,5 et 4 millions de travailleurs selon les années.

■ Crise des ciseaux et malaise paysan aux États-Unis

Années	Prix des produits agricoles	Prix des produits achetés par les fermiers		Impôts fonciers
		Consommation	Production	
1919	209	210	192	130
1920	205	222	174	155
1921	116	161	141	217
1922	123	156	139	232
1923	134	160	141	246
1924	134	159	143	249
1925	147	164	147	250
1926	136	162	146	253
1927	131	159	145	258
1928	139	160	148	263
1929	138	158	147	267

(base 100 pour 1910-1914)

2. Un recours excessif au crédit

L'esquisse d'une société d'abondance euphorise les Américains qui s'enorgueillissent aussi du dynamisme de leur industrie qui représente, en 1929, 40 % de la production mondiale et a doublé son volume par rapport à 1914. Mais cette consommation, constamment encouragée par un déluge publicitaire qui, à la veille de la crise, absorbe 4 % du produit national, a un revers : **la montée de l'endettement**. La politique de hauts salaires pratiquée par Ford reste en effet une exception. De nombreux Américains, *farmers*, minorités de couleur, chômeurs, ne sont pas invités au banquet de la prospérité et **le pouvoir d'achat augmente moins vite que l'offre**, créant un risque croissant de surproduction. La menace est masquée par la **généralisation du crédit à la consommation**, d'autant plus attractif que le taux d'intérêt reste très faible et que les banques rivalisent dans leurs offres. Ainsi, **80 % des automobiles sont vendues à crédit**. Cette fuite en avant où le consommateur peut acheter sur ses revenus futurs son auto mais aussi « sa maison, son réfrigérateur, son pardessus, ses chaussures » évite dans l'immédiat la mévente mais au prix d'une **fragilité croissante pour les banques et l'ensemble des acteurs de l'économie**. Ainsi, la seule construction automobile absorbe 60 % des tôles d'acier et du cuivre, 75 % du verre, 85 % du caoutchouc et du pétrole. Tout arrêt des ventes ne peut que susciter une catastrophe dans un marché pratiquement saturé puisqu'en 1929 on compte 29 millions de véhicules en circulation pour 123 millions d'habitants, soit un véhicule pour 4 personnes.

3. Le déchaînement de la spéculation

Dans l'euphorie et l'aveuglement d'une époque où chacun semble croire que tout est possible tout de suite, **l'anarchie du crédit débouche sur un dérèglement majeur, la construction de bulles spéculatives** sans rapport avec la réalité. Après le « boom de Floride » qui a touché la construction, la spéculation se tourne vers la Bourse de New York à partir de 1925. La hausse des cours est amorcée par le comportement des industriels les plus lucides. Conscients qu'il n'est guère opportun d'investir leurs profits dans un marché où l'offre peine à trouver sa demande, ils reportent en bourse leurs disponibilités. Les facilités du crédit qui permettent d'acheter des titres avec un minimum d'argent, l'arrivée sur le marché de milliers d'Américains qui ont découvert le marché des valeurs grâce à l'intéressement maintiennent ensuite une tendance haussière qui se transforme en bulle sans rapport avec la réalité à partir de 1928. Même si 6 % seulement des Américains participent à cette spéculation, les surenchères à la hausse ont fait passer les titres cotés à Wall Street de 27 milliards de dollars en 1925, à **89 milliards en 1929, une capitalisation supérieure au revenu national des États-Unis, cette même année !**

C. UNE POSITION DOMINANTE MAL ASSUMÉE

1. Le rejet du mondialisme

Après avoir joué un rôle décisif en 1918 dans l'issue des combats et largement influé sur les traités de paix et la création de la SDN par l'intermédiaire du président Wilson, **les États-Unis semblaient prêts à assumer sur le plan international un engagement conforme à leur puissance économique et financière**. Mais les réticences des Républicains à s'engager dans un système de sécurité collective, les campagnes menées par les minorités italiennes et allemandes contre des traités qui desservent leur pays d'origine ainsi que le rejet suscité par la « dictature » de Wilson conduisent au **triomphe de l'isolationnisme en 1920**. En mars, le Congrès rejette le traité de Versailles et en novembre Wilson est remplacé par le républicain Harding qui a fait campagne sur le thème « Sauvegarder l'Amérique d'abord, penser à l'Amérique d'abord, exalter l'Amérique d'abord ». Dès lors, les États-Unis se limitent à une

politique extérieure conforme à leurs seuls intérêts. Ils se désintéressent de la SDN, signent en 1921 des traités séparés avec leurs ennemis de la veille, refusent obstinément et ce jusqu'en 1933 de reconnaître l'URSS, mais obtiennent en 1922 la limitation des armements navals du Japon qui les inquiètent et profitent de l'éclipse des Européens pour développer leur influence en Amérique latine.

2. L'intransigeance sur les dettes de guerre

Les États-Unis se prononcent dès 1922 pour une réduction des réparations imposées à l'Allemagne, réparations dont ils ne sont pas bénéficiaires. Ce sont des experts américains qui élaborent les plans Dawes et Young qui aménagent ces réparations et qui gèrent la caisse chargée d'organiser les transferts. Cet engagement rassure les investisseurs et les banquiers des États-Unis et explique l'abondance des capitaux qui affluent en Allemagne. À l'inverse cependant, **Washington refuse d'abandonner les créances accumulées pendant le conflit**, 10 milliards de dollars, dont plus de 4 milliards pour la dette anglaise et 3,4 milliards pour celle de la France. **Les États-Unis récusent tout lien entre les réparations et les dettes de guerre.** Pour eux, les réparations sont un tribut imposé au vaincu, alors que les dettes de guerre découlent de contrats librement négociés par des pays souverains. Ainsi, la consolidation des dettes en 1923 pour l'Angleterre et en 1926 pour la France étale le remboursement mais maintient le capital dû. L'intransigeance se poursuit au-delà des années 1920 : lorsque les réparations allemandes sont abandonnées en 1932, la France et la Grande-Bretagne cessent de rembourser leurs dettes ce qui conduit le Congrès à voter quelques années plus tard les lois de neutralité.

3. Un choix dangereux

Les États-Unis qui disposent dès 1919 de 44 % de l'or mondial conservent tout au long de la décennie un excédent de leur balance des paiements. Ils continuent donc à s'enrichir et à drainer l'or mondial sans prendre conscience des dangers de cette attitude. En réalité, **ils obligent leurs clients potentiels soit à réduire leurs achats de produits américains par manque de moyen de paiement, soit à s'endetter**. Ils laissent aussi se développer dans le pays même une surabondance de liquidités qui ne peut que conduire les banques à une orgie de crédits. Comme l'écrit André Piettre : en oubliant « cet axiome d'équilibre international : un pays riche doit s'ouvrir aux autres, ils se sont fermés sur le plan commercial au moment même où, sur le plan financier, ils voulaient trop gagner... Ils ne devaient pas tarder à payer leur erreur... **Tout s'apprend, même le métier de faire fortune** ». Il faut attendre les années qui suivent la Seconde Guerre mondiale pour que les États-Unis assument leurs responsabilités et organisent un recyclage de capitaux capable de recréer la prospérité dans le monde libre et en même temps d'assurer durablement leur propre croissance.

11 LA FRANCE DES ANNÉES 1920

La France, comme les autres États occidentaux, connaît une forte croissance économique dans les années 1920. La croissance s'inscrit dans la continuité du mouvement de la période 1896-1914, que la guerre a provisoirement contrarié. Portées par l'épanouissement des tendances d'avant 1914, les « années folles » font véritablement entrer l'économie française dans la modernité du XXe siècle. L'économie subit cependant la marque de contraintes nées en grande partie de la guerre, qui déséquilibrent la croissance et compromettent sa vigueur.

CHRONOLOGIE

1919 : Adoption de la journée de 8 heures. Loi Astier sur l'apprentissage. Création de la CGPF. Lancement de la Citroën A
1920-1921 : Crise de reconversion
1921 : Création de la Compagnie nationale du Rhône. Naissance de Péchiney
1924 : Création de l'Office national industriel de l'azote et de la Compagnie française des pétroles. Croisière noire de la firme Citroën. Victoire du Cartel des gauches
1925 : Loi instituant la société à responsabilité limitée (SARL)
1926 : Ministère Poincaré
1927 : Traversée de l'Atlantique en avion par Lindbergh. Création des premiers magasins Prisunic et Monoprix
1928 : Loi Loucheur sur les habitations à bon marché, sur les assurances sociales. Loi sur l'Office des pétroles. Stabilisation-dévaluation du franc
1929 : Plan Tardieu d'outillage national

I. D'importantes contraintes héritées de la Grande Guerre

A. LES FRUITS AMERS DE LA VICTOIRE

1. Une saignée démographique

La Première Guerre mondiale a causé directement la perte d'1,4 million d'hommes. La saignée concerne la fraction la plus jeune d'une société à la démographie déjà peu dynamique avant 1914 et accélère son vieillissement. Indirectement, l'effondrement du taux de natalité pendant le conflit a des conséquences durables malgré le regain immédiat en 1920-1921. **Le déficit de naissances des « classes creuses »** pèse sur une structure démographique désormais profondément déséquilibrée tant par âge que par sexe avec une surreprésentation des populations âgées et des femmes. Le conflit a fait aussi de nombreux blessés et invalides difficilement employables dans l'industrie et l'agriculture, où l'essentiel des tâches demande encore un effort physique. **Il a de plus frappé de façon inégale les différentes composantes de la société**. Les élites intellectuelles (polytechniciens, normaliens...) et les paysans, fortement mobilisés dans l'infanterie, ont payé le prix fort. Cet affaiblissement se fait durement sentir dans certaines régions déjà atteintes par l'exode rural.

Comparativement, le monde urbain est moins touché : les ouvriers ont été fréquemment retirés du front et « affectés spéciaux » dans les usines à l'arrière et des cadres ou fonctionnaires ont été mis à la disposition de l'appareil d'État.

Pyramide des âges de la France en 1901 et 1931

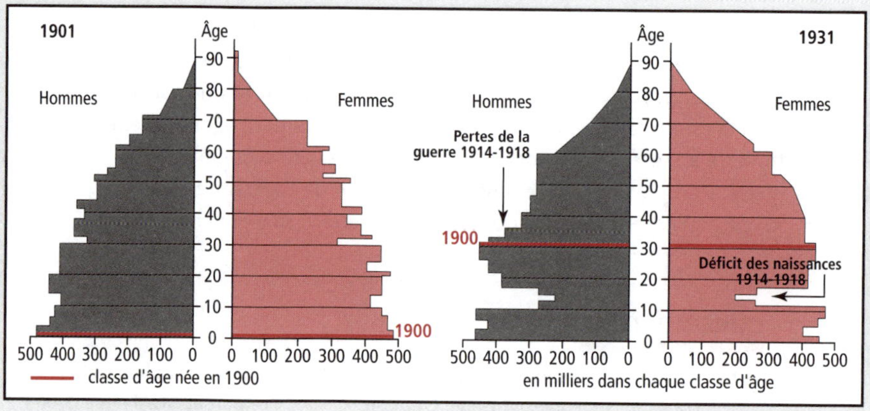

2. Une ruine matérielle

ZOOM ▶ L'effort de reconstruction dans le Nord

La reconstruction n'est pas une simple reconstitution mais bien l'occasion d'une modernisation de l'appareil industriel. Les compagnies minières fortement touchées modernisent ainsi leurs installations de surface par l'emploi du béton armé, développent l'usage du marteau-piqueur pour l'abattage et la valorisation des sous-produits de l'extraction charbonnière par la carbo-chimie. La reconstruction des usines textiles est également marquée par l'accroissement de la taille et la modernisation des usines.

La reconstruction accroît aussi l'effort patronal en matière d'habitat ouvrier. 68 % des ouvriers sont désormais logés par les compagnies minières contre 49 % en 1913. Les compagnies de chemin de fer ne sont pas en reste. Autour de grands centres de triage se constituent de véritables cités pour les cheminots, à l'urbanisme soigné et reflétant les hiérarchies au sein de l'entreprise, par exemple les cités de Tergnier dans l'Aisne ou de Lomme-Délivrance dans la région lilloise. La reconstruction s'accompagne enfin d'une concentration des entreprises notamment dans le secteur du textile, des industries agroalimentaires comme la brasserie ou des constructions mécaniques. Mais ce renforcement ne débouche pas sur la constitution d'entreprises de taille viable à l'échelle internationale.

Les combats, l'occupation allemande et les destructions qui les ont accompagnés ont profondément affecté les départements du Nord et de l'Est. **La France est le territoire européen le plus touché** avec la destruction totale ou partielle de nombreux villages et de certaines villes situées à proximité des lignes de front (Arras, Lens, Reims...), soit 7,5 % des immeubles, d'une partie importante des industries dans le Nord et l'Est (installations minières hors d'usage par leur ennoyage, destruction de 95 % des usines textiles...) et des milliers d'hectares sont devenus impropres à l'agriculture. À cela s'ajoutent les atteintes aux infrastructures et moyens de transport : 6 000 km de voies ferrées et 60 000 km de routes hors d'usage, la moitié de la flotte marchande coulée. **L'ensemble des pertes correspond à environ 15 mois du revenu national français de 1913** et oblige à un effort financier considérable en vue d'effacer les dommages de guerre. La reconstruction des villes et des usines, la reconstitution des terrains agricoles vont constituer des chantiers de longue haleine et peser durablement sur le budget de la nation. La guerre a provoqué un reclassement des puissances au détriment des pays européens, auquel n'échappe pas la France. La suprématie américaine et l'affirmation de la concurrence des « pays neufs » extra-européens tels le Japon, l'Australie, le Canada ou encore les pays d'Amérique latine se traduisent par un relatif effacement de la France. Outre le recul de la production pendant la guerre, **la puissance financière est affaiblie** par la perte de placements extérieurs au premier rang desquels figurent les emprunts russes et par le poids de la dette interne et externe.

3. Un appareil industriel transformé

Initialement mal adaptée à une guerre longue que personne n'envisageait en 1914, l'industrie française s'est révélée dans la deuxième partie du conflit capable de répondre à l'essentiel des demandes d'armement et de munitions. **Cet effort a cependant déformé l'appareil productif** au détriment des secteurs non directement stratégiques comme le textile et au profit des industries mécaniques et des industries chimiques. **Les firmes automobiles ont largement profité des commandes de guerre.** En 1918, Renault à Boulogne-Billancourt, Peugeot à Sochaux et Berliet à Lyon emploient plusieurs dizaines de milliers d'ouvriers pour des productions de matériels divers, obus, chars, camions, ambulances, moteurs… **L'industrie aéronautique a connu également un véritable boom**. Avec 52 000 avions produits et 93 000 moteurs, elle est passée du stade artisanal à la fabrication en série grâce à une production répartie entre différents groupements industriels et sous-traitants, au premier rang desquels figurent nombre d'entreprises liées à l'industrie automobile tels Renault ou Michelin. La mise en fabrication de postes émetteurs-récepteurs a permis l'essor d'entreprises telle la Société française radioélectrique (SFR).

La guerre a également modifié la géographie industrielle. L'occupation de la partie Nord et Est du territoire a privé l'économie française d'une partie de ses richesses minières et sidérurgiques et **renforcé les industries de la région lyonnaise, des Alpes, de la Loire et du Sud-Ouest** (mines et métallurgie). La décentralisation de certaines activités stratégiques a provoqué le **développement de l'industrie aéronautique et de l'industrie chimique dans la région de Toulouse**. Le retour à la France de l'Alsace-Lorraine en 1919 permet la récupération de l'industrie cotonnière mulhousienne et des bassins miniers et établissements sidérurgiques lorrains, mais pour le textile et surtout la sidérurgie, ce retour crée des surcapacités préoccupantes. À l'inverse, la mobilisation a désorganisé la production agricole privée de main-d'œuvre et mis en lumière la nécessité d'accélérer la modernisation de l'agriculture. Seule la viticulture a tiré son épingle du jeu par la fourniture de vins et d'alcool aux armées.

B. LE FARDEAU DU FINANCEMENT DE LA GUERRE ET DE LA RECONSTRUCTION

1. Les legs de la guerre : un monceau de dettes et l'inflation

La guerre a provoqué une déstabilisation monétaire aux effets de longue durée liée à l'augmentation considérable des dépenses publiques. Pour financer l'effort de guerre, **les gouvernements ont privilégié l'emprunt à court terme** au détriment de l'augmentation des impôts jugés difficilement recouvrables en raison de la mobilisation d'une fraction importante de la population active. **Le déficit budgétaire a aussi été financé par l'émission monétaire** rendue possible dès 1914 par l'installation du cours forcé de la monnaie fiduciaire, c'est-à-dire son inconvertibilité en or. **Ce recours à la « planche à billets » associé à la pénurie de biens disponibles a entraîné une forte poussée de l'inflation**, un phénomène inconnu qui suscite le désarroi des contemporains.

2. L'impasse monétaire et budgétaire

Contrairement aux espoirs fondés lors du traité de Versailles, **la reconstruction doit être financée par les ressources nationales**. La croyance initiale dans le financement de la dette de guerre et de la reconstruction par les réparations allemandes s'est vite révélée être un leurre : le montant des réparations versées jusqu'à la crise n'est pas négligeable mais il ne correspond pas à l'ampleur des besoins de la reconstruction. Les réformes fiscales visent à augmenter les recettes par la création de nouveaux impôts : mise en œuvre avant la fin du conflit de l'impôt sur le revenu adopté en 1914, taxation des bénéfices de guerre des entreprises, taxe sur le chiffre d'affaires, augmentation des droits de succession. **Mais la mise en place d'un impôt sur le capital pour rétablir l'équilibre du budget est vite abandonnée** devant l'ampleur de la résistance des possédants et les différents gouvernements n'arrivent pas non plus à consolider la dette à court terme. Incapable d'augmenter ses recettes, l'État en est réduit à solliciter des avances de la Banque de France, à dépasser le plafond légal de monnaie en circulation et à recourir à des crédits internationaux. **Cette fragilité financière alimente les spéculations sur la monnaie**. Le gouvernement se retrouve dépendant du comportement des milieux financiers et de la bonne volonté de la Banque de France, dirigée par un Conseil de régence composé de personnalités de la haute banque et de la grande industrie. La question financière focalise l'attention des politiques et concourt à défaire les gouvernements de droite (Bloc national de 1919 à 1924) et de gauche (Cartel des gauches de 1924 à 1926) qui se retrouvent dans une impasse.

Indicateurs de l'économie française (1913-1930)

	Indice de la production industrielle	Indice du produit national brut	Revenu national (en milliards de francs)	Solde du budget (en milliards)	Dépenses de reconstruction (en milliards)	Montant de la dette publique (en milliards)
1913	100,0	100,0	49			39,2
1920	62,0	85,5	143	– 17,139	13,084	217,7
1921	55,0	84,2	115	– 9,275	17,774	244,4
1922	78,0	97,4	137	– 9,762	14,181	271,1
1923	88,0	102,6	162	– 11,804	12,461	274,4
1924	109,0	113,0	213	– 7,121	8,032	284,9
1925	108,0	114,5	230	– 1,507	5,272	289,2
1926	126,0	115,6	315	– 1,088	4,938	293,1
1927	110,0	114,5	318	+ 0,217	4,779	286,4
1928	127,0	121,0	337	+ 3,929	3,122	295,6
1929	139,5	131,6	393	+ 4,933	3,300	298,5
1930	140,0	127,6	395	– 4,918	2,083	291,9

Source : d'après Kenneth Mouré, *La Politique du franc Poincaré* (1926-1936), Paris, Albin Michel, 1998.

DÉFINITION

Cours forcé : Le cours forcé, à la différence du « cours légal », est le régime monétaire dans lequel la banque centrale est dispensée d'échanger le papier-monnaie contre du métal précieux. En 1914, la suppression de la libre convertibilité des monnaies permit aux Banques centrales de protéger leur stock d'or et d'émettre autant de papier-monnaie que l'exigeaient les différents gouvernements. La Banque de France fit ainsi des « avances » au Trésor, qui furent employées pour payer les différentes commandes, ce qui fit « marcher la planche à billets ». Dans tous les États en guerre, l'augmentation du volume des billets (« inflation fiduciaire ») se traduisit par une hausse du niveau général des prix et par une baisse de la valeur des monnaies.

II. Le retour de la prospérité

A. LA CROISSANCE DES ANNÉES FOLLES

1. L'essor de l'industrie

Les questions financières et monétaires n'empêchent pas le **développement d'une forte croissance économique**. Après la sévère crise de 1920-1921 liée aux difficultés de reconversion des économies de guerre, se développe une croissance vigoureuse qui place la France parmi les nations les plus performantes. Dès 1924, le niveau de 1913 est retrouvé. Avec un taux d'accroissement par an de 9,5 %, le plus élevé d'Europe, **la production industrielle fait plus que doubler de 1921 à 1929**. Cette croissance exceptionnelle peut laisser croire à un retour « à la normale » dans un pays qui regarde avec nostalgie la « Belle Époque » de l'avant-guerre.

■ Taux de croissance annuelle du PIB de quelques pays européens, 1920-1938

	1920-1928	1928-1938
Royaume-Uni	1,7	2,0
Allemagne	5,4	2,4
France	4,7	0,3
Belgique	3,0	– 1,3
Pays-Bas	7,9	3,7

Source : A. Maddison, *L'Économie mondiale*, 1880-1992, Paris, OCDE, 1995.

Outre les commandes de la reconstruction financées par l'État, la croissance a été stimulée par l'inflation qui tend à accélérer la demande et allège les perspectives de remboursement pour les investisseurs et par la nécessité d'intensifier la production pour pallier la rareté relative de la main-d'œuvre. **Elle est aussi favorisée par la sous-évaluation du franc** qui dope les exportations et profite à de nombreux secteurs comme les soieries, les lainages, les vêtements, les produits alimentaires, l'acier, l'automobile. Les exportations françaises profitent également de l'effacement relatif de l'industrie allemande et du déclin de l'industrie britannique. La France retrouve à la fin des années 1920 son rang de quatrième puissance dans le commerce mondial.

La croissance provoque une extension du salariat et des transferts de main-d'œuvre des secteurs traditionnels à faible productivité (textile, cuir, habillement) vers les secteurs à haute productivité. **L'emploi dans l'industrie et les services progresse aux dépens de la population active agricole.** En 1931, 36,4 % de la population est employée dans le secteur primaire, 33 % dans le secondaire et 30,6 % dans le tertiaire contre respectivement 43,2 %, 30 % et 26, 8 % en 1906. La France est cependant obligée de faire appel aux travailleurs étrangers pour satisfaire les besoins de main-d'œuvre.

2. Le recours au taylorisme et l'irruption de la publicité

La croissance est essentiellement soutenue par le développement des industries de la seconde industrialisation : l'automobile, l'électricité, la chimie, la métallurgie autour des aciers spéciaux. **Dans ces industries motrices, la grande usine triomphe tandis que s'imposent les méthodes du taylorisme, le travail à la chaîne** et l'attention portée aux manutentions, à la gestion des stocks, au contrôle des qualités. Mais la production standardisée nécessite aussi une consommation de masse et induit un recours croissant à la publicité. Adepte des méthodes américaines et premier constructeur français dès 1925, André Citroën invente un logo pour ses modèles, le double chevron, lance des caravanes publicitaires sur les routes, loue des pages entières dans les grands quotidiens, diffuse des affiches et recourt à des événements exceptionnels pour faire connaître ses voitures comme la Croisière noire en 1924 à travers l'Afrique ou son nom en lettres géantes sur la tour Eiffel illuminée lors de l'ouverture de l'Exposition des arts décoratifs à Paris en 1925. De nombreuses autres entreprises adoptent des méthodes de vente modernes inspirées des États-Unis. **L'usage de la « réclame » se répand** et intègre les innovations graphiques des avant-gardes artistiques, à l'image des célèbres affiches publicitaires de Cassandre. Sur le modèle de Manufrance à Saint-Étienne ou de La Redoute à Roubaix, **l'édition de catalogues destinés à la vente par correspondance se développe**. La firme L'Oréal publie à partir de 1923 un bulletin destiné aux 35 000 coiffeurs français pour vanter ses colorants et produits cosmétiques. Fondée en 1926, la société Publicis attire rapidement de nombreux industriels en leur proposant des campagnes de publicité à la radio. Fabricant de tuyaux de fonte destinés à l'adduction d'eau, la société de Pont-à-Mousson inaugure en 1927 son propre service de publicité pour « créer un mouvement en faveur de l'hygiène et de l'eau, **créer des besoins et des consommateurs** ». Symbole de ces nouvelles pratiques commerciales, le tour de France est désormais précédé à partir de 1930 d'une caravane publicitaire.

3. La modernisation des infrastructures

La croissance du parc automobile, des transports par autocars et du trafic routier de marchandises conduit les pouvoirs publics à investir dans le développement et la modernisation des routes par la pose de nouveaux revêtements. **L'essor de la route** concurrence le chemin de fer, en particulier les lignes secondaires, mais il **insère définitivement le monde rural dans l'économie nationale et achève l'unification du territoire** et du marché national. La reconstruction des infrastructures après la guerre favorise le recours à des technologies de pointe qui témoignent des savoir-faire de l'ingénierie française : l'usage de béton armé puis précontraint permet la réalisation de ponts de plus grande portée. L'époque est aussi marquée par **les progrès du réseau électrique** qui dessert 85 % des communes en 1929 et de l'équipement hydroélectrique dans les Alpes et les Pyrénées qui permet de développer dans ces régions une industrie qui ne se limite pas à l'électrométallurgie et l'électrochimie. **Le tourisme se développe** grâce à l'action des compagnies ferroviaires et des sociétés de transport routier et la mise en place des premiers ferry-boats pour automobiles favorise l'essor du tourisme anglais sur le continent. Enfin, le développement de l'« Aéropostale » et de lignes aériennes à longue distance vers l'Afrique et l'Amérique du Sud, fruit d'initiatives privées comme celle de Latécoère et du soutien financier de l'État, donne naissance à une véritable légende autour des exploits réalisés par des pionniers comme Antoine de Saint-Exupéry ou Jean Mermoz.

4. L'intérêt pour l'empire

La guerre a mis en valeur les atouts de l'empire qui a fourni à la métropole des combattants, des ouvriers et des marchandises. **Les années 1920 marquent véritablement le lancement d'une politique systématique de mise en valeur des territoires coloniaux**. Encouragés par l'État, les travaux d'infrastructures se multiplient. L'insertion dans l'économie monétaire et la mise en place de cultures commerciales s'accompagnent de l'aménagement de ports et de villes à l'urbanisme soigné, telle Casablanca au Maroc qui apparaît comme le manifeste de l'ambition coloniale française. **La part de l'empire colonial dans**

le commerce extérieur ne cesse d'augmenter. Le développement de réseaux bancaires et l'attrait pour les émissions de titres des sociétés coloniales suggèrent que l'attraction de l'empire est devenue une réalité économique. En 1931, le succès de l'Exposition coloniale qui attire 8 millions de visiteurs couronne cette découverte des richesses de l'outre-mer. Pourtant, les résultats sont loin de correspondre à l'image véhiculée par les supports de la propagande coloniale en métropole. L'économie de traite pratiquée par les sociétés concessionnaires domine encore largement en Afrique noire et en Indochine. Si le recul de la mortalité marque le début de la croissance démographique du continent africain, les progrès dans l'hygiène sont lents. **Les investissements restent limités et le recours au travail forcé une réalité**. La construction du chemin de fer Congo-Océan se fait ainsi essentiellement par une main-d'œuvre réquisitionnée et alimente la polémique en raison de la surmortalité, comme le montre *Voyage au Congo*, le réquisitoire contre le colonialisme publié par André Gide en 1927. Ce décalage nourrit l'essor des revendications nationalistes.

B. LES ACTEURS DE LA CROISSANCE

1. Le rôle accru de l'État

L'inaptitude des structures économiques de paix devant les besoins accrus d'armement et la désorganisation de l'économie par la mobilisation des hommes ont provoqué **dès 1914 une intervention forte de l'État dans les différents rouages de l'économie** qui a parfois fait parler d'une « exubérance de l'État ». La guerre a aussi provoqué l'épanouissement de structures mixtes autour d'une **interpénétration des intérêts privés et publics**. Commissions, comités ou consortiums groupant industriels, fonctionnaires, militaires et représentants de l'État ont exercé des rôles plus ou moins décisifs dans l'information, l'organisation des achats et de la production elle-même. En témoigne le rôle de Robert Pinot, secrétaire du Comité des forges, syndicat patronal de la sidérurgie, devenu « ministre officieux de l'Armement », ou encore Louis Loucheur, ingénieur de formation, homme d'affaires influent, présent dans un grand nombre de conseils d'administrations de grandes entreprises industrielles (BTP et électricité), nommé ministre de l'Armement puis ministre de la Reconstruction industrielle. **Pourtant, les structures nées pendant la guerre disparaissent largement après le conflit**, sous la pression d'un monde patronal enclin à retrouver le climat libéral d'avant-guerre. Si l'idée défendue par E. Clementel d'un rapprochement entre industriels et État et d'une organisation de la production synonyme de rationalisation perdure, les réalisations se limitent à la création de la Confédération générale de la production française et à l'organisation de régions économiques. Dans certains secteurs déjà organisés avant le conflit comme la sidérurgie, les formes d'ententes et de cartels s'épanouissent pour faire face aux à-coups de la production et des prix au cours des années 1920.

2. Des interventions étatiques spécifiques

Bien que la part des dépenses publiques dans le PIB régresse par suite de l'apurement progressif de la dette, les interventions de l'État se multiplient et jettent les fondements d'une économie mixte, mêlant intérêts privés et publics.

Pour des raisons stratégiques, **l'énergie est l'un des secteurs d'intervention de l'État**. La loi de 1928 qui laisse entrer en franchise le pétrole brut mais taxe les produits raffinés jette les bases de la politique française du pétrole : elle oblige les entreprises à constituer des stocks et des installations de raffinage et répartit le marché entre les firmes nationales et étrangères. **Dans le domaine du crédit, l'État intervient également** en soutenant le développement des Banques populaires nées pendant le conflit et le Crédit national destiné initialement à financer la reconstruction des entreprises. Créé pendant la guerre et réorganisé en 1922, **l'Office national des recherches et des inventions** reflète la prise de conscience du retard français et la volonté d'encourager les dépôts de brevets alors que les savoirs empiriques restent encore largement communs à nombre d'industries. L'équipement en laboratoires progresse dans les grandes entreprises mais davantage à l'usage de contrôle des intrants que dans le but de mener de véritables recherches appliquées.

Sur le plan social, la pression des mouvements de grève au lendemain de la guerre et la crainte de la contagion de l'exemple russe en 1917 conduisent les pouvoirs publics à satisfaire des revendications anciennes telles la **durée quotidienne de travail réduite à 8 heures**, une timide reconnaissance des délégués d'ateliers ou encore la lente mise en œuvre de la loi sur l'apprentissage ou loi Astier votée en 1919. L'État se préoccupe également d'élaborer en 1928 les **premiers éléments d'une assurance sociale** couvrant les risques maternité, maladie, invalidité, vieillesse, décès, financée par des cotisations égales à 4 % du salaire payées par les patrons et par les employés. **La même année, la loi Loucheur vise à développer la construction d'habitations à bon marché** (HBM). Elle prévoit sur 5 ans la création de 200 000 pavillons pour les classes moyennes.

3. Le rôle des grandes entreprises

La période est favorable à la concentration technique et financière. Dans le textile, le déclin de l'industrie à domicile s'accélère en raison des pénuries de main-d'œuvre et de la concurrence de la grande usine mécanisée. Dans l'industrie automobile, la standardisation et le travail à la chaîne poussent les constructeurs à créer de grandes unités industrielles, employant plusieurs milliers de personnes. **Les grandes entreprises françaises multiplient aussi les prises de participation dans les secteurs en amont et en aval** de leur activité principale. La création en 1920 de la taxe sur le chiffre d'affaires qui est perçue en cascade et qui pénalise l'émiettement du processus de production les incite à intégrer si possible tout le cycle productif. **D'autres firmes se développent en diversifiant leurs activités**. La firme Renault ajoute aux voitures l'aéronautique, l'armement (chars), le transport routier de biens et de personnes, la vente à crédit (création de la DIAC). Le groupe Schneider constitue une vaste nébuleuse d'entreprises présentes dans les secteurs de la sidérurgie, l'armement, la construction mécanique, les matériels de transports ferroviaires et automobiles, le BTP. Il se dote d'une banque de groupe, l'Union européenne financière et industrielle, et développe ses participations en Europe centrale et orientale (prise de participation dans Skoda). La chimie française qui bénéficie des transferts de technologie grâce aux brevets obtenus dans le cadre des réparations allemandes est dominée par trois grandes entreprises, : la manufacture de glaces de Saint-Gobain, Kuhlmann et Rhône-Poulenc, fruit de la fusion entre la SCUR et Poulenc en 1928. La même année, apparaît par fusion le groupe Alsthom qui rassemble plus de la moitié de la construction électrique française.

Pour financer leur croissance, **les entreprises recourent à l'autofinancement mais aussi aux marchés financiers** pour l'émission d'emprunts obligataires et d'actions. La trajectoire fulgurante de Citroën alimentée par un recours important et récurrent à l'emprunt demeure cependant exceptionnelle. Dans le secteur bancaire, trois banques, le Crédit Lyonnais, la Société Générale et le Comptoir National d'Escompte jouent un rôle croissant dans la distribution de crédits de court terme aux entreprises tandis que la Banque de Paris et des Pays-Bas et la Banque de l'Union Parisienne développent leurs participations dans un grand nombre d'entreprises industrielles. Les petites et moyennes entreprises participent également à la croissance par le biais de la sous-traitance.

III. Les limites

A. DES STRUCTURES SOCIALES PARTIELLEMENT MODIFIÉES

1. Un monde rural en mutation lente

La hausse des prix pendant la Première Guerre mondiale amène un afflux d'argent dans les campagnes qui favorise le redémarrage de l'agriculture. **La production retrouve son niveau d'avant-guerre en 1925**, mais reste stable ensuite. Si l'agriculture se modernise, **l'effort financier continue de porter sur l'acquisition des terres**. La consolidation de la petite et moyenne exploitation familiale orientée vers l'intensification de la polyculture à destination des marchés urbains s'accompagne d'un effacement de la micro-exploitation et d'un recul relatif de la grande exploitation. L'usage plus intensif des engrais et la mécanisation de certaines opérations ne permettent pourtant pas à l'agriculture française d'atteindre les rendements de ses homologues européennes et américaines. Avec **29 000 tracteurs en 1929**, l'équipement de la France reste limité aux grandes exploitations du Bassin parisien. Les régions proches des villes bénéficient le plus des innovations, comme la collecte du lait de Normandie et des régions proches à destination de la région parisienne par camions automobiles, collecte organisée par la société Maggi. En revanche, les zones de moyennes montagnes poursuivent leur déclin et la chute des prix agricoles à partir de 1925 accélère l'exode rural. **600 000 personnes quittent les campagnes entre 1921 et 1931**.

■ Évolution de la population rurale et urbaine

Recensement	Population totale (en millions)	Population urbaine (en millions)	Population rurale (en millions)	Taux d'urbanisation
1921	39,1	18,1	21,0	46,3
1926	40,6	19,8	20,8	48,8
1931	41,5	21,1	20,4	50,8
1936	41,5	21,6	19,9	52,0

Source : J. Dupâquier, *Histoire de la population française*, Paris, PUF, 1988.

2. La diversité du monde ouvrier

L'échec des grèves de 1919-1920, l'éclatement de la CGT sur fond d'affrontement entre voie révolutionnaire prônée par le parti communiste et voie réformiste soutenue par les socialistes et le contexte de prospérité et de plein-emploi expliquent la **faible mobilisation ouvrière**. L'audience réduite des communistes reflète le manque de combativité d'un monde ouvrier qui accepte le processus de rationalisation et de standardisation parce qu'il en espère une amélioration des conditions de travail et de rémunération. Malgré des traits communs, une consommation limitée par l'insuffisance du pouvoir d'achat, des conditions de logement toujours médiocres, **le monde ouvrier reste profondément hétérogène et hiérarchisé**. Ses composantes vont des ouvriers à domicile dont le nombre décline aux immigrés, nombreux dans les régions minières, aux manœuvres et ouvriers spécialisés de la grande entreprise jusqu'à l'aristocratie ouvrière composée des ouvriers qualifiés, contremaîtres, techniciens et artisans. Autour de certaines agglomérations industrielles comme Lyon, Vénissieux, Montluçon ou dans le bassin minier du Nord-Pas-de-Calais, le ramassage par autocars permet de conserver une **main-d'œuvre ouvrière qui réside à la campagne**. L'effort de guerre a mis au premier plan l'importance des femmes dans la production industrielle, les « munitionnettes », et dans les services (employées dans les transports, institutrices), mais **le salariat féminin tend à stagner** dans les années 1920.

3. L'immigration, rouage indispensable de l'économie française

Les étrangers en France entre les deux guerres

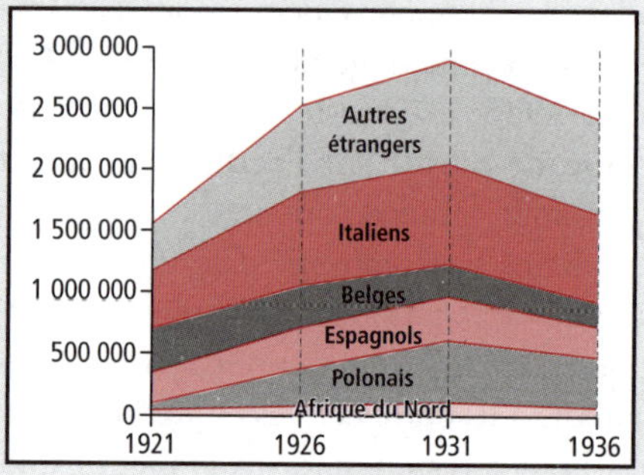

La proportion des étrangers dans la population en 1931

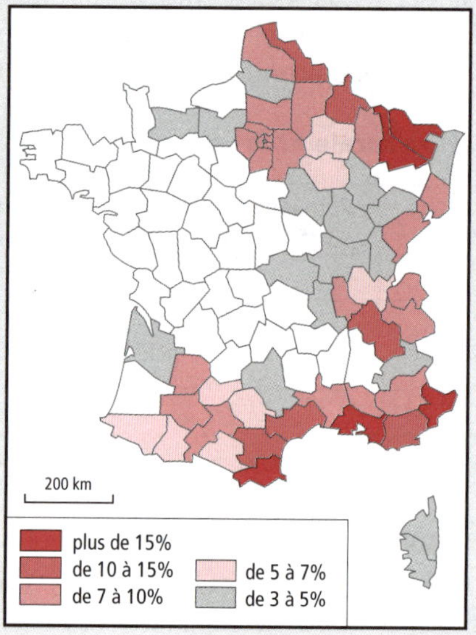

La réduction du travail hebdomadaire à 8 heures et la recherche de la productivité n'empêchent pas le **recours aux ressources de l'immigration** dont les zones de recrutement se sont élargies à l'occasion de la guerre à l'outre-mer (Chine, Indochine, Maghreb). Après la réorganisation des frontières et la révolution bolchevique, **l'immigration s'élargit à l'Europe centrale et au Moyen-Orient, tandis que perdure l'immigration des pays méditerranéens, Italie et Espagne**. À Marseille arrive une importante communauté arménienne fuyant les persécutions. Innovation importante, le recrutement fait l'objet de conventions étatiques entre la France, l'Italie, la Pologne (8 septembre 1919). Les entreprises minières du nord de la France envoient des délégations pour recruter des mineurs de Westphalie ou de Silésie, devenue polonaise. Dans le Pas-de-Calais, les immigrés représentaient 2,5 % de la population en 1911, 3,9 % en 1921, 19 % en 1925 et, en 1930, les étrangers représentent près de la moitié des mineurs de fond. En Lorraine, la constitution de la « Petite Pologne », avec ses magasins, ses prêtres et ses associations fait écho à l'installation des colonies italiennes qui fournissent encore en 1927, 70 % des mineurs lorrains.

■ **Évolution de la population étrangère en France d'après les recensements**

Recensements	Population totale (en millions)	Population étrangère (en millions)	Étrangers (en pourcentage)
1921	39,1	1,5	3,8 %
1926	40,6	2,5	6,1 %
1931	41,5	2,8	6,7 %
1936	41,5	2,4	5,8 %

Source : J. Dupaquier, *Histoire de la population française*, Paris, PUF, 1988.

B. DES FRAGILITÉS

1. Des faiblesses sectorielles

La structure de l'économie française continue de s'organiser autour de la petite et moyenne entreprise. Même les grandes entreprises françaises apparaissent moyennes au regard de leurs homologues européennes. Dans l'industrie automobile, la production des trois leaders du marché ne dépasse pas le seuil des 100 000 voitures annuelles, malgré une gamme de fabrication élargie. Des secteurs anciens se sont insuffisamment transformés. **L'industrie textile reste le premier employeur** mais la faible concentration et la modernisation partielle de l'équipement en font un secteur fragile. Les faiblesses ne se limitent pas aux secteurs hérités de la première industrialisation. Dès les années 1920, **les secteurs dans lesquels la France avait été pionnière au début du siècle apparaissent distancés par rapport à leurs compétiteurs étrangers**. L'industrie aéronautique sortie grandie de sa participation à l'effort de guerre connaît dès 1924 des signes d'inadaptation face aux innovations du secteur. L'exploit de Lindbergh traduit l'avance américaine en matière de moteurs et de fiabilité des différents organes. **Le cinéma français, pourtant le premier du monde en 1914, est dépassé par le cinéma américain.** Pathé et Gaumont conservent un réseau de salles mais délaissent la production. Dès 1920, les productions d'Hollywood représentent 80 % des projections dans les salles françaises. La radiophonie française occupait également le premier rang mondial. Pourtant, la volonté de préserver un monopole d'État en matière d'émission et les aléas de la politique en matière d'émetteurs-radio retardent le développement des stations et brisent l'élan d'un secteur dynamique. **Le retard est également patent en matière de téléphonie**. Le développement du téléphone et l'automatisation des centraux téléphoniques sont indéniables mais la firme américaine ITT emporte la majeure partie des marchés.

2. Une résolution problématique de la question financière

L'action de Raymond Poincaré, considéré comme le « sauveur du franc », entre 1926 et 1928, n'est pas sans ambiguïtés. **La France retrouve une stabilité monétaire et un excédent budgétaire**. L'utilisation de ces excédents permet au président du Conseil Tardieu de faire adopter en 1929 un plan d'outillage national, comprenant notamment la construction de la ligne Maginot, qui a eu un effet retardateur sur l'entrée de la France dans la crise. Sur le plan psychologique, **Poincaré redonne force au dogme d'une monnaie solide**, gage de finances saines, et stigmatise les errements financiers antérieurs. Il rétablit l'étalon-or, met fin à la spéculation sur le franc et à la pratique du cours forcé en vigueur depuis la Première Guerre mondiale. La France voit affluer les capitaux flottants et la Banque de France accroît ses réserves monétaires qu'elle transforme par la suite en or. En revanche, **les entreprises perdent l'avantage compétitif lié au change du franc** et la stabilisation de la monnaie en 1928 provoque une érosion progressive des exportations. Le recul est particulièrement sensible dans les secteurs traditionnels comme l'agriculture, incapable d'être concurrentielle sur des marchés mondiaux où les prix sont déprimés, les industries textiles, le secteur du luxe. Mais la perte de compétitivité touche aussi les secteurs nouveaux. L'industrie automobile française est ainsi confrontée à une concurrence américaine de plus en plus forte sur son principal marché extérieur, les pays européens limitrophes. Ce recul n'est que partiellement contrebalancé par ses efforts en Europe centrale et orientale, au Moyen-Orient et dans son empire colonial. La balance du commerce extérieur redevient déficitaire dès 1927 et **la perte de marchés extérieurs amorce le retournement de la conjoncture mais révèle aussi les faiblesses structurelles de l'économie française**.

ZOOM ▶ La querelle entre partisans et adversaires de la revalorisation du franc en 1927

Entre la stabilisation de fait du franc en décembre 1926 et l'officialisation de cette stabilisation en juin 1928, la querelle fait rage entre ceux qui souhaitent poursuivre la revalorisation du franc jusqu'à sa valeur de 1914 et ceux qui se prononcent pour une stabilisation qui équivaut à une dévaluation des quatre cinquièmes par rapport au franc d'avant-guerre. Les revalorisateurs, au premier rang desquels se trouvent deux des régents les plus influents de la Banque de France, le baron de Rothschild et le maître de forges de Wendel, invoquent d'abord des arguments de moralité : l'État doit respecter la parole donnée et rendre aux épargnants qui lui ont fait confiance en souscrivant aux emprunts un pouvoir d'achat identique. La stabilisation est donc immorale et dangereuse puisqu'elle risque d'ébranler pour longtemps le crédit de l'État. Les revalorisateurs qui sont appuyés par de grands journaux comme *Le Figaro* ou *Le Temps* invoquent aussi le prestige national et l'intérêt puisque la stabilisation affaiblirait la valeur réelle des créances françaises sur l'étranger.

Les partisans de la stabilisation se recrutent dans les milieux industriels qui craignent un effondrement des exportations en cas de remontée du change, parmi les syndicats et les partis de gauche hostiles à la déflation des salaires que nécessiterait le retour à la valeur de 1914 et parmi les techniciens conscients du coût économique d'une politique de franc fort. Au premier rang de ces spécialistes se trouve le gouverneur de la Banque de France, Émile Moreau, qui ne cesse de faire pression sur le président du Conseil pour qu'il officialise la stabilisation. Partisan de la revalorisation, Poincaré a longuement hésité mais a fini par admettre que le retour au niveau d'avant-guerre était une utopie dangereuse qui aurait notamment revalorisé le poids de la dette, imposé un recul sévère des prix et des salaires et qui risquait de multiplier les faillites. Il attend cependant les élections d'avril 1928 qui renforcent sa majorité et son autorité pour choisir la voie de la raison et entériner officiellement l'amputation de la valeur du franc.

12 LA CRISE DES ANNÉES 1930

La crise ouverte par le krach boursier de Wall Street en octobre 1929 est, par son ampleur et sa durée, la plus grave qu'ait connue le système capitaliste. Quand le fond de la dépression est atteint en 1932, la production industrielle mondiale a diminué de 40 %, les prix ont chuté en moyenne de 50 % et les pays développés comptent plus de 30 millions de chômeurs.

Cet effondrement suscite l'incompréhension des contemporains et le désarroi des gouvernants. Les démocraties hésitent entre la fidélité aux principes libéraux et l'intervention de l'État pour redresser la conjoncture et réorganiser l'économie et la société. Les dictatures choisissent délibérément le réarmement et s'engagent dans des politiques agressives de conquête d'un « espace vital ». Ressentie comme une agression venue d'ailleurs, la crise légitime des réflexes de fermeture et des politiques de repli nationaliste. Les tentatives de concertation internationale échouent, la valeur du commerce mondial est amputée des deux tiers, l'économie mondiale se fragmente en blocs antagonistes.

CHRONOLOGIE

24 octobre 1929 : Début du krach de Wall Street

1930 : Relèvement des droits de douane aux États-Unis

1931 Juin : Le moratoire Hoover suspend le paiement des réparations allemandes

Juillet : L'Allemagne établit le contrôle des changes

Septembre : Inconvertibilité et flottement de la livre, formation de la zone sterling

Décembre : Flottement du yen

1932 Juillet : Contrôle des changes au Japon **Août :** Création d'une zone de préférence impériale britannique

Novembre : F. D. Roosevelt est élu président des États-Unis

1933 Janvier : Hitler accède à la Chancellerie

Printemps : Premières mesures du « New Deal »

Juillet : échec de la conférence de Londres. Formation du « bloc-or »

1934 Janvier : Dévaluation du dollar. Début de la politique d'autarcie italienne

Juillet : Lancement du premier plan allemand

1935 Décembre : Keynes publie la *Théorie générale de l'emploi, de l'intérêt et de la monnaie*

1936 Mai : Victoire du Front populaire. Début de la politique de reflation.

Septembre : Dévaluation du franc Dissolution du « bloc-or »

Novembre : Réélection de Roosevelt

1937 Juillet : Début de la Seconde Guerre mondiale en Asie

I. Une crise mondiale

Le climat qui prévaut à l'aube de 1929 est euphorique. Les États-Unis vivent depuis 1921 à l'heure de la *prosperity* qui associe production et consommation de masse. Les pays européens semblent avoir enfin surmonté les terribles séquelles de la Première Guerre mondiale : les monnaies sont stabilisées, la croissance retrouvée. La Société des Nations semble enfin capable de faire triompher la paix.

La violente crise qui s'abat sur les États-Unis à partir de l'automne 1929 puis sur l'ensemble du monde au cours des deux années suivantes apparaît donc comme un **événement inattendu et incompréhensible**. Au rêve de la prospérité pour tous succède brusquement le cauchemar du chômage et de l'effondrement du système capitaliste confronté à un phénomène qui semble absurde : d'un côté, la surabondance de produits invendus et qu'il faut souvent détruire, de l'autre, des foules privées de tout.

A. UNE ORIGINE AMÉRICAINE ?

1. Le krach boursier

Comme une tornade dans un ciel serein, **le krach s'abat brusquement sur la Bourse de New York à l'automne 1929**. Le « jeudi noir » 24 octobre, un vent de panique jette sur le marché 13 millions de titres. Le 29, 16 millions de titres sont mis en vente et le 30 le *New York Times* évoque en première page un « effondrement national ». Les ventes massives ont en effet effacé en quelques jours la hausse des cours enregistrée depuis 1925. **La chute se poursuit jusqu'en 1932, faisant disparaître plus de 80 % de la capitalisation boursière de 1929** et ruinant un million de spéculateurs.

Le krach sanctionne « l'orgie de spéculation boursière » qui s'est emparée des Américains depuis 1925. La possibilité d'acheter des titres « à la marge », c'est-à-dire en empruntant jusqu'à 90 % des sommes nécessaires, et les faibles taux d'intérêt ont attiré un nombre croissant de spéculateurs alléchés par les premières hausses. **Les cours ont ainsi doublé entre 1925 et 1929 créant une bulle boursière sans rapport avec la réalité américaine**. Le retournement est précipité par le relèvement des taux d'intérêt décidé en août 1929 par les autorités fédérales qui ont fini par s'inquiéter de cette orgie de crédit.

L'ampleur du krach s'explique par la panique mais aussi par la législation boursière. Les agents de change, qui ont emprunté auprès des banques pour financer les achats à crédit, ont en effet le droit de faire des « appels à la marge » en cas de chute des cours : ils demandent à leurs clients de couvrir une partie du crédit par des liquidités. Si cet appel est sans effet, ils peuvent vendre les titres déposés en caution. C'est ce dispositif qui a précipité l'effondrement malgré l'intervention désespérée de quelques banques pour racheter des titres et les déclarations optimistes du président Hoover répétant encore au début de 1930 : « La prospérité nous attend au coin de la rue. »

2. La généralisation de la crise

Même s'il ne concerne qu'une infirme partie de la population américaine, **le krach boursier a un impact considérable sur la psychologie collective**. Le rêve américain fondé sur la croyance aveugle en un avenir toujours plus radieux fait place au désarroi et à l'inquiétude. **Le système financier est la première victime** : les banques sont prises en tenaille par des retraits précipités de dépôts alors qu'elles ne peuvent récupérer les sommes prêtées aux spéculateurs ou investies dans l'industrie. 640 banques sont acculées à la faillite dès 1929, 1 300 en 1930 et plus de 2 200 en 1931. Au total, 5 000 banques sur 23 000 doivent fermer leurs portes.

La crise financière s'étend rapidement à l'ensemble de l'économie. La paralysie du crédit et l'inquiétude freinent la consommation et bloquent l'investissement. **La mévente submerge les industriels de stocks et déclenche le cortège habituel des malheurs : chute des prix, chute des profits et multiplication des faillites**. Entre 1929 et 1932, la production industrielle recule de 46 %. La chute est encore plus sévère pour la production automobile qui a été le symbole de la prospérité des années 1920 et pour les industries de base comme la sidérurgie.

Les faillites industrielles et bancaires jettent à la rue des millions de travailleurs, « cols bleus », c'est-à-dire ouvriers, mais aussi « cols blancs », employés, cadres et représentants de la classe moyenne. En réduisant encore la demande solvable, l'explosion du chômage aggrave la spirale de la dépression : la crise nourrit la crise. Au drame des villes s'ajoute celui des campagnes : **la surproduction ruine de nombreux *farmers***. Incapables de payer leurs dettes, ils sont chassés de leur exploitation et réduits à la misère.

■ **Les indicateurs de la crise américaine 1929-1932**

	1929	1930	1931	1932
Indice des prix agricoles (base 100 = 1926)	104,90	88,30	64,80	48,20
Indice des prix industriels (base 100 = 1926)	93,30	85,90	74,60	68,20
Indice de la masse salariale (base 100 = 1929)	100,00	81,00	61,00	41,00
Taux de chômage (en % des actifs)	3,10	8,80	16,10	24,00
Indice du cours des actions (100 = 1935-1939)	238,00	175,00	100,00	36,00
Investissements (en milliards de dollars)	35,00	23,60	15,00	3,90
Indice de la production industrielle en juin (100 = juin 1925)	125,00	99,00	80,00	59,00
Revenu national (en milliards de dollars)	87,4	75,00	58,90	41,70
Exportations (en milliards de dollars)	5,24	3,84	2,42	1,61
Importations (en milliards de dollars)	4,40	3,06	2,09	1,32

3. Une économie fragile depuis de longues années

Le choc né à Wall Street ne fait que révéler des déséquilibres accumulés pendant la *prosperity*. Le monde agricole souffre de la baisse des prix depuis le début des années 1920. **La croissance industrielle est menacée depuis longtemps par l'insuffisance de la demande**. Les ventes à l'extérieur sont en effet freinées par la cherté du dollar. La demande intérieure est certes stimulée par le déferlement de la réclame et les facilités du crédit mais elle est limitée par l'insuffisance du pouvoir d'achat de très nombreux Américains. La présence d'un chômage endémique qui touche de 1 à 5 millions de personnes au cours des années 1920 et l'affaiblissement du syndicalisme pèsent lourdement sur les rémunérations des salariés. La fermeture du pays à l'immigration prive aussi le pays d'un moteur dont le rôle a été décisif dans la croissance avant 1914. Enfin, le libéralisme affiché par les présidents républicains a laissé se creuser les inégalités sociales et les déséquilibres économiques.

B. UN PHÉNOMÈNE PLANÉTAIRE

1. Une onde de choc venue des États-Unis ?

Les deux « effets domino » immédiats de la crise américaine concernent les pays exportateurs de produits de base et le Japon. Les pays latino-américains sont les premiers atteints par la contraction des achats de la première économie mondiale et par la chute des prix qui l'accompagne. Dès 1930, l'effondrement de leurs recettes d'exportation les oblige à recourir à des contrôles de change. L'économie japonaise compte aussi parmi les premières victimes : la fermeture du marché américain prive les soieries de débouchés et entraîne en 1931 l'effondrement de l'industrie textile, principal secteur d'emploi industriel.

La crise atteint l'Europe en 1930-1931. Dès 1930, la production industrielle allemande recule de 25 % et le chômage touche 3 millions de personnes. La forte poussée des nazis et des communistes lors des élections législatives de septembre 1930 accélère la fuite des capitaux américains et fragilise les banques. En 1931, après la faillite de l'une des quatre grandes banques allemandes, le gouvernement doit établir le contrôle des changes en juillet et placer tout le système bancaire sous contrôle étatique en septembre. **Le contexte international affecte aussi le Royaume-Uni** : outre l'aggravation du déficit commercial et du chômage dans toutes les industries exportatrices, le pays est confronté à la chute des revenus du fret, des assurances et des capitaux placés à l'étranger. La dégradation de la situation nourrit une violente crise monétaire : en échangeant massivement leurs avoirs en livres contre de l'or, les pays étrangers réduisent dangereusement l'encaisse britannique de métal précieux. **En septembre 1931, le pays doit renoncer à la convertibilité et mettre la livre en flottement**. En France, les exportations reculent depuis le redressement du franc en 1927 et la production industrielle décline dès 1930 mais le maintien d'une situation proche du plein-emploi conduit l'opinion publique à se croire à l'abri des difficultés qui s'abattent sur le reste du monde. **L'URSS seule semble échapper au marasme**. Elle s'engage au contraire en 1929 dans le « grand tournant » fondé sur la collectivisation des terres, la planification et l'industrialisation « à toute vapeur ».

2. ... ou une cascade de crises nationales ?

ZOOM ▶ La crise, une récurrence fatale inhérente au capitalisme

Depuis 1825, date où éclata la première crise générale, la totalité du monde industriel et commercial, la production et l'échange de l'ensemble des peuples civilisés et de leurs appendices plus ou moins barbares se détraquent environ une fois tous les dix ans. Le commerce s'arrête, les marchés sont encombrés, les produits sont là aussi en quantités aussi massives qu'ils sont invendables, l'argent comptant devient invisible, le crédit disparaît, les fabriques s'arrêtent, les masses travailleuses manquent de moyens de subsistance pour avoir produit trop de moyens de subsistance, les faillites succèdent aux faillites, les ventes forcées aux ventes forcées. L'engorgement dure des années, forces productives et produits sont dilapidés et détruits en masse jusqu'à ce que les masses de marchandises accumulées s'écoulent enfin avec une dépréciation plus ou moins forte, jusqu'à ce que production et échange reprennent peu à peu leur marche. Progressivement, l'allure s'accélère, passe au trot, le trot industriel se fait galop et ce galop augmente à son tour jusqu'au ventre à terre d'un *steeple chase* complet de l'industrie, du commerce, du crédit et de la spéculation, pour finir, après les sauts les plus périlleux, par se retrouver... dans le fossé du krach. Et toujours la même répétition. Voilà ce que nous n'avons pas vécu moins de cinq fois déjà depuis 1825, et ce que nous vivons (1877) pour la sixième fois.

Friedrich Engels (1820-1895), *Socialisme utopique et socialisme scientifique.*

Dans ses *Mémoires*, le président Hoover conteste fortement le scénario qui assimile la crise à un tremblement de terre dont l'épicentre est américain. Sa première objection porte sur la chronologie des événements. Pour lui, la crise s'amorce non dans le centre dominant mais dans les pays de la périphérie, exportateurs de produits bruts, produits agricoles, énergies et matières premières. Depuis 1921, la surproduction mondiale déprime le cours des produits bruts. L'appauvrissement de ces pays pèse à son tour sur la croissance des pays industriels en réduisant leurs débouchés. La production industrielle plafonne dès 1927 en Australie, au Japon et au Royaume-Uni, en 1928 en Allemagne et au printemps 1929 dans la plupart des pays européens. De même, les premières baisses du cours des actions sont enregistrées en 1928 en Allemagne et au printemps 1929 dans les pays scandinaves et en Angleterre. **Pour le président des États-Unis, les quatre cinquièmes de l'économie mondiale**

sont entrés en récession avant le début du krach de Wall Street. La seconde objection du président Hoover porte sur la nature de la crise. **Il estime que c'est l'effondrement des économies européennes en 1931 qui a rendu la situation américaine incontrôlable et plongé le monde dans la « Grande Dépression »**. Hoover attribue cet effondrement aux déséquilibres nés de la Première Guerre mondiale et non résolus dans les années 1920. L'économie britannique est effectivement en crise depuis le retour de la livre sterling à sa parité d'avant-guerre en 1925, elle est sanctionnée par la chute des exportations, le marasme industriel, le chômage et la fuite de capitaux. L'Allemagne a certes obtenu une réduction des réparations en 1924 et 1929 et son industrie s'est fortement modernisée. Mais le pays ne survit que grâce à l'arrivée des capitaux américains, ses réserves monétaires sont extrêmement faibles et la République de Weimar manque d'assise dans la population. Grâce à son exceptionnel stock d'or et de devises, la France semble plus solide mais son commerce extérieur souffre dès 1927 du redressement du franc, alors que son industrie dépend fortement de l'exportation. Après la formation de la zone sterling en septembre 1931, les Français sont obligés de prendre conscience que la crise ne s'est pas arrêtée à la frontière.

Affirmer comme le président Hoover que « le grand centre de la tempête fut l'Europe » est sans doute excessif. On ne peut nier cependant que **les crises américaine et européenne se sont nourries l'une l'autre, aggravant l'intensité et la durée de la dépression**.

L'extension mondiale de la crise

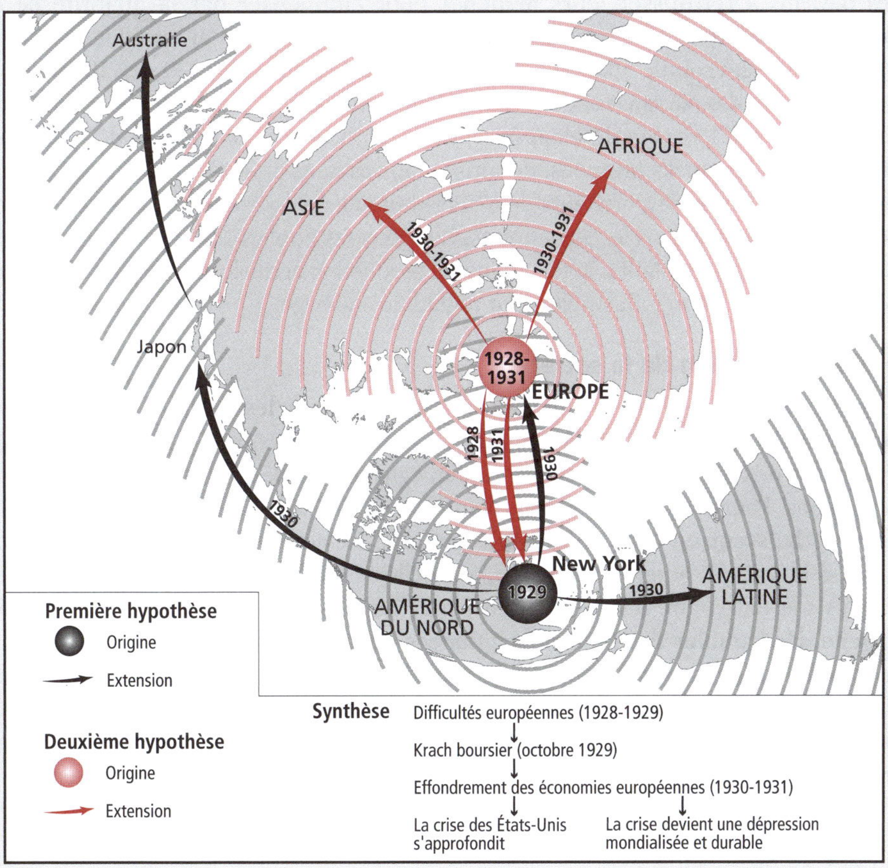

C. UN DÉSASTRE ÉCONOMIQUE ET SOCIAL

1. La ruine de l'industrie

La crise conduit à un recul exceptionnel de la production industrielle. De 1929 à 1932, la production mondiale d'acier tombe de 120 millions de tonnes à 50, la construction automobile de 6,3 millions de véhicules à 1,9 million. La chute est du même ordre pour le secteur électroménager qui avait prospéré dans les années 1920, en particulier aux États-Unis. Les industries alimentaires résistent mieux, de même que l'industrie chimique qui recourt à des systèmes de cartel pour organiser et réduire le repli.

Ce recul industriel sans équivalent explique l'explosion du chômage. En 1932, on compte plus de 30 millions de chômeurs dans les pays industriels dont 12 millions d'Américains, près du quart de la population active, et 6 millions d'Allemands, 17 % des actifs. **Il faut y ajouter un nombre considérable de chômeurs partiels**. Ils sont près de 8 millions en Allemagne en 1932. C'est aussi la forme de chômage la plus répandue en France où les petites et moyennes entreprises sont très nombreuses. En dehors de l'Angleterre qui verse une indemnité aux chômeurs depuis 1908, ceux qui ont perdu leur emploi ne bénéficient d'aucun secours officiel au début de la crise. Réduits à la mendicité, ils doivent fréquenter les soupes populaires et les asiles de nuit pour survivre.

2. Les difficultés de l'agriculture

La mévente contraint les industriels à fermer les usines. Elle pousse au contraire les paysans à retrousser leurs manches pour compenser par la quantité ce qu'ils perdent à l'unité. Ce comportement aggrave la surproduction et explique que la baisse des prix agricoles soit de 50 à 80 % par rapport à des niveaux de 1929 déjà déprimés. L'appauvrissement des paysans est donc particulièrement prononcé et le chômage urbain exclut tout exode rural. Les pays développés sont contraints de mettre en place des politiques de dénaturation des stocks invendus, des primes aux paysans pour réduire leur surface ou leur production. Les pays exportateurs de matières premières font de même : au Brésil, le café sert de combustible dans les locomotives. Les pouvoirs publics sont confrontés à un redoutable dilemme : il leur faut à la fois freiner la production agricole surabondante et tenter de relancer la production industrielle pour réduire le chômage.

3. La désorganisation de la société

La crise induit une véritable fracture sociale : **elle multiplie les victimes mais elle épargne ou avantage une partie de la société**. Les fonctionnaires sont à l'abri du chômage. La baisse des prix augmente la richesse des épargnants qui détiennent des liquidités ou des obligations. Pour ceux qui conservent leur emploi, la période est également favorable : **les salaires baissent en effet moins que les prix**. Le sentiment d'injustice qui en résulte favorise la montée de revendications catégorielles et de brusques manifestations de colère le plus souvent contre les pouvoirs en place. **La crise détruit le consensus social et suscite des troubles dont les conséquences politiques sont lourdes.** Les démocraties sont partout affaiblies alors que le mécontentement favorise les mouvements extrémistes, comme le parti nazi en Allemagne, les ligues en France, les formations de type fasciste un peu partout en Europe ou le triomphe d'hommes providentiels et de régimes populistes en Amérique latine. La crise nourrit aussi une mobilisation ouvrière comme en témoigne l'essor du syndicalisme aux États-Unis ou en France à partir du milieu des années 1930 et l'audience accrue des mouvements révolutionnaires qui veulent en finir avec le capitalisme et rêvent de sociétés égalitaires.

II. Des solutions contradictoires

A. LE RECOURS AUX REMÈDES LIBÉRAUX

1. La croyance en des mécanismes compensateurs

Pour les économistes libéraux, la crise est un « dérangement temporaire du marché ». **Elle se résout d'elle-même pourvu que l'on laisse agir les mécanismes compensateurs spontanés qui préparent automatiquement la relance de l'activité**.

Le premier mécanisme est la baisse des taux d'intérêt. Le climat d'inquiétude dissuade en effet quiconque de recourir à l'emprunt, qui plus est à un moment où les prix tombent, rendant le remboursement à terme particulièrement aléatoire. Les libéraux affirment que la baisse du loyer de l'argent finit par attirer les investisseurs les plus audacieux, enclenchant ainsi la reprise. Aux États-Unis par exemple, le taux d'intérêt est inférieur à 2 % dès 1932.

Le second mécanisme est la baisse des salaires qui est liée à l'accroissement du chômage et à la concurrence entre les demandeurs d'emploi. À terme, la baisse substantielle du coût du travail doit conduire les investisseurs à embaucher de nouveau.

Le troisième mécanisme est la baisse du coût de production. La crise balaie en effet les entreprises les moins performantes qui ne peuvent survivre à la chute des profits. L'élimination des « canards boiteux » prépare la reprise en assainissant les structures et en favorisant une concentration au profit des entreprises les plus performantes et les plus dynamiques.

Le dernier mécanisme est lié à l'innovation. La chute des prix et des profits conduit automatiquement les entreprises à rechercher de nouvelles techniques, à inventer de nouveaux produits, à se tourner vers de nouveaux secteurs.

Pour les libéraux, la reprise intervient lorsque ces quatre facteurs ont fait leur œuvre : l'investisseur peut de nouveau trouver de la main-d'œuvre à bon marché, emprunter à faible coût et mettre en œuvre des techniques plus performantes dans une structure économique assainie.

2. Des politiques d'austérité

Persuadés que la crise porte en elle-même sa solution, les libéraux s'opposent à toute intervention de l'État. La règle d'or pour les pouvoirs publics est de respecter les mécanismes correcteurs du marché. Toute politique de relance est évidemment exclue car « la reprise ne se décrète pas ». L'intervention des pouvoirs publics ne peut que paralyser l'assainissement en cours et retarder une reprise durable et saine. L'État peut cependant jouer un rôle positif. **Sa première mission est de restaurer la confiance. Pour cela, il doit notamment sauvegarder la monnaie**. Le recours à la dévaluation ou au flottement monétaire pour tenter de relancer les exportations est assimilé à une pratique frauduleuse qui lèse les épargnants et les rentiers, fait fuir les capitaux, aggrave l'inquiétude et ne peut que renforcer le marasme international en exportant la crise.

Face à une crise liée aux méfaits de la spéculation, aux pièges de l'argent facile et à l'orgie incontrôlée du crédit, **l'État doit respecter l'orthodoxie budgétaire**. La réduction des recettes fiscales liée à la crise impose donc une réduction des dépenses publiques pour restaurer l'équilibre budgétaire. Un éventuel déficit ne pourrait être financé que par un recours à l'emprunt, ce qui retarderait la baisse nécessaire des taux d'intérêt, ou par une création monétaire, ce qui mettrait en danger la valeur de la monnaie.

Les pouvoirs publics doivent aussi, selon les médecins libéraux, faciliter la reprise par une **politique de déflation** destinée à combattre la puissance excessive des syndicats qui s'opposent à la baisse des salaires et retardent la reprise. L'État doit donner l'exemple en réduisant le nombre et la rémunération des fonctionnaires et aider les entreprises en encourageant la baisse du prix du travail. Cette baisse est aussi indispensable pour répondre à la « contrainte extérieure » et favoriser une reprise des exportations et un retour à l'excédent de la balance commerciale.

Mélange d'austérité et d'autorité, la thérapeutique libérale veut mettre fin aux erreurs et aux excès commis pendant l'euphorie de la prospérité. La crise signifie la fin des facilités et le retour à la sagesse ; comme Guizot en 1840, les libéraux affirment « qu'il n'y a de solution que dans la patience et la résignation ». Après les orgies des « années folles », voici venu le temps des pénitences.

3. Des résultats désastreux

Partout où les politiques libérales ont été appliquées, les résultats se sont révélés plus que décevants. **La politique de déflation est pratiquée en Allemagne par le chancelier Brüning qui dirige le pays de 1930 à 1932**. Le contrôle des changes établi en juillet 1931 lui permet de limiter les importations. En décembre, il réduit par décret les salaires et les prix de 10 % et les allocations chômage de plus de 50 %. Cette politique, qui aggrave les difficultés des entreprises en les privant d'approvisionnement et qui soulève la colère populaire, a largement servi la propagande nazie : lors des élections législatives de 1932, le parti nazi devient le premier parti du Reichstag. **En Angleterre, le gouvernement fait voter en septembre 1931 l'Economy Bill** qui lui permet d'imposer par décret une baisse des traitements de 5 à 20 %, une réduction de 10 % de l'allocation chômage et une augmentation de tous les impôts. Cette décision n'a fait qu'accélérer les fuites de capitaux : dix jours après, le gouvernement doit mettre la monnaie en flottement après l'avoir détachée de l'or. La déflation est aussi la politique initiale de très nombreux pays : l'Australie, la Nouvelle-Zélande, les pays scandinaves, les Pays-Bas, la Belgique. Mais elle est assez vite abandonnée. **Seule la France s'est obstinée à la pratiquer sans interruption de 1931 à 1936** avec pour seuls résultats une aggravation du chômage, un recul de l'industrie, une fuite des capitaux, une instabilité ministérielle et un mécontentement croissant qui conduit en 1936 au succès du Front populaire.

B. DES PROPOSITIONS NOVATRICES

1. L'analyse keynésienne

Auteur depuis 1911 de très nombreux articles, livres, pamphlets et lettres ouvertes, l'économiste britannique J. M. Keynes publie en 1936 la *Théorie générale de l'emploi, de l'intérêt et de la monnaie* où il s'oppose à la doctrine libérale et à ses préceptes face à la crise. Contrairement à l'optimisme libéral qui affirme que le marché conduit toujours au meilleur équilibre possible, **Keynes affirme qu'une économie peut s'installer durablement dans un équilibre de sous-emploi**. Si la demande effective constituée par l'investissement et la consommation est insuffisante, la sous-utilisation des capacités productives, capital et travail, peut perdurer. Il attribue la situation de blocage des années 1930 aux effets contre-productifs des politiques libérales. **Le chômage, la baisse des salaires et des prix ne peuvent que réduire la consommation et décourager l'investissement**. L'investisseur doit en effet parier sur l'avenir : la baisse des prix assombrit les perspectives de profit à terme et alourdit le poids des emprunts. Elle le pousse donc à attendre des jours meilleurs.

Keynes se prononce contre le « laisser faire » cher aux libéraux. Il considère que l'État est seul capable de lutter contre la crise par une politique volontariste, visant à renforcer la demande effective pour relancer l'offre. **L'État doit recourir au déficit budgétaire pour stimuler l'investissement**. Considérant que la construction des pyramides a fait la fortune de l'Égypte ancienne et que la construction des cathédrales a fourni du travail et créé des richesses dans tout l'Occident chrétien médiéval, **il recommande une politique de grands travaux publics** pour réduire le chômage et fournir l'impulsion initiale afin de sortir l'économie de l'équilibre dépressif où elle est installée. De même qu'il a dénoncé avec véhémence les dangers de la revalorisation de la livre en 1925 et salué à l'inverse son flottement à la baisse en septembre 1931, **Keynes condamne les politiques de défense de la monnaie et de fidélité à l'étalon-or** : la monnaie doit être un instrument au service du bien-être de la collectivité et non un fétiche conduisant au malheur des hommes. En exerçant un effet inflationniste, la création monétaire pour financer les grands travaux ne peut qu'être bénéfique dans un climat mondial où les prix ont baissé de moitié. Le redressement des prix allège le poids des dettes et redonne de l'espoir aux agents économiques.

Partisan d'une intervention conjoncturelle de l'État, Keynes récuse toute politique d'étatisation et tout système autoritaire. La tâche des pouvoirs publics se limite à ajuster la propension à consommer et l'incitation à investir de manière à assurer le plein-emploi, c'est-à-dire à créer un environnement favorable au libre jeu des forces économiques.

■ Les solutions proposées par Keynes

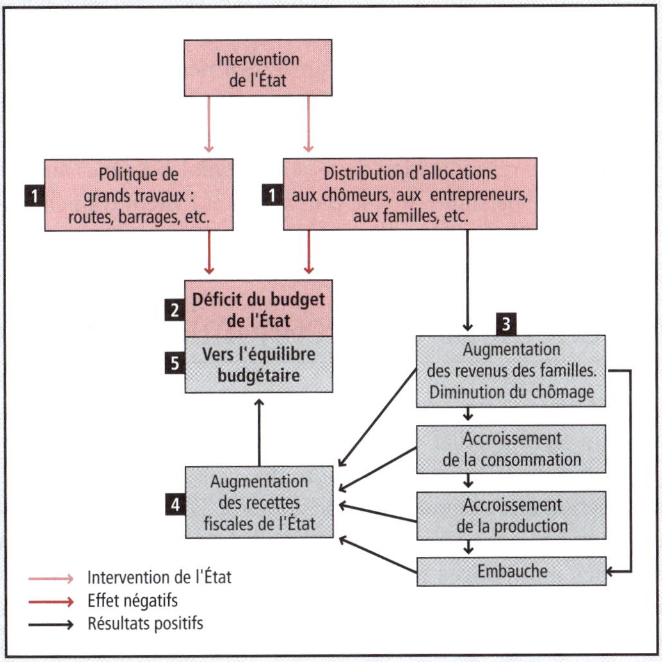

L'État doit réamorcer la pompe pour réduire le chômage, relancer la demande effective et assurer la reprise économique. La plus-value fiscale procurée par cette reprise de l'activité doit permettre à terme de compenser le déficit budgétaire initial.

2. L'empirisme des politiques de relance

Bien que Keynes bénéficie d'une notoriété internationale depuis le début des années 1920 et bien qu'il soit lui-même un remarquable propagandiste, **il n'est pas prouvé que ses idées ont influencé les politiques de relance des années 1930**. En France, sa violente critique des réparations infligées à l'Allemagne au lendemain de la guerre lui vaut beaucoup d'ennemis, ses analyses suscitent l'ironie et le rejet des économistes libéraux et il n'est apprécié que par quelques spécialistes ou responsables politiques comme Mendès France. En Angleterre, il se heurte à la puissance de l'école libérale et ses attaques contre l'étalon-or ont suscité aussi une forte réprobation. Aux États-Unis, quelques membres du *brain trust* qui conseille le Président connaissent ses idées mais Roosevelt refuse toute référence doctrinale et privilégie le pragmatisme. **En 1936, Keynes reconnaissait lui-même que la *Théorie générale* mettrait au moins dix ans avant d'avoir une réelle influence**. Si son rôle est effectivement indiscutable à partir de 1945, dans les années 1930, il a souvent prêché dans le désert. Le cadre théorique qu'il élabore est d'ailleurs très complexe et intervient sans doute trop tardivement pour servir de référence aux politiques de relance.

Il y a cependant de **fortes parentés entre l'analyse keynésienne et les mesures du président Roosevelt contre la dépression américaine**. Le New Deal recourt effectivement au déficit budgétaire et aux grands travaux pour « amorcer la pompe ». De même, Roosevelt dévalue le dollar en 1934 et cherche par tous les moyens à relever les prix. Mais les oppositions qu'il rencontre et son tempérament personnel le conduisent à une politique où les réformes de structures sont finalement plus importantes que la politique de relance qui ne peut d'ailleurs empêcher la rechute de 1938. En France, le Front populaire engage en 1936 une politique de reflation, c'est-à-dire d'augmentation du pouvoir d'achat des classes populaires. Mais l'opposition farouche de la droite, l'hostilité du patronat, la fuite des capitaux font rapidement échouer l'expérience.

Les politiques des dictatures, fondées sur le réarmement à outrance, l'asservissement des masses par la propagande et la terreur, de même que la mainmise de l'État sur toute l'économie, **n'ont évidemment rien à voir avec le message keynésien,** pas plus que les politiques d'autarcie et la revendication d'un « espace vital ». Keynes au contraire condamne toute atteinte à la liberté personnelle, « le plus puissant facteur d'amélioration du futur ».

III. Le morcellement de l'économie mondiale

La décennie 1930 marque **un recul sans précédent des échanges de marchandises**. La valeur du commerce mondial tombe de 68 milliards de dollars au printemps 1929 à 23 milliards au début de 1933, soit une chute des deux tiers qui reflète la baisse des prix mais aussi la réduction des volumes. La reprise des échanges ne s'amorce qu'en 1938. Aux fermetures des marchés nationaux s'ajoutent **l'éclatement du système monétaire et la formation de blocs monétaires régionaux**, zone sterling, zone dollar, zones mark, rouble ou yen et « bloc-or » de 1933 à 1936. Cette double fragmentation commerciale et monétaire signe l'échec des concertations internationales et nourrit un climat de rivalités croissantes qui annonce et prépare le second conflit mondial.

A. L'EFFONDREMENT DU COMMERCE MONDIAL

1. L'engrenage du protectionnisme

Avec le vote en juin 1930 du tarif Hawley-Smoot, **les États-Unis sont les premiers à fermer leur marché aux produits étrangers**. Les droits sont portés à 52 % de la valeur du produit importé. Cette décision, peu efficace pour les Américains puisque les échanges ne représentent que 5 % du produit national, a des effets désastreux pour leurs principaux partenaires, pays d'Amérique latine et Canada, qui répondent immédiatement par un contrôle des changes qui soumet toute importation à une autorisation officielle. Le même contrôle est adopté en 1931 par les pays d'Europe centrale, l'Allemagne et l'Australie. Championne du libre-échange depuis 1846, **l'Angleterre vote à son tour en février 1932 un tarif douanier protecteur** : l'Import Duties Act contingente les importations et établit des protections modulées qui vont de 10 % pour le tarif général à 20 % pour les produits manufacturés, et même 50 % pour les produits de luxe. La France contingente l'entrée des produits agricoles dès 1931 et progressivement les différents secteurs industriels à partir de 1932. Elle y ajoute une « **surtaxe compensatrice de change** » qui frappe tous les produits venus de pays dévaluateurs, en particulier ceux de la zone sterling. Elle multiplie également des accords de *clearing* qui visent à équilibrer strictement achats et ventes avec tous les partenaires qui ont choisi le contrôle des changes.

■ La contraction du commerce mondial de janvier 1929 à mars 1933 : total des importations de 75 pays *(valeur mensuelle en millions de dollars-or)*

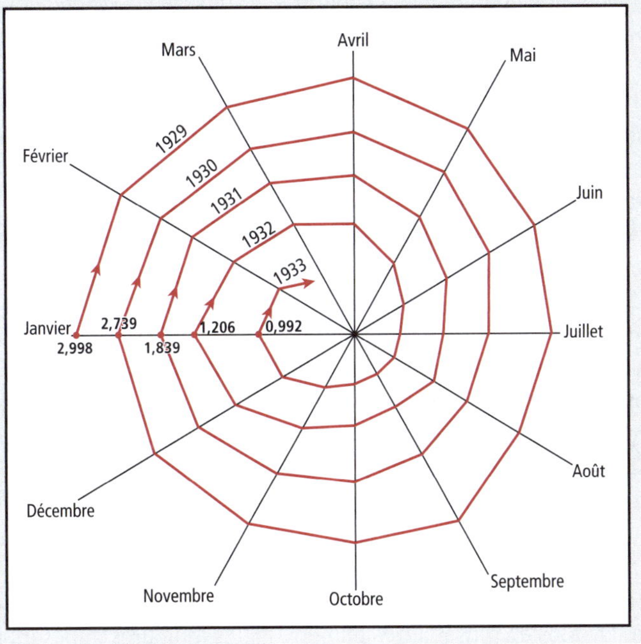

2. Le recours aux préférences impériales

Le protectionnisme britannique s'accompagne d'une préférence impériale dont le contenu est précisé par les accords d'Ottawa signés en août 1932 par le Royaume-Uni, les dominions et l'Inde. Les produits venus des dominions et de l'Inde entrent en franchise en Grande-Bretagne sous réserve de certificats confirmant l'origine. L'Angleterre obtient en compensation des préférences tarifaires pour ses exportations. Cet accord qui vise à resserrer les liens commerciaux s'accompagne de concessions politiques : le statut de Westminster renforce l'indépendance des dominions et substitue symboliquement le terme de *commonwealth* à celui d'empire. **Ce repli n'a pas empêché le commerce britannique de continuer à décliner**. En 1938, la valeur des échanges est réduite de moitié par rapport à 1929 et le taux de couverture n'est que de 56 %. L'accord a été plus profitable pour les partenaires de l'Angleterre que pour la métropole.

La France qui a adopté un système de préférence impériale en 1892 **a fortement redéployé son commerce vers les colonies pendant les années 1930**. En effet, le protectionnisme français ne s'applique pas à l'empire : les produits de base venus de ces territoires entrent sans droit et sans limite de quantité, ce qui a aggravé l'encombrement des marchés agricoles, en particulier pour le blé et le vin. **Inversement, le débouché impérial permet d'amortir la crise industrielle**. En 1938, il absorbe 27 % des exportations françaises et même près de 50 % des exportations automobiles et 90 % des exportations de l'industrie cotonnière. Cette bouée de sauvetage a favorisé la survie de secteurs industriels vieillissants mais elle n'a pas suffi pour enrayer le déclin des échanges français dans le commerce mondial. La principale erreur du pays a consisté à maintenir jusqu'en 1936 la parité de la monnaie dans un monde où les dévaluations s'étaient multipliées et à s'obstiner en vain à tenter de réduire l'écart de prix avec les concurrents par une politique de déflation inefficace.

3. Le recours à l'autarcie

Forme extrême du repli commercial, la politique d'autarcie est l'expédient choisi par les pays qui n'ont ni réserves monétaires ni possibilité de faire appel aux crédits extérieurs. **Elle est amorcée en Allemagne par le gouvernement Brüning en juillet 1931** : le contrôle des changes permet de limiter autoritairement les importations pour réduire la perte de devises. **Le régime nazi en fait un instrument destiné à favoriser le réarmement** et à préparer le pays à la guerre. Dès 1934, la répartition autoritaire des importations privilégie les matières premières stratégiques aux dépens des achats destinés à la consommation. Le régime encourage aussi la fabrication industrielle d'*ersatz*, produits de remplacement se substituant à des fournitures importées. La politique d'autarcie se solde par un relatif échec qui pousse Hitler à utiliser la force pour prendre le contrôle des matières premières qui lui manquent et conquérir son « espace vital ».

Amorcée dès 1925 lors du lancement de la « bataille du blé » destinée à rendre le pays autosuffisant, **l'autarcie italienne est renforcée par Mussolini en 1934**. Le contrôle des changes permet de n'accorder de licence d'importation qu'aux matières premières et biens d'équipement nécessaires à l'industrie et en premier lieu aux secteurs stratégiques. Après les sanctions économiques imposées par la SDN en 1935 en réponse à l'agression contre l'Éthiopie, l'Italie concentre son commerce sur l'Allemagne qui devient son premier fournisseur et client. L'échec de l'autarcie italienne pousse là aussi le régime à privilégier l'expansion.

C'est sans conteste le Japon qui illustre le plus précocement le lien entre autarcie et expansion. De plus en plus maîtres du pouvoir, les militaires imposent délibérément une politique de réarmement et de conquête pour combler les carences du Japon en énergie, matières premières et denrées alimentaires. Après l'établissement d'un protectorat sur la riche Mandchourie en 1931, le Japon attaque la Chine en 1937 et s'engage en 1940 dans la création d'une « sphère de co-prospérité » destinée à prendre le contrôle le plus large possible sur les richesses asiatiques.

DÉFINITION

Autarcie : caractéristique des régimes hitlérien et mussolinien, mais aussi stalinien, l'autarcie vise à réduire le plus possible les échanges avec l'étranger et à n'autoriser que les importations indispensables. Le pays doit se suffire à lui-même. Il faut pour cela encourager la production agricole, organiser la collecte et le recyclage des métaux et développer des produits nationaux de substitution, comme le pétrole ou le caoutchouc synthétiques. Liée à des préoccupations stratégiques et imposée par le manque de moyens de paiement ou, comme en URSS, par l'isolement diplomatique, l'autarcie est toujours un échec. Elle conduit à ce que l'économiste François Perroux appelle une « autarcie d'expansion » pour trouver dans la conquête les ressources manquantes.

B. LA FRAGMENTATION MONÉTAIRE

1. La chute de la livre

Déclarée inconvertible en or le 21 septembre 1931 et mise en flottement, la livre sterling se déprécie aussitôt de près de 30 %. Depuis 1925, la livre était maintenue au-dessus de sa valeur réelle entraînant fuite des capitaux, réduction du stock d'or et asphyxie de l'économie. **La décision britannique débouche sur la création d'une vaste zone sterling représentant le quart du commerce mondial**. Elle englobe tout le commonwealth à l'exception du Canada, les pays scandinaves et baltes, la Grèce, l'Iran, l'Irak, l'Égypte, le Portugal et l'Irlande. Tous ces pays choisissent d'aligner leur monnaie sur le sterling pour préserver leurs échanges avec l'Angleterre. Positive pour les exportations britannique, la dépréciation de la livre amorce un redressement qui contraste avec la stagnation des années 1920 mais qui tient aussi aux mesures protectionnistes et à l'intervention de l'État pour soutenir l'agriculture, réorganiser les industries les plus archaïques et aider les régions déprimées. La reprise qui s'amorce dès 1932 repose donc sur l'abandon de trois dogmes hérités de l'ère victorienne : la monnaie forte, le libre-échange et la non-intervention de l'État dans l'économie. À l'inverse, la formation de la zone sterling est un facteur d'approfondissement de la crise pour le reste du monde confronté à la concurrence accrue des pays dévaluateurs.

2. L'échec de la conférence de Londres

Ouverte en juin 1933, la conférence qui réunit 66 pays est une ultime tentative de concertation internationale pour élaborer une réponse commune face à la crise. Elle a été préparée par deux groupes d'experts, l'un émanant de la SDN, l'autre représentant 15 pays européens. Les deux rapports préconisaient les mêmes solutions : une trêve monétaire pour éviter des dévaluations en cascade, accompagnée de la création d'un fonds de coopération pour compenser la répartition très inégale des réserves en or ; une trêve douanière pour stopper les surenchères protectionnistes ; enfin, une offre abondante de crédit pour favoriser un redressement des prix. Ces propositions ne pouvaient qu'obtenir l'aval de l'Angleterre et des pays de la zone sterling qui avaient déjà dévalué, et de la France notamment, qui souhaitait voir confirmer le principe de stabilité des taux de change pour éviter toute méfiance à l'égard du franc, laquelle aurait menacé son exceptionnel stock d'or. Mais elle contrariait sérieusement les projets du président Roosevelt. Depuis le 20 avril 1933, le dollar était détaché de sa parité-or et le Président souhaitait sa dépréciation pour relancer les ventes américaines et redresser l'activité aux États-Unis. Dès le 3 juillet, il rend public un communiqué annonçant le refus américain de souscrire à un engagement international et qualifiant le maintien des parités de « vieux fétiche des soi-disant banquiers internationaux ».

3. Le triomphe du cloisonnement monétaire

Dès le 3 juillet, en réplique à la décision américaine, **6 pays européens – la France, l'Italie, la Suisse, les Pays-Bas, la Belgique et la Pologne – annoncent la formation du « bloc-or »** et confirment « leur volonté formelle de maintenir le libre fonctionnement de l'étalon-or dans leur pays respectif aux parités-or actuelles ». Le bloc-or peut sembler une formation solide : il dispose grâce à la France d'un stock d'or supérieur à celui des États-Unis et représente 24 % des échanges mondiaux. Mais il souffre de faiblesses rédhibitoires. Malgré l'appellation officielle, ce regroupement de circonstance ne possède aucune institution commune et la concertation entre ses membres est restée très limitée. En refusant la dévaluation, les signataires se contraignaient à engager des politiques de déflation pour ramener leurs prix au niveau des prix étrangers. Ces politiques se sont vite révélées insuffisantes pour relancer les exportations. Elles ont par contre aggravé les difficultés sociales et le recul de l'industrie et suscité de fortes résistances politiques. En recourant au contrôle des changes, l'Italie quitte le bloc dès 1934. La Belgique dévalue de 28 % en 1935. La France doit à son tour abandonner la convertibilité-or et dévaluer le 1er octobre 1936, décision aussitôt imitée par les Pays-Bas, la Suisse et l'Italie. La France doit de nouveau dévaluer en juin 1937 et mai 1938 pour retrouver une compétitivité et relancer ses exportations.

ZOOM ▶ Un appel à l'entente internationale

« Quiconque a étudié les faits et en a suivi l'évolution ne peut douter un seul instant que l'expérience de ces dernières années ait prouvé une chose : dans ce monde moderne, toute politique économique purement nationale est une politique qui, en appauvrissant d'autres nations, appauvrit également celle qui l'applique. Aucune nation ne saurait continuellement s'enrichir au détriment d'autres nations. L'enrichissement mutuel est la condition de l'enrichissement individuel. Dans le domaine de la politique, le nationalisme peut être un élément essentiel à la liberté humaine ; dans le domaine économique, le nationalisme qui prétend se suffire à lui-même sonne le glas de la prospérité et du progrès. Plus nous réussirons à faire du monde une unité économique et plus chaque nation en retirera d'avantages. En tout état de cause, la coopération internationale est pour nous le meilleur moyen d'arriver au rétablissement national et la nation qui veille à ses propres intérêts dans un esprit international sera parmi les premières du monde au point de vue non seulement du progrès spirituel mais encore de la prospérité matérielle. Nous sommes donc réunis ici pour suivre la meilleure de ces deux voies, celle de l'entente internationale. »

Discours d'ouverture
de J. Ramsay MacDonald,
Premier ministre britannique et président
de la conférence de Londres le 12 juin 1933.

La tentative du bloc-or était vouée à l'échec dans un environnement international marqué par la course aux dévaluations et l'émiettement. Conformément à ses intentions, le président Roosevelt dévalue le dollar de 41 % en janvier 1934, entraînant la formation d'une zone dollar qui englobe tous les pays du continent américain qui alignent leur monnaie sur celle des États-Unis. L'Allemagne nazie réussit de son côté à créer en Europe centrale une zone mark où les échanges sont fondés sur le troc et les accords de *clearing*. L'URSS reste enfermée dans sa zone rouble. Le Japon enfin, qui avait laissé sa monnaie se déprécier de 60 % dès 1931, crée une zone yen dans sa sphère impériale.
À la fin des années 1930, le cloisonnement monétaire et commercial est donc généralisé, aggravant la paralysie des échanges et désorganisant le marché des capitaux. En 1944, les États-Unis seront les premiers à reconnaître que cette fragmentation a aggravé la dépression et accéléré la marche à la guerre et à se présenter en champions du retour au libre-échange ainsi qu'à la stabilité et la coopération monétaire pour apporter au monde la paix et la prospérité. Ils reprennent donc à leur compte la proposition formulée par les experts qu'ils avaient rejetée lors de la conférence de Londres.

■ La guerre des monnaies

Juillet 1931	Contrôle des changes en Allemagne.
Septembre 1931	Inconvertibilité et mise en flottement du sterling.
	Formation de la zone sterling.
Juin 1933	Mise en flottement du dollar.
Juillet 1933	Conférence internationale de Londres.
	Formation du bloc-or.

Janvier 1934	Dévaluation du dollar (– 41 %) ; l'Allemagne paie désormais ses importations en marks bloqués ou « askimarks » qui ne peuvent servir qu'à acheter des marchandises allemandes.
	Les exportations reçoivent une subvention de 30 %, équivalent à une dévaluation.
Juillet 1935	Dévaluation du franc belge ; la Belgique quitte le bloc-or.
Septembre 1936	Dévaluation du franc : accord tripartite France – Angleterre – États-Unis ; ces deux pays s'engagent à ne pas répliquer à la dévaluation française.
Octobre 1936	Dévaluation de la lire. Fin du bloc-or.
Juillet 1937	Deuxième dévaluation du franc français.
Mai 1938	Troisième dévaluation du franc français.

13 LES ÉTATS-UNIS FACE À LA CRISE

L'ampleur de la crise aux États-Unis oblige les responsables politiques à inventer de nouvelles solutions pour répondre aux aspirations de la population jusqu'à développer une nouvelle analyse de la relation entre l'offre et la demande, l'État, les entreprises et le marché. Les enjeux sont tels que le débat est très vif entre Républicains et Démocrates et les solutions apportées par ces derniers vont dominer l'organisation de l'économie et de la société du pays jusque dans les années 1970.

Malgré la reprise économique amorcée en 1933, les États-Unis ont, à la veille de leur entrée en guerre, à peine retrouvé le niveau de production de 1929, en restant très loin du plein-emploi. Le bilan économique et social de la politique menée n'est donc pas totalement satisfaisant mais cette décennie constitue un tournant majeur tant pour l'organisation du capitalisme aux États-Unis que pour l'émergence d'une nouvelle conception du rôle du pays dans l'organisation de l'économie mondiale. C'est l'après-Seconde Guerre mondiale qui se prépare.

CHRONOLOGIE

1933 : mars : début du premier mandat de F. D. Roosevelt
avril : inconvertibilité du dollar
mai-juin : AAA et NIRA
juillet : échec provoqué par les États-Unis de la conférence de Londres

1934 : janvier : dévaluation du dollar, convertibilité externe

1935 : mai : invalidation du NIRA par la Cour suprême
juillet : loi Wagner
août : loi sur la Sécurité sociale

1936 : janvier : invalidation de l'AAA par la Cour suprême
novembre : réélection de F. D. Roosevelt

1937 : septembre : début d'une nouvelle récession

1938 : février : deuxième AAA

1940 : novembre : troisième élection de F. D. Roosevelt

1941 : mars : loi du prêt-bail
décembre : entrée en guerre des États-Unis

I. L'ampleur de la crise nécessite une réponse nouvelle

A. LA RÉPONSE RÉPUBLICAINE

1. L'analyse de Hoover

Le président républicain Herbert Hoover élu en novembre 1928 annonce au début de l'année 1929 : « Bientôt la malédiction de la misère sera bannie des États-Unis. » **La rupture apportée par la crise est donc pour lui aussi brutale qu'inattendue.** Foncièrement optimiste, il pense que la crise est passagère et, pour lutter contre ce qu'il croit être uniquement une crise de confiance, **il affirme : « Tout sera fini dans 60 jours »** ou **« la prospérité nous attend au coin de la rue »**. Conformément aux idées libérales, il considère que cette crise n'est qu'un « dérangement temporaire » qui a un effet régulateur sur l'économie en éliminant la bulle boursière et les entreprises en situation malsaine. Il ne cesse d'affirmer ensuite que la poursuite de la crise et son approfondissement sont dus aux désordres européens et notamment à la crise allemande et à la chute de la livre sterling en septembre 1931. Dépourvu de charisme et souvent maladroit dans ses propos, **il a laissé l'image d'un président impuissant et inactif** face aux événements dramatiques qui accablent l'économie et la société des États-Unis, image renforcée par le volontarisme de son successeur. Dans la réalité, des mesures sont prises, certaines conformes aux conceptions libérales, d'autres plus novatrices.

2. La politique de déflation

La première mesure de l'administration républicaine consiste à **augmenter encore les droits de douane** pour protéger le marché intérieur : en juin 1930, le tarif *Hawley-Smoot* porte la moyenne des taxes à 50 %, les plus élevées de tous les pays industrialisés. Pour le reste, Hoover veut faire confiance à la dynamique du marché. D'après l'analyse libérale, une phase de récession se caractérise par l'existence de capitaux disponibles qu'aucun acteur économique, entreprise ou particulier, n'utilise (investissement et consommation faibles) ainsi que par une baisse des salaires liée au chômage. Les taux d'intérêt et le coût du travail diminuant, progressivement les entreprises vont à nouveau investir, entraînant une reprise de l'activité économique. Mais en 1930 et 1931, **la crise persiste et s'amplifie sans qu'aucun retour de la croissance ne s'esquisse**. Le gouvernement se décide donc tardivement à intervenir pour renforcer cette baisse du prix de l'argent et du travail et atteindre plus rapidement ce moment où les entreprises décideront d'investir à nouveau. **C'est la politique de déflation. Le taux d'intérêt baisse** jusqu'à 1,5 % en juillet 1931 et cette même année les salaires diminuent de 10 % dans les grandes entreprises. L'État en même temps diminue toutes ses dépenses pour répondre à la baisse des recettes fiscales **et équilibrer le budget fédéral**. La stabilité de la monnaie est également un souci des libéraux.

3. Et pourtant...

À ces mesures inspirées de l'analyse libérale s'ajoutent cependant des décisions plus novatrices. Avant même le début de la crise et conformément à une promesse électorale des Républicains lors de la campagne de 1928, Hoover est intervenu au profit du secteur agricole où la surproduction entraîne depuis le début des années 1920 une baisse des revenus : un organisme public le **Federal Farm Board** est créé en mars 1929 pour acheter et stocker une partie de la production **et soutenir le revenu des producteurs** de coton et de céréales. Mais les agriculteurs qui sentent leurs revenus protégés par cette intervention de l'État augmentent leur production et le fonds est trop faiblement doté pour être réellement efficace. À partir du milieu de 1931, cet organisme cesse son intervention et liquide ses stocks, contribuant ainsi à l'aggravation de la crise agricole. De même, le gouvernement entreprend **quelques grands travaux** comme la construction du *Boulder dam* en 1930. Il met en place un **fonds d'aide aux entreprises**, la *Reconstruction Federal Corporation* au début de 1932 ainsi qu'**une aide aux chômeurs** qui relève surtout des autorités locales. Ces mesures préfigurent quelques actions majeures des Démocrates et soulignent que Hoover n'a pas été insensible au caractère dramatique et nouveau de la situation.

B. LES CONSÉQUENCES ÉCONOMIQUES ET SOCIALES

La crise s'approfondit cependant sans qu'aucune amélioration ne se manifeste : en 1932, les indicateurs sont au plus bas. Par rapport à 1929, la production a baissé de moitié, le chômage touche près de 13 millions de personnes, soit le quart de la population active, l'indice Dow Jones a perdu 80 % de sa valeur et les faillites se sont multipliées.

Malgré les intentions, le déficit budgétaire s'est creusé, témoignant de la faiblesse des recettes fiscales mais aussi du coût des interventions nouvelles évoquées.

Budget fédéral, en milliards de dollars

	Solde	Dépenses	Recettes
1929	+ 1,2	2,6	3,8
1930	+ 0,2	2,8	3,0
1931	– 2,2	4,2	2,0
1932	– 1,5	3,2	1,7
1933	– 1,3	4,0	2,7
1934	– 2,9	6,4	3,5
1935	– 2,5	6,5	4,0
1936	– 3,5	8,5	5,0
1937	– 0,2	7,2	7,0
1938	– 2,0	8,5	6,5

Source : J. Néré, *La crise de 1929*, A. Colin.

ZOOM ▶ La crise sociale aux États-Unis vue par la presse

England (Arkansas), 3 janvier 1931. – La longue sécheresse qui a ruiné des centaines de fermiers de l'Arkansas l'été dernier a eu une conséquence dramatique dans la soirée d'aujourd'hui : cinq cents fermiers, la plupart des blancs et beaucoup d'entre eux armés, marchèrent sur le centre des affaires de cette ville… criant qu'ils voulaient de la nourriture pour eux-mêmes et pour leurs familles ; les intrus annoncèrent leur intention de prendre cette nourriture dans les magasins à moins qu'ils ne puissent l'obtenir ailleurs sans bourse délier (*N. Y. Herald Tribune*).

Indian Harbor, 15 août 1931. – Quinze cents chômeurs envahirent la plantation de la « Fruit Growerg Express Company » réclamant du travail pour ne pas mourir de faim. La réponse de la Cie fut de faire appel à la police qui éloigna les chômeurs en les menaçant de matraques (*Federated Press*).

Chicago, 1er avril 1932. – Cinq cents écoliers, la plupart au visage hagard et en haillons, défilèrent dans Chicago se dirigeant vers les services du ministère de l'Éducation pour demander que l'école leur procure de la nourriture (*Federated Press*).

Philadelphie, 30 avril 1932. – Plus de vingt personnes ont été blessées aujourd'hui, lors de la dispersion par la police d'une marche projetée vers l'Hôtel de ville à son départ des deux points de rassemblement. Une douzaine de marcheurs fut arrêté, quinze durent être soignés ou retenus en observation à l'hôpital, et cinq policiers furent suffisamment blessés pour subir un traitement à l'hôpital (*N. Y. Times*).

Boston, 3 juin 1932. – Vingt-cinq enfants affamés s'attaquèrent au buffet d'un lunch organisé pour les vétérans de la guerre espagnole pendant un défilé à Boston. Deux voitures de police furent appelées pour les refouler (*Federated Press*).

Cleveland, 2 août 1932. – Lorsqu'un épicier de la ville annonça qu'à l'occasion de l'ouverture de son magasin, il distribuerait gratuitement des paniers de nourriture aux 1 500 premières personnes qui se présenteraient, 6 000 personnes se groupèrent sur les trottoirs avoisinants. La foule commença à se rassembler à minuit et à 9 heures du matin il y eut une bagarre. Cinquante-deux personnes furent blessées (*Federated Press*).

New York, 21 janvier 1933. – Plusieurs centaines de chômeurs entourèrent aujourd'hui un restaurant tout près d'« Union square » demandant à être nourris sans payer. Leur demande fut présentée par une délégation de cinq personnes qui attaquèrent le directeur du restaurant quand celui-ci refusa d'acquiescer à leur demande. Des détachements de police-secours arrivèrent pour trouver le directeur poignardé et les quelques centaines de chômeurs se battant à coups de poings à l'entrée du restaurant (*N. Y. Evening Post*).

Pour l'opinion publique, choquée par l'ampleur du chômage qui touche tous les métiers, toutes les catégories sociales, cols bleus et cols blancs, et par le dénuement des chômeurs, **toutes ces mesures paraissent dérisoires**. Le nom même de Hoover devient un néologisme synonyme de misère : la « *Hoover panic* » symbolise l'effondrement du rêve américain, les « hoovervilles » désignent les habitats précaires ou « bidonvilles » construits par des individus et des familles qui ont perdu leur logement. De plus, c'est souvent par la force que la police ou l'armée répond au désarroi de la population, **aux marches de la faim et aux manifestations qui se multiplient**. L'inquiétude grandit également parmi les chefs d'entreprises et quelques économistes sensibles aux idées socialistes évoquent la possibilité d'une intervention de l'État selon de nouvelles modalités face à un système capitaliste en panne aux États-Unis comme dans de nombreux autres pays, face également à une URSS qui expérimente un mode de développement économique tout différent depuis le début de la planification en 1929.

Au moment où s'amorce la campagne électorale pour l'élection présidentielle de novembre 1932, **le mécontentement de la majorité des électeurs** sanctionne l'échec de la politique de déflation et l'insuffisance des mesures de l'administration républicaine. Le démocrate Franklin Delano Roosevelt devient le nouveau président des États-Unis.

C. LE PRAGMATISME DÉMOCRATE

1. Un slogan électoral

L'expression qui va donner son nom au programme d'action des Démocrates, le **New Deal** (la « nouvelle distribution ») est utilisée par Roosevelt dans le premier discours qu'il prononce lors de la convention démocrate tenue à Chicago en juillet 1932 après avoir été investi candidat pour l'élection présidentielle à venir. « Dans la nation, des hommes et des femmes, oubliés dans la philosophie du gouvernement ces dernières années, attendent de nous des mesures équitables qui leur permettent de prendre part à la distribution de la richesse nationale. **Je vous engage, je m'engage pour une nouvelle distribution au peuple américain.** » Roosevelt exprime une préoccupation avant tout sociale devant l'attente des victimes de la crise et s'engage à y répondre. La dernière phrase de son discours inaugural prononcée le 4 mars 1933 lors du début effectif de son premier mandat est encore plus volontariste. « **Je demanderai au Congrès la seule arme qui reste pour combattre la crise : un large pouvoir exécutif** pour gagner la guerre contre le péril, pouvoir aussi grand qui me serait donné si nous étions effectivement envahis par une armée ennemie. »

Cette métaphore militaire reflète l'expérience acquise par Roosevelt au cœur de l'économie de guerre mise en place lors du premier conflit mondial lorsqu'il était secrétaire adjoint à la Marine du président Wilson. La politique mise en place est **pragmatique**, largement inspirée par une équipe de Démocrates convaincus de la nécessité d'**une intervention de l'État d'un type nouveau** pour retrouver la croissance. Pour convaincre l'opinion publique du bien-fondé de sa démarche, Roosevelt multiplie les conférences de presse et les « conversations au coin du feu » à la radio pour toucher tous les foyers américains et faire de ce nouveau média un outil pédagogique et un lien direct entre le président élu et le peuple.

2. Une nouvelle analyse du rôle de l'État

Comme l'écrit l'historien Jean Bouvier : « La crise de 1929 serait non pas la dernière du XIXe siècle, non pas la première du XXe siècle mais le divorce explosif entre deux mondes, le monde productiviste du XXe siècle, qu'annonce l'essor fantastique de la productivité dans les années 1920, et le monde du XIXe siècle, où le salaire et la consommation sont encore soumis à la " loi d'airain ", le monde où le fait de " jouir de la vie " est encore considéré par la majorité du patronat comme un puissant facteur de " désorganisation sociale ". » Pour Roosevelt, la trop faible consommation, alors que la production des États-Unis augmente depuis plusieurs décennies, a fini par provoquer une accumulation de produits invendus et la crise n'a fait qu'aggraver les choses en réduisant ou en faisant disparaître le pouvoir d'achat de nombreux Américains. **Il veut donc augmenter le pouvoir d'achat et l'emploi** pour relancer la demande et ainsi stimuler l'activité économique. **L'État doit recourir au déficit budgétaire** pour « **réamorcer la pompe** ». La croissance revenue, les entreprises investiront à leur tour, attirées par de nouvelles perspectives de profit.

Les premières mesures, loin de relever d'une théorie globale, **sont définies progressivement par une équipe de conseillers, le *brain trust*, aux idées diverses voire opposées,** à une époque où la science économique n'a pas encore forgé d'outils de mesure et de prévision très utilisables par les décideurs politiques. Selon le témoignage de l'économiste J. K. Galbraith, il régnait dans cette équipe « une merveilleuse excitation, une puissante volonté d'agir et une incertitude considérable sur ce qu'il convenait de faire. [...] On prenait un vif plaisir à remettre en cause les théories admises et à susciter des tempêtes d'indignation ». Ce n'est qu'à partir de 1936-1937 que les principales idées émises par J. M. Keynes dans son ouvrage *Théorie générale de l'emploi, de l'intérêt et de la monnaie* sont connues par l'entourage du président, sans que Keynes ait lui-même directement influencé Roosevelt.

Nombre de ces mesures mettent en cause la libre entreprise. C'est ainsi une nouvelle forme de capitalisme qui est développée où l'entreprise cesse d'être autonome en acceptant de s'intégrer dans des perspectives, dans une politique définie par l'État. Mais l'objectif de l'État n'est pas de se substituer définitivement aux entreprises privées. Il veut seulement redonner un environnement favorable à l'initiative privée qui reste le cœur de ce « **néocapitalisme** ». C'est la même logique que celle de l'économie de guerre dont l'État fut le grand ordonnateur avant de s'effacer dès la fin du conflit.

II. Le New Deal

A. LES MESURES DU « PREMIER NEW DEAL » (1933-1935)

Dans les 100 premiers jours de sa présidence, Roosevelt fait voter 15 lois destinées **à stopper la dégradation de la situation et à amorcer des réformes d'urgence** pour provoquer une remontée des prix, du pouvoir d'achat, des investissements et des profits.

1. Les mesures financières et monétaires

Les premières mesures concernent la structure bancaire où les faillites se sont multipliées. Le *Banking Act* permet dès mars la réouverture des banques les plus saines ; en juin, le *Glass Steagall Act* impose **une nette séparation entre banques d'affaires et banques de dépôt** et crée un système d'assurances des dépôts bancaires pour rétablir la confiance des épargnants. Roosevelt rompt aussi avec l'attitude traditionnelle de sauvegarde de la valeur de la monnaie, maintenue par les Républicains. En avril 1933, le dollar est détaché de l'or et mis en flottement. Il s'agit surtout de **stimuler les exportations** pour soutenir l'activité des entreprises aux États-Unis. **En janvier 1934**, la convertibilité en or du dollar est rétablie mais uniquement pour les non-résidents et sur la base de 35 dollars pour une once d'or, ce qui correspond à une **dévaluation de 41 %**. C'est **une dévaluation compétitive**, qui peut s'assimiler de façon plus explicite à une « politique d'exportation du chômage ». Le déficit budgétaire est couvert par la création monétaire de manière à stimuler la demande, faire remonter les prix et favoriser le désendettement. Enfin, en juin 1934, une Commission fédérale est créée pour surveiller et moraliser les activités boursières.

2. Le soutien à l'agriculture et à l'industrie

L'urgence pousse aussi Roosevelt à réorganiser le marché agricole et à tenter de relancer l'industrie.

La loi d'ajustement agricole ou AAA : *Agricultural Adjustment Act*, en mai 1933, vise à faire remonter les prix agricoles pour que les agriculteurs retrouvent un niveau de vie correct. Hoover soutenait les cours en rachetant la production, Roosevelt **lie le soutien des cours et la limitation de la production**. L'État indemnise les agriculteurs qui acceptent de réduire leur surface cultivée ou leur production, en particulier pour le blé, le coton, le maïs, le tabac mais aussi pour l'élevage du porc et les produits laitiers. Pour alléger le poids des dettes qui accablent les *farmers*, le gouvernement allonge la durée de remboursement et prend en charge une partie des taux d'intérêt.

La loi nationale de reconstruction industrielle ou **NIRA** : *National Industrial Recovery Act*, en juin 1933, très novatrice, **organise la concurrence** en incitant les entreprises à constituer des ententes, des « **codes de concurrence loyale** », qui freinent la baisse des prix, des salaires et de l'emploi. Quand un code a été adopté par une majorité d'entreprises d'une branche, le président peut l'imposer à toutes les entreprises de la branche. La clause 7 du NIRA inclut **des mesures sociales**, comme la définition d'un salaire minimum et d'une durée du travail hebdomadaire entre 35 et 40 heures selon les activités, le droit à une syndicalisation sans ingérence patronale, le droit à des conventions collectives négociées entre les entreprises et les syndicats. Contrairement aux lois antitrusts de 1890 et 1914 qui visaient à garantir la libre concurrence, le NIRA institue une coopération entre l'État et les entreprises pour organiser le marché, enrayer la baisse des prix et les licenciements. Les mesures restent cependant toutes incitatives : **les entreprises industrielles conservent la liberté de participer ou non aux programmes gouvernementaux**. Si elles acceptent, elles bénéficient des aides gouvernementales et peuvent afficher sur leurs produits une étiquette qui représente **un aigle bleu** avec le slogan « **We do our part** », Nous participons à l'effort national. Ce symbole de civisme est destiné à permettre aux consommateurs de soutenir l'action gouvernementale en s'adressant en priorité aux entreprises qui collaborent avec les pouvoirs publics.

3. La lutte contre le chômage

Soucieux de venir en aide à ceux qu'il a appelés dans son discours inaugural, les « *forgotten men* », les laissés-pour-compte, Roosevelt développe des mesures d'**aides directes aux chômeurs** pour un montant de 3,5 milliards de dollars en 1933 et 3,4 en 1934 contre 200 millions en 1932. Pour soutenir plus durablement l'emploi et la demande, l'État crée en avril 1935 l'Administration des Travaux publics ou PWA, *Public Works Administration*. Elle finance jusqu'à sa suppression en 1942 de **grands travaux d'infrastructures**, bâtiments (122 000 pour les administrations), routes (plus d'un million de kilomètres), aérodromes (285), barrages, travaux forestiers, aménagement des sols pour lutter contre l'érosion, écoles…

L'action la plus originale est la création d'une agence fédérale, la **TVA**, *Tennessee Valley Authority*, en mai 1933, chargée de réhabiliter une région rurale particulièrement délaissée du sud des Appalaches. Le programme consiste à financer le reboisement, les infrastructures nécessaires au désenclavement, la production d'électricité et à favoriser la hausse du pouvoir d'achat de la population en dynamisant les activités agricoles et industrielles.

B. UNE POLITIQUE ÉCONOMIQUE RÉSOLUMENT NATIONALE

1. L'échec de la conférence de Londres, juillet 1933

La conférence qui rassemble 66 pays à **Londres** en juin-juillet 1933 est une **ultime tentative de coopération internationale** face à la crise qui atteint son maximum. Elle a pour but de mettre fin à la surenchère protectionniste et aux dévaluations en cascade et de revenir à un système monétaire stable. Souhaitable pour l'Angleterre qui a déjà dévalué et pour les pays d'Europe occidentale qui s'accrochent au maintien des parités or, **le projet de stabilisation monétaire contrarie les intérêts américains**. Si Roosevelt a déclaré le dollar inconvertible au mois d'avril précédent, c'est pour le faire baisser. Or, les discussions qui se déroulent à Londres ont pour effet de faire s'apprécier le dollar sur le marché des changes, les détenteurs de capitaux anticipant sur les décisions annoncées. En conséquence, **Roosevelt va rompre ces discussions**. Pour justifier son attitude, il envoie un message aux participants à la conférence où il affirme : « **La solidité du système économique d'une nation est un facteur plus grand de son bien-être que le prix de sa monnaie en devises d'autres pays**... » Cela signifie que **les États-Unis entendent privilégier** toutes les mesures susceptibles de relancer **leur propre économie nationale** sans se soucier d'une éventuelle solidarité internationale. Compte tenu de leur poids dans l'économie mondiale, il n'y a pas de coopération internationale efficace sans eux. En 1933, l'attitude adoptée par Washington empêche tout accord multilatéral.

2. La fragmentation de l'économie mondiale

En torpillant la conférence de Londres, Roosevelt voulait aussi imiter l'Angleterre. Celle-ci bénéficiait en effet depuis septembre 1931 d'une monnaie dépréciée de 30 %. Elle avait également entraîné dans son sillage une quarantaine de pays constituant une vaste zone sterling. Enfin, depuis les accords d'Ottawa en 1932, elle avait institué une zone de préférence impériale entre elle et les pays du Commonwealth. Roosevelt souhaitait également s'émanciper de la pression de tous les défenseurs de l'orthodoxie monétaire, qu'il qualifie de « vieux fétiche des soi-disant banquiers internationaux ». Il a désormais les mains libres pour poursuivre sa politique de redressement de l'économie américaine. En janvier 1934, la dévaluation du dollar entraîne la création d'une zone dollar qui englobe la plupart des pays d'Amérique et les Philippines. La même année, le vote du *Reciprocal Trade Agreement Act* autorise le président à négocier des accords réciproques de baisses de taxes douanières. Il peut aussi aider au financement de certaines exportations par le biais de l'*Export-Import Bank* ou *Eximbank*. Ce retour à une politique moins protectionniste a surtout renforcé les liens commerciaux entre les États-Unis et les pays d'Amérique latine et confirmé la fragmentation monétaire et commerciale des années 1930.

C. LA POLITIQUE ÉCONOMIQUE AU CŒUR DES ENJEUX POLITIQUES

1. L'opposition de la Cour suprême au New Deal

Composée de neuf membres nommés à vie par le président avec l'approbation du Sénat, **la Cour suprême** a notamment pour mission de veiller à ce que les décisions prises par le pouvoir exécutif respectent la Constitution. Or elle **invalide les deux grandes mesures adoptées par les Démocrates** au prétexte que la constitution n'est pas respectée. En majorité républicains, les juges invalident le NIRA en mai 1935, pour empiétement sur le pouvoir législatif. Il donne force de loi aux codes de concurrence avec la simple approbation du président, alors que le Congrès aurait dû être consulté. Ils invalident aussi l'AAA en janvier 1936 en arguant qu'il établit un contrôle autoritaire de l'État sur la production agricole et porte donc atteinte à la liberté d'entreprendre garantie par la Constitution.

Ces invalidations, qui marquent la fin du premier New Deal, soulignent que, malgré leur sévère défaite de 1932, les Républicains ne désarment pas et qu'ils gardent de puissants alliés, dans les institutions, mais aussi dans la presse et dans les milieux d'affaires. Contre la politique économique du président Roosevelt qui se réclame uniquement de l'efficacité, **ils opposent la tradition américaine de respect des libertés**. La résistance de la Cour suprême exprime aussi un double refus : celui d'un renforcement du pouvoir fédéral aux dépens des droits des 48 États fédérés et celui d'un pouvoir exécutif renforcé aux dépens du législatif et du judiciaire, renforcement présenté comme une menace pour la démocratie.

2. Le bilan du « premier New Deal »

Les mesures d'urgence prises en 1933 marquent bien un coup d'arrêt à la crise. Les prix se redressent, surtout les prix agricoles. La politique de soutien du pouvoir d'achat commence à porter ses fruits et le salaire horaire a presque retrouvé le niveau de 1929. Mais le redressement conjoncturel est incomplet, **le chômage reste à un niveau inacceptable et beaucoup d'Américains sont toujours plongés dans la misère**. De plus, des démagogues, dont le plus influent est le sénateur de Louisiane Long, accusent le président de trop ménager le *Business*. Roosevelt est donc conscient de la nécessité de renforcer les mesures sociales. Dès janvier 1935, dans son message à la Nation, il déclare : « Nous affirmons que l'ambition de l'individu d'obtenir pour lui et les siens **une sécurité propre, une aisance raisonnable et un niveau de vie décent** est une ambition préférable à l'appétit de grande fortune et de grande puissance. »

■ Bilan du premier New Deal : évolution de quatre indicateurs

	PNB Milliards de dollars	Production industrielle indice 100 en 1929	Salaire horaire indice 100 en 1929	Chômeurs en millions
1929	104	100	100	1,5
1933	56	69	79	12,6
1935	72	87	97	10,2

3. Le « second New Deal » (1935-1938)

Deux grandes mesures marquent cette seconde phase au cours de laquelle le gouvernement s'appuie davantage sur les syndicats, comme il s'était appuyé sur les entreprises avec le NIRA, et renforce les droits des plus défavorisés.

Le *National Labor Relations Act*, en juillet 1935, ou « **loi Wagner** » du nom de son rapporteur au Sénat, confirme et impose le respect d'une durée hebdomadaire du travail comprise entre 35 et 40 heures et d'un salaire minimum, définis dans le cadre de conventions collectives. Ces dispositions, déjà inscrites dans le NIRA, avaient été le plus souvent négligées par les entreprises. **Des comités tripartites** (*National Labor Relations Board*), composés d'un représentant du Congrès, du patronat et des salariés, doivent veiller au respect de la loi, c'est-à-dire à la **mise en place de conventions collectives**. La loi Wagner, étendue en 1938 aux travailleurs du

DÉFINITION

Conventions collectives : ce sont des accords négociés entre des représentants du patronat et des salariés dans le cadre d'une entreprise ou d'une branche. Leur contenu porte sur les conditions de travail : conditions d'embauche, de rémunérations, de promotion, durée du travail et des congés ; aux États-Unis s'ajoute une partie de la retraite et souvent du remboursement des soins de santé. Désormais, l'isolement du salarié face à l'encadrement est révolu et son statut entre dans un cadre juridique négocié, collectif et protecteur.

commerce, change réellement les relations sociales dans l'entreprise et porte atteinte au pouvoir jusque-là sans limites de certains grands patrons en légalisant la représentation syndicale et en les contraignant à la négociation.

Le *Social Security Act*, en août 1935, institue une **assurance chômage** et une **assurance vieillesse** cofinancées par l'employeur et le salarié. Les indemnisations sont très faibles mais c'est une grande nouveauté. Grâce aux décès et aux démissions de juges de la Cour suprême, le président dispose désormais d'une majorité de juges démocrates qui lui permet d'éviter toute nouvelle invalidation. En 1937, une loi facilite l'accès au logement et, en 1938, une nouvelle loi reprend les principales mesures de l'AAA.

4. Le soutien du syndicalisme

En 1935, une nouvelle centrale, le CIO, **Congress for Industrial Organization**, est créée par John Lewis, le président du syndicat des mineurs. Aux métiers qui structurent **l'American Federation of Labor**, le CIO ajoute un syndicalisme par branches industrielles qui permet d'inclure dans les syndicats les ouvriers non qualifiés, donc de renforcer leur capacité de négociation face aux grandes entreprises. **En 1936, le CIO déclenche à l'automne des grèves avec occupation d'usines** qui se poursuivent en 1937. **Le nombre de syndiqués** qui baissait dans les décennies antérieures face à la répression patronale (il n'y a toujours pas de section syndicale dans une entreprise comme Ford à la veille de la loi Wagner) **augmente fortement** : il passe de 2,1 millions en 1932 à 10,5 en 1941. Le CIO enregistre autant de membres que l'AFL et davantage en 1940. **Le grand patronat lui-même est désormais partagé** : les dirigeants de Morgan ou Du Pont de Nemours et Henry Ford en particulier s'opposent durement au président au nom de la sauvegarde de leur pouvoir dans l'entreprise mais les patrons de la Panam et d'ITT soutiennent Roosevelt et Gerald Swoope, patron de General Electric, participe même à la rédaction du *Social Security Act*.

ZOOM ▶ Discours inaugural de Roosevelt le 20 janvier 1937 au début de son deuxième mandat

Les progrès que nous avons faits pour sortir de la dépression sont évidents. Mais là n'est pas tout ce que nous désignons, vous et moi, par « nouvel ordre des choses ». Notre engagement n'était pas seulement de recomposer à partir de moyens déjà usités. En appliquant au contraire les ressources nouvelles de la justice sociale, nous avons entrepris d'édifier sur les vieilles fondations une structure plus durable qui en améliorera l'usage pour les générations à venir.

Aux hommes de bonne volonté, l'alliance de la Science et de la Démocratie offre une vie toujours plus riche et plus largement satisfaisante pour chaque personne. Avec ce changement dans nos conceptions et avec notre capacité retrouvée d'améliorer notre organisation économique, nous nous sommes engagés dans la voie d'un progrès durable. Allons-nous maintenant nous arrêter et tourner le dos à la voie qui s'ouvre devant nous ? Allons-nous considérer que nous avons atteint la terre promise ? Ou bien allons-nous continuer notre route ? Demandons-nous-le encore. Avons-nous atteint le but de notre vision de ce 4 mars 1933 ? Avons-nous trouvé notre vallée fertile ?

Je voie une grande nation, sur un grand continent béni par l'immense richesse de ses ressources naturelles. Ses 130 millions d'hommes sont en paix les uns avec les autres ; ils font de leur pays une nation en bons rapports avec ses voisins. Je vois des États-Unis qui peuvent prouver que, grâce à des méthodes démocratiques de gouvernement, la richesse nationale peut être redistribuée en un volume jusqu'alors inconnu de bien-être pour les hommes et que le niveau de vie le plus bas peut être élevé bien au-dessus de la simple subsistance.

Mais voici le défi lancé à notre démocratie : dans cette nation, je vois 10 millions de citoyens – une part importante de sa population totale – qui se voient refuser la plus grande part de ce que pour le plus bas niveau de vie actuel on appelle le nécessaire. Je vois des milliers de familles s'efforçant de vivre sur des revenus si maigres que le voile du malheur les recouvre jour après jour... Je vois le tiers d'une nation mal logé, mal vêtu, mal nourri.

Fort du soutien d'une large partie de la population, **Roosevelt est réélu en 1936** avec 60,8 % des suffrages exprimés contre 57,4 % en 1932. Cette large victoire de 1936 a été pronostiquée par le premier sondage d'opinion utilisant la technique d'un échantillon défini comme représentatif. Organisé par George Gallup, il accordait 57 % des suffrages au président sortant. **L'année 1936 marque aussi le record du déficit budgétaire.** Bien que les recettes de l'État soient en augmentation, le déficit s'explique par le financement des nombreuses mesures sociales.

III. Un bilan en demi-teinte

A. DES EFFETS SURTOUT À LONG TERME

1. L'échec relatif de la politique conjoncturelle

Taux de croissance moyen annuel, en %

	1922-1929	1929-1937
Japon	+ 6,5	+ 3,6
Allemagne	+ 5,7	+ 2,8
Italie	+ 2,3	+ 1,9
Royaume-Uni	*+ 2,7*	*+ 2,3*
France	*+ 5,8*	*– 2,1*
États-Unis	***+ 4,8***	***+ 0,1***

Source : J. Néré, *La crise de 1929*, A. Colin.

Une comparaison internationale de la croissance des principaux pays industrialisés capitalistes dans les années 1930 montre le dynamisme des deux pays totalitaires, l'Allemagne et le Japon, qui ont privilégié le réarmement. Parmi les démocraties, **les États-Unis sont nettement moins performants que le Royaume-Uni** : après avoir connu une croissance moindre dans les années 1920, il a très tôt adopté des mesures en rupture totale par rapport à ses traditions économiques, baisse précoce de la livre, protectionnisme, intervention de l'État. Seule la France qui s'est obstinée dans une politique de déflation jusqu'en 1936 présente un bilan encore moins bon.

La production agricole est équivalente ou supérieure à 1929, ce qui justement n'était pas souhaité. Les agriculteurs qui ont renoncé aux aides publiques continuent à augmenter leurs productions tout en bénéficiant des mesures gouvernementales qui maintiennent les cours. De 1932 à 1939, malgré une baisse de 7 % du nombre de salariés agricoles et de 20 %, des surfaces cultivées en blé, maïs, coton et tabac, la production a augmenté de 11 %. Les prix soutenus par les pouvoirs publics dépassent les cours mondiaux, ce qui oblige le gouvernement à subventionner les exportations, et **les surplus n'ont pas été réduits. Ce bilan médiocre a un coût élevé** et comporte des incohérences puisque des produits alimentaires (des millions de porcs) ont été détruits pour soutenir les cours au moment où une partie de la population ne pouvait se nourrir. **En matière industrielle, le New Deal n'a pas non plus réussi complètement.** En 1937, la production retrouve son niveau de 1929 mais elle recule de nouveau lors de la récession de 1938 et il faut attendre 1940 et les commandes européennes d'armement pour retrouver le niveau de la fin des années 1920. **La récession de 1938 souligne la dépendance persistante de l'économie à l'égard de l'interven-**

tion de l'État puisqu'elle est consécutive à une diminution forte du déficit budgétaire à un moment où l'investissement privé reste insuffisant. Le revenu national n'a pas retrouvé son niveau de 1929 et, comme la population a augmenté, le revenu annuel par tête a diminué de 857 à 761 dollars.

Ce relatif échec de la politique de relance peut s'expliquer par l'ampleur des résistances de tous ceux qui dénoncent l'excès d'État, voire une dérive vers le socialisme. Elle tient aussi aux hésitations et contradictions inhérentes à l'expérience. Mais comme le montre l'efficacité du déficit budgétaire massif du *Victory Program*, à partir de 1941, elle illustre surtout l'insuffisance de l'intervention de l'État dont les dépenses ne sont pas assez importantes pour relancer totalement le potentiel économique du pays et retrouver le plein-emploi. En 1939, le pays compte encore 9 millions de chômeurs.

Évolution du cours des actions à la Bourse de New York entre 1929 et 1939

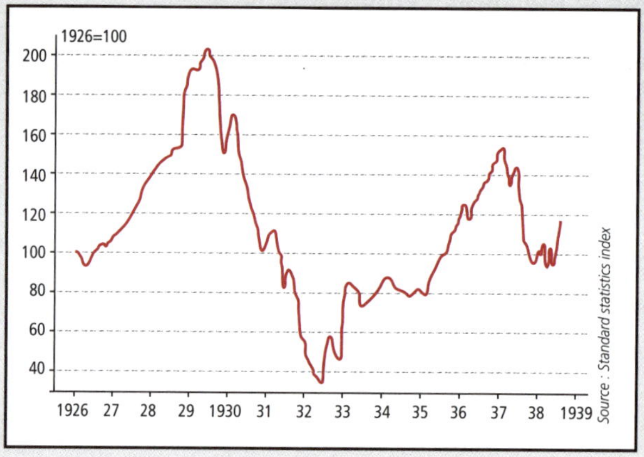

Évolution du revenu national pendant la crise et le New Deal

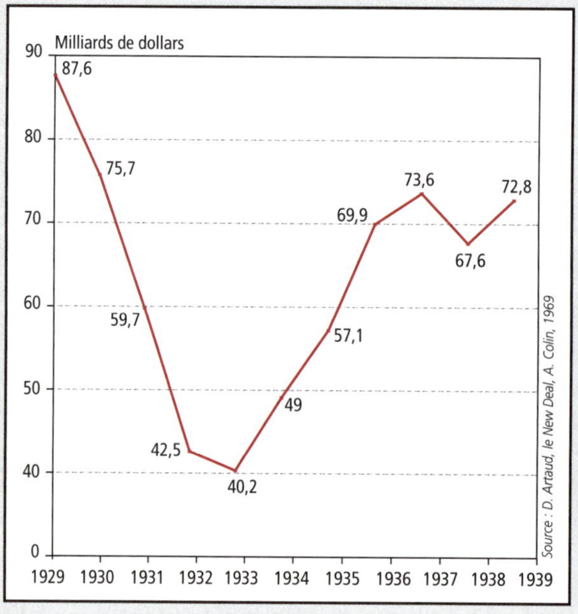

Évolution du chômage pendant la crise et le New Deal

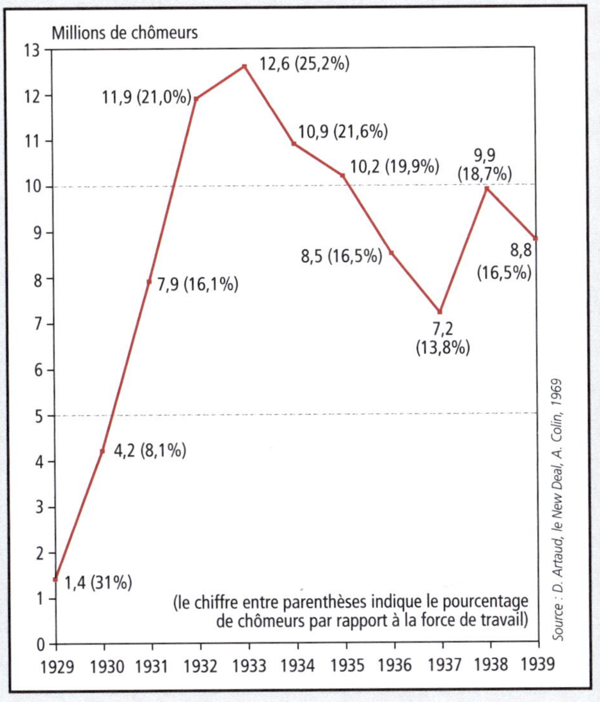

2. La naissance de l'État-Providence

Jusqu'aux années 1930, la tradition puritaine a maintenu le « darwinisme social » qui affirme que la sélection est inévitable, qu'elle fait ressortir les meilleurs et que la société n'a pas de devoir à l'égard de ceux qui échouent. La hiérarchie sociale est fondée sur l'efficacité de chacun. Le New Deal modifie complètement ce regard. Le système est désormais considéré comme responsable des échecs et la société a un devoir de solidarité à l'égard des victimes du jeu économique. L'**aspect le plus durable du New Deal tient aux mesures sociales adoptées qui marquent un tournant maintenu jusque dans les années 1970**. Les conventions collectives vont devenir le cadre d'une forte hausse du niveau de vie et de la protection sociale dans l'après-Seconde Guerre mondiale, grâce aux lois qui renforcent le poids des syndicats et obligent les entreprises à négocier. Le New Deal vise à réintégrer les exclus dans la société et dans la sphère de préoccupation du gouvernement : les agriculteurs, les ouvriers, les chômeurs mais aussi les épargnants, les personnes âgées bénéficient désormais d'une amorce de protection et d'aide et **la cohésion sociale est renforcée**. La communauté noire et les minorités ethniques ont cependant été largement oubliées. Le soutien des prix agricoles par exemple ne concerne pas les métayers noirs du Vieux Sud et l'amorce de Sécurité sociale n'englobe pas les nombreux noirs employés dans les services.

Les résultats quantitatifs du New Deal

	1929	1932	1939
Blé (en Mt)	22	20	20
Production industrielle (indice 100 en 1937)	96	50	96
Charbon (en Mt)	552	326	402
Acier (en Mt)	57,3	14	47,8
Automobiles (1 000 unités)	5 358,00	1 371	3 577
Prix de gros (indice 100 en 1901/1910)	153	105	124
Salaire horaire (indice 100 en 1913)	253	200	283
Nombre de chômeurs (M)	1,4	11,9	8,8
(% des actifs)	(3,1 %)	(21 %)	(16,5 %)
Importations (Mds de dollars)	4,4	1,3	2,4
Exportations (idem)	5,3	1,6	3,3
Revenu national (en Mds de dollars)	87,6	42,5	72,8
Répartition de la population active			
	secteur primaire	**secteur secondaire**	**secteur tertiaire**
1929	24 %	33 %	43 %
1940	19 %	31 %	50 %
Évolution de la productivité (moyenne générale) (1929 = 100)			
	1919	1929	1939
	79	100	122,2

3. Le bilan politique

La crise a associé au capitalisme le chômage, la pauvreté, l'instabilité sociale. Dans de nombreux pays, elle conduit à l'affaiblissement de la démocratie ou à l'arrivée au pouvoir d'hommes providentiels. **Pour Roosevelt et son équipe, l'enjeu principal a été de redonner au capitalisme et à la démocratie leur légitimité.** Le pays du « capitalisme sauvage » a montré sa capacité d'adaptation et son pragmatisme, en dehors des dogmes économiques et idéologiques. Le gouvernement a redonné confiance dans un capitalisme transformé, sans aller jusqu'à une quelconque forme de planification. **La révolution du New Deal est un moment fondateur dont l'influence se poursuit jusqu'à la vague conservatrice des années 1980**, qui a sauvé et réformé le système américain, renforcé le pouvoir exécutif face au pouvoir législatif et le pouvoir fédéral face à celui des États, favorisé le pouvoir compensateur du « *Big Labor* » face au « *Big Business* » et légitimé l'élargissement des missions économiques et sociales de l'État, désormais garant de la prospérité et de la solidarité.

B. LES ÉTATS-UNIS ET LE RESTE DU MONDE : LA NÉCESSITÉ D'UNE COOPÉRATION

1. Une lente prise de conscience

Même si l'objectif premier de Roosevelt a été de sauver le capitalisme dans son pays, **il ne peut ignorer totalement la dimension mondiale de la crise des années 1930**. Tout en restant excédentaire, le commerce extérieur américain est affecté par la baisse des prix mondiaux, la faiblesse de la demande et le cloisonnement des marchés. La dévaluation du dollar a certes stimulé les exportations et provoqué des arrivées de devises et d'or mais les ventes américaines se heurtent au manque de moyens de paiement de leurs partenaires. **Roosevelt doit faire avec la puissance de l'isolationnisme au Congrès et dans l'opinion publique.** Les lois de neutralité votées en 1935 et 1936 interdisent ainsi toute vente d'armes aux pays belligérants européens. La loi de 1937 n'autorise de livraisons aux belligérants, les armes restant exclues, que selon le principe *cash and carry*, c'est-à-dire contre un règlement comptant et un transport assuré par le pays acheteur. En octobre 1937 cependant, après l'attaque du Japon contre la Chine, Roosevelt évoque dans le « discours de la Quarantaine » la nécessité d'efforts concertés pour protéger les démocraties des politiques de terreur des dictatures et, en novembre 1939, la clause *cash and carry* est appliquée aux ventes d'armes vers l'Angleterre et la France. De même que Roosevelt a été contraint de louvoyer à l'intérieur face aux adversaires de l'intervention fédérale, il est contraint à la prudence diplomatique par une opinion publique qui s'accroche au principe du neutralisme.

2. L'entrée en guerre

Rompant avec la tradition établie depuis G. Washington, Roosevelt est le premier président à briguer un troisième mandat et **sa victoire en novembre 1940 lui donne une autorité sans équivalent**. Au lendemain de sa réélection, il crée le Conseil national de la Défense qui annonce le retour à une « économie de guerre » (un Conseil identique créé en août 1916 avait été le cadre d'une forte intervention publique dans l'économie huit mois avant l'entrée dans la Grande Guerre). En décembre 1940, répondant indirectement au général de Gaulle qui, le 18 juin, évoquait déjà une « guerre mondiale » et « l'immense industrie des États-Unis », il affirme son soutien total aux démocraties en guerre et annonce qu'il faut aider l'Angleterre, notamment en lui livrant des marchandises et des armes à crédit : « **Nous devons être l'arsenal des démocraties**. » En mars 1941, le *Lend Lease Act* ou loi prêt-bail permet aux Alliés de passer des commandes qui ne seront payées qu'après la fin du conflit. En novembre 1941, le « *Victory Program* » lance la mobilisation industrielle américaine. Le 8 décembre 1941, au lendemain de l'attaque sur Pearl Harbor, le Congrès reconnaît l'état de guerre contre le Japon et, trois jours plus tard, l'Allemagne et l'Italie déclarent la guerre aux États-Unis. Malgré l'engagement sous les drapeaux de 16 millions d'hommes et l'impréparation initiale, l'économie américaine va connaître une croissance exceptionnelle, financée par des déficits publics records, et jouer un rôle décisif dans la défaite finale des régimes totalitaires.

14 L'ÉCONOMIE ALLEMANDE À L'HEURE NAZIE

En janvier 1933, Hitler accède légalement à la Chancellerie, porté au pouvoir par la crise et surtout par le choix désastreux d'une politique de déflation qui a asphyxié la production, ruiné le crédit de la République et créé plus de 6 millions de chômeurs. Six ans plus tard, l'Allemagne est redevenue une grande puissance industrielle, le chômage a disparu et les foules fanatisées par la propagande applaudissent le Führer qui revendique la conquête d'un espace vital, gage d'un Reich millénaire. Pour réussir cette renaissance spectaculaire, le nazisme a construit un système totalitaire, imposé une terreur de masse où les opposants et les indésirables sont systématiquement éliminés, pris le contrôle de l'économie et mobilisé toutes les ressources et les énergies du pays au service d'un réarmement à outrance. Revanchard et ivre de sa puissance, Hitler s'apprête à précipiter l'Allemagne dans une guerre totale qui débouche en 1945 sur la ruine, la défaite, l'effondrement, l'occupation.

CHRONOLOGIE

1930 : Première poussée nazie lors des élections législatives

1932 : Juillet : Le parti nazi, premier parti au Reichstag avec 37 % des voix aux élections anticipées

1933 : Janvier : Hitler chancelier. Février : Incendie du Reichstag. Mars : Hitler obtient les pleins pouvoirs. Avril : Premier boycott contre les magasins juifs. Mai : Interdiction de tous les syndicats. Juin : Début des grands travaux. Juillet : Loi encourageant la concentration des entreprises ; interdiction des partis autres que le parti nazi. Octobre : L'Allemagne quitte la SDN

1934 : Juin : « Nuit des longs couteaux ». Juillet : Lancement du premier plan quadriennal. Août : Hitler Reichsführer

1935 : Mars : Rétablissement du service militaire. Septembre : lois antisémites de Nuremberg

1936 : Mars : Remilitarisation de la Rhénanie. Août : Jeux olympiques de Berlin ; lancement du second plan quadriennal. Octobre : Proclamation de l'Axe Rome-Berlin

1938 : Mars : Anschluss. Septembre : Accord de Munich. Novembre : « Nuit de cristal »

1939 : Août : Pacte germano-soviétique. Septembre : Attaque contre la Pologne

I. L'irrésistible ascension des nazis vers le pouvoir

A. LES OPPORTUNITÉS OFFERTES PAR LA CRISE

1. Le retour des difficultés monétaires et financières

Au printemps 1929, l'optimisme prévaut en Allemagne comme ailleurs. La croissance a rétabli le calme social et politique et l'Allemagne a retrouvé sa place dans le concert des nations : admise à la SDN en 1926, signataire du pacte de paix Briand-Kellog en 1928, elle s'apprête à bénéficier du plan Young qui réduit un peu plus les réparations. La crise révèle cependant la fragilité et la dépendance du pays. **Le départ des capitaux américains**, qui s'amorce dès 1929 et s'accélère en 1930 et surtout au printemps 1931, **entraîne un brutal déficit de la balance des paiements** et une chute du maigre stock de devises, tombé de 3,2 milliards de marks en 1929 à 1,4 milliard en juin 1931. Les banques allemandes, qui à leur habitude ont prêté ou investi à long terme les dépôts dont elles disposaient, se trouvent également étranglées par le départ des capitaux étrangers et les retraits des déposants allemands qui se multiplient après la faillite en mai 1931 de la plus grande banque autrichienne. En juin 1931, l'Allemagne obtient le gel des réparations grâce au moratoire Hoover mais le ministre des Finances fait en vain le tour des capitales européennes pour trouver des aides financières. Le 12 juillet, la Danat Bank, l'une des quatre grandes banques allemandes, doit fermer ses portes. **Le 13 juillet, le gouvernement bloque tous les avoirs en banque et établit le contrôle des changes** pour arrêter la fuite des capitaux. Mais depuis 1930, la crise n'est pas seulement financière, elle s'est transmise à l'ensemble de l'économie et de la société.

2. La déflation, une politique suicidaire

Dès les premières difficultés, le gouvernement est paralysé par le poids du drame subi par l'Allemagne au début des années 1920. Une injection massive de crédits et une dévaluation du mark auraient sans doute sauvé les banques, soutenu l'économie et relancé les exportations mais le spectre de l'inflation et de l'effondrement monétaire de 1923 conduit le chancelier Brüning à écarter d'emblée ces solutions, par crainte qu'elles soient immédiatement exploitées par les partis d'opposition. La seule voie qui reste est donc **le recours à la déflation** pour tenter de ramener les prix allemands au niveau des prix mondiaux **et le contrôle strict des importations** pour réduire les pertes en devises. Engagée par le gouvernement Brüning, cette politique se révèle désastreuse. Les entreprises allemandes sont confrontées à la fois à la réduction de leurs approvisionnements et de leurs débouchés extérieurs, mais aussi à l'arrêt du soutien bancaire et à la réduction de la demande interne. La déflation crée un effet de trappe qui fait chuter les profits, l'investissement, la production, l'emploi et multiplie les faillites. **De 1929 à 1932, la production industrielle recule de 40 %** et la chute est encore plus forte pour les secteurs de base et les industries d'équipement. La production d'acier tombe de 16 à 5,5 millions de tonnes et le chômage explose : **en 1932, l'Allemagne compte 6 millions de chômeurs complets** et un nombre encore plus élevé de chômeurs partiels.

Le chômage industriel en % de la population active secondaire

	1928	1929	1930	1931	1932	1933	1934
Europe							
Allemagne	8,6	13,3	22,7	34,3	43,8	36,2	20,5
Belgique	0,9	1,3	3,6	10,9	19,0	16,9	18,9
France	4,0	1,0	2,0	6,5	15,4	14,1	13,8
Pays-Bas	5,6	5,9	7,8	14,8	25,3	26,9	28,0
Royaume-Uni	10,8	10,4	16,1	21,3	22,1	19,9	16,7
États-Unis	6,9	5,3	14,2	25,2	36,3	37,6	32,6

■ **Nombre des chômeurs en Allemagne de 1918 à 1935**

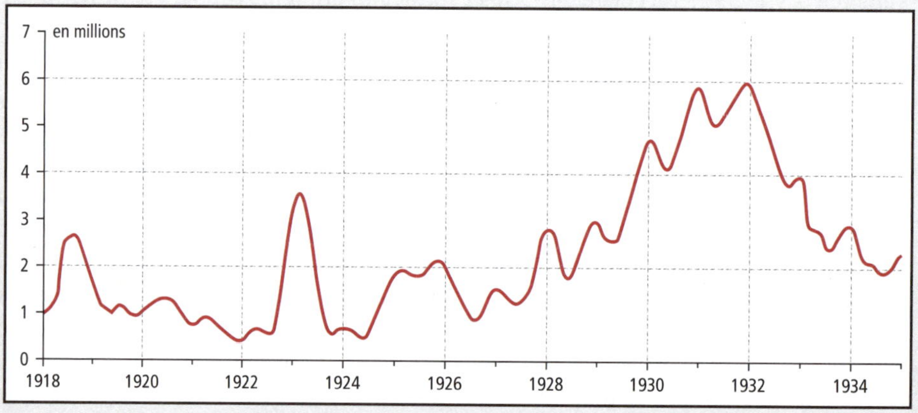

■ **Données économiques du Reich allemand dans la crise économique mondiale, 1929-1933 (base 100 en 1928)**

	1929	1930	1931	1932	1933
Production et emploi Biens de production	103	86	61	46	54
Biens de consommation quotidiens	101	101	95	85	88
Biens de consom. à « besoin élastique » (mobilier, habillement, biens de luxe)	97	91	87	74	85
Personnes ayant un emploi	99	92	80	71	74
Prix et salaires Biens de production	102	101	96	86	83
Biens de consommation	98	91	80	67	64
Coût de la vie	102	98	90	80	78

3. La fragilité de la démocratie

En septembre 1930, le chancelier Brüning qui recherche une majorité pour soutenir sa politique d'austérité commet l'erreur d'en appeler au pays en dissolvant le Reichstag et en provoquant des élections anticipées. Le désarroi de la population fait le jeu des partis extrémistes. **Les nazis passent de 12 à 107 députés et les communistes de 4 à 77 dans un Reichstag de 577 membres**. Dès cette date, la République est en sursis : le régime parlementaire est paralysé par le manque de majorité, ce qui oblige le chancelier Brüning à gouverner par décret, et les affrontements de rue sont de plus en plus fréquents et violents entre les groupes paramilitaires d'extrême droite et les militants communistes ou socialistes. **En 1931, l'économie allemande n'est plus vraiment libérale**. Le contrôle des changes impose l'apparition de licences d'importation, l'État a pris en charge le système bancaire qui détient lui-même une bonne partie du capital des entreprises et il se substitue aux créanciers des agriculteurs rendus insolvables par la baisse des prix. Le brutal renforcement de la déflation en décembre 1931 (réduction de 10 % des salaires et des prix, réduction de 50 % des allocations chômage) accélère la dégradation du climat politique. En 1932, lors de l'élection présidentielle, Hindenburg obtient 19 millions de voix mais Hitler 13 millions et le candidat communiste 6 millions. **Aux élections législatives de juillet 1932, le parti nazi remporte 230 sièges sur 608** et devient le premier parti du Reichstag.

■ **Résultats des élections législatives dans les années 1930**

	14 sept. 1930		31 juillet 1932		6 nov. 1932	
Nazis (NSDAP) Nat.-allemands	**18,3**	107	**37,3**	230	**33,1**	196
(DNVP) Partis du centre	**7,0**	41	**5,9**	37	**8,8**	52
(DVP + Zentrum + DDP)	**23,1**	142	**18,2**	109	**18,2**	109
Socialistes (SPD)	**24,6**	143	**21,6**	133	**20,0**	121
Communistes (USPD + KPD)	**13,1**	77	**14,3**	89	**16,9**	100

(En gras, le pourcentage des voix ; en maigre, le nombre de sièges au Reichstag.)

B. LES ATOUTS HITLÉRIENS

1. Un programme attrape-tout

Élaboré en 1920, le programme du groupuscule né en 1919 sous le nom de parti ouvrier est d'abord **nationaliste**. Ses deux premiers points réclament en effet « la constitution d'une grande Allemagne, réunissant tous les Allemands sur la base du droit des peuples à disposer d'eux-mêmes » et « l'égalité des droits du peuple allemand au regard des autres nations, l'abrogation des traités de Versailles et Saint-Germain ». **Il est aussi antisémite** : « Aucun juif ne peut être citoyen allemand » (article 4), se déclare **anticapitaliste** et réclame la nationalisation des trusts mais veut aussi la protection des petits industriels et commerçants, **la promotion de la classe moyenne**, le droit pour tous à l'éducation et la **création d'un pouvoir central puissant**. Ce mélange de revendications peut satisfaire une large partie de la population. Dès 1921, le parti prend le nom de NSDAP, parti national-socialiste des travailleurs allemands, ce qui reflète son ambition d'attirer vers lui les anciens combattants, les militaristes et tous ceux qui se sentent humiliés par le traité de Versailles, mais aussi les classes moyennes et les ouvriers et tous les blessés de la vie et laissés-pour-compte. Peu efficace pendant les années 1920 où le parti nazi reste un groupuscule, ce programme se révèle **particulièrement attractif dans le contexte d'effondrement économique et de misère sociale du début des années 1930.**

2. L'appui des milieux d'affaires

Après sa tentative de putsch en novembre 1923, imitation ratée de la « marche sur Rome » de Mussolini et son séjour en prison qu'il utilise pour rédiger *Mein Kampf*, Hitler cherche à se rapprocher des milieux dirigeants et du monde des affaires dont le ralliement est indispensable pour financer l'essor du parti. **L'anti-capitalisme initial se transforme rapidement en dénonciation du capitalisme juif** et de la ploutocratie internationale. Comme Mussolini en 1921 face à la poussée révolutionnaire italienne, Hitler devient, à partir de 1930 et de la montée en puissance du parti communiste, **un allié utile du grand capital allemand dans sa lutte contre le bolchevisme**. Les groupes paramilitaires nazis, les SS ou sections de sécurité et les SA ou sections d'assaut qui recrutent des centaines de milliers de chômeurs, multiplient les coups de mains contre les Rouges aux côtés des Casques d'acier, groupe paramilitaire créé en 1928 et financé par le magnat de la presse allemande Hugenberg. Les discours enflammés du « petit caporal bohémien » en faveur d'un réveil de l'Allemagne et d'une reprise économique conduite par un État fort peuvent aussi séduire un patronat confronté à une récession profonde. **L'alliance se concrétise en 1931** et aboutit à la formation du « front de Harzburg » qui regroupe le parti national, les Casques d'acier et les nazis. Ceux-ci bénéficient désormais de larges subsides de la part des industriels et des milieux financiers qui permettent d'étoffer les effectifs des SS et des SA et d'offrir aux chômeurs des soupes populaires et des soutiens destinés à les rallier à la cause hitlérienne. **Le parti nazi qui comptait 200 000 adhérents à la fin de 1930 dépasse le million au printemps 1932** et, lors de l'élection présidentielle, Hitler réussit à mettre en ballottage le président sortant, le maréchal Hindenburg, pourtant doté d'un immense prestige.

3. L'arrivée au pouvoir et la mort de la République

Successeur de Brüning, Von Papen procède à de nouvelles élections législatives en novembre 1932. Les excès des SS et des SA et le début d'une reprise économique se traduisent par un net reflux des nazis qui perdent 2 millions de voix et 34 sièges au Reichstag alors que les communistes poursuivent leur progression avec 100 députés. Dès lors, les nazis qui réclamaient tout le pouvoir acceptent d'entrer dans un ministère de coalition avec les conservateurs et d'y être minoritaires. **Le 30 janvier 1933, Hindenburg appelle Hitler à la Chancellerie.**

En quelques mois, le nouveau chancelier va utiliser toutes les formes de violence pour liquider les institutions républicaines et transformer cette accession légale en pouvoir absolu. Après avoir de nouveau dissous le Parlement, il n'hésite pas à faire incendier le Reichstag le 27 février pour accuser les communistes de complot, mettre le parti hors la loi et obtenir des pouvoirs de police exceptionnels. **Des milliers de militants communistes sont arrêtés, les libertés individuelles suspendues, la presse et les réunions des partis de gauche interdites**. Malgré la politique de terreur conduite par les SA et les SS, les nazis n'obtiennent que 44 % des sièges mais **le 24 mars 1933, Hitler réussit à se faire octroyer les pleins pouvoirs pour 4 ans**. En avril, les premiers camps de concentration sont ouverts, en mai, les syndicats sont supprimés et remplacés par une organisation nazie, le Front du Travail, et, en juillet, **le parti nazi devient le seul parti autorisé**. En juin 1934, la « nuit des longs couteaux », où sont assassinés 200 responsables SA qui réclamaient une politique de gauche, rallie l'armée à Hitler et consolide l'alliance avec les milieux conservateurs. Le 2 août 1934, après la mort d'Hindenburg, il devient Reichsführer et cumule désormais les fonctions de chef d'État et de Chancelier, cumul approuvé par 9 électeurs sur 10 lors du plébiscite du 19 août.

II. Un système totalitaire

A. LE DIRIGISME ÉCONOMIQUE

1. La mobilisation de l'industrie

Conformément à la distinction faite entre le capital créateur, c'est-à-dire allemand, et le capital prévaricateur, c'est-à-dire juif, Hitler ne songe nullement à mettre en cause le droit de propriété et à détruire le capitalisme. Il veut au contraire l'utiliser, le subordonner à ses objectifs et imposer à l'ensemble de l'économie un respect absolu des choix de l'État selon le « Führerprinzip ». **La loi de février 1934 crée une organisation industrielle verticale contrôlée par le ministère de l'Économie**. Elle comprend un groupe national dirigé par Gustav Krupp, 6 sous-groupes nationaux (mines et sidérurgie, métallurgie, machines, chimie, textile…), puis des groupes régionaux et, à la base, les entreprises industrielles. Cette cartellisation qui s'accompagne d'un encouragement permanent à la concentration des entreprises est destinée à faciliter la transmission des ordres et à orienter la production.

Pour chaque branche et pour chaque usine, le pouvoir, c'est-à-dire le parti nazi, définit les objectifs à atteindre dans le cadre des plans quadriennaux, fixe les approvisionnements et les crédits nécessaires, contrôle les prix et même l'utilisation des bénéfices. **Déclaré Führer de son entreprise, le patron est en réalité totalement soumis aux impératifs de l'État**.

2. Le contrôle de l'agriculture

« Nourricière du peuple », « source de sang de la Nation », l'agriculture occupe une place de choix dans la phraséologie nazie et c'est dans le monde paysan qu'Hitler a rencontré sa plus forte audience électorale. **Dès 1933, est créée la Corporation alimentaire, cartel national obligatoire** pour les producteurs, qu'ils soient propriétaires, fermiers, ouvriers agricoles, et pour les intermédiaires, subdivisée elle aussi en groupements régionaux et cercles locaux. **Un système autoritaire de prix aussitôt mis en place touche les produits agricoles à tous les stades**. Il concerne les producteurs, les transformateurs, les intermédiaires, les consommateurs et englobe les produits nécessaires à l'agriculture, semences, engrais, matériels. Pour réduire la dépendance du pays qui demandait le tiers de son alimentation à l'étranger et nourrir une population dont la croissance est encouragée par une politique résolument nataliste, **les prix à la production sont placés au-dessus des prix mondiaux** ce qui avantage les paysans aux dépens des consommateurs. Les nazis développent aussi une politique de colonisation et de mise en valeur des terres inexploitées en Allemagne, prélude à la colonisation des terres slaves de l'Est. Mais les gains annuels sont inférieurs à 100 000 hectares de terres souvent médiocres alors que les autoroutes, aérodromes ou autres constructions stratégiques confisquent souvent des sols très fertiles. En septembre 1933, la loi créant l'*erbhof* ou ferme héréditaire vise à protéger les exploitations de toute saisie et à leur apporter des crédits, mais à deux conditions : le propriétaire de l'exploitation doit être de sang allemand et l'exploitation ne peut être transmise qu'en bloc à un seul héritier.

3. La mise en tutelle du monde du travail

À l'opposé de la vision marxiste de lutte des classes, les nazis imposent le principe de collaboration de tous les citoyens à l'intérieur de la communauté nationale et de tous les employés à l'intérieur de l'entreprise. **Le Front du Travail qui remplace les syndicats regroupe tous les travailleurs,** y compris intellectuels, sans distinction de leur position économique et sociale. L'adhésion au Front doit être personnelle : en principe, elle n'est pas obligatoire mais la non-adhésion est considérée comme un acte d'opposition. **En 1939, le Front du Travail compte 20 millions d'adhérents, soit 9 travailleurs sur 10,** et le prélèvement d'une cotisation correspondant à 1,5 % du salaire lui procure d'énormes moyens affectés dès 1934 à l'armement. La grève est interdite et, dès 1935, le livret de travail est rétabli. Il signifie que le travailleur est mobilisé au service du pays et du parti. Le Front du Travail dont tous les responsables sont choisis par le parti nazi sert aussi à fixer et maintenir les salaires. Le salaire réel stagne de 1933 à 1939 alors que la production industrielle a plus que doublé et que la journée de travail est portée à 10 heures dans les usines d'armement en 1936. Le régime vante cependant les avantages offerts aux travailleurs, le recul rapide du chômage et l'organisation des loisirs et du tourisme par une organisation dépendante du Front, « la Force par la Joie ».

B. LE CONTRÔLE STRICT DES FINANCES ET DES ÉCHANGES

1. Le financement de la relance économique

Dès 1933, Hitler fait appel au docteur Schacht, acteur majeur du redressement du mark en 1924 et considéré comme un « magicien des finances », pour résoudre l'un des défis majeurs de la nouvelle Allemagne : relancer la production sans recourir à l'inflation et sans attenter à la monnaie. Nommé de nouveau directeur de la Reichsbank en juin 1933 puis ministre de l'Économie de 1934 à 1937, **Schacht recourt au système du préfinancement,** déjà amorcé par Von Papen en 1932, pour relancer la production et développer une politique de grands travaux destinée à réduire rapidement le chômage. Des « traites de travail » émises par l'État servent à payer les commandes publiques et sont utilisables par les industriels pour payer leurs fournisseurs. C'est donc une **monnaie parallèle** qui est utilisée au début. À partir de 1936, le financement est aussi assuré par l'alourdissement des impôts sur les entreprises et les travailleurs (en 1939, l'impôt prélève 26 % du revenu national) et par un appel systématique à l'épargne sous forme d'emprunts publics (en six ans, la dette publique passe de 11 à 48 milliards de marks). La lourdeur des dépenses d'armement induit cependant une dérive inflationniste : la masse monétaire est restée stable à 4,7 milliards de marks de 1933 à 1936, mais elle est de 7,7 milliards en 1937 et de 11 milliards en 1939. Certes, entre-temps, la production a considérablement augmenté et il y a eu des annexions de territoires. **Pour masquer cette dérive, les prix sont bloqués à partir de 1936**. Au total, de 1933 à 1939, les prix alimentaires ont augmenté de 6 %, les prix industriels au détail de 8 % et les salaires nominaux de 2,5 %.

2. L'interdiction de toute sortie des capitaux

Au moment où les nazis arrivent au pouvoir, la conférence de Lausanne en 1932 a supprimé les réparations, mais le pays a encore de lourdes dettes correspondant notamment aux emprunts internationaux qui ont accompagné les plans Dawes et Young et aux sommes empruntées au moment de la crise alors que **les réserves monétaires de l'Allemagne, or et devises, ne sont plus que de 700 millions de marks**. Il y a aussi le poids des capitaux privés placés ou investis en Allemagne de 1924 à 1929 et qui sont gelés depuis l'établissement du contrôle des changes. Les nazis ont été obligés, au début, d'honorer les dettes, en particulier les échéances des emprunts internationaux, ce qui réduit les réserves officielles à 500 millions de marks en 1934. À partir de juin 1934, tous les remboursements et sorties de capitaux sont suspendus. Le régime entreprend une chasse systématique à l'or et aux devises détenus par les particuliers et transforme **les créances étrangères en marks bloqués ou aski marks**. Leurs détenteurs ne peuvent les utiliser que sous forme d'achat de marchandises allemandes. Le déficit commercial continue cependant à peser sur les réserves qui atteignent leur minimum en 1936 avec 177 millions de marks seulement. L'annexion de l'Autriche, la mainmise sur la Tchécoslovaquie et les pillages qui les accompagnent, en particulier la confiscation des biens juifs, permettent de remonter les réserves à 320 millions de marks en 1939. **Cette faiblesse des réserves de change ne peut que conforter Hitler dans sa politique de conquête et de guerre éclair pour renflouer des caisses presque vides.**

3. Le contrôle du commerce extérieur

Malgré la quasi-disparition de l'encaisse d'or et de devises, le programme nazi nécessite de lourdes importations pour combler les déficits d'énergie et de matières premières, alimenter les usines d'armement et créer des stocks stratégiques. Le contrôle des changes hérité de la République est donc utilisé pour filtrer les achats. Les importations correspondant aux besoins civils sont sacrifiées et **les licences d'importation réservées aux produits indispensables au réarmement**, produits qui sont répartis par 25 offices sous le contrôle de la Reichsbank et du ministère de l'Économie. **L'Allemagne cherche aussi à signer des accords commerciaux qui évitent les règlements monétaires**, sous forme d'accords de *clearing* qui prévoient un équilibre en valeur des importations et des exportations et qui sont fondés sur le troc. Elle a multiplié ces accords, avec des pays d'Amérique latine comme le Brésil ou le Chili et avec les pays d'Europe centrale confrontés à l'effondrement de leurs exportations de produits agricoles et de matière premières. À la veille de la guerre, l'Allemagne a constitué un espace commercial avec la Hongrie, la Bulgarie, la Roumanie et la Yougoslavie à qui elle vend des produits industriels contre un approvisionnement en blé, produits d'élevage, bauxite, pétrole... Avec l'Italie et l'URSS à partir du pacte de 1939, elle conclut des accords politiques pour se procurer les produits qui lui manquent. La faiblesse des marges de financement des importations et la hantise de la Première Guerre mondiale où l'appareil allemand a souffert du blocus britannique poussent également les nazis à recourir à une **politique d'autarcie, en encourageant la production de produits de substitution, les ersatz,** en particulier pour les carburants et le caoutchouc, ainsi que la mise en valeur des ressources minérales du territoire même quand l'exploitation n'est pas rentable.

C. L'ASSERVISSEMENT DE LA POPULATION

1. Le contrôle des esprits

ZOOM ▶ L'organisation de la jeunesse allemande

Évolution numérique :

1932 : 107 956

1938 : 7 728 259 dont 3 893 000 filles ;

1 723 896 garçons intégrés dans la *Hitlerjugend* et

1 502 571 filles inscrites à la Ligue des filles d'Allemagne

Le parcours des jeunes Allemands entre 6 et 18 ans :

Les garçons :

6-10 ans : apprentissage dans les *Pimpf*

10-14 ans : on s'aguerrit dans les rangs du *Jungvolk* (jeune peuple)

14-18 ans : passage obligé dans la *Hitlerjugend* proprement dite (Jeunesse hitlérienne)

Après 18 ans : service du travail et service militaire

Les filles :

10-14 ans : elles font partie des *Jungmaedel* (les jeunes filles)

14-18 ans : elles militent au *Bund Deutscher Maedel* (Ligue des filles d'Allemagne)

Après 18 ans : la plupart d'entre elles accomplissent un an de « service agricole » ou une « année ménagère » (service domestique dans un foyer citadin)

La propagande est une priorité du régime pour faire pénétrer dans chaque foyer l'idéologie nazie. Le ministère de l'Information et de la Propagande dirigé par Goebbels dispose de moyens considérables pour assurer un **matraquage quotidien**, le contrôle étroit de l'information et de la presse par la censure, l'utilisation systématique de la radio et des actualités cinématographiques notamment. Le régime multiplie les **cérémonies grandioses** comme à Nuremberg lors des congrès du parti, les parades et défilés militaires, les cortèges aux flambeaux. Le parti exerce aussi une étroite surveillance sur les créateurs et artistes, sommés d'être les interprètes des « forces créatrices du peuple ». **Les artistes officiels exaltent la force et la virilité,** à l'instar des mises en scène de l'architecte Speer, de la statuaire monumentale d'Arno Breker ou des films de Leni Riefenstal, qui tourne *Les dieux du stade* lors des Jeux olympiques de Berlin en 1936. Le régime en revanche interdit toute expression artistique qu'il ne juge pas conforme à ses choix. Malgré sa renommée internationale, l'école d'architecture et d'arts décoratifs du Bauhaus est fermée dès 1933 et, en 1937 à Munich, une exposition est destinée à dénigrer ce que les nazis appellent « l'art dégénéré », en particulier les œuvres expressionnistes et abstraites.

Dans ce travail de propagande et de conditionnement, **une attention toute particulière est portée à l'embrigadement de la jeunesse**. Les programmes et manuels scolaires sont révisés et les professeurs doivent adhérer à la Ligue nationale-socialiste pour l'enseignement. Des organisations spécifiques prennent en charge garçons et filles au plus tard à l'âge de 10 ans. À partir de 1936, **les garçons de 14 à 18 ans doivent tous adhérer aux Jeunesses hitlériennes** pour « être éduqués physiquement, spirituellement et moralement ». Hitler veut « une jeunesse violente, impérieuse, intrépide, cruelle », qui sache dompter la peur et supporter la douleur et qui soit suffisamment fanatisée pour accomplir les rêves d'espace vital du Führer.

2. La terreur de masse

L'État totalitaire nazi s'appuie sur un **système policier proliférant** où se distinguent particulièrement les services de la **police secrète d'État, la Gestapo**, les services de sécurité du parti et des SS, la police militaire, les services de renseignements de l'Abwehr… Comme l'a montré le massacre organisé lors de la « nuit des longs couteaux », le régime nazi qui ignore les droits de la personne veut inspirer la terreur et éliminer tous ceux qu'il assimile à des résistants potentiels ou à des « ennemis objectifs ». La population est soumise à une surveillance permanente pour étouffer le moindre esprit critique. La délation est encouragée, y compris les dénonciations des enfants à l'égard de membres de leur famille. **Chef de la Gestapo, Heinrich Himmler est aussi le Reichsführer des SS**. Considérés comme l'élite du régime, les SS comptent 250 000 hommes soigneusement sélectionnés et particulièrement fanatiques qui ont prêté serment d'obéissance absolue au Führer et qui sont chargés de toutes les basses besognes. **C'est à eux qu'est confiée en 1936 la gestion des camps de concentration** dont l'objectif est de détruire progressivement la personnalité, la dignité et la vie de toux ceux qui y sont enfermés, opposants politiques, simples suspects mais aussi tous ceux que le régime déclare « asociaux ».

3. La persécution des Juifs

L'obsession raciale tient une place centrale dans l'idéologie nazie. **Pour Hitler, la race supérieure par excellence est la race aryenne**, qualifiée de race des seigneurs, des conquérants et des créateurs et dont les descendants sont les Germains. **Les Slaves et plus encore les Juifs sont considérés comme appartenant à des races inférieures**. Rendus responsables de la défaite allemande de 1918, « dégénérés », inassimilables, corrupteurs, impurs, « bacilles dissolvants de l'humanité », les Juifs sont accusés de vouloir dominer le monde et de contaminer la race élue. Comme l'écrit Hitler dans *Mein Kampf*, « l'Aryen est le Prométhée de l'humanité », « tous ceux qui ne sont pas de race pure ne sont que des déchets ». Les 600 000 Juifs allemands ont été immédiatement l'objet de persécutions. Outre le boycott des magasins juifs, les affiches et pancartes antijuives qui se multiplient, **la loi d'avril 1933** leur enlève la citoyenneté allemande et le droit de vote et leur interdit toute une série de professions, emplois publics, professions libérales, enseignement, activités de presse, radio, cinéma. Les gigantesques autodafés de « mauvais livres » concernent notamment les livres écrits par des juifs. **En 1935, les lois de Nuremberg** interdisent les mariages et les relations sexuelles entre Juifs et Aryens. Lors de la

DÉFINITIONS

Totalitarisme : régime reposant sur la terreur et sur la propagande, où l'organisation de l'État et de toute la société est soumise à une idéologie officielle. On distingue les régimes totalitaires des dictatures qui utilisent la répression pour conserver l'ordre établi, mais qui ne cherchent pas à remodeler la société ou à contrôler les esprits, et dans lesquels l'économie ne sert pas directement les objectifs des dirigeants politiques. Le régime hitlérien et le régime stalinien ont servi de modèles aux théories du totalitarisme, développés notamment par Hannah Harendt (Le Système totalitaire) et Carl Friedrich (La Dictature totalitaire).

Autodafé : du portugais auto da fé, « acte de foi ». À l'origine, jugement prononcé par l'Inquisition contre un impie, un Juif ou un hérétique. Par extension, le mot désigne la destruction par le feu d'un objet, souvent un livre, que l'on désavoue.

« nuit de cristal » du 9-10 novembre 1938, les nazis pillent et détruisent des synagogues, des magasins et arrêtent des milliers de juifs qui sont envoyés en camps de concentration. À la veille de la guerre, les deux tiers des Juifs allemands ou autrichiens ont été acculés à l'exil, en abandonnant tous leurs biens pour sauver leur vie.

ZOOM ▶ Les lois racistes nazis

La loi de 1933 sur la protection de la race

« Toute personne atteinte d'une maladie héréditaire peut être rendue inféconde... si l'expérience recueillie par la science médicale permet de prévoir selon toute vraisemblance que sa postérité doit hériter de graves anomalies physiques ou morales.

Est atteint, au sens de la présente loi, d'une affection héréditaire quiconque présente une des maladies suivantes : 1° débilité intellectuelle congénitale, 2° schizophrénie, 3° folie circulaire, 4° épilepsie héréditaire, 5° danse de Saint-Guy héréditaire, 6° cécité héréditaire, 7° surdité héréditaire, 8° malformation physique grave.

On peut de plus rendre infécond tout sujet atteint d'alcoolisme grave.

La stérilisation peut être demandée par celui qui est atteint d'une maladie héréditaire, ou, s'il est mineur, par son représentant légal. Elle peut aussi être réclamée par le médecin officiel... La décision du tribunal supérieur de la santé héréditaire est définitive et impérative... et doit être exécutée même contre la volonté du sujet. »

Les lois de Nuremberg, 1935

« Pénétré de la conscience que la pureté du sang allemand est la prémisse de la perpétuation du peuple allemand, et inspiré de la volonté indomptable d'assurer l'avenir de la nation allemande, le Reichstag a adopté à l'unanimité la loi suivante, qui est proclamée par les présentes : **1** – Les mariages entre Juifs et les sujets de sang allemand ou assimilé sont interdits. **2** – Le rapport extra-marital entre Juifs et sujets de sang allemand ou assimilé est interdit. **3** – Les Juifs ne peuvent pas utiliser au service de leurs ménages des femmes de sang allemand ou assimilé âgées de moins de quarante-cinq ans. **4** – Il est interdit aux Juifs de pavoiser aux couleurs allemandes nationales. Par contre, ils peuvent pavoiser aux couleurs juives : l'exercice de ce droit est protégé par l'État. **5** – Les infractions au paragraphe 1 seront sanctionnées par une peine de réclusion. Les infractions au paragraphe 2 seront sanctionnées par une peine d'emprisonnement ou une peine de réclusion... »

III. Un bilan inégal

A. DES RÉSULTATS SPECTACULAIRES

1. La disparition du chômage

Le recul rapide du chômage et sa quasi-disparition à partir de 1937 contrastent avec les difficultés des démocraties à relancer l'emploi pendant les années 1930. Pour parvenir à ce résultat, le régime nazi utilise une panoplie de moyens. **Le premier plan quadriennal a surtout recouru aux grands travaux**, la construction d'autoroutes (3 000 km en 6 ans), d'aérodromes, de ponts et ouvrages d'art, dont la finalité est surtout stratégique, mais aussi de logements ou de réalisations spectaculaires d'urbanisme. **La seconde source d'emplois, décisive à partir de 1936, est liée aux énormes dépenses d'armement**. Le régime cherche de plus à écarter les femmes du marché du travail en encourageant la natalité et en exaltant leur rôle domestique de mères et gardiennes du foyer. **Le recul du chômage est lié aussi au gonflement des effectifs de l'armée**. Alors que le traité de Versailles limitait les effectifs de la Wehrmacht à 100 000 hommes, le rétablissement du service militaire en 1935 conduit à une armée de 600 000 hommes dès 1936 et de 5 millions en septembre 1939. Il faut y ajouter le gonflement des effectifs de la police, des permanents du parti qui compte en 1939 9 millions d'adhérents, le freinage de l'exode rural, les innombrables arrestations ou les départs volontaires et les emplois créés par la construction à partir de 1936 de la ligne Siegfried face à la ligne Maginot. Au total, **la population active occupée passe de 14,5 millions en 1933 à 21 millions en 1939**. Le retour du plein-emploi se paie cependant d'une forte pression sur les salaires et de la stagnation du pouvoir d'achat des travailleurs. Cette pression laisse de larges bénéfices aux employeurs que ceux-ci sont contraints de réinvestir immédiatement.

■ Les effets de la politique nazie sur l'emploi (moyenne annuelle des chômeurs)

1932	5 575 492
1933	4 804 028
1934	2 718 309
1935	2 151 039
1936	1 592 655
1937	912 312
1938	429 461
1939 (fin juil.)	38 979

■ Les salaires des ouvriers et employés (base 100 en 1929)

		Salaires horaires moyens		Coût de la vie	Salaire réel
		Travailleurs masculins (en pfennings)	Indice	Indice	Indice
Réarmement	1930	88,9	102	96	106
	1931	84,4	96	88	108
	1932	71,6	82	78	104
	1933	69,6	79	76	103
	1934	69,5	79	78	101
	1935	69,5	79	79	100
	1936	69,5	79	80	99
	1937	69,7	79	81	98
Économie de guerre	1938	70,0	80	81	99
	1939	70,2	80	82	97

2. La forte reprise de l'industrie

De 1929 à 1932, la production industrielle a reculé de 40 % et celle des secteurs de base de 55 %. La reprise n'en est que plus impressionnante : **l'indice industriel passe de 100 en 1929 à 60 en 1932 pour remonter à 138 en 1939**. À cette date, l'Allemagne est redevenue la deuxième puissance industrielle mondiale derrière les États-Unis. L'effort a surtout porté sur les secteurs de base et les biens d'équipement. La production de charbon remonte de 100 millions de tonnes en 1932 à 190 à la veille de la guerre, en partie grâce à la récupération de la Sarre en 1935. **La production d'acier atteint en 1939 23 millions de tonnes** contre 13,5 millions à l'Angleterre et 6,2 millions à la France. Même l'URSS stalinienne qui a fait de l'acier une priorité absolue et une véritable mystique ne produit que 20 millions de tonnes à la fin des années 1930. Les industries de consommation ont en revanche progressé beaucoup moins vite, à l'exception de la construction automobile. En 1936, Hitler qui a privilégié les autoroutes célèbre la sortie de la « voiture du peuple », la Volkswagen, dont la réalisation avait été confiée deux ans plus tôt à l'ingénieur Porsche.

■ Les résultats industriels

	1929	1933	1939
Charbon (millions de tonnes)	160	100,0	190
Fer minerai	6	1,3	15
Acier	16	5,5	23
Aluminium (tonnes)	33 000	15 000	165 000
Automobiles (unités)	114 000	50 000	220 000

3. La construction d'un puissant outil de guerre

Amorcé dès 1933, le réarmement est au centre du second plan quadriennal, conformément à la décision annoncée par le Führer en 1936 : créer une armée prête à supporter la guerre en quatre ans. L'ampleur de l'effort demandé entraîne d'ailleurs les protestations puis la **démission en 1937 du ministre de l'Économie Schacht** qui réprouve les risques inflationnistes et ne croit pas aux ersatz. Le ministère de l'Économie est confié à un prête-nom, le nazi Funk, mais c'est Goering, l'un des proches d'Hitler, qui dirige la mise en place d'une véritable économie de guerre pour réaliser un plan de réarmement qui absorbe 11 % du revenu national en 1936, 17 % en 1938 et 30 % en 1939. Au moment d'entrer en guerre contre la Pologne, l'armée allemande dispose de 5 divisions de panzers (3 000 chars) et la Luftwaffe de 3 200 avions de combat. En réalité, elle n'a pas plus de chars que la France ni plus d'avions que la Grande-Bretagne et l'armée ne dispose que de stocks limités de munitions ou de carburant. Sa supériorité réside plutôt dans la préparation de la « Blitzkrieg » et le degré d'entraînement et de fanatisme des troupes.

■ Le réarmement

	Allemagne	Italie	France	Royaume-Uni	URSS
Dépenses militaires (en % du PIB)					
1934	4,4	6,8	6,3	3,9	18,3
1935	8,9	7,3	7,4	5,1	26,4
1936	11,4	15,7	8,2	7,1	12,8
1937	14,4	16,1	7,1	9,4	13,7
1938	28,2	9,2	7,2	12,8	19,7
Effectif militaire (en milliers)					
1934	315	331	449	318	940
1935	461	336	458	321	1 300
1936	596	343	548	336	1 300
1937	603	362	613	350	1 433
1938	782	383	581	376	1 566

B. L'ÉCHEC DE L'AUTARCIE

1. Un bilan agricole décevant

Le régime qui avait promis au peuple allemand le beurre et les canons et qui a largement favorisé les paysans **n'a pas réussi à modifier profondément la production agricole nationale** ni à réduire de manière probante le taux de dépendance. Les deux seuls secteurs où la production a fortement progressé entre 1933 et 1939 concernent les pommes de terre (plus 25 %) et les betteraves à sucre où la production double. En revanches, les récoltes de céréales ont légèrement diminué et les résultats en matière d'élevage sont stables. Les importations restent donc indispensables et **le taux de couverture des besoins n'est que de 80 %**. Pour ne pas compromettre ces résultats pourtant modestes, le régime crée en janvier 1939 un Service du travail obligatoire pour les jeunes filles jusqu'à 25 ans, de manière à créer une réserve de main-d'œuvre agricole en cas de mobilisation générale.

Le bilan agricole

	Production en 1939 (en millions de tonnes)	Évolution 1933-39 en indice (base 100 en 1933)
Seigle	8,4	95
Blé	4,9	86
Avoine	6,0	96
Orge	3,7	106
Pommes de terre	51,0	125
Betteraves à sucre	16,7	196
Millions d'hectolitres : Lait	25,0	102
Millions de têtes : Bovins	20,0	100
Porcs	25,0	105

2. L'échec des produits de substitution

À leur arrivée au pouvoir, les nazis sont confrontés à d'importantes pénuries intérieures contradictoires avec leur programme de relance et de réarmement. Ils doivent recourir à l'importation pour l'essentiel de leurs besoins en fer, la quasi-totalité des carburants et des minerais non ferreux mais aussi une bonne partie des matières premières textiles. Dès 1933, le régime accorde des **subsides à la firme IG Farben pour la production de pétrole de synthèse**, à base de charbon ou de lignite. En 1934, il crée une Agence nationale pour les produits de remplacement et, à partir de 1936, il accorde une large priorité à l'autarcie. En dehors des carburants, les efforts portent sur la pénurie de caoutchouc, importé de Malaisie et des Indes néerlandaises, les matières premières textiles et le minerai de fer. Les nazis ont mis en place des **circuits de récupération pour les ferrailles et les métaux non ferreux**, ils créent en 1937 une société publique pour relancer l'extraction du fer et de minerais divers dans la montagne centrale du Harz, ils encouragent la production de textiles artificiels et la recherche sur les textiles synthétiques. Malgré quelques réussites comme la production à partir de 1938 d'un caoutchouc synthétique, le buna, la politique des ersatz est un échec. **L'Allemagne ne couvre que 30 % de ses besoins en fer** et doit importer 20 millions de tonnes de minerai, essentiellement de Suède ou de France. **La production d'essence et de caoutchouc synthétiques correspond à 40 % à peine des besoins en temps de paix**.

La dépendance en matières premières textiles est de 50 %, en cuivre de 80 %, en bauxite, manganèse, nickel, chrome de 100 %.

3. La nécessité d'une « autarcie d'expansion »

Affirmé comme un droit naturel de la race supérieure, « **l'espace vital** » **revendiqué par Hitler apparaît surtout comme le seul moyen de combler les faiblesses de l'Allemagne** qu'il s'agisse de l'épuisement des réserves monétaires ou des pénuries en produits de base. Ainsi, comme le souligne l'économiste François Perroux, l'autarcie conduit à l'expansion pour prendre par la force ce que l'Allemagne ne peut produire ni acheter. Cette stratégie a d'abord débouché sur des succès diplomatiques qui ont fortement contribué à renforcer le prestige du Führer et l'adhésion du peuple au nazisme. La récupération de la Sarre en 1935, la remilitarisation de la Rhénanie en 1936 annoncent l'annexion de l'Autriche en mars 1938, d'une partie de la Tchécoslovaquie en septembre 1938 avant son démembrement en mars 1939. Mais **la création de la « grande Allemagne » n'est qu'une première étape**. En réalité, la politique nazie rend la guerre possible en créant un outil militaire impressionnant, elle rend aussi la guerre nécessaire pour prélever sur les territoires conquis tout ce qui manque, elle rend enfin la guerre urgente : les démocraties européennes ont en effet commencé, à partir de 1936, à combler leur retard en matière de réarmement. **Tout le système hitlérien débouche donc sur une stratégie de guerre éclair et foudroyante pour occuper un maximum d'espace et piller les pays occupés**. L'ordre chronologique des offensives nazies confirme l'importance des préoccupations économiques par rapport aux priorités nationalistes, la revanche contre la France, ou idéologiques, l'expansion vers l'Est. Après la conquête de la Pologne, les armées hitlériennes se lancent à la conquête du fer suédois avant même d'attaquer la France puis à la conquête des richesses d'Europe centrale et balkanique avant la grande offensive contre le bolchevisme.

15 LA RUSSIE SOVIÉTIQUE DE LÉNINE À STALINE

Fortement minoritaires dans l'immense Russie, les Bolcheviks se heurtent au lendemain de leur prise du pouvoir à la résistance acharnée des Blancs. Pour vaincre ses adversaires, Lénine impose de 1918 à 1921 une dictature de fer, le communisme de guerre. Il doit cependant engager en 1921 une phase de détente et de compromis entre capitalisme et socialisme pour redresser une économie en ruine.

Cette normalisation ne dure que quelques années. « L'URSS a 50 ans de retard sur les puissances industrielles. Ou elle rattrape ce retard en 10 ans ou on lui brisera les reins. » C'est en arguant du péril extérieur que Staline justifie en 1929 « le grand tournant » et décrète la collectivisation brutale de l'agriculture, l'étatisation de toute l'économie et le lancement du premier plan quinquennal. Pour construire à marche forcée une puissance industrielle, Staline impose une dictature productiviste et construit un système totalitaire dont il est le maître absolu. Le tsar rouge commente avec emphase les réalisations grandioses et les succès de sa stratégie. La réalité est moins brillante : l'URSS est en 1940 un colosse aux pieds d'argile.

CHRONOLOGIE

1921 : Xe Congrès du parti. Lancement de la NEP

1922 : Staline devient secrétaire général du parti

1924 : Mort de Lénine. Démonétisation du rouble papier

1927 : XVe Congrès. Trotski est exclu du parti. Réapparition de la disette en ville

1929 : Abandon de la NEP. Lancement du plan quinquennal et de la collectivisation des terres

1932 : Famine en URSS. Création du passeport intérieur et du livret ouvrier

1933 : Purge à l'intérieur du parti. Début du deuxième plan quinquennal

1934 : Assassinat de Kirov. Début de la grande terreur

1935 : Reconnaissance du lopin de terre pour les kolkhoziens. Lancement du mouvement stakhanoviste

1936 : Exécution de Zinoviev et Kamenev

1937 : Procès des 17. Épuration de l'armée. Exécution du maréchal Toukhatchevsky

1938 : Exécution de Boukharine. Début du troisième quinquennat

1939 : Signature du pacte de non-agression avec l'Allemagne

1940 : Assassinat de Trotski au Mexique

I. 1921-1929 : la NEP

La Nouvelle politique économique lancée par Lénine au lendemain de la révolte des marins de Kronstadt représente dans l'histoire de la Russie soviétique une phase exceptionnelle et originale. Après les troubles de l'année 1917 et les violences étatiques du communisme de guerre et avant le forcing économique des années 1930, **la NEP apparaît comme une période de pause idéologique, de reconstruction économique et de détente sociale**. Compromis pragmatique imposé à Lénine par le chaos qui prévaut en 1921, la NEP ne fait pas l'unanimité parmi les Bolcheviks : défendue par Boukharine qui souhaite son prolongement, elle est combattue par les plus radicaux qui l'identifient à un recul idéologique.

A. UNE RÉPONSE À UNE TRIPLE CRISE

1. Un effondrement économique et monétaire

En 1921, l'économie soviétique est à bout de souffle. Les ruines subies par l'appareil de production, l'arrêt de tout investissement, la désorganisation complète des moyens de transport et l'absence de personnel qualifié pour gérer les entreprises conduisent en effet le pays à une paralysie généralisée. Privés de semences, de matériel agricole, de traction animale, les paysans sont découragés de produire par les réquisitions obligatoires des récoltes et les exécutions sommaires. **En 1921, la surface cultivée a diminué d'un tiers et le volume des récoltes de plus de moitié par rapport à 1913**.

La situation industrielle est pire : la production ne représente que 15 % de celle d'avant-guerre et tombe à 3 % seulement pour la fonte et l'acier, 1,5 % pour la production de ciment. Pour se nourrir, les ouvriers ont fui vers les campagnes, réduisant le personnel disponible de 60 % par rapport à 1913. Outre une productivité extrêmement basse, l'industrie souffre de la disparition de ses cadres et des ruptures d'approvisionnement. L'émission sans limites depuis octobre 1917 de papier-monnaie pour financer un déficit budgétaire abyssal et la pénurie de biens disponibles entraînent une **inflation galopante** qui touche d'abord les catégories populaires et conduit à un véritable **effondrement du taux de change du rouble**.

2. Une catastrophe humanitaire

L'effondrement de la production agricole, la désorganisation du trafic ferroviaire et les pillages suscitent une **terrible famine en 1920-1921 qui fait 5 millions de victimes**. S'y s'ajoute depuis 1920 une épidémie de typhus qui touche plus de 6 millions de personnes. La population est aussi confrontée à l'absence de tous les produits de première nécessité comme les vêtements, les chaussures, le savon et évidemment les médicaments. Le désastre est tel qu'il déclenche en **1921 une campagne mondiale pour envoyer des vivres et des médicaments en Russie**, où s'engagent des figures de premier plan comme Einstein ou Anatole France qui donne le montant de son prix Nobel.

3. Une crise politique

Dans les campagnes, la résistance contre les prélèvements forcés débouche sur des affrontements avec les détachements armés chargés des réquisitions et sur **une multiplication des révoltes agraires**. En ville, l'anarchie se traduit par l'apparition de bandes d'enfants ou de pillards et la propagande des ennemis des Bolcheviks, sociaux-révolutionnaires, Mencheviks ou nostalgiques du tsarisme, gagne du terrain. En janvier 1921, Lénine doit reconnaître l'existence d'une **crise dans le parti** : des fractions apparaissent en effet qui opposent ceux qui protestent contre les abus du centralisme, le refus des débats internes, la nomination et non l'élection des responsables et la subordination des syndicats au parti et ceux qui, au contraire, souhaitent renforcer la disciplinaire militaire et refusent toute divergence au nom de l'unité du parti. **La crise touche enfin l'Armée rouge**. Pour beaucoup de ses combattants, avec la victoire sur les Blancs acquise au début de 1920 et la fin du péril extérieur, la poursuite du communisme de guerre ne se justifie plus. L'armée répugne aussi aux missions de maintien de l'ordre et de répression auxquelles elle est désormais employée. **Fin février 1921, le soulèvement des marins de Kronstadt,** héros des journées d'Octobre, contre « la dictature des commissaires politiques » et aux cris de « Vive les Soviets, à bas les Bolcheviks » décide Lénine à changer de cap. Le soulèvement est noyé dans le sang mais le leader des Bolcheviks profite en mars du Xe Congrès du parti communiste pour faire adopter les principes de la NEP.

B. UN RETOUR LIMITÉ AU CAPITALISME

1. Le rétablissement des libertés d'entreprise et d'échange

Le décret du 21 mars 1921 supprime les réquisitions agricoles et rétablit la vente libre de la production après acquittement d'un impôt en nature au taux limité. En 1922, la location de terres et le recours au travail salarié sont de nouveau autorisés. Le droit à la propriété privée et à l'héritage est rétabli et des avantages sont consentis aux paysans qui augmentent les surfaces cultivées et les rendements. **Dans l'industrie, la création de petites entreprises privées est autorisée en mai 1921 et, deux mois plus tard, les établissements industriels employant moins de 20 personnes sont dénationalisés** et rendus à leurs anciens propriétaires. La NEP réintroduit aussi la hiérarchie des salaires et encourage la création de sociétés mixtes avec participation de capitaux étrangers.

La liberté des échanges intérieurs est rétablie pour l'agriculture, l'artisanat et la petite industrie, l'État ne gardant que le contrôle du commerce de gros. **Le retour à une économie de marché nécessite également la reconstitution d'un instrument monétaire**. En 1922, une monnaie fixe gagée sur l'or est créée pour le commerce extérieur. Mais elle ne sert que d'unité de compte, la Russie payant ses importations en or. En 1924, le rouble papier qui a perdu toute valeur est démonétisé. La nouvelle monnaie émise par une Banque d'État est garantie par l'encaisse or et le budget est mis en équilibre dès 1924 pour éviter une nouvelle dérive inflationniste.

2. Le maintien d'une forte emprise de l'État

Outre le commerce extérieur qui reste un monopole, **la propriété étatique est maintenue sur l'ensemble des sources d'énergie et sur les matières premières, sur le secteur de l'industrie lourde et sur de nombreux secteurs de l'industrie légère** comme les usines cotonnières d'Asie centrale, les fabriques de tracteurs et de camions. Pour renforcer ce secteur étatique, la NEP fait appel à des techniciens étrangers payés au prix fort et crée en 1923 des « trusts », c'est-à-dire des associations d'usines complémentaires pour plus d'efficacité. Le quart du budget est aussi réservé aux investissements dans ce secteur. Enfin, dès 1922, le Code agraire définit le statut des fermes d'État ou sovkhozes et des fermes coopératives ou kolkhozes. En 1928 cependant, ces structures socialistes restent marginales et ne réalisent que 2 à 3 % de la production agricole.

3. Un redressement économique rapide

Conforme aux souhaits de la majorité des habitants, la libération de l'agriculture se traduit par une reprise de la production. **Les récoltes de 1922 et 1923 mettent fin aux famines et, dès 1924, la production de céréales retrouve son niveau de 1913**. Le cheptel est progressivement reconstitué et la mécanisation s'amorce : en 1926, l'agriculture dispose de 20 000 tracteurs. La récolte de 1927 est par contre médiocre et montre que le redressement reste fragile. **Les résultats industriels sont également encourageants. En 1927, la production est supérieure de 30 à 40 % au niveau de 1913**. Il reste cependant des goulets d'étranglement : la production de charbon, de pétrole, d'acier, de vêtements reste inférieure à celle d'avant-guerre.

C. UNE PHASE DE CONSOLIDATION

1. Une consolidation politique interne

Dès 1921, Lénine prend soin de compenser les indispensables concessions économiques par un renforcement de la puissance du parti. **Il fait adopter lors du Xe Congrès les principes du parti unique et du parti uni**. Le principe du parti unique permet de poursuivre l'élimination des dissidents et notamment des sociaux-révolutionnaires accusés d'avoir favorisé les révoltes rurales du printemps 1921. **L'affirmation de l'unité du parti conduit à interdire toute fraction et à permettre l'exclusion immédiate de tout membre du parti convaincu de déviationnisme**. En 1922, le XIe Congrès crée le poste de secrétaire général du parti, confié à Staline, qui entreprend immédiatement une épuration du parti, officiellement pour en chasser les opposants mais surtout pour en faire un instrument docile et un moyen au service de ses ambitions. **En 1924, est promulguée la nouvelle Constitution.** Elle officialise la forme fédérative et crée une Union de républiques réputées toutes égales et disposant même du droit de sécession. Le pouvoir législatif appartient à un Parlement en deux chambres, le Soviet de l'Union avec des représentants élus en fonction du nombre d'habitants et le Soviet des nationalités où siègent 5 représentants par République fédérée. Le pouvoir exécutif est exercé par le Conseil des commissaires du peuple. En réalité, le pouvoir reste aux mains des dirigeants du parti.

2. Une reconnaissance extérieure

Après les craintes suscitées par la révolution et par l'image du « Bolchevik au couteau entre les dents », l'échec des tentatives révolutionnaires en Allemagne et en Hongrie, le nouveau cours inscrit dans la NEP et la modération adoptée par la IIIe Internationale rassurent en partie les pays occidentaux. Les démocraties se sont révélées incapables d'étouffer la révolution, mais la Russie est trop faible pour l'exporter, selon les souhaits de Trotski, dans le monde entier : **la coexistence s'impose donc**. Malgré l'obstacle créé par le refus des Bolcheviks de reconnaître les dettes de l'ancien régime tsariste, **les intérêts réciproques poussent à rechercher une normalisation des relations**. Dès 1921, le Royaume-Uni renoue des liens commerciaux avec le pays des soviets. En 1922, l'accord de Rapallo rétablit des relations diplomatiques et commerciales entre la République de Weimar et la Russie soviétique. **En 1924, la France, le Royaume-Uni et la Chine et, en 1925, le Japon reconnaissent officiellement le régime soviétique**. De 1921 à 1926, 40 traités commerciaux réintègrent les échanges russes dans le commerce mondial.

3. Une détente sociale

La NEP suscite une nette amélioration des conditions de vie. Elle bénéficie aux ouvriers à qui le Code du travail promulgué en 1922 reconnaît la journée de 8 heures, le droit aux congés payés et l'égalité salariale hommes-femmes. Elle profite aux paysans dont les deux tiers sont considérés en 1927 comme des paysans moyens. Elle suscite aussi l'apparition d'une classe moyenne de commerçants, artisans, fonctionnaires, paysans riches et entrepreneurs, les « Nepmen ». Le progrès social s'accompagne d'une **nette reprise de la croissance démographique** : la population passe de 130 millions en 1921 à 150 en 1929. **La NEP favorise enfin un foisonnement artistique** et un enthousiasme créateur. Malgré le départ de nombreux artistes comme Kandinski, Chagall ou Soutine, les écoles de peinture foisonnent et forment une avant-garde particulièrement novatrice. L'art de l'affiche atteint des sommets comme la création cinématographique où s'illustre le génie de Serge Eisenstein. Ce bouillonnement créateur est étouffé dans les années 1930 par la censure stalinienne qui réduit l'artiste au rôle de propagandiste de la ligne officielle.

II. La stratégie économique stalinienne

Promu au poste stratégique de secrétaire général du parti communiste en 1922, Staline s'impose comme le successeur de Lénine en faisant désavouer successivement tous les autres prétendants lors des Congrès annuels du parti. En 1929, il engage l'URSS dans le « grand tournant ». En 10 ans, il impose par la force une politique d'industrialisation à outrance. Fondée sur le sacrifice de l'agriculture, une planification impérative, une mobilisation des énergies, la stratégie volontariste stalinienne transforme en profondeur l'économie et la société soviétiques. Le prix est cependant énorme : des millions de victimes, un peuple vassalisé et la transformation du pays des soviets en un État policier, totalitaire, sur lequel règne en maître absolu le « guide du prolétariat mondial ».

A. LA COLLECTIVISATION DES TERRES

1. Une réponse aux défauts de la NEP

Aux yeux de Staline, liquider la NEP est nécessaire pour mettre fin à ses effets pervers. Avec les mauvaises récoltes de 1927, la disette réapparaît en ville et impose le retour aux tickets de rationnement en 1928. Pour Staline, les responsables sont les koulaks qui ont obtenu le droit de louer des terres et d'embaucher des salariés. Il les accuse d'accaparer 40 % des terres et de stocker leurs récoltes pour faire monter les prix. En 1928, il participe en personne à des réquisitions en Oural et en Sibérie et revient persuadé par la faiblesse des résistances qu'il est possible d'engager sans tarder la liquidation de la paysannerie.

La NEP butte sur une deuxième impasse : la croissance du secteur industriel étatique est freinée par le manque de capital. La hausse des prix en 1922 et 1923 pour favoriser l'autofinancement a créé une « crise des ciseaux » entre prix industriels d'État et prix agricoles entraînant une mévente dans les milieux ruraux. Dès 1924, il a donc fallu « fermer les ciseaux » ce qui bloque la croissance industrielle. Pour résoudre ce blocage financier, **Staline se rallie à la thèse défendue par Preobrajenski : « l'accumulation socialiste primitive** ». La Russie qui ne peut compter sur le capital étranger doit prélever le capital nécessaire sur l'agriculture en réquisitionnant à bas prix l'essentiel des récoltes.

La NEP a enfin suscité un danger politique : **l'essor d'une classe moyenne de Nepmen et de koulaks introduit en effet un risque contre-révolutionnaire** que Lénine avait déjà envisagé : « La masse paysanne restera-t-elle fidèle à son alliance avec la classe ouvrière ou permettra-t-elle à la nouvelle bourgeoisie des Nepmen de disloquer cette alliance ? » **Pour**

DÉFINITION

Crise des ciseaux : cette expression imagée a été inventée par Trotski en 1923 pour désigner la divergence entre les prix agricoles et les prix industriels. La reconstitution de la production grâce aux mesures de la NEP fait baisser la branche des prix agricoles alors que les organismes industriels étatiques relèvent leurs prix pour augmenter leurs profits et dégager au plus vite du capital selon le principe de « l'accumulation socialiste primitive ». L'ouverture des ciseaux pousse les paysans à conserver leurs récoltes et réduit les débouchés de l'industrie étatique. En septembre 1923, le parti impose une baisse des prix industriels pour fermer les ciseaux.

Staline, la collectivisation résout tous les problèmes : elle permet d'éliminer des adversaires de classe, de résoudre la question de l'alimentation des villes et de financer un développement industriel accéléré. Théoricien de la NEP et farouche partisan de son maintien, Boukharine est désavoué par un parti totalement contrôlé par le secrétaire général. Condamné à faire son autocritique, il perd toute influence sur le cours des événements.

2. Le « grand tournant »

Le 7 novembre 1929, douzième anniversaire de la révolution, **Staline annonce le « grand tournant » et décrète « la collectivisation totale tout de suite » et, un mois plus tard, « la liquidation des koulaks en tant que classe »**. En quelques mois, des détachements armés appuyés par la police politique contraignent la moitié des 25 millions de foyers paysans à entrer dans des kolkhozes. La forte résistance des paysans qui préfèrent abattre leur bétail et détruire leurs récoltes déclenche une véritable guerre civile et une désorganisation totale de la production. Pour sauver la récolte de 1930, Staline dénonce le zèle excessif des représentants locaux du parti. La décollectivisation autorisée en mars entraîne une fuite générale des paysans. Préparée cette fois méthodiquement avec l'aide de l'armée, **la collectivisation reprend en janvier 1931. Elle concerne 60 % des terres en 1932, 75 % en 1935 et 97 % en 1938.** Les exploitations privées ont été remplacées par 240 000 kolkhozes ou fermes collectives et 4 000 sovkhozes ou fermes d'État. Pour mettre à l'abri un matériel agricole d'autant plus précieux qu'il est rare, Staline improvise dès 1930 des MTS, stations de machines et tracteurs. Chargées de desservir chacune une dizaine de kolkhozes, elles constituent aussi des antennes politiques chargées de surveiller les campagnes.

3. Une réussite coûteuse

Les violents affrontements qui accompagnent la collectivisation, les exécutions sommaires et les déportations ont entraîné la **disparition de 5 à 10 millions de personnes**. **Au drame humain s'ajoute une catastrophe économique**. La disparition de la moitié du cheptel et l'élimination des paysans les plus qualifiés conduisent à l'effondrement de la production agricole et au retour de la famine en 1932. En 1935, Staline doit se résigner à amnistier les koulaks survivants et à reconnaître à chaque kolkhozien le droit à un lopin de terre dont la production peut être vendue librement. À la fin des années 1930, les lopins qui ne couvrent que 3 % de la surface agricole fournissent plus du quart du ravitaillement. **Le coût politique est encore plus considérable**. L'alliance entre les paysans et les ouvriers que la NEP avait voulu reconstituer est définitivement rompue. À long terme, la collectivisation et le sacrifice de l'agriculture vont se transformer en faiblesse mortelle pour le régime. Dans l'immédiat cependant, Staline peut savourer sa victoire. La « collecte », c'est-à-dire la confiscation à des prix dérisoires de l'essentiel des récoltes, permet de dégager les capitaux nécessaires au développement de l'industrie. Les quelque 30 millions de paysans qui ont fui vers les villes pour échapper à la collectivisation assurent à l'industrie une main-d'œuvre surabondante. Dès 1932, l'institution du passeport intérieur qui permet de contrôler tous les déplacements à travers l'Union empêche leur reflux vers les campagnes.

B. « L'INDUSTRIALISATION À TOUTE VAPEUR »

1. L'étatisation des moyens de production et d'échange

Le secteur privé qui s'était reconstitué pendant la NEP est rapidement éliminé. Le pouvoir le confisque ou l'oblige à disparaître en le privant de commandes, d'approvisionnement, de tout accès au crédit et en le soumettant à des prélèvements fiscaux écrasants.

La gestion de cette économie désormais entièrement étatisée est assurée depuis Moscou par des ministères spécialisés par branche. Pour chaque unité de production placée sous leur tutelle, ils assurent, en fonction des directives du plan, les dotations en capital, fournitures et main-d'œuvre, ils administrent les prix, mesurent les résultats obtenus et répartissent la production. Cette direction centralisée entraîne rapidement, avec la croissance et la complexification de l'économie et avec l'extension des fronts pionniers, **la prolifération de la bureaucratie** qui exerce un contrôle permanent sur les unités de production mais ignore la réalité du terrain.

2. Une succession de plans quinquennaux

Élaboré par une administration fédérale spécialisée, le Gosplan, à partir des directives fixées par Staline et son entourage immédiat, **le plan quinquennal est impératif** : il ne laisse aucune autonomie aux unités de production qui doivent atteindre ou dépasser les objectifs fixés pour ne pas être accusées de sabotage. **Le plan fixe des objectifs extrêmement ambitieux et même démesurés.** Approuvé par le parti en avril 1929, le premier plan quinquennal prévoit par exemple un doublement voire un triplement de la production industrielle. Au nom de l'urgence stratégique, **le plan sacrifie délibérément les industries de consommation au profit des sources d'énergie, charbon et hydroélectricité, de la sidérurgie, des industries lourdes et des transports.** Les mêmes priorités sont retenues pour le deuxième quinquennat 1933-1937 et pour le troisième lancé en 1938 et interrompu par l'attaque allemande en juin 1941. **La planification privilégie une croissance extensive**, fondée sur la création de nouvelles usines, la mise en valeur de nouveaux gisements, dans les régions déjà développées comme l'Ukraine mais aussi dans les zones pionnières qui vont de la vallée de la Volga à l'Oural, la Sibérie occidentale et même l'Extrême-Orient soviétique.

■ Le développement industriel de l'URSS en 1939

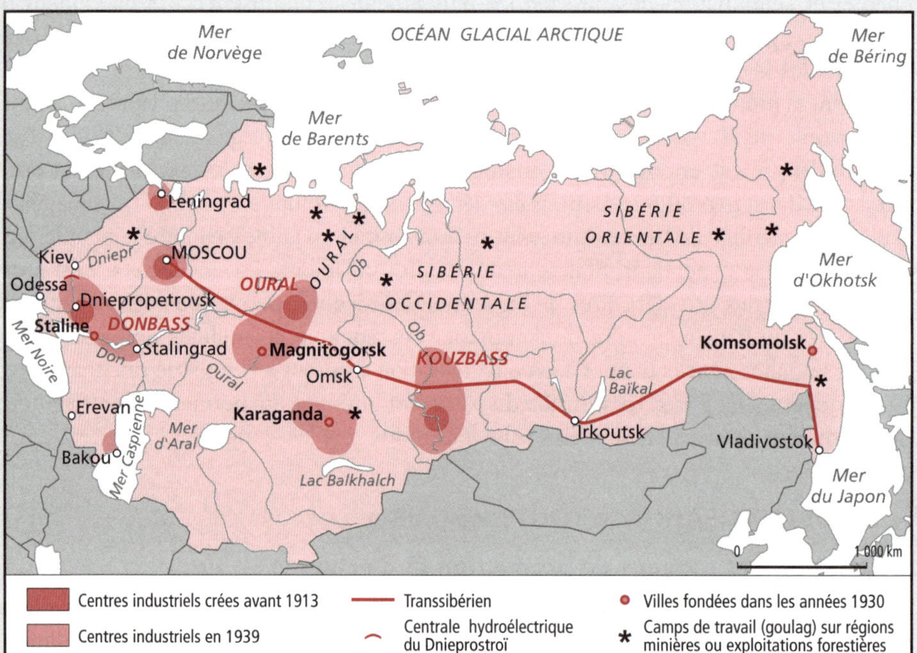

3. Des résultats officiels grandioses

■ **La croissance industrielle mesurée par les statistiques officielles**

		1913	1928	1932	1940
Population	(en millions) (dont urbaine)	170,9 24,6	150,5 27,3	163,0 35,5	170,6 60,4
Agriculture	Céréales (millions de quintaux) Bovins (millions de têtes) Ovins (millions de têtes)	687 31,9 41,4	733 60 à 70 107 à 146	698 40,7 52,0	779 54,8 (? 107)
Industrie	Charbon (millions de tonnes) Pétrole (millions de tonnes) Acier (millions de tonnes) Camions	35,9 9,2 4,6 –	36,4 11,6 4,3 700	64,9 21,4 5,9 23 700	165,9 31,1 18,3 145 000
Commerce	Exportations (millions de roubles courants) Solde de la balance commerciale	1 520 + 146	621 – 120	451 – 101	240 – 5

Selon les statistiques publiées par le parti, la progression industrielle de l'URSS est spectaculaire. La production de charbon est passée de 36 millions de tonnes en 1928 à 165 en 1940, la production de pétrole a été multipliée par trois, la production d'acier par plus de quatre, la production d'électricité par cinq.

Le régime exalte aussi des réalisations spectaculaires, comme le combinat sidérurgique de Magnitogorsk dans l'Oural, l'achèvement dès 1932 du Dnieprostroï, le plus grand barrage hydroélectrique du monde, ou la création du métro de Moscou. Staline vante également l'apparition de nouvelles régions industrielles, en Oural, en Sibérie occidentale autour du gisement charbonnier du Kouzbass, dans la région du lac Baïkal et aux confins du territoire sibérien. Il énumère avec emphase les nouvelles branches industrielles créées comme la production d'aluminium, la construction aéronautique, la chimie, la construction automobile, etc. Comme il le dit en janvier 1933 au comité central du parti : « La tâche essentielle du plan quinquennal était de transformer l'URSS, de pays agraire et débile qui dépendait des caprices des pays capitalistes en un pays industriel et puissant parfaitement libre de ses actions. »

III. Un système totalitaire

« Comment les voyageurs qui viennent ici n'entendent-ils pas la plainte de ce peuple terrorisé ? De quelle cire se bouchent-ils les oreilles ?... J'emporte l'impression de m'être un instant penché sur un immense mortier où l'on pilait de la matière humaine, pour préparer la panacée qui doit sauver le monde. » Ce cri du cœur publié en 1937 par Roland Dorgelès après un voyage en Union soviétique rejoint le sévère constat formulé par André Gide en 1935 : « Je doute qu'en aucun autre pays aujourd'hui, fût-ce dans l'Allemagne de Hitler, l'esprit soit moins libre, plus courbé, plus craintif (terrorisé), plus vassalisé. » Deux témoignages isolés dans la masse de récits enthousiastes rapportés d'URSS par les visiteurs occidentaux. Le système totalitaire et le déferlement de propagande mis en place par Staline permettent en effet de faire taire toute critique interne et de travestir la réalité : l'élimination des rivaux se transforme en lutte salutaire contre les saboteurs et les traîtres et l'asservissement du peuple en mobilisation volontaire pour construire des lendemains qui chantent.

ZOOM ▶ Le goût stalinien des réalisations grandioses

En 1930, le chemin de fer Turksib désenclavant l'Asie centrale est achevé. En 1931, l'usine de tracteurs de Kharkov est mise en service. En 1932, c'est le tour de l'usine automobile de Gorki. La même année sont allumés les premiers hauts fourneaux du combinat sidérurgique de Magnitogorsk dans l'Oural et ceux de Kouznetsk en Sibérie occidentale, grâce à l'association entre le fer de l'Oural et le charbon du Kouzbass pourtant distants de 2 000 km. En octobre 1932, la construction du Dnieprostroï, gigantesque barrage hydroélectrique sur le Dniepr, commencée en 1927, est achevée avec deux ans d'avance. En 1933, est mis en service le canal Staline reliant la mer Blanche à la Baltique au bout de trois ans de travaux. En 1935, la première ligne du métro monumental de Moscou est inaugurée là aussi au bout de trois ans d'efforts. Ces réalisations grandioses parmi des milliers d'autres sont exaltées par la propagande comme l'expression du génie créateur de Staline et des Bolcheviks ainsi que de l'enthousiasme des masses. En réalité, ces travaux ont nécessité l'appel à de nombreux techniciens étrangers : ils sont 5 000 en 1931 dont 2 000 Américains. La sidérurgie de Magnitogorsk est une copie d'une aciérie américaine située près de Chicago et c'est aussi un ingénieur américain qui dirige la construction du Dnieprostroï. Et surtout, le régime a utilisé le travail gratuit de centaines de milliers de détenus pour ces réalisations sous le contrôle de la police politique et au prix le plus souvent de pertes très lourdes.

A. LA MOBILISATION DES MASSES

1. L'asservissement des travailleurs

La réalisation du slogan « l'industrialisation à toute vapeur » conduit à imposer à tous les Soviétiques une dictature productiviste. **Soumis aux salaires aux pièces dès 1932, les ouvriers sont encadrés par les syndicats et étroitement surveillés par les représentants du parti**. Menacés de lourdes sanctions en cas d'absentéisme, ils risquent la déportation ou la mort s'ils sont accusés de sabotage et assimilés à des « ennemis du peuple ». La création en 1932 du livret ouvrier et du passeport intérieur les prive de toute liberté de circulation. Le blocage des salaires alors que les prix augmentent se traduit par une réduction substantielle de leur niveau de vie. **L'emprise du régime pèse encore plus lourdement sur les campagnes** : les fermes d'État ou sovkhozes, unités géantes créées notamment dans les régions pionnières, ne disposent d'aucune autonomie et leur personnel entièrement salarié est soumis aux mêmes contraintes que les ouvriers. Dans les fermes collectives, l'ampleur des prélèvements effectués sur les récoltes réduit les kolkhoziens à la misère. Ils ne survivent que grâce aux revenus procurés par les lopins de terre concédés à partir de 1935. **La situation la pire est celle des prisonniers de droit commun et des innombrables déportés politiques**. Envoyés dans des camps de travail en Sibérie ou dans les régions nordiques, ils forment une main-d'œuvre gratuite, corvéable à merci et affectée sur les chantiers les plus durs.

2. Les campagnes d'émulation socialiste

Pour mobiliser les énergies, le régime utilise tous les ressorts de la propagande. Dans les usines, l'échelle des récompenses pour les meilleurs ouvriers va du tableau d'honneur de l'entreprise à l'attribution de médailles dont les plus prestigieuses sont l'Ordre du drapeau rouge du travail ou l'Ordre de Lénine. **Le régime cherche aussi à s'appuyer sur la jeunesse.** Les Komsomols, ou Jeunesses communistes, sélectionnés par le parti parmi les meilleurs éléments, sont utilisés notamment sur les fronts pionniers, comme le symbolise la ville nouvelle de Komsomolsk créée en 1932 en Sibérie orientale. Pour combler le manque de spécialistes, Staline multiplie les instituts de formation de techniciens et d'ingénieurs. En 10 ans, le nombre d'étudiants est multiplié par 5 mais **pour entrer à l'université il faut faire preuve d'origines prolétariennes et n'avoir aucun lien avec les « ennemis du peuple »**. L'émulation socialiste repose aussi sur le **mouvement oudarnik** qui recrute des travailleurs de choc beaucoup mieux payés et surtout sur le **stakhanovisme**. En 1935, à l'occasion d'un concours organisé par les Jeunesses communistes dans les mines de charbon du Donbass en Ukraine, Alexeï Stakhanov réussit à réaliser 14 fois la norme d'extraction. **Le mouvement lancé à partir de l'exemple de ce héros du travail sert surtout à élever les cadences et à faire la chasse aux saboteurs.**

B. L'ÉLIMINATION DES CONCURRENTS

1. Une conquête méthodique du pouvoir

La mort de Lénine en janvier 1924 ouvre une lutte sans merci pour le pouvoir entre les dirigeants bolcheviks. Organisateur de l'Armée rouge et commissaire à la guerre, Trotski semble le mieux placé. Mais **Staline dispose d'un atout décisif pour s'imposer : secrétaire général du parti depuis 1922, il a la haute main sur le recrutement des nouveaux membres**. Dès 1924, la « promotion Lénine » destinée officiellement à honorer le fondateur du régime bolchevik lui assure la maîtrise de l'appareil. Lors du XIIIe Congrès du parti en 1924, il s'appuie sur Zinoviev, le chef du Komintern, et sur Kamenev pour mettre en minorité Trotski qui perd toute fonction officielle et évite de peu l'exclusion. L'année suivante, il se retourne contre ses alliés de la veille en s'appuyant sur Boukharine. **En 1927, il réussit à obtenir du Congrès l'exclusion d'une centaine d'opposants** parmi lesquels Zinoviev et Kamenev qui doivent reconnaître leurs erreurs et Trotski qui refuse de faire son autocritique et est immédiatement déporté en Asie centrale. En 1929 enfin, c'est Boukharine qui est la victime des manœuvres de Staline. À cette date, Staline contrôle totalement un parti communiste qui compte 1 million 200 000 membres et où les compagnons de Lénine ne forment plus qu'une infime minorité.

2. Le début des grandes purges

Au début des années 1930, **la répression politique s'amplifie pour faire taire tous ceux qui s'interrogent sur la stratégie imposée par Staline**. En 1930, au moment des convulsions déclenchées par la collectivisation, les premiers procès accusent des ingénieurs et des dirigeants d'usines de sabotage et d'intelligence avec des puissances étrangères. **En 1933, Staline engage une campagne d'épuration du parti** : des commissions sont créées à travers tout le pays pour passer au crible tous les membres et chasser les indésirables qui sont classés en 6 catégories allant des « dégénérés moraux » et « hypocrites » aux « saboteurs » et « ennemis du peuple ». **La violence s'amplifie brutalement au lendemain de l'assassinat de Kirov le 1er décembre 1934**. Secrétaire du parti à Leningrad, Kirov a été vraisemblablement abattu sur ordre de Staline qui ne lui pardonnait pas d'avoir été plus applaudi que lui lors du XVIIe Congrès de 1934. Sa mort permet de dénoncer une conspiration contre l'URSS et de donner le signal d'une terrible répression. Dans les jours qui suivent, une centaine de « terroristes » de Leningrad sont condamnés à mort et exécutés et des milliers d'habitants sont déportés.

3. Les procès de Moscou

À partir de 1936, le thème du complot est systématiquement utilisé pour monter des procès à grand spectacle et éliminer tous ceux que Staline considère comme

d'éventuels rivaux. Pour justifier cette folie meurtrière, les accusés sont méthodiquement conditionnés et conduits à reconnaître en public tous les crimes dont on les accuse. En 1936, le premier procès de Moscou est consacré aux « terroristes contre-révolutionnaires trotsko-zinoviévistes ». Les 16 accusés dont Zinoviev et Kamenev sont condamnés à mort et exécutés. En 1937, le deuxième procès se termine par l'exécution de 13 des 18 accusés. En 1938, le « procès des 21 » élimine Boukharine et les derniers compagnons de Lénine exécutés pour trahison, complicité avec l'Allemagne et même tentative d'assassinat de Lénine ! Comme le dit le procureur général Vychinski dans son réquisitoire : « Nous, notre peuple, continuerons à aller par la route purifiée de la dernière vermine du passé, avec à notre tête notre chef et maître bien-aimé, le grand Staline. » **En 1937, la répression s'est aussi abattue sur l'armée**. Héros de la révolution, le maréchal Toukhatchevsky fait partie des premières victimes, des procès à huis clos conduisent au peloton d'exécution des dizaines de milliers d'officiers supérieurs et de cadres militaires. **Au total, les trois quarts des membres qui ont adhéré au parti entre 1920 et 1929 ont été exclus ou exécutés et toute la vieille garde des héros de la révolution a disparu.**

C. LA TERREUR DE MASSE

1. Des millions de victimes

ZOOM ▶ L'image au service de la propagande

En plus de l'utilisation systématique de la presse et de la radio, médias entièrement contrôlés par le pouvoir et soumis en permanence à la censure, le régime stalinien recourt comme le nazisme en Allemagne et le fascisme en Italie, à toutes les formes d'iconographie pour modeler l'opinion et « élever le niveau de conscience des masses ». L'affiche joue un rôle essentiel pour exalter les objectifs et les réalisations du plan et vanter les « héros positifs », les kolkhoziens, les stakhanovistes, les komsomols et les travailleurs de choc. Dans la tradition des films tournés pendant les années 1920 par Eisenstein (*La Grève* 1924, *Le Cuirassé Potemkine* 1925, Octobre 1927, *La Ligne générale* 1929), le cinéma participe à cette mobilisation de la population. Les artistes sont sommés de mettre leur talent au service du régime. La peinture officielle doit donner une image idyllique de la collectivisation, de la vie quotidienne au pays des soviets, une image héroïque des grandioses réalisations de la planification et multiplier les portraits à la gloire du génial Staline. Quant à la photographie, elle est notamment utilisée pour réécrire l'histoire. Les photos montrant ensemble Lénine et Staline sont multipliées à l'infini mais surtout les archives photographiques sont systématiquement maquillées pour faire disparaître les personnages que Staline juge indésirables ou qu'il a éliminés comme ennemis du peuple, en premier lieu Trotski mais aussi la plupart des compagnons de Lénine devenus des rivaux du secrétaire général du parti.

Les persécutions ne visent pas seulement les koulaks que la propagande assimile à de la vermine ou les dirigeants du parti qui n'ont pas fait totale allégeance à Staline, **elles concernent le peuple tout entier**. Le parti communiste fait appel à la délation pour traquer tous les indésirables, ceux qui sont soupçonnés de sympathie pour le trotskisme, ceux qui fréquentent les popes, les éléments dégénérés, ceux qui ne manifestent pas suffisamment d'enthousiasme à l'égard de la ligne officielle ou de dévotion absolue à l'égard du génial camarade Staline, etc. La redoutable police politique créée par Lénine au moment du communisme de guerre, **la Tcheka, devenue en 1934 NKVD, pourchasse tous ceux qui offrent la moindre suspicion dans leur passé, leur famille ou leur comportement**. Le Code de justice modifié en 1932 permet d'arrêter, d'interroger et de condamner dans des procédures expéditives tous ceux que Staline soupçonne d'être « à double face » et classe parmi les « ennemis du peuple ». Toute personne condamnée expose aussitôt sa famille, son entourage et ceux qui ont été en contact avec elle à la suspicion et aux poursuites de la police. Les condamnés sont expédiés dans des camps gérés par le Goulag, l'administration pénitentiaire ; malgré la mortalité très élevée dans ces camps, le Goulag dispose en permanence au cours des années 1930 de 5 millions au moins de détenus.

2. Des finalités multiples

Aux yeux de Staline, ces condamnations et déportations en masse ont une rationalité. La plus évidente est de rendre la population docile et d'annihiler tout esprit critique. Elles servent également à suppléer à l'insuffisance des migrations spontanées vers la Sibérie. Expression de sa méfiance maladive, elles sont aussi le moyen d'imposer un culte de plus en plus délirant de sa personnalité. Exalter sans cesse les mérites et le génie de celui que les cellules du parti appellent « notre soleil, notre joie, notre bonheur » devient pour tous un moyen élémentaire de survie. **L'absence de toute liberté d'expression, les aveux extorqués aux victimes des grands procès et le travail incessant de la propagande permettent l'instauration d'un mensonge généralisé**. Au pire de la terreur en 1936, tout le parti commente avec enthousiasme le slogan stalinien : « La vie est devenue meilleure, la vie est devenue plus joyeuse. » Le « réalisme socialiste » imposé aux artistes transforme la collectivisation en une joyeuse kermesse, exalte les nouvelles cathédrales industrielles, glorifie l'ouvrier et la kolkhozienne, figures de proue de l'union des classes populaires et symboles de l'alliance entre la faucille et le marteau et présente à satiété l'image idyllique du « petit père des peuples », ce dirigeant juste et bon qui a su malgré les obstacles créer en URSS le paradis socialiste qui fait rêver les prolétaires du monde entier.

3. Un bilan réel médiocre

Malgré le déferlement de la propagande et les énormes sacrifices imposés au pays, les choix staliniens débouchent sur de graves faiblesses économiques. **L'obsession de la croissance quantitative s'accompagne de gaspillages considérables** : l'absence de toute concurrence et les rythmes imposés aux usines conduisent à des produits dont **la qualité est médiocre**, la fiabilité faible, la durée de vie limitée. La technologie est le plus souvent obsolète et la négligence pour tout ce qui relève de la croissance intensive se paie d'une productivité très basse. Les réalisations les plus prestigieuses sont souvent des copies de modèles occidentaux réalisées avec l'aide de techniciens étrangers. **Les retards chroniques de livraison** sont aggravés par la surcharge des moyens de transport, en particulier ferroviaires. Condamnées à travailler par à-coups, les entreprises ne réalisent les objectifs du plan que par une mobilisation intense de la dernière année qui use les hommes et les machines et multiplie les malfaçons. Les priorités staliniennes se traduisent par la pénurie de logements, de biens de consommation et des difficultés quotidiennes d'approvisionnement. **La stratégie de puissance n'a pas effacé le retard par rapport à l'étranger et notamment par rapport à l'Allemagne nazie**. L'essentiel de la production reste réalisé dans la partie occidentale du territoire, créant une grande vulnérabilité stratégique. Conscient de ces retards et de ces faiblesses, Staline n'hésite pas en 1939 à signer un pacte de non-agression avec Hitler : il espère ainsi gagner du temps, reporter la guerre à l'Ouest et attend de l'affrontement entre l'Allemagne nazie et les démocraties occidentales un épuisement des belligérants.

16 LA FRANCE DANS LA CRISE DES ANNÉES TRENTE

Tardive en apparence, moins aiguë comparativement à l'Allemagne et aux États-Unis, la crise économique fait entrer la France dans une dépression prolongée. Le choix d'une politique de déflation, poursuivie obstinément de 1931 à 1936, se révèle désastreux pour l'économie et douloureux pour la société. Destinée à aligner les prix français sur les prix mondiaux et à éviter tout recours à la dévaluation, la déflation réduit la demande, décourage la production et nourrit la crise. La tentative de reflation conduite de 1936 à 1938 par le Front populaire se heurte à la résistance des milieux d'affaires et à la fuite des capitaux. Seul, mais de façon tardive et incomplète, le réarmement, accéléré à partir de 1936 et surtout de 1938, réamorce la pompe.

CHRONOLOGIE

1929 : Krach de Wall Street. Plan d'outillage national Tardieu
1931 : Dévaluation de la livre
1933 : Naissance d'Air France
1934 : Mesures de déflation. Lancement de la Citroën traction avant ; faillite de l'entreprise et rachat par Michelin
1935 : Mobilisation des partis de gauche contre la déflation Laval. Rejet du projet visant à rendre les ententes obligatoires
1936 : Victoire du Front populaire. Grande vague de grèves. Accords Matignon. Premiers congés payés. Accélération du réarmement et dévaluation du franc. Création de l'ONIB (Office national interprofessionnel du blé)
1937 : INouvelle dévaluation. Création de la SNCF
1938 : Fin du Front populaire. Troisième dévaluation. Échec des grèves en novembre 1938
1939 : Code de la famille et développement des allocations familiales

I. Un sentiment de crise tardif

A. L'ILLUSION D'UNE FRANCE « ÎLOT DE PROSPÉRITÉ »

1. Un pays épargné ?

Alors que la crise frappe de façon sévère l'ensemble des économies occidentales dès 1930, la France se croit épargnée. L'illusion est entretenue par **l'absence des signes manifestes qui accablent les autres pays**. Alors que le chômage de masse déferle aux États-Unis, en Allemagne, au Royaume-Uni, la France ne recense officiellement que 12 000 chômeurs en 1930, 162 000 en 1931, 277 000 en 1932. Ces chiffres rassurants masquent une réalité moins souriante : largement majoritaires dans le pays, les PME recourent essentiellement au chômage partiel qui n'est pas comptabilisé et dès 1931, on assiste au départ volontaire ou provoqué de travailleurs étrangers, par exemple le renvoi de la main-d'œuvre polonaise par trains spéciaux de 1931 à 1934. De même, la France ne connaît pas de krach boursier violent comme aux États-Unis. L'indice des valeurs boursières baisse de 25 % dès 1930 entraînant des difficultés financières comme la faillite de la banque Oustric mais la

Bourse n'a pas la même importance qu'outre-Atlantique et le nombre de Français concernés est très réduit. On ne constate pas non plus comme en Allemagne une poussée immédiate des partis extrémistes, parti nazi et parti communiste, qui sortent renforcés des élections législatives de 1930 et entament de véritables batailles de rue.

2. Une opinion confiante

Les milieux économiques et politiques estiment jusqu'au milieu de 1931 que **la crise dans les différents pays étrangers est provoquée par des dérèglements internes**, orgie spéculative aux États-Unis, monnaie surévaluée en Angleterre, surinvestissement, imprudence des banques et fragilité démocratique en Allemagne et que **la France en raison de son équilibre est épargnée**. Cet aveuglement est renforcé par la rareté des outils statistiques, la faible compétence économique des milieux politiques, le ton rassurant de la presse et la méprise de l'opinion sur des signes de crise : la baisse immédiate des prix mondiaux est interprétée comme une bonne nouvelle puisqu'elle réduit le coût des importations et les consommateurs qui ont connu l'inflation des années 1920 et la vie chère se réjouissent de ce qu'ils considèrent comme une augmentation de leur pouvoir d'achat.

B. UNE CRISE EN RÉALITÉ PRÉCOCE

1. Des difficultés commerciales dès la fin des années 1920

Dans les années 1920, les réussites sur les marchés d'exportation en raison d'une sous-évaluation du franc ont à la fois permis la survie des secteurs traditionnels et dopé l'ensemble de l'économie. Mais dès 1928, le recul des exportations par suite du redressement du franc prive le pays d'un débouché essentiel. De 1927 à 1929, les exportations d'automobiles et de soieries reculent de 24 %, celles de pneumatiques de 45 % et la balance commerciale passe de l'excédent au déficit. La chute des prix mondiaux dès 1930 ainsi que les mesures protectionnistes qui se multiplient et les premières dévaluations aggravent rapidement la crise commerciale. **Les exportations françaises qui représentaient 50 milliards de francs en 1926 tombent à 30 milliards en 1931 et 18 milliards en 1933** malgré le rôle amortisseur du débouché impérial. Cette crise commerciale frappe notamment les secteurs traditionnels. Le textile roubaisien, la dentelle de Calais ou la soierie lyonnaise connaissent un effondrement de leurs marchés extérieurs. Mais elle concerne aussi des secteurs comme la sidérurgie, l'automobile, les industries mécaniques largement tournées vers des marchés extérieurs qui leur servent à compenser l'étroitesse du marché national. L'industrie automobile par exemple exporte dans les années 1924-1926 le tiers de sa production mais 20 % seulement en 1928, 13 % en 1930, moins de 12 % en 1932.

2. Un renversement conjoncturel immédiat

La crise industrielle est elle aussi très précoce mais le retournement conjoncturel passe inaperçu au début parce qu'il est lent et non brutal comme aux États-Unis. Le maximum de production date d'avril 1928 pour le textile, de décembre 1928 pour les cuirs, de janvier 1929 pour la métallurgie, de mai 1929 pour l'automobile, de décembre 1929 pour le caoutchouc. **L'indice de la production industrielle recule de 7 % dès 1930** et, cette même année, les investissements baissent de 35 %, ce qui prouve que les milieux d'affaires ont senti très vite que la France n'était pas « à l'abri des houles de l'océan universel ». Dès juin 1930, la crise touche le secteur charbonnier en raison de l'effondrement des commandes de la sidérurgie et du secteur des transports. La chimie est également affectée par le recul de la consommation d'engrais.

ZOOM ▶ Discours du président de la Confédération générale de la production française lors de l'AG des patrons, mars 1930

Devant l'assemblée générale de la Confédération générale de la production française (CGPF), R.-P. Duchemin, son président, s'inquiète, le 20 mars, de la crise économique mondiale dont il prévoit l'extension à la France. « *Est-ce être pessimiste que de constater que, si nous n'avons pas de chômeurs, c'est non seulement parce que nous avons eu un million et demi de morts, mais encore parce que nous entrons dans la période où nous sentirons les effets de la sous-natalité des années de guerre ? Est-ce être pessimiste que de penser que l'état de crise qui existe dans la plupart des pays pourrait gagner, et même a déjà gagné le nôtre tant est intime l'interdépendance des différents marchés du monde devenu trop petit par la facilité et la rapidité des échanges ? Est-ce être pessimiste que de constater qu'une balance commerciale où les importations excèdent les exportations de plus de 8 milliards de francs n'est pas une balance favorable, même si on l'interprète en faisant valoir que la valeur des sorties n'a fléchi que de 2,5 % et que l'exportation, en 1929, des produits fabriqués a même dépassé de 60 000 tonnes les tonnages exportés en 1928 ? Il ne faut pas oublier que la valeur des produits exportés diminue de mois en mois et que l'importation des produits fabriqués étrangers s'accroît régulièrement. Est-ce être pessimiste que de constater que la prime à l'exportation dont bénéficiaient nos producteurs du fait de la différence du coût de la vie en France et à l'étranger tend à se réduire de plus en plus ? Est-ce être pessimiste que de constater que la baisse d'importantes matières premières a mis en perte certaines de nos industries de transformation ? Est-ce être pessimiste que de soutenir que la crise actuelle, en abaissant le pouvoir d'achat des masses paysannes, doit forcément porter atteinte à la production de ce pays tant il est vrai que l'euphorie n'existe que dans la mesure où ces deux éléments primordiaux d'une économie bien équilibrée, industrie et agriculture, sont l'un et l'autre prospères ? Non, messieurs, ce n'est pas être pessimiste, c'est seulement se refuser à ignorer et à sous-estimer les difficultés.* »

C. DES SIGNES TROMPEURS

1. L'afflux des capitaux étrangers

Cette prise de conscience tardive d'un retournement conjoncturel précoce est renforcée par deux éléments, tous les deux hérités de la politique menée par Poincaré de 1926 à 1929. Le plus important est sans conteste le **gonflement spectaculaire du stock d'or**. Les réserves qui étaient de 67 milliards de francs Poincaré en 1929 montent à 79 milliards en 1930 dont 26 milliards en devises et culminent à 83 milliards en 1931, dont 1 milliard seulement en devises. Fin 1931, le stock d'or français dépasse 4 000 tonnes et, début 1933, l'analyse de la SDN montre que, sur un stock d'or mondial équivalent à 12 milliards de dollars, la France en détient 3 milliards contre 387 millions pour… la Suisse et 92 millions pour l'Allemagne ! Depuis 1926, l'arrivée massive des capitaux flottants fait du franc une monnaie refuge. **Un tel plébiscite ne peut qu'euphoriser les Français** et masque complètement la dégradation de la balance courante : outre le déficit commercial qui s'alourdit, la France subit un effondrement de ses recettes touristiques (8,5 milliards de francs en 1929, 1 milliard en 1932), le moratoire Hoover en 1931 la prive des sommes versées par l'Allemagne au titre des réparations et les revenus des services, fret, assurances, revenus des capitaux exportés baissent fortement.

2. Un amortissement initial

Le deuxième legs de l'ère Poincaré est l'excédent budgétaire accumulé de 1926 à 1929. Successeur de Poincaré, André Tardieu utilise une partie de cet excédent, soit 5 milliards de francs pour financer des programmes d'équipement national, en faveur des routes, de l'électrification et de l'adduction de l'eau dans les zones rurales, pour lancer la construction de la ligne Maginot, édifier des barrages et pour achever en 1931 la reconstruction des régions du Nord et de l'Est. **Cet investissement public sert d'amortisseur à la crise**. Certaines firmes maintiennent aussi de forts investissements, par exemple dans l'industrie automobile avec la reconstruction de l'île Seguin par Renault à Boulogne-Billancourt en 1929 ou la stratégie de Citroën, qui tente de concurrencer Renault par une combinaison d'innovations et d'investissements massifs.

II. La France à l'heure de la déflation

A. DES CHOIX HASARDEUX

1. Le renforcement du protectionnisme

La France comme l'ensemble des pays renforce le protectionnisme douanier. Dès 1930, le gouvernement utilise la loi du cadenas de 1897 qui lui permet d'agir par décret sans consulter le Parlement pour renforcer les droits sur certains produits étrangers, les grains, les vins et une série de produits manufacturés. **En 1931, le pays établit une surtaxe compensatrice de change** sur tous les produits provenant des pays de la zone sterling et met en place **un système général de contingentement** des importations industrielles qui satisfait la majeure partie du patronat français. Ce protectionnisme a surtout pour intérêt de répondre aux demandes des partisans d'une stratégie « autarcique » en réservant le débouché impérial aux exportateurs français, mais le marché métropolitain reste ouvert aux produits bruts venus des colonies et son efficacité est d'autant plus limitée que les prix étrangers restent attractifs. **La dégradation de la balance commerciale continue** et, en 1933, le taux de couverture n'est plus que de 65 %. Les importations venues de l'empire stagnent en valeur, ce qui signifie qu'elles augmentent fortement en volume, notamment pour les produits agricoles, le vin, les céréales, le sucre, au grand dam des paysans français.

■ Le commerce extérieur de la France, 1929-1938

En milliards de Francs	1929	1930	1931	1932	1933	1934	1935	1936	1937	1938
Importations	58	52,5	42,2	29,8	28,4	23	20,9	22,8	24,8	22,4
Exportations	50	42,8	30,4	19,7	18,4	17,8	15,5	15,7	15,6	17,3

Taux de couverture en %

Part de la France dans le commerce mondial	1929	1938
	6%	4%

2. La politique de déflation

La relance des exportations vers les pays étrangers suppose un alignement des prix français sur les prix mondiaux. Pour y parvenir sans dévaluer, il faut engager une politique d'austérité pour réduire la masse monétaire et obtenir par cette raréfaction une baisse des salaires et des prix. Tous les gouvernements qui se succèdent jusqu'en 1936 recourent à des choix identiques, augmentation du taux des impôts, conversion des rentes, c'est-à-dire réduction des taux d'intérêt des emprunts en cours, réduction du traitement des fonctionnaires et diminution de leur nombre. En 1935, Laval qui a obtenu les pleins pouvoirs impose par décrets-lois une baisse de 10 % de toutes les dépenses publiques, la majoration de la plupart des impôts, la réduction des pensions et indemnités versées par l'État, la réduction autoritaire des intérêts de la dette et la baisse de quelques prix symboliques (le pain, les loyers, le charbon et l'électricité) pour accélérer la tendance déflationniste. **Malgré les intentions affichées, tous les exercices budgétaires à partir de 1931 sont déficitaires**. Le marasme économique entraîne en effet une réduction automatique du rendement fiscal et il impose des dépenses nouvelles, secours aux chômeurs, plans d'ailleurs très timides de grands travaux, primes destinées à réduire l'offre agricole. Il faut aussi procéder à un minimum de réarmement dicté par le contexte international. Pour financer ce déficit budgétaire, l'État est obligé de recourir à l'emprunt, ce qui aggrave ses charges et ne peut que réduire une demande pourtant largement insuffisante.

Le solde budgétaire, 1931-1935

	1931	1932	1933	1934	1935
Dépenses	53 MMF	50	55	50	50,0
Recettes	48 MMF	45	43	41	39,5
Déficit	5 MMF	5	12	9	10,5

3. La défense de la parité or du franc

La politique de déflation s'accompagne du refus obstiné de la dévaluation. Lorsque le mouvement des capitaux se renverse à partir de septembre 1931, les pouvoirs publics s'empressent de confirmer ce refus pour rassurer les détenteurs de capitaux et les persuader de rester en France. Après la volonté clairement affichée par Roosevelt en 1933, lors de la conférence de Londres, de dévaluer fortement le dollar, **la France prend l'initiative de créer face aux pays dévaluateurs le bloc-or**, dont les signataires, France, Belgique, Pays-Bas, Pologne, Tchécoslovaquie, Suisse et Italie, s'engagent à « maintenir les parités-or actuelles de leur monnaie ». Conçu pour développer les échanges par des accords mutuels sur les droits de douane, le bloc manque en réalité de consistance et ne résiste pas aux divergences, notamment à la dévaluation du franc belge en 1935.

4. La limitation de la concurrence et le recours au malthusianisme

La dégradation de la situation économique et sociale entraîne le **recours à des ententes sectorielles** pour restreindre l'offre, défendre la petite propriété, notamment dans l'agriculture et le commerce, base du parti radical et du système politique de la troisième République. Conforme aux vœux d'une partie du monde des affaires, **un ensemble de lois et décrets corsette progressivement l'économie et l'engage dans des pratiques de cartellisation**. En 1935, le ministre de l'Industrie et du Commerce Marchandeau tente même de rendre les ententes obligatoires. Dans l'industrie de la chaussure, dans le secteur agricole, la meunerie, différents décrets interdisent l'augmentation des capacités. La distribution n'échappe pas à ce phénomène : outre l'interdiction d'ouvrir de nouveaux magasins à prix uniques, la fiscalité sur les magasins à succursales multiples est renforcée pour préserver la boutique. Dans les transports, les décrets de coordination du rail et de la route à partir de 1934 entendent défendre les compagnies de chemins de fer en limitant l'essor du transport routier, par des contraintes techniques (réduction des gabarits et des tonnages) et par le contingentement du transport à grande distance (interdiction de créer de nouvelles lignes et d'augmenter le parc de véhicules).

Les pouvoirs publics multiplient aussi les mesures destinées à lutter contre la surproduction agricole qui entraîne l'effondrement des revenus dans les campagnes. Dès juillet 1931, le « statut du vin » interdit toute nouvelle plantation, réglemente l'irrigation, taxe les rendements les plus élevés et oblige à transformer une partie de la récolte en alcool racheté par l'État. En 1933, le Parlement établit un prix minimum de vente pour le blé et, en 1934, il offre des primes d'arrachage pour la vigne et de dénaturation pour le blé, qui se révèlent aussi coûteuses qu'inefficaces.

B. DES RÉSULTATS DÉSASTREUX

1. Une asphyxie économique progressive

Alors que les pays étrangers, quel que soit leur type de régime, connaissent les premiers signes d'amélioration à partir de 1932 ou 1933, **la France s'enlise dans la crise**. La dévaluation de la livre en septembre 1931 signifie clairement que le franc est désormais surévalué par rapport aux 40 monnaies de la zone sterling. Dans les six mois qui suivent, les exportations s'effondrent et la production industrielle recule de 17 %. **La dévaluation du dollar en janvier 1934 porte le coup de grâce aux espoirs de reprise des exportations.** Comme le note le ministre des Finances Germain Martin, pourtant farouche partisan de la déflation, « à la fin de 1931, les prix de gros français se trouvaient à un niveau supérieur de 31,5 % aux prix de gros anglais. Après la dévaluation du dollar, les prix français furent de 36,5 % au-dessus des prix américains ». Vouloir combler un tel écart par une politique de déflation était un pari insensé. Pourtant, le seul homme politique qui se prononce en faveur de la dévaluation du franc dès 1934, Paul Reynaud, se heurte aux sarcasmes des économistes orthodoxes, à l'opposition du gouvernement et même d'une partie du patronat.

L'effondrement de la demande extérieure est doublé d'une chute de la demande interne liée à la forte baisse des prix agricoles (– 40 % pour les produits animaux, – 50 % pour les produits végétaux et notamment le blé, – 65 % pour le vin entre 1930 et 1935), à la croissance du chômage partiel ou total, à la politique de déflation qui encourage l'épargne aux dépens de la consommation et à la baisse des investissements. Les entreprises cherchent en effet à comprimer les coûts par une « rationalisation de crise » comportant réorganisation des ateliers, pression sur les salaires, réduction des effectifs et arrêt de l'investissement puisque la capacité productive est désormais excessive. Le marasme conduit à des **faillites spectaculaires** dans différents secteurs de l'économie. À la faillite de grandes banques nationales comme la BNC en 1932 s'ajoutent celles de banques régionales, de 42 des 100 banques populaires et de 600 banques de province. Dans l'automobile, disparaissent des dizaines de petites firmes spécialisées sur les segments du demi-luxe qui ne peuvent atteindre la taille critique. Citroën qui paie les conséquences d'investissements mal maîtrisés et de la mise au point laborieuse de la Traction avant est racheté par son principal créancier, Michelin, en 1934.

2. Une dégradation du climat social

Évolution des revenus par catégorie, 1930-1935

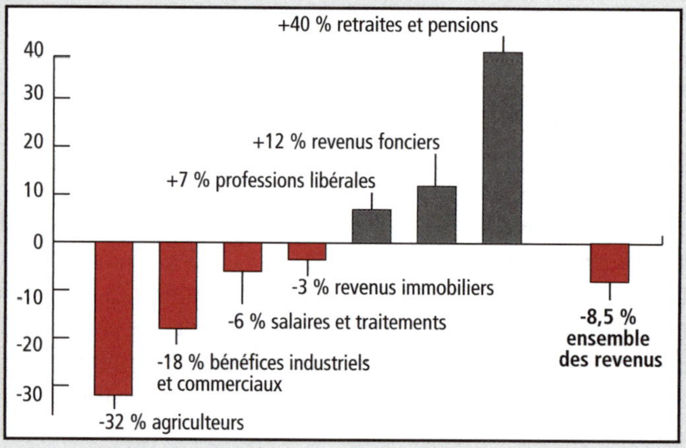

La crise suscite un accroissement des inégalités et un regain des tensions. La croissance du nombre de chômeurs de 260 000 en 1932 à 426 000 en 1935 assombrit le climat social. Encore le chômage réel est-il sous-évalué en raison de l'importance du travail féminin non salarié dans le secteur agricole ou marchand et du recours massif au chômage partiel dans les PME. Le chômage touche d'abord les femmes, en particulier dans l'industrie textile, les ouvriers paysans, les célibataires, les immigrés, les ouvriers non qualifiés alors que les entreprises conservent la main-d'œuvre qualifiée et l'encadrement. **La rancœur se tourne aussi contre les catégories dont l'emploi est protégé** comme les fonctionnaires, accusés d'être « budgétivores », **contre ceux que la crise enrichit**, les propriétaires détenteurs de baux de longue durée, les possesseurs d'obligations et les souscripteurs des emprunts publics, les intermédiaires qui ne répercutent pas les baisses des prix à la production (c'est l'époque du « blé bon marché et du pain cher »), les titulaires de pensions. Dans le Nord, la volonté des entrepreneurs du textile roubaisien de diminuer les salaires se heurte à une grève en mai 1931 qui mobilise 100 000 personnes, soit 80 % des effectifs employés. **La crise nourrit aussi des réactions xénophobes** alors que les flux migratoires se sont inversés. En 1932, une loi contingente l'entrée de travailleurs étrangers. En 1934, l'immigration de travailleurs est stoppée et, en 1935, un décret permet de renvoyer les immigrés qui n'ont pas dix ans de présence en France. L'arrivée de réfugiés politiques venant d'Allemagne, d'Autriche ou de Pologne, 100 000 personnes environ entre 1933 et 1939, suscite aussi des réactions xénophobes.

3. Le durcissement du climat politique

L'approfondissement de la crise économique et sociale nourrit d'abord **un renforcement des mouvements d'extrême droite, les Ligues**. Bénéficiant de fonds très importants, dont certains viennent de l'étranger, appuyées sur une presse aussi nombreuse que virulente, les Ligues ont en commun **le culte du chef, le goût de la force et même de la violence**, l'admiration pour Mussolini et Hitler, la haine des Juifs et des communistes et **un mépris total pour le régime parlementaire assimilé à l'impuissance et à la corruption**. Aux plus connues, l'Action française de Maurras, les Jeunesses patriotes créées par Taittinger, les Croix de Feu qui rassemblent 500 000 anciens combattants sous la direction du colonel de la Rocque s'ajoutent des mouvements plus confidentiels comme le Francisme et dans les campagnes les « Chemises vertes ». Le 6 février 1934, la manifestation organisée par ces Ligues contre un « gouvernement de voleurs » tourne à l'émeute aux abords du Palais-Bourbon et menace la République.

Le « danger fasciste » et les protestations contre la politique de déflation suscitent à l'inverse un rapprochement des syndicats et des partis de gauche, SFIO, parti radical et parti communiste. En mars 1934, un Comité de vigilance des intellectuels antifascistes appelle au rassemblement des forces populaires. En juillet, un pacte d'unité d'action est signé entre socialistes et communistes. En 1935, après une manifestation commune contre la déflation Laval et la réunification de la CGT, l'ensemble de ces forces de gauche élabore un programme commun en vue des élections législatives de 1936.

III. L'expérience du Front populaire

A. UNE POLITIQUE DE REFLATION

1. Le programme du Front populaire

Le programme du Front est un compromis entre les différentes tendances de la gauche. **Les revendications politiques portent sur la défense des libertés et de la paix** et prévoient la dissolution des Ligues, la réforme de la presse, le renforcement du droit syndical, la nationalisation des industries de guerre, la réduction concertée des armements et le renforcement de la sécurité collective. La partie économique prévoit la réduction du temps de travail et le développement des grands travaux pour lutter contre le chômage, le relèvement des prix agricoles et des salaires pour relancer la demande, la réforme de la fiscalité, des banques et notamment de la Banque de France pour mettre fin aux privilèges des « 200 familles » et « arracher la République aux puissances d'argent ». Le slogan « **Ni déflation, ni dévaluation mais reflation** » résume un programme qui est fondé sur l'espoir d'une relance économique par le progrès social et sur un renforcement de la place de l'État mais ne comporte **pas de volonté de rupture avec le capitalisme** et exclut par exemple des nationalisations massives. Défendu au second tour par l'ensemble de la coalition, il aboutit à la victoire du Front populaire en mai 1936. Avec 370 sièges dont 159 pour les radicaux contre 200 à l'opposition, le Front dispose d'une majorité large mais éminemment fragile.

2. Les mesures de 1936

Signé le 7 juin par les représentants patronaux et syndicaux sous la pression de grèves massives avec occupation d'usines (près de 2 millions de grévistes), **l'accord Matignon se traduit par une revalorisation des salaires entre 7 et 15 % et par la création de délégués élus du personnel**. Il est suivi d'une avalanche de lois au cours du mois de juin : extension des conventions collectives désormais obligatoires pour toutes les entreprises, création d'un **congé payé annuel de 12 jours ouvrables**, diminution de la durée légale du travail sans réduction de salaire avec l'adoption de la **loi des 40 heures**, prolongation de la scolarité obligatoire jusqu'à 14 ans, dissolution des Ligues. En juillet, le statut de la Banque de France est réformé : le pouvoir des Régents représentant les actionnaires est annulé et la Banque est désormais gérée par un conseil dont tous les membres sont nommés par l'État. En août, les principales industries de guerre sont nationalisées avec indemnisation, l'Office du blé est créé pour relever les prix d'un produit essentiel dans le revenu paysan et le Parlement adopte un plan de grands travaux pour lutter contre le chômage.

3. Le déchaînement de l'opposition

Conformes au programme approuvé par les électeurs, ces mesures qui modifient profondément le droit du travail déclenchent aussitôt une **levée de boucliers des milieux d'affaires et le déchaînement de la presse d'opposition et d'extrême droite** contre les décisions politiques mais aussi contre les hommes qui incarnent le Front populaire. Léo Lagrange chargé du sous-secrétariat aux Loisirs est qualifié de « ministre de la paresse », Salengro, le ministre de l'Intérieur, est accusé de désertion pendant la Première Guerre mondiale et acculé au suicide, des appels au meurtre sont lancés contre Léon Blum qui est aussi la cible d'une campagne antisémite, l'Office du blé est présenté comme une mesure bolchevique supprimant la liberté du marché et le projet d'accorder la citoyenneté française à 25 000 Algériens déclenche l'indignation des colons. Ces réactions brisent rapidement l'élan réformateur du Front et le placent sur la défensive.

Le refus de Blum d'établir un contrôle des prix conduit les industriels à prendre leur revanche. Au lieu d'investir pour augmenter la productivité et amortir les hausses de coûts engendrées par la réduction du temps de travail et la hausse des rémunérations, ils en profitent pour augmenter leurs marges. **Les prix augmentent de 30 % dans la seconde moitié de l'année 1936**, ce qui annule la reflation des salaires, bloque la relance par la consommation et affaiblit les exportations tandis que les biens importés deviennent encore plus compétitifs. En 1937, le taux de couverture de la balance commerciale tombe à 56 %, le plus mauvais score des années 1930. Le Sénat rejette aussi de nombreux projets conformes au programme, notamment la réforme de la presse ou l'établissement d'un statut protecteur pour les fermiers et les métayers.

B. L'ÉCHEC DU FRONT POPULAIRE

1. Une dévaluation forcée

Souhaitée depuis longtemps par les plus lucides, la dévaluation ne figure pas dans le programme du Front. Les radicaux et les communistes s'y sont opposés et lors de son arrivée au pouvoir, **Blum a confirmé solennellement devant le Sénat son opposition à tout changement de parité**. Il est cependant contraint d'y recourir dans les pires conditions. La réapparition du « mur d'argent » se traduit en effet par des évasions massives de capitaux. De 1932 à 1935, le niveau des réserves française n'a diminué que de 10 milliards de francs mais **de janvier à octobre 1936, 19 milliards de francs quittent le territoire**. Comme pour les prix, Blum refuse de recourir au contrôle des changes, mesure utilisée par les régimes totalitaires. Le gouvernement qui a engagé un plan de réarmement portant sur 14 milliards de francs en 4 ans se heurte aussi à la grève de l'emprunt et doit accentuer son déficit budgétaire ce qui accélère le mouvement de fuite. Après la signature d'un accord tripartite par lequel l'Angleterre et les États-Unis acceptent de ne pas répondre au changement de parité par une nouvelle dévaluation de leur monnaie, **le gouvernement dévalue le franc en septembre 1936 de près de 30 %**. Cette dévaluation « à chaud » est insuffisante pour relancer les exportations. Elle efface les écarts de prix antérieurs entre la France, la zone sterling et la zone dollar mais une partie seulement des hausses entraînées par les mesures de l'été 1936. Elle affaiblit la coalition en suscitant la réprobation des communistes mais ne désarme pas l'hostilité des milieux économiques qui continuent à exporter leurs capitaux disponibles. Elle entraîne enfin la dissolution du bloc-or dont les membres choisissent également de dévaluer et de s'aligner soit sur le dollar, soit sur la livre, soit sur le franc.

L'échec commercial de la déflation

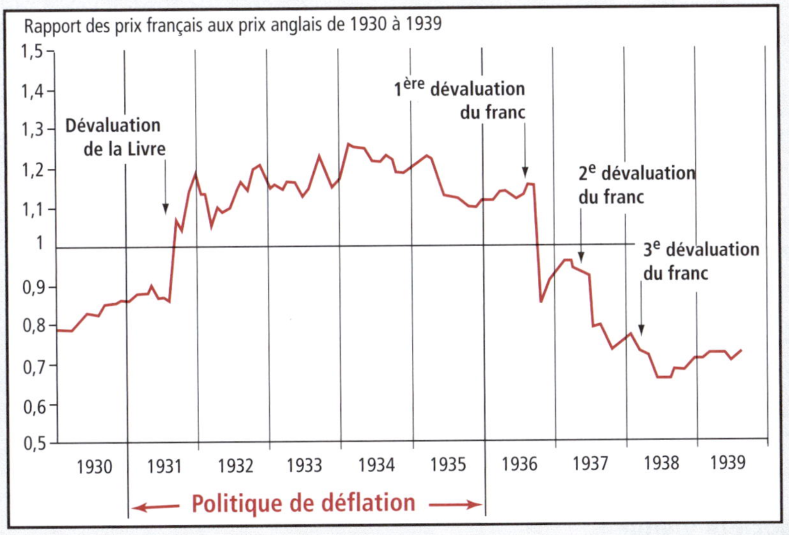

2. L'agonie de la coalition

La faible reprise de l'automne 1936 prend fin au début de 1937, lorsque la loi des 40 heures est mise en application et provoque des ruptures d'approvisionnement dans de nombreux secteurs. Face aux grévistes du printemps 1937 qui protestent contre la hausse des prix, Blum est obligé de réclamer « la pause sociale ». **L'enthousiasme initial fait place à la déception et à la désunion**. Les communistes s'éloignent après le choix de la « non-intervention » dans la guerre d'Espagne et, en juin 1937, les radicaux qui dominent le Sénat refusent les pleins pouvoirs financiers réclamés par Blum et le contraignent à démissionner. En juillet 1937, son successeur **Chautemps est contraint de dévaluer de nouveau le franc de 25 %** et la seule mesure importante qu'il prend, la nationalisation des compagnies ferroviaires, n'est qu'un moyen de socialiser les pertes de ces entreprises. Revenu au pouvoir en mars 1938, Blum se heurte de nouveau au rejet par le Sénat de son plan de redressement financier.

3. Le gouvernement Daladier

Présidé par le radical Daladier, le gouvernement formé en avril 1938 qui ne comporte plus de ministre socialiste et s'appuie sur une majorité associant les radicaux, le centre et la droite modérée veut « remettre la France au travail ». Dès le mois de mai, le ministre des Finances Paul Reynaud procède à **une troisième dévaluation** qui redonne enfin un avantage aux prix français et relance les exportations. **Le retour de la confiance se dessine entre l'été et l'automne 1938 et entraîne un retour massif des capitaux**. Pour accélérer le réarmement face aux périls extérieurs, le gouvernement recourt massivement à des emprunts qui sont largement souscrits et, en novembre 1938, il impose un **assouplissement de la loi des 40 heures**. Malgré les protestations de la CGT qui tente en vain de s'y s'opposer par une grève générale, des décrets-lois autorisent les industries travaillant pour la Défense nationale à porter la durée hebdomadaire à 48 heures (60 heures en mars 1939). L'effort d'armement, tardif mais considérable, assure une forte reprise qui se poursuit jusqu'à la guerre. En 1939, le tiers de la production industrielle est lié aux commandes de l'État et les dépenses militaires représentent le quart du revenu national.

■ **Le réarmement**

	1930	1934	1935	1936	1937	1938	1939
Dépenses militaires / Dépenses de l'État	25,4 %	20,5 %	22 %	24 %	30,2 %	33,1 %	60,5 %
(Allemagne)		(10,9 %)	(21 %)	(25 %)	(30 %)	(46,7 %)	
Dépenses militaires / Recettes de l'État	28 %	25 %	28 %	34 %	43 %	48 %	135 %
Dépenses militaires / Revenu national	4,8 %	4,9 %	5,8 %	6,3 %	7,1 %	8,6 %	23 %
(Grande-Bretagne)			(2 %)	(5 %)	(7 %)	(8 %)	(22 %)
(Allemagne : par rapport au PNB)	(0,8 %)	(4,1 %)	(6 %)	(10,8 %)	(11,7 %)	(17,2 %)	(30 %)

III. Une France en déclin ?

A. DES STRUCTURES FIGÉES

1. Une société vieillie

■ **Le déclin démographique (1901-1941)**

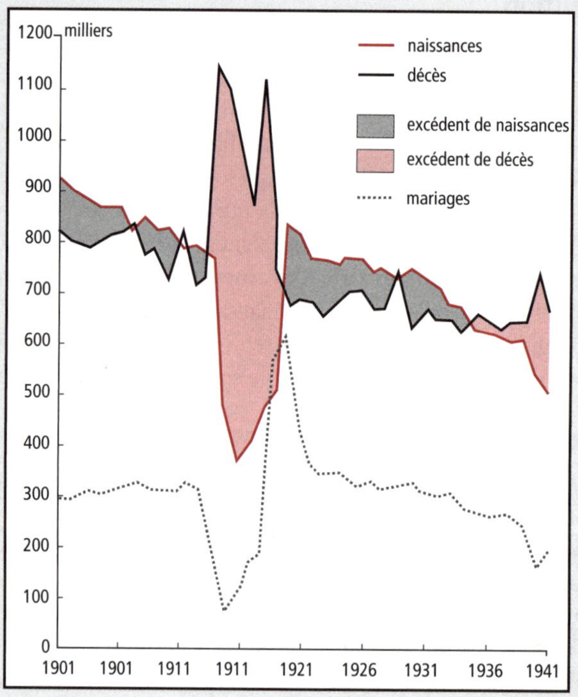

La réduction controversée du temps de travail par le gouvernement du Front populaire met surtout en lumière **l'inélasticité de la main-d'œuvre française**, surabondante dans certains secteurs et rare dans certaines spécialités telle l'industrie mécanique. Le phénomène des « classes creuses » de la Première Guerre mondiale qui se fait sentir à plein à la fin des années 1930 accentue cette pénurie relative de main-d'œuvre lorsque la reprise s'amorce. En 1938, le pays ne compte que 19 millions d'actifs, un million de moins qu'en

1913. **Frileuse et xénophobe, la société française est aussi profondément malthusienne** : le recensement de 1936 montre qu'il y a désormais « plus de cercueils que de berceaux » et conduit les pouvoirs publics à promulguer enfin en 1939 le Code de la famille. Destiné à « sauver la race française », il accorde des primes à la naissance, renforce les allocations familiales à partir du deuxième enfant et les étend à l'ensemble de la population. Cette France vieillie, qui doute d'elle-même et où domine un sentiment de décadence, est aussi viscéralement pacifiste comme le montrent les acclamations qui accueillent Daladier à son retour de Munich où la France et l'Angleterre ont cédé aux exigences d'Hitler et abandonné leur alliée, la Tchécoslovaquie. L'état-major lui-même est en retard d'une guerre et n'envisage que la défensive à l'abri de la ligne Maginot, malgré les plaidoyers multiples du colonel de Gaulle en faveur de l'arme blindée.

2. Une agriculture archaïque

Dans le secteur agricole, les années 1930 sont synonymes de stagnation ou de recul dans la modernisation et l'équipement des fermes, la consommation d'engrais, et même de retour à des formes d'autarcie et d'économie fermée. La chute des exportations, l'invasion des produits coloniaux qui échappent au protectionnisme, la contraction de la demande intérieure, ont provoqué une chute profonde des revenus que les mesures malthusiennes ou les tentatives pour fixer des prix planchers n'ont pas résolue. La création de l'ONIB qui dispose désormais du monopole d'achat du blé, la relance de la consommation urbaine par les hausses de salaire, l'essor du mouvement coopératif pour contrer le négoce et la reprise de l'exode rural permettent, à partir de 1936, un relèvement des prix agricoles et des revenus. Mais à la veille de la guerre, l'agriculture qui représente 37 % de la population active ne bénéficie que de 20 % du revenu national.

3. Une industrie affaiblie

Le repli de la France sur son empire

Part de l'empire dans les exportations de la France (en %)

Articles	1913	1929	1938
Vins	10,8	12,2	15,0
Tissus de laine	4,7	4,7	15,7
Tissus de soie	1,4	3,4	17,9
Tissus de coton	33,1	49,9	84,6
Vêtements et lingerie	11,2	10,4	34,5
Ciment	35,9	59,1	84,1
Produits chimiques	7,0	8,3	12,2
Outils et ouvrages en métaux	41,4	32,3	47,0
Machines et mécaniques	29,9	30,7	41,2
Fers et aciers	21,6	11,9	17,6
Automobiles	15,7	33,4	45,5

Part de l'empire dans les importations de la France (en %)

Articles	1913	1929	1938
Vins	56,7	83,8	96,8
Céréales	12,1	29,4	80,5
Riz	85,3	80,1	93,7
Fruits	17,3	13,6	48,7
Café	1,9	3,7	42,7
Cacao	2,2	56,1	88,4
Sucres	100	16,5	77,8
Phosphates	54,8	42,6	42
Coton	0,1	2,2	3,6
Laine	3,2	2,7	5,4
Bois	4,5	11,1	28

Source : Tableau général du commerce.

En 1939, la production industrielle reste inférieure de près de 20 % au niveau de 1929, la plus mauvaise performance de tous les pays développés. Les nécessités du réarmement face aux périls extérieurs font apparaître des goulots d'étranglement dans les secteurs des industries mécaniques et de la machine-outil alors que les programmes engendrent des besoins considérables. **Le vieillissement de l'appareil productif est indéniable** et l'incertitude économique a conduit les entreprises à privilégier la prudence. Les enquêtes dans les usines aéronautiques nationalisées en 1936 constatent que, dans les ateliers, le « travail à la lime » reste prédominant. La France qui disposait du 2e parc automobile mondial en 1929 est dépassée dans les années 1930 par la Grande-Bretagne et l'Allemagne. Le retard est beaucoup plus inquiétant dans la sidérurgie qui ne produit que 6 millions de tonnes d'acier en 1939, un tiers de moins qu'en 1929, alors que l'Allemagne dépasse les 20 millions de tonnes. **Le repli commercial sur l'empire a servi de bouée de sauvetage** et évité des faillites mais il a aussi renforcé l'obsolescence des secteurs traditionnels et limité la concentration au profit de cartels et d'ententes d'inspiration malthusienne.

B. QUELQUES SIGNES DE RENOUVEAU

1. La montée des relèves technocratiques

Dans des cercles divers, la crise favorise les réflexions sur de nouvelles modalités d'intervention de l'État dans l'économie et la comparaison avec les expériences étrangères, New Deal, planification stalinienne, autarcie en Italie et en Allemagne, politique du Portugal de Salazar, voire modèle suédois. Face à ce qui apparaît comme l'essoufflement du système parlementaire, différentes relèves technocratiques émergent. Les élites polytechniciennes (X-Crise, le centre polytechnicien d'études économiques avec Alfred Sauvy), les organisations syndicales (le planisme proposé par la CGT en 1934) esquissent les bases d'une planification et d'un État plus interventionniste qui recevront un premier essai d'application sous l'Occupation avant de s'épanouir à la Libération. Cette recherche d'une réponse adaptée à la crise et novatrice explique **la montée des experts et des technocrates et leur entrée dans les cercles gouvernementaux.**

2. L'extension du secteur public

La crise oblige à des interventions dans des secteurs jugés stratégiques ou sensibles. Les difficultés dans le transport aérien conduisent le ministre de l'Air Pierre Cot à regrouper en 1933 les principales compagnies en une **compagnie unique, Air France**, où l'État détient 25 % du capital. Il en va de même dans le transport maritime avec la création de la Compagnie générale transatlantique. Le réarmement provoque en **1936 la nationalisation des industries d'armement** (fabrication d'avions, canons, chars…). La création la même année de la Caisse nationale des marchés de l'État permet d'accélérer la modernisation de toutes les entreprises travaillant pour la Défense nationale en autorisant les pouvoirs publics à accompagner leurs commandes d'avances substantielles. **La réforme de la Banque de France** en 1936 renforce le pouvoir financier de l'État et des hauts fonctionnaires du ministère des Finances. En 1937, la nationalisation des cinq compagnies de chemins de fer et **la création de la SNCF** entend résoudre les déficits d'un réseau surdimensionné et concurrencé par le transport aérien et routier. Malgré ces impulsions publiques, l'économie française reste mal préparée à affronter la tempête de 1940.

Partie III
L'économie mondiale de 1945 à 1973

À l'issue d'une guerre qui a fait 50 millions de morts, multiplié les ruines et qui se termine sur la découverte des camps d'extermination nazis et sur l'utilisation de l'arme atomique contre le Japon, l'avenir peut apparaître bien sombre. Le 8 août 1945, au lendemain de la destruction d'Hiroshima, Albert Camus écrit dans le journal *Combat* : « La civilisation mécanique vient de parvenir à son dernier degré de sauvagerie. Il va falloir choisir, dans un avenir plus ou moins proche, entre le suicide collectif ou l'utilisation intelligente des conquêtes scientifiques… Devant les perspectives terrifiantes qui s'ouvrent à l'humanité, nous apercevons encore mieux que la paix est le seul combat qui mérite d'être mené. Ce n'est plus une prière, mais un ordre qui doit monter des peuples vers les gouvernements, l'ordre de choisir définitivement entre l'enfer et la raison. » La volonté d'organiser un nouvel ordre mondial qui apporte la paix et la prospérité se traduit effectivement dès 1945 par la mise en place d'un nouveau système monétaire international fondé sur la stabilité et la coopération, par la création de l'ONU et, en 1947, par la signature du GATT qui vise à relancer le commerce international, mais elle se heurte dès cette date à la guerre froide qui oppose les États-Unis, protecteurs du « monde libre », et l'URSS, championne du camp « anti-impérialiste ».

Les États-Unis participent largement à la reconstruction de l'Europe occidentale et du Japon et favorisent la reprise du processus de mondialisation en exportant leurs capitaux et leur technologie dans toute la sphère capitaliste. L'impulsion américaine, l'ouverture, la mise en place de l'État-providence servent de base à la croissance à la fois forte et durable dont bénéficient les pays développés capitalistes pendant les « Trente glorieuses ». L'amélioration considérable du niveau de vie dans les pays riches reste cependant inégalement répartie et s'accompagne d'effets pervers, le gaspillage, la pollution et en particulier la dépendance énergétique qui les rend vulnérables au choc pétrolier de 1973. Le bloc socialiste, isolé et fracturé à partir de 1960 par la rivalité entre Moscou et Pékin, poursuit une stratégie de puissance qui lui donne une force militaire considérable mais continue à sacrifier les aspirations à la liberté et le niveau de vie des masses qu'il prétend défendre et servir. L'époque est aussi marquée par l'irruption du Sud sur la scène internationale. Conscients de leurs retards qu'ils attribuent aux méfaits de la colonisation et au pillage de leurs ressources par les pays riches, les pays pauvres, après avoir obtenu leur indépendance, revendiquent le droit au développement et réclament un nouvel ordre international qui leur soit plus favorable.

Les chapitres de cette troisième partie sont consacrés à l'analyse des conséquences de la Seconde Guerre mondiale (chapitre 17), à l'ouverture des économies et à la reprise du processus de mondialisation (chapitre 18), aux facteurs, aspects et limites de la croissance des pays occidentaux (chapitre 19), à l'évolution de la France pendant les Trente glorieuses (chapitre 20), aux caractéristiques de la croissance socialiste (chapitre 21) et à l'irruption du Tiers-monde et à ses revendications (chapitre 22).

17 LE MONDE AU LENDEMAIN DE LA SECONDE GUERRE MONDIALE

Le bilan de la Seconde Guerre mondiale est humainement et matériellement beaucoup plus lourd que celui de la Première Guerre mondiale. Alors que cette dernière a marqué la fin d'une époque, 1945 au contraire est le point de départ d'une organisation entièrement nouvelle de l'économie sur le plan national et international. Aucune nostalgie de l'avant-guerre ne se développe, bien au contraire, c'est la volonté d'un monde nouveau qui s'affirme. Les États-Unis, véritables maîtres d'œuvre de l'après-guerre, développent une conception globale du monde, rapidement brisée par l'antagonisme idéologique qui les oppose à l'URSS. La vision américaine ne concerne donc que les pays capitalistes et le « monde libre » jusqu'à la fin de la guerre froide.

CHRONOLOGIE

août 1941 : Charte de l'Atlantique
juillet 1944 : Accords de Bretton Woods
1945 : Février : Conférence de Yalta
8 mai : Capitulation sans condition de l'Allemagne
Juin : Adoption de la charte de l'ONU
Août : Bombes atomiques sur Hiroshima et Nagasaki
2 septembre : Capitulation sans condition du Japon
1947 : Entrée dans la guerre froide. Doctrine Truman, plan Marshall. Rapport Jdanov, création du Kominform. « Accord général sur les tarifs et le commerce » (GATT)
1949 : Création de l'OTAN. Proclamation de la RFA, RDA et de la Chine populaire
1949-1950 : Fin de la reconstruction en France
1950 : 9 mai : Discours de R. Schuman

I. Destructions et nouvelles hiérarchies

L'ampleur des ruines lors de la Seconde Guerre mondiale reflète encore plus qu'en 1918 la puissance destructrice des armes utilisées mais elle découle aussi des stratégies militaires choisies par les belligérants.
À **l'intensité des combats** et aux **exactions des armées de l'Axe dans les pays envahis** répond la **stratégie des Alliés** fondée, à partir de l'entrée en guerre des États-Unis, sur la mobilisation de leur potentiel économique et la création d'une puissance de feu capable de refouler puis d'écraser l'adversaire. Aux destructions industrielles et aux affrontements des armées s'ajoutent les raids massifs de bombardiers sur les villes qui tendent à **placer les populations civiles au cœur du conflit** (de Coventry en 1940 à Dresde ou Tokyo en 1945).
Les destructions en 1945 sont donc autrement plus graves qu'en 1918.

A. LES DESTRUCTIONS

1. Les pertes humaines

Le bilan humain, en 1945, est encore plus incertain qu'en 1918, **entre 40 et 50 millions de morts,** auxquels il faudrait ajouter les décès prématurés durant les années et les décennies qui ont suivi, séquelles d'une sous-alimentation fréquente, de mauvais traitements dans les camps ou d'irradiations atomiques… Il n'y a pas de chiffres des blessés.

Les pertes humaines selon deux sources
(les pertes totales et militaires sont exprimées en millions)

	Jean-Charles Asselain			*Serge Berstein et Pierre Milza*		
	Pertes totales	**dont les pertes militaires**	**en % de la population totale**	***Pertes totales***	***dont les pertes militaires***	***en % de la population totale***
URSS	**17**	7	9	*20*	*10*	*10*
Allemagne	**7**	3,5	10	*6*	*3*	
Pologne	**6**	0,3	**18**	*5,80*		*15*
Chine				*6 à 8*		
Japon	2	1,2	3	*3*	*2,70*	
Yougoslavie	1,4	0,4	9	*1,50*	*0,70*	
France	**0,6**	0,2	1,50	*0,60*	*0,20*	
RU	0,4	0,2	1		*0,29*	
Italie	0,4	0,2	1	*0,45*	*0,07*	
États-Unis	**0,2**	0,2	0,14		*0,29*	

J.-Ch. Asselain, *Histoire économique du XXe siècle* (1939 aux années 1980)

L'auteur considère que ces évaluations élaborées à partir de diverses sources ne sont pas homogènes et doivent être affectées d'un coefficient d'incertitude de plus ou moins 10 % et même parfois plus, notamment pour l'URSS et l'Allemagne.

S. Berstein et P. Milza, *Histoire du XXe siècle*, tome 1

Il y a environ quatre fois plus de tués qu'au cours du premier conflit mondial et **la moitié au moins sont des victimes civiles.** Parmi ces victimes civiles, des millions de personnes déportées et disparues dans les camps d'extermination nazis, dont plus de 5 millions de Juifs, soit environ 70 % de la communauté juive d'Europe. **Les populations soviétique et allemande**, civile et militaire, ont payé aussi un lourd tribut. Mais, en proportion de la population totale, les populations **polonaise, yougoslave et roumaine** sont les plus touchées. La Pologne a subi un grand nombre d'événements tragiques : l'invasion allemande en 1939, la politique nazie d'extermination de la communauté juive polonaise, la plus nombreuse d'Europe, l'insurrection du ghetto de Varsovie en avril 1943 et l'insurrection générale d'août 1944, toutes les deux impitoyablement réprimées, enfin la contre-offensive soviétique.
Les pertes militaires sont moindres en France que pendant le premier conflit (2 morts sur 3 frappent des civils). Il en est de même au Royaume-Uni et en Italie. Celles des États-Unis restent relativement faibles par rapport à leur engagement et à leur rôle durant le conflit.
Sur le plan démographique, l'ampleur du phénomène de classe creuse est variable selon les pays de même que l'impact plus heureux et plus bénéfique du baby-boom qui prend

naissance fin 1942-début 1943. Les pyramides des âges des belligérants témoignent de la diversité de ce bilan.

2. Les pertes matérielles

Autant la notion de front et la guerre des tranchées ont marqué le premier conflit mondial, autant cette notion est floue lors du second. Les espaces concernés par les combats et les destructions sont considérables : en dehors des pays neutres, **toute l'Europe est touchée**. Les destructions les plus massives concernent l'Ouest de l'URSS et l'Allemagne qui, en Europe, ont supporté l'essentiel des combats, ainsi que le Japon en Asie. La France est particulièrement atteinte : aux combats de 1940 et de 1944-1945 s'ajoutent des années de prélèvements et de pillages par l'occupant. La capacité de production française est beaucoup plus diminuée que celle de l'Allemagne. **Les infrastructures de transports** (gares de triage, voies ferrées, ports, ponts), les installations industrielles, **de nombreuses villes** ont été détruites. En Allemagne, le quart des immeubles a été rasé, davantage que le potentiel industriel camouflé et protégé. En URSS, aux combats s'ajoutent la stratégie allemande de « terre brûlée » et les massacres de masse. **En dehors des États-Unis où les commandes de guerre ont suscité le retour de la prospérité, l'appauvrissement des belligérants est général** : en 1945, la richesse nationale est diminuée de 25 % en URSS, 13 % en Allemagne, 7 à 8 % en Italie et en France, de 3 % au Royaume-Uni. À ces bilans nationaux, il faut ajouter le **déclin du commerce international** : tous les flux, déjà affaiblis dans les années 1930, sont désorganisés.

3. Les conséquences morales

Même si les Alliés en avaient déjà connaissance, la découverte des **camps nazis de concentration** et **d'extermination** et l'ampleur des massacres provoquent la stupeur et **dépassent l'entendement**. « Pendant trois ans, l'homme a donné des leçons à l'enfer », « Dieu n'existe plus, il reste le respect », André Malraux et Primo Levi expriment ces sentiments indicibles face à la volonté d'extermination. De leur côté, les rescapés éprouvent la pire difficulté à raconter, à témoigner de ce qui leur est arrivé parce que les mots manquent et parce que peu de personnes les comprennent. De cette découverte de l'horreur découlent deux conséquences très différentes : la volonté accrue de **juger les criminels de guerre** et la proclamation de l'**État d'Israël** en 1948 dont les prémices sont antérieures à la guerre. Les Alliés créent en août 1945 le **Tribunal militaire international de Nuremberg** pour juger les « grands criminels des puissances européennes de l'Axe », dont les « crimes sont sans localisation géographique précise », selon trois accusations possibles : crime contre la paix, crime de guerre et crime contre l'humanité. En octobre 1946, le Tribunal constitué de représentants des Alliés prononce 12 condamnations à mort, 7 emprisonnements dont 3 à vie et 2 acquittements. C'est le premier acte d'une justice pénale internationale. En novembre 1948 selon les mêmes modalités, le **Tribunal militaire international de Tokyo** prononce 7 condamnations à mort et 18 emprisonnements dont 16 à vie.

DÉFINITIONS

Génocide : le terme de « génocide » a été forgé par le professeur américain Lemkin pour désigner la destruction d'un peuple pour des motifs ethniques, nationaux, raciaux ou religieux. C'est le plus grave des « crimes contre l'humanité ». D'autres termes ont été employés pour désigner notamment les crimes perpétrés par les nazis au cours de la Seconde Guerre mondiale. Celui d'**« Holocauste »**, d'origine grecque qui désigne, à l'origine, un sacrifice religieux dans lequel la victime est tout entière brûlée ; celui de **« Shoah »**, terme hébreu qui signifie « catastrophe telle qu'il ne peut en exister de plus grande » est aujourd'hui préféré pour désigner, spécifiquement, l'extermination des juifs par les nazis.

Même si l'épuration des responsables allemands et japonais est vite freinée par le besoin, né du début de la guerre froide, de redresser ces deux pays, ces deux juridictions, dissoutes après la publication de leurs verdicts, ont créé un précédent : la **justice pénale internationale** qui ne retrouve cependant vigueur qu'après la fin de la guerre froide pour juger les crimes commis en Yougoslavie et au Rwanda dans les années 1990.
Peu nombreux sont ceux qui perçoivent à l'été 1945 les conséquences morales introduites par **l'utilisation de l'arme nucléaire**. Une seule bombe provoque à Hiroshima presque autant de morts que les bombardements massifs au phosphore sur la ville de Tokyo : « La civilisation mécanique est arrivée au dernier stade de la sauvagerie », écrit Albert Camus en août 1945 au moment où les Français sont davantage préoccupés par le procès du maréchal Pétain, le ravitaillement et la reconstruction.

ZOOM ▶ Les crimes soumis à la juridiction du tribunal de Nuremberg

a) Les crimes contre la Paix : c'est-à-dire la direction, la préparation, le déclenchement ou la poursuite d'une guerre d'agression, ou d'une guerre de violation des traités, assurances ou accords internationaux, ou la participation à un plan concerté ou à un complot pour l'accomplissement de l'un des actes qui précèdent ;
b) Les crimes de guerre : c'est-à-dire les violations des lois et coutumes de la guerre. Ces violations comprennent, sans y être limitées, l'assassinat, les mauvais traitements ou la déportation pour des travaux forcés, ou pour tout autre but, des populations civiles dans les territoires occupés, l'assassinat ou les mauvais traitements des prisonniers de guerre ou des personnes en mer, l'exécution des otages, le pillage des biens publics ou privés, la destruction sans motif des villes et des villages ou la dévastation que ne justifient pas les exigences militaires ;
c) Les crimes contre l'humanité : c'est-à-dire l'assassinat, l'extermination, la réduction en esclavage, la déportation, et tout autre acte inhumain commis contre toutes populations civiles, avant ou pendant la guerre, ou bien les persécutions pour des motifs politiques, raciaux ou religieux lorsque ces actes ou persécutions, qu'ils aient constitué ou non une violation du droit interne du pays où ils ont été perpétrés, ont été commis à la suite de tout crime rentrant dans la compétence du Tribunal, ou en liaison avec ce crime.
Les dirigeants, organisateurs, provocateurs ou complices qui ont pris part à l'élaboration ou à l'exécution d'un plan concerté ou d'un complot pour commettre l'un des crimes ci-dessus définis sont responsables de tous les actes accomplis par toutes personnes, en exécution de ce plan.

B. L'AFFIRMATION DES DEUX GRANDS

La guerre a consacré le rôle primordial des grands espaces dotés de ressources naturelles abondantes et de populations dynamiques, les États-Unis et l'URSS, d'autant plus que ces deux pays sont érigés en modèles face à une Europe à nouveau très affaiblie.

1. La domination américaine

La guerre a révélé **l'efficacité du modèle économique américain** capable de satisfaire l'essentiel des besoins des armées alliées sans porter atteinte au niveau de vie de sa population. Un quasi-doublement de la production industrielle, des taux de croissance inconnus jusqu'alors, jusqu'à 15 % en 1942-1943, font que jamais **l'écart entre les États-Unis** qui réalisent 50 % du PNB mondial **et le reste du monde** n'a été aussi grand qu'en 1945. La façade sur le Pacifique a largement bénéficié de cette croissance, mais le poids du Nord-Est s'affirme encore plus. Combattants de la liberté, les États-Unis jouissent alors d'un immense prestige dans les pays qu'ils ont libérés et les produits nouveaux arrivés avec les soldats comme le chewing-gum, le Coca-Cola ou les bas Nylon exercent une véritable **fascination sur des populations soumises aux pénuries depuis le début du conflit**. Il en est de même pour le jazz et le cinéma dont les Européens ont été sevrés. Les États-Unis disposent aussi de **capacités technologiques** sans équivalent, notamment en matière nucléaire ou informatique. Comme l'écrit l'économiste J. K. Galbraith, « aucun pays à l'époque moderne n'est jamais sorti d'une guerre dans d'aussi heureuses conditions économiques que les États-Unis en 1945 ». Forts de cette supériorité, les États-Unis veulent imposer leur **nouvelle conception des relations avec le reste du monde**.

2. Le prestige de l'URSS

L'Armée rouge est la première à être entrée dans Berlin et la capacité militaire soviétique a joué un rôle déterminant dans l'étouffement de la machine de guerre nazie. Le conflit a aussi stimulé le développement économique des parties situées à l'Est du front comme l'Oural ou la Sibérie occidentale. Même si la mobilisation des populations soviétiques a obligé le régime à relâcher quelque peu sa contrainte, la victoire renforce le pouvoir de Staline. **L'URSS** qui a subi près de la moitié des pertes humaines et matérielles totales **retire du conflit un prestige certain,** mais **de nature plus politique et idéologique qu'économique**. Bien que l'écart avec les capacités économiques américaines soit considérable, l'URSS se hisse désormais au premier plan de la hiérarchie mondiale face aux États-Unis. La victoire lui apporte aussi d'importantes conquêtes territoriales, les pays baltes, l'Est de la Pologne et son **occupation militaire des territoires libérés se prolonge** alors que le président Truman rapatrie au plus vite les soldats américains.

C. L'AFFAIBLISSEMENT DES PAYS EUROPÉENS

1. Un champ de ruines

À tous points de vue, **l'Europe ressort très éprouvée de la guerre**. Partout, les économies sont désorganisées, les productions industrielles et agricoles ont fortement diminué, les populations restent sous-alimentées, l'inflation fait rage. L'Allemagne, à l'image de l'Europe centrale, souffre de **toutes sortes de pénuries** aggravées par l'afflux de populations réfugiées. Son territoire est entièrement occupé par les vainqueurs qui y exercent la totalité des pouvoirs et son image internationale s'est effondrée. Malgré le rayonnement international que lui vaut sa farouche résistance de 1940, le Royaume-Uni est à bout de souffle. La France reste dans une situation très difficile. La paix est loin d'être synonyme du retour au bien-être : partout l'inflation, le rationnement et les risques sanitaires durent, voire augmentent, et **la reconstruction s'annonce problématique**.

2. Une nouvelle carte

Les différents accords entre les Alliés aboutissent à des **modifications de frontières** essentiellement au profit de l'URSS. Ces remaniements de frontières s'accompagnent de vastes mouvements de populations surtout en Europe centrale qui concernent environ 30 millions de personnes dont une douzaine converge vers l'Allemagne pour faire coïncider, encore plus qu'au début des années 1920, les États et les nations, les frontières et les nationalités. Les conditions de vie se dégradent encore pour ces populations déplacées malgré l'aide internationale d'urgence fournie par l'ONU.

3. Des situations politiques nouvelles

Les mouvements de résistance à l'occupant ont le plus souvent été partagés sur **les projets politiques à mettre en place** après la guerre. En Yougoslavie, les rivalités entre monarchistes et communistes ont été étouffées sous la férule de Tito au profit des seconds tandis qu'en Grèce, elles dégénèrent en une guerre civile, de décembre 1944 à août 1949, qui marque le pays pour des décennies. En France, les mouvements de résistance, y compris communistes, acceptent de se fédérer autour de la personnalité du général de Gaulle, ce qui permet au pays de retrouver une unité et d'être intégré au camp des vainqueurs. En Italie, le fascisme est balayé et le pays cherche à reconstruire une démocratie disparue en 1922. Dans les deux grands pays vaincus, l'Allemagne et le Japon, les Alliés mettent en place, outre des sanctions, des institutions nouvelles et démocratiques.

■ **L'Europe en 1945**

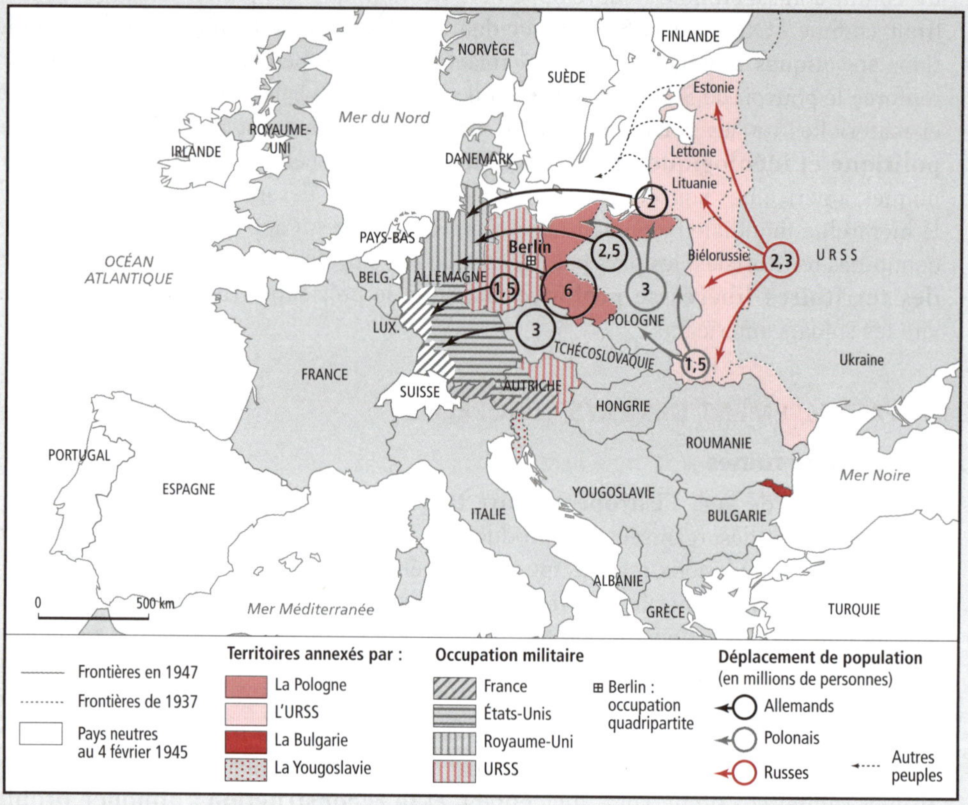

D. LE RESTE DU MONDE

Tout **le continent américain** a bénéficié du dynamisme économique des États-Unis qui renforcent leur emprise sur les différents pays, du Canada jusqu'au Sud, en profitant là aussi d'un certain retrait de l'Europe.

Le lien entre **les colonies** et les métropoles est partout remis en cause. C'est en 1942 que Gandhi lance le mouvement « Quittez l'Inde ! » qui accélère les négociations et aboutit à l'indépendance en 1947. L'Indonésie devient indépendante de façon beaucoup plus tumultueuse en 1949. La France pour sa part réprime vivement la proclamation d'indépendance indochinoise et les manifestations en Algérie en 1945 et à Madagascar en 1947 mais elle abolit le travail forcé et intègre un peu plus les « indigènes » dans l'administration locale en AOF et AEF, conformément au discours du général de Gaulle à Brazzaville en 1944. Même si la Ligue arabe est constituée sous l'égide du Royaume-Uni en 1945, les années qui suivent marquent un vif **réveil du nationalisme** de différents États du Proche-Orient comme la Jordanie, l'Iran, l'Égypte.

II. La volonté d'un monde nouveau

La situation est donc plus difficile encore qu'en 1918 mais aussi plus nouvelle. Il n'y a pas ce désir de retrouver l'avant-guerre marqué par la crise sociale et la montée des régimes totalitaires, bien au contraire, les populations et les gouvernements expriment la volonté de construire un monde nouveau sur le plan national et international.

A. LES ASPIRATIONS NOUVELLES DES POPULATIONS

1. L'héritage de la guerre

Les souffrances de la guerre, ajoutées à la misère des années 1930, nourrissent **l'espoir de sociétés plus justes et plus solidaires**. Cette attente est exprimée au mieux par les rapports **Beveridge** au Royaume-Uni et par le programme du **Conseil national de la résistance** en France. À la demande du Premier ministre Winston Churchill, l'économiste libéral William Beveridge rédige deux rapports sur la possibilité de mettre en place des services sociaux en 1942 et d'assurer « le plein-emploi dans une société de liberté » en 1944. Affirmant que l'État est responsable du « bien-être » de sa population, les rapports Beveridge se prononcent en faveur d'un ***Welfare State*** ou « **État-providence** ». La solidarité nationale doit **mettre tous les citoyens à l'abri du besoin**, de la maladie, du chômage et leur assurer le logement et l'éducation. L'impact de ces rapports est aussitôt considérable dans l'opinion publique britannique. Le programme du CNR, en France, dessine les contours d'une véritable « **démocratie économique et sociale** » que l'État doit mettre en place pour assurer à tous les mêmes droits. L'idée que l'État doit jouer un rôle majeur dans la reconstruction et la protection sociale s'impose dans tous les pays dès la fin de la guerre. Désormais, **les gouvernements vont intervenir constamment dans l'économie et l'organisation des sociétés**. Liées auparavant à des circonstances exceptionnelles (conflits mondiaux, crise des années 1930), leurs interventions deviennent constantes pour assurer la croissance économique et la justice sociale. C'est **une forme nouvelle de capitalisme** qui se met en place dans laquelle l'État corrige certaines conséquences de l'économie de marché. Jean Monnet évoque une « **économie mixte** », d'autres parlent d' « économie concertée ». Ce sont des politiques économiques où l'influence de J. M. **Keynes** est bien sûr très présente, mais où l'influence du modèle soviétique n'est pas totalement absente.

2. L'extension des fonctions de l'État

Pour définir son action et mesurer son efficacité, l'État recourt à des outils nouveaux comme la définition de secteurs d'activité, primaire, secondaire, tertiaire, qui permet de mieux cerner l'activité des entreprises et de la population active (Colin Clark) ou bien l'élaboration de systèmes de comptabilité nationale permettant de mesurer le produit national brut et ses composantes macroéconomiques, épargne, investissement, consommation, échanges... La formation de personnels hautement compétents pour assumer ces nouvelles fonctions de l'action publique reçoit une attention nouvelle comme l'illustre la création de l'École nationale d'administration en France.

L'action de l'État devient multiforme et profonde, plus en Europe qu'aux États-Unis, mais même dans ce pays la loi votée en 1946 (*Employment Act*) définit l'obligation pour les gouvernements de « **promouvoir à leur maximum l'emploi, la production et le pouvoir d'achat** ». Les principaux pays européens vont plus loin. En 1945, le Royaume-Uni par exemple adopte une série de lois créant un **système de santé** gratuit, un **revenu minimum** et renforçant les systèmes d'assurance sociale et d'allocations familiales. **L'État est donc investi d'une tâche de protection et de transferts sociaux** (prélèvement et redistribution) qu'il accomplit directement, comme au Royaume-Uni et dans les pays d'Europe du Nord où la Sécurité sociale est financée par l'impôt, ou bien dont il est le garant comme en France et en RFA où le financement vient des cotisations des entreprises et des actifs.

L'importance des systèmes sociaux mis en place en Europe garantit progressivement aux populations une réelle sécurité qui améliore nettement les conditions de vie, y compris le pouvoir d'achat. Aux États-Unis, ces transferts publics sont moindres, même si le système de Sécurité sociale est plus ancien, puisqu'il est esquissé dès 1935, et une part importante de cette protection sociale relève des conventions collectives ou d'un système d'assurances privées.

L'État devient même producteur et gestionnaire quand le secteur privé est défaillant : au Royaume-Uni et en France, dès 1945, des pans essentiels de l'économie, énergie, banques, assurances, voire certaines industries, sont nationalisés. Au même moment en France et au Japon un peu plus tard, une planification indicative est mise en place, dont l'objectif est non seulement de guider et de favoriser la reconstruction mais aussi de développer **une croissance intensive**. Le premier plan français est un plan d'« équipement et de modernisation » qui vise à relancer la production mais aussi la productivité par une utilisation plus efficace des forces productives, une meilleure organisation du travail, un essor de la mécanisation, un appel à l'innovation.

3. De fortes volontés politiques

Pour satisfaire leurs espoirs, en juillet 1945, les électeurs britanniques vont accorder leur confiance au parti travailliste mené par Clement Attlee et non pas à celui qui a catalysé les énergies durant la bataille, W. Churchill, chef des conservateurs. L'avenir compte plus que le passé. Le slogan des travaillistes, « **socialisme et liberté** », exprime bien cette aspiration à plus d'égalité et de protection dans le respect de la démocratie, différence fondamentale avec le système soviétique. En France, le programme du CNR est porté par le gouvernement provisoire de la République et repris ensuite par les trois grands partis, PCF, SFIO et MRP qui recueillent un peu plus de 75 % des suffrages lors des premières élections d'après-guerre. En Italie et dans la République fédérale allemande, les partis démocrates-chrétiens au pouvoir affirment leur volonté de marier démocratie, progrès économique et justice sociale.

Dans cette phase de reconstruction qui dure jusqu'en 1950 se définissent donc les conditions historiques et politiques de la croissance à venir qui ne se réduit pas à une augmentation de PNB et que Jean Monnet, l'initiateur de la planification française, définit d'une formule : « **Vivre mieux en produisant mieux** ».

B. LA COOPÉRATION INTERNATIONALE

1. Les principes de la coopération internationale

Dès avant leur entrée en guerre, les États-Unis énoncent leurs **objectifs concernant l'organisation de l'économie d'après-guerre** : libération des populations de la peur et de la faim, participation de tous les pays au commerce international et liberté d'accès aux mers, renonciation à toute acquisition territoriale et droit d'autodétermination de tous les peuples. Affirmés dans la **Charte de l'Atlantique** signée avec le Royaume-Uni en août 1941, ils sont repris dans les premières **déclarations des Nations unies** en 1942, c'est-à-dire portés par la dynamique de la Grande Alliance qui inclut l'URSS. Cette coopération est précisée par les Alliés lors de **leurs rencontres internationales**. À **Yalta**, en février 1945, ils entérinent le projet de création d'une organisation générale pour la sauvegarde de la paix et de la sécurité (future ONU) et affirment qu'il faut aider les pays de l'Europe qui se doteront des « institutions démocratiques de leur choix » à résoudre « par des moyens démocratiques leurs difficultés économiques et politiques majeures ».

2. L'ONU, gardienne de la sécurité collective

La Charte fondant l'**Organisation des Nations unies** est signée par 51 États le 26 juin 1945 à San Francisco (sans l'Allemagne ni le Japon). Les deux organes principaux de l'ONU dont le siège est à New York sont l'Assemblée générale, composée de tous les États membres, et le Conseil de sécurité comprenant 11 membres à l'origine, 15 à partir de 1965, dont 5 membres permanents disposant d'un droit de veto : États-Unis, URSS, Royaume-Uni, France et Chine.

ZOOM ▶ Le préambule de la Charte des Nations unies

Nous, peuples des Nations unies, résolus :

– à préserver les générations futures du fléau de la guerre, qui deux fois en l'espace d'une vie humaine, a infligé à l'humanité d'indicibles souffrances ;

– à proclamer à nouveau notre foi dans les droits fondamentaux de l'homme, dans la dignité et la valeur de la personne humaine, dans l'égalité des droits des hommes et des femmes, ainsi que des nations, grandes et petites ;

– à créer les conditions nécessaires au maintien de la justice et du respect des obligations nées des traités et autres sources du droit international ;

– à favoriser le progrès social et instaurer de meilleures conditions de vie dans une liberté plus grande,

et à ces fins

– à pratiquer la tolérance, à vivre en paix l'un avec l'autre dans un esprit de bon voisinage, à unir nos forces pour maintenir la paix et la sécurité internationales ;

– à accepter des principes et instituer des méthodes garantissant qu'il ne sera pas fait usage de la force des armes, sauf dans l'intérêt commun ;

– à recourir aux institutions internationales pour favoriser le progrès économique et social de tous les peuples ;

avons décidé d'associer nos efforts pour réaliser ces desseins.

En conséquence, nos gouvernements respectifs, par l'intermédiaire de leurs représentants, réunis en la ville de San Francisco, et munis de pleins pouvoirs reconnus en bonne et due forme, ont adopté la présente Charte des Nations unies et établissent par les présentes une organisation internationale qui prendra le nom de Nations unies.

San Francisco, 26 juin 1945.

Le premier objectif de l'ONU est « **le maintien de la paix et de la sécurité internationales** ». Si des « menaces à la paix » sont avérées, l'ONU peut décider de sanctions économiques ou militaires. Dans ce cas, à la grande différence de la Société des Nations de 1919, l'organisation dispose de forces armées mises à disposition par les États membres. Mais l'article 2 de la Charte affirme le principe de non-ingérence : l'ONU ne peut pas intervenir dans les affaires intérieures d'un État qui relèvent de la seule compétence nationale.

Le second objectif est de « **réaliser la coopération internationale en résolvant les problèmes internationaux d'ordre économique, social, intellectuel ou humanitaire** ». Dans ce but, des conseils sont créés comme le Conseil économique et social et des agences spécialisées comme l'UNRRA qui aide les réfugiés européens à la fin de la guerre, l'UNESCO ou l'UNICEF.

Le 10 décembre 1948, l'Assemblée générale adopte à Paris, au Palais de Chaillot, la « **Déclaration universelle des droits de l'homme** » qui définit à travers les « droits égaux et inaliénables [...] **l'idéal commun à atteindre par tous les peuples et toutes les nations** ». Outre la liberté sous toutes ses formes et l'égalité, la déclaration affirme les droits sociaux et économiques de chaque personne, droit au travail, au repos, à un niveau de vie suffisant, à l'éducation et à la sécurité en cas de perte de ses revenus.

3. La coopération monétaire et commerciale

Dès avant la fin de la guerre, en juillet 1944, un **nouveau système monétaire** a été défini à l'issue d'une conférence tenue à **Bretton Woods**, au Nord de Boston aux États-Unis, qui réunit 45 pays dont l'URSS avec un statut d'observatrice. L'objectif est d'instituer un système de changes fixes et de faciliter le maintien ou le rétablissement de l'équilibre des échanges extérieurs de chaque pays, ce qui est la **condition de la reprise et de l'essor du commerce mondial**. Il est décidé que la valeur de **la monnaie de chaque État sera exprimée en or ou en dollar des États-Unis**. Chaque État, après avoir déclaré au **Fonds monétaire international** la valeur de sa monnaie ainsi définie, ne peut modifier cette valeur sans l'accord du FMI qui devient ainsi **le garant de la stabilité monétaire internationale**. Le FMI est un **organisme supranational** qui exerce une partie de la souveraineté des États en matière monétaire.

Pour assurer cette stabilité monétaire, **une certaine souplesse est introduite**. Chaque monnaie peut fluctuer dans une marge de plus ou moins 1 % par rapport à sa parité et un pays dont la situation financière se dégrade peut obtenir un prêt du FMI : c'est le « **droit de tirage** ». Le FMI dispose pour ce faire d'un capital constitué par un apport des États membres, proportionnel à leur puissance économique. L'organisation des votes fait qu'aucune décision ne peut être prise sans l'aval des États-Unis. Un État qui ne respecte pas les règles fixées et dévalue sans autorisation préalable par exemple ou pratique des taux de change multiples peut être exclu.

Le **système monétaire de Bretton Woods** enregistre donc de façon éclatante **la domination des États-Unis** sur les autres pays et notamment sur le Royaume-Uni dont la monnaie, inconvertible en or en 1944 comme le franc ou le mark, dominait le monde au début du XXe siècle. Le siège du FMI est établi à Washington et le dollar des États-Unis, qui détiennent 66 % du stock d'or mondial en 1944 et 80 % en 1949, est désormais considéré comme équivalent de l'or **et devient la monnaie des paiements internationaux**. Seule, **l'URSS refuse** de ratifier ces accords qu'elle juge beaucoup trop favorables à la puissance américaine. En 1946, la coopération est renforcée par la création de la **Banque internationale pour la reconstruction et le développement** ou BIRD, plus connue sous l'appellation de **Banque mondiale**, qui accorde des prêts à long terme pour aider les pays détruits par le conflit puis les pays du Tiers-monde.

Dans le même temps, les États commencent à négocier sur la façon de rompre avec toutes les entraves au commerce international héritées de l'avant-guerre (quotas, contingentements, taxes) pour relancer les échanges. **Le projet d'une Organisation internationale du commerce échoue en 1948**. Mais, de façon informelle, 23 pays, qui représentent plus de 50 % du commerce mondial, ont signé, en 1947 à Genève, un

Accord général sur les tarifs douaniers et le commerce ou **GATT** qui met en place une première diminution de ces entraves pour les produits manufacturés et qui, surtout, ouvre la voie à une dynamique d'ouverture des échanges qui va se poursuivre durant les décennies suivantes.

L'économie mondiale est donc dès ce moment **dotée d'un système monétaire stable** (qui va fonctionner progressivement quand toutes les monnaies redeviennent convertibles et déclarent leur parité au FMI) **et d'une dynamique de baisse des entraves au commerce international**, deux **facteurs fondamentaux d'une nouvelle ouverture des économies** dans un cadre défini par des décisions internationales.

4. Le rôle des États-Unis

Il est bien évident que cette nouvelle organisation de l'économie mondiale n'est possible que par la **nouvelle volonté des États-Unis** d'y jouer un rôle central. Ces derniers sont désormais convaincus que la prospérité dans le monde est la condition de leur propre prospérité. Signe de cette nouvelle attitude, aux antipodes de leur isolationnisme des années 1920, les États-Unis annulent ou réduisent fortement toutes les dettes de guerre au titre de la loi prêt-bail notamment et concèdent des prêts avantageux aux pays d'Europe occidentale pour amorcer la reconstruction. La localisation sur le territoire américain des sièges du FMI et de l'ONU symbolise et renforce encore le rôle international de la première puissance mondiale. Dans un premier temps, **les Américains ont développé une conception essentiellement économique du monde**, mais rapidement, face à l'attitude de l'URSS, ils lui substituent une conception politique et idéologique. La rupture entre l'Amérique et l'URSS qui provoque **la guerre froide** fracture le monde en deux blocs aux idéologies antagonistes où les États-Unis s'affirment comme les défenseurs du monde libre menacé par la subversion communiste. Pour plusieurs décennies, la domination américaine et **les organismes économiques de coopération qu'ils ont mis en place**, FMI, Banque mondiale, GATT, **ne vont concerner que la sphère capitaliste**.

III. Vers un affrontement des deux Grands

Le monde bascule vite dans une nouvelle forme de conflit, troisième grande phase des « guerres en chaîne » selon Raymond Aron, qui devient de façon paradoxale un des moteurs d'une croissance unique dans les grands pays industrialisés capitalistes.

A. LE TOURNANT DE 1947

1. La doctrine Truman

Il apparaît très tôt que **les Soviétiques ne respectent pas les décisions de la conférence de Yalta** qui prévoyait l'organisation d'élections libres dans toute l'Europe centrale et le respect d'une procédure démocratique pour la formation des nouveaux gouvernements. Au contraire, dans tous ces pays où l'Armée rouge reste présente, l'URSS impose progressivement ses partisans. Dès février 1946, G. Kennan conseiller d'ambassade à Moscou presse le président Truman de contenir les tendances expansionnistes de Moscou et, en mars 1946, Churchill, en visite aux États-Unis, dénonce dans son discours de Fulton le « **rideau de fer** qui s'est abattu de Stettin à Trieste ». La pression soviétique est également sensible hors d'Europe de façon diverse en **Iran**, en **Turquie** et jusqu'en **Chine**.

Le discours prononcé devant le Congrès par **Truman en mars 1947 marque le tournant majeur** dans les relations entre les deux Grands : « Notre politique doit être de **soutenir les peuples libres** qui résistent à la soumission que leur imposeraient des minorités armées ou des pressions extérieures », déclare le président qui demande des crédits pour aider la Grèce et la Turquie. En **Grèce,** les États-Unis prennent le relais des Britanniques dans la lutte contre la guérilla communiste et la Turquie est désormais considérée comme un rempart pour protéger le Proche-Orient et ses gisements pétroliers des appétits staliniens. La « **doctrine Truman** » définit la nouvelle politique américaine d'endiguement (*containment*) : s'opposer désormais à toute avancée du communisme dans le monde.

Au même moment, l'Europe, confrontée à des pénuries de charbon, de produits alimentaires et surtout de moyens de paiement (c'est-à-dire de dollars) pour importer, reste bloquée dans une situation économique inquiétante. Or, comme l'écrit le concepteur de la nouvelle stratégie américaine, G. Kennan, « le communisme mondial se nourrit, comme un parasite malin, seulement de tissus malades ». En conséquence, « il est logique que les États-Unis fassent tout ce qui est en leur pouvoir pour **favoriser le retour du monde à une santé économique normale**, sans laquelle il ne peut y avoir ni stabilité politique ni paix assurée ». C'est le sens de la déclaration de G. Marshall, secrétaire d'État américain, qui, en juin 1947, propose une aide aux pays européens qui le souhaitent. **L'URSS refuse cette aide** et impose ce même refus aux pays qu'elle occupe (la Pologne et la Tchécoslovaquie avaient d'abord accepté). La **rupture** entre les États-Unis et l'URSS est consommée. La Grande Alliance n'aura été qu'une alliance de circonstance contre le nazisme.

2. La guerre froide

Dans un rapport en septembre 1947, l'idéologue Jdanov dénonce vigoureusement cette « tendance à la domination mondiale de l'impérialisme américain » face au camp « démocratique et anti-impérialiste » dont l'URSS est le fondement. C'est le début de ce qu'un journaliste va qualifier de « **guerre froide** » au cours de laquelle chaque camp cherche à **détruire l'adversaire par tous les moyens, sauf un affrontement direct entre les deux grandes puissances**. Juste après la guerre, les États-Unis, seule puissance nucléaire, avaient proposé de transférer leur secret atomique à l'ONU qui aurait désormais été chargée d'éviter la prolifération de **l'arme atomique** à d'autres pays. Pressée de combler son handicap, l'URSS a rejeté cette proposition et décidé de se doter au plus vite de cette arme, ce qu'elle réussit à faire dès **1949** grâce notamment à un espionnage intense. La stratégie militaire des deux Grands comporte désormais un risque terrifiant : comme l'affirme le secrétaire d'État John Foster Dulles dès sa nomination en 1952 : « **Toute agression soviétique jugée inacceptable sera payée de retour par une mise en jeu massive des armes nucléaires**. » Dès lors, tout conflit direct entre les deux Grands **risque de provoquer une destruction mutuelle** si chacun riposte à une agression en recourant à l'arme nucléaire. La terreur nucléaire est donc fondée sur **la dissuasion,** sur la crainte de « **représailles massives** » parce qu'une attaque de l'un provoquerait la destruction des deux.

ZOOM ▶ Les doctrines de la guerre froide

La doctrine Truman

Au moment présent de l'histoire du monde, presque toutes les nations se trouvent placées devant le choix entre deux modes de vie. Et trop souvent ce choix n'est pas un libre choix. L'un de ces modes de vie est basé sur la volonté de la majorité. Ses principaux caractères sont des institutions libres, des gouvernements représentatifs, des élections libres, des garanties données à la liberté individuelle, à la liberté de parole et du culte et à l'absence de toute oppression politique. Le second mode de vie est basé sur la volonté d'une minorité imposée à la majorité. Il s'appuie sur la terreur et l'oppression, sur une radio et une presse contrôlées, sur des élections dirigées et sur la suppression de la liberté personnelle.

Je crois que les États-Unis doivent pratiquer une politique d'aide aux peuples libres qui résistent actuellement aux manœuvres de certaines minorités armées ou à la pression extérieure. Je crois que notre aide doit se manifester en tout premier lieu sous la forme d'une assistance économique et financière [...]. En aidant les nations libres et indépendantes à maintenir leur liberté, les États-Unis mettront en œuvre les principes de la Charte des Nations unies. [...]

Les germes des régimes totalitaires sont nourris par la misère et le besoin. Ils se répandent et grandissent dans la mauvaise terre de la pauvreté et de la guerre civile. Ils parviennent à maturité lorsqu'un peuple voit mourir l'espoir qu'il avait mis en une vie meilleure.

Nous devons faire en sorte que cet espoir demeure vivant.

Déclaration du président Truman au Congrès, 12 mars 1947.

La doctrine Jdanov

Les États-Unis sont la principale force dirigeante du camp impérialiste.

L'Angleterre et la France sont unies aux États-Unis [et] marchent comme des satellites en ce qui concerne les questions principales, dans l'ornière de la politique impérialiste des États-Unis. Le camp impérialiste est soutenu aussi par des États possesseurs de colonies, tels que la Belgique et la Hollande, et par des pays au régime réactionnaire antidémocratique, tels que la Turquie et la Grèce, ainsi que par des pays dépendant politiquement et économiquement des États-Unis, tels que ceux du Proche-Orient, de l'Amérique du Sud, la Chine.

Les forces anti-impérialistes et antifascistes forment l'autre camp. L'URSS et les pays de la démocratie nouvelle en sont le fondement. Les pays qui ont rompu avec l'impérialisme et qui se sont engagés résolument dans la voie du progrès démocratique, tels que la Hongrie, la Roumanie, la Finlande, en font partie. Au camp anti-impérialiste adhèrent l'Indonésie, le Vietnam, l'Inde. L'Égypte et la Syrie lui apportent leur sympathie. Le camp anti-impérialiste s'appuie dans tous les pays sur le mouvement ouvrier et démocratique, les partis communistes frères, sur les combattants des mouvements de libération nationale dans les pays coloniaux et dépendants, sur toutes les forces progressistes qui existent dans chaque pays.

Discours de Jdanov, octobre 1947.

B. L'EUROPE AU CŒUR DE LA GUERRE FROIDE

1. Deux systèmes concurrents

Les États-Unis, qui ont proposé leur aide aux pays d'Europe occidentale à condition que ceux-ci s'entendent, obtiennent en avril 1948 la création de l'**Organisation européenne de coopération économique** (OECE) qui regroupe 16 États européens pour répartir les crédits de l'European Recovery Program, ou « **plan Marshall** ». Les États-Unis transfèrent 12,8 milliards de dollars, dont 85 % de dons, de 1948 à 1952, pour accélérer et achever la **reconstruction de l'Europe** et jeter les bases d'une croissance économique durable. Cette aide est complétée par une **dévaluation des monnaies** des principaux partenaires des États-Unis en 1949 : le FMI autorise une forte dévaluation de la livre sterling et du franc français et les États-Unis fixent la valeur du mark et du yen à un niveau suffisamment bas pour favoriser la reprise des exportations de deux pays devenus essentiels dans la stratégie américaine de *containment*.

De son côté, l'URSS crée dès 1947 le **Kominform**, organisme de tutelle sur les partis communistes du monde, et renforce sa tutelle sur l'Europe de l'Est : le « coup de Prague » en février 1948 lui donne la mainmise sur la Tchécoslovaquie, dernier bastion de résistance aux communistes en Europe centrale. Les « **démocraties populaires** » doivent reproduire le système soviétique tant sur le plan politique avec le « rôle dirigeant » du parti communiste, que sur le plan économique avec la planification, la collectivisation des terres, l'étatisation… Le **Conseil d'aide économique mutuel** (CAEM) institutionnalise cette domination soviétique en 1949 que seule la Yougoslavie a refusé dès 1948.

2. Le partage de l'Europe

Dans les pays occidentaux, les ministres communistes qui siégeaient aux gouvernements sont exclus et les partis communistes mis à l'écart de la vie politique en mai 1947 (France, Italie, Belgique). La rupture Est-Ouest entraîne le partage de l'Allemagne en deux États proclamés en 1949 : la **République fédérale** (qui regroupe les trois zones d'occupation occidentales) et la **République démocratique** d'Allemagne. La RDA est intégrée au camp soviétique, la RFA au camp occidental où elle retrouve toute liberté de construire une économie forte comme le Japon. Au cœur de l'Europe, enclavé en RDA, **Berlin-Ouest devient une vitrine** du capitalisme. La première grande tension américano-soviétique concerne le **blocus de Berlin-Ouest** effectué par les Soviétiques de juin 1948 à mai 1949. Par la mise en place de l'**Alliance atlantique** en avril 1949 renforcée par l'**OTAN** (Organisation du traité de l'Atlantique Nord) en 1950, les États-Unis garantissent la sécurité militaire et les « principes de la démocratie » de l'Europe occidentale. C'est la première fois que les États-Unis signent une telle alliance qui inclut le Canada et 10 pays européens en temps de paix. En 1955, le **Pacte de Varsovie** établit la même relation entre l'URSS et ses satellites européens. La fracture entre les deux parties de l'Europe va durer jusqu'en 1989.

L'Europe de la fin de la Seconde Guerre mondiale à la guerre froide

18 LA REPRISE DU PROCESSUS DE MONDIALISATION

Après le repli de l'entre-deux-guerres, la période 1945-1973 marque une renaissance de la mondialisation sous l'impulsion de l'économie dominante américaine. La réduction progressive des droits de douane, la révolution des transports et la très forte croissance des économies capitalistes pendant les Trente glorieuses suscitent un dynamisme exceptionnel et continu du commerce international qui englobe un nombre croissant de partenaires, à l'exception des pays socialistes fermés sur eux-mêmes. L'internationalisation des économies se traduit également par l'ampleur des capitaux déversés par les États-Unis, sous forme de capitaux publics pour la reconstruction et la défense des pays alliés dans le cadre de la guerre froide ou sous forme de capitaux privés investis par les firmes américaines qui se transforment en firmes multinationales. Cette reprise de la mondialisation commerciale et financière dope la croissance, en particulier en Europe occidentale et en Asie, mais elle impose aussi une adaptation à la concurrence et à la « contrainte externe » sous forme de priorité accordée à la productivité, la compétitivité et l'innovation, de concentration des entreprises et de renouvellement des modes de gestion et des gammes de production.

CHRONOLOGIE

- **1947 :** 23 pays signent l'Accord général sur les tarifs douaniers et le commerce (GATT). Les États-Unis proposent le plan Marshall
- **1948 :** Le Congrès des États-Unis refuse de ratifier la Charte de La Havane. Création de l'OECE
- **1948-1951 :** L'aide Marshall transfère 12,8 mds de $ à l'Europe occidentale
- **1949 :** Création de l'OTAN, création de la RFA
- **1954 :** Création de l'OTASE
- **1957 :** Naissance de la CEE. Début de l'arrivée massive des IDE américains
- **1959 :** Création de l'AELE
- **1959-1961 :** Dillon Round
- **1961 :** Kennedy lance « l'Alliance pour le progrès » au profit de l'Amérique latine
- **1962 :** Le Trade Expansion Act autorise le président Kennedy à négocier une nouvelle baisse des droits de douane
- **1967 :** Fin du Kennedy Round. Baisse des droits de douane de 35 % applicable de 1968 à 1972
- **1968 :** Suppression totale des droits de douane entre pays membres de la CEE
- **1973 :** Ouverture du Tokyo Round. Début du choc pétrolier

I. Le dynamisme du commerce international

A. LE DÉSARMEMENT DOUANIER

1. Une initiative américaine

En 1945, le secrétaire d'État américain Byrnes lance une grande campagne internationale en faveur de 4 libérations : il veut libérer le monde des entraves commerciales décidées par les États ou pratiquées par les cartels, des désordres sur les marchés des produits de base et des stratégies égoïstes des années 1930 visant à exporter le chômage chez les concurrents. Comme pour l'Angleterre un siècle plus tôt, **l'abandon de la tradition protectionniste est tout à fait conforme aux intérêts américains du moment**. Les États-Unis réalisent en effet la moitié de la production mondiale et ils veulent à tout prix **éviter le retour d'une crise de surproduction** comparable à celle de 1920-1921. Ils ont compris depuis les années 1930 que leur économie ne peut être prospère qu'à condition de trouver de vastes débouchés dans le monde, sont conscients que la guerre a ruiné leurs concurrents et qu'ils bénéficient au moins temporairement d'un monopole de vente. L'impulsion américaine se traduit par **l'ouverture de deux négociations**. La première qui se déroule à Genève a pour objectif une réduction générale des droits de douane. Elle aboutit **le 30 octobre 1947 à la signature par 23 pays de l'Accord général sur les tarifs douaniers et le commerce ou GATT,** *General Agreement on Tariffs and Trade*. La deuxième négociation conduite par l'ONU débouche en mars 1948 sur la Charte de La Havane, texte beaucoup plus complet incluant la création d'une Organisation internationale du commerce (OIC), un accord de stabilisation des produits de base et un code des investissements. L'OIC était conforme au projet de Roosevelt qui souhaitait asseoir le nouvel ordre mondial sur trois piliers, le FMI pour la coopération monétaire, l'ONU pour la sécurité collective et l'OIC pour la solidarité commerciale. Mais le Congrès, où les Républicains sont redevenus majoritaires lors des élections de 1947, refuse de ratifier la Charte jugée trop interventionniste. C'est donc le **GATT qui sert de base au programme d'ouverture.**

2. Les principes du GATT

Les 35 articles de l'Accord fixent les engagements pris par « les parties contractantes ». Le premier vise à substituer aux accords bilatéraux **le multilatéralisme fondé sur la non-discrimination**. Comme l'affirme l'article 1, les signataires acceptent la généralisation de la clause de la nation la plus favorisée (NPF). Toute concession faite à un partenaire est donc automatiquement étendue à tous. Le deuxième principe de transparence et de *fair trade* **interdit les contingents**, c'est-à-dire les restrictions quantitatives aussi bien à l'achat qu'à la vente. **Les pratiques déloyales, subventions à l'exportation ou dumping, sont prohibées** et les parties contractantes peuvent les combattre par des « droits compensateurs ». L'accord prévoit dans l'immédiat la « **consolidation** » **des droits de douane,** c'est-à-dire l'engagement des signataires à ne pas les augmenter et à terme des **« négociations commerciales multilatérales » pour une réduction progressive et réciproque de ces droits.** Cependant, l'accord prévoit des dérogations à ces principes. **La création de zones de libre-échange et d'unions douanières est autorisée**. Bien qu'ils dérogent au principe de non-discrimination, ces accords sont considérés comme une anticipation de la procédure générale d'ouverture et de marche vers un total libre-échange. Ils doivent cependant relever du « régionalisme ouvert » et donc ne pas comporter de renforcement des droits sur les tiers. En cas de déficit grave de la balance des paiements, un pays peut restreindre ses importations et même recourir à une « **clause de sauvegarde** » si les intérêts fondamentaux de ses producteurs ou la santé de ses consommateurs sont menacés, ou pour des raisons de défense

DÉFINITIONS

Zone de libre-échange : les signataires s'engagent à supprimer les droits de douane entre eux. Chaque pays membre de la zone garde la maîtrise de sa politique douanière à l'égard des pays tiers.

Union douanière : les signataires s'engagent à supprimer les droits de douane entre eux et à adopter un tarif extérieur commun à l'égard des pays tiers nationale. Les pays en voie de développement peuvent relever leurs droits de douane pour protéger leurs industries naissantes. Enfin, **l'engagement d'ouverture ne concerne pas les services et l'agriculture,** qui sont restés exclus des négociations jusqu'en 1994 ! Le secrétariat permanent du GATT dont le siège est à Genève est chargé de régler les litiges. L'Accord prévoit l'élargissement à de nouveaux adhérents, après un vote favorable des deux tiers des parties contractantes.

ZOOM ▶ Les extraits de l'accord de 1947

Article 1 Traitement général de la nation la plus favorisée

« Tous avantages, faveurs, privilèges ou immunités accordés par une partie contractante à un produit originaire ou à destination de tout autre pays, seront immédiatement et sans conditions étendus à tout produit similaire originaire ou à destination du territoire de toutes les parties contractantes. »

Article VI Droits antidumping et compensateurs

« Les parties contractantes reconnaissant que le dumping, qui permet l'introduction des produits d'un pays sur le marché d'un autre pays à un prix inférieur à leur valeur normale, est condamnable [...]. En vue de neutraliser ou d'empêcher le dumping, toute partie contractante pourra percevoir sur tout produit faisant l'objet d'un dumping un droit antidumping dont le montant ne sera pas supérieur à la marge de dumping afférente à ce produit [...]. Il faut entendre par "droit compensateur" un droit spécial en vue de neutraliser toute prime ou subvention accordée, directement ou indirectement, à la fabrication, à la production ou à l'exportation d'un produit. »

Article XI Élimination générale des restrictions quantitatives

« Aucune partie contractante n'instituera ou ne maintiendra à l'importation d'un produit originaire du territoire d'une autre partie contractante [...] de prohibitions ou de restrictions autres que des droits de douane, taxes ou autres impositions, que l'application en soit faite au moyen de contingents, de licences d'importation ou d'exportation ou de tout autre procédé. »

Article XXIV Application territoriale. Trafics frontaliers. Unions douanières et zones de libre-échange

« Les parties contractantes reconnaissent qu'il est souhaitable d'augmenter la liberté du commerce en développant, par le moyen d'accords librement conclus, une intégration plus étroite des économies des pays participant à de tels accords. Elles reconnaissent également que l'établissement d'une union douanière ou d'une zone de libre-échange devra avoir pour objet de faciliter le commerce entre les parties constituantes et non d'opposer des obstacles au commerce d'autres parties contractantes avec des parties. »

Article XXXIII Adhésion

« Tout gouvernement qui n'est pas partie au présent Accord [...] pourra adhérer au présent Accord à des conditions à fixer entre ce gouvernement et les parties contractantes. Les parties contractantes prendront à la majorité des deux tiers les décisions visées au présent paragraphe. »

3. Les négociations multilatérales

De 1947 à 1973, 6 négociations commerciales se sont succédé entre un nombre croissant de participants : des 23 adhérents initiaux, le GATT passe à 35 en 1957 et 80 en 1973. Les quatre premières à Genève en 1947, Annecy 1949, Torquay en 1951 et Genève en 1956 ont permis de **réduire de 40 % à 20 % les droits sur les produits industriels importés**. La création de la CEE en 1957 et de l'AELE en 1959 pousse les États-Unis à proposer le Dillon Round qui se termine en 1961 par une nouvelle réduction des droits de près de 7 %. Face aux perspectives d'élargissement de la CEE avec le dépôt en 1961 de la première candidature britannique, le président Kennedy obtient en 1962 le vote du *Trade Expansion Act* qui l'autorise à négocier des baisses de douane réciproques jusqu'à 50 %. Les États-Unis souhaitaient également s'attaquer à la « forteresse Europe » et entamer la libération des échanges agricoles. L'Europe voulait pour sa part préserver la politique agricole commune, réduire les pics tarifaires du système de protection américain et entamer les discussions sur les « obstacles non tarifaires », comme les règles techniques et protections sanitaires ou autres dispositifs particuliers, tel l'*American Selling Price* qui surprotège la chimie américaine en calculant les droits non pas sur le prix du produit importé mais sur celui plus élevé des produits américains. Achevé en 1967, **le Kennedy Round débouche sur une réduction moyenne des droits de 35 %**, applicable entre 1968 et 1972. À la veille du choc pétrolier, le désarmement douanier est donc très avancé pour les produits industriels puisque **les droits sont réduits à 8 % pour la CEE, 12 % pour le Japon et 13,5 % pour les États-Unis**.

B. L'ESSOR DES FLUX INTERNATIONAUX DE MARCHANDISES

1. Des échanges centrés sur les pays développés

■ La structure du commerce mondial

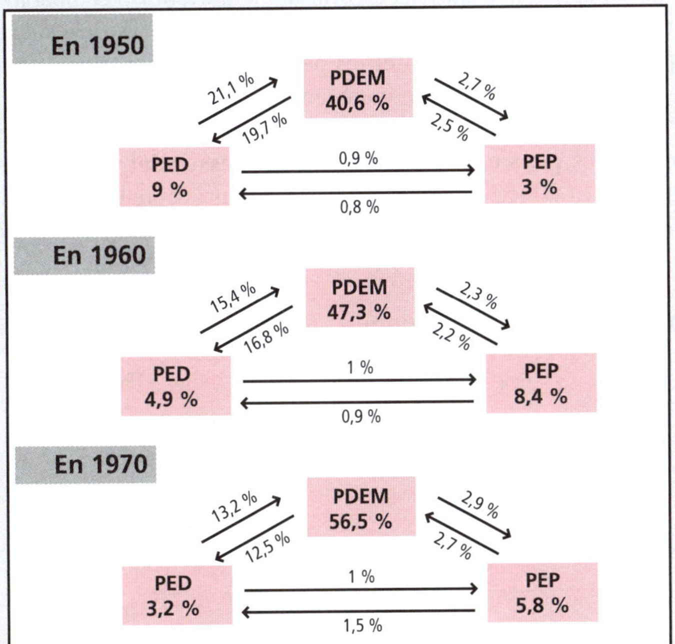

En % du commerce mondial. Dans les carrés roses, les pourcentages correspondent aux échanges internes entre pays de même niveau.
PDEM = Pays développés à économie de marché
PED = Pays en développement
PEP = Pays à économie planifiée

Source : GATT

Le désarmement douanier nourrit un **essor rapide de la valeur du commerce mondial** qui progresse de 124 milliards de dollars en 1950 à 260 milliards en 1960 et 600 milliards en 1973. **En volume, les échanges mondiaux augmentent en moyenne de 8 % par an**, deux fois plus vite que la production. La vigueur du commerce s'accompagne donc d'une ouverture accrue des économies et d'une **interdépendance de plus en plus forte entre les partenaires**. Le taux d'ouverture, c'est-à-dire la part de la production exportée, passe de 6 % à la fin de la guerre pour les pays d'Europe occidentale à 15 % en 1973, soit le niveau atteint en 1913. Ce taux reste cependant inférieur à 10 % aux États-Unis, à 11 % au Japon et à 8 % pour les pays en voie de développement, mais avec des écarts considérables, allant de 1 % pour la Chine à 50 % pour les pays exportateurs de pétrole et même 80 % pour Hong-Kong. Jusqu'à la fin des années 1960, **les échanges restent dictés par la division internationale du travail mise en place à la fin du xixe siècle**. Les pays développés, États-Unis et Canada, pays d'Europe de l'Ouest, Japon et Australie, continuent à acheter massivement des matières premières et des énergies et à exporter des produits manufacturés. Les pays en voie de développement restent des fournisseurs de produits bruts et des acheteurs de produits industriels. Ils ne cessent d'ailleurs de dénoncer le pillage de leurs ressources naturelles par les pays riches, l'érosion de leurs recettes d'exportation par suite de la baisse du cours des produits bruts et réclament une réforme des règles du GATT remplaçant le principe de réciprocité et de non-discrimination par un traitement préférentiel. Le système de préférences douanières accordé aux produits manufacturés du Sud en 1968 n'a cependant d'effet qu'à partir de la décennie 1970. Avant 1973, seuls quelques pays essentiellement asiatiques ont entamé leur développement industriel en utilisant leur avantage comparatif, le bas prix de la main-d'œuvre, et en attirant des capitaux étrangers. Les pays riches commercent aussi de plus en plus entre eux. Le Japon et les pays de la CEE ont pour premier partenaire commercial les États-Unis, fournisseurs notamment de produits agricoles et de biens de technologie avancée et acheteurs de produits manufacturés. Au total, tout au long des Trente glorieuses, **les pays capitalistes assurent l'essentiel du commerce mondial**. Le Tiers-monde paraît effectivement marginalisé et plus encore les pays de l'Est fermés sur eux-mêmes qui représentent moins de 10 % des échanges mondiaux en 1973.

L'évolution du commerce par région

	1948	1953	1963	1973
	Exportations			
	Valeur en milliards de dollars			
Monde	58,0	83,0	157,0	578,0
	Part			
Monde	100,0	100,0	100,0	100,0
Amérique du Nord	27,5	24,6	19,4	17,2
Amérique latine	12,3	10,5	7,0	4,7
Europe occidentale	31,0	34,9	41,0	44,8
URSS et Europe de l'Est	6,0	8,2	11,0	8,9
Afrique	7,4	6,5	5,7	4,8
Moyen-Orient	2,1	2,1	3,3	4,5
Asie	13,8	13,2	12,6	15,0
Japon	0,4	1,5	3,5	6,4
Chine	0,9	1,4	1,3	1,0
Australie et Nouvelle-Zélande	3,7	3,2	2,4	2,1
Membres du GATT	60,4	68,7	72,8	81,8
	Importations			
	Valeur en milliards de dollars			
Monde	66,0	84,0	163,0	589,0

	Part			
Monde	100,0	100,0	100,0	100,0
Amérique du Nord	19,8	19,7	15,5	16,7
Amérique latine	10,6	9,3	6,8	5,1
Europe occidentale	40,4	39,4	45,4	47,4
URSS et Europe de l'Est	5,8	7,6	10,3	8,9
Afrique	7,6	7,0	5,5	4,0
Moyen-Orient	1,7	2,0	2,3	2,8
Asie	14,2	15,1	14,2	15,1
Japon	1,0	2,9	4,1	6,5
Chine	1,1	1,7	0,9	0,9
Australie et Nouvelle-Zélande	2,6	2,4	2,3	1,6
Membres du GATT	52,9	66,0	74,2	89,1

2. La primauté du transport maritime

■ L'évolution du commerce par groupe de produits

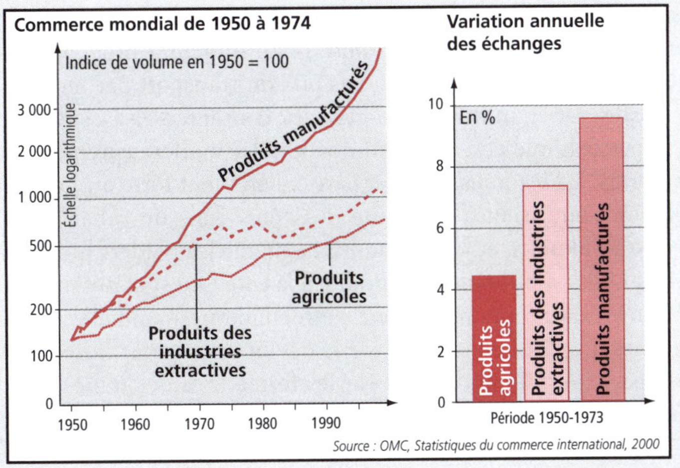

Source : OMC, Statistiques du commerce international, 2000

Principal moyen de transport puisqu'il assure en 1973 plus de 80 % des tonnages échangés, le transport maritime a fait l'objet depuis la guerre de progrès considérables. **La forte réduction des prix du fret** tend à supprimer le handicap de la distance entre les différents partenaires et **favorise une croissance des tonnages et une mondialisation des flux**. La première tendance des Trente glorieuses est l'augmentation des capacités de transport des navires, en particulier pour les tankers. La fermeture du canal de Suez en 1956 qui impose aux transports du brut venu du Moyen-Orient le contournement de l'Afrique accélère cette **course au gigantisme** au plus grand profit des chantiers navals japonais, qui deviennent les premiers constructeurs mondiaux dans les années 1960. Les plus gros tankers sont capables à la veille du choc pétrolier d'acheminer plus de 500 000 tonnes en deux mois du Golfe persique aux terminaux européens. Le gigantisme concerne aussi à un moindre degré les vraquiers qui acheminent des marchandises sèches, charbon, minerais divers et céréales. **La flotte tend également à se spécialiser** en fonction des marchandises transportées. Aux navires frigorifiques ou isothermes pour les produits alimentaires, s'ajoutent des méthaniers pour le transport de gaz naturel liquéfié et des **porte-conteneurs** pour le transport de marchandises diversifiées. À l'inverse, le trafic voyageur se reporte sur les avions et les paquebots tendent à disparaître. De la fin des années 1940 à 1973, la capacité de la flotte mondiale a été multipliée par trois et sa composition bouleversée en fonction des besoins des pays importateurs. En 1973, la moitié de cette flotte est constituée de tankers et le pétrole brut représente le premier poste en valeur du trafic maritime, devant le blé et les autres produits de base. Le transport par mer est particulièrement bon marché à une époque où le prix de l'énergie est très bas et le fret aérien sous forme d'avions-cargos ne joue qu'un rôle marginal pour le transport de marchandises de très haute valeur ou de pièces détachées.

3. L'essor des fronts de mer

L'essor du trafic maritime modifie la localisation des activités et des hommes au profit des littoraux. La course au gigantisme a d'abord imposé une réorganisation du trafic portuaire aux dépens des ports de fonds d'estuaire qui n'offrent que des profondeurs insuffisantes. Une nouvelle génération d'avant-ports en eau profonde ou de terminaux pétroliers a vu le jour et les ports ont dû se doter d'équipements adaptés pour traiter au plus vite les marchandises, à l'instar de la Nouvelle-Orléans pour l'exportation des céréales américaines, des quais minéraliers de Dunkerque, de Fos pour l'accueil des tankers, de Singapour et de Hong-Kong pour le traitement des conteneurs et des équipements spécialisés de l'avant-port de Rotterdam, Europoort, qui lui permettent de rester au premier rang mondial. Le bas prix du transport par mer suscite le développement de vastes zones industrialo-portuaires consacrées à la sidérurgie, au raffinage pétrolier, à la pétrochimie et à la transformation des matières premières agricoles ou des minerais importés. La littoralisation est particulièrement forte au Japon où les deux tiers de la population s'entassent à proximité des côtes dans un ruban urbain de 1 200 km allant de Tokyo à Fukuoka, et le pays multiplie même les polders industriels gagnés sur la mer. Aux États-Unis, la littoralisation profite à la côte Ouest et notamment à la Californie et au golfe du Mexique, première zone pétrochimique mondiale. En Europe, le dynamisme des zones littorales contraste avec le déclin des régions intérieures, en particulier les anciens « pays noirs » condamnés par les fermetures des mines et le déclin d'usines sidérurgiques obsolètes.

C. LES APPORTS ET CONTRAINTES DE L'OUVERTURE

1. L'apparition de la contrainte externe

Bien que les énormes besoins des économies détruites par le conflit expliquent la reprise rapide des échanges mondiaux, les marchés nationaux restent largement protégés dans les années 1950. **Ce n'est qu'à partir des années 1960 que la concurrence externe impose ses impératifs à tous les partenaires**. Cela tient d'abord aux **réductions douanières** qui ne commencent à devenir significatives qu'à cette date. C'est aussi au tournant des années 1960 que le mouvement de décolonisation s'accélère et entraîne la **disparition des préférences impériales** qui favorisaient le maintien d'échanges préférentiels bilatéraux. C'est également en 1959 que le redressement des balances de paiement, notamment en Europe occidentale, permet le retour généralisé à la convertibilité monétaire et donc à la **disparition des contrôles de change** en place depuis le début des années 1930. Autre facteur essentiel de la montée de la concurrence, les années 1960 sont marquées par le plein effet de la révolution maritime qui raccourcit les distances et transforme le monde en un marché unique. Enfin, pour les pays membres de la CEE, c'est entre le 1er janvier 1958 et le 1er juillet 1968 que les droits de douane nationaux disparaissent et créent un véritable marché commun.

2. L'impératif de la croissance intensive

La croissance du volume des échanges qui reflète l'importance de la demande mondiale a eu incontestablement un effet keynésien. Elle a joué un rôle essentiel dans la renaissance économique des pays ruinés par la guerre et notamment du Japon et de la RFA qui retrouvent la prospérité grâce à leurs exportations. Mais **le désarmement douanier pèse aussi sur l'offre : il impose à tous les pays concernés un effort considérable de modernisation** pour s'adapter à cette demande mondiale et faire face à la concurrence. Le premier impératif de la croissance ouverte est la priorité accordée par les pouvoirs publics et les entreprises à la recherche-développement. L'époque est effectivement marquée par **l'augmentation des sommes consacrées à la RD**, jusqu'à 2 à 3 % du PNB, par la multiplication du nombre des chercheurs et des dépôts de brevets et par un raccourcissement spectaculaire des délais entre l'invention en laboratoire et l'application pratique des découvertes. **L'innovation devient « la forme moderne de la concurrence »** et la « compétitivité-produits », c'est-à-dire le lancement sur le marché de gammes nouvelles, est l'une des clés de la réussite. Spécialité américaine indiscutable au lendemain de la guerre, le renouvellement technologique devient l'une des caractéristiques du modèle japonais avant d'être repris par les pays émergents asiatiques. Le deuxième impératif né de la contrainte externe est la « **compétitivité-prix** ». Pour les pouvoirs publics, cela se traduit par la lutte contre les dérives inflationnistes et l'encouragement à la concentration. Pour les entreprises, la compétitivité passe par une course à la productivité qui augmente en moyenne de 5 % par an dans l'industrie et de 7 % dans l'agriculture. Cette hausse de productivité permet à la fois d'augmenter les salaires et de soutenir la demande interne et de conserver ou de gagner des parts du marché mondial.

3. Le coût de la croissance ouverte

La croissance intensive comporte malgré son efficacité des effets pervers. **La concurrence pousse en effet les entreprises à rationaliser sans cesse leurs effectifs,** créant chez les salariés un sentiment d'insécurité grandissant dans les années 1960. Dans tous les pays développés, la modernisation de l'agriculture, secteur pourtant largement protégé, se traduit par une réduction drastique des effectifs. **La concurrence induit aussi de graves crises sectorielles** et impose le repli de branches entières d'activité. Le charbon européen est condamné à partir de 1960 par l'afflux des charbons américains et le bas prix des hydrocarbures. Le fer lorrain disparaît au profit des minerais venus du Brésil ou de Mauritanie. L'industrie textile réclame des protections contre la concurrence asiatique. Partout, les régions intérieures qui ne sont pas reliées par des voies d'eau modernes aux grands courants maritimes souffrent d'une désaffection des investisseurs et s'appauvrissent. Les politiques d'aménagement du territoire qui se généralisent s'avèrent en règle générale très peu efficaces face aux effets spatiaux et sectoriels de la montée en puissance de la concurrence.

II. Les flux internationaux de capitaux

A. LES FLUX PUBLICS : UNE PLUIE DE DOLLARS SUR LE « MONDE LIBRE »

1. Des aides d'urgence au lendemain de la guerre

De 1945 à 1950, l'asymétrie entre le monde en ruines des anciens belligérants dont les besoins de reconstruction sont énormes et l'économie américaine où règne l'abondance et qui dispose en plus d'importants stocks de guerre se traduit par des **excédents commerciaux records pour les États-Unis** (36 milliards de dollars d'excédents de 1945 à 1951). Le déséquilibre est tel qu'il conduit à un renforcement du stock d'or américain qui représentait déjà en 1945 les deux tiers des réserves mondiales et, à l'inverse, à l'épuisement des moyens de paiement dont disposent leurs partenaires. **La raréfaction des liquidités qui découle de la surpuissance américaine débouche sur une série de dangers**, commerciaux et économiques mais aussi politiques. Le *dollar-gap* en empêchant les pays détruits d'acheter aux États-Unis les produits nécessaires à leur reconstruction menace l'économie américaine d'une crise de surproduction par blocage de ses débouchés. De plus, dans un monde fracturé dès 1947 par la guerre froide, tout retard dans la reconstruction des pays détruits par la guerre favorise le maintien de la pénurie et du chômage. Or, **comme le répète le président Truman, la misère est « la meilleure alliée de Staline »**. Les États-Unis qui avaient suspendu le prêt-bail dès août 1945 sont donc rapidement conduits à multiplier les aides d'urgence, non seulement à leurs alliés mais aussi à leurs ennemis de la veille. Dès le mois de décembre 1945, **ils doivent voler au secours du Royaume Uni**. L'énorme dette du pays au titre du prêt-bail, 17 milliards de dollars, est presque entièrement annulée et un prêt de 3,7 milliards de dollars sur 50 ans est accordé aux Anglais pour les aider à réduire le poids des « balances sterling », c'est-à-dire des créances accumulées pendant le conflit par les pays de la zone sterling ou du Commonwealth et leur permettre de rétablir la convertibilité de leur monnaie conformément aux engagements pris à Bretton Woods. Au printemps 1946, **l'accord Blum-Byrnes** annule les deux tiers de la dette française au titre du prêt-bail et accorde à la France un prêt nouveau d'1 milliard de dollars. Les États-Unis sont aussi conduits à distribuer des secours d'urgence à l'Allemagne occidentale et au Japon qui restent en 1946 et 1947 confrontés à un véritable chaos. Au total, de 1945 à 1948, Washington a multiplié les accords bilatéraux et distribué 8 milliards de dollars en aides diverses, remboursables à très long terme et avec un taux d'intérêt symbolique.

2. Le plan Marshall en faveur de l'Europe de l'Ouest

L'accélération de la mainmise stalinienne sur l'Europe centrale, la pénurie et l'inflation persistantes en Europe occidentale et l'échec de la tentative anglaise de rétablir en juillet 1947 la convertibilité de la livre sterling achèvent de convaincre les États-Unis de la nécessité de renforcer leur aide à l'Europe. Dès le mois de juin 1947, conformément à la doctrine définie en mars par le président Truman qui assigne aux États-Unis la mission de défendre le « monde libre », **le nouveau secrétaire d'État américain Marshall propose, dans un discours à Harvard, un ambitieux plan de redressement des pays européens**. Rejeté par l'URSS et ses satellites mais immédiatement accepté par 16 pays d'Europe occidentale et ratifié par le Congrès en avril 1948, **le plan Marshall distribue de 1948 à 1951 12,8 milliards de dollars dont 90 % sous**

forme de dons (26 % pour le Royaume-Uni, 20 % pour la France, 12 % pour l'Allemagne occidentale, 10 % pour l'Italie, 9 % pour les Pays-Bas). Les dollars transférés permettent aux bénéficiaires de commander aux firmes américaines les biens d'équipement et produits de première nécessité qu'ils jugent les plus indispensables. Les résultats de l'ERP, *European Recovery Program,* sont conformes aux espoirs initiaux des donateurs américains. La production industrielle européenne se redresse et, en 1950, le niveau de 1938 est retrouvé. La fin des pénuries réduit le taux moyen d'inflation de 21 % en 1947 à 1,5 % en 1949. Le déficit commercial de l'Europe est fortement réduit et, conformément à la demande américaine, l'OECE, Organisation européenne de coopération économique créée en 1948, confirme la volonté des pays bénéficiaires de collaborer entre eux. **Les États-Unis modifient aussi totalement leur attitude à l'égard des pays vaincus** qui deviennent désormais des positions avancées du dispositif de *containment* face au péril rouge. Les sanctions à l'égard de l'Allemagne sont abandonnées dès 1947, les trois zones occidentales sont inscrites parmi les bénéficiaires de l'aide Marshall et regroupées. Dès juin 1948, le financier américain Dodge organise la remise en ordre des finances allemandes par une démonétisation qui réduit la masse monétaire de 90 % et fait du deutschemark (DM) une monnaie saine, prélude à la création officielle de la RFA en mai 1949. **Le même financier Dodge est ensuite chargé de réorganiser les finances japonaises** et de doper les exportations par une profonde dévaluation du Yen en 1949. Les États-Unis ont aussi accepté en 1949 une série de dévaluations en Europe. Contraires à la lettre des accords de Bretton Woods, ces ajustements monétaires sont jugés nécessaires pour conforter le redressement économique et commercial d'une Europe occidentale incluse en 1949 dans le système de défense stratégique américain par la création de l'OTAN.

ZOOM ▶ Extraits du discours de George Marshall, 5 juin 1947

La vérité, c'est que les besoins de l'Europe pendant les trois ou quatre prochaines années en vivres et en autres produits essentiels importés de l'étranger – notamment d'Amérique – sont tellement plus grands que sa capacité actuelle de paiement qu'elle devra recevoir une aide supplémentaire très importante ou s'exposer à une dislocation économique, sociale et politique très grave. Le remède consiste à briser le cercle vicieux et à restaurer la confiance des habitants de l'Europe tout entière.

En dehors de l'effet démoralisant qu'a le désespoir des peuples en question sur le monde entier, et des troubles qu'il peut provoquer, les conséquences de cette situation pour l'économie des États-Unis devraient être évidentes pour tous. Il est logique que les États-Unis doivent faire tout ce qu'ils peuvent pour aider à rétablir la santé économique du monde, sans laquelle la stabilité politique et la paix assurée sont impossibles. Notre politique n'est dirigée contre aucun pays, aucune doctrine, mais contre la famine, la pauvreté, le désespoir et le chaos. Son but doit être la renaissance d'une économie active dans le monde, afin que soient créées les conditions politiques et sociales où de libres institutions puissent exister. Cette aide, j'en suis convaincu, ne doit pas être accordée chichement, chaque fois que surviennent les crises. Toute aide que ce gouvernement pourra apporter à l'avenir devrait être un remède plutôt qu'un simple palliatif. Tout gouvernement qui veut aider à la tâche de la reprise économique jouira, j'en suis sûr, de la plus entière coopération de la part du gouvernement des États-Unis. Tout gouvernement qui intrigue pour empêcher la reprise économique des autres pays ne peut espérer recevoir notre aide. De plus, les gouvernements, les parties et les groupes politiques qui cherchent à perpétuer la misère humaine pour en tirer profit sur le plan politique ou sur les autres plans se heurteront à l'opposition des États-Unis.

■ **L'aide américaine à l'Europe de l'Ouest 1947-1955**

	Aide militaire	Dons	Prêts à long terme	Total de l'aide civile	% des import. de biens et services
1947	43	672	3 737	4 409	24 %
1948	254	2 866	1 213	4 079	22 %
1949	170	3 951	503	4 454	26 %
1950	463	2 775	180	2 955	19 %
1951	1 112	2 317	84	2 401	11 %
1952	2 151	1 453	453	1 906	9 %
1953	3 435	1 138	172	1 310	6 %
1954	2 313	1 018	105	1 123	5 %
1955	1 593	800	74	874	4 %

3. La poursuite des aides publiques américaines de 1950 à 1973

Les États-Unis n'ont cessé ensuite de distribuer des dollars au titre de l'aide économique et militaire. Dans les années 1950, les dépenses militaires se concentrent sur l'Europe de l'Ouest, avec la mise en place des bases de l'OTAN, et sur l'Asie, où la guerre de Corée ouvre un nouveau front de la guerre froide et conduit à la création de l'OTASE (Organisation du traité de l'Asie du Sud-Est) en 1954. L'aide économique va aux pays méditerranéens, Grèce, Espagne, Turquie, et à l'Asie, Inde, Pakistan, Thaïlande, Corée du Sud, Vietnam Sud. **Dans les années 1960, l'aide américaine se déplace vers l'Amérique latine**. La crainte suscitée par la révolution castriste et le retrait des capitaux privés américains conduisent Kennedy à lancer en 1961 « **l'Alliance pour le progrès** », qui prévoit 20 milliards de dollars pour lutter contre la misère et la pauvreté dans cette partie du monde et surtout pour verrouiller le continent face aux menaces subversives et aux risques de contagion révolutionnaire. Les dépenses militaires qui prennent une ampleur considérable à partir de 1964 sont absorbées par l'effort américain dans la guerre du Vietnam. Au total, **c'est une somme de l'ordre de 150 milliards de dollars qui a été distribuée à travers le monde par la « République impériale » de 1945 à 1973.**

À partir de 1950 cependant, ces énormes dépenses ne sont plus compensées par les excédents de la balance commerciale ou des services. La balance des paiements devient donc déficitaire. Conformément aux statuts de Bretton Woods qui font du dollar américain une monnaie internationale équivalente à l'or, les États-Unis financent ce déficit par des émissions croissantes de dollars qui augmentent les liquidités mondiales. Jusqu'en 1960, cette création de liquidités s'est révélée largement bénéfique pour tous. Elle met définitivement fin au *dollar-gap*, elle permet aux pays étrangers de reconstituer leurs réserves monétaires et de renforcer leurs monnaies et elle favorise la croissance mondiale. Ce n'est qu'à partir des années 1960 que l'aggravation du déficit américain et la multiplication des liquidités internationales deviennent progressivement un facteur de déséquilibre et de marche vers la crise en aggravant l'inflation mondiale, en nourrissant des doutes sur le dollar et en poussant les États-Unis à remettre progressivement en cause les contraintes du système de Bretton Woods. [› CH. 24]

B. L'ESSOR DES INVESTISSEMENTS PRIVÉS AMÉRICAINS À L'ÉTRANGER

1. Un phénomène né dans les années 1950

De 1945 au milieu des années 1950, les sorties de capitaux américains pour investissement à l'étranger sont restées modestes : moins de 100 millions de dollars par an avant 1951, 700 millions de dollars en moyenne annuelle de 1951 à 1955. Ces investissements sont concentrés sur des zones traditionnelles, le Canada, l'Amérique latine et le Moyen-Orient, et restent dominés par le souci d'assurer l'approvisionnement de l'économie américaine en énergie et matières premières. **En 1955, près de la moitié du stock investi concerne effectivement le pétrole et les industries extractives**. De plus, jusqu'à cette date, les revenus rapatriés dépassent largement les sorties et les États-Unis attirent aussi des capitaux extérieurs à la recherche d'une monnaie refuge. **À partir de 1956, les IDE américains (investissements directs à l'étranger) connaissent une forte accélération** : les sorties atteignent 2 milliards en 1956, 3,5 milliards en 1965, 5 milliards en 1968, 13 milliards en 1973 et **se concentrent désormais sur l'Europe occidentale** et surtout les pays du Marché commun. Les firmes américaines veulent en effet profiter d'un marché particulièrement dynamique, d'une main-d'œuvre qualifiée et bon marché. Ils cherchent aussi à contourner le tarif extérieur commun de la CEE et à empocher éventuellement les primes d'aménagement du territoire. **Les secteurs visés par ces investissements sont désormais des activités industrielles** dans le secteur pétrolier, l'industrie automobile et les industries de pointe, notamment électronique et informatique où les firmes américaines disposent d'une avance considérable. Les pays d'Europe occidentale sont d'autant plus attractifs qu'ils représentent un espace de grande sécurité politique inclus dans le dispositif de défense stratégique des États-Unis. Les investisseurs ne prennent donc aucun risque. À l'inverse, ils tendent à déserter l'Amérique latine depuis que la victoire de Castro à Cuba en 1959 a fait apparaître un risque de contagion révolutionnaire sur le continent. **Les firmes américaines se tournent aussi vers les pays asiatiques** qui font partie de la zone protégée par la puissance américaine et qui offrent des avantages salariaux et fiscaux exceptionnels, en particulier dans les zones franches qui commencent à apparaître. En 1950, les avoirs américains à l'étranger se limitaient à 19 milliards de dollars, 12 milliards sous forme d'investissements directs et 7 en investissements de portefeuille. **En 1973, ils atteignent 128 milliards de dollars dont 94 milliards en investissements directs.**

ZOOM ▶ La définition OMC de l'IDE

Il y a investissement étranger direct (IED) lorsqu'un investisseur basé dans un pays (le pays d'origine) acquiert un actif dans un autre pays (le pays d'accueil) *avec l'intention de le gérer*. C'est cette fonction de gestion qui distingue l'IED de l'investissement de portefeuille en actions, obligations ou autres instruments financiers étrangers. Le plus souvent, aussi bien l'investisseur que l'actif qu'il gère à l'étranger sont des entreprises commerciales. L'investisseur est alors dénommé « société mère » et l'actif « filiale » ou « succursale ».

Il y a trois grandes catégories d'investissements étrangers :

– La *participation au capital* qui correspond à la valeur des parts sociales acquises par une entreprise multinationale dans une entreprise d'un pays étranger. La détention d'au moins 10 pour cent des actions ordinaires ou avec droit de vote dans une société ou une participation équivalente dans une entreprise non constituée en société est généralement considérée comme un minimum pour pouvoir exercer un contrôle. Cette catégorie d'IED comprend les *fusions et acquisitions* et les investissements « *entièrement nouveaux* » (création de nouvelles installations). Les fusions et acquisitions constituent une forme privilégiée d'IED pour les pays développés, bien que leur importance relative varie considérablement d'un pays à l'autre.

– Les *bénéfices réinvestis*, qui correspondent à la part des bénéfices d'une filiale d'entreprise multinationale qui n'est pas distribuée sous forme de dividendes ou qui n'est pas restituée à la société mère. Les bénéfices ainsi « retenus » par la filiale sont considérés comme étant réinvestis dans cette filiale. Cette forme d'investissement peut représenter jusqu'à 60 pour cent des flux sortants d'IED dans des pays comme les États-Unis d'Amérique ou le Royaume-Uni.

– Les *autres flux de capitaux* qui correspondent aux emprunts ou aux prêts à court ou à long terme réalisés entre la société mère et sa filiale.

Source : Rapport OMC, 1996.

Les stocks d'investissements américains à l'étranger (en milliards de dollars)

	Investissements directs	Investissements de portefeuille	Total
1939	7	3,8	10,8
1946	7,2	5,1	12,3
1949	10,7	4,9	15,6
1952	14,8	6,3	21,1
1955	19,3	7,4	26,7
1957	25,2	8,4	33,6
1960	31,8	10	41,8
1963	40,7	–	–
1968	59	23	82
1973	94	34	128

Répartition sectorielle en 1973	Répartition géographique en 1973
40 % industries manufacturières	33 % Europe occidentale
30 % industries pétrolières	27 % Canada
10 % mines, fonderies	18 % Amérique latine
20 % autres secteurs, services	11 % Asie

Les investissements privés américains (1950-1970)

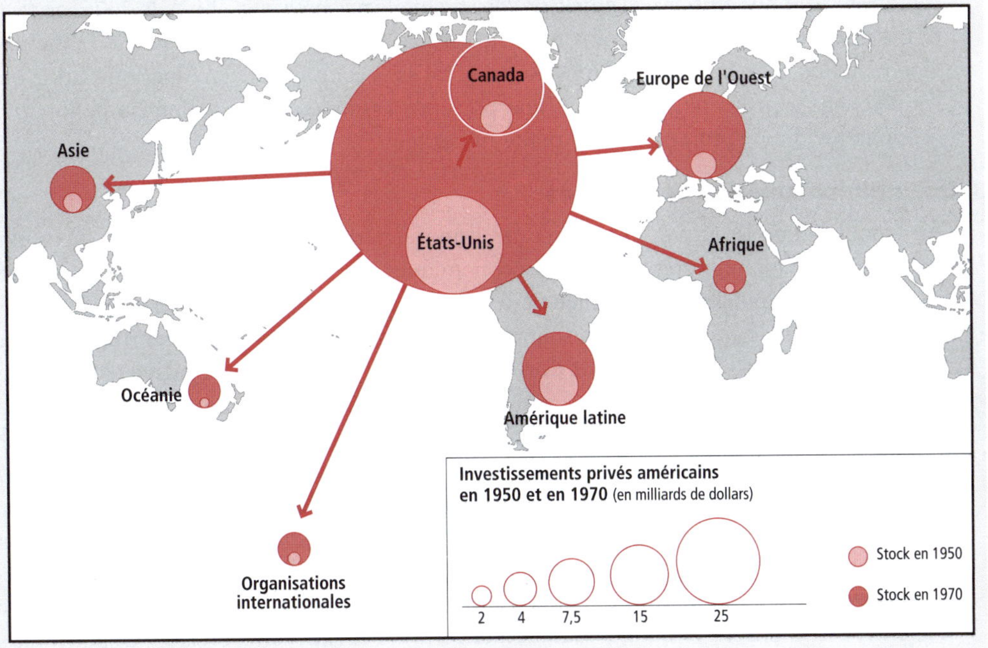

2. Des réactions étrangères diverses

La stratégie de multinationalisation des grandes firmes américaines a suscité, notamment dans les années 1960, une véritable polémique dans les pays du Tiers-monde et en Europe où elle nourrit à la fois des espoirs et des craintes. Nombreux sont ceux qui s'interrogent sur les **risques que ces IDE font peser sur les indépendances nationales**. L'accumulation des investissements sur quelques secteurs stratégiques ou d'avenir nourrit des inquiétudes, d'autant plus que les firmes américaines bénéficient d'un fort pouvoir d'achat grâce au dollar et profitent largement de la sous-capitalisation boursière de l'époque pour prendre le contrôle d'entreprises européennes au moindre coût par le procédé des OPA, offres publiques d'achat. Les entreprises européennes sont aussi des proies faciles étant donné le décalage de taille par rapport aux firmes d'outre-Atlantique. **Ce capitalisme sans frontière pousse aussi les nationalistes et les courants de gauche à diaboliser les multinationales**. Emblèmes de l'impérialisme économique américain, elles sont définies comme assoiffées de profit et foncièrement prédatrices, pillant les ressources naturelles des pauvres, colonisant les industries des riches et suffisamment cyniques pour faire pression sur les pouvoirs publics, obtenir des subventions et avantages divers et faire apparaître leurs profits dans des paradis fiscaux. À l'inverse, **les effets positifs liés à ces investissements sont souvent mal appréciés ou systématiquement sous-estimés**, comme les créations d'emplois, notamment dans les régions en difficulté, les apports de technologie, la généralisation des méthodes américaines de gestion mais aussi de production avec la mondialisation du taylorisme. Le « défi américain » a également le mérite de forcer les entreprises cibles à accélérer leur concentration et à renforcer leur productivité et leur innovation. Selon les théâtres, **la réaction des pouvoirs publics est donc variable**. Reçues à bras ouverts en Angleterre, en RFA ou aux Pays-Bas, les FMN sont rejetées en France par le général de Gaulle au nom de l'indépendance, mais largement tolérées par son successeur Georges

Pompidou qui se déclare favorable aux investissements américains dès lors qu'ils servent l'aménagement du territoire ou apportent des technologies nouvelles. En Asie, le Japon reste fermé aux investisseurs américains mais ils sont au contraire bien accueillis à Taïwan, en Corée du Sud, à Singapour et à Hong-Kong. C'est sans aucun doute en Amérique latine que les réactions sont les plus hostiles à une présence assimilée à une mainmise politique et économique qui ne profite qu'à une petite minorité.

3. Une opinion américaine partagée

Au lendemain de la guerre, le prestige des firmes américaines est au plus haut. Leur efficacité dans la mobilisation des forces économiques au service du *Victory Program* a été décisive dans la montée en puissance de l'armée américaine et dans le triomphe de 1945 et les nécessités de l'heure ont mis en sommeil la législation antitrust. **Les premières vagues d'investissements externes n'ont donc pas suscité de réaction négative** dans un pays converti au mondialisme et décidé à assumer son rôle de centre dominant et de modèle et défenseur du monde libre. Au contraire, elles sont ressenties comme un renforcement de la puissance des États-Unis dans le monde, en assurant notamment la sécurité des approvisionnements. **La perception d'un décalage entre les intérêts des grandes firmes et ceux de la nation n'apparaît qu'au cours des années 1960** lorsqu'il devient évident que les exportations de plus en plus massives de capitaux d'investissement favorisent le rattrapage technologique des pays où les firmes s'installent, entraînant une montée de la concurrence étrangère et un amoindrissement des excédents commerciaux. Cependant, si les syndicats expriment des craintes sur les pertes d'emplois occasionnées par les IDE, les consommateurs profitent largement des produits étrangers et notamment japonais. **L'inquiétude est surtout le fait des pouvoirs publics**, confrontés au déficit croissant de la balance des paiements et aux pressions sur le dollar. En 1965, le président Johnson appelle les 500 plus grandes firmes à rapatrier leurs bénéfices pour participer à la défense de la monnaie et, en 1968, il plafonne autoritairement les sorties de capitaux pour investissements et les interdit même vers l'Europe occidentale. Dans les années 1970, l'asymétrie qui existait depuis la guerre tend à disparaître : les IDE cessent d'être un quasi-monopole des firmes américaines pour devenir une stratégie de tous les pays capitalistes et les États-Unis, tout en restant les pionniers de la multinationalisation, deviennent désormais récepteurs d'investissements étrangers massifs attirés par la baisse du dollar qui facilite leur entrée et par le dynamisme du premier marché mondial.

19 LA CROISSANCE DES PAYS OCCIDENTAUX

Des lendemains de la guerre jusqu'à la crise pétrolière de 1973, le bloc de l'Ouest, États-Unis et Canada, Europe occidentale, Japon, Australie et Nouvelle-Zélande, bénéficie d'une croissance exceptionnelle par sa vigueur, plus de 5 % par an en moyenne, par sa régularité et par sa durée, une trentaine d'années qualifiées par l'économiste Jean Fourastié de « Trente glorieuses ».

Stimulée par l'ouverture et la concurrence, la croissance s'appuie sur l'intervention active des États dans la recherche-développement, les grands programmes industriels, la modernisation de l'agriculture, l'aménagement des territoires. Elle repose aussi sur le dynamisme des entreprises et sur une population active croissante, mobile et de plus en plus qualifiée.

Intensive, la croissance est nourrie par l'innovation et l'augmentation de la productivité, ce qui permet d'accroître les salaires, le pouvoir d'achat et la consommation. La croissance économique s'accompagne donc d'un spectaculaire progrès social marqué par le recul du prolétariat, l'essor des classes moyennes et la réduction des inégalités.

CHRONOLOGIE

1942 : Publication du Livre blanc de Beveridge : *Social Insurance and Allied Services*
Début du baby-boom

1945 : Début de la reconstruction des économies détruites par le conflit

1944-47 : Vague de nationalisations en France et au Royaume-Uni
Création des systèmes de Sécurité sociale

1948 : Loi eugénique au Japon

1949 : Création de la RFA

1951 : Traité d'assistance entre les États-Unis et le Japon

1957 : Création de la Communauté économique européenne

1960 : La RFA devient la deuxième puissance économique occidentale derrière les États-Unis

1968 : Émeutes noires dans les grandes villes américaines après l'assassinat du pasteur Martin Luther King
Le Japon « troisième grand » derrière les États-Unis et l'URSS
Vague de manifestations et de grèves en France

1971 : Dévaluation du dollar

1973 : Brusque augmentation des prix du pétrole

I. Une mobilisation des forces productives

Dominante jusqu'à la grande crise de 1929, la doctrine libérale prônait la neutralité des États, sommés de « laisser faire » et de ne pas entraver l'initiative privée. La lutte contre la dépression des années 1930 et la mobilisation des ressources pendant la guerre ont au contraire imposé une intervention active des pouvoirs publics. À partir de 1945, ceux-ci deviennent les gestionnaires et les garants d'une croissance qui est désormais organisée. La croissance repose aussi sur la mobilisation des générations d'après-guerre, sur la qualification accrue de la population active et sur le dynamisme des entreprises qui privilégient des stratégies offensives fondées sur l'innovation et la production de masse.

A. L'INTERVENTION DES ÉTATS

1. Une mission de régulation conjoncturelle

La diffusion de la doctrine keynésienne fait de l'État le gardien de la prospérité. La mise en place de comptabilités nationales lui permet d'identifier immédiatement les fluctuations de l'économie, à travers l'évolution de l'investissement, de la production, de la consommation, des prix et des salaires. En cas de ralentissement, les pouvoirs publics peuvent relancer la demande en réduisant les taux d'intérêt et le poids des impôts et en augmentant les dépenses budgétaires. En cas d'emballement de la croissance et de tensions inflationnistes, il leur suffit d'inverser les leviers, c'est-à-dire de relever le loyer de l'argent et d'imposer une austérité budgétaire. La régulation conjoncturelle vise à « lisser la courbe », en rendant la croissance la plus régulière possible.

2. Un rôle structurel

L'État devient aussi un acteur majeur de l'économie. **En France, au Royaume-Uni, en Italie, il gère un vaste secteur public**, grâce aux nationalisations de l'immédiat après-guerre qui lui donnent le contrôle de l'énergie, des banques, des transports et d'une partie de l'industrie. Utilisé d'abord pour la reconstruction, ce vaste secteur public devient ensuite un moteur de la modernisation et une vitrine du progrès social. Aux États-Unis, l'État agit surtout par l'intermédiaire des dépenses militaires qui permettent de stimuler la recherche et de soutenir les industries nécessaires à la défense nationale. **Au Japon, le MITI, ministère de l'Industrie et du Commerce extérieur, définit les grands programmes industriels** et pilote la conquête des marchés extérieurs, clé de l'expansion. Certains pays comme la France mais aussi à un moindre titre le Japon et le Royaume-Uni recourent même à une planification souple pour fixer les grandes options nationales à moyen terme. Pour agir sur le marché et peser sur les orientations, l'État peut également utiliser le contrôle du crédit, le recours aux subventions et aux exemptions fiscales, les marchés publics et les réglementations.

3. Une fonction d'État-providence

Amorcée dans l'urgence pendant la dépression des années 1930 pour combattre le chômage et lutter contre la misère, **l'intervention sociale de l'État devient après le conflit un ingrédient essentiel de la croissance**. Sous des formes extrêmement diverses, aide aux familles, accès à l'éducation, allocations publiques pour les chômeurs, prise en charge des dépenses de santé, protection accrue des salariés, aide aux catégories et régions défavorisées, renforcement des retraites, les pouvoirs publics interviennent pour réduire les incertitudes de l'existence, lutter contre les inégalités et mettre en place une véritable solidarité entre tous les membres de la collectivité nationale. Les transferts sociaux ainsi réalisés servent à renforcer la cohésion nationale, favorisent un climat de confiance dans l'avenir et assurent aussi le maintien d'une forte demande.

B. L'APPORT DES POPULATIONS

1. Le réveil démographique

Natalité et mortalité dans les pays occidentaux

		1950/1955	1970/1975
Taux de natalité (par 1 000 habitants)		**21,2**	**16,1**
dont :	Espagne	20,3	19,5
	États-Unis	24,3	15,7
	France	19,5	16,3
	Japon	23,7	19,2
	Royaume-Uni	15,9	14,5
Taux de mortalité (par 1 000 habitants)		**10,3**	**9,5**
dont :	Espagne	10,2	8,3
	États-Unis	9,5	9,2
	France	12,8	10,6
	Japon	9,4	6,6
	Royaume-Uni	11,7	11,7
Mortalité infantile (par 1 000 naissances)		**47**	**20**
dont :	Espagne	62	21
	États-Unis	28	18
	France	45	16
	Japon	51	12
	Royaume-Uni	29	17
Espérance de vie à la naissance (années)		**67,0**	**72,0**
dont :	Espagne	63,9	72,8
	États-Unis	69,0	71,3
	France	66,5	72,4
	Japon	63,9	73,3
	Royaume-Uni	69,2	72,0
Proportion de population de plus de 65 ans		**8,3**	**10,4**
dont :	Espagne	7,3	9,8
	États-Unis	8,1	9,8
	France	11,4	12,9
	Japon	4,9	7,1
	Royaume-Uni	10,7	12,9

Note : Les données pour la proportion de la population âgée de plus de 65 ans concernent respectivement les années 1950 et 1970.
Source : d'après Nations unies (1995).

Après la faible croissance de la première moitié du siècle et l'hécatombe de la guerre, les pays occidentaux connaissent un renouveau démographique, marqué par une reprise forte et durable de la natalité. **Amorcé dès 1942, le baby-boom se poursuit jusqu'au début des années 1960** et ne fléchit vraiment qu'à partir des années 1970. Réaction vitale après une guerre meurtrière, la reprise de la natalité tient aussi aux politiques natalistes et à l'euphorie que suscite le climat de forte croissance. Le seul pays qui n'y participe pas est le Japon : le reflux de 6 millions de personnes venues des territoires conquis, la misère au lendemain de la défaite conduisent au contraire au vote de la loi « eugénique » de 1948 qui encourage l'avortement et réduit de moitié en quelques années le taux de natalité. Partout où il est présent, le baby-boom favorise un rajeunissement des populations et des mentalités et devient un élément essentiel de la demande en imposant de nouvelles infrastructures d'accueil, logements, crèches, écoles. La croissance démographique s'appuie aussi sur un **allongement de la durée moyenne de vie** et sur un recul de la mortalité lié à l'amélioration de l'alimentation, aux progrès de l'hygiène et à ceux d'une médecine désormais accessible au plus grand nombre.

2. L'évolution de la population active

Dans tous les pays occidentaux, **la démocratisation de l'enseignement** devient une priorité. Elle se traduit par un allongement de la durée des études et par une forte augmentation des diplômés de l'enseignement supérieur. L'école favorise l'ascension sociale et répond aux besoins d'une économie qui demande des personnels de plus en plus qualifiés. L'époque est aussi marquée par **un recul spectaculaire du travail indépendant au profit du salariat et par un recours croissant à la main-d'œuvre féminine**. À la veille du choc pétrolier de 1973, les femmes forment entre le tiers et la moitié de la population active et sont particulièrement nombreuses dans les services. La plupart des pays occidentaux recourent aussi aux **travailleurs immigrés** pour occuper les postes les moins qualifiés délaissés par les nationaux. En Europe occidentale, ils représentent en 1973 de 7 à 12 % de la main-d'œuvre.

Évolution du taux de fécondité

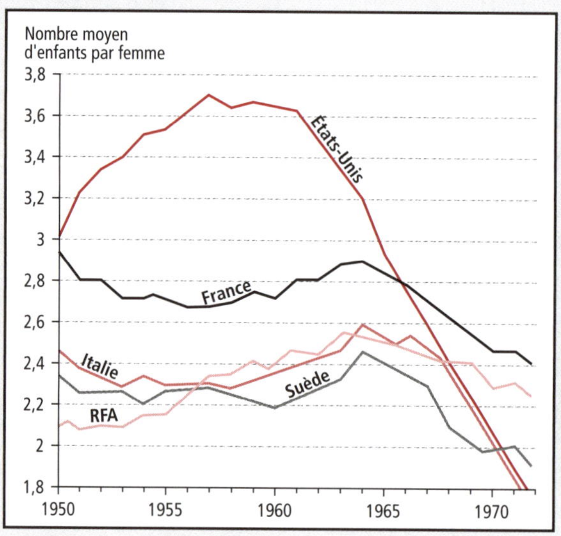

3. L'impératif de mobilité

Les deux grands vaincus de la guerre, **Japon et Allemagne, ont vu affluer lors de la défaite des millions de réfugiés**. Ils sont estimés à quelque 11 millions pour l'Allemagne occidentale auxquels s'ajoutent 3,5 millions de transfuges de l'Est entre la fin de la guerre et la construction du mur de Berlin en 1961. Qualifiés, parlant allemand, mobiles comme tous les déracinés et acharnés au travail, ces réfugiés assurent aux entreprises allemandes une main-d'œuvre bon marché. Il en est de même au Japon qui a dû accueillir quelque 6 millions de réfugiés après la perte de l'empire. Dans les autres pays occidentaux, les migrations internes favorisent aussi la croissance. Le développement industriel français se nourrit de **l'exode rural**, la prospérité du Nord de l'Italie attire les populations du Mezzogiorno, l'essor de l'Ouest et du jeune Sud des États-Unis s'appuie sur la mobilité traditionnelle du peuple américain ainsi que sur l'afflux des travailleurs mexicains.

C. LE RÔLE DES ENTREPRISES

1. Une gestion efficace

L'époque est caractérisée par l'extension du modèle américain fondé sur le **taylorisme-fordisme**. Le travail à la chaîne permet d'élever la productivité de l'entreprise et donc à la fois d'augmenter les profits des actionnaires et les salaires des personnels. Ainsi se crée **un cercle vertueux associant production et consommation de masse**. L'efficacité du système est renforcée par l'appel à la tête des plus grandes entreprises de spécialistes qualifiés, les **managers**. Ces dirigeants salariés privilégient la croissance de l'entreprise, qui augmente leur pouvoir, et ses performances, qui justifient une augmentation de leurs rémunérations. Cette « technostructure » selon l'expression de l'économiste Galbraith s'appuie sur une double stratégie : l'innovation vise à renouveler rapidement les gammes pour conquérir de nouveaux débouchés ; le marketing et la publicité servent à stimuler la demande.

Évolution de la productivité en % d'augmentation annuelle

Périodes	États-Unis	France	Japon	Allemagne	Royaume-Uni
1870-1950	2,3	1,9	1,6	1,5	1,4
1950-1973	2,6	5,1	8,0	5,6	3,1
1973-1979	0,0	3,0	2,9	3,1	1,5
1979-1992	0,8	2,3	2,7	1,6	1,2

2. Une course à la concentration

Accélérée par les commandes publiques durant la guerre aux États-Unis, **la concentration des entreprises s'impose partout au cours des Trente glorieuses**. Elle répond à de nombreux impératifs : permettre la création de laboratoires de recherche pour assurer

DÉFINITIONS

Mezzogiorno : terme désignant la Sicile, la Sardaigne et la partie méridionale de la péninsule italienne, soit 40 % du territoire. L'émigration traditionnelle d'avant-guerre vers l'étranger, en particulier vers les États-Unis et la France, est remplacée après 1945 par une migration vers le Nord du pays où le revenu par tête est beaucoup plus élevé et le chômage bien moindre.

l'innovation, atteindre une taille suffisante pour contrôler tout ou partie d'un marché, essaimer à l'étranger et y conquérir de nouveaux débouchés, arracher aux pouvoirs publics des subventions et des commandes, créer des forteresses face aux revendications syndicales. Maximale aux États-Unis, la concentration se traduit par l'essor **d'entreprises à mono-activité** du type IBM ou par la formation de **conglomérats** qui associent des activités extrêmement diversifiées pour réduire les risques. Les conglomérats sont aussi la forme dominante au Japon où les grands groupes diversifiés comme Mitsui ou Mitsubishi s'appuient sur une multitude de petites entreprises travaillant en sous-traitance. La concentration concerne également l'Europe occidentale où coexistent de grandes entreprises publiques et des firmes privées dont le regroupement est le plus souvent encouragé par les États soucieux, face à la concurrence, de se doter de « champions nationaux ».

3. Des taux d'investissement exceptionnels

Au lendemain du conflit, les investissements de reconstruction sont surtout le fait de la puissance publique, qui n'hésite pas à recourir au déficit budgétaire ou, en Europe occidentale, bénéficie des aides d'urgence des États-Unis puis du plan Marshall. Le climat de confiance créé par la forte croissance pousse cependant les entreprises à prendre rapidement le relais. Les plus grandes recourent notamment à **l'autofinancement**. Mais elles s'appuient aussi sur le recours au **crédit bancaire** et y sont encouragées par l'inflation ambiante qui allège les perspectives de remboursement. **Les taux d'investissement atteignent couramment 20 à 25 % du PIB**. Au Japon, ils dépassent fréquemment les 30 % et culminent lors des booms de la croissance à 40 %. Ces investissements permettent à la fois de soutenir une **croissance extensive** en créant de nouvelles unités de production et une **croissance intensive** en renouvelant les machines et les méthodes de production. L'investissement se concentre dans le secteur industriel, mais il concerne aussi l'agriculture, le bâtiment, la distribution, les transports.

II. Des mutations sectorielles

En trente ans, la croissance modifie en profondeur les secteurs d'activité dans les pays occidentaux. Le productivisme s'empare de l'agriculture, entraînant une concentration des exploitations et une quasi-disparition des petites exploitations traditionnelles. Le dépeuplement des campagnes est absorbé par un puissant mouvement d'industrialisation dont les moteurs sont les industries de pointe et les industries de consommation, portées par le progrès technique et les demandes du marché. La croissance profite aussi au secteur des services, premier secteur d'emploi dès les années 1960.

DÉFINITIONS

Croissance extensive, croissance intensive : la croissance extensive est fondée sur l'utilisation de nouveaux facteurs de production, capital et travail, c'est-à-dire sur la mise en valeur de nouvelles terres, la création de nouvelles usines, l'embauche de personnel supplémentaire. La croissance intensive découle d'une meilleure utilisation des facteurs existants. Elle privilégie le progrès technique et l'organisation du travail pour augmenter la productivité de l'entreprise et produire plus à moindre frais.

A. UNE NOUVELLE RÉVOLUTION AGRICOLE

1. De multiples initiatives

Développement et mutation de l'emploi schématisé par J. Fourastié

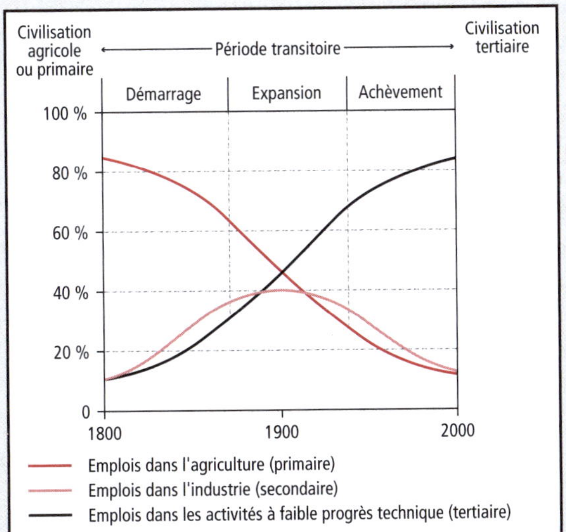

Source : J. Fourastié, Le grand espoir du XXe siècle, Gallimard, 1963

Les pénuries nées de la guerre et le maintien du rationnement au lendemain du conflit expliquent le **consensus en faveur de la modernisation des campagnes**. Protégée partout de la concurrence étrangère, la production agricole bénéficie d'un **soutien résolu des pouvoirs publics** qui garantissent des prix élevés aux producteurs, subventionnent l'achat de matériel, organisent les marchés, protègent par la loi les locataires de terre, encouragent la concentration et les coopératives. Ce choix résolu de la modernisation est relayé par **les initiatives des syndicats agricoles et la soif de nouveauté des jeunes générations**. À partir de 1957, la Communauté économique européenne reprend à son compte cette politique de soutien en s'inspirant notamment de l'exemple français : la politique agricole commune devient l'ambition majeure des six pays membres. Elle a pour objectif d'assurer l'autonomie agricole de l'Europe et de dégager des excédents exportables.

2. Une « révolution silencieuse »

Comme le montre l'économiste Jean Fourastié, les méthodes agricoles évoluent plus en trente ans que dans les dix siècles précédents. La traction animale disparaît au profit du tracteur ; **la mécanisation s'impose** pour les labours, les récoltes, la conservation ou la transformation des productions. Le recours massif aux engrais chimiques et aux produits de traitement et l'utilisation de nouveaux hybrides issus des laboratoires permettent de **tripler les rendements au cours des Trente Glorieuses**. Le paysan se transforme en entrepreneur. Cette mutation s'accompagne d'une forte concentration des exploitations. Au lendemain de la guerre, la France comptait trois millions d'exploitations d'une taille moyenne de 9 hectares. En 1973, il en reste un million dont la taille moyenne est montée à 25 hectares.

3. Un malaise paysan

Le progrès technique a cependant un **coût humain élevé**. Le machinisme et l'augmentation de la productivité réduisent les besoins de main-d'œuvre et imposent un **exode rural** qui touche surtout les jeunes, contraints au déracinement. Les régions les moins favorables, au sol ingrat ou au relief montagneux, se désertifient et ne gardent plus que des populations âgées. La modernisation se traduit aussi par un endettement croissant des campagnes et, dès les années 1960, la surproduction menace certains secteurs. Le malaise est aggravé par les **profonds écarts de revenus** qui fractionnent le monde agricole. À l'enrichissement des grandes exploitations céréalières s'opposent les difficultés de l'agriculture de montagne et des petites exploitations de polyculture ou d'élevage.

B. L'ESSOR INDUSTRIEL

1. Un domaine clé de l'innovation

Tout au long de ces trente années, le contexte de guerre froide et de concurrence pousse les pays à consentir un effort considérable en faveur de la **recherche-développement qui absorbe de 2 à 3 % du PNB**. La recherche fondamentale est surtout le fait des pouvoirs publics et des universités. La recherche appliquée mobilise les fondations et les entreprises. Le nombre de personnes engagées dans l'effort de recherche augmente fortement : en 1973, on compte plus de 600 000 chercheurs aux États-Unis, 200 000 au Japon, 100 000 en RFA, 70 000 en France. Les États-Unis restent le pays le plus fécond en découvertes majeures : ils accumulent les prix Nobel et forment le premier centre de diffusion du progrès technique à travers l'Occident. Le Japon sait pour sa part tirer le meilleur parti des brevets étrangers pour décliner des applications industrielles qui nourrissent sa fièvre exportatrice.

2. Des industries motrices

Les industries de pointe bénéficient en priorité du progrès technique et leur rôle stratégique leur procure un soutien constant de l'État. C'est notamment le cas de **l'industrie aéronautique** avec l'essor des avions à réaction dans les années 1950 et de **l'aérospatiale** avec la compétition entre Soviétiques et Américains à partir du lancement du Spoutnik en 1957 et de la création de la NASA en 1958. **L'industrie informatique** progresse à grands pas : après l'apparition du premier ordinateur en 1945, elle bénéficie de l'invention du transistor en 1948, des circuits intégrés en 1961 et des microprocesseurs en 1971. Inventée avant-guerre, la télévision s'impose dans les années 1950 et, grâce aux progrès des télécommunications, elle transforme la planète en un village où l'information circule immédiatement. **L'industrie chimique** fournit des quantités croissantes de produits de synthèse, caoutchouc, textiles, plastiques et permet la mise au point de nombreux médicaments nouveaux. Les autres branches très dynamiques sont constituées des industries de biens d'équipement où excellent la RFA et des **industries de consommation**, construction automobile, électroménager, électronique grand public, agroalimentaire…

3. Des secteurs industriels à la traîne

Le bas prix du pétrole induit dès la fin des années 1950 une **désaffection à l'égard du charbon** et impose, notamment en Europe occidentale, un repli douloureux qui touche les « pays noirs ». L'industrie des textiles naturels souffre de la concurrence des synthétiques et des premières délocalisations vers le Tiers-monde au cours des années 1960. Les secteurs traditionnels, cuirs, bois, constructions navales ou ferroviaires, ne connaissent que des croissances ralenties et les industries lourdes comme la sidérurgie souffrent de leur endettement chronique.

ZOOM ▶ Inventions et innovations pendant les Trente glorieuses

1945 Première bombe atomique. Premier ordinateur. Premier herbicide
1946 Invention du pneu sans chambre à air
1947 Premier four à micro-ondes. Les avions à réaction franchissent le mur du son
1948 Invention du transistor, du microsillon, de la fermeture Velcro
1950 Première carte de crédit
1952 Bombe H. Invention de l'acier à oxygène
1953 Découverte de la structure de l'ADN
1954 Premier sous-marin nucléaire. Premier conteneur. Direction assistée pour les automobiles
1955 Invention de la pilule, de la fibre optique. Premières VHR, variétés à haut rendement, pour le blé et le maïs
1957 Lancement du Spoutnik. Premier appareil radio à transistor
1959 Invention de la boîte en aluminium pour les boissons. Première photocopieuse. Premier méthanier
1961 Premier laser. Premier homme dans l'espace. Première montre à quartz
1962 Mise au point de VHR pour le riz. Première liaison télévisée par satellite. Première cassette audio
1963 Premier satellite de télécommunication stationnaire
1964 Premier circuit intégré
1965 Première sonde survolant Mars. Première cassette vidéo
1968 Premier super-tanker
1969 Succès du programme Apollo : premier homme sur la lune
1970 Premier vol du Concorde. Mise en service du Boeing 747
1971 Invention du scanner. Premier micro-processeur
1972 Première calculatrice de poche. Premier vol de l'Airbus
1973 Premier micro-ordinateur. Première manipulation génétique
1974 Naissance d'Internet

C. L'ESSOR DU SECTEUR TERTIAIRE

1. Un nombre croissant d'emplois liés aux échanges

Premier secteur d'emploi tertiaire, les transports, le commerce et la distribution associent dynamisme et innovation pendant les Trente glorieuses. Le développement des échanges internationaux s'accompagne d'une **révolution des transports de masse**, assurés à 90 % par voie maritime. À l'intérieur des pays, les trafics utilisent le rail, la voie d'eau et de plus en plus la route. Le commerce et la distribution sont aussi transformés par la **généralisation des grandes surfaces**, super et hypermarchés, qui prolifèrent dans les années 1960. Placés en périphérie des villes, ces nouveaux temples de la consommation organisés en chaînes utilisent la puissance de leurs centrales d'achat pour séduire la clientèle avec des prix attractifs, au grand dam du petit commerce familial condamné au déclin.

2. Des services liés au niveau de vie

L'aisance croissante des populations occidentales entraîne une **augmentation spectaculaire des services liés aux personnes**. L'allongement des congés et la hausse des revenus dynamisent le secteur du **tourisme**. La mobilité accrue des populations profite aux agences de voyages et au transport aérien qui devient un transport de masse. Les systèmes de protection sociale, la démocratisation de l'accès aux soins et le vieillissement de la population induisent une **explosion des dépenses de santé** et une multiplication des infrastructures d'accueil. Le droit à l'instruction impose la création massive d'écoles, de collèges, lycées et universités. Dans les budgets nationaux, **les dépenses d'éducation** forment désormais un poste essentiel, comparable aux sommes consacrées à la défense. Le mode de vie se traduit aussi par la multiplication des infrastructures bancaires et des services financiers, par l'essor des infrastructures culturelles, bibliothèques, cinémas, théâtres, musées, festivals, par le développement des **services de communication**, presse, télévision, agences de publicité, édition. Tous ces secteurs nécessitent un personnel nombreux et souvent très qualifié.

Évolution du taux de chômage entre 1950 et 1974

Périodes	États-Unis	France	Japon	Allemagne	Royaume-Uni
1950-1959	4,3	1,8	2,2	5,0	1,2
1960-1967	5,0	1,5	1,3	0,8	1,5
1968-1973	4,6	2,5	1,2	0,8	2,4

3. Des emplois liés aux besoins de l'État et des entreprises

Le gonflement des effectifs employés par les services publics est une caractéristique de la période. Aux fonctions régaliennes traditionnelles de l'État, défense, justice, police, s'ajoutent les besoins croissants des administrations au niveau national, régional ou local. À la veille du choc pétrolier, **le secteur public englobe près de 15 % de la population active**. Les entreprises recrutent aussi massivement des personnels : aux services traditionnels, services financiers et commerciaux, administration et gestion, s'ajoutent des besoins nouveaux, recherche-développement et veille technologique, maintenance, sécurité, audit, recherche de nouveaux marchés… Les statistiques socioprofessionnelles indiquent partout une **croissance exceptionnelle des catégories cadres et employés** dont les effectifs l'emportent dès les années 1960 sur ceux de l'industrie. Si les cadres supérieurs bénéficient de rémunérations élevées, le monde des employés, largement féminisé, doit se contenter de salaires médiocres au point de former aux yeux de certains sociologues une nouvelle classe ouvrière.

III. Un progrès social exceptionnel

Au cours des Trente Glorieuses, dynamisme économique et progrès social vont de pair. Le retour au quasi-plein-emploi, la hausse des salaires et les transferts financiers venus de l'État-providence assurent aux entreprises de larges débouchés qui encouragent l'investissement et nourrissent la croissance. L'amélioration du niveau de vie transforme les budgets : les dépenses consacrées à l'habitat, le confort domestique, l'éducation, la santé, les loisirs augmentent alors que le poids des dépenses alimentaires s'allège. Les structures sociales se transforment, le prolétariat recule et les classes moyennes progressent. Il reste cependant des poches de pauvreté et des catégories défavorisées, en particulier parmi les minorités de couleur et les immigrés mais aussi dans les campagnes ou dans certaines professions et métiers où l'emploi stagne ou régresse.

A. L'APOGÉE DE L'ÉTAT-PROVIDENCE

1. Un consensus après la guerre

Dans tous les pays occidentaux, les pouvoirs en place affirment leur volonté **d'inscrire dans la loi le droit de tous les citoyens à la solidarité nationale**. Théorisé dès 1942 par l'Anglais Beveridge, **le *Welfare State* ou État-providence** doit assurer à tous un revenu minimum, protéger les citoyens contre les accidents de l'existence, invalidité, maladie, chômage, offrir aux familles les moyens de leur épanouissement, considérer la santé et l'enseignement comme des services publics et développer les équipements collectifs améliorant les conditions de vie. Puissance protectrice, la collectivité doit veiller à égaliser les chances, à redistribuer la richesse et à affirmer contre l'individualisme la solidarité entre classe dirigeante et couches populaires. Une ambition équivalente est inscrite en France dans le programme du Conseil national de la résistance et dans le préambule de la Constitution en 1946. Aux États-Unis, le président Truman définit dès septembre 1945 un programme en 21 points, le *Fair Deal* insistant notamment sur le plein-emploi, l'égalité des chances entre « toutes les races, toutes les religions, toutes les couleurs », le droit à l'assistance et aux soins médicaux gratuits, l'aide fédérale à l'instruction, etc. En RFA, la doctrine officielle, baptisée « Économie sociale de marché », récuse tout dirigisme et toute planification mais donne comme mission aux pouvoirs publics la protection sociale et une répartition équilibrée des fruits de la croissance.

2. La reconnaissance de droits nouveaux

Les dépenses sociales dans les pays développés à économie de marché

en % du PIB	1950	1960	1970
Europe			
RFA	14,8	18,1	19,5
Autriche	12,4	15,9	18,9
Belgique	12,5	15,0	19,3
Danemark	6,2	8,2	19,1
Finlande	12,6	8,8	13,7
France	8,2	13,4	16,7
Grèce	–	7,1	9,0
Italie	8,5	13,8	16,9
Norvège	5,7	7,9	16,1
Pays-Bas	7,1	11,7	22,5
Royaume-Uni	10,0	10,2	13,2
Suède	8,3	10,8	16,8
Suisse	6,0	4,9	8,5
Autres pays développés			
Australie	–	7,4	7,4
Canada	5,1	9,1	11,8
États-Unis	5,4	9,2	10,4
Japon	–	4,0	5,7
Nouvelle-Zélande	9,9	10,4	9,2

Dans tous les pays, **la législation renforce les droits des salariés**. En France, par exemple, les syndicats et les 40 heures sont rétablis dès la Libération, des comités gérant les œuvres sociales sont créés dans les entreprises de plus de 50 personnes et le droit au travail se traduit par l'apparition d'une allocation publique pour les chômeurs. Le salaire minimum garanti apparaît en 1952, les congés sont portés à trois semaines en 1956 et quatre en 1968. La protection des citoyens se traduit par la **création de la Sécurité sociale** pour l'aide aux familles, la prise en charge des dépenses de santé et le versement des retraites. **Au Royaume-Uni**, les Travaillistes créent dès 1946 **un service national de santé** entièrement gratuit financé par le budget. Aux États-Unis, les dépenses de santé des actifs sont généralement couvertes par les conventions collectives mais il faut attendre le début des années 1960 pour la prise en charge des dépenses de santé des retraités et des pauvres.

3. Les limites de l'État-Providence

Les ambitions affirmées au lendemain de la guerre n'ont pas toutes été couronnées de succès. La multiplication des lois américaines contre la discrimination raciale se heurte à de fortes résistances. Le pays doit aussi constater au début des années 1960 que près d'un Américain sur trois est en dessous du « seuil de pauvreté ». En Europe, malgré l'affirmation du droit au logement, les pénuries subsistent pendant de longues années. La démocratisation de l'enseignement progresse mais l'accès aux diplômes reste inégalitaire. La Sécurité sociale repose sur de lourdes cotisations dont se plaignent les employeurs qui dénoncent une perte de compétitivité mais aussi les salariés qui voient leurs feuilles de paie amputées. Les sommes destinées à corriger les disparités régionales se révèlent peu efficaces et les soutiens accordés à des catégories réputées défavorisées comme les paysans suscitent souvent l'incompréhension. **Jusqu'en 1973 cependant, personne ne remet en cause le principe des transferts sociaux**.

B. L'ÈRE DE L'ABONDANCE

1. La hausse des revenus

Au cours des Trente Glorieuses, **le pouvoir d'achat est en moyenne multiplié par trois**. Grâce à une hausse de la productivité de l'ordre de 5 % par an, les salaires nominaux progressent plus vite que les prix. Au salaire direct s'ajoutent les transferts sociaux issus de l'État-providence. Contrairement aux craintes initiales, la forte croissance assure un quasi-plein-emploi et l'essor de l'emploi féminin assure à de nombreuses familles un double revenu. Le consommateur peut également recourir aux offres de crédit qui se multiplient. Il est enfin sollicité en permanence par le matraquage publicitaire des entreprises qui vantent la qualité de leurs nouveaux produits auxquelles s'ajoutent les salons, les foires commerciales, les prix d'appel lancés par les grandes surfaces. **Tout concourt donc à favoriser la diffusion du modèle américain de consommation de masse**.

2. Une boulimie de biens durables

La consommation alimentaire progresse en qualité avec une demande croissante de fruits, légumes, produits laitiers et viandes et pourtant son poids dans le budget moyen des familles tombe de 50 à 25 %. **La demande se tourne vers les produits industriels** et tout ce qui améliore le confort domestique : équipement des cuisines, réfrigérateurs, cuisinières électriques, machines à laver ; des salons, radios, télévisions en noir et blanc puis en couleur, téléphone, mobilier ; hygiène et confort sanitaire, chauffage, etc.

L'engouement pour l'automobile, signe extérieur de réussite, est entretenu tout au long de la période par le bas prix des carburants, le renouvellement incessant des gammes, les facilités de crédit. Aux États-Unis et en Europe pour les plus fortunés, les années 1960 voient apparaître le marché de la seconde voiture par famille.

■ Taux d'équipement des ménages en biens durables

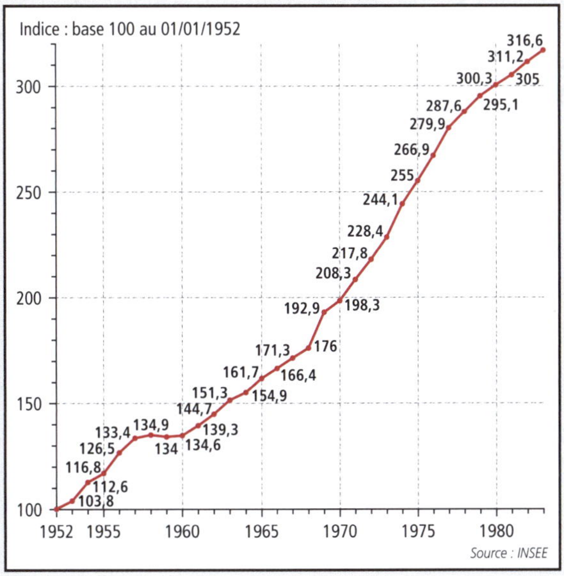

La croissance des revenus se traduit enfin par le développement des consommations tertiaires qui représentent en moyenne le tiers du budget des ménages. Les dépenses concernent en premier lieu les vacances, le tourisme, les loisirs, le sport mais aussi les soins corporels, la santé et plus marginalement la culture.

3. Des effets pervers

Envié par les ressortissants des pays pauvres et des pays de l'Est, l'accès des populations occidentales à la société de consommation améliore les conditions de vie mais il a aussi ses contreparties. Dès les années 1960, des voix s'élèvent pour dénoncer les excès : le **gaspillage** induit par le renouvellement incessant des produits, **l'accumulation des déchets**, la paralysie des villes et **la pollution** entraînée par la prolifération automobile. La course au bien-être conduit de nombreuses familles au surendettement. La prégnance du modèle de consommation crée aussi des frustrations chez tous ceux qui ne peuvent intégrer les standards et se sentent marginalisés. L'économiste Galbraith dénonce la manipulation du marché par les grandes firmes qui suscitent par leurs campagnes de publicité et leurs innovations des besoins artificiels et cherchent à périmer le plus vite possible les biens existants pour maintenir leur croissance et optimiser leurs chiffres d'affaires.

C. LA MODIFICATION DES STRUCTURES SOCIALES

1. L'intégration des ouvriers dans la cité

Contrairement aux sombres prévisions formulées par Marx annonçant des écarts croissants entre la bourgeoisie et le prolétariat, condamné à la paupérisation absolue, **la croissance des Trente Glorieuses suscite une relative homogénéisation des sociétés capitalistes. La condition des ouvriers s'améliore** en effet sensiblement : la mobilisation des syndicats et le recours aux grèves conduisent à des concessions des employeurs inscrites dans les conventions collectives. Les revendications concernent la hausse des salaires, la sécurité sur les lieux de travail, les horaires, la participation à la vie de l'entreprise. Les progrès du pouvoir d'achat leur permettent d'entrer à leur tour dans la consommation, de prendre des vacances, voire de devenir propriétaires de leur logement grâce au crédit. Le travail à la chaîne reste la réalité du plus grand nombre, mais le chômage n'est que résiduel et ils ne sont plus les prolétaires réprouvés du XIXe siècle.

L'évolution du pouvoir d'achat ouvrier en France depuis 1952

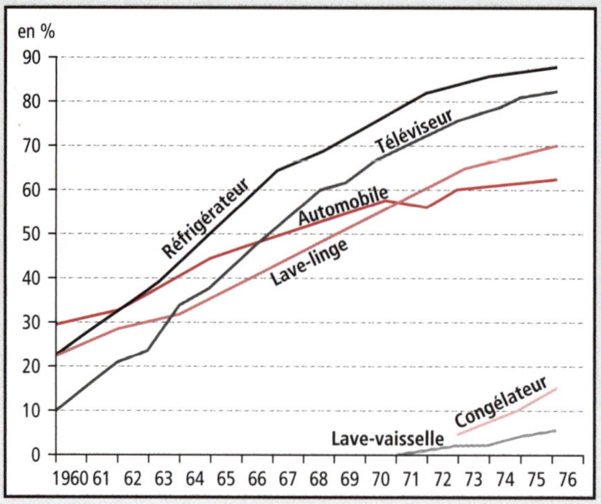

2. Le gonflement des classes moyennes

Conformément au pronostic formulé par Tocqueville, **la croissance capitaliste favorise le développement des classes moyennes** qui englobent désormais la majorité de la population. Leur composition est extrêmement diversifiée puisqu'on y trouve par exemple l'essentiel des enseignants, les cadres moyens employés dans la fonction publique ou dans les entreprises, une partie des personnels de santé, médecins, dentistes, pharmaciens, de nombreux commerçants, des artisans, des membres des professions libérales, des petits patrons, etc. Disposant de revenus qui les mettent à l'abri du besoin, ces classes moyennes enrichissent leur patrimoine en accédant notamment à la propriété de leur logement et participent activement à la société de consommation tout en s'efforçant d'aider leurs enfants à accéder aux couches supérieures par le biais des études et des diplômes. Leur train de vie reste cependant loin de celui des couches privilégiées, cadres supérieurs, dirigeants de grandes entreprises, promoteurs et entrepreneurs, grands propriétaires fonciers, maîtres de la finance et autres membres de la grande bourgeoisie qui forment la classe dirigeante.

3. Des catégories défavorisées

La période suscite aussi des **laissés-pour-compte** : les petits paysans, artisans et commerçants sont victimes du mouvement de concentration et condamnés à végéter ou à changer d'activité. La modernisation entraîne l'effondrement de l'emploi dans des secteurs obsolètes comme les mines de fer et de charbon ou dans les industries textiles. Les retraités et épargnants souffrent de l'inflation.

Les plus exposés sont les travailleurs immigrés et aux États-Unis les minorités de couleur qui se heurtent à l'indifférence et au rejet et restent dans des situations précaires. Au Japon, la structure dualiste des entreprises défavorise les salariés des petites entreprises sous-traitantes des grands groupes, mal payés et privés de protection sociale. Au milieu des années 1950, l'abbé Pierre dénonce en France le scandale des sans-logis. Les années 1960 sont marquées aux États-Unis par les **révoltes noires** et les mouvements contestataires partis des campus universitaires. Partout, les mouvements féministes dénoncent les discriminations subies par les femmes et, à la fin des années 1960, les ouvriers se mobilisent contre ce que le sociologue G. Friedman appelle « le travail en miettes » et contre la tyrannie des petits chefs. Des sociologues, comme en France Michel Crozier ou Pierre Bourdieu, dénoncent des « sociétés bloquées » où les élites se reproduisent en milieu fermé, où les inégalités perdurent et où l'égalité des chances reste un slogan éloigné des réalités.

DÉFINITION

Structure dualiste japonaise : coexistence de grandes entreprises conglomérales englobant des industries diverses, des maisons de commerce, des banques et des sociétés d'assurances et de petites et moyennes entreprises spécialisées. Ces dernières emploient 70 % de la main-d'œuvre et assurent 50 % de la production. Sous-traitantes des grands groupes, elles subissent seules les aléas de la conjoncture et sont privées de commandes en cas de récession.

20 LA FRANCE DES « TRENTE GLORIEUSES »

Comme l'ensemble des économies développées, l'économie française connaît une phase exceptionnelle de croissance après 1945. Ce vieux pays dit malthusien, incapable de faire face à la crise des années 1930, ruiné par deux guerres, divisé pendant l'Occupation, semble vivre une renaissance sur des bases nouvelles et une transformation inédite de ses structures. Le déclin du monde rural s'accompagne d'une modernisation de l'agriculture. La croissance portée par une industrie aux bases élargies situe la France dans le peloton de tête des nations occidentales et permet son insertion dans les échanges mondiaux. Pourtant le rôle de l'État et le maintien de certaines faiblesses structurelles continuent de constituer l'originalité de la France à la veille du 1er choc pétrolier.

CHRONOLOGIE

1940 : Création des comités d'organisation
1941 : Charte du travail
1944 : Programme du Conseil national de la Résistance. Gouvernement provisoire de la République française. Nationalisation des houillères du Nord Pas-de-Calais
1945 : Nationalisation des usines Renault. Plan de Sécurité sociale. Création de l'ENA
1946 : Création des comités d'entreprise et du Commissariat général au plan. Instauration de la IVe République
1952 : Salaire minimum interprofessionnel garanti
1954 : Fin de la guerre d'Indochine et début de la guerre d'Algérie
1955 : Premières lois sur la décentralisation et la conversion des bassins industriels en difficulté
1956 : 3e semaine de congés payés
1957 : Signature du traité de Rome
1958 : Retour au pouvoir du général de Gaulle et proclamation de la Ve République
1960 : Création du nouveau franc
1962 : Fin de la guerre d'Algérie
1963 : Création de la Délégation à l'aménagement du territoire et à l'action régionale (DATAR). Plan de stabilisation
1968 : Accords de Grenelle entre syndicats salariés et patronaux sous l'arbitrage de l'État. Disparition des barrières douanières à l'intérieur du Marché commun
1969 : G. Pompidou président de la République. Politique industrielle volontariste placée sous le signe de l'« impératif industriel »

I. La France de la reconstruction (1944-1952)

A. LES HÉRITAGES

1. Un impératif : reconstruire

Si les pertes humaines (0,6 million) sont très inférieures à celles de la Première Guerre mondiale, **les destructions matérielles concernent cette fois l'ensemble du territoire**, et particulièrement l'Ouest et les villes portuaires. Les bombardements alliés et les sabotages de la Résistance ont détruit la majeure partie des infrastructures ferroviaires, portuaires et industrielles. Les pillages de l'occupant, l'usure de l'équipement industriel déjà vieillissant avant la guerre et la désorganisation des communications réduisent fortement le potentiel économique utilisable. La production agricole elle-même s'est effondrée. **La situation est également obérée sur le plan financier**. Le tribut exigé par l'Allemagne au titre de l'occupation et le déficit public ont multiplié par 6 la masse monétaire en circulation. L'importance des moyens de paiement et l'ampleur des pénuries expliquent **l'accélération de la poussée inflationniste au sortir de la guerre**. Le rejet de la politique de rigueur prônée notamment par Mendès France qui souhaitait bloquer une partie des billets en circulation ouvre la voie à des politiques financières laxistes, jugées politiquement moins dangereuses par les gouvernements successifs d'une IVe République dominée par le régime d'assemblée.

ZOOM ▶ Le programme du CNR (Conseil national de la Résistance)

a. Sur le plan économique ;

– l'instauration d'une véritable démocratie économique et sociale, impliquant l'éviction des grandes féodalités économiques et financières de la direction de l'économie ;

– une organisation rationnelle de l'économie assurant la subordination des intérêts particuliers à l'intérêt général et affranchie de la dictature professionnelle instaurée à l'image des États fascistes ;

– l'intensification de la production nationale selon les lignes d'un plan arrêté par l'État après consultation des représentants de tous les éléments de cette production ;

– le retour à la nation des grands moyens de production monopolisés, fruit du travail commun, des sources d'énergie, des richesses du sous-sol, des compagnies d'assurances et des grandes banques ;

– le développement et le soutien des coopératives de production, d'achat et de vente, agricoles et artisanales ;

– le droit d'accès, dans le cadre de l'entreprise, aux fonctions de direction et d'administration, pour les ouvriers possédant les qualifications nécessaires, et la participation des travailleurs à la direction de l'économie.

b. Sur le plan social :

– le droit au travail et le droit au repos, notamment par le rétablissement et l'amélioration du régime contractuel du travail ;

– un rajustement important des salaires et la garantie d'un niveau de salaire et de traitement qui assure à chaque travailleur et à sa famille la sécurité, la dignité et la possibilité d'une vie pleinement humaine ;

– la garantie du pouvoir d'achat national par une politique tendant à la stabilité de la monnaie ;

– la reconstitution, dans ses libertés traditionnelles, d'un syndicalisme indépendant, doté de larges pouvoirs dans l'organisation de la vie économique et sociale ;

– un plan complet de sécurité sociale, visant à assurer à tous les citoyens des moyens d'existence, dans tous les cas où ils sont incapables de se les procurer par le travail, avec gestion appartenant aux représentants des intéressés et de l'État ;

– la sécurité de l'emploi, la réglementation des conditions d'embauchage et de licenciement, le rétablissement des délégués d'atelier ;

– l'élévation et la sécurité du niveau de vie des travailleurs de la terre, par une politique de prix agricoles rémunérateurs améliorant et généralisant l'expérience de l'Office du blé, par une législation sociale accordant aux salariés agricoles, les mêmes droits qu'aux salariés de l'industrie, par un système d'assurance contre les calamités agricoles, par l'établissement d'un juste statut du fermage et du métayage, par des facilités d'accession à la propriété pour les jeunes familles paysannes et par la réalisation d'un plan d'équipement rural ;

– une retraite permettant aux vieux travailleurs de finir dignement leurs jours ;

– le dédommagement des sinistrés et des allocations et pensions pour les victimes de la terreur fasciste.

2. Le libéralisme discrédité

Comme dans la plupart des pays européens, le libéralisme est discrédité. La guerre a cependant provoqué le déclin des illusions corporatistes développées pendant les années 1930 et expérimentées par le régime de Vichy dans le cadre de la loi sur les comités d'organisation et la charte du travail. **L'économie dirigée mise en place par le régime de Vichy ne disparaît pas totalement en août 1944**. Les comités d'organisation sont remplacés à la Libération par les offices professionnels et le recul de l'appareil de contrôle administratif est lent. Certains plans de redémarrage de l'économie, élaborés pendant l'Occupation, servent de base aux projets de la Libération. La mise en place d'un vaste secteur public industriel et tertiaire associé à la mise en œuvre d'une planification indicative sont autant des innovations conformes au programme du Conseil national de la Résistance que l'épanouissement de tendances nées dans l'entre-deux-guerres et mûries sous l'Occupation.

B. LES CHOIX

1. Nationalisations et planification

Effectuées pour l'essentiel entre l'automne 1944 et le printemps 1946, **les nationalisations étendent fortement le secteur public**. Les nationalisations de Renault et de l'entreprise aéronautique Gnome et Rhône transformée en SNECMA s'expliquent par la volonté de sanctionner la collaboration économique et de disposer d'un moyen de contrôle et d'orientation de branches essentielles. Elles visent aussi à donner satisfaction aux pressions venues de la CGT et du PCF renforcés par leur rôle dans la Résistance. S'y ajoutent les **nationalisations des grandes banques** (Banque de France, Crédit Lyonnais, Société Générale, Comptoir National d'Escompte et BNCI), **des assurances, de l'énergie**, charbon, gaz, électricité, d'Air France. **L'ampleur des nationalisations répond à des objectifs multiples** : sanctions pour faits de collaboration, revanche contre le « mur d'argent », établissement de rapports sociaux moins conflictuels, et surtout modernisation des structures économiques face à un patronat jugé malthusien.

Le deuxième outil aux mains de l'État est la planification adoptée en 1946 à l'initiative de Jean Monnet. Pilotée par le Commissariat général au plan, la planification est indicative contrairement au modèle soviétique et se heurte à l'hostilité d'une partie du patronat regroupé au sein du CNPF. **Le premier plan prévu sur cinq ans accorde une priorité à la reconstruction et à la modernisation des secteurs de base** : charbon, électricité, acier, ciment, machinisme agricole. Conformément au programme du CNR, il a été préparé par des commissions de modernisation qui visent à consulter l'ensemble des acteurs concernés. S'y ajoute la création de l'INSEE en 1946, destiné à fournir enfin des statistiques fiables capables de mesurer l'évolution de l'activité nationale et de guider les interventions étatiques.

2. L'importance du financement extérieur

Lancé en 1946 et finalement prolongé jusqu'à 1952, **le plan Monnet doit largement son succès à l'aide américaine**. Les « crédits Marshall » servent en effet à acheter les matériels indispensables à la modernisation de la France. La contre-valeur en francs versée par ceux qui reçoivent ces matériels alimente le Fonds de modernisation et d'équipement appelé ensuite Fonds de développement économique et social. Contrôlé par l'État, ce fonds sert à financer les activités de base définies lors du premier plan. La France adhère aussi à l'OECE en 1948, à l'Union européenne des paiements en 1950 et joue un rôle essentiel dans la création de la CECA en 1951. Ces adhésions annoncent l'entrée dans une logique différente du repli protectionniste des années 1930, celle de l'ouverture à des marchés plus vastes mais aussi fortement concurrentiels.

Les résultats du premier plan

	1929	1938	1944	1945	1946	1947	1948	1949	1950	1951	1952	Réalisation du Plan
Charbon *(millions de t)*	54,9	47,5	26,5	35	49,2	47,3	45,1	53	52,5	54,9	57,3	96 %
Électricité *(milliards de kWh)*	15,4	19,9	16	18,3	22,8	25,8	28,8	29,3	33	38,1	40,5	95 %
Acier *(millions de t)*	9,7	6,1	–	1,6	4,4	5,7	7,2	9,1	8,6	9,8	10,8	101 %
Ciment *(millions de t)*	4,3	3,7	–	1,5	3,3	3,8	5,3	6,4	7,2	8,1	8,6	101 %
Tracteurs *(milliers)*	–	1,8	–	0,5	1,9	4,2	12,4	17,3	14,2	16	26,1	85 %
Trafic SNCF *(milliards d'unités kilométriques)*	70	48,6	24,6	43,9	63,9	68,2	71,9	70,6	65,3	73,5	72,6	–
Pétrole brut traité *(millions de t)*	0,8	5,8	–	0,2	2,3	5	8,2	11,5	14,5	18,4	21,4	105 %
Engrais azotés *(milliers de t)*	–	196	–	–	148	176	190	229	259	287	288	127 %

Source : *Annuaire statistique de la France.*

3. Une reconstruction réussie ?

Le PNB de 1938 est retrouvé dès 1949 et celui de 1929 est atteint en 1951, moment qui marque la fin de la reconstruction. Les objectifs énergétiques sont réalisés grâce à la mobilisation des mineurs dans le cadre de la « bataille de la production », largement soutenue par le parti communiste et la CGT, à la modernisation de l'équipement des houillères et à la construction de barrages hydroélectriques sur le Rhône. La création du Commissariat à l'énergie atomique relance la France dans la course à l'atome, où elle disposait en 1939 d'une certaine avance, perdue pendant la Seconde Guerre mondiale. La reconstruction des infrastructures ferroviaires selon les dernières techniques et l'électrification des motrices permettent une accélération des vitesses commerciales de la SNCF et une forte croissance des trafics. L'industrie automobile, qui n'a pas été retenue parmi les industries prioritaires dans le premier plan, lance plusieurs modèles de voitures populaires, la 4 CV Renault dès 1946, la 2 CV Citroën en 1948, dont le succès est tel que les constructeurs n'arrivent pas à répondre à la demande.

Cependant, contrairement aux espoirs de la Libération, **les pénuries ne disparaissent pas immédiatement**. Le système de rationnement en place depuis 1939 n'est supprimé qu'en 1949 et le contrôle des prix est maintenu. La modernisation de l'agriculture est encore à accomplir (lenteur de l'équipement en tracteurs par des exploitations trop petites) et le Plan sacrifie les industries de consommation et les secteurs d'avenir comme la chimie ou les industries électriques. **La pénurie de logements reste aiguë dans la France du baby-boom** et le maintien d'une législation sur le blocage des loyers pousse les propriétaires à négliger l'entretien du parc existant. Les nationalisations contribuent à l'atonie du marché boursier parisien, privé de certaines valeurs (dans les secteurs de l'énergie et de la banque) qui participaient à son animation avant 1945.

II. La croissance

A. UN « MIRACLE » FRANÇAIS

1. Une croissance forte et durable

Taux de croissance annuel moyen du PIB

	1950-1959	1960-1973
France	4,6	5,5
Royaume-Uni	3,0	3,2
RFA	8,6	4,8
Italie	5,4	5,1
États-Unis	3,5	4,6
Japon	9,5	10,5

À la fin de la reconstruction qui s'achève en 1950-1951, la croissance ne s'essouffle pas, contrairement aux prédictions pessimistes d'une partie du patronat. **Dans les années 1950, les performances de l'économie française se situent dans la moyenne des pays occidentaux**. La France souffre en effet de lourds handicaps, en particulier la stagnation de la population active qui contraste avec la surabondance de main-d'œuvre dont bénéficient l'Italie, la RFA et le Japon, mais aussi une forte dérive inflationniste qui oblige à maintenir les protections douanières et pèse sur les exportations. Il faut y ajouter la lourdeur des dépenses occasionnées par la guerre d'Indochine puis par la lutte contre le soulèvement algérien. En revanche, **à partir des années 1960,** avec la liquidation des conflits coloniaux, l'engagement dans l'Europe, l'arrivée sur le marché du travail des premières générations du baby-boom et le développement de l'immigration, **la croissance s'accélère** pour atteindre un rythme supérieur notamment à celui de la RFA. Seul le Japon fait mieux.

2. La révolution agricole

La transformation de l'agriculture est sans doute la mutation économique la plus spectaculaire des « Trente Glorieuses ». Elle s'amorce dès les lendemains de la guerre sous l'action conjuguée des pouvoirs publics et des initiatives des paysans les plus dynamiques. Dès 1946, le statut du fermage et du métayage offre de nombreuses garanties aux locataires de terres. Sur le modèle de l'ONIB créé en 1936 et élargi à l'ensemble des céréales en 1948, **l'État multiplie les organisations de marché**, qui garantissent les prix et encouragent la production. Les travaux agricoles sont bouleversés par la **motorisation et la mécanisation des exploitations** avec l'aide notamment des CUMA, coopératives d'utilisation du matériel agricole. Créé en 1946, l'Institut national de la recherche agronomique ou INRA favorise la diffusion de variétés nouvelles plus productives. **Les pouvoirs publics encouragent aussi le remembrement et la concentration des terres**. Les lois d'orientation agricole de 1960 et 1962 créent notamment des SAFER qui achètent des terres avant de les rétrocéder sous forme de nouvelles exploitations viables ou de compléments d'exploitations existantes. **L'agriculture française tire aussi grand profit de la construction européenne**. La PAC est un instrument de garantie des revenus agricoles par la mise en place de mécanismes d'intervention sur les prix et de protection par rapport à la concurrence étrangère et le marché européen absorbe les deux tiers des exportations agricoles françaises. **Les résultats de cette double option, productiviste et moderniste, sont impressionnants**. En trente ans, le nombre d'exploitations est divisé par deux, la taille moyenne portée de 9 à plus de 20 hectares, le parc de tracteurs de quelques milliers à 1 million, la consommation d'engrais de 1 à 5 millions de tonnes. La production double ou triple et se diversifie, la productivité croît de 7 % par an et **l'agriculture devient une branche fortement exportatrice à partir de la fin des années 1960**. Cette croissance permet aussi l'essor d'une industrie agroalimentaire où coexistent des coopératives et de grandes entreprises comme BSN-Danone et transforme totalement des régions autrefois pauvres, telles la Champagne ou la Bretagne.

3. La mutation industrielle de la France

■ Évolution de l'indice de production industrielle

Année	Indice de production industrielle
1938	100
1945	50
1950	128
1955	172
1960	242
1965	310
1970	411
1975	475

■ Évolution des indices de production des différentes branches industrielles

	1949	1963	1973
Industries agricoles et alimentaires	100	164	228
Combustibles solides	120	146	83
Électricité, eau	127	477	941
Pétrole, carburants	181	731	1937
Matériaux de construction	112	238	517
Construction mécanique, électrique, automobile, aéronautique	117	276	530
Chimie	134	387	840
Textile, habillement, cuir	90	168	213
Bois, papier, carton	103	207	350
BTP	150	340	473

Ces tableaux mettent en valeur l'importance globale de la croissance industrielle mais aussi les fortes différences sectorielles. Les branches traditionnelles stagnent ou régressent comme la construction navale, confrontée à une concurrence asiatique et nordique, et l'industrie textile, malgré une modernisation et une concentration accrue. La sidérurgie, fortement soutenue par l'État, accélère sa concentration et augmente ses capacités en créant des complexes littoraux modernes à Dunkerque en 1962 puis à Fos-sur-Mer en 1971. La demande favorise l'expansion rapide du raffinage pétrolier, de la pétrochimie, de l'industrie pharmaceutique et des biens de consommation, automobile, électroménager… Sous la Vᵉ République, le souci d'indépendance et de grandeur de la France conduit les pouvoirs publics à privilégier les branches de pointe et à concentrer la recherche sur **quelques grands programmes, le nucléaire civil et militaire, l'aéronautique, l'informatique**. Ils favorisent aussi l'épanouissement d'un véritable complexe militaro-industriel associant des firmes privées (Matra, Dassault, Panhard…) et publiques (SNECMA, SEREB, arsenaux) sous le contrôle d'ingénieurs militaires. La situation reste cependant défavorable en matière de biens d'équipement et en particulier de machines-outils, spécialité de l'Allemagne et aussi de l'Italie.

B. LES RESSORTS DE LA CROISSANCE

1. L'impact de la libération des échanges

L'insertion de la France dans les échanges et l'abandon des sirènes protectionnistes tranche avec les positions défendues jusque-là par une large fraction des milieux économiques et politiques. La négociation sur la libération des échanges commencée dès la fin des années 1940 dans le cadre de l'OECE achoppe à plusieurs reprises devant l'hostilité d'une partie du patronat et la fragilité commerciale liée à la forte inflation qui perdure jusqu'à la fin des années 1950. **L'ouverture devient effective à partir de 1958**. Les barrières douanières à l'intérieur du Marché commun diminuent régulièrement pour disparaître en juillet 1968. Parallèlement, les négociations multilatérales menées dans le cadre du GATT, Dillon Round et Kennedy Round, accélèrent la libéralisation des échanges sur le plan mondial. Pour le général de Gaulle, **la concurrence est nécessaire pour accélérer la concentration, pousser les entreprises à augmenter leur productivité et stabiliser les prix**. Chroniquement et lourdement déficitaire pendant la IVᵉ République, le commerce extérieur retrouve d'ailleurs l'équilibre ou l'excédent de 1959 à 1973.

La balance commerciale (taux de couverture)

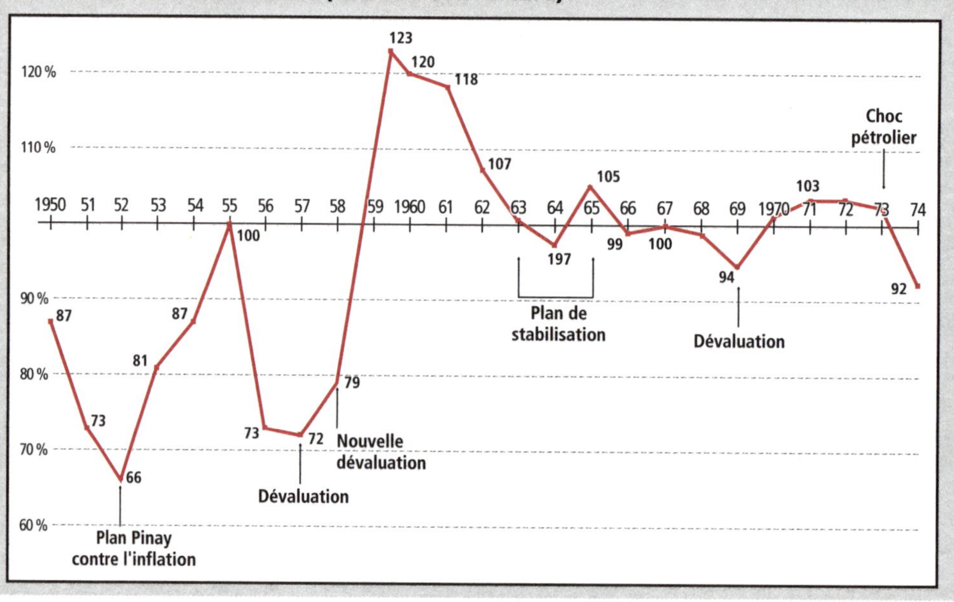

2. Le dynamisme de la demande intérieure

La mise en place de l'État-providence à travers le développement des allocations familiales, de la Sécurité sociale et de l'assurance vieillesse entraîne une redistribution des revenus qui stimule la demande globale et nourrit en particulier la croissance des secteurs de la santé. **La distribution se modernise** par l'émergence des supérettes et dans les années 1960 des supermarchés et hypermarchés et suscite la formation de grands groupes comme Carrefour, Leclerc, Auchan, Docks de France ou la FNAC initialement destinée aux cadres. L'équipement des ménages en matériel électroménager, meubles, voitures, les dépenses croissantes de loisirs et de tourisme illustrent l'entrée de la société française dans l'ère de la consommation de masse. Le triplement du pouvoir d'achat pendant les Trente Glorieuses, le déferlement de la publicité et les facilités du crédit accélèrent cette ruée vers le bien-être et le confort.

3. Le rôle des entreprises

Soucieuses de défendre leurs prérogatives, les entreprises entretiennent un dialogue ininterrompu avec les différentes administrations, pour conserver des protections dans le cadre du mouvement de libération des échanges, bénéficier des crédits et subventions d'équipement du plan (primes FDES) et obtenir de grands contrats générateurs d'activité. **Elles multiplient les réalisations techniques spectaculaires** comme la Caravelle de Sud-Aviation, le Mirage de la firme Dassault, les records de vitesse de la SNCF sur des machines construites par Alsthom, le pont de Tancarville inauguré en 1959 ou encore le *France*, le plus grand paquebot du monde livré en 1960 par les chantiers de l'Atlantique. Si ces réalisations ne s'accompagnent pas toujours de réussites commerciales, elles manifestent le renouveau industriel français et mettent en lumière la culture technique des ingénieurs et la mentalité des élites économiques soucieuses d'effacer les marques du désastre de 1940.

L'internationalisation de l'économie accélère aussi le mouvement de concentration. Les firmes y sont poussées par la nécessité de résister aux investissements étrangers et notamment américains mais aussi par le souci d'atteindre une taille critique adaptée au marché européen et mondial et permettant de financer les dépenses en matière de recherche, de réseaux de vente, de campagnes publicitaires. **Cette stratégie est fortement appuyée par les gouvernements** qui ont donné l'exemple en créant de grands groupes dans le secteur public. Dans les années 1960, **le général de Gaulle soutient la création de deux champions nationaux par grande branche industrielle**, Peugeot-Citroën et Renault-Saviem-Berliet dans l'automobile, de Wendel et Sidelor dans l'acier, Dassault-Bréguet et la Snias dans l'aéronautique, Elf-Erap et la CFP dans l'industrie pétrolière, etc. **À l'impératif de concentration s'ajoute celui de compétitivité** qui nourrit à la fois une révolution managériale inspirée du modèle américain et une **priorité accordée à la productivité** pour répondre à la pénurie relative de main-d'œuvre et ensuite pour supporter la concurrence européenne ou mondiale. Cet impératif pousse les entreprises à développer les investissements de modernisation et pas seulement ceux qui sont destinés à augmenter les capacités productives.

C. LE RÔLE DE L'ÉTAT

1. Les politiques conjoncturelles

La IVe République n'arrive pas mieux que la IIIe République finissante à rétablir l'équilibre budgétaire. Le recours à la planche à billets et la prédilection pour les impôts indirects qui se répercutent directement sur les prix débouchent sur une **forte inflation et des dévaluations en cascade du franc**. En réalité, l'inflation a permis de financer les charges de la reconstruction et de la modernisation de l'économie auxquelles viennent s'ajouter les lourdes dépenses des guerres coloniales en Indochine de 1947 à 1954 puis en Algérie de 1954 à 1962. En 1952, le président du Conseil Antoine Pinay s'est acquis une immense popularité en stoppant l'inflation mais, dès 1955, la situation financière se dégrade à nouveau, ce qui met la France dans l'incapacité d'honorer ses engagements internationaux et la contraint à multiplier les emprunts extérieurs.

Le rétablissement monétaire et budgétaire est opéré dès les débuts de la Ve République, dans le cadre du plan Rueff-Pinay. La création du nouveau franc (un nouveau franc = 100 anciens francs) accompagne un redressement budgétaire accompli par un effort d'austérité remarquable (hausses des impôts, réduction des dépenses publiques) auquel s'ajoute le lancement d'un grand emprunt garanti sur l'or pour réduire la masse monétaire et une dévaluation pour relancer les exportations. **Ce redressement spectaculaire renforce le prestige du régime, entraîne un retour des capitaux et permet à la France de se désendetter puis de reconstituer son stock de devises et d'or**. Pour éviter toute reprise de l'inflation, la Ve République inaugure une politique conjoncturelle de *stop and go* : le plan de stabilisation 1963-1965 vise à freiner la demande pour éviter une surchauffe de l'économie. Sa réussite autorise une relance prudente à partir de 1965. Les pouvoirs publics se vantent même d'avoir réussi à rétablir l'équilibre budgétaire tout en poursuivant de lourdes dépenses d'équipement en matière de construction d'établissements scolaires, de logements, d'hôpitaux. L'explosion contestataire de 1968 compromet cependant ce redressement et impose une nouvelle dévaluation en août 1969.

L'évolution des prix de détail en France de 1940 à 1974

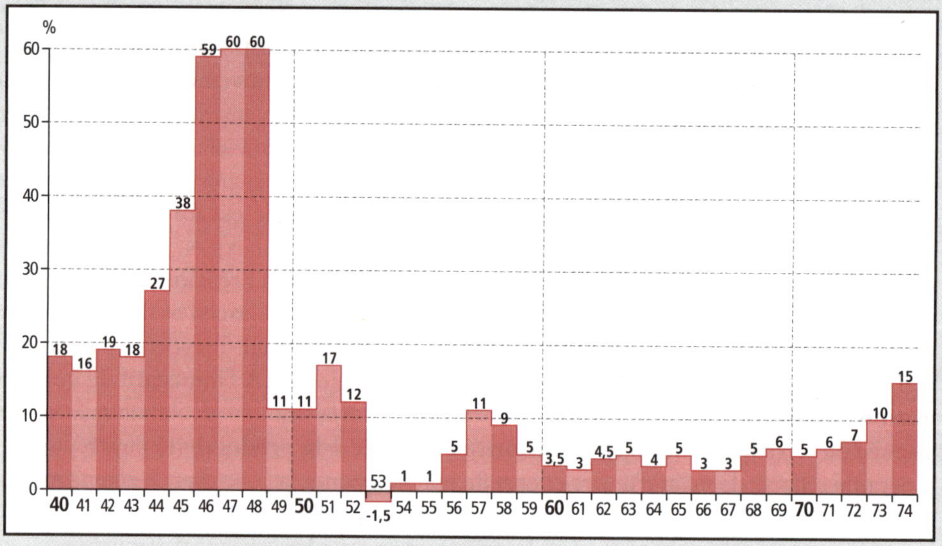

2. Les aléas du néo-colbertisme industriel

La montée en puissance des cabinets ministériels accompagne le déclin des instruments qui avaient été au cœur du processus de décision depuis la Libération, en particulier la planification. Malgré les exhortations du général de Gaulle qui évoque « une ardente obligation », **le Plan se transforme en simple réducteur d'incertitudes** et en instrument de prévision à moyen terme, dont les modélisations de plus en plus sophistiquées sous-évaluent l'impact de l'ouverture internationale.

ZOOM ▶ L'importance de l'État dans l'économie française

L'État est notamment :

Le premier patron avec plus d'un million de salariés, soit 14 % de toute la main-d'œuvre industrielle française et 6 % de la population active.

Le premier investisseur, réalisant 20 % de l'investissement national.

Par catégorie d'activité économique, l'État est :

Le premier producteur de charbon, d'électricité, de gaz naturel et d'engrais potassiques avec la quasi-totalité des productions de chacun de ces éléments ;

Le premier constructeur d'avions avec les 2/3 du matériel aéronautique ;

Le premier constructeur d'automobiles avec plus du tiers des véhicules ;

Le premier fabricant de produits azotés avec plus du tiers du total national ;

Le premier transporteur dans les domaines : ferroviaire (quasi-totalité), aérien (les 2/3) et maritime (les 2/3 du pavillon français) ;

Le premier banquier avec plus de 70 % des dépôts bancaires ;

Le premier assureur avec près de la moitié des primes et des contrats ;

Le premier atomiste avec la quasi-totalité ;

Le premier fabricant de cigarettes et d'allumettes.

L'État tente cependant des interventions sectorielles. Il multiplie les initiatives pour limiter la dépendance énergétique : création d'un puissant groupe pétrolier public, Elf-Erap, développement d'une filière française d'électricité nucléaire, renforcement des capacités de raffinage et création de stocks de précaution. Mais, en 1969, le président Pompidou abandonne la filière nucléaire française non rentable au profit de la technologie américaine et, en 1971, l'Algérie nationalise les avoirs pétroliers français au Sahara. **Dans l'informatique**, la volonté de s'affranchir de la domination américaine débouche en 1964 sur la création de la CII et l'adoption du plan Calcul. Mais le volontarisme politique ne suffit pas à compenser le retard pris dans ce domaine. **La restructuration de l'aéronautique et de l'aérospatiale** apparaît mieux maîtrisée : fusion Dassault-Bréguet en 1968 et création d'un grand pôle aéronautique public en 1970, la SNIAS, Société nationale industrielle aérospatiale, réussite technique du Concorde, projet Airbus lancé à partir de 1969. Les pouvoirs publics ont aussi favorisé le lancement du projet de TGV en 1967, la modernisation du réseau ferroviaire de la banlieue parisienne avec l'inauguration de la première ligne du RER en 1969 mais n'ont que partiellement comblé le retard pris depuis l'entre-deux-guerres dans la création du réseau autoroutier.

III. De profondes mutations économiques et sociales

A. DES STRUCTURES TRANSFORMÉES

1. Une France urbanisée

L'accélération de l'exode rural en raison des mutations de l'agriculture gonfle la population des métropoles régionales, Marseille, Lyon, Toulouse, Grenoble, Montpellier, et de l'agglomération parisienne. **Joint aux effets du baby-boom, cet afflux pose de façon accrue le problème du logement** et donne naissance dans l'urgence à de grands ensembles faits de tours et de barres d'immeubles, censés apporter les derniers cris de la modernité domestique (eau, électricité, sanitaire). **Ces programmes de construction restent cependant très inférieurs aux besoins**. Quand en février 1954 l'abbé Pierre lance son appel en faveur des sans-abri, il manque 4 millions de logements en France, les trois quarts des logements existants n'ont ni toilettes, ni douche ou baignoire et aux portes de Paris les populations immigrées s'entassent dans des bidonvilles. Il faut attendre les années 1960 pour arriver à 400 000 logements nouveaux par an et voir reculer une pénurie résolue beaucoup plus vite dans des pays comme la Grande-Bretagne ou la RFA.

■ **Évolution de la population française**

	Population totale (en millions)	Population urbaine (en millions)	Population rurale (en millions)	Taux d'urbanisation
1946	40,4	21,5	18,9	53,2 %
1954	42,7	23,9	18,8	56,0 %
1962	46,1	28,4	17,7	61,6 %
1968	50,8	33,6	17,2	66,2 %

F. Braudel, et E. Labrousse (dir.), *Histoire économique et sociale de la France*, Paris, PUF, 1982, tome 4/3.

2. Une politique d'aménagement du territoire

■ **La décentralisation industrielle**

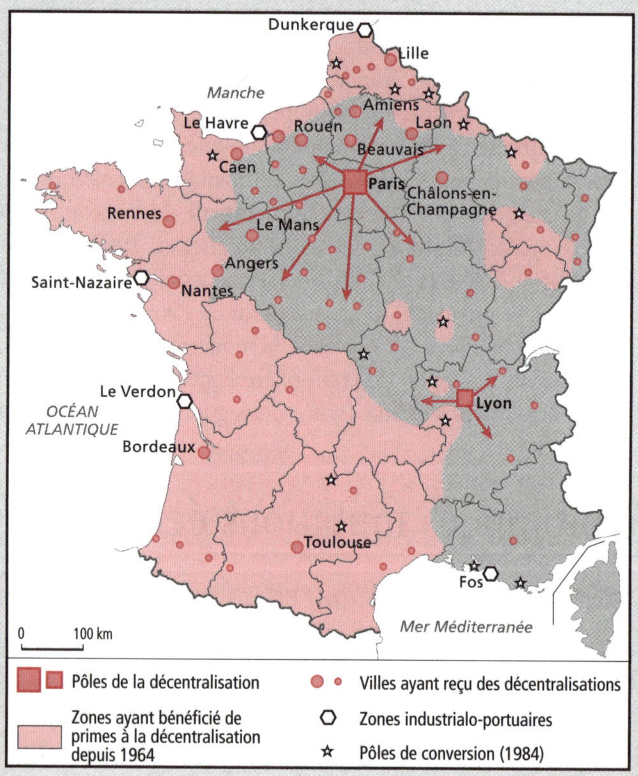

Initiée par la IVe République dès les années 1950, la politique de décentralisation et d'aménagement du territoire est reprise dans le cadre de la DATAR créée en 1963. **L'action publique vise d'abord à réduire le poids industriel de la région parisienne** par des primes et des allégements fiscaux pour les entreprises qui se délocalisent dans les provinces.

La localisation des nouveaux centres sidérurgiques sur les littoraux répond à l'importation croissante de minerais étrangers mais elle aggrave les difficultés des unités anciennes du Centre, du Nord et de la Lorraine. **Dans les vieux bassins industriels, les pouvoirs publics subventionnent l'arrivée d'activités nouvelles**, comme la construction automobile, mais ces politiques de conversion coûtent cher pour des résultats aléatoires et ne compensent pas les pertes d'emplois dues au recul de l'exploitation charbonnière et à la fermeture des mines de fer en Lorraine. **La politique des métropoles d'équilibre et villes nouvelles** connaît un succès mitigé et ne met pas fin au déséquilibre entre la province et l'agglomération parisienne à la croissance mal contrôlée. L'aménagement du territoire se fonde également sur le désenclavement et **la valorisation du potentiel touristique**. Les pouvoirs publics encouragent le développement des stations de ski dans les Alpes et les Pyrénées et l'aménagement du littoral du Languedoc-Roussillon. Cette géographie volontaire concerne aussi les campagnes avec notamment la création de parcs nationaux ou régionaux et de sociétés d'aménagement dans des régions agricoles en difficulté.

3. L'immigration, toujours indispensable

Les immigrants par origine géographique

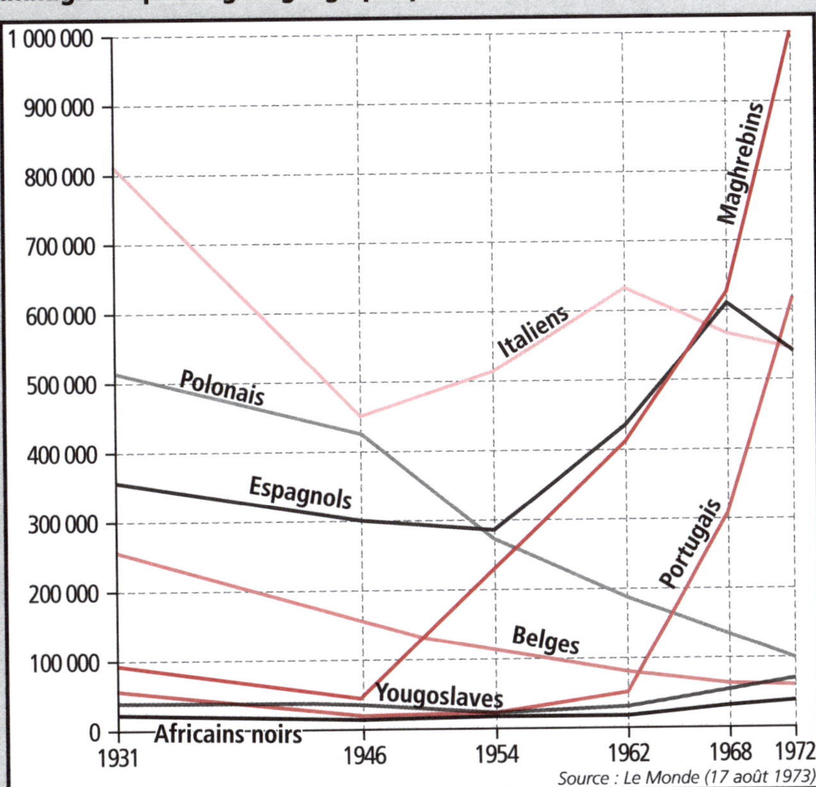

Source : Le Monde (17 août 1973)

Malgré une durée de travail hebdomadaire pouvant aller jusqu'à 48 heures et le recours aux heures supplémentaires, **la forte croissance économique nécessite le recours à l'immigration**. L'État crée dès 1945 l'ONI, Office national d'immigration, chargé de répondre aux besoins immédiats de main-d'œuvre mais aussi de favoriser une immigration de peuplement en privilégiant l'arrivée de migrants jugés assimilables, c'est-à-dire d'origine européenne, alors que le patronat souhaite surtout une main-d'œuvre temporaire de travailleurs célibataires. Dans les années 1950, les employeurs ont d'ailleurs surtout fait appel à des travailleurs algériens qui, en tant que citoyens français, échappaient à la compétence de l'ONI. Si la division politique de l'Europe entraîne l'arrêt de l'immigration polonaise, l'immigration méditerranéenne traditionnelle en provenance d'Espagne et d'Italie perdure et, à partir des années 1960, **les Portugais affluent en masse au point de constituer en 1973 la deuxième composante de la population immigrée après les Maghrébins**. L'arrivée sur le marché du travail des générations du baby-boom ne ralentit pas l'immigration, au contraire. La désaffection des nationaux pour certains postes jugés dangereux ou peu attractifs, dans l'industrie automobile, le bâtiment, les travaux publics, les mines, les travaux d'entretien et de nettoyage, maintient la nécessité de faire appel aux immigrants. **En 1973, l'ensemble des travailleurs étrangers représente 7 % de la population totale et 8 % de la population active.**

■ **Pourcentage de la population immigrée par rapport à la population totale**

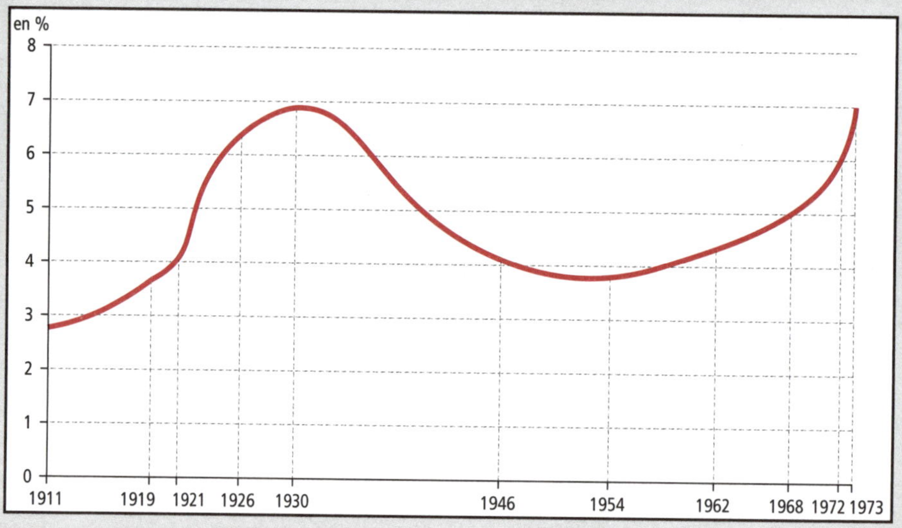

Source : A. Armengaud, La population française au XXe siècle, Paris, PUF 1967, et recensement.

B. UNE NOUVELLE SOCIÉTÉ ?

■ **Répartition de la population active totale**

	1946	1954	1962	1968	1975
Secteur primaire	34	26,6	19,9	15,0	10
Secteur secondaire	30	35,4	38,3	38,8	38
Secteur tertiaire	36	38,0	41,8	46,2	52

F. Braudel, et E. Labrousse (dir.), *Histoire économique et sociale de la France*, Paris, PUF, 1982, tome 4/3.

1. « La fin des paysans »

La transformation de l'agriculture est certes positive pour l'économie nationale mais son coût humain est élevé. **Des 7 millions de paysans en 1946, il n'en reste que 2 millions au milieu des années 1970 et le malaise des campagnes est profond**. Le progrès agricole condamne à l'exode une bonne partie de la jeunesse rurale et contraint ceux qui restent à la terre à de **lourds endettements**. Le monde agricole est marqué par la fréquence du célibat, l'isolement, en particulier dans les régions montagneuses qui se désertifient, le vieillissement, la faiblesse des retraites. Il se heurte aussi à l'incompréhension des urbains qui dénoncent les pluies de subventions pour développer des productions souvent excédentaires et la pollution engendrée par la course aux rendements. **Le progrès fracture de plus le monde rural** et y nourrit des inégalités croissantes de revenus, au profit notamment de la grande agriculture du Bassin parisien et des lobbies les mieux organisés, céréaliculteurs, betteraviers, viticulteurs, aux dépens des petites exploitations de polyculture ou d'élevage qui survivent difficilement. Dès les années 1950, les petits exploitants fournissent avec les petits commerçants et artisans les troupes du mouvement protestataire poujadiste. En 1953, lorsque la fin des pénuries se traduit par des prix moins favorables, en 1961, après la suppression de l'indexation des prix agricoles sur les prix industriels, **des vagues de manifestations et d'émeutes secouent le monde rural** et, en 1969, le plan Mansholt qui propose d'accélérer en Europe la concentration des terres et l'exode déclenche une nouvelle flambée de colère.

Les sociétés d'aménagement rural

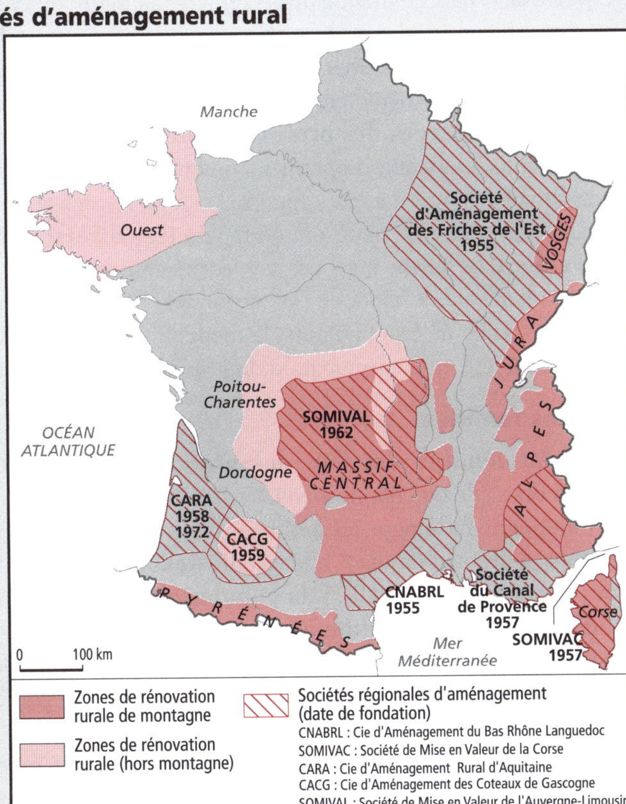

2. L'apogée des cols bleus

La montée numérique des ouvriers accompagne la croissance industrielle française et provoque également une hétérogénéisation des conditions. Si les industries de pointe comme l'aéronautique ou le nucléaire utilisent surtout des ouvriers hautement qualifiés, la généralisation du travail à la chaîne dans l'industrie entraîne une **déqualification des tâches des ouvriers spécialisés ou OS** mais aussi l'essor des personnels d'encadrement, techniciens et agents de maîtrise, beaucoup mieux rémunérés. Le mouvement de 1968 révèle l'exaspération des ouvriers postés à l'égard de la « tyrannie des petits chefs ».
À côté des grands centres industriels, la décentralisation se traduit par la **multiplication d'usines dans des villes secondaires ou des régions rurales** qui crée de nouveaux bassins d'industries diffuses notamment dans l'Ouest de la France, telles l'industrie textile et de la chaussure dans le Choletais, les usines d'appareils ménagers Moulinex, les usines agroalimentaires, etc. Cette dispersion affaiblit la culture ouvrière traditionnelle et l'amélioration globale du sort des ouvriers réduit leur conscience de classe entraînant notamment un recul des effectifs syndicaux. **Le monde ouvrier reste cependant secoué par de grandes poussées de grève**, comme celle de 1947 contre la vie chère, la mobilisation des mineurs du Nord et de Lorraine en 1963 contre le plan de repli des charbonnages et les débrayages en série de mai et juin 1968 qui touchent 7 millions de salariés de l'industrie et des services.

3. Le triomphe des classes moyennes

L'essor des classes moyennes salariées est l'un des phénomènes les plus spectaculaires de cette période. Dans ce monde divers, émerge la figure du cadre, incarnation de la modernité et d'un nouvel idéal social, vantée par des magazines tel *L'Express* créé en 1953 par Jean-Jacques Servan-Schreiber. Outre les **cadres** qui forment d'ailleurs un éventail très large, les groupes qui progressent le plus sont **les techniciens, les employés dans les bureaux et les commerces, les professions de santé et les fonctionnaires**, en particulier les enseignants, alors que les petits commerçants indépendants, les artisans, les employés de maison voient fondre leurs effectifs. Les classes moyennes qui tendent à devenir largement majoritaires dans le pays sont en réalité **très diverses et représentent une échelle de revenus très large** mais ces catégories intermédiaires conservent des points communs, l'individualisme, le souci de l'accession à la propriété en matière de logement et de la promotion sociale de leurs enfants, la modération politique, la recherche du confort et l'adhésion à la société de consommation dont ils sont les meilleurs clients.

4. La place croissante des femmes

La montée du salariat féminin est l'un des grands changements des Trente glorieuses. Le travail à domicile ou comme auxiliaire familial dans l'agriculture, l'artisanat, le petit commerce diminuent fortement au profit de l'activité salariée dans l'industrie et surtout dans les services, souvent assimilée à une volonté d'émancipation et de relative autonomie financière. **Au recensement de 1975, la population active compte 13 millions d'hommes mais aussi 8 millions de femmes**, réparties pour 8 % dans le primaire, 26 % dans l'industrie, en particulier le textile, l'agroalimentaire, le montage électrique ou électronique et 66 % dans les services, notamment les emplois de bureau, la grande distribution, la santé, l'enseignement.

Malgré l'amélioration de leur formation et les pressions exercées par les mouvements féministes, les femmes continuent à souffrir d'une double discrimination dans leur activité : **leurs salaires restent inférieurs d'un tiers à ceux des hommes et elles accèdent**

beaucoup plus difficilement à des postes de responsabilité. Elles sont aussi faiblement représentées dans les syndicats et marginalisées dans le monde politique. Enfin, ce n'est qu'après de fortes mobilisations que la législation leur reconnaît l'égalité matrimoniale en 1966 et le droit de contrôler leur fécondité avec la loi Neuwirth en 1967 autorisant la contraception et la loi Veil en 1974 autorisant le recours à l'IVG.

Évolution de la population active

	1954	1961	1967	1970	1975
Population totale au 1er janvier (milliers)	42 885	45 904	49 374	50 828	52 712
Population étrangère (milliers)					3 083
Population active (milliers)	19 731	19 903	20 825	21 547	22 033
Taux d'activité (%)					
– taux d'activité masculin	–	80,7	75,9	74,6	71,3
– taux d'activité féminin	–	37,7	37,6	39,0	42,3
– taux d'activité – de 25 ans	–	–	61,7	59,8	47,8
– taux d'activité + de 50 ans	–	–	35,7	33,6	37,4
Population active occupée (milliers)	18 993	18 991	19 953	20 616	21 110
Structure de l'emploi					
– masculin (milliers)	–	12 385	12 989	13 252	13 116
– féminin (milliers)	–	6 606	6 964	7 364	7 993
– agriculture (%)	26,6	20,8	15,8	13,0	10,0
– industrie + BTP (%)	35,0	37,4	38,0	38,6	37,7
– services (%)	38,4	41,8	46,1	48,3	52,3
– salariés (%)	65,7	71,1	75,8	79,1	81,6
– non salariés (%)	34,3	28,9	24,2	20,9	18,4
Chômeurs (milliers)	377	245	560	631	827
Taux de chômage (%)	1,9	1,2	2,7	2,9	3,7

C. LES LIMITES DE LA CROISSANCE

1. Des faiblesses structurelles non résolues

Les bases industrielles restent fragiles, malgré les réussites décrites plus haut. Même si le critère de taille n'est pas nécessairement, pour une entreprise, l'unique critère de compétitivité et de survie, **la France compte au début des années 1970 peu de grandes entreprises de rang mondial** et de surcroît dans un nombre de secteurs limités : le pétrole avec Elf-Erap, l'agroalimentaire avec BSN-Gervais-Danone, l'aluminium (Péchiney), le caoutchouc (Michelin), auxquels s'ajoutent l'automobile, l'aéronautique, l'armement. Dans la sidérurgie, la construction navale, les industries mécaniques, électriques et électroniques, les entreprises françaises sont surclassées par la concurrence et dans de très nombreux secteurs les petites et moyennes entreprises restent prédominantes. La France souffre aussi de la concurrence européenne et spécialement allemande dans les secteurs clefs des biens d'équipement et de la montée des importations japonaises de biens de consommation. Avec une consommation énergétique qui atteint 175 millions de tonnes équivalent-pétrole en 1973, contre 50 en 1950, **la France affiche un taux de dépendance énergétique de 75 %**, le plus élevé d'Europe après celui de l'Italie et se révèle donc particulièrement vulnérable lors du premier choc pétrolier. La fragilité concerne enfin le commerce extérieur, qui ne concerne que les plus grandes entreprises et dont l'équilibre reste problématique.

2. Une formation encore mal adaptée aux nouveaux enjeux

La démocratisation de l'enseignement secondaire, à peine esquissée dans les années 1930, est une des réussites françaises pendant les Trente glorieuses. L'allongement de la scolarité jusqu'à 16 ans en 1959 et le gonflement des effectifs scolarisés dans le secondaire accompagnent le baby-boom. **En 1970, 140 000 jeunes contre 32 000 en 1950 obtiennent le baccalauréat**, synonyme de poursuite d'études universitaires. Mais les débuts de la démocratisation de l'enseignement supérieur coïncident avec la réapparition du chômage dans la seconde moitié des années 1960, nourrissant une inquiétude sur l'avenir qui s'exprime dans le mouvement de mai-juin 1968. La société française reste marquée par une vision négative de l'industrie et rejette le travail manuel mais aussi l'enseignement technique et professionnel. **Le marché de l'emploi souffre du décalage entre les besoins des entreprises et les formations scolaires**.

3. Une croissance génératrice de tensions sociales

Les transformations économiques et la disparition de nombre d'exploitations agricoles, d'entreprises artisanales et commerciales ont imposé à la population active une **mobilité géographique et professionnelle**. Néanmoins, cette mobilité réelle entre les différentes catégories n'empêche pas la **permanence d'une reproduction sociale** et d'un accès privilégié des élites aux fonctions de direction et de responsabilité, qui conduit des sociologues mais aussi des hommes politiques à dénoncer une « **société bloquée** ». Par ailleurs, cette évolution n'est pas sans susciter des heurts et des tensions. Le déclin des classes moyennes indépendantes qui avaient constitué le pilier de la IIIe République s'accompagne de mécontentements qui s'expriment dans le mouvement de Pierre Poujade dans les années 1950 ou ensuite dans le CID-UNATI de Roger Nicoud, sous forme de jacqueries anti-fiscales ou de dénonciations populistes des pouvoirs en place. La croissance s'accompagne de tensions sur le partage de ses fruits et les revendications salariales sont un élément essentiel des mouvements de grèves qui ponctuent la vie sociale tant dans le secteur privé que le secteur public, dans les années 1960. Les **frustrations ressenties au sein du travail usinier** par les nouvelles générations nourrissent un mécontentement croissant dans la seconde moitié des années 1960. Les **événements de mai-juin 1968**, aux motivations complexes qui dépassent le seul cadre de la contestation estudiantine, **sont l'expression d'un malaise social de grande ampleur** où se mêlent la dénonciation des hiérarchies, de la société de consommation, de la rigidité des mœurs, des pouvoirs en place et l'aspiration confuse à une « nouvelle société », plus libertaire, plus ouverte, plus égalitaire.

21 LA CROISSANCE SOVIÉTIQUE 1945-1973

La Seconde Guerre mondiale modifie profondément la situation du socialisme dans le monde. Réduit jusqu'à la guerre au seul territoire de l'URSS, le socialisme devient un système à dimension planétaire avec la satellisation de l'Europe centrale par Moscou et, en 1949, la victoire communiste en Chine.

Jusqu'à sa mort en 1953, Staline poursuit la même ligne que dans les années 1930 : il impose une stratégie de puissance fondée sur la course aux armements et la priorité au secteur lourd industriel. Le régime reste policier, la planification impérative, l'agriculture et le niveau de vie sacrifiés.

De 1954 à 1964, Khrouchtchev s'efforce de rompre avec cet héritage : la déstalinisation se traduit par un dégel intérieur, des tentatives pour modifier les priorités économiques et pour promouvoir la coexistence pacifique.

Après son limogeage en 1964, l'URSS retombe dans le conservatisme politique et se trouve confrontée à des dysfonctionnements et à des rigidités internes de plus en plus insurmontables. Ces difficultés économiques n'empêchent cependant pas le régime de se doter d'un arsenal nucléaire impressionnant et de se comporter en superpuissance n'ayant de rival que les États-Unis.

CHRONOLOGIE

1947 : Doctrine Jdanov. Création du Kominform
1948-1949 : Blocus soviétique de Berlin
1949 : Création du CAEM. Proclamation de la RFA et de la RDA. L'URSS dispose de l'arme atomique
1950-1953 : Guerre de Corée
1953 : Mort de Staline. Répression du soulèvement ouvrier à Berlin
1955 : Signature du Pacte de Varsovie.
1956 : Khrouchtchev dénonce les crimes de Staline. Répression soviétique à Budapest
1958 : Khrouchtchev propose la « coexistence pacifique »
1961 : Construction du mur de Berlin
1962 : Crise des fusées de Cuba
1963 : Installation du « téléphone rouge »
1964 : Destitution de Khrouchtchev remplacé par Brejnev
1965 : Lancement de la réforme Libermann
1968 : Traité de non-prolifération nucléaire (TNP). Répression du « printemps de Prague »
1970 : Normalisation des relations entre la RFA, l'URSS et la Pologne
1971 : Signature de l'accord Salt 1
1972 : Visite de Nixon à Moscou
1973 : Visite de Brejnev à Washington

I. La fin de l'ère stalinienne

Malgré l'ampleur des pertes humaines et des ruines économiques, l'URSS sort renforcée de la guerre. Son rôle dans la défaite du nazisme lui vaut un immense prestige international et de nombreuses sympathies en Occident. Staline est bien décidé à profiter de la victoire pour étendre l'influence communiste. Il impose en quelques années la satellisation des pays d'Europe centrale transformés en démocraties populaires étroitement contrôlées par Moscou. Au nom des « forces anti-impérialistes et antifascistes », il s'engage résolument dans la guerre froide. Ce contexte international lui permet de maintenir la même ligne intérieure que dans les années 1930 : priorité aux industries lourdes et à l'armement, projets mégalomanes, terreur policière et vigilance idéologique, culte de la personnalité.

A. LA CRÉATION DU « BLOC DE L'EST »

1. Une conquête méthodique du pouvoir

En 1945, Staline est fermement décidé à profiter des circonstances pour constituer en Europe centrale un glacis protecteur. L'accord de Yalta a certes prévu des élections libres dans ces territoires mais l'Armée rouge est présente partout, à l'exception de la Yougoslavie qui s'est libérée par ses propres moyens. L'URSS peut aussi s'appuyer sur l'activisme des militants communistes locaux alors que les classes dirigeantes traditionnelles sont en fuite ou déconsidérées par leur compromission avec le nazisme. Dès 1945, les communistes sont d'ailleurs seuls au pouvoir en Albanie, en Bulgarie et en Yougoslavie et les Soviétiques gèrent à leur guise leur zone d'occupation en Allemagne. Pour s'imposer dans les autres pays d'Europe centrale, les communistes adoptent partout **la même stratégie : s'allier dans un premier temps avec tous les courants politiques nés de la résistance et de la lutte antifasciste**. Cette « tactique frontiste » leur permet d'obtenir une part non négligeable des suffrages lors des élections qui ont lieu en 1946 et 1947 et d'entrer dans des gouvernements de coalition. **Ensuite, la « tactique du salami » consiste à liquider le pluralisme politique en éliminant successivement du pouvoir les alliés de la veille**. En Tchécoslovaquie, où ils sont très minoritaires, ils organisent en février 1948 le « coup de Prague » : de puissantes manifestations ouvrières contraignent le président de la République Benès à accepter la formation d'un gouvernement communiste avant de démissionner.

2. Un verrouillage politique

L'idéologue Jdanov définit la « **démocratie populaire** » imposée par les communistes comme un gouvernement où « la force dirigeante est constituée par le bloc des classes laborieuses ayant à sa tête la classe ouvrière ». Présenté comme intermédiaire entre la « dictature bourgeoise » et la « dictature du prolétariat », le système est en réalité le même qu'en URSS. **Le parti unique contrôle les organisations de masse, syndicats et mouvements de jeunesse, ainsi que le Parlement et le gouvernement**. Créé en septembre 1947, le Kominform, bureau d'information et de liaison des partis communistes d'Europe, veille au respect de l'orthodoxie communiste. **En juin 1948, la Yougoslavie est condamnée par le Kominform pour nationalisme, critique à l'égard du centralisme démocratique et maintien de la politique de Front populaire**. En réalité, Tito refuse de faire allégeance à Staline. Pour éviter tout risque de contagion titiste et installer à la tête de chaque démocratie populaire des dirigeants qui lui soient entièrement dévoués, **Staline renoue avec la tech-**

DÉFINITION

Démocratie populaire : nom donné aux nouveaux pays communistes après la Seconde Guerre mondiale en Europe puis en Asie. En 1947, Jdanov définit ce régime comme un nouveau type d'État « où le pouvoir appartient au peuple, où la grande industrie, les transports et les banques appartiennent à l'État, et où la force dirigeante est constituée par le bloc des classes laborieuses de la population, ayant à sa tête la classe ouvrière ». Il l'oppose à la démocratie libérale qualifiée de « dictature bourgeoise ». En fait, ces « démocraties populaires » ne sont que des dictatures communistes.

nique des procès de Moscou. De 1948 à 1952, l'épuration touche la Pologne, la Hongrie, la Bulgarie et la Tchécoslovaquie. Une cinquantaine de dirigeants accusés de titisme, sionisme et espionnage au profit de l'impérialisme sont condamnés à mort et exécutés. La répression s'abat aussi sur le catholicisme, religion dominante en Pologne et en Hongrie. Pour avoir protesté contre les mesures sociales prises par les communistes, le primat de Pologne est exilé et celui de Hongrie est condamné à l'emprisonnement à vie.

3. L'extension du modèle économique soviétique

Dans toutes les démocraties populaires, **l'étatisation de l'industrie et du commerce est menée tambour battant mais, comme en URSS, la collectivisation de l'agriculture se révèle beaucoup plus difficile**. Les communistes ont dû d'abord passer par une réforme agraire qui supprime les grands domaines entre 1945 et 1950. La collectivisation entreprise ensuite se heurte à de fortes résistances, sous forme de fuites vers l'Ouest en RDA ou de recul de la production. En Pologne, la résistance est telle que Moscou doit renoncer à supprimer les exploitations privées.

Après des plans d'urgence destinés à la reconstruction entre 1945 et 1949, **la planification est étendue à l'ensemble de l'Europe de l'Est**. Définie dans chaque pays par le parti, elle est, comme en URSS, impérative, elle privilégie l'énergie et l'industrie lourde de même que les réalisations grandioses avec les mêmes objectifs démesurés, par exemple le doublement de la production industrielle lors des premiers plans quinquennaux 1950-1955. **Créé en janvier 1949, le Conseil d'aide économique mutuel ou CAEM est destiné à former un bloc commercial autarcique**. Il regroupe l'URSS, la Bulgarie, la Roumanie, l'Albanie, la Hongrie, la Tchécoslovaquie, la Pologne et la RDA dès sa proclamation. Il permet surtout à Moscou d'imposer à ses partenaires des contrats bilatéraux où l'URSS a tous les avantages.

B. L'ENGAGEMENT DANS LA GUERRE FROIDE

1. L'URSS championne de la lutte anti-impérialiste

L'expansionnisme stalinien ne se limite pas à l'Europe centrale. Moscou soutient aussi les communistes dans la guerre civile grecque et exerce de fortes pressions sur la Turquie et l'Iran. En 1947, face à la doctrine Truman qui fait des États-Unis les défenseurs du monde libre, l'URSS s'érige en championne des « forces anti-impérialistes et antifascistes ». **En septembre, la « doctrine Jdanov » appelle le mouvement ouvrier, les partis communistes frères, les mouvements de libération nationale dans les colonies et toutes les forces progressistes à se mobiliser derrière l'URSS.** L'aide Marshall proposée par les États-Unis pour la reconstruction européenne est assimilée à « un plan d'inféodation aux intérêts américains » contre lequel le Kominform appelle les « partis communistes frères de France, d'Angleterre, d'Italie et des autres pays à prendre en main le drapeau de la défense nationale et de la souveraineté de leur propre pays ».

2. Une stratégie de crises

Dès 1945, l'URSS a imposé dans sa zone d'occupation en Allemagne une dénazification particulièrement sévère et amorce une transformation accélérée des structures. Elle pratique aussi des prélèvements massifs sur l'appareil de production en application des sanctions prévues par les vainqueurs. À l'inverse, les Occidentaux sont soucieux de réduire ces sanctions dans leurs zones d'occupation pour éviter un risque de contagion communisme, car, comme le répète Truman, la misère est la meilleure alliée de Staline. Ces divergences poussent Staline qui ne se résigne pas à la gestion quadripartite de Berlin à engager un premier bras de fer. **En juin 1948, il fait bloquer tous les accès routiers et ferroviaires reliant les zones d'occupation occidentale à la partie Ouest de Berlin**. La détermination de Truman qui organise un gigantesque pont aérien pour ravitailler la ville le contraint à lever le blocus en mai 1949. La crise de Berlin accélère la partition de l'Allemagne entre les deux blocs : **à la proclamation de la RFA en mai 1949 répond la création en octobre de la RDA.**

La crise la plus grave est ouverte en juin 1950. **L'URSS pousse la Corée du Nord dont elle soutient le régime à attaquer la Corée du Sud dont le gouvernement est pro-américain**. Les États-Unis interviennent militairement et massivement mais sous la bannière de l'ONU, cependant que le Nord bénéficie de l'envoi de troupes chinoises. Le conflit qui fait 1 million de morts en trois ans s'achève au lendemain de la disparition de Staline par un armistice qui établit une paix « blanche » : la frontière entre les deux États est quasiment identique à celle de 1950.

■ **L'Allemagne en 1945**

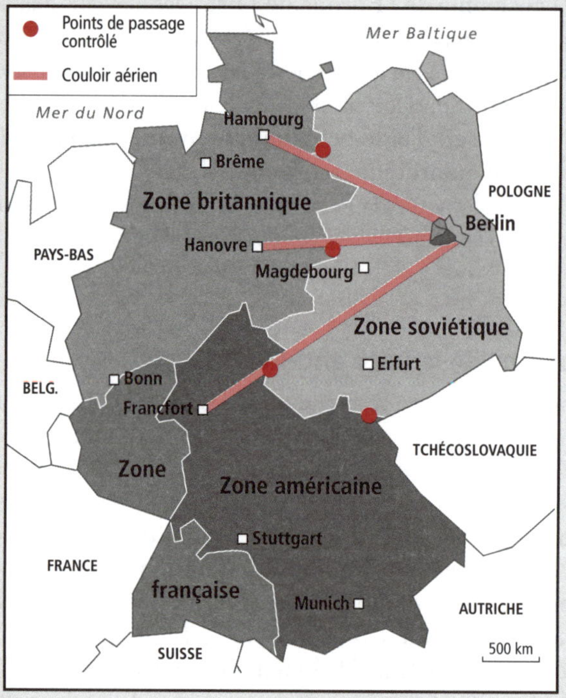

C. DES ORIENTATIONS INTÉRIEURES INCHANGÉES

1. Des plans toujours aussi tendus

Le territoire soviétique sort ravagé du conflit mondial. La production agricole est réduite de 40 % et 90 000 kolkhozes sur 250 000 ont disparu. Dans la zone occupée par les Allemands, l'industrie est en ruines. Les deux tiers du réseau ferroviaire ont été détruits de même que 70 000 villages et 1 700 villes. Les pertes humaines, particulièrement lourdes pour le peuple russe, sont estimées à 18 millions dont plus de la moitié de civils. Le coût global des destructions est évalué à 5 années du revenu d'avant-guerre.

L'ampleur des ruines et le contexte international expliquent les choix du 4e plan soviétique. Il privilégie de nouveau les énergies et l'industrie lourde dont la production doit doubler en 5 ans, ainsi que l'armement et en particulier la maîtrise de l'arme atomique. La vulnérabilité stratégique cruellement révélée par la guerre pousse Staline à accorder de **larges crédits au développement sibérien** : le plan prévoit la mise en valeur du gisement pétrolier du « deuxième Bakou » entre Volga et Oural, le renforcement du transsibérien entre l'Oural et la Sibérie occidentale et le lancement d'un projet pharaonique, une nouvelle ligne ferroviaire de 3 000 kilomètres reliant le lac Baïkal au fleuve Amour.

Le 5e plan (1950-1955) marque le sommet de la mégalomanie stalinienne : outre une croissance de 80 % pour l'industrie, de 160 % pour les machines, il comporte un **plan de « domination de la nature »** fondé sur le détournement des fleuves sibériens pour irriguer l'Asie centrale, le lancement d'une ligne ferroviaire du grand Nord et le développement des voies navigables dont le clou est le canal Don-Volga inauguré en 1952.

2. Le maintien d'un régime policier

Après la légère détente pendant la guerre, le régime se durcit de nouveau dès 1945. **La répression s'abat sur toutes les catégories jugées suspectes d'avoir collaboré avec l'ennemi**, les populations des territoires occupés par les Nazis, les prisonniers de guerre, les évadés, les minorités déplacées de force à partir de 1943 comme les Tchétchènes, les Allemands de la Volga, les Tatars de Crimée. Elle s'étend aux nouveaux territoires soviétiques, les pays baltes annexés dès 1940 et la partie orientale de la Pologne acquise à Yalta. **La hantise des espions et de tous ceux qui pourraient diffuser le titisme, le sionisme ou le cosmopolitisme conduit Staline à un antisémitisme de plus en plus virulent**. Les dirigeants des démocraties populaires victimes des procès sont surtout des Juifs, en URSS les intellectuels juifs sont arrêtés et déportés et le dernier complot dénoncé par Staline en janvier 1953 est celui des « blouses blanches », c'est-à-dire de médecins juifs accusés d'avoir accéléré le décès des dirigeants qu'ils soignaient.

La guerre froide conduit aussi le régime à renforcer la contrainte idéologique. Les écrivains, les compositeurs, les historiens et philosophes, les biologistes hostiles aux élucubrations de Lyssenko, les linguistes, les artistes sont étroitement surveillés. Les épurations se multiplient pour manquement à l'égard du réalisme socialiste, individualisme, « formalisme anti-populaire », esprit petit bourgeois, cosmopolitisme anti-russe, etc. **Les paysans sont une fois de plus visés**. Tolérés pendant la guerre, les enclos sont accablés d'impôts et leur surface est réduite. Pour combattre toute trace d'esprit rural, Staline veut regrouper les paysans dans des « agrovilles » et se prononce en 1952 pour la disparition des kolkhozes, forme inférieure de propriété socialiste.

3. L'apogée du culte de la personnalité

Malgré les responsabilités écrasantes qui peuvent lui être attribuées dans les désastres initiaux, **Staline a renforcé son prestige et se campe en artisan majeur de la victoire. Fort de ce prestige accru, il gouverne de plus en plus seul**. Le Congrès n'est plus réuni entre 1939 et 1952, le Comité central n'est plus consulté et le parti est réduit à une simple courroie de transmission. Enfermé au Kremlin ou dans sa datcha, de plus en plus méfiant, Staline limite son entourage à quelques exécutants comme Jdanov, Beria, Molotov, Malenkov et Khrouchtchev, eux-mêmes constamment soupçonnés de trahison. Il ne cesse dans le même temps d'encourager le culte de sa personne : aux louanges quotidiennes dans les journaux et revues, aux hymnes, poèmes et chansons à sa gloire, s'ajoutent la multiplication de ses statues et portraits et un nombre considérable d'entreprises et de villes qui portent son nom. **Le culte de Staline atteint son apogée en 1949 lors de son 70e anniversaire** : des milliers de messages d'admiration et de remerciements ainsi que de cadeaux divers affluent du monde entier et de toute l'URSS pour célébrer « le plus grand des chefs », « le plus grand stratège de tous les temps », « le Lénine d'aujourd'hui ».

II. L'URSS à l'heure de Khrouchtchev

L'ère khrouchtchévienne ouvre dans l'histoire de l'URSS une période de changements et de remises en cause. Le violent réquisitoire contre le stalinisme en 1956, la proposition de coexistence pacifique avec le bloc capitaliste et la multiplication des réformes économiques se présentent comme des ruptures majeures ouvrant un dégel intérieur et une détente internationale. Au moment du limogeage du premier secrétaire du parti en 1964, le bilan est cependant éloigné des espoirs initiaux. Si le régime s'est adouci, le système politique est resté le même, les orientations économiques ont peu évolué et les relations avec le reste du monde demeurent conflictuelles. Prisonnier de son idéologie et victime de son caractère impulsif, Khrouchtchev alterne esprit d'ouverture et réflexes staliniens et se heurte aux rigidités du système soviétique.

A. LA DÉSTALINISATION

1. Le choc du XXe Congrès

En février 1956, Khrouchtchev lit devant les délégués du XXe Congrès un rapport accablant sur les crimes et les erreurs de Staline. Resté secret pour les Soviétiques, le rapport est publié par la presse occidentale dès le mois de juin 1956. Il analyse longuement la terreur stalinienne, les aveux de culpabilité « obtenus à l'aide de tortures cruelles et inhumaines », les erreurs stratégiques pendant la guerre de celui qui se faisait appeler « le plus grand capitaine de l'histoire », les « déportations massives de peuples entiers », de même que la rupture des relations avec la Yougoslavie de Tito et « l'emploi de principes erronés dans l'activité économique »… **Le rapport vise aussi à laver le parti de toute responsabilité**. En affirmant que les principales victimes de la répression stalinienne ont été des membres du parti et des communistes honnêtes, Khrouchtchev cherche à rassurer les délégués du XXe Congrès sur ses intentions : hostile au culte de la personnalité et partisan du retour à la légalité socialiste, le premier secrétaire exclut d'emblée toute poursuite contre d'éventuels complices encore vivants de Staline.

2. Un dégel intérieur

Les premiers signes de changement interviennent dès la disparition de Staline, le 5 mars 1953. L'amnistie des condamnés politiques commence dès avril, l'élimination brutale du chef de la police Beria s'accompagne d'une réorganisation de la police politique et d'un rétablissement des garanties individuelles, le pouvoir d'achat est renforcé par une baisse du prix des produits de première nécessité et les nouveaux dirigeants entreprennent une réhabilitation de l'agriculture.

Le nouveau cours s'accélère après le XXe Congrès. Il se traduit notamment par un allégement de la censure, le droit au retour des nationalités déportées, la réhabilitation à titre posthume de nombreux dirigeants « condamnés illégalement » et le rétablissement d'une tolérance religieuse. Le Code pénal est réformé et le concept stalinien « d'ennemi du peuple » supprimé. Les innombrables statues et portraits de Staline disparaissent, les villes et lieux à son nom sont débaptisés et sa dépouille est retirée du mausolée de la Place rouge. En 1962, Khrouchtchev autorise la publication du roman de Soljenitsyne *Une journée d'Ivan Denissovitch*, premier témoignage sur le système concentrationnaire stalinien ainsi que la parution dans la *Pravda* des articles de Libermann dénonçant les dysfonctionnements de l'économie socialiste planifiée.

ZOOM ▶ Khrouchtchev dénonce les crimes de Staline au XXe Congrès en février 1956

Les déportations de masse

Camarades, venons-en à d'autres faits. L'Union soviétique est à juste titre considérée comme un modèle d'État multinational parce que nous avons, dans la pratique, assuré l'égalité des droits et l'amitié de toutes les nations qui vivent dans notre vaste patrie.

D'autant plus monstrueux sont les actes, dont Staline fut l'inspirateur, qui constituent des violations brutales des principes léninistes fondamentaux de la politique des nationalités de l'État soviétique. Nous voulons parler des déportations massives de peuples entiers, y compris tous les communistes et Komsomols sans exception ; ces mesures de déportation n'étaient justifiées par aucune considération militaire.

La terreur judiciaire

Cette suspicion maladive créait chez lui une méfiance généralisée, même à l'égard des travailleurs éminents du parti qu'il connaissait depuis des années. Partout et en toute chose, il voyait des « ennemis », des « gens à double face » et des « espions ».

Possédant un pouvoir illimité, il se livrait à l'arbitraire et annihilait les gens, moralement et physiquement. La situation créée était simple : on ne pouvait plus manifester sa propre volonté. Quand Staline disait que tel ou tel devait être arrêté, il fallait admettre comme un fait qu'il s'agissait d'un « ennemi du peuple ». Et la clique de Beria, responsable des organes de la sécurité de l'État, se surpassait pour prouver la culpabilité de la personne arrêtée et le bien-fondé des documents qu'elle falsifiait. Et quelles preuves étaient offertes ? Les confessions des gens arrêtés. Les juges enquêteurs acceptaient les « confessions ». Et comment se peut-il qu'une personne confesse des crimes qu'elle n'a pas commis ? D'une seule manière, à la suite de l'application de méthodes physiques de pression, de tortures, l'amenant à un état d'inconscience, de privation de son jugement, d'abandon de sa dignité humaine. C'est ainsi que les « confessions » étaient obtenues.

Le culte de la personnalité

Camarades, le culte de la personnalité a atteint de si monstrueuses proportions, surtout en raison du fait que Staline lui-même, utilisant toutes les méthodes concevables, a encouragé la glorification de sa propre personne. Cela est étayé par de nombreux faits. Un des exemples les plus caractéristiques de cette autoglorification et du manque absolu de modestie de Staline est la publication, en 1948, de sa *Biographie abrégée*. Staline y est flatté et glorifié à l'égal d'un dieu et considéré comme un sage infaillible, « le plus grand des chefs », « le plus grand stratège de tous les temps ».

3. Des changements limités

Les violentes accusations contre la dictature stalinienne n'ont pas empêché Khrouchtchev de cumuler à son tour tous les pouvoirs. Premier secrétaire du parti communiste depuis septembre 1953, il écarte rapidement tous les autres prétendants, en particulier Malenkov, Molotov et le maréchal Joukov et, **dès 1958, il accapare les fonctions de chef du gouvernement et de chef du parti**. En affirmant que le culte de la personne de Staline a été « la source de toute une série de perversions graves et sans cesse plus sérieuses des principes du parti, de la démocratie du parti, de la légalité révolutionnaire », **Khrouchtchev écarte également toute remise en cause des fondements du système soviétique**, qu'il s'agisse de la collectivisation, dont le rapport secret ne dit rien, de la planification, de la priorité à l'industrie lourde et à l'armement et de la toute-puissance du parti unique. La politique de terreur est certes désavouée mais la police politique est réorganisée et non supprimée, le nombre de détenus du Goulag diminue fortement mais les camps de travail ne disparaissent pas, la censure est assouplie mais la liberté d'expression reste exclue.

B. LA COEXISTENCE PACIFIQUE

1. Une doctrine ambiguë

« Étant donné le rapport actuel des forces dans l'arène internationale et le niveau atteint par la technique militaire, personne ne peut plus, sans avoir perdu le sens de la réalité, proposer une autre voie de développement des relations entre États ayant des régimes sociaux différents que celle de la coexistence pacifique. » Ainsi formulée par Khrouchtchev en 1959, **la coexistence pacifique entend rompre avec la politique stalinienne de guerre froide et éviter une guerre nucléaire destructrice**. Elle doit permettre « des pourparlers sur les problèmes internationaux venus à maturité, l'échange de visites d'hommes d'État, des relations économiques réciproquement avantageuses, des contacts dans le domaine de la culture et de la science ». Elle **ne comporte cependant de la part des Soviétiques aucune renonciation à la compétition idéologique.** En faisant écho à l'une des revendications exprimées à Bandung par le Tiers-monde, Khrouchtchev espère au contraire élargir l'influence de l'URSS. Il est aussi persuadé que la compétition économique ne peut que déboucher sur la supériorité du système communiste et qu'il peut ébranler la solidarité du bloc occidental.

2. Une politique alternant le chaud et le froid

La crise des fusées, 1962

DÉFINITION

Coexistence pacifique : expression léniniste reprise par Khrouchtchev en 1956 pour définir la nouvelle ligne internationale de l'URSS qui reconnaît l'existence de deux systèmes différents et prône les solutions pacifiques aux conflits de la guerre froide sans pour autant renoncer à la poursuite de la lutte des classes.

La signature de l'armistice en Corée en juillet 1953, l'accord de Genève mettant fin à la guerre d'Indochine en 1954, la reconnaissance de la neutralité de l'Autriche en 1955, la suppression du Kominform en 1956, le voyage officiel de Khrouchtchev aux États-Unis en 1959 et la rencontre avec Kennedy à Vienne en 1961 semblent en effet illustrer un changement décisif de la diplomatie soviétique. Mais de 1958 à 1961, Khrouchtchev relance brusquement la tension entre les deux blocs en remettant en cause le statut de Berlin. Vitrine de l'Occident, Berlin-Ouest est pour le numéro un soviétique une « tumeur cancéreuse » qu'il faut supprimer à tout prix pour arrêter notamment l'exode quotidien vers l'Ouest. Devant la fermeté des Occidentaux, **il ordonne en août 1961 la construction du mur entre Berlin-Ouest et Berlin-Est**. En installant à Cuba devenue castriste en 1959 des rampes de lancement de fusées destinées à menacer directement les États-Unis, **il met le monde au bord de la guerre en octobre 1962** mais doit finalement céder devant la détermination du président Kennedy. **Sa politique à l'égard de l'Europe de l'Est n'est pas moins chaotique**. En 1955, il se réconcilie avec Tito et semble reconnaître la pluralité des voies nationales vers le communisme. Mais la même année, il crée le Pacte de Varsovie, alliance défensive sous direction soviétique qui englobe toutes les démocraties populaires à l'exception de la Yougoslavie. En octobre 1956, il accepte après hésitation le changement de l'équipe dirigeante polonaise mais en novembre, **il envoie les chars soviétiques écraser la révolte hongroise**. En 1959, la charte du CAEM affirme le principe de non-ingérence économique mais en 1962, Khrouchtchev impose la division internationale socialiste du travail qui vise à accentuer la dépendance des pays du CAEM par rapport à l'URSS.

3. Un bilan mitigé

Khrouchtchev a certes enregistré quelques succès extérieurs. En 1956, la pression conjointe de l'URSS et des États-Unis pour contraindre la France et l'Angleterre à cesser leur opération de représailles contre Nasser qui a osé nationaliser la compagnie du canal de Suez permet à l'URSS de se poser en protecteur des pays arabes. Le lancement du Spoutnik en 1957 et le premier vol spatial de Gagarine en 1961 montrent que l'URSS dispose au moins temporairement d'un avantage stratégique sur les États-Unis. La « négociation au bord du gouffre » au moment de la crise des fusées suivie de l'installation du téléphone rouge entre les deux capitales confirment que la coexistence pacifique s'impose aux deux Grands. Khrouchtchev peut aussi se féliciter de l'attitude d'indépendance affichée par la France du général de Gaulle à l'égard des États-Unis. **Mais la politique de Khrouchtchev débouche aussi sur une série d'échecs.** La détermination du président Kennedy l'oblige à reculer lors des crises de Berlin et de Cuba. **La rupture des relations avec la Chine maoïste est une des raisons de son éviction en 1964.** À l'incompatibilité d'humeur entre Khrouchtchev et Mao s'ajoutent des divergences croissantes en matière de politique économique et le rejet par Pékin de la coexistence pacifique et du rôle dirigeant de l'URSS.

C. DES RÉFORMES ÉCONOMIQUES BROUILLONNES

1. Un intérêt nouveau pour l'agriculture

Spécialiste de l'agriculture, **Khrouchtchev attribue la stagnation de la production aux choix erronés de Staline** : des prix trop bas et qui ne tiennent pas compte des différences entre les régions ; une pénurie de moyens, matériels agricoles, engrais et infrastructures de stockage ; des contraintes excessives pesant sur les paysans. **Les prix agricoles**

sont effectivement relevés à plusieurs reprises et régionalisés, les livraisons obligatoires sont réduites puis supprimées, les dettes des kolkhozes sont abolies. Pour obtenir des améliorations immédiates, Khrouchtchev lance dès 1954 une opération spectaculaire : **la mise en culture immédiate de 40 millions d'hectares de « terres vierges » situées en zone semi-aride au Kazakhstan**, ce qui nécessite la mobilisation d'un demi-million de personnes, komsomols ou paysans venus d'Ukraine. Pour améliorer les rendements, il augmente les crédits destinés à l'industrie chimique et les primes offertes aux kolkhoziens. Il tente aussi de lancer une production de masse du maïs. Les 10 000 stations de machines et tracteurs sont supprimées et leur matériel réparti entre les kolkhozes, dont le nombre est réduit de 90 000 à 28 000. Les sovkhozes dont le nombre double deviennent des unités géantes qui atteignent en moyenne 7 000 hectares. **Les résultats restent cependant inférieurs aux espoirs de Khrouchtchev et aux besoins du pays**. La production augmente d'un tiers entre 1953 et 1958 mais stagne de nouveau ensuite. La mise en valeur des terres vierges coûte cher et les aléas du climat y induisent une forte irrégularité des récoltes. Le souci de réconcilier le régime et les paysans est annihilé par la rigueur imposée aux enclos : leur surface est réduite et les taxes sur la vente de leurs produits alourdies.

2. La recherche d'une planification plus efficace

C'est sans doute dans le domaine de la planification que l'activisme et l'impatience de Khrouchtchev sont les plus visibles. Ses diatribes contre la bureaucratie centrale sont célèbres. Il lui reproche d'ignorer les réalités locales et les complémentarités géographiques, ce qui entraîne une paralysie des transports, de gaspiller les crédits en multipliant les stocks d'invendus alors que les pénuries les plus criantes persistent. Il s'emporte aussi sur l'absence de coordination entre les différents ministères. Il est vrai qu'à son arrivée, la tutelle de l'industrie est répartie en 27 secteurs et 250 branches. **Pour remédier à tous ces défauts, Khrouchtchev décide de supprimer une série de ministères, de réduire la bureaucratie centrale et de créer 105 conseils économiques régionaux ou sovnarkhozes**. La décentralisation se révèle vite une source supplémentaire de désordres, aggravés par la résistance de la bureaucratie. Dès 1960, Khrouchtchev doit réduire le nombre de sovnarkhozes, avant de les regrouper dans 19 régions économiques et, en 1963, de rétablir la centralisation.
Khrouchtchev s'attaque aussi à la durée de la planification. **En 1959, il lance un plan septennal qui devra être abandonné en 1963 pour un plan intérimaire de deux ans.** Il veut aussi promouvoir un plan annuel et un plan prospectif à 20 ans et infléchir les priorités : le plan septennal retient une multiplication par 4 de la production de textiles et d'électroménager et le lancement de 15 millions de logements pour éradiquer les pénuries traditionnelles. En 1965, le nouveau chef du gouvernement Kossyguine condamne cette boulimie de réformes : « Dans un passé récent, beaucoup d'erreurs ont été commises en matière de planification et des questions économiques fort complexes ont été abordées avec un esprit volontariste et sans aucune réflexion préalable. »

III. L'URSS de 1964 à 1973

Le limogeage de Khrouchtchev en 1964 débouche, après une courte période de direction collégiale, sur l'émergence d'un nouveau pouvoir personnel au profit du secrétaire général du parti, Leonid Brejnev. L'ère brejnévienne qui dure jusqu'en 1982 s'accompagne d'un retour en force de l'esprit stalinien : le régime persécute de nouveau tous ceux qu'il assimile à des dissidents et soupçonne d'attitudes antisoviétiques. Elle est aussi caractérisée par une incapacité du régime à corriger les blocages de l'économie soviétique : le retard technologique, la faiblesse de la productivité conduisent à un ralentissement de la croissance, l'insuffisance de la production agricole s'aggrave, les pénuries de biens de consommation perdurent, la corruption se généralise.

L'URSS reste cependant une superpuissance, dotée de moyens militaires considérables. Son influence progresse dans le Tiers-monde et sa mainmise sur l'Europe de l'Est est confirmée avec éclat par l'écrasement du « printemps de Prague ». En 1972, les négociations conduites avec les États-Unis lui reconnaissent la parité stratégique. Le choc pétrolier de 1973 lui offre un surcroît de puissance face à l'Occident.

A. UNE ÉCONOMIE EN PERTE DE VITESSE

1. Une nouvelle vague de réformes

L'achat en urgence de 20 millions de tonnes de céréales aux États-Unis en 1963 oblige les nouveaux dirigeants à multiplier les mesures en faveur de l'agriculture. **L'enclos individuel est réhabilité et les limitations « économiquement aberrantes » qui le frappaient sont levées**. Les kolkhoziens bénéficient d'une retraite à partir de 1964, d'un revenu minimum garanti à partir de 1966 et de nouveaux relèvements de prix. **Le 8e plan quinquennal (1965-1970) réserve 20 % des crédits pour développer la mécanisation agricole, la production d'engrais et l'irrigation en Asie centrale**. En 1967, la réforme des sovkhozes leur accorde une plus large autonomie. En 1968, celle des kolkhozes les autorise à négocier des contrats directs d'approvisionnement et encourage la formation d'unions inter-kolkhoziennes pour les gros travaux d'aménagement, le conditionnement et la transformation des produits.

En octobre 1965, la réforme de l'entreprise inspirée par l'économiste Libermann est officiellement adoptée. La tutelle sur les entreprises est réduite et deux indices nouveaux sont institués : l'indice de la production écoulée pour améliorer la qualité et l'indice de rentabilité pour lutter contre les gaspillages en capital et en main-d'œuvre. L'entreprise bénéficie d'une large autonomie dans l'utilisation des moyens qui lui sont alloués et peut garder 20 % de ses bénéfices répartis en trois fonds, l'intéressement du personnel, l'environnement, l'autofinancement. L'autonomie commerciale permet enfin à l'entreprise de négocier ses contrats d'approvisionnement à l'amont et de consulter sa clientèle à l'aval.

Le retour aux plans quinquennaux s'accompagne d'un effort croissant pour améliorer le niveau de vie. Dans le 9e plan (1970-1975), la croissance retenue pour le secteur B, les biens de consommation, est pour la première fois supérieure à celle du secteur A, les biens de production. Symbole de ce souci « d'améliorer la condition matérielle du peuple », le plan prévoit de développer la construction automobile avec l'aide technique des entreprises occidentales, Fiat et Renault.

2. Des performances insuffisantes

Malgré l'optimisme officiel, les faiblesses structurelles de l'économie soviétique s'aggravent. **L'autarcie dans laquelle vit l'URSS se traduit par un retard croissant de la technologie et une très faible productivité**. La réforme de l'entreprise qui visait à améliorer cette productivité se heurte à la mauvaise volonté d'une bureaucratie jalouse de ses pouvoirs ainsi qu'à l'indifférence des travailleurs. Malgré l'exode rural, **la croissance soviétique**

est freinée par la pénurie de main-d'œuvre. La planification retenait au lendemain de la guerre des taux annuels de croissance supérieurs à 10 %. Elle se limite au début des années 1970 à des objectifs annuels de 5 %. Pour tenter de réduire son retard, l'URSS est contrainte de se tourner vers l'achat d'équipements étrangers. La stimulation de l'agriculture n'est pas plus satisfaisante. La production augmente moins vite que les besoins de la population, les problèmes alimentaires s'aggravent en ville et **à partir de 1972, l'URSS doit recourir chaque année à des importations de céréales** dont le volume ne cesse d'augmenter. Les Soviétiques continuent à souffrir de la pénurie en matière de logements et de biens de consommation et la médiocrité de leur niveau de vie contraste de plus en plus avec l'abondance des pays occidentaux. Les seuls à échapper à cette situation sont les privilégiés, membres de la **Nomenklatura**, qui disposent de datchas, de voitures de fonction, de résidences balnéaires protégées, de magasins spéciaux où rien ne manque et des meilleures écoles pour leurs enfants.

3. L'atout énergétique

Avec l'augmentation de sa production énergétique qui lui laisse de larges excédents exportables, l'économie soviétique dispose d'un atout qui se révèle essentiel au début des années 1970. Outre une production de charbon qui dépasse 600 millions de tonnes en 1973 grâce aux gisements du Donbass en Ukraine et du Kouzbass en Sibérie occidentale, l'URSS a considérablement développé sa production d'hydrocarbures au point de devenir le **premier producteur mondial de pétrole en 1974** grâce à la mise en valeur du 3e Bakou en Sibérie centrale et de disposer des plus fortes réserves mondiales de gaz naturel. **Elle exporte à cette date 120 millions de tonnes de pétrole**, moitié vers les pays du CAEM, moitié vers l'Ouest. Au moment où l'ensemble du monde capitaliste découvre sa fragilité, **le choc pétrolier procure à l'URSS un flot de devises pour financer ses importations de nourriture, de machines, d'usines ou de biens de consommation**. Pour les États-Unis mais aussi pour l'Europe et le Japon, l'URSS apparaît comme un partenaire commercial d'autant plus intéressant qu'il permet de diversifier les approvisionnements énergétiques et de réduire la dépendance par rapport à l'OPEP. La manne pétrolière va masquer et compenser pendant une dizaine d'années la paralysie croissante du système économique soviétique.

B. L'INFLUENCE POLITIQUE BREJNÉVIENNE

1. Un retour intérieur à l'orthodoxie

Le renversement de Khrouchtchev est suivi, comme après la mort de Staline, d'un **retour éphémère à une direction collégiale** associant Brejnev, secrétaire du parti communiste, Mikoïan, chef de l'État, et Kossyguine, chef du gouvernement. Une fois de plus cependant, le responsable du parti construit progressivement un pouvoir personnel. Proclamé héros de l'Union soviétique lors de son soixantième anniversaire en 1966, Brejnev place des hommes liges aux postes clés et écarte ses rivaux en utilisant la corruption et le clientélisme. Il renoue aussi avec le culte de la personnalité et rétablit un pouvoir de type stalinien.

Le durcissement du régime se traduit par le retour de la censure et la répression contre les intellectuels, les « hooligans » et tous ceux qui sont accusés de menées antisoviétiques. En 1965, l'arrestation des écrivains Siniavski et Daniel condamnés pour avoir fait paraître leurs œuvres en Occident marque la fin du dégel. Le XXIIIe Congrès du parti au printemps 1966 réaffirme les mérites de Staline et renforce la discipline dans le parti en prévoyant l'exclusion des membres qui ont nui au renom du communisme. La même année, le Code pénal est renforcé. Le pouvoir ajoute aux camps de travail **l'internement dans des hôpitaux psychiatriques pour les dissidents**, assimilés désormais à des malades mentaux. Pour avoir protesté contre le retour de la censure, Soljenitsyne est exclu de l'Union des écrivains en 1969 et empêché l'année suivante de quitter le territoire pour recevoir le prix Nobel de littérature. Après la publication à l'étranger de *L'Archipel du Goulag* qui dénonce le système concentrationnaire, il est arrêté, déchu de la nationalité soviétique et expulsé.

2. Une politique impériale

L'URSS poursuit à partir de 1964 une politique expansionniste tous azimuts. Au Moyen-Orient, la Syrie, l'Irak et l'Égypte bénéficient de l'envoi de nombreux techniciens civils et d'un appui militaire considérable au nom de la lutte contre l'impérialisme américain et de son soutien à Israël avec lequel l'URSS rompt ses relations diplomatiques en 1967, au lendemain de la « guerre des six jours ». En Asie, Moscou aide massivement le Vietnam du Nord, provoque de violents incidents de frontière contre le régime maoïste en 1969 et signe un traité d'amitié avec l'Inde en 1971. En Afrique, l'URSS cherche à profiter de la vague d'indépendance pour renforcer son influence, en soutenant tous les régimes d'inspiration socialiste comme l'Algérie à partir de 1962, l'Éthiopie, l'Angola et le Mozambique à partir de 1974. En Amérique latine, elle développe son aide au régime castriste soumis à l'embargo des États-Unis. En Europe de l'Est, **les forces militaires du Pacte de Varsovie répriment en août 1968 le « printemps de Prague »**. Malgré la réprobation occidentale, la doctrine Brejnev justifie l'intervention au nom de **la souveraineté limitée des démocraties populaires** : « Nous n'accepterons jamais que l'impérialisme, pacifiquement ou non, de l'intérieur ou de l'extérieur, fasse une brèche dans le système socialiste et change à son avantage le rapport des forces en Europe. »

3. Une coexistence militarisée

Cet activisme extérieur s'accompagne d'un renforcement considérable de la puissance militaire soviétique. L'URSS se dote de milliers de fusées à tête nucléaire, développe sa marine de guerre, en particulier les sous-marins, et renforce son armement traditionnel. Cette course aux armements n'empêche pas Brejnev d'affirmer sa fidélité à la doctrine de coexistence pacifique. **La puissance nucléaire accumulée par les deux Grands débouche en effet sur la certitude d'une destruction mutuelle et pousse Washington et Moscou à négocier pour réduire les risques**. En 1963, les deux capitales renoncent aux essais nucléaires autres que souterrains. En 1968, les 5 pays détenteurs de l'arme atomique, États-Unis, URSS, France, Royaume-Uni et Chine s'engagent par le Traité de non-prolifération à ne pas diffuser la technologie militaire nucléaire. En 1972, après de longues négociations, l'URSS signe avec les États-Unis le traité SALT 1 qui entend limiter la course aux armements nucléaires offensifs et défensifs. En 1973, Brejnev et Nixon signent un accord sur la prévention de la guerre nucléaire. Cette même année, les accords de Paris qui entérinent la victoire des communistes vietnamiens soutenus par Moscou confirment les succès diplomatiques remportés par Brejnev face à une Amérique que la défaite de la guerre du Vietnam plonge dans le doute.

■ L'armement nucléaire stratégique des États-Unis et de l'URSS

	1963	1965	1967	1969	1970	1972	1974
Missiles balistiques intercontinentaux (ICBM)							
États-Unis	424	854	1 054	1 054	1 054	1 054	1 054
URSS	90	224	570	1 028	1 299	1 527	1 575
Missiles balistiques lancés d'un sous-marin (SLBM)							
États-Unis	224	496	656	656	656	656	656
URSS	107	107	107	196	304	500	720
Bombardiers à long rayon d'action							
États-Unis	630	630	600	560	550	455	437
URSS	190	160	160	145	145	140	140
Total des vecteurs nucléaires							
États-Unis	1 278	1 980	2 310	2 270	2 260	2 165	2 148
URSS	387	490	837	1 369	1 748	2 167	2 435

Portée d'un ICBM : 4 000 milles et au-dessus.
Portée d'un bombardier à long rayon d'action : 6 000 milles et au-dessus. Le *Backfire* est classé comme bombardier à moyen rayon d'action d'après ses caractéristiques (5 500 milles).

Source : *The Military Balance*, The International Institute for Strategic Studies (IISS), Londres.

■ L'influence soviétique à la fin de l'ère Brejnev

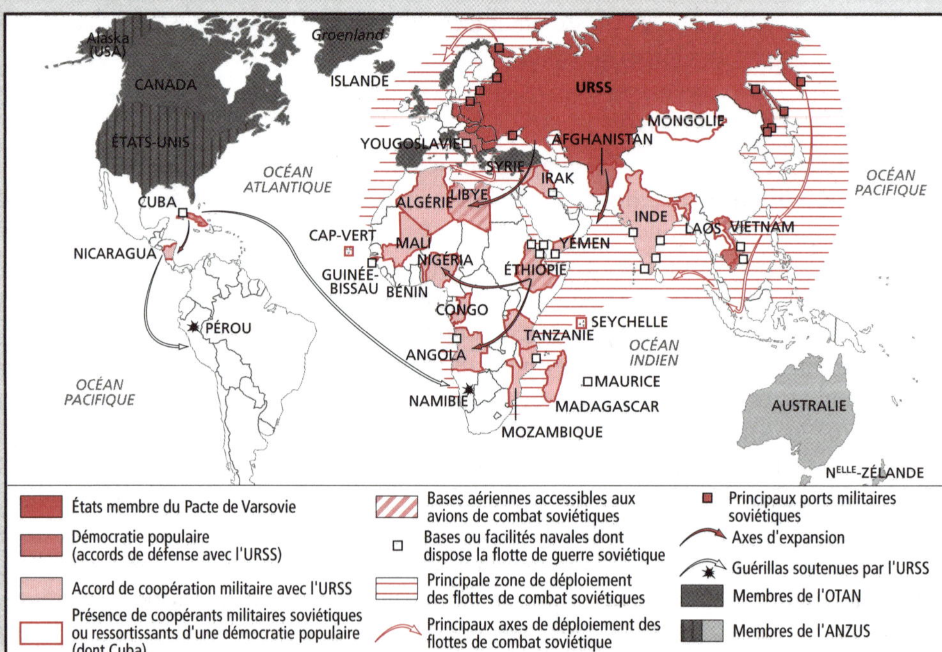

22 LE TIERS-MONDE EN RECHERCHE DE DÉVELOPPEMENT

Au cours du XIXe et du début du XXe siècle, le capitalisme a progressivement intégré dans sa dynamique économique et spatiale tous les pays, tous les territoires du monde. Cette intégration s'inscrit dans une division internationale du travail associant un centre dominant, les pays industriels, et une périphérie, les pays dominés, réduits au rôle de fournisseurs de produits de base et de débouchés pour les produits manufacturés des pays riches.

Après la Seconde Guerre mondiale, ces pays dominés se mobilisent pour obtenir leur indépendance politique, mais ils veulent aussi bénéficier du développement économique et social que connaissent les pays industrialisés, améliorer le niveau de vie de leur population et faire reconnaître leurs droits. Cette prise de conscience se traduit par l'affirmation d'une solidarité et la définition de revendications communes : la conférence de Bandung en 1955 marque l'irruption sur la scène internationale d'un « Tiers-monde » qui englobe la majorité de la population mondiale mais ne bénéficie que d'une part minime de la richesse produite.

Au début des années 1970, les pays regroupés sous cette appellation présentent déjà une diversité considérable. Certains sont engagés dans la voie du développement, d'autres pas.

CHRONOLOGIE

1945 : Manifestations et émeutes en Algérie (Sétif)

1947 : Indépendance de l'Inde et du Pakistan

1955 : Conférence de Bandung, naissance officielle du Tiers-monde

1960 : Création de l'OPEP

1961 : Conférence de Belgrade, naissance du mouvement des non-Alignés

1964 : Première CNUCED à Genève. Débuts de la Révolution verte

1968 : Deuxième CNUCED à New Delhi, définition du SGP

1972 : Troisième CNUCED à Santiago du Chili, définition des PMA

1973 : Alger : revendication d'un nouvel ordre économique international

I. L'irruption du Tiers-monde sur la scène internationale

A. LA PRISE DE CONSCIENCE DES PAYS RICHES

1. Les pays pauvres, nouvel enjeu stratégique

C'est après la Seconde Guerre mondiale au moment où les mouvements d'indépendance s'affirment dans les colonies et où débute la guerre froide que l'importance stratégique des nations prolétaires, des pays pauvres ou « sous-développés », émerge. Le **président Truman**, le premier, prend conscience de l'urgence : persuadé que « la pauvreté est la meilleure alliée de Staline », il appelle les États-Unis à se mobiliser en faveur des pays attardés. Dans son discours de janvier 1949 sur l'état de l'Union, il déclare : « Il nous faut lancer un nouveau programme qui soit audacieux et qui mette les avantages de notre avance scientifique et de notre progrès industriel au service de l'amélioration et de la **croissance** des **régions sous-développées** [...]. **Leur pauvreté constitue un handicap et une menace, tant pour eux que pour les régions les plus prospères**. »

L'appel de Truman a été rejeté par le Congrès mais il est repris par l'**ONU** qui met en place un **programme d'assistance** dès 1949. Ce programme fait totalement abstraction de la diversité des pays concernés et met l'accent sur le fossé économique qui les sépare des pays industrialisés. Pour les pays occidentaux, il est urgent de fournir aux nouveaux États des moyens financiers, techniques et militaires pour enrayer la misère, terreau du communisme et pour faire face à la poussée révolutionnaire qui se développe dans de nombreux pays d'Asie, d'Amérique latine et d'Afrique.

2. Les pays pauvres, troisième monde oublié

L'expression « **Tiers-monde** » est utilisée pour la première fois par le démographe Alfred Sauvy dans un article paru en 1952 dans l'*Observateur* et intitulé *Trois mondes, une planète*. « Nous parlons volontiers des deux mondes en présence, de leur guerre possible, de leur coexistence, [...] oubliant trop souvent qu'il en existe un troisième, le plus important et, en somme le premier dans la chronologie. C'est l'ensemble de ceux qu'on appelle, en style Nations unies, les pays sous-développés [...] **ce Tiers-monde ignoré, exploité, méprisé comme le Tiers état, veut, lui aussi, être quelque chose**. »

Dans cet **article militant et polémique**, A. Sauvy rappelle que la planète ne se résume pas à une fracture bilatérale entre l'Ouest et l'Est et à l'affrontement entre deux blocs dirigés par les États-Unis et l'URSS mais qu'il existe un troisième monde où le décalage entre la forte croissance démographique et la faible croissance économique induit un « cycle de misère ». Les moyens de financer la croissance de ce troisième monde existent mais ils sont détournés et « stérilisés » par la course aux armements. Évoquant l'antériorité chronologique de nombreuses civilisations de ce Tiers-monde par rapport à l'essor de la civilisation technicienne née en Europe au XVIIIe siècle, A. Sauvy affirme que le Tiers-monde veut être reconnu et respecté pour lui-même et non réduit uniquement à un enjeu de la guerre froide, selon la vision géopolitique des États-Unis.

B. LE RÉVEIL DES PAYS DOMINÉS

1. La conférence de Bandung

L'article prémonitoire d'A. Sauvy trouve son illustration dès 1955 lors de la conférence qui réunit à **Bandung**, ancien lieu de villégiature des colons hollandais dans l'île de Java, **les délégations de 29 pays, 23 pays d'Asie et du Moyen-Orient et 6 pays africains, représentant plus de 50 % de la population mondiale mais seulement 8 % de la richesse mondiale**. Outre le président indonésien Soekarno qui reçoit, les figures dominantes de cette réunion sont le représentant de l'Inde, Nehru, celui de la Chine Chou En Lai et l'égyptien Nasser. Expression du rapprochement afro-asiatique, la conférence regroupe des pays dont les options et les situations sont différentes : on y trouve des pays neutres, des pays pro-occidentaux mais aussi des pays communistes. Certains sont déjà indépendants, d'autres toujours colonisés. Malgré ce manque d'homogénéité, le sentiment d'unité dans la pauvreté et la volonté d'affirmer la solidarité des pays du Tiers-monde face aux grandes puissances l'emporte. Adopté à l'unanimité, le long communiqué final explicite les revendications du Tiers-monde.

Les participants déclarent « appuyer totalement le principe du **droit des peuples et des nations à disposer d'eux-mêmes** ». Ils réclament le respect de la souveraineté et de l'intégrité territoriale de toutes les nations, **la reconnaissance de l'égalité entre toutes les races et toutes les nations, le refus de toute pression et ingérence de la part des grandes puissances**. Ils se prononcent pour le règlement de tous les différends par la voie pacifique, pour **le désarmement universel et l'interdiction des armes nucléaires**. Ils réclament l'abolition du colonialisme, à commencer par le Maroc, l'Algérie et la Tunisie, la réalisation d'une solution pacifique du problème palestinien, l'abandon de la ségrégation raciale en Afrique… En matière économique, **les signataires affirment leur volonté de coopérer entre eux en faveur du développement** mais demandent aussi la création d'un fonds des Nations unies pour le développement économique, la stabilisation des prix des produits bruts et un renforcement des moyens de la Banque mondiale. Qualifiée par Léopold Sédar Senghor de « victoire morale des peuples de couleur », la conférence de Bandung qui marque la naissance officielle du Tiers-monde a eu un **retentissement considérable dans l'opinion mondiale**.

Les participants à la conférence de Bandung

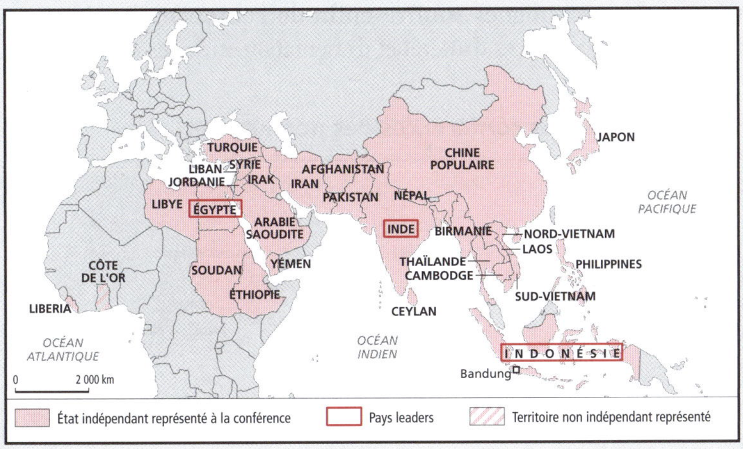

2. Le mouvement des non-alignés

Il est amorcé par la rencontre de Brioni en juillet 1956 entre Nehru, Nasser et Tito. C'est **Tito** qui a rompu avec l'URSS dès 1948 qui accueille la première conférence des 26 pays « non alignés » à Belgrade en 1961 en compagnie de **Soekarno**, **Nehru, Nasser**, **NKrumah**… Nasser est le héros qui a nationalisé la Compagnie du canal de Suez en 1956 et NKrumah le président du Ghana, premier État d'Afrique noire à devenir indépendant en 1957. Comme l'affirme la déclaration finale, les non-alignés ne prétendent pas constituer un nouveau bloc mais leur neutralisme actif vise bien à constituer une nouvelle force internationale et une troisième voie entre capitalisme et communisme. **Les revendications initiales sont essentiellement politiques** et reprennent largement les objectifs énoncés à Bandung : « abolition immédiate, inconditionnelle, totale et définitive du colonialisme », respect scrupuleux de l'intégrité territoriale, rejet de toute base militaire étrangère sur leur territoire, refus de toute alliance militaire avec l'un des deux Grands, désarmement général. Les participants réclament surtout la **coexistence pacifique**, « seule solution si l'on veut sortir de la guerre froide et du risque d'une catastrophe universelle ».

Le **groupe des non-alignés s'accroît** progressivement au gré des **nouvelles indépendances** et par l'adhésion des **pays d'Amérique latine**. La deuxième conférence réunit 47 pays au Caire en 1964 et la troisième 53 pays à Lusaka en 1970. L'accélération de la décolonisation et la relative détente des années 1960 conduisent les participants à privilégier à partir de

1970 les revendications économiques. En 1973, la quatrième conférence des non-alignés à Alger qui réunit 75 participants et observateurs confirme ce recentrage vers l'affirmation d'un **nouvel ordre économique international** qui semble triompher à l'ONU l'année suivante avec l'adoption de **la Charte des droits et des devoirs économiques des États**, destinée à réglementer les relations économiques internationales sur des bases plus favorables aux pays du Sud. Mais, dès 1962, des failles sont apparues qui affaiblissent fortement ce mouvement : à des conflits entre États comme entre l'Inde et la Chine en 1962, s'ajoutent des rivalités de personnes entre NKrumah, Nasser, Nehru… Le contexte de guerre froide rend difficile une autonomie totale des pays non alignés par rapport aux deux Grands : après l'attaque de la Chine en 1962, l'Inde se rapproche de l'URSS ; après sa rupture avec Moscou, officielle en 1963, la Chine rejette à la fois « le chauvinisme de grande puissance » de l'URSS et « l'impérialisme américain tigre de papier » mais elle refuse la coexistence pacifique et se réclame plus que jamais du communisme. Les mouvements d'indépendance africains en lutte sont enclins à rechercher un soutien américain ou soviétique. Plus grand rassemblement international en dehors de l'ONU, **le mouvement des non-alignés souffre enfin de l'absence d'institutions communes** capables de gérer les divergences d'intérêt et d'orientation entre ses membres.

États membres, lieux des conférences des non-alignés

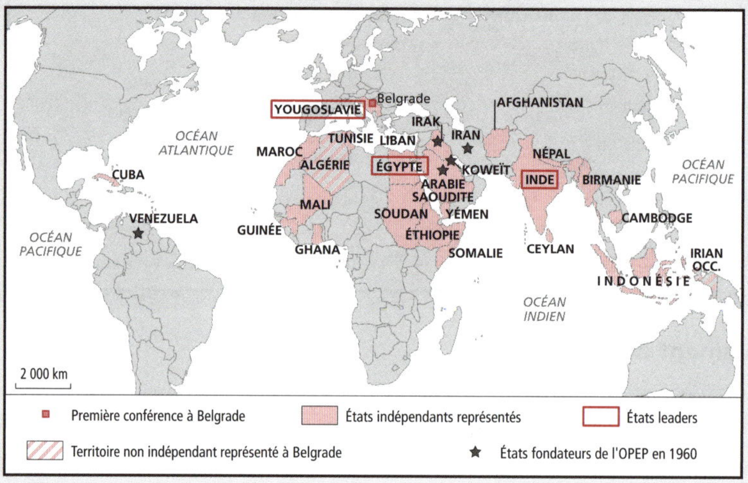

C. L'ESSOR DU TIERS-MONDISME

1. Le procès de l'Occident

Le Tiers-monde a trouvé un allié de poids dans l'idéologie tiers-mondiste qui s'affirme à la fin des années 1950 et dans la décennie 1960. Appuyée par les publications de nombreux économistes, la mobilisation des élites des pays pauvres, les mouvements révolutionnaires, la propagande communiste, cette idéologie a séduit de nombreux intellectuels occidentaux ainsi qu'une partie des mouvements étudiants et trouvé de nombreux échos dans les sociétés des pays riches. **En Europe, elle se nourrit du sentiment de culpabilité et de repentance hérité de la colonisation**. Le tiers-mondisme considère en effet que les pays colonisateurs sont les premiers responsables du retard et de la pauvreté qui frappe le Tiers-monde. Il les accuse d'avoir imposé le travail forcé, pillé les richesses, détruit les cadres sociaux et culturels traditionnels et tracé des frontières aberrantes. Le procès concerne le passé mais aussi le présent : pour les tiers-mondistes, **l'indépendance n'a pas mis fin à la domination**. Aux méfaits de la colonisation s'ajoutent les **ravages du néocolonialisme** pratiqué par les pays riches. Sont dénoncés pêle-mêle « l 'échange inégal » né de la baisse du cours des produits bruts vendus par le Tiers-monde alors que le cours des produits manufacturés qu'il importe ne cesse d'augmenter, « l'exode des cerveaux », les pressions politiques exercées par les grandes puissances, l'exploitation de la main-d'œuvre et des richesses par les firmes multinationales et les chantages qu'elles exercent sur les gouvernements. **L'idéologie tiers-mondiste affirme que le sous-développement est d'abord et avant tout un produit du développement**.

ZOOM ▶ Gamal Abdel Nasser (1918-1970)

Né dans une famille de petits fonctionnaires, nationaliste militant dès les années 1930, Nasser sort major de la première promotion de l'Académie militaire ouverte aux enfants du peuple. La défaite de l'Égypte face à Israël en 1948 (Nasser est grièvement blessé) amène la formation des « officiers libres » qui prennent le pouvoir en 1952 à l'occasion d'émeutes contre la base militaire anglaise du canal de Suez. À partir de 1954, Nasser accapare le pouvoir qu'il exerce de façon très autocratique (lutte contre les communistes, contre les Frères musulmans). Dès 1955, lors de la conférence de Bandung, il est un des grands leaders du Tiers-monde. La nationalisation de la Compagnie du canal de Suez en juillet 1956 devient une immense victoire politique après l'échec, sous la pression des États-Unis et de l'URSS, de l'intervention conjointe d'Israël, du Royaume-Uni et de la France. Grâce aux recettes du canal, Nasser entreprend la construction d'une Égypte moderne et industrielle dont le barrage d'Assouan devient l'outil (régulant la crue du Nil, fournissant de l'électricité) et le symbole. Le développement économique est fondé sur des nationalisations et des plans inspirés du modèle soviétique. Avec son soutien au FLN algérien, à l'OPEP et à l'Organisation de libération de la Palestine, Nasser fait de l'Égypte un pôle politique majeur du Proche-Orient et du Tiers-monde. L'achèvement du barrage d'Assouan soulève de grands espoirs mais le bilan nassérien est terni par une nouvelle défaite face à Israël en 1967. Ses obsèques en 1970 sont suivies par six millions d'Égyptiens sur une population de 33 millions. Six mois avant sa mort, il déclarait au *New York Times* : « Je n'ai pas de rêve personnel. Je n'ai pas de vie personnelle. Je n'ai rien de personnel. Mon rêve, c'est tout d'abord le développement du pays, l'électricité dans les villages et du travail pour tous les hommes. »

Nasser reste l'homme de Suez en 1956, de la lutte pour le développement de l'Égypte, l'unité du monde arabe et le rejet de toute domination étrangère.

2. Un appui inconditionnel aux forces de libération

Les tiers-mondistes transposent à l'échelle planétaire l'analyse marxiste de la lutte de classes. Comme le déclare Franz Fanon dans *Les Damnés de la Terre*, ouvrage paru en 1961, le Tiers-monde est le nouveau prolétariat en lutte contre le capitalisme prédateur. Il dénonce l'impérialisme des États-Unis et leurs interventions directes dans certains pays pour rétablir leurs intérêts, comme en Iran en 1953 ou au Guatemala en 1954. Ils soutiennent sans réserve tous les mouvements révolutionnaires des pays de Sud, surtout s'ils sont antiaméricains : le FLN algérien jusqu'en 1962, le régime castriste à Cuba et les communistes du Nord-Vietnam en particulier. Ils s'enthousiasment lors de la première **conférence « tricontinentale »** qui rassemble en janvier 1966 82 délégations de pays ou partis anti-impérialistes des trois continents à la Havane. Ils transforment en icône l'ancien compagnon de **Fidel Castro, Ernesto « Che » Guevara**, mort en Bolivie en 1967 après avoir tenté de lancer des mouvements de guérilla en Amérique latine pour « créer deux, trois, de nombreux Vietnam ». Virulent jusqu'aux années 1970, le discours tiers-mondiste perd progressivement sa séduction lorsqu'il devient évident que nombre des mouvements qu'il a soutenus et approuvés se transforment en dictatures. Comme le dit avec force le philosophe Pascal Bruckner, les Occidentaux ont fini par comprendre qu'ils ne pouvaient pas continuer à militer pour installer à Hanoi le type de régime qu'ils dénonçaient à Prague.

II. Les handicaps du Tiers-monde

A. DES DÉSÉQUILIBRES SOCIAUX

1. Une croissance démographique accélérée

Les décennies 1950 et 1960 marquent l'apogée de la croissance démographique dans les pays pauvres. Le contraste entre une natalité qui reste exceptionnellement forte et le recul de la mortalité lié aux progrès de l'hygiène ou aux campagnes de vaccination menées notamment par l'OMS conduit à des taux de croissance annuels de l'ordre de 2 à 3 % et parfois plus. **En l'espace d'une génération, de 1950 à 1975, la population asiatique augmente de 68 %, celle de l'Afrique de 85 %, celle de l'Amérique latine de 101 %** contre 21 % seulement pour l'Europe occidentale. Tout favorise en effet une forte fécondité : les unions précoces, l'absence de contraception, la très forte mortalité infantile mais également la pression des religions et des mentalités traditionnelles, la persistance d'un fort analphabétisme parmi les femmes et la non-reconnaissance de leurs droits. Jointe à une espérance de vie qui reste limitée, cette fécondité suscite des populations dont la jeunesse contraste avec le vieillissement des pays riches. **Les moins de 15 ans forment de 40 à 50 % de la population du Tiers-monde** contre 20 à 25 % dans les pays développés.

2. De fortes carences

La croissance démographique non maîtrisée crée dans les pays pauvres de redoutables défis. La **sous-alimentation**, c'est-à-dire l'insuffisance quantitative des rations alimentaires, et la **malnutrition**, c'est-à-dire l'insuffisance en protéines, vitamines et sels minéraux, **concernent près d'un milliard de personnes** et font des ravages parmi les enfants et les populations les plus pauvres. Les mauvaises récoltes ou les conflits, fréquents notamment en Afrique, peuvent même conduire à des **famines aiguës** que l'aide alimentaire d'urgence venue des pays riches ne peut pas toujours pallier à temps. Les gouvernements se révèlent également, sauf rares exceptions, incapables de scolariser la marée de jeunes. L'UNESCO estimait au milieu des années 1970 **le pourcentage d'enfants de 6 à 11 ans non scolarisés dans les pays en voie de développement à 38 %**. À la même date, elle déplorait encore **plus de 800 millions d'analphabètes** parmi les adultes dont 60 % étaient des femmes. Mal nourries et mal éduquées, les populations du Tiers-monde sont aussi mal soignées. **Selon l'OMS, plus de trois milliards d'êtres humains sont privés d'accès aux soins**. Trop peu nombreux, les médecins sont concentrés dans les villes alors que la population reste fortement rurale. Les capacités d'accueil des hôpitaux sont également très insuffisantes et limitées aux grandes métropoles, les médicaments sont rares et coûteux et les budgets réservés à la santé sans commune mesure avec l'ampleur des besoins. **L'espérance de vie reste inférieure de 20 à 30 ans à celle des pays développés**.

3. De violents contrastes sociaux

La structure sociale des pays pauvres est marquée par de très fortes inégalités. Les écarts entre **une minorité disposant souvent d'immenses fortunes** et **une majorité de pauvres** ou très pauvres sont beaucoup plus prononcés que dans les pays développés. Dans les campagnes, la répartition des terres reste très inégale, en particulier en Amérique latine où les grands propriétaires continuent à contourner ou à empêcher les réformes agraires alors que pullulent les micro-exploitations et les paysans sans terre. Dans les grandes villes, dont la croissance est anarchique, le manque chronique d'emplois entretient la misère d'une frange plus ou moins importante des habitants, favorisant le **développement de bidonvilles**, « l'habitat spontané » selon la terminologie de l'ONU, mais aussi la **prolifération des activités informelles et de la délinquance**. Les sociétés du Tiers-monde se caractérisent aussi par l'absence ou la faiblesse des classes moyennes, la situation très dépendante des femmes, la fréquence du travail des enfants, l'importance de la corruption et l'enrichissement de ceux qui détiennent le pouvoir, la rareté et la fragilité des régimes démocratiques, la fréquence des coups d'État et la prolifération des dictatures, l'intrusion des forces armées dans la vie politique.

B. DES BLOCAGES ÉCONOMIQUES

1. Une agriculture déficiente

En 1968, la FAO estimait le pourcentage d'agriculteurs dans la population active à 50 % en Amérique latine, 65 % en Asie et 75 % en Afrique. Cette pléthore de bras n'empêche pas la plupart des pays pauvres de souffrir d'une production insuffisante. Outre la fréquente fragilité des sols, les déficiences s'expliquent par l'insuffisance de l'outillage, l'absence de semences ou de fertilisants conduisant à des rendements très faibles, le danger de méthodes ancestrales allant de la culture sur brûlis à la monoculture répétitive qui épuise les terres. S'y ajoutent en Amérique latine la sous-utilisation des sols dans les grands domaines, en Asie la pénurie de terres cultivables, en Afrique les progrès de la désertification et les aléas climatiques. Les seules formes efficaces d'agriculture correspondent aux plantations, mais celles-ci sont souvent aux mains d'entreprises étrangères, elles accaparent les meilleures terres et elles privilégient les cultures d'exportation aux dépens du secteur vivrier et des besoins locaux. L'agriculture illustre parfaitement la définition du sous-développement retenue par l'ONU : la « **non-exploitation optimale de toutes les ressources économiques et humaines disponibles sur un territoire** ».

Le succès remporté par la « **Révolution verte** » confirme d'ailleurs le potentiel réel des pays du Tiers-monde. La Révolution verte vise à **transformer les techniques agricoles** pour augmenter les productions vivrières et nourrir la population croissante. Il s'agit d'un transfert de savoir-faire et de technologie des pays du Nord vers le Sud financé par l'aide internationale et visant à promouvoir l'utilisation de variétés de semences à haut rendement ou VHR. Les VHR mises au point par le professeur Borlaug au Mexique à partir du début des années 1950 concernent le maïs, le blé et le riz. Elles nécessitent des pratiques culturales nouvelles et des apports d'engrais, de pesticides et d'eau, ainsi qu'une collaboration des administrations locales pour renforcer les infrastructures de transport et assurer la formation des agriculteurs. « **Miracle vert » pour les uns, « mirage vert » pour les autres** qui dénoncent une dépendance accrue par rapport aux laboratoires des pays riches, des techniques trop agressives pour le milieu et une fracturation des campagnes au profit des paysans les plus évolués et les plus riches, les « koulaks du Tiers-monde », **la Révolution verte donne des résultats très divers**. Ils sont très positifs dans de nombreux pays asiatiques qui tendent assez vite vers l'autosuffisance alimentaire, comme l'**Inde** dans les années 1970. Ils sont modérés au **Mexique** à cause de la vigueur de la croissance démographique et de la structure agraire, et à peu près nuls dans les pays africains,

DÉFINITION

Secteur informel : regroupe les activités agricoles, manufacturières, marchandes qui échappent à tout enregistrement réglementaire. Il s'agit donc de richesses produites qui échappent à la comptabilité nationale, privant ainsi l'État de revenus et entraînant par là même des difficultés à financer des écoles, des dispensaires ou des routes mais ces richesses permettent à la population de survivre. La part du secteur informel peut atteindre des proportions importantes rendant difficile la description du niveau de vie réel des populations.

notamment ceux du **Sahel** qui subissent de 1968 à 1973 leur première grande sécheresse et leur première grande famine de la seconde moitié du XXe siècle.

2. Un grand retard industriel

Bien qu'il soit souvent abondamment pourvu en ressources minières et énergétiques, le Tiers-monde se caractérise jusqu'aux années 1970, à quelques exceptions près, par sa **très faible industrialisation**. Au lendemain de la Seconde Guerre mondiale, seuls les grands pays comme le Brésil, l'Argentine, le Mexique, l'Inde avaient entamé leur développement industriel. Partout ailleurs, le manque de capital et de savoir-faire, la rareté des entrepreneurs, l'insuffisance des infrastructures de transport et la concurrence des produits industriels venus des pays riches avaient bloqué l'industrialisation. Dans les deux décennies qui suivent le conflit, **l'Amérique latine développe une stratégie industrielle dite « de substitution »**. Protégée par des droits de douanes élevés, la production industrielle est destinée à valoriser les ressources locales et à se substituer aux importations. Cette production se heurte vite à la faiblesse des marchés locaux et pèse sur le budget de l'État qui doit couvrir le déficit chronique des entreprises publiques. **Dans les pays qui se réclament du socialisme**, comme la Chine dans les années 1950 avant le « Grand bond en avant », l'Algérie après l'indépendance ou l'Inde, l'industrialisation privilégie les secteurs de base, mines et sidérurgie notamment, selon le modèle soviétique. Cette **industrialisation « de puissance »** réalisée par des entreprises étatiques se révèle vorace en capital, peu créatrice d'emplois et trop concentrée dans l'espace. La seule voie industrielle qui se révèle efficace est celle suivie par quelques pays asiatiques, comme la Corée du Sud et Taïwan ou les cités-États, Singapour et Hong-Kong. L'État attire les capitaux et les techniques des pays développés en leur offrant une main-d'œuvre à bas prix et des avantages fiscaux pour créer des industries de montage dont la production est exportée vers les pays riches. Malgré sa réussite, cette **stratégie extravertie** reste limitée à l'Asie jusqu'au début des années 1970. À cette date, le Tiers-monde ne fournit que 10 % de la production industrielle mondiale et d'immenses espaces restent dépourvus d'industries, en particulier en Afrique.

3. De fortes contraintes commerciales

Le maintien jusqu'aux années 1970 de la division internationale du travail, mise en place dès le XIXe siècle, cantonne les pays du Sud dans leur fonction traditionnelle de **fournisseurs de produits bruts**, produits alimentaires comme le thé, le café, les fruits tropicaux, matières premières agricoles comme les fibres textiles, minerais divers et énergie, en particulier le pétrole. Fixé dans les bourses de commerce occidentales, le cours de ces produits bruts présente deux caractéristiques négatives pour les pays du Tiers-monde : les variations de l'offre et de la demande créent une **forte instabilité à court terme** et après avoir fortement progressé de 1938 à 1952, les **cours s'orientent à la baisse jusqu'au début des années 1970**. La multiplicité des pays exportateurs induit une forte concurrence entre eux et favorise une indiscipline de l'offre qui tend à dépasser en permanence la demande mondiale. Cette chute des recettes d'exportation contraste avec la tendance à la hausse des prix des produits manufacturés importés et érode ou annule les excédents commerciaux des pays du Sud. Pour les tiers-mondistes, cette « **détérioration des termes de l'échange** » est assimilée à un « **pillage du Tiers-monde** » et à une volonté délibérée des pays riches et des firmes multinationales que cet « échange

DÉFINITION

Termes de l'échange : désigne le rapport entre le prix des exportations et le prix des importations. Si, pour un pays exportateur de coton brut, le prix de la tonne de coton brut sur le marché mondial augmente moins (ou baisse) que le prix des produits manufacturés qu'il importe, les termes de l'échange se dégradent : le pouvoir d'achat du pays exportateur diminue.

inégal » avantage. Circonstance aggravante, les pays pauvres, à l'exception des plus vastes, n'exportent généralement qu'un ou deux produits bruts, ce qui rend leur économie particulièrement vulnérable face aux variations de cours. De plus, leurs exportations se dirigent le plus souvent vers un partenaire développé : les pays latino-américains font ainsi les deux tiers de leurs échanges avec les États-Unis, les pays africains commercent essentiellement avec la Communauté européenne. C'est pour corriger ces déséquilibres que les pays du Tiers-monde font de la stabilisation des produits de base une de leurs revendications essentielles et cherchent à diversifier leurs partenaires pour réduire leur dépendance.

Pourcentage de quelques produits dans les exportations de 29 pays en voie de développement

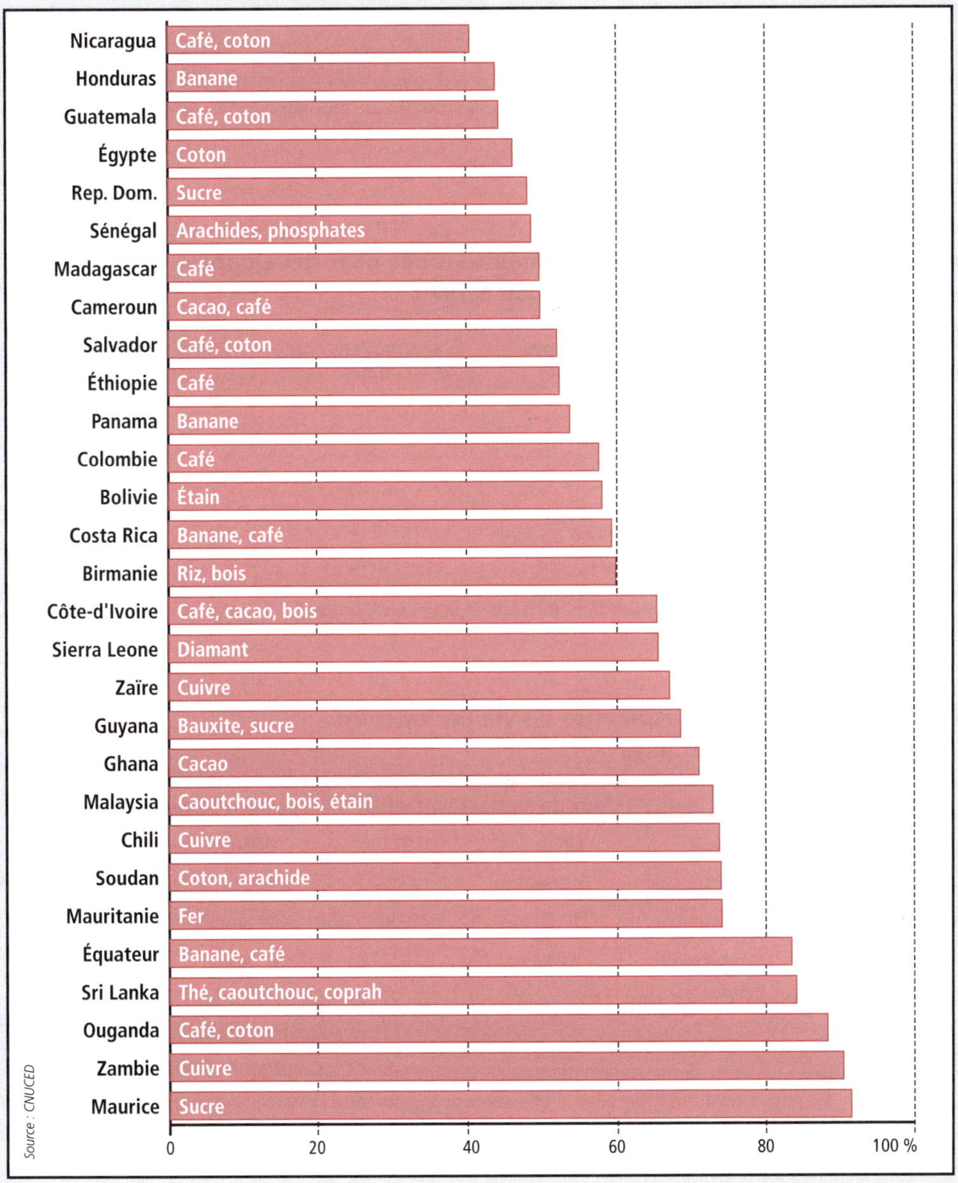

Croissance comparée du Tiers-monde et des pays développés de 1950 à 1969 *(En moyenne annuelle)*

	Tiers-monde	Pays industrialisés
Population	2,45 %	1,11 %
Production par habitant	2,62 %	3,18 %
Production totale	5,07 %	4,29 %
Production agricole	3,18 %	1,46 %
Production industrielle	7,37 %	5,26 %
Investissement	6,80 %	5,81 %

P. Léon

Commentaire : De 1950 à 1969 ces indicateurs montrent une croissance plus forte dans le Tiers-monde, sauf la production par habitant : à cause de la plus forte croissance démographique dans le Tiers-monde, l'écart de niveau de vie se creuse avec les pays industrialisés. Il faut aussi tenir compte des situations de départ très différentes : les volumes de production auxquels s'appliquent ces pourcentages de croissance sont largement plus élevés dans les pays industrialisés.

Évolution des écarts entre le PNB/habitant des pays développés et des pays sous-développés de 1850 à 1970

	Écarts extrêmes nominaux	Écarts moyens nominaux	Écarts moyens réels
Vers 1850	1/8	1/5	–
1900	1/20	1/6	–
1930	–	1/7,5	–
1950	–	1/10	–
1970	1/70	1/14	1/8

P. Bairoch, *Le Tiers-monde dans l'impasse*, Gallimard (3e éd.), 1992 p. 247.

Mortalité infantile et espérance de vie en fonction du revenu moyen des pays

	Taux de mortalité infantile		Espérance de vie à la naissance	
	1960	**1975**	**1960**	**1975**
Pays à revenu faible	142 ‰	122 ‰	36 ans	44 ans
Pays à revenu intermédiaire	72 ‰	46 ‰	49 ans	58 ans
Pays industrialisés à haut revenu	25 ‰	15 ‰	70 ans	72 ans

BIRD, 1978 ; cité dans J. Ch. Asselain, *Histoire économique du XXe siècle (1939-années 1980)*, Presses de Sciences Po, Dalloz, 1991 p. 230.

Commentaire : Les taux de mortalité infantile sont nettement différents en fonction du revenu en 1960 et en 1975, les pays à revenu intermédiaire connaissent la plus forte baisse de ce taux entre ces deux dates. Mais c'est dans les pays à revenu faible que l'espérance de vie à la naissance progresse le plus : l'écart qui était, avec les pays à haut revenu, de 34 ans en 1960 diminue à 28 ans en 1975. L'écart avec les pays à haut revenu reste très important.

III. La coopération internationale en faveur du Tiers-monde

A. LE RÔLE DE L'ONU

1. La mise en place d'un dialogue Nord-Sud

Dès le début des années 1960, à la suite de la vague d'indépendances africaines, les pays pauvres que l'ONU appelle pays en voie de développement ou PVD depuis 1957 deviennent majoritaires à l'Assemblée générale des Nations unies. Ils obtiennent en 1962 la création d'un cadre de discussion Nord-Sud, la **CNUCED**, Conférence des Nations unies pour le commerce et le développement. Les rencontres, prévues tous les quatre ans et où les États sont divisés en quatre groupes, pays d'Afrique, d'Asie, d'Océanie, pays d'Amérique centrale et latine, pays de l'OCDE et pays de l'Est, sont destinées à **organiser la coopération internationale** afin de rendre plus équitables les relations entre les pays du Nord et ceux du Sud, et à **promouvoir la croissance et le développement** à travers une nouvelle organisation du commerce international. Lors de la première CNUCED à **Genève en 1964**, les pays en voie de développement rassemblés dans le « **groupe des 77** » réclament une stabilisation du cours des produits bruts et une ouverture accrue des marchés riches. La seule décision concrète est la promesse faite par les pays du Nord de verser chaque année une partie de leur richesse fixée à 1 % de leur PNB, sous forme d'**aide au développement** des pays du Sud. Lors de la deuxième CNUCED en 1968 à New Delhi, les « 77 » obtiennent des dérogations aux règles du GATT. Les pays industrialisés s'engagent à appliquer à partir de 1971 un « Système mutuellement acceptable et généralisé de préférences en faveur des pays en développement » (**SGP**). Il exonère les PVD de la clause de la nation la plus favorisée et de la règle de réciprocité : leurs exportations de produits manufacturés bénéficieront de l'abaissement des protections douanières des marchés du Nord alors que les PVD peuvent protéger leur propre marché et s'accorder entre eux des avantages particuliers. C'est la reconnaissance d'une **sorte de protectionnisme éducateur** pratiqué par certains pays au XIXe siècle pour se protéger de l'avance britannique. Ces préférences qui n'intéressent guère à l'époque que quelques pays émergents vont se révéler rapidement comme un puissant facteur de délocalisation industrielle et de transfert d'activité vers les pays du Sud, en poussant les firmes multinationales à produire dans les pays à bas salaires pour vendre sur les marchés riches. La troisième CNUCED à Santiago du Chili en 1972 se limite à la **définition officielle des PMA**, pays les moins avancés. La crise du système monétaire ouverte en 1971 n'incite guère les pays développés à faire des concessions. Il faut attendre la quatrième rencontre à Nairobi en 1976 pour que les PVD obtiennent l'élaboration d'un « programme intégré pour les produits de base » qui devait réguler les marchés internationaux de 18 produits. Mais le financement de cette régulation des marchés n'a jamais été mis en place.

2. L'apport des institutions spécialisées

Les PVD bénéficient de l'aide des institutions onusiennes créées au lendemain de la Seconde Guerre mondiale. La **FAO** a pour mission l'amélioration de l'agriculture, en particulier vivrière, et la lutte contre les crises alimentaires. **L'OMS** est notamment chargée des campagnes de vaccination et du renforcement des structures médicales. L'éducation, la science et la culture sont confiées à **l'UNESCO** qui finance et promeut des programmes d'alphabétisation. S'y ajoutent **l'UNICEF** pour la protection de l'enfance et la **Banque mondiale** ainsi que sa filiale créée en 1960, l'AID (Association internationale pour le développement) qui propose des crédits à long terme sans intérêt.

Pour venir en aide aux PVD l'ONU a aussi adopté en 1965 le Programme des Nations unies pour le développement ou **PNUD**. Il est destiné à la **formation de cadres** : un tiers des personnel du PNUD, comme les experts ou les directeurs de projet, est d'ailleurs originaire des PVD. Il favorise aussi la mise en place de services administratifs, de **programmes agricoles, industriels et d'infrastructures**, écoles, dispensaires, routes... Le PNUD publie chaque année un « **Rapport sur le développement humain** ».

B. L'AIDE AU TIERS-MONDE

1. De fortes ambiguïtés

Le terme générique d'aide au Tiers-monde recouvre des formes très diverses : livraison gratuite ou à bas prix d'excédents alimentaires, envoi de techniciens ou de coopérants, dons privés ou publics, prêts bancaires ou d'organismes internationaux aux conditions du marché ou à des taux bonifiés, préférence commerciale, etc. **Dans le double contexte de guerre froide et de décolonisation, la motivation politique est souvent déterminante**. L'aide est en effet un moyen relativement peu coûteux pour maintenir ou développer une zone d'influence. **Les préoccupations commerciales viennent en second lieu**. Le plus souvent l'aide est « liée » : le pays bénéficiaire ne peut l'utiliser que pour financer des achats dans le pays donateur. L'aide peut aussi servir à sécuriser des approvisionnements en produits bruts dont les pays riches ne peuvent se passer. Les États-Unis par exemple ont souvent dénoncé les préférences commerciales accordées par la Communauté européenne aux pays d'Afrique comme une concurrence déloyale et un moyen pour les anciennes puissances coloniales de constituer un « empire commercial ». Ces deux motivations expliquent la préférence marquée des pays riches pour l'aide bilatérale et la faiblesse des sommes allouées à l'aide multilatérale qui transite par les organismes des Nations unies ou par l'intermédiaire du CAD, Comité d'aide au développement qui regroupe tous les pays de l'OCDE. **Les motifs humanitaires sont souvent évoqués** mais ils concernent surtout les dons individuels et les organisations non gouvernementales comme la Croix-Rouge ou Médecins sans frontière, ONG créée à l'occasion de la guerre du Biafra à la fin des années 1960 pour aider les populations privées de secours médical. L'aide humanitaire publique intervient essentiellement en cas de catastrophe naturelle ou de famine sous forme de livraisons d'urgence.

2. Des transferts utiles mais insuffisants

Souvent dénoncée dans ses modalités et détournée par les pouvoirs en place (« ce que les pauvres des pays riches donnent aux riches des pays pauvres »), **l'aide est à la fois insuffisante par rapport aux besoins du Sud et constamment inférieure aux promesses des pays développés**. Ceux-ci s'étaient engagés au début de la décennie 1960, qualifiée par l'ONU de « décennie du développement », à transférer chaque année 1 % de leur PNB et en 1972 à porter l'aide publique au développement ou APD à au moins 0,7 % de leur PNB. Mais les transferts réels restent très loin de ces promesses. Au début des années 1970, l'aide publique de l'OCDE, la plus importante, correspond en moyenne à 0,33 % du PNB des pays membres. Seuls les pays scandinaves respectent ou dépassent leurs engagements. Les pays socialistes affirment pour leur part que le sous-développement est un produit de l'impérialisme des pays capitalistes et qu'ils n'ont donc pas de devoir de réparation. L'aide fournie par l'URSS est donc très réduite.

L'aide des pays développés **souligne en fait les aires d'influence dessinées par la guerre froide**. Les États-Unis concentrent leur aide sur l'Amérique latine où ils soutiennent souvent des dictatures et sur les pays asiatiques anticommunistes comme la Corée du Sud, Taiwan ou la Thaïlande, la France et la Communauté européenne aident les pays africains, l'URSS des pays idéologiquement proches comme Cuba, l'Algérie ou le Vietnam.

C. LA PRISE EN COMPTE DE LA DIVERSITÉ DU TIERS-MONDE

1. Une unité de plus en plus factice

Au début des années 1950, le PNB par habitant de Taiwan et d'Haïti était identique. Vingt ans après, Haïti fait partie des pays les plus pauvres de la planète alors que Taiwan est devenu un pays émergent qui cumule une véritable réussite agricole, un décollage industriel fulgurant et une redoutable efficacité à l'exportation. Lors de son apparition, le terme de Tiers-monde fait référence à une communauté de destin pour les pauvres alors que les différences sont déjà considérables. Elles tiennent à la taille des territoires et aux effectifs de population, aux conditions de sol et de climat, à la diversité des héritages coloniaux, aux richesses ou aux pénuries en matières premières et énergie, à la solidité ou à la fragilité des États, au poids des religions et des mentalités. Ces différences se sont fortement renforcées entre 1945 et 1975 en fonction des orientations choisies par chacun des pays concernés. Dès les années 1960, les organisations internationales reconnaissent les écarts croissants dans les taux de croissance et les revenus par tête, mais aussi le taux d'alphabétisation, l'espérance de vie, le poids de l'industrie, etc. La Banque mondiale distingue ainsi des pays à revenu faible, des pays à revenu intermédiaire, des pays émergents. Avant même la crise des années 1970 et l'accélération de la mondialisation qui ont conduit à une différenciation prononcée du Sud, le Tiers-monde tend à céder la place à des Tiers-mondes.

PMA, NPI, OPEP et les autres

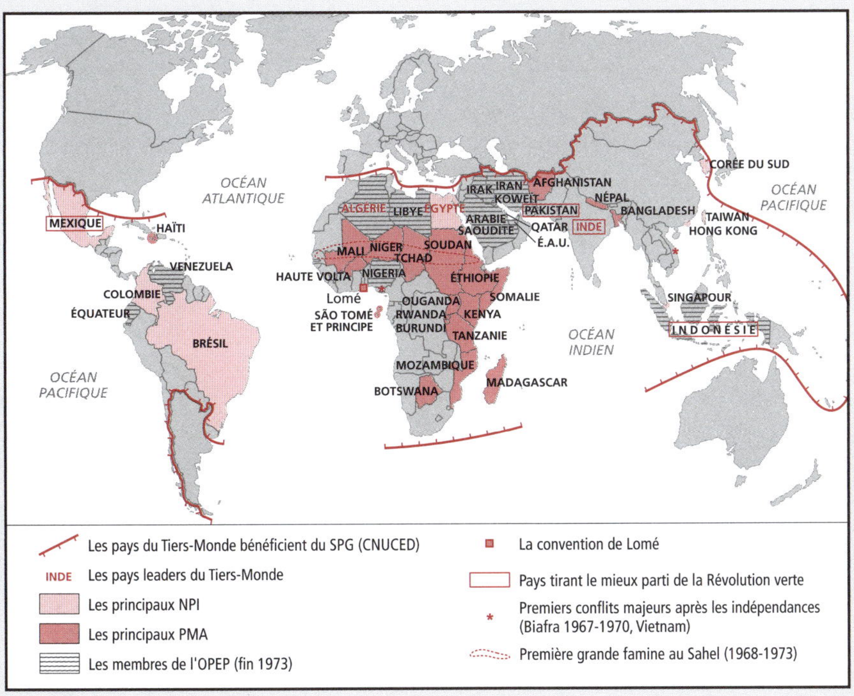

2. Une réalité de plus en plus contrastée

À l'initiative du secrétaire général de la CNUCED, la conférence de 1972 définit les pays les plus pauvres de la planète regroupés sous le terme de **PMA**, pays les moins avancés. Trois critères sont retenus : **un revenu annuel par habitant inférieur à 100 dollars,**

une production industrielle inférieure à 10 % du PNB, un taux d'alphabétisation ne dépassant pas 40 %. Ces critères concernent 25 pays, 16 pays africains, 8 asiatiques et un pays latino-américain pour lesquels la Conférence adopte un programme spécifique. Il est vrai que ces pays cumulent les handicaps, la sécheresse pour le Sahel africain, les inondations en Asie, l'absence de ressources énergétiques et minérales, l'enclavement, la forte croissance démographique et la marginalisation dans le commerce mondial. À l'opposé, les **nouveaux pays industriels** comme les dragons asiatiques ont engagé depuis la fin des années 1950 un décollage industriel accéléré. C'est à eux que s'adresse l'Accord Multifibre (AMF) élaboré en 1973 dans le cadre du GATT visant à garantir aux PVD un taux de croissance de leurs exportations textiles de 6 % minimum par an, à condition de ne pas désorganiser les productions des pays industrialisés. Un troisième groupe est représenté par **l'OPEP** dont le poids se renforce depuis sa création en 1960 et qui profite des besoins énergétiques croissants des pays développés pour amorcer à partir de 1970 une revalorisation des cours du brut, prélude aux brutales augmentations de 1973. Il y a enfin un nombre relativement important de **PRI**, pays à revenu intermédiaire, et parmi eux **des pays considérés comme émergents** qui vont pouvoir emprunter massivement auprès des banques à partir du choc pétrolier et du recyclage des pétrodollars.

Partie IV
Les mutations fin de siècle

La décennie 1970 marque dans les économies développées la fin de la période de forte croissance des « Trente Glorieuses ». Le choc pétrolier de 1973 révèle la fragilité d'un système fondé sur l'énergie à bas prix et déclenche en 1974 et 1975 la première crise économique de l'Occident depuis la fin du second conflit mondial. Face au recul de la production notamment industrielle et à la forte poussée du chômage, les politiques de relance se révèlent inefficaces et se brisent sur le second choc pétrolier des années 1979, 1980. La décennie est aussi marquée par l'abandon des principes monétaires adoptés en 1944 à Bretton Woods. La disparition des taux de change fixes et le choix du flottement monétaire, officialisé lors de la Conférence de la Jamaïque en 1976, conduisent à des variations erratiques qui modifient sans cesse les conditions de la concurrence. Souhaité par les États-Unis pour renforcer leur compétitivité, le « flexibilisme » se traduit par une forte baisse du dollar, une remontée spectaculaire du deutschemark et du yen et une divergence des monnaies européennes qui menace le fonctionnement du marché européen et contraint les pays membres à inventer dans l'urgence un système monétaire propre pour réduire les écarts de change.

Les années 1980 marquent une autre rupture majeure, l'abandon de la régulation étatique au profit d'une révolution libérale qui exalte les lois du marché. Initiée par Margaret Thatcher en Angleterre et Ronald Reagan aux États-Unis, la résurgence libérale se traduit par la défiscalisation des plus hauts revenus, la privatisation des entreprises publiques, le démantèlement des réglementations, la lutte contre le pouvoir syndical, la mise en cause de l'État-providence, toutes mesures censées favoriser l'offre, encourager les initiatives et détruire les rigidités. Sur le plan international, la vague libérale conduit à la « globalisation financière » qui permet la libre circulation des capitaux, supprime le cloisonnement entre banques d'affaires et banques de dépôts et établit une connexion instantanée entre les grandes places financières mondiales. En réalité, le libéralisme qui se répand dans tous les pays développés n'a pas, contrairement à ses promesses, redynamisé les économies mais suscité de nombreux effets pervers, l'accentuation des inégalités, les mouvements erratiques de capitaux générateurs de crises financières en série et surtout le poids croissant des financiers dans la gestion des entreprises, qui imposent des réductions de personnel, une flexibilité des salaires et une intensification des tâches pour faire monter les cours de bourse.

La troisième grande mutation fin de siècle est l'effondrement brutal et inattendu du système soviétique. En 1989, le réveil des peuples d'Europe de l'Est balaie en quelques mois les régimes communistes imposés par Moscou. L'ouverture du mur de Berlin en novembre reste le symbole majeur de cette libération, qui marque dans l'immédiat la fin de la guerre froide et la recomposition de l'Europe centrale qui engage une transition vers l'économie de marché et la démocratie et ensuite une adhésion à l'Union européenne. En URSS, l'échec de la Perestroïka engagée depuis 1986 par Gorbatchev conduit en 1991 à l'implosion de l'Union et à l'indépendance des Républiques membres.

La dernière mutation essentielle correspond à l'émergence de certains pays du Sud qui bénéficient depuis les années 1970 d'une croissance exceptionnelle : l'arrivée massive des capitaux du Nord attirés par les bas salaires favorise une industrialisation accélérée dont les produits déferlent sur le marché mondial. Essentiellement asiatique, cet essor industriel marque notamment le réveil du géant chinois, devenu l'usine du monde, un partenaire majeur du commerce mondial et une puissance qui aspire à redevenir à terme « l'Empire du milieu », le centre du monde. Dans l'immédiat, cette émergence qui concerne aussi à un moindre degré l'Amérique latine crée désormais un monde multipolaire symbolisé par l'apparition du G20 qui réunit pays développés et pays émergents dans la difficile recherche d'une nouvelle gouvernance mondiale.

23 L'ÉCONOMIE MONDIALE À L'AUBE DES ANNÉES 1970

Au début des années 1970, la situation économique mondale ne ressemble plus du tout à celle qui prévalait au lendemain de la guerre.

Le Japon est redevenu une grande puissance économique grâce à des taux de croissance records et une compétitivité sans égale. Les pays d'Europe occidentale ont retrouvé la prospérité. La RFA affiche la croissance la plus solide et la plus saine. La France et l'Italie ont réalisé des « miracles économiques ». Seul, le Royaume-Uni souffre de langueur. Hégémonique en 1945, l'économie des États-Unis conserve le premier rang mondial mais subit une érosion et un déclin relatif.

Depuis le début des années 1960, le bloc de l'Est s'est fracturé. L'URSS et ses satellites donnent des signes d'essoufflement alors que la voie chinoise bénéficie d'une audience exceptionnelle.

Proclamée à Bandung en 1955, la solidarité des pays pauvres n'a pas réussi à modifier les rapports Nord-Sud et se heurte aux différences de croissance, entre l'émergence de nouveaux pays industriels en Asie, les déséquilibres économiques et sociaux de l'Amérique latine et la stagnation du continent africain.

CHRONOLOGIE

1965 : Réforme de l'entreprise en URSS. Lancement de la Révolution culturelle en Chine

1968 : CNUCED de New DelHi : préférences tarifaires généralisées aux produits manufacturés venus du Sud. Après la répression du « printemps de Prague », la « doctrine Brejnev » affirme la souveraineté limitée des pays d'Europe de l'Est

1969 : Le Japon, « troisième grand ». Nouvelle réévaluation du deutschemark. Affrontement militaire frontalier entre Soviétiques et Chinois

1970 : Le VIe plan français vise à accélérer la croissance industrielle

1971 : Premier déficit commercial américain au XXe siècle. Le dollar devient inconvertible en or. Le CAEM adopte un nouveau programme d'approfondissement

1972 : CNUCED de Santiago du Chili : reconnaissance officielle des PMA

1973 : Flottement généralisé des taux de change. Premier choc pétrolier

I. Les performances inégales des pays capitalistes

La croissance qui perdure depuis les lendemains de la guerre a notamment profité aux deux grands vaincus du conflit, Allemagne occidentale et Japon. Grâce à l'aide des États-Unis, à la sous-évaluation de leur monnaie et à la mobilisation de leurs actifs, ces deux pays sont devenus des puissances industrielles et commerciales de premier plan. Le bilan est largement positif aussi pour les pays de la CEE, la France, l'Italie et le Benelux. Il est plus mitigé pour les États-Unis, dont la prééminence s'érode. Il est médiocre pour le Royaume-Uni, lanterne rouge des pays développés.

■ **Taux de croissance des pays capitalistes**

Annuel moyen en %	1950/55	1955/60	1960/65	1965/70	1970/75
États-Unis	4,2	2	4,7	3,1	2,5
Japon	8,7	8,6	10	11,2	4,6
RFA	9,5	6,5	5	4,4	2,1
France	4,2	5	5,8	5,4	4,8
Royaume-Uni	2,9	2,6	3,1	2,5	2,1
Italie	5,9	5,5	5,2	6,2	2,4
OCDE	5	3,3	5,3	4,7	3,1

A. LA RÉUSSITE EXCEPTIONNELLE DU JAPON

1. Une croissance sans équivalent

Avec des taux de croissance proches de 10 % par an, le Japon est redevenu en 1970 **une puissance industrielle dont les produits inondent le monde**. Ruiné, occupé et démilitarisé en 1945 par ses vainqueurs qui poursuivent les criminels de guerre, imposent une réforme agraire et une dissolution des grandes entreprises, ainsi qu'une Constitution démocratique, le Japon doit sa renaissance aux mêmes vainqueurs. La victoire des communistes chinois en 1949 conduit les États-Unis à lever les sanctions et à aider un pays devenu une base avancée du monde libre. De juillet 1951 à juillet 1952, **le « boom coréen » marque le début de la haute croissance qui dure jusqu'aux années 1970**. En septembre 1951, le traité de San Francisco rend au Japon sa souveraineté et lui assure la protection stratégique américaine. Conformément à l'article 9 de la Constitution de 1946, les dépenses militaires japonaises restent limitées à 1 % du PIB. Le Japon peut consacrer tous ses moyens au développement économique et notamment à l'industrie.

2. Des atouts intérieurs

Grâce aux millions de réfugiés de 1945 et malgré la loi eugénique de 1948, le Japon dispose **d'une main-d'œuvre surabondante qui nourrit un double marché du travail**. Les deux tiers de la main-d'œuvre travaillent dans des petites et moyennes entreprises qui n'offrent que des salaires réduits et n'assurent aucune protection sociale. Le tiers restant, formé par le personnel qualifié, est employé à vie par les grandes entreprises et beaucoup mieux rémunéré. À tous, la tradition impose le respect des hiérarchies et le dévouement à l'entreprise. La faiblesse des protections sociales explique des **taux d'épargne atteignant 30 à 40 % du revenu**. Placée le plus souvent dans la banque de l'entreprise, cette épargne favorise un investissement productif très élevé. La croissance est de plus pilotée par les pouvoirs publics qui définissent les grandes options à travers une planification souple. **L'économie japonaise est la plus dirigiste des économies libérales** et le monde des affaires collabore étroitement avec l'État. Dans les années 1950, les pouvoirs publics privilégient le développement d'une puissante sidérurgie implantée sur les côtes ainsi que la pétrochimie, la construction navale, la fabrication de radios, transistors, télévisions et motos. Les années 1960 y ajoutent l'essor fulgurant de l'industrie automobile, devenue la seconde du monde au début des années 1970.

3. Une redoutable efficacité commerciale

Spécialiste de l'Extrême-Orient, le journaliste Robert Guillain rappelle en 1969 que **le Japon « est l'image même de la dépendance »**. Il importe en effet 80 % de l'énergie qu'il consomme, tous les minerais nécessaires à sa sidérurgie, mais aussi une partie de son alimentation. Il dégage cependant les plus forts excédents commerciaux du monde occidental avec la RFA. Grâce à leur qualité et à leur prix, les produits japonais séduisent en particulier le **marché américain, premier débouché de l'archipel**. Les Japonais maintiennent aussi un protectionnisme culturel qui les conduit à refuser tout investissement extérieur et à consommer en priorité des fabrications nationales, attitude dénoncée comme déloyale par les États-Unis.

B. UN BILAN CONTRASTÉ EN EUROPE OCCIDENTALE

1. Le « miracle allemand »

■ **Le carré magique**

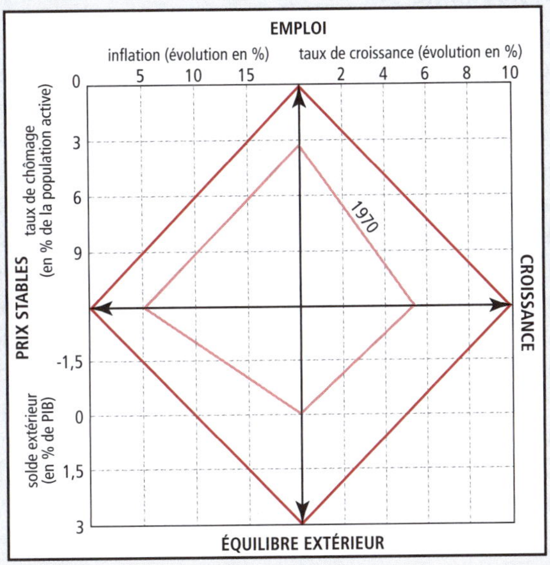

Malgré la partition issue de la guerre froide, la RFA est redevenue la première puissance industrielle d'Europe et un **modèle de croissance**. Depuis 1949, elle est la plus proche du « carré magique » qui associe forte croissance, plein-emploi, stabilité des prix et excédent des balances commerciales et de paiement. La croissance a certes été facilitée par l'aide Marshall, la réforme monétaire de 1948, l'arrivée des investisseurs américains et l'intégration du pays dans l'OTAN en 1954 et dans la CEE en 1957. Mais la réussite tient aussi à l'implication de la main-d'œuvre, à **la spécialisation de l'industrie** dans les biens d'équipement et quelques secteurs de consommation comme l'automobile, à **l'efficacité des chambres de commerce** et à la gestion avisée des pouvoirs publics. **L'absence d'inflation et la qualité des produits allemands assurent un excédent commercial permanent depuis 1950**, qui favorise à son tour une accumulation de réserves monétaires. Fait exceptionnel, la RFA n'a connu depuis sa création qu'une récession en 1967, sanctionnée en 1969 par un changement de majorité et la formation d'un gouvernement social-démocrate dirigé par Willy Brandt.

2. Le redressement de la France

L'économie française a connu un véritable renouveau grâce aux nationalisations d'après-guerre, à la planification, à la modernisation de l'agriculture et au dynamisme des industries de base comme la sidérurgie, des industries de consommation comme l'automobile et de secteurs de pointe comme l'aéronautique. Mais **jusqu'en 1958, le pays a souffert d'une inflation chronique, d'une grande fragilité monétaire, d'un fort endettement et d'un déficit commercial permanent. La remise en ordre réalisée par la Ve République depuis 1958 n'en est que plus spectaculaire** : la maîtrise de l'inflation, le retour des capitaux français et les investissements étrangers ont permis de redresser la monnaie. La stimulation de la recherche et de l'innovation, l'ouverture des frontières à la concurrence ont favorisé la concentration des entreprises et la hausse de la productivité. La liquidation du fardeau impérial et l'engagement dans la construction de l'Europe s'accompagnent d'une volonté d'émancipation de la tutelle américaine et d'ouverture au Tiers-monde et à l'Est. La crise sociale et politique de l'été 1968 montre cependant que ce redressement reste fragile.

3. Les difficultés du Royaume-Uni

Par fidélité « au grand large » et refus de tout abandon de souveraineté, **le Royaume-Uni a refusé de s'intégrer dans la construction européenne**, en rejetant la CECA en 1951 et la CEE en 1957. Ce choix du « splendide isolement » hérité de l'époque victorienne s'est cependant révélé désastreux. Le manque de réserve de main-d'œuvre et les fragilités de la livre sterling surendettée transforment rapidement toute tentative de relance en poussée inflationniste, déficit commercial et crise monétaire. **Le pays est ainsi condamné au *stop and go*** qui se traduit par une croissance très faible et irrégulière. Le commerce avec les pays du Commonwealth, plus concurrents que complémentaires, s'étiole et le Royaume-Uni est contraint de poser sa candidature à l'entrée de la CEE, candidature rejetée à deux reprises en 1963 et 1967 par le veto du général de Gaulle. **Lanterne rouge des pays développés, le pays n'accède à la CEE qu'en 1973** après de laborieuses négociations qui montrent l'ampleur des divergences et la répugnance des Britanniques à l'égard de la politique agricole commune, du tarif extérieur commun et de tout le processus d'intégration conduit par Bruxelles. Dès 1974, les Travaillistes revenus au pouvoir réclament d'ailleurs une renégociation des conditions de leur adhésion.

C. LE DÉCLIN RELATIF DES ÉTATS-UNIS

1. L'effet boomerang des investissements extérieurs

En se transformant par leurs investissements externes en firmes multinationales, les grandes entreprises américaines ont favorisé une diffusion rapide de ce qui faisait leur supériorité, un management moderne, une productivité élevée et une avance technologique impressionnante au lendemain de la guerre. Elles peuvent ainsi s'installer sur des marchés dynamiques comme ceux d'Europe occidentale ou utiliser une main-d'œuvre bon marché comme celle des pays d'Asie. Elles servent aussi dans l'immédiat les intérêts de la « République impériale » selon l'expression de Raymond Aron. Mais les effets pervers sont rapidement perceptibles. Comme l'écrit Robert Reich en 1991 : « **Ce fut une simple question de temps pour que le savoir-faire américain en matière industrielle, lancé dans le monde de l'après-guerre, décrive un cercle complet et revienne à l'endroit d'où il était parti comme un gigantesque boomerang**. » Le marché américain est en effet envahi dès les années 1960 par les textiles, les automobiles, l'électroménager, les téléviseurs et les aciers fabriqués au Japon ou en Europe. L'érosion de l'excédent commercial aggrave le déficit de la balance des paiements et **fragilise le dollar**, confronté à des crises de confiance de plus en plus graves.

2. Un recul des performances américaines

Dans la décennie qui précède le choc pétrolier, de nombreux signes montrent que l'écart entre la première puissance mondiale et ses partenaires et concurrents occidentaux se réduit fortement. **La productivité européenne et japonaise se rapproche de celle des États-Unis** et parfois même la dépasse. L'innovation s'affaiblit outre-Atlantique alors qu'elle s'accélère ailleurs au point d'amener le secrétaire au Trésor Conally à évoquer en 1971 un « **Pearl Harbor technologique** » : le premier avion de ligne supersonique est le Concorde, fruit de la coopération européenne ; le Japon, premier exportateur mondial d'acier et de voitures, dispose d'une technologie plus avancée que celle des firmes américaines qui réclament des quotas d'importation pour résister à la concurrence. **La seule grande réussite technologique est le succès du programme spatial Apollo** lancé par Kennedy en 1961. Les investissements extérieurs ont aussi poussé les entreprises étrangères à accélérer leur mouvement de concentration pour échapper au risque de prise de contrôle. Les États-Unis restent en tête pour le classement des firmes en fonction de leur taille et de leur chiffre d'affaires mais la liste des 100 premières entreprises est, dès la fin des années 1960, pour moitié étrangère.

3. Une perte d'image

ZOOM ▶ Le coût de la guerre du Vietnam

Le poids financier de la guerre, estimé à 150 milliards de dollars, a accéléré l'inflation aux États-Unis et précipité la crise du dollar. À partir de 1965, le conflit a nécessité la présence en permanence de plus de 500 000 soldats et l'engagement massif de l'aviation américaine qui a largué 7 millions de tonnes de bombes, trois fois plus que pendant la Seconde Guerre mondiale et utilisé des défoliants, des bombes à fragmentation, du napalm. Les États-Unis ont perdu au Vietnam 50 000 soldats et comptent 300 000 blessés. Les pertes vietnamiennes dépassent le million. La guerre déclenche aussi de violents affrontements politiques internes entre « faucons » et « colombes » et suscite une grave crise de conscience dans l'opinion américaine. Pour la première fois, les Américains ne défendent plus la liberté et la justice mais mettent à feu et à sang un pays qui lutte pour son indépendance. À l'étranger, les manifestations se multiplient contre l'impérialisme américain et, aux États-Unis, la contestation se développe à la fin des années 1960. Le traumatisme nourrit un repli isolationniste qui dure jusqu'aux années Reagan.

Auréolés en 1945 de leur contribution décisive à la défaite des dictatures, les États-Unis sont confrontés dans les années 1960 à un fort recul de leur prestige et à des contestations externes et internes. Amorcé par Kennedy et poursuivi par ses successeurs, **l'engagement dans la guerre du Vietnam se révèle désastreux**. Il pèse sur les finances américaines, altère l'image des « combattants de la liberté », suscite un profond malaise interne et débouche sur une impasse militaire. Les accords de Paris en janvier 1973 qui engagent le retrait des forces américaines signent une défaite morale et stratégique de la première puissance mondiale. Depuis le milieu des années 1960, **la société américaine est confrontée aux émeutes urbaines** qui illustrent la radicalisation des mouvements noirs, Black Muslims et Black Panthers en particulier, et l'exaspération d'une minorité qui reste discriminée et défavorisée malgré la multiplication des lois anti-ségrégation. **Le succès du mouvement hippie** qui rejette la société de consommation, l'individualisme et les valeurs traditionnelles montre aussi le désarroi d'une partie de la jeunesse américaine, à la recherche d'un nouveau mode de vie moins matérialiste.

II. La fracturation du bloc de l'Est

A. L'AFFIRMATION DE LA « VOIE CHINOISE »

1. Le rejet du modèle soviétique

Le divorce entre Chinois et Soviétiques s'amorce dès 1958 lorsque Mao lance le « Grand bond en avant » qui prétend inventer une voie spécifique de développement adaptée aux pays pauvres. Rejetant la priorité à l'industrie lourde qui nécessite beaucoup de capital, crée peu d'emplois et soumet le pays à l'aide de Moscou, **le Grand bond vise à mobiliser les « forces productives cachées » pour rattraper au plus vite le retard économique**. La Chine doit « compter sur ses propres forces » et « marcher sur deux jambes », c'est-à-dire développer au même rythme l'agriculture et l'industrie, les techniques traditionnelles et les procédés modernes. Le déferlement de propagande s'accompagne d'objectifs démesurés et d'horaires de travail écrasants. En rassemblant la population dans d'immenses communes populaires, où la vie est collective et militarisée, Mao prétend inventer immédiatement une véritable société communiste. Il rejette aussi la coexistence pacifique prônée par Khrouchtchev et affirme que « le vent d'Est l'emporte sur le vent d'Ouest ». Ce rejet de la « voie balisée » par Moscou entraîne dès 1959 le retrait des techniciens soviétiques et conduit à une **rupture officielle en 1963**.

2. La grande Révolution culturelle prolétarienne

Affirmant que la révolution doit être permanente, **Mao plonge la Chine de 1965 à 1969 dans une véritable guerre civile**. Présenté comme une lutte entre deux lignes, la ligne de masse des révolutionnaires contre la dérive des « droitiers » et des « révisionnistes », **l'affrontement est en réalité une lutte féroce pour le pouvoir**. Écarté par les pragmatiques à la suite de l'échec retentissant du « Grand bond en avant », Mao revient au premier plan en mobilisant lycéens, étudiants et ouvriers, transformés en « gardes rouges », contre les cadres du parti et les intellectuels, accusés de retour aux valeurs bourgeoises et aux traditions confucéennes. Le « Grand Timonier » s'appuie aussi sur l'armée pour humilier ses adversaires en les contraignant à faire leur autocritique en public, les jeter en prison ou les envoyer en camp de rééducation. Malgré le chaos qu'elle suscite et l'apogée du culte de la personnalité qui l'accompagne, **la Révolution culturelle séduit une partie des jeunes et des intellectuels occidentaux** qui voient dans la Chine maoïste le laboratoire d'une société égalitaire brisant les hiérarchies élitistes. En rejetant aussi bien l'impérialisme américain que le « chauvinisme de grande puissance » de l'URSS, **la Chine prétend aussi inventer un modèle pour les pays en voie de développement** fondé sur l'autonomie, la mobilisation des masses et la ferveur des militants.

3. La Chine au début des années 1970

Les graves incidents frontaliers qui éclatent sur la frontière Nord en 1969 entre forces soviétiques et troupes chinoises poussent les maoïstes à rétablir l'ordre avec l'aide des militaires. L'avertissement venu de Moscou conduit même Mao à s'engager dans un spectaculaire rapprochement avec les États-Unis, ponctué par le voyage officiel de Nixon en 1972 et par le désengagement des États-Unis du Vietnam. **Le rayonnement international du maoïsme, dont le coût humain est alors largement ignoré, se double cependant d'une situation économique inquiétante**. La longue fermeture des universités, les troubles et les persécutions subies par les cadres, les personnels qualifiés et tous ceux que le régime baptise du nom péjoratif d'experts ont désorganisé l'économie qui souffre par ailleurs de l'isolement commercial du pays. Les **campagnes sont surpeuplées et misérables**, les industries sont archaïques et réduites à quelques régions et la Chine reste une immense prison étroitement surveillée par un parti omniprésent.

B. L'ESSOUFFLEMENT DE L'ÉCONOMIE SOVIÉTIQUE

1. Un système condamné à l'immobilité

■ **La décélération de la croissance soviétique**

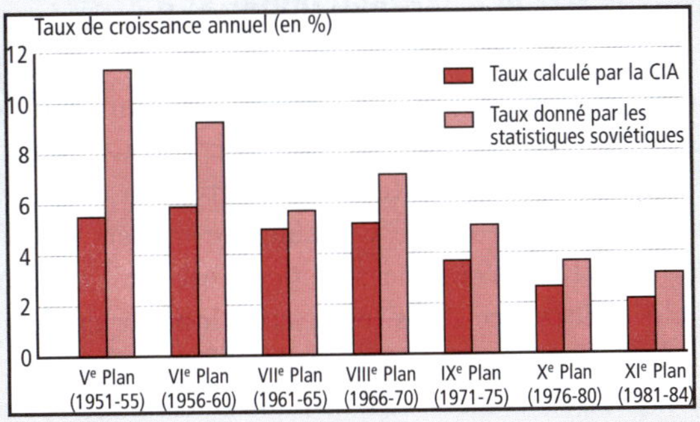

De 1956 à son éviction en 1964, Khrouchtchev a tenté en vain de réformer le système soviétique. Le dégel lié à la déstalinisation s'est révélé éphémère et superficiel ; les mesures en faveur de l'agriculture n'ont pas levé la méfiance des paysans et ne donnent que de maigres résultats ; les tentatives brouillonnes pour réformer la planification ont dû être abandonnées rapidement. Son successeur Brejnev ne réussit pas davantage. **L'échec le plus flagrant concerne la tentative de réforme de l'entreprise lancée officiellement en 1965**. Elle est inspirée par l'économiste Libermann qui a publié en 1962 dans la *Pravda* une série d'articles dénonçant l'inefficacité des entreprises d'État : gaspillage des dotations en capital, retards de livraisons, productivité insuffisante débouchant paradoxalement sur des pénuries de main-d'œuvre, fiabilité et qualité défaillantes, etc. La réforme issue de ces critiques accorde une plus grande autonomie aux entreprises, privilégie des indices nouveaux pour favoriser la qualité, lutter contre les invendus et le gaspillage des ressources et prévoit l'octroi de primes pour mobiliser la main-d'œuvre. Mais elle se heurte à la résistance de la bureaucratie et à l'inertie ou l'incompétence des cadres dirigeants et se révèle rapidement sans portée réelle. [› CH. 21]

2. La faillite de l'agriculture

Le choix délibéré de Staline de sacrifier l'agriculture à l'industrie et de persécuter les koulaks considérés comme des contre-révolutionnaires apparaît progressivement comme un piège mortel. **Les mesures de Khrouchtchev et de ses successeurs en faveur de l'agriculture**

DÉFINITION

Koulaks : les bolcheviks distinguent trois classes dans le monde paysan, les moujiks ou paysans pauvres, les sereniaks ou paysans moyens, et les koulaks ou paysans riches. Ces derniers sont considérés comme des éléments hostiles au régime et comme des contre-révolutionnaires. En réalité, les koulaks sont des paysans qui possèdent en moyenne deux chevaux, trois ou quatre vaches et disposent de quelques hectares. Ils ne représentent que 3 à 4 % des ruraux. Ce sont aussi les éléments les plus dynamiques et ceux qui dégagent des surplus permettant de nourrir les villes.

se révèlent inefficaces. Malgré l'amélioration du sort des kolkhoziens [› CH. 15] et les encouragements en faveur des lopins de terre qui leur sont concédés, malgré l'autonomie accrue des fermes d'État, la situation reste préoccupante : le matériel agricole disponible est paralysé par la fréquence des pannes et le manque de pièces de rechange, des récoltes sont perdues faute de moyens de stockage et les pénuries alimentaires s'aggravent. **En 1972, l'URSS doit se tourner vers le marché occidental et importer 20 millions de tonnes de céréales**. Les importations ne cessent d'augmenter par la suite et le ravitaillement alimentaire devient pour tout Soviétique qui n'appartient pas aux cercles privilégiés de la Nomenklatura un lancinant problème quotidien.

3. Une économie étouffée par le « fardeau impérial »

Dans son discours d'adieu en 1991, Gorbatchev invoque comme facteurs de blocage « le système de commandement administratif » et « **le terrible fardeau de la militarisation à outrance** ». Depuis les débuts de la guerre froide, la compétition nucléaire avec les États-Unis, la course aux armements conventionnels, la création d'une redoutable marine de guerre et l'entretien hors du territoire de centaines de milliers de militaires absorbent en effet plus de 15 % du PNB. L'économie soviétique est ainsi constituée de trois cercles d'efficacité très inégale. **Prioritaire dans les attributions de crédits, le cercle militaire absorbe l'essentiel de l'effort de recherche** et bénéficie de l'élite des spécialistes, cadres et travailleurs du pays. Le cercle étatique civil manque au contraire de moyens, souffre d'équipements obsolètes, de personnels peu motivés et accumule les retards, les malfaçons et les produits invendables. Le pouvoir en place a donc dû tolérer le développement d'un troisième cercle, celui de l'économie parallèle et souterraine fondé sur le troc, le vol et la débrouillardise de chacun pour pallier au moins en partie les carences du système.

C. L'EUROPE DE L'EST SOUS DÉPENDANCE

1. Une chasse gardée soviétique

Depuis la création du Pacte de Varsovie en 1955 [› CH. 21] et la répression du soulèvement hongrois en 1956, la mainmise soviétique sur les démocraties populaires est restée constante. Toute tentative d'évolution est immédiatement considérée par Moscou comme une mise en cause du socialisme. **En 1968, le vent de liberté introduit en Tchécoslovaquie par Dubcek, lors du « printemps de Prague » est brutalement interrompu par l'intervention des troupes du Pacte de Varsovie** qui imposent une « normalisation ». L'intervention est justifiée par l'élaboration de la doctrine Brejnev affirmant la souveraineté limitée des démocraties populaires. Les émeutes qui éclatent en Pologne en 1970 à la suite d'une augmentation des prix alimentaires sont également réprimées. Seule la Yougoslavie dirigée d'une main de fer par Tito continue de bénéficier d'une relative autonomie. Depuis le début des années 1960, Tito est même devenu l'une des grandes figures du non-alignement.

2. Un bloc commercial fermé

Au cours des années 1960, **l'URSS a multiplié les mesures destinées à renforcer le marché commun de l'Est ou CAEM**, Conseil d'aide économique mutuel, esquissé dès 1949. Imposée en 1962, **la division internationale socialiste du travail** vise à enfermer chaque pays dans une ou deux spécialités et à accentuer ainsi sa dépendance par rapport à l'URSS. En 1964, est créée la BICE, banque internationale pour le commerce extérieur, destinée à faciliter les échanges entre partenaires socialistes mais aussi à verrouiller le système. Les éventuels excédents commerciaux dégagés dans les échanges à l'intérieur du

CAEM sont en effet réglés en roubles non convertibles. En 1971, l'URSS impose à ses partenaires un programme d'approfondissement qui prévoit une coordination accrue des planifications et une coopération technologique renforcée, notamment en matière d'informatique et d'énergie nucléaire. Créée à l'occasion, la BII, banque internationale d'investissement, est destinée à financer des entreprises communes à deux ou plusieurs pays du CAEM, en particulier dans le domaine de la recherche.

3. Des carences identiques à celles de l'URSS

Les économies étatisées du bloc de l'Est appliquent des planifications copiées sur celles du « grand frère » : même priorité aux secteurs de base, mines, sidérurgie, industrie lourde, armement, même faiblesse des crédits destinés aux biens de consommations et à l'agriculture. **Les démocraties populaires souffrent donc des mêmes maux que la société soviétique** : pénurie alimentaire, retard technologique, rareté et médiocrité des biens de consommation, faiblesse des salaires, régime policier destiné à étouffer tout signe de mécontentement. Au début des années 1970, l'URSS tolère cependant une ouverture commerciale limitée vers l'Ouest pour combler les pénuries les plus criantes. Mais dès 1975, la montée rapide de l'endettement bloque ce processus limité de modernisation importée.

III. Un Tiers-monde en cours de différenciation

A. L'ÉMERGENCE DES NOUVEAUX PAYS INDUSTRIELS ASIATIQUES

Bien que le Tiers-monde ne représente vers 1970 que 10 à 11 % de la production industrielle mondiale, quelques pays ont entamé leur décollage économique en privilégiant une stratégie d'industrialisation. Les plus connus et les plus dynamiques sont les « **Dragons** » **asiatiques, Corée du Sud, Taïwan, Singapour et Hong-Kong**. Ils doivent d'abord leur réussite à la protection stratégique des États-Unis qui rassure les investisseurs étrangers, américains mais aussi européens, japonais ou chinois de la diaspora. Pauvres en énergie et en matières premières, ces pays ont misé tout leur développement sur leur seule richesse, la surabondance de la main-d'œuvre et le niveau très bas des salaires. En attirant des capitaux étrangers auxquels ils offrent des avantages fiscaux divers et des zones franches, **ils ont développé des industries textiles et des activités de montage électrique et électronique dont la production est destinée aux marchés des pays développés**. Cette croissance extravertie s'accélère à la fin des années 1960 avec un flux croissant de délocalisations industrielles venues de tous les pays développés. À l'image du Japon, les Dragons tendent à diversifier rapidement leur production en amorçant des activités nouvelles comme la sidérurgie, la construction navale ou la pétrochimie.

B. LES DIFFICULTÉS DE L'AMÉRIQUE LATINE

À la fin des années 1960, il apparaît clairement que le modèle de développement choisi par les pays latino-américains débouche sur une impasse. Théoriciens de la dépendance, les économistes tiers-mondistes comme l'Argentin Raul Prebish ou le Brésilien Celso Furtado n'ont cessé de dénoncer l'échange inégal subi par l'Amérique latine, « périphérie » exploitée par le « centre » que constituent les États-Unis et les autres pays développés.

Ils ont donc prôné **un développement « autocentré », fondé sur une industrialisation visant à valoriser les ressources régionales** et à substituer des productions nationales aux produits manufacturés importés à grands frais du Nord. Cette stratégie qui nécessite une forte protection douanière et la création d'entreprises publiques a été lancée sans véritable accord régional de libre-échange. Elle se heurte rapidement à une saturation de marchés nationaux trop étroits et nécessite des **aides budgétaires massives génératrices d'inflation chronique**. Le rejet des capitaux étrangers conduit également à des retards technologiques et l'absence de concurrence crée un secteur industriel protégé mais peu performant. Ce choix suppose aussi l'omnipotence des États qui combinent un régime politique le plus souvent dictatorial, une administration pléthorique et corrompue et un rôle économique démesuré. Dès le milieu des années 1960, le Mexique est le premier pays à s'inspirer du modèle asiatique. Le Programme national frontalier lancé en 1965 vise à attirer sur la frontière Nord des investissements étrangers pour développer des industries manufacturières, les maquiladoras, créer des emplois et nourrir les exportations. **En avance sur le reste du Tiers-monde après la Seconde Guerre mondiale, l'Amérique latine est, au début des années 1970, confrontée à de graves difficultés** marquées par des inégalités sociales criantes, une question agraire non résolue juxtaposant d'immenses domaines et des millions de paysans sans terre, un sous-emploi et une misère chroniques dans les grandes villes et la persistance de foyers de guérillas soutenus par Cuba.

C. LES PLAIES DE L'AFRIQUE

Instable, marginalisé dans l'économie mondiale et sous-développé, **le continent africain cumule au début des années 1970 tous les handicaps**. La situation est particulièrement dégradée dans **l'Afrique subsaharienne qui compte la plupart des pays les moins avancés**, c'est-à-dire, selon les critères retenus en 1972, des pays où le revenu annuel par habitant est inférieur à 300 dollars, où l'industrie occupe moins de 10 % d'actifs et où l'analphabétisme touche plus de 80 % de la population. Nés du mouvement d'indépendance, les nouveaux États africains sont fragilisés par des frontières arbitraires héritées de l'ère coloniale qui imposent la coexistence d'ethnies, de religions et de langues différentes, minent l'unité nationale, entraînent de violentes luttes pour le pouvoir ainsi que des tentatives de sécession et des conflits frontaliers et suscitent des flots de réfugiés cherchant à fuir les persécutions religieuses ou les massacres ethniques. L'instabilité politique, ponctuée par de fréquents coups d'État, suscite la **généralisation de régimes dictatoriaux** qui entretiennent des forces armées ruineuses et recourent pour se maintenir au pouvoir à la corruption et à la terreur et qui confisquent les richesses nationales au profit de leur seule clientèle. Les pays africains sont aussi confrontés à une **croissance démographique explosive** qui entraîne une **fragilité alimentaire permanente**, des famines à répétition et condamne le plus grand nombre à la misère. La violence politique décourage les investissements et nourrit la faillite économique : l'agriculture qui emploie le plus grand nombre souffre des calamités naturelles, des guerres et de l'archaïsme de ses méthodes. Avec moins de 1 % de la production mondiale, **l'industrie reste marginale**. Exportatrice de produits bruts dont les cours sont irréguliers et ne cessent de décliner depuis le début des années 1950, l'Afrique est de plus en plus marginalisée dans le commerce mondial dont elle représente moins de 2 %, et doit, pour survivre, quémander l'aide extérieure des pays riches ou recourir à l'endettement, accentuant ainsi sa dépendance.

24 LES RUPTURES DE LA DÉCENNIE 1970

Au cours des années 1970, la croissance mondiale est confrontée à trois ruptures majeures. La dégradation la plus visible concerne le système monétaire créé à Bretton Woods. Le déficit croissant de la balance des paiements des États-Unis, financé par l'émission de dollars papier, conduit à un gonflement excessif des liquidités mondiales générateur de dérive inflationniste et d'affaiblissement du dollar. L'échec des programmes de défense élaborés au cours des années 1960 contraint le président Nixon à ouvrir brutalement en août 1971 une crise monétaire qui marque l'abandon des principes de 1944 et conduit au printemps 1973 à un flottement généralisé des monnaies, officialisé lors de la Conférence de la Jamaïque en 1976.

Malgré l'indifférence du grand public, la boulimie énergétique des pays développés comporte également des risques croissants de rupture et de crise. Le bas prix du pétrole a certes favorisé la croissance du Nord mais il débouche aussi sur le gaspillage, la pollution et la dépendance des pays consommateurs. En 1970, le Club de Rome lance l'alerte et dénonce les excès et les dangers d'un mode de croissance en contradiction avec les ressources et les équilibres de la planète. Au même moment, l'organisation des pays exportateurs de pétrole entame une offensive qui conduit deux ans plus tard au premier choc pétrolier.

Révélateur de faiblesses antérieures, le choc pétrolier suscite la première crise économique des pays développés depuis 1945. L'échec des politiques de relance signe la fin des Trente Glorieuses et surtout l'usure du mode de régulation et de croissance qui a prévalu depuis les lendemains de la guerre.

CHRONOLOGIE

1960 : Création de l'OPEP

1968 : La convertibilité du dollar en or est réservée aux Banques centrales. Le FMI décide l'émission de DTS, droits de tirage spéciaux. Création de l'OPAEP

1971 : Premier déficit commercial américain du XXe siècle. Nixon proclame l'inconvertibilité totale du dollar en août. Dévaluation du dollar et réajustement des parités monétaires en décembre

1972 : Commandé par le Club de Rome, le rapport Meadows dénonçant l'épuisement des ressources planétaires est publié en France sous le titre « Halte à la croissance »

1973 : La spéculation impose une deuxième dévaluation du dollar suivie en mars du flottement généralisé des monnaies. Les pays de l'OPEP imposent deux hausses brutales des prix du pétrole en octobre et décembre : premier choc pétrolier

1974-75 : La cherté soudaine de l'énergie frappe les pays occidentaux : première crise économique depuis 1945

1975-76 : Échec des plans de relance tentés dans les différents pays capitalistes

1979-80 : Le deuxième choc pétrolier brise la reprise molle des années 1976-1979

I. La fin des taux de change fixes

Après la flambée des prix liée à la pénurie pendant la guerre et au début de la reconstruction, l'inflation se réduit dans les années 1950 grâce au retour de l'abondance mais elle reprend de la vigueur au cours des 10 années qui précèdent la crise de 1973. Cette accélération a de multiples effets pervers : elle stimule les revendications salariales, érode la compétitivité des entreprises et modifie les termes de l'échange entre le Nord et le Sud. La création excessive de liquidités mondiales qui l'alimente conduit aussi à un affaiblissement du dollar et finit par imposer l'abandon du système monétaire créé à Bretton Woods.

Évolution des prix mondiaux

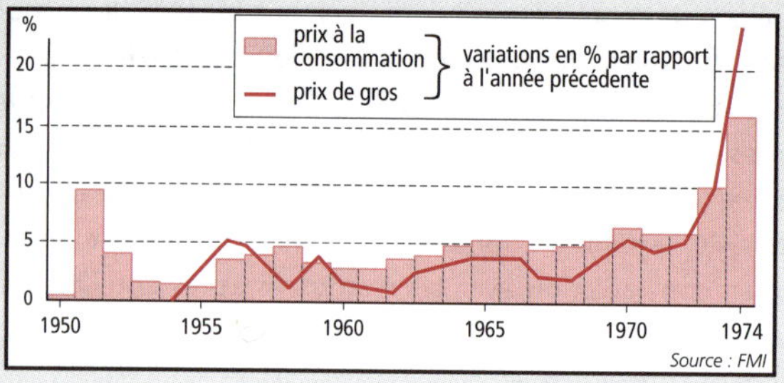

Source : FMI

A. LA DÉRIVE INFLATIONNISTE

1. Des origines diverses

La première source d'inflation provient du déficit croissant de la balance des paiements des États Unis à partir de la fin des années 1950. Conformément au système de Bretton Woods qui fait du dollar une monnaie internationale équivalente à l'or, **les États-Unis financent ce déficit en émettant des quantités de dollars papier. Cette émission entraîne à son tour l'apparition de nouvelles liquidités**. Ces dollars sont en effet soit placés sur l'euro-marché qui se développe rapidement dans la décennie 1960 entraînant un échafaudage de crédits qui aboutit à leur multiplication, soit acquis par les Banques centrales étrangères, ce qui se traduit par la création d'une contre-valeur en monnaie étrangère, soit replacés sur le marché américain et immédiatement recyclés, comme le déplore l'économiste Jacques Rueff qui dénonce le privilège américain du « déficit sans pleurs » et la duplication de liquidités qui en découle. À cette source principale s'ajoutent **le recours fréquent des États à la création monétaire pour financer les déficits budgétaires** et la création de monnaie scripturale par les banques. D'origine monétaire, **l'inflation induit des comportements qui la renforcent**. Elle conduit les banques à augmenter leurs taux d'intérêts et les salariés à réclamer des hausses de salaires pour maintenir leur pouvoir d'achat. Il en découle une inflation des coûts que les entreprises répercutent sur leurs clients et une inflation de la demande puisque la hausse des prix pousse les consommateurs à anticiper leurs achats et à s'endetter.

DÉFINITION

Euro-marché : marché européen sur lequel sont déposés des dollars américains qui sont ensuite empruntés. Ce marché non réglementé se développe à partir de la fin des années 1950.

■ **Évolution des prix dans les principaux pays industriels**

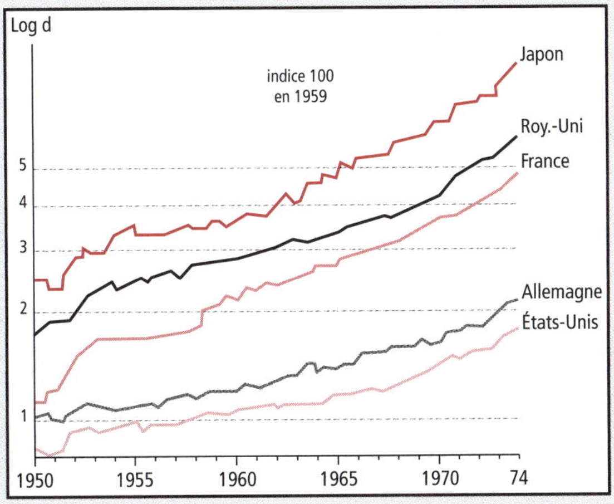

2. Une source de tensions Nord-Sud

La dérive inflationniste comporte une exception de taille : **les cours des produits bruts, denrées agricoles et matières premières, restent à la fois très irréguliers et orientés à la baisse**. Constante depuis 1952, cette baisse s'explique par la concurrence des produits de synthèse, ainsi que par la multiplication des producteurs et l'anarchie de l'offre. La situation n'est pas meilleure pour le pétrole dont le prix n'est pas défini par le marché mais maintenu très bas par le Cartel international des grandes compagnies occidentales. Les pays en développement sont donc confrontés à une baisse de leurs recettes alors qu'ils subissent la hausse du prix des produits manufacturés venus du Nord. **Cette forte détérioration des termes de l'échange, dénoncée comme un « pillage du Tiers-monde », suscite la mobilisation croissante des pays pauvres** en faveur d'une stabilisation du cours des produits de base. La baisse du prix des produits de base menace aussi le commerce international. En réduisant les capacités d'achat des pays du Sud, elle entame les débouchés des pays riches. Mené dans le cadre des réunions de la CNUCED, le dialogue Nord-Sud ne débouche cependant que sur des concessions mineures, ce qui pousse les plus radicaux à abandonner la concertation au profit d'une stratégie d'affrontement, concrétisée dès 1973 par le premier choc pétrolier.

3. Une dégradation des relations entre pays riches

L'inflation suscite également des frictions de plus en plus fortes entre pays développés. **Les États-Unis qui voient fondre leur excédent commercial accusent leurs principaux partenaires de concurrence déloyale et exercent une pression croissante pour obtenir des concessions commerciales et monétaires.** Le Japon dont les produits sont plébiscités par les consommateurs américains est la cible principale. Aux menaces de mesures protectionnistes, Washington ajoute deux revendications : une ouverture accrue du marché japonais et une revalorisation du yen, dont le taux de change défini en 1949 par les États-Unis pour favoriser la reprise du pays est jugé désormais beaucoup trop favorable et anachronique. Les pays d'Europe occidentale qui bénéficient de la protection de l'OTAN sont l'objet de fortes pressions pour acheter du matériel militaire américain. La Communauté économique européenne est sommée d'ouvrir son marché agricole. Les États-Unis dénoncent aussi la sous-évaluation du deutschemark. Jointe à la très faible inflation allemande, elle assure à la RFA des excédents commerciaux jugés déstabilisateurs par Washington.

B. L'AFFAIBLISSEMENT DU DOLLAR

1. Le coût de la « République impériale »

De 1945 à 1950, l'excédent de la balance des paiements des États-Unis a créé un *dollar-gap*, une pénurie de dollars que Washington a dû compenser par des dons ou des prêts pour redonner du pouvoir d'achat à ses principaux partenaires et éviter à la fois une réduction des ventes américaines et par voie de conséquence une récession. De 1950 à 1958, le déficit américain reste modéré et se révèle positif pour tous : les États-Unis émettent des liquidités mondiales qui permettent aux pays étrangers de reconstituer leurs réserves de change et de solder leurs achats sur le marché américain. **De 1958 à 1973 au contraire, le déficit américain ne cesse d'enfler et semble devenir incontrôlable.** La stratégie de *Containment* qui fait des Américains les protecteurs du monde libre face au péril rouge induit des dépenses énormes : entretien des bases en Europe occidentale dans le cadre de l'Alliance atlantique, présence militaire croissante en Asie avec surtout le fardeau écrasant de la guerre du Vietnam à partir de 1964, aussi onéreuse qu'impopulaire, « Alliance pour le progrès » lancée par Kennedy en 1961 pour éviter la contagion castriste en Amérique latine, etc. **À ces dépenses militaires s'ajoutent les sorties de capitaux privés sous forme de placements financiers mais surtout d'investissements directs à l'étranger** des grandes entreprises américaines. Ces déficits croissants obligent les autorités à mettre en place dans l'urgence des mesures de sauvegarde.

2. Des plans de défense inefficaces

Conçu après la première crise de confiance au printemps 1961, le plan Kennedy prévoit une taxe sur les achats de titres étrangers par les Américains pour réduire les placements à l'extérieur, la réduction des dépenses dans les bases militaires américaines à l'extérieur, le vote en 1962 du *Trade Expansion Act* qui autorise le Président à négocier une réduction réciproque des droits de douane avec ses principaux partenaires dans l'espoir de relancer les exportations. S'y ajoutent une augmentation des quotes-parts des 10 pays les plus riches au FMI, ce qui renforce les droits de tirage des États-Unis, et surtout la création du « pool de l'or » : les Banques centrales des pays de la CEE, du Royaume-Uni et du Canada s'engagent à fournir la moitié de l'or nécessaire pour maintenir la convertibilité du dollar à sa parité.

La faible portée de ces mesures oblige le président Johnson à lancer un deuxième plan en janvier 1965. Il comporte notamment un appel aux 500 plus grandes firmes américaines pour qu'elles réduisent leurs investissements à l'extérieur et rapatrient leurs bénéfices, une réduction des dépenses touristiques et militaires à l'extérieur et une nouvelle augmentation des quotes-parts du FMI. Au même moment cependant, dans une retentissante conférence de presse en février 1965, le général de Gaulle, fort de la reconstitution des réserves françaises et de la bonne santé du franc, n'hésite pas à dénoncer les privilèges monétaires des États-Unis, à réclamer le retour au système de l'étalon or et à annoncer sa décision de convertir en or tous les dollars détenus par la Banque centrale française. Il est vrai que **les différentes mesures de colmatage prises par les présidents américains sont destinées à prolonger le système existant et à éviter toute décision drastique** comme le ralentissement de la croissance pour rétablir les grands équilibres, le désengagement stratégique ou la dévaluation du dollar.

3. Les mesures du printemps 1968

La dévaluation forcée de la livre sterling en novembre 1967 met la spéculation en appétit et place le dollar en première ligne. Des conversions massives font fondre à grande vitesse le stock d'or américain, passé de 23 milliards de dollars en 1957 à 12 milliards en janvier 1968 et amputé de 1 milliard et demi supplémentaire entre janvier et mars 1968. Cette dégradation spectaculaire s'accompagne de la disparition du « pool de l'or » obligeant le président Johnson à des décisions plus radicales. **La convertibilité du dollar en or à la parité officielle est désormais réservée aux seules Banques centrales.** Les étrangers détenteurs de dollars, particuliers, entreprises ou banques diverses, ne peuvent plus convertir leurs dollars en or que sur le marché libre, à taux flottant. C'est la **création officielle d'un double marché** et l'apparition immédiate sur le marché libre d'une prime de l'or et d'une dépréciation du billet vert. Les États-Unis obtiennent aussi du FMI la **création d'une nouvelle liquidité mondiale, additionnelle à l'or et au dollar, les DTS ou droits de tirage spéciaux**. La création de cet « or-papier » distribué par le FMI au prorata des quotes-parts est qualifiée par Jacques Rueff, qui ne cesse de dénoncer l'excès des liquidités mondiales, de « plan d'irrigation en période de crue ». Elle vise d'abord à économiser l'or restant aux États-Unis : ceux-ci pourront en effet puiser dans leur dotation en DTS pour répondre aux Banques centrales qui voudraient échanger leurs dollars. La troisième mesure concerne un **plafonnement autoritaire des investissements externes des multinationales américaines** et même l'interdiction de toute sortie de dollars pour investissement en Europe occidentale. Pour continuer à investir, les firmes américaines devront recourir à des emprunts en Europe même.

■ Évolution de la balance des paiements des États-Unis

Déficit annuel de la balance des paiements (en milliards de dollars)							
1945	– 2,7	1952	– 1,1	1959	– 3,7	1966	– 1,3
1946	+ 1,3	1953	– 2,1	1960	– 3,9	1967	– 3,5
1947	+ 4,6	1954	– 1,5	1961	– 2,4	1968	+ 0,2
1948	+ 1	1955	– 1,1	1962	– 2,2	1969	– 7
1949	+ 0,2	1956	– 1	1963	– 2,6	1970	– 3,9
1950	– 3,6	1957	+ 0,5	1964	– 2,8	1971	– 22
1951	– 0,3	1958	– 3,5	1965	– 1,3	1972	– 13,8

■ Les avoirs en or des États-Unis (en milliards de dollars)

Déficit annuel de la balance des paiements (en milliards de dollars)									
1938	14,6	1950	22,8	1956	22,1	1962	16	1968	12 (janvier)
1945	20	1951	22,9	1957	22,9	1963	15,6	1969	10,7 (mars) — suppression de la convertibilité-or pour les particuliers
1946	20,7	1952	23,3	1958	20	1964	15,4		
1947	22,9	1953	22,1	1959	19,5	1965	13,8		
1948	24,4	1954	21,8	1960	17,8	1966	13,2		
1949	24,6	1955	21,8	1961	16,9	1967	12		

Source : *Federal Reserve Bulletin*.

C. UNE CRISE MONÉTAIRE GÉNÉRALISÉE

1. Le « coup Nixon » du 15 août 1971

Les statistiques mensuelles, qui laissent entrevoir dès le printemps 1971 le premier déficit commercial américain du siècle, déclenchent une véritable hémorragie de dollars qui impose les mesures drastiques annoncées par le président Nixon en plein été. **Le dollar est désormais inconvertible en or même pour les Banques centrales. Une surtaxe de 10 % est instituée sur les importations américaines** jusqu'à ce que les principaux partenaires des États-Unis acceptent de partager « le fardeau commun » en réévaluant leurs monnaies et en ouvrant davantage leurs marchés. Ces mesures déclenchent immédiatement une spéculation à la hausse des monnaies étrangères. Devant l'afflux massif de dollars, les Banques centrales des pays développés sont contraintes de mettre leur monnaie en flottement. **Dès ce moment, les trois principes de base du système de Bretton Woods n'existent plus** : le dollar n'est plus convertible en or, la fixité des changes n'est plus assurée et la coopération monétaire a fait place à une véritable guerre monétaire où les États-Unis désignent les cibles, les monnaies de tous leurs concurrents, alors que la spéculation internationale fournit les armes, les capitaux flottants.

2. La fin des parités stables

La tempête monétaire et la confusion qui découlent du coup de force américain poussent les partenaires de l'Amérique à négocier en décembre 1971 le compromis de Washington. **L'inconvertibilité du dollar est maintenue. Les parités stables sont rétablies au prix d'un réajustement** impliquant une dévaluation du dollar de près de 8 % et des réévaluations modulées de près de 17 % pour le yen et de plus de 13 % pour le deutschemark. **Les marges de fluctuation autorisées sont élargies, créant un « tunnel monétaire ».** Limitées jusque-là à plus ou moins 1 % de la parité officielle, elles peuvent désormais varier de plus ou moins 2,25 %. La surtaxe sur les importations américaines est levée, contre l'engagement d'un nouveau cycle de négociations commerciales dans le cadre du GATT. Dès l'ouverture du Tokyo Round, en 1973, les Américains affirment leur volonté de démanteler le protectionnisme agricole de leurs concurrents et d'obtenir une réduction des obstacles non tarifaires comme la protection des marchés publics ou les normes techniques et sanitaires.

L'accord s'est vite révélé insuffisant. L'aggravation du déficit commercial des États-Unis en 1972 les conduit à décider **en janvier 1973 une nouvelle dévaluation du dollar de 10 % et déclenche dès la fin de février un flottement généralisé des monnaies** désormais incapables de résister à la puissance des mouvements spéculatifs. En réalité, après avoir défendu le système des parités fixes, pilier de Bretton Woods, **les autorités américaines sont devenues favorables au flexibilisme***. Elles attendent de la « marchéisation » des changes des modifications profondes et rapides des parités. Comme l'écrit fin février le prix Nobel d'économie Paul Samuelson dans *Newsweek* : « Quatorze mois ont suffi pour montrer que la dévaluation n'est pas un remède miracle doté d'une action rapide… J'espère que nous nous rapprochons maintenant d'une **réforme à long terme du système**

DÉFINITION

Flexibilisme : doctrine en vogue aux États-Unis au début des années 1970 prônant l'abandon des changes fixes au profit du flottement monétaire. Les partisans du flexibilisme, au premier rang Milton Friedman, affirment que seule la loi de l'offre et de la demande peut définir des changes « vrais », c'est-à-dire assurant la parité des pouvoirs d'achat.

du Fonds monétaire international. Ce dont on a le plus besoin est une flexibilité plus précoce des taux de change afin de corriger les surévaluations et les sous-évaluations** avant qu'elles ne deviennent chroniques et nuisibles. »

3. L'officialisation du flottement des monnaies

Le flottement erratique des monnaies au cours des années 1970

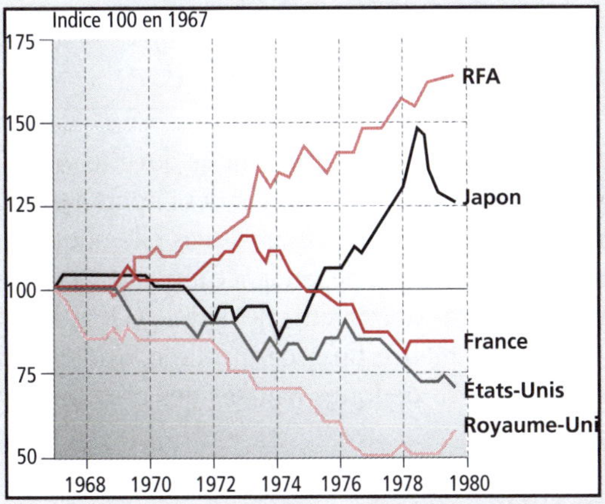

La nouvelle doctrine monétaire des Américains est entérinée lors de la **Conférence de la Jamaïque en janvier 1976. L'or est banalisé** et devient une marchandise comme les autres dont le cours fluctue librement en fonction de l'offre et de la demande. Il n'a plus le rôle d'étalon monétaire et les pays membres du FMI ne peuvent plus définir la parité de leur monnaie par un poids d'or. Les Banques centrales sont cependant autorisées à conserver de l'or dans leurs réserves mais elles peuvent aussi le vendre contre des devises sur le marché libre. **Chaque pays peut choisir son régime de change**, flottement intégral, flottement limité comme le serpent monétaire européen, rattachement à une monnaie flottante comme le dollar pour la plupart des pays asiatiques soucieux de maintenir leurs exportations vers les États-Unis, ou même changes fixes. L'accord prévoit à terme le retour à une solution moyenne qui évite les contraintes des changes stables et les excès des flottements libres, sous la forme de « **parités stables mais ajustables** ». Mais ce retour n'est prévu qu'après « rétablissement des grands équilibres » et approbation du FMI rassemblant 85 % des droits de vote. Détenteurs de plus de 15 % de ces droits, les États-Unis peuvent donc retarder indéfiniment cette décision. Tout au long de la décennie 1970, ils ont au contraire cherché à tirer profit de ce flottement, pour relancer leurs exportations et gêner leurs partenaires. **La Communauté économique européenne est particulièrement affectée.** En détruisant les prix uniques agricoles adoptés depuis 1968, le flottement a imposé le recours au système compliqué des « montants compensatoires monétaires » pour annuler la divergence des changes. **Le flottement tend aussi à fracturer l'Europe**, entre monnaies fortes, deutschemark et florin hollandais et monnaies faibles, notamment la lire et le franc français. Pour tenter de limiter des variations de change incompatibles avec le marché commun, **les Six ont institué dès avril 1972 un « serpent monétaire »** limitant les fluctuations à plus ou moins 1,25 %. Mais l'élargissement de la CEE à 9 pays membres le 1er janvier 1973 ruine rapidement cette tentative. **Le Japon** déjà confronté depuis 1968 à une hausse très forte des salaires **est également concerné au premier chef par l'évolution divergente du yen et dollar**. L'envolée du yen a l'avantage de réduire le coût des produits bruts importés, en particulier la facture énergétique libellée en dollars. Mais elle freine les exportations et pousse les entreprises nippones à accélérer leurs investissements de délocalisation dans les pays voisins asiatiques où la main-d'œuvre est bien moins chère et qui offrent l'intérêt d'avoir des monnaies couplées au dollar.

II. La fin de l'énergie bon marché

Inéluctable aux yeux des experts, la crise énergétique ouverte en 1973 surprend paradoxalement une opinion publique endormie. Fondée sur des importations massives de pétrole à bas prix, l'abondance énergétique dope la croissance mais elle nourrit aussi le gaspillage et elle conduit les pays consommateurs à une dépendance aussi dangereuse que mal perçue. Créée en 1960, l'Organisation des pays exportateurs de pétrole (OPEP) devient une décennie plus tard suffisamment forte pour mettre fin à ce qu'elle considère comme un pillage de ses ressources. Elle impose fin 1973 de fortes hausses des prix qui frappent de plein fouet les pays consommateurs.

A. LA RUÉE SUR L'OR NOIR

1. Un marché contrôlé par les Majors

L'exploitation pétrolière a suscité très tôt dans les pays développés un double processus de concentration et de cartellisation. Le succès de la stratégie de Rockefeller fondée sur une intégration verticale complète du processus pétrolier « du puits à la pompe » a fait des émules dans tout l'Occident. **Dès 1928, les plus puissantes de ces sociétés créent le Cartel international du pétrole.** Fondé sur un accord de solidarité et une entente sur les prix, le cartel regroupe 7 « Majors », 5 sociétés américaines et 2 européennes. Dans toutes les régions pétrolifères et en particulier au Moyen-Orient, où se multiplient les filiales communes (Iraq Petroleum Company au lendemain de la Première Guerre mondiale, Koweït Oil Cy en 1934, Aramco en 1935, Consortium iranien en 1953), **les Majors imposent les mêmes « contrats de concession »**. Les concessionnaires disposent d'un monopole de recherche et d'exploitation sur la quasi-totalité des territoires concernés. Ils bénéficient de l'extraterritorialité, ne s'engagent à aucun transfert de technologie, fixent les prix et ne versent aux pays pétrolifères que des redevances très réduites. **Ces mêmes sociétés assurent ensuite le transport, le raffinage et la distribution et s'approprient à tous les stades l'essentiel de la « rente pétrolière ».**

2. Un prélèvement à bas prix

De 1945 à la fin des années 1950, le « prix affiché » du pétrole brut, qui sert à calculer les redevances versées au pays hôte, reste bloqué par le Cartel à **deux dollars le baril** de 159 litres. En 1959, le Cartel décide même de réduire ce prix à 1,7 dollar. Cette baisse répond à plusieurs motifs. Les Majors ont développé leur production dans les années 1950 en vue d'alimenter le marché américain où l'autosuffisance tend à disparaître. Mais en 1958, le président Eisenhower limite par quotas les importations pour protéger la production interne. La crise de Suez en 1956 conduit par ailleurs les pays européens à créer en 1957 à côté de la CEE une Communauté européenne de l'énergie atomique, plus connue sous le nom d'Euratom, pour développer en commun la recherche nucléaire. **Le meilleur moyen pour le Cartel d'écouler les stocks existants et d'éloigner la concurrence du nucléaire consiste à abaisser les prix du pétrole en répercutant la baisse sur les pays fournisseurs.** Malgré la hausse des prix des produits manufacturés, ce prix est maintenu jusqu'en 1971. Le prix réel ne cesse donc de baisser, faisant du pétrole la source d'énergie la plus avantageuse.

3. La stratégie du « tout pétrole »

Ce prix très bas de l'or noir a eu deux conséquences. **Il conduit les consommateurs à abandonner les autres sources et notamment le charbon pour transférer leur demande vers les hydrocarbures**, pétrole et gaz naturel. Cette évolution est d'ailleurs encouragée par les pouvoirs publics soucieux de privilégier la compétitivité face à la concurrence induite par l'abaissement des barrières douanières. **Il favorise aussi un emballement spectaculaire de la consommation.** Aux États-Unis, le transfert de la demande est réalisé dès les années 1950. La part du charbon dans le bilan énergétique américain tombe de 51 % en 1950 à 22 % en 1960 alors que la part du pétrole monte de 31 à 42 % et celle du gaz de 14 à 32 %. En Europe occidentale et au Japon, le transfert est réalisé dans les années 1960, en liaison notamment avec la baisse des prix de l'or noir décidée par le Cartel. Dans l'Europe des Six, la part du pétrole passe de 15 % en 1950 à 65 % en 1973. En 1973, le pétrole couvre 51 % des besoins énergétiques mondiaux, contre 20 % pour le gaz naturel et 27 % pour le charbon.

Transfert de la consommation d'énergie aux États-Unis

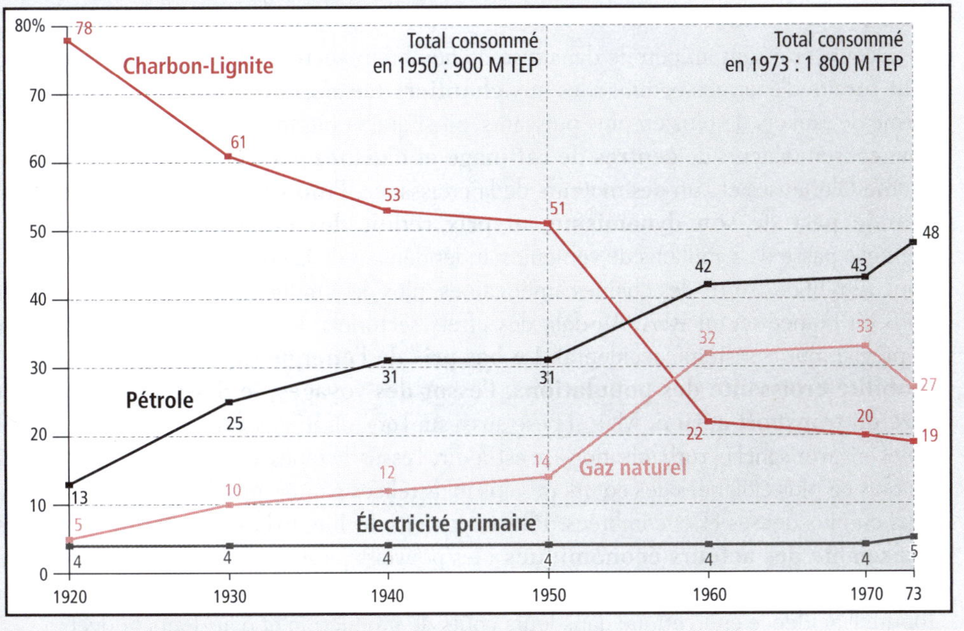

Ce transfert s'accompagne d'une augmentation spectaculaire de la consommation totale. Avec plus de 8 tonnes équivalent pétrole (TEP) par an à la veille du premier choc pétrolier, **le consommateur américain est le plus boulimique**. La consommation globale des États-Unis atteint à cette date 1800 millions de TEP, deux fois plus qu'en 1950. La croissance de la demande est aussi très rapide en Europe occidentale et au Japon : en 1973, la consommation annuelle par habitant s'y élève à 3,5 TEP alors que la moyenne mondiale est de 1,4 TEP.

Évolution de la consommation énergétique mondiale

	1937	1955	1973
Total en millions de TEP	1 290	2 360	5 510
dont Charbons (houille et lignite)	72,3 %	53,8 %	27,6 %
Pétrole	21,6 %	32,6 %	50,9 %
Gaz naturel	4,9 %	11,8 %	19,2 %
Électricité primaire	1,2 %	1,8 %	2,3 %
Amérique du Nord	41,1 %	40,9 %	33,5 %
Europe occidentale	32,2 %	21,6 %	19,1 %
Japon	2,9 %	2,4 %	5,7 %
Autres PDEM	2,3 %	2,2 %	2,1 %
URSS + Europe orientale	16,4 %	17,1 %	21,5 %
PVD	5,1 %	11,1 %	18,1 %

B. DES EFFETS CONTRADICTOIRES

1. Une « potion magique » pour la croissance du Nord ?

Le recours croissant au pétrole dynamise de nombreux secteurs d'activité. Le transport du brut suscite d'énormes commandes aux **chantiers navals**, en particulier asiatiques, sous forme de tankers de plus en plus puissants, ainsi que la multiplication sur les littoraux des pays consommateurs de **centres de raffinage et d'usines pétrochimiques**. Symbole des Trente Glorieuses et l'un des moteurs de la croissance, **l'industrie automobile doit une grande part de son dynamisme au prix réduit des carburants**. La construction annuelle passe de 3 millions de véhicules au lendemain de la guerre à 37 millions en 1973, dont 12 millions sortis des chaînes américaines, plus de 6 millions fabriqués au Japon, plus de 3 en France ou en RFA. Au-delà des effets sectoriels, le recours croissant au pétrole imprègne tout le système occidental. **Le bas prix de l'énergie explique par exemple la mobilité croissante des populations, l'essor des voyages, le développement accéléré du transport aérien.** Mais il pèse aussi sur l'organisation spatiale des grandes métropoles en favorisant la « rurbanisation », c'est-à-dire l'essor de zones résidentielles périphériques de plus en plus éloignées des cœurs urbains mais reliées par des infrastructures routières de plus en plus denses et encombrées. Plus largement, **le bas prix de l'énergie euphorise l'ensemble des acteurs économiques :** les pouvoirs publics qui bénéficient d'une rente fiscale grâce aux taxes sur les carburants, les producteurs et les consommateurs qui voient fondre l'incidence énergétique dans leurs coûts de production et dans leurs budgets.

DÉFINITION

Rurbanisation : essor de zones résidentielles périphériques de plus en plus éloignées des cœurs urbains mais reliées par des infrastructures routières de plus en plus denses et encombrées.

2. Une dépendance extérieure inquiétante

Pour couvrir leurs besoins en pétrole, **les pays consommateurs doivent recourir à des importations massives qui les rendent dépendants et vulnérables**. Quasiment dépourvu de ressources internes, **le Japon importe en 1973 90 % des 270 millions de tonnes qu'il consomme**, ce qui en fait le deuxième importateur mondial derrière les États-Unis. La situation de l'Europe occidentale n'est pas meilleure : en 1973, **la CEE consomme 560 millions de tonnes de pétrole et n'en produit que 15**. Circonstance aggravante, le taux de dépendance des pays membres est très contrasté, ce qui annihile toute politique commune. Réduit à 15 % aux Pays-Bas qui disposent de réserves importantes de gaz naturel, le taux de dépendance atteint 85 % en Italie, 75 % en France mais se limite à 50 % en RFA qui bénéficie des meilleures conditions charbonnières d'Europe. Bien que le taux de dépendance n'atteigne que 13 % en 1973, **la dégradation de la situation américaine est impressionnante**. Le pays assurait 67 % de la production pétrolière mondiale en 1929, 54 % en 1950 mais 18 % seulement en 1973. Le décalage croissant entre la stagnation de la production et l'envol de la consommation contraint à recourir de plus en plus à l'importation. Cette dépendance est d'autant plus inquiétante pour les pays consommateurs que l'essentiel de leur approvisionnement provient du Moyen-Orient qui exporte, en 1973, un milliard de tonnes soit les deux tiers du pétrole commercialisé dans le monde.

■ **Les échanges pétroliers dans le monde en 1973**

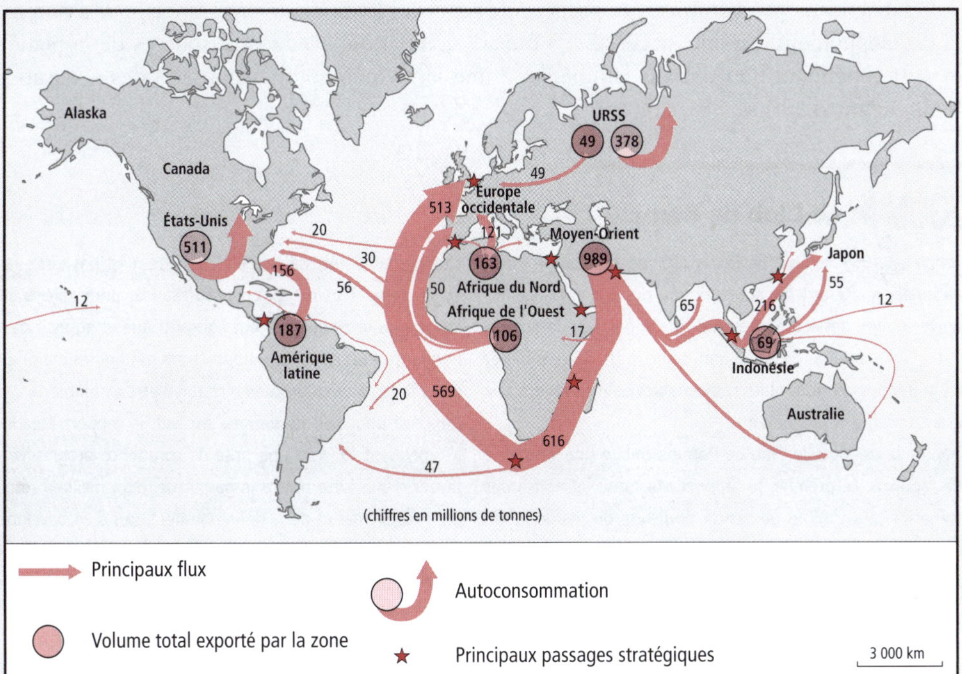

3. Une multitude d'effets pervers

L'engouement pour le pétrole a fait une première victime, en entraînant **le déclin des régions charbonnières**. La crise des pays noirs a été particulièrement douloureuse en Europe occidentale. La multiplication des stocks sur le carreau des mines à partir de 1960 et le déficit croissant des entreprises charbonnières ont contraint partout les pouvoirs publics à mettre en place des plans de repli et des fermetures de mines, entraînant un déclin accéléré de la production et de l'emploi. L'extraction du charbon employait 1,7 million de salariés en Europe occidentale au milieu des années 1950 mais 340 000 seulement en 1973.

L'indifférence des opinions publiques aux dangers induits par la boulimie énergétique se double d'attitudes généralisées de gaspillage. L'isolation thermique des bâtiments est négligée, les rendements énergétiques des équipements ne font l'objet d'aucun effort spécifique. Les concepteurs d'avions et d'automobiles se préoccupent plus de performances que de consommation de carburant. Symbole de cette époque qui ignore la contrainte énergétique, la France s'enorgueillit du lancement en 1960 d'un « lévrier des mers », le paquebot *France*, « hommage de la technique française à la patrie » selon le général de Gaulle, ainsi que du premier vol en 1969 du Concorde, premier avion de ligne supersonique, deux réalisations certes prestigieuses, mais que leur voracité énergétique condamne à l'échec au lendemain du premier choc pétrolier.

Les dangers sont pourtant clairement analysés par les experts. **Publié en 1970, à la demande du Club de Rome, le rapport Meadows élaboré par des chercheurs américains du MIT dénonce les effets pervers du mode de croissance occidental** : pollution de l'environnement par l'accumulation de déchets toxiques et l'émission de gaz carbonique et surtout prélèvement inconsidéré sur des ressources non renouvelables conduisant inévitablement les pays riches surconsommateurs de matières premières et d'énergies à des pénuries, à des prix prohibitifs et à des risques d'effondrement du système. Ce diagnostic prémonitoire qui propose de repenser le mode de croissance pour assurer un développement durable, accessible à tous et compatible avec les ressources de la planète, s'est cependant heurté dans l'immédiat à une large incompréhension et à des accusations de malthusianisme.

ZOOM ▶ Le Club de Rome

Fondé en 1968, le Club de Rome est une association internationale réunissant des scientifiques, des économistes, des universitaires, des écologistes, des fonctionnaires, originaires d'une cinquantaine de pays. Son objectif est de sensibiliser les opinions publiques et les responsables politiques face aux grands problèmes planétaires.

Depuis sa création, le Club de Rome a publié une vingtaine de rapports. Le premier, le rapport Meadows, annonce des scénarios catastrophes en cas de poursuite du même mode de croissance, par épuisement des ressources et dégradation accélérée de l'environnement. Il insiste sur l'urgence des changements nécessaires : « La planète n'est pas assez vaste et ses ressources ne sont pas suffisantes pour tolérer plus longtemps le comportement égocentrique et agressif de ses habitants. Plus nous nous approchons des limites matérielles de la Terre, plus ce problème risque d'être insoluble. »

Dénoncé pour son pessimisme excessif, le rapport Meadows a cependant favorisé une prise de conscience progressive en faveur d'une lutte contre le gaspillage, d'un meilleur respect des écosystèmes et de la définition des bases d'un développement durable. Mais la faiblesse des mesures concrètes mises en place maintient d'actualité l'avertissement du Club de Rome.

C. DES ÉVOLUTIONS DANGEREUSES

1. Des changements dans le rapport des forces

Entre 1960 et 1973, deux modifications majeures interviennent sur le marché pétrolier. **Jusque-là désunis, les pays producteurs se regroupent pour défendre leurs intérêts ; à l'inverse, le front uni du Cartel est désormais fissuré par la concurrence de nouveaux acteurs**. En septembre 1960, 5 pays producteurs, Irak, Iran, Koweït, Arabie saoudite et Venezuela décident après 4 jours de discussions à Bagdad la **création de l'OPEP, Organisation des pays exportateurs de pétrole**, en réponse à la baisse des prix imposée par le Cartel. L'OPEP s'élargit rapidement avec l'adhésion du Qatar en 1961, de l'Indonésie et de la Libye en 1962, suivis par Abu Dhabi en 1967, l'Algérie en 1969, le Nigeria en 1971, l'Équateur et le Gabon en 1973. En 1968 s'est constitué à l'intérieur de l'OPEP un noyau dur particulièrement pressé de revaloriser le pétrole et de prendre en mains son exploitation, **l'Organisation des pays arabes exportateurs de pétrole ou OPAEP**. En 1973, l'OPEP regroupe 13 pays qui fournissent plus de la moitié de la production mondiale et qui disposent des deux tiers des réserves mondiales. Mexique et URSS exceptés, elle compte tous les grands exportateurs de pétrole. Simple syndicat de défense en 1960, **l'OPEP est en situation de force au début des années 1970.**

À l'inverse, le front uni des consommateurs se délite. Pour répondre aux besoins croissants, **des sociétés extérieures au Cartel pratiquent une surenchère en acceptant de signer avec les pays pétrolifères des « contrats d'association »** qui comportent un partage des bénéfices plus avantageux que le traditionnel « fifty-fifty » et surtout associent les pays à la recherche et à l'exploitation pétrolière. Le transfert de technologie qui en découle permet aux pays producteurs de constituer progressivement des sociétés nationales capables de prendre la relève de l'Occident. Cette surenchère provient des « indépendants », c'est-à-dire des sociétés américaines non-membres du Cartel confrontées à l'épuisement progressif des gisements qu'elles exploitent aux États-Unis, des sociétés japonaises et des sociétés nationales européennes soucieuses d'affirmer leur indépendance comme ENI en Italie et ELF-ERAP en France.

2. Un marché de plus en plus tendu

Pour faire face à une demande qui double tous les 10 ans et passe de 540 millions de tonnes en 1950 à 1 milliard de tonnes en 1960 et 2,2 en 1970, les recherches pétrolières se sont multipliées dans les années 1960. Mais **les nouveaux gisements découverts en mer du Nord, au large du Mexique ou de l'Indonésie, ou en Alaska, ont tous comme caractéristiques d'être beaucoup plus coûteux que ceux du Moyen-Orient**. Cela revient à dire que ces gisements sont inexploitables et ces découvertes non rentables tant que les prix mondiaux restent bloqués à moins de deux dollars le baril. On constate donc **qu'à la fin des années 1960 les intérêts du Cartel changent**. Il a désormais tout à gagner à un relèvement des prix lui permettant de rentabiliser ses découvertes. L'évolution du marché joue dans le même sens. **La demande tend en effet à s'emballer à la fin des années 1960** avec l'augmentation des importations européennes et japonaises auxquelles s'ajoute la dégradation rapide de la situation des États-Unis : avec des importations qui passent de 100 millions de tonnes en 1960 à 200 millions en 1970 et 300 millions dès 1973, l'irruption de la demande américaine, dont tout laisse à prévoir qu'elle ne peut que s'aggraver, tend à déstabiliser un équilibre de plus en plus fragile entre l'offre et la demande. Dominé jusque-là par les acheteurs, le marché devient progressivement très favorable aux vendeurs.

3. Les débuts de l'offensive de l'OPEP

Ces évolutions n'ont pas échappé aux pays membres de l'OPEP. En décembre 1970, lors de la Conférence de Caracas, ceux-ci décident d'abandonner l'objectif de stabilisation des prix et d'appliquer au plus vite les trois buts définis dans la charte de l'OPEP rédigée en 1961 : augmenter les revenus pétroliers des pays membres pour contribuer à leur développement, assurer la mainmise sur la production, organiser l'offre en fixant au besoin des quotas par pays membre. **En février 1971, l'Algérie prend prétexte d'un non-respect des engagements pour nationaliser les avoirs pétroliers français dans la partie saharienne de son territoire**. En 1972, l'Arabie saoudite négocie ave les États-Unis le rachat progressif de l'Aramco. En octobre 1972, l'Irak nationalise l'Iraq Petroleum Cy. **De 1970 à 1973, l'OPEP obtient par négociations un relèvement progressif des prix affichés de 1,7 à 3 dollars le baril** pour compenser notamment les deux dévaluations du dollar de décembre 1971 et février 1973. **Le choc pétrolier se profile à l'horizon.**

III. La fin des Trente Glorieuses

A. LA RUPTURE DE 1974

1. Le premier choc pétrolier

■ L'évolution du prix du pétrole

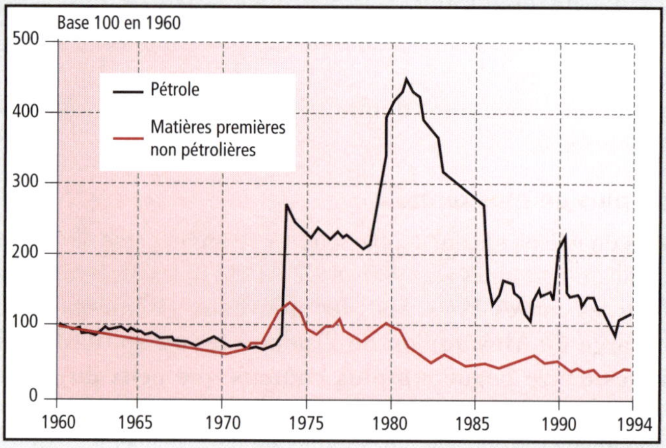

Signe du transfert du pouvoir pétrolier des compagnies occidentales aux pays producteurs, le premier choc pétrolier qui commence en octobre 1973 prend trois formes. La plus spectaculaire concerne les prix du brut : en deux temps, octobre puis décembre, **l'OPEP impose un quadruplement des prix. Le baril passe de 3 dollars à l'automne à près de 12 dollars à la fin de l'année**. Cette hausse brutale qui touche de plein fouet les gros importateurs fait affluer une pluie de pétrodollars sur les pays producteurs. Incapables d'utiliser dans l'immédiat une telle manne, ces pays placent une grande partie de leurs avoirs dans les banques occidentales qui à leur tour les recyclent sous forme de prêts, notamment aux pays émergents du Sud. La deuxième forme, prolongeant les nationalisations déjà réalisées, est le **rachat des installations des compagnies occidentales dans les pays pétrolifères au profit de compagnies nationales**. L'objectif est double : prendre possession des richesses nationales et gérer l'offre de pétrole au mieux des intérêts nationaux et non en fonction des besoins occidentaux. La troisième forme du premier choc confirme en effet la volonté des pays de l'OPEP et de l'OPAEP **d'utiliser l'arme pétrolière à des fins géopolitiques**. Le 6 octobre 1973, les armées égyptienne et syrienne déclenchent une offensive générale contre Israël qui marque le début de la guerre du Kippour. Quelques jours plus tard l'OPEP annonce sa volonté de réduire la production de 5 % par mois « jusqu'à ce que les Israéliens se soient complètement retirés des territoires occupés et que les droits légaux du peuple palestinien aient été instaurés ». Elle décrète même un embargo à l'encontre des pays trop favorables aux thèses israéliennes, États-Unis et Pays-Bas, embargo levé début 1974 après l'échec des pays arabes dans la guerre du Kippour.

2. La première crise économique depuis 1945

Des lendemains de la guerre à 1973, les pays occidentaux ont bénéficié d'une croissance exceptionnelle par ses taux mais aussi par sa permanence. Les politiques conjoncturelles conduites par les États permettent de limiter les variations à des ralentissements de courte durée et imposent progressivement l'idée que la crise économique appartient désormais à un passé révolu. **La crise qui frappe les pays développés en 1974 et 1975 est donc inattendue.**

Elle atteint d'abord toutes les activités directement liées au prix de l'énergie, construction automobile, aéronautique ou navale, affectées par la brutale inadaptation de leur production trop énergivore et par l'effondrement de leurs ventes : la production automobile recule de 40 % aux États-Unis, de 10 % en Europe et en France où la flambée de l'or noir signe aussi l'échec commercial du Concorde et la fin programmée du paquebot *France*. Le coût des carburants pèse également sur toutes les formes de transport et fragilise notamment les compagnies aériennes. Elle ponctionne aussi une part non négligeable du pouvoir d'achat des ménages contraints de modifier leur consommation. La crise atteint par ricochet les secteurs de base, en particulier **la sidérurgie sinistrée par ses dettes, la chute des commandes et la concurrence des pays du Sud**. Le recul de la demande – investissement et consommation – dégrade l'ensemble du secteur industriel, à l'exception de quelques branches comme l'industrie nucléaire, l'électronique ou le secteur des biens d'équipement dopé par les commandes des pays nouveaux riches et des pays émergents qui s'endettent. La hausse des prix pétroliers alourdit également le poids des importations. Elle accélère enfin la dérive inflationniste. **La crise conduit donc à une situation nouvelle et insolite, la « stagflation », qui associe recul de l'industrie et du PIB, poussée du chômage, et forte hausse des prix.**

3. Des signes antérieurs au choc pétrolier

Malgré son évident impact mécanique et psychologique, le choc pétrolier n'explique pas tout. Dans tous les pays capitalistes, **le taux de profit des entreprises baisse fortement entre 1967 et 1970**. Les vagues de revendications et la mobilisation des travailleurs à la fin des années 1960 au Japon, en Europe occidentale et au États-Unis ont contraint les entreprises à concéder de substantielles hausses de salaires pour rétablir la paix sociale. **Le nouveau partage profits-salaires dégrade les marges des entreprises et donc leurs capacités d'investissement, entraînant le ralentissement des progrès de la productivité qui compensaient jusque-là la hausse des charges**. Le contexte international change également. L'application des décisions du Kennedy Round entre 1968 et 1972 accentue la concurrence. De plus, dans le cadre du dialogue Nord-Sud, les pays développés ont promis en 1968 d'accorder des préférences tarifaires aux produits manufacturés venus du Sud. Dès lors, les firmes sont incitées à orienter leurs investissements vers les pays à bas salaires, et à délocaliser de nombreuses activités industrielles : textile et habillement, cuirs, sidérurgie, montage électrique et électronique… **La désindustrialisation du Nord s'amorce donc avant le choc pétrolier.**

■ **La chute du profit - L'exemple de la France**

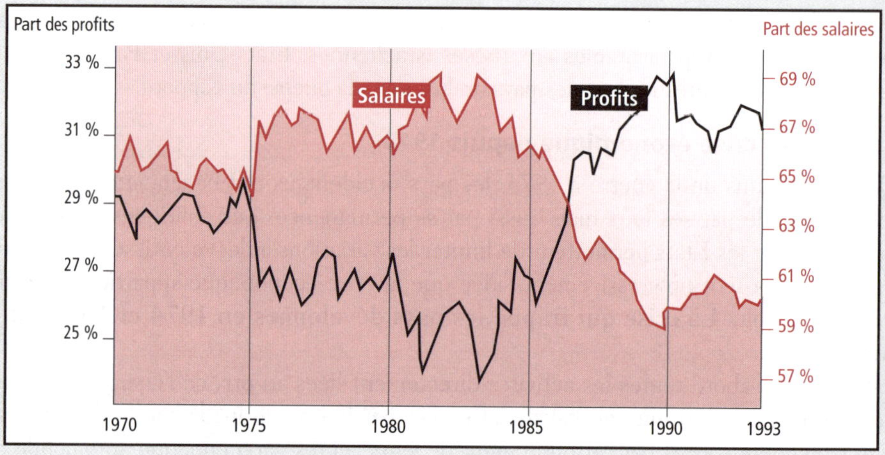

B. LA RECHERCHE DÉSORDONNÉE DE RÉPONSES ADAPTÉES

1. L'urgence de nouveaux choix énergétiques

La forte hausse du prix de l'or noir oblige les pays consommateurs à inventer dans l'urgence une nouvelle politique énergétique. Dès 1974, les États-Unis tentent d'organiser une coopération internationale entre les pays occidentaux et obtiennent la création de l'AIE, Agence internationale de l'énergie, placée dans le cadre de l'OCDE, pour coordonner la gestion des stocks de pétrole et même organiser une répartition en cas de pénurie. Mais ces efforts se heurtent aux divergences entre pays (la France pour sa part refuse d'intégrer l'AIE pour ne pas aggraver sa dépendance par rapport aux États-Unis) et **les solutions nationales l'emportent sur les réponses communes**. Si tous les gouvernements prennent des mesures pour lutter contre le gaspillage, diversifier les fournisseurs et encourager la production d'énergies de remplacement, **les programmes nationaux diffèrent dans leurs priorités, leur ampleur, leurs délais de mise en place**. Aux États-Unis, les plans proposés par le président Ford en 1975 puis par son successeur Carter en 1977 se heurtent à l'opposition du Congrès et à l'indifférence de l'opinion publique. La France adopte dès 1974 l'ambitieux plan Messmer qui privilégie le développement du nucléaire mais renonce à relancer le charbon. Ces choix déplaisent autant aux écologistes qu'à la gauche qui dénonce l'abandon des régions charbonnières où les difficultés sociales sont aggravées par la crise de la sidérurgie. Le Royaume-Uni compte surtout sur ses découvertes de pétrole en mer du Nord, les Pays-Bas sur leurs ressources en gaz naturel. La RFA bénéficie de l'envolée du deutschemark qui annule la hausse du pétrole dont les cours sont libellés en dollars. **Ces divergences rendent la Communauté européenne incapable de proposer une politique commune de l'énergie**. Fortement dépendant, le Japon compte lui aussi sur la forte revalorisation du yen par rapport au dollar qui limite le coût de ses approvisionnements et sur les délocalisations dans les pays asiatiques voisins pour limiter sa consommation.

2. L'échec des politiques conjoncturelles

Tous les gouvernements concernés par la crise économique et sociale sont confrontés à un **dilemme : privilégier des politiques de rigueur pour lutter contre le déficit commercial et la dérive inflationniste ou s'engager dans des politiques de relance**

pour soutenir les secteurs en difficulté et empêcher la marée noire du chômage de progresser. La France par exemple choisit successivement la rigueur avec le plan Fourcade en 1974, la relance avec le plan Chirac en 1975 puis de nouveau la rigueur avec le plan Barre à partir de 1976. Les États-Unis privilégient les mesures expansionnistes jusqu'à la fin de 1978 où le président Carter engage un freinage des prix et des salaires et un contrôle strict de la masse monétaire. Confronté à une hausse des prix de 20 % en 1974, le Japon doit recourir à un plan de refroidissement en 1975 suivi d'une politique de modération de la demande. Le Royaume-Uni passe d'une politique de relance en 1974 à un plan d'austérité en 1976, renforcé dès son arrivée au pouvoir en 1979 par Margaret Thatcher. Fidèle à sa tradition, la RFA privilégie d'abord la lutte contre l'inflation et la défense de la monnaie. En réalité tous ces plans comportent des effets pervers qui expliquent les **nombreux revirements**. Les politiques de rigueur sont impopulaires et ont pour effet de nourrir la crise et d'aggraver le chômage sans vraiment freiner l'inflation. Les politiques de relance se révèlent encore plus décevantes. Dans un contexte de libre-échange en Europe et de fortes réductions de protections douanières dans le monde, la relance risque de profiter davantage aux fournisseurs étrangers qu'aux nationaux. Elle aggrave les « déficits jumeaux » (déficit commercial et déficit budgétaire) et, en régime de flottement monétaire généralisé, elle nourrit une dépréciation rapide de la monnaie, comme la baisse du dollar au long de la décennie ou l'affaiblissement du franc lors de la relance de 1975.

Seule la RFA peut se targuer de réussite au point de réaliser un nouveau « miracle économique » : elle limite l'effet inflationniste grâce à la hausse de sa monnaie qui annule le choc pétrolier ; elle maintient son activité et accentue même son excédent commercial grâce aux exportations massives de biens d'équipement, notamment vers le Moyen-Orient. Tirée par les exportations, la croissance permet de limiter le chômage. Mais partout ailleurs, **les résultats sont modestes. La reprise qui s'amorce à partir de 1976 ne débouche que sur une croissance molle, insuffisante pour rétablir le plein-emploi et brisée dès 1979 par l'irruption d'un second choc pétrolier.**

Le recul de la production industrielle en 1974, 1975

États-Unis	– 15,5 %
Japon	– 25,5 %
RFA	– 18,2 %
Royaume-Uni	– 13,00 %
Italie	– 25,5 %
France	– 19,4 %

3. Le deuxième choc pétrolier

De 1974 à la fin de 1978, les prix nominaux du baril de pétrole restent au voisinage de 12 dollars, ce qui représente une baisse du prix réel compte tenu de l'inflation ambiante et de la dépréciation du dollar. Mais **entre janvier 1979 et janvier 1981, les prix repartent à la hausse pour atteindre 33 dollars début 1981**. Cette envolée n'est pas liée à des décisions de l'OPEP mais aux déséquilibres induits sur le marché par les événements du Moyen-Orient. La révolution iranienne qui conduit à l'exil du shah et au retour triomphal de l'ayatollah Khomeiny s'accompagne de l'effondrement de la production pétrolière qui tombe de 6 millions de barils par jour en septembre 1978 à 0,4 million en janvier 1979. L'instauration d'un pouvoir islamique à Téhéran relance aussi la tension avec le régime laïc irakien et entraîne en septembre 1980 le début d'une guerre entre les deux pays qui va durer 8 ans et faire plus d'un million de victimes. Ces événements, qui entraînent une forte réduction de l'offre à un moment où les politiques énergétiques occidentales n'ont pas encore atteint leur efficacité, introduisent une forte incertitude et font craindre un **risque de pénurie qui déclenche des achats de précaution en masse et une flambée des cours sur le marché de Rotterdam** où se négocient les achats au jour le jour. Cette poussée spéculative intervient alors que Paul Volcker, nommé à la tête de la Fed en novembre 1979, a déclenché par ses mesures de restriction de la masse monétaire une remontée brutale des taux d'intérêt américains. Cette hausse attire immédiatement un afflux de capitaux du monde entier et donc une remontée spectaculaire du taux de change du dollar.

Le second choc pétrolier se traduit donc par le cumul d'une forte hausse nominale des prix pétroliers et d'une revalorisation de la monnaie de référence et de paiement qui rend la facture énergétique écrasante. En France par exemple, la facture était de 15 milliards de francs par an jusqu'au premier choc pétrolier ; elle est de 60 milliards de francs entre 1974 et 1979 et monte à 190 milliards au début des années 1980.

Ce second choc suscite cependant à terme un contre-choc. En 1986, le baril retombe à 15 dollars. Prévisible, ce retournement est dû à la baisse de la demande qui résulte de la rechute des économies occidentales et de l'efficacité croissante des politiques d'économie. Il provient aussi de l'essor de nouvelles zones de production « NOPEP » comme le Mexique, la mer du Nord, la Chine, et de la mésentente à l'intérieur de l'OPEP. Face à des pays qui veulent vendre le maximum d'or noir comme l'Irak et l'Iran pour financer leur guerre ou le Nigeria et l'Algérie pour faire face à leur forte population, et qui refusent de respecter des quotas de production, l'Arabie Saoudite a accepté un temps de réduire son offre pour maintenir les prix mais elle cesse de le faire en 1985, ouvrant une période de guerre des prix entre les producteurs qui dure jusqu'au début du XXIe siècle.

C. LA FIN D'UNE ÉPOQUE

1. La fin de la régulation tayloriste-fordiste

Le cercle vertueux associant les procédés tayloristes, fondés sur la recherche permanente d'une meilleure productivité, et une pratique fordiste qui consiste à redonner aux travailleurs une partie de cette productivité sous forme de hausses de salaires, est au cœur de la croissance des Trente Glorieuses. Elle assure à la fois la paix sociale et la prospérité économique : les progrès de productivité permettent d'augmenter les profits des employeurs mais aussi le pouvoir d'achat des travailleurs, assurant une croissance fondée sur la production et la consommation de masse. **Ce système subit une triple crise à partir de la fin de la décennie 1960.** Les contraintes du taylorisme se heurtent à une **crise de légitimité**. Le « travail en miettes » et les cadences imposées par la chaîne sont dénoncés comme aliénants et dégradants. Le développement de l'absentéisme, de la mobilité volontaire (dans l'entreprise Chrysler, la moitié des OS ne restent pas plus de trois mois à leur poste), le rejet de la tyrannie des « petits chefs » et de la discipline des ateliers, qui s'exprime lors des manifestations de 1968, illustrent une allergie croissante du monde du travail à un système qui conduit à « perdre sa vie à la gagner ». Le fordisme se heurte lui à une **crise de compétitivité**. Les progrès du libre-échange et l'ouverture aux produits manufacturés venus du Sud fragilisent de nombreuses industries du Nord où les charges salariales et sociales sont sans commune mesure avec les conditions imposées aux travailleurs des pays pauvres. Le système se heurte enfin à une **crise d'efficacité**. Depuis 1968 et jusqu'à la fin des années

1970, la forte hausse des salaires n'est plus compensée par les progrès de la productivité. La rupture de cet équilibre se traduit par des pertes de marché, des réductions d'effectifs, des délocalisations et le retour en force du chômage au cours de la décennie.

La marée noire du chômage

Pays	1961-73	1974-80	1981-90	1991	1992	1993	1994	1995	1996	1997
États-Unis	4,9	6,9	7,1	6,7	7,4	6,8	6,5	5,6	5,4	5,0
Japon	1,2	1,9	2,5	2,1	2,2	2,5	3,0	3,1	3,3	3,2
Allemagne[1]	0,8	3,4	7,1	5,5	7,7	8,9	9,9	9,4	10,3	11,1
France	2,0	4,8	9,3	9,4	10,3	11,5	12,2	11,5	12,4	12,6
Royaume-Uni	2,1	3,8	9,1	8,1	9,7	10,4	9,7	8,1	7,4	6,1

1. Unifiée à partir de 1992.

2. La fin du règne de Keynes et de Beveridge

La réussite des Trente Glorieuses repose également sur l'application des doctrines de Keynes, qui prône l'intervention conjoncturelle des pouvoirs publics, et de Beveridge, l'apôtre de l'État-providence. Le premier a conduit les États à maîtriser les variations conjoncturelles en alternant politiques de freinage en cas de surchauffe et politiques de relance face aux récessions. Le second a inspiré un vaste système de protection sociale contre les risques de l'existence, sécurité sociale, allocations familiales, aide aux plus démunis… Ces deux piliers semblent avoir atteint leurs limites dans la décennie. **La régulation conjoncturelle bute sur les anticipations des acteurs** : la relance accélère l'inflation mais ne réduit pas le chômage ; la rigueur nourrit la dépression sans freiner la hausse des prix. **L'État-providence débouche sur des charges sociales de plus en plus insupportables tant pour les entreprises que pour le budget des États**, confrontés à des dépenses accrues par la montée du chômage alors que les recettes sont érodées par la diminution du nombre de cotisants. Cette double déception alimente dès les années 1970 la critique virulente des néolibéraux, qui accusent le keynésianisme de conduire à une omniprésence de l'État au détriment de l'initiative privée et des lois du marché et l'État-providence de favoriser des mentalités d'assistés et de sécréter des parasites sociaux aux dépens des entrepreneurs et des créateurs de richesses.

3. La fin de la DIT héritée du XIXe siècle

Depuis le milieu du XIXe siècle, la division internationale du travail juxtapose des pays développés, inventeurs des révolutions industrielles et monopolisant les activités manufacturières, et des pays privés d'industries, fournisseurs de produits bruts et acheteurs des produits du Nord, le Tiers-monde selon la définition d'Alfred Sauvy. En 1974 encore, le Tiers-monde cherche à profiter du choc pétrolier pour obtenir un NOEI, un « nouvel ordre économique international », dont la revendication centrale porte sur la stabilisation du cours des produits bruts. Pourtant cette revendication correspond mal aux mutations en cours marquées par l'industrialisation accélérée du Sud. L'arrivée d'investissements étrangers s'est amorcée dès les années 1960, entraînant l'industrialisation de quelques pays asiatiques, les « dragons » : Corée du Sud, Taïwan, Hong Kong, Singapour. Pendant les années 1970, le phénomène cesse d'être marginal pour devenir massif. Il se nourrit du transfert des industries de main-d'œuvre des pays développés mais aussi d'activités de base comme la sidérurgie ou la construction navale. **Pour les multinationales du monde entier, et pas seulement celles des États-Unis, l'investissement industriel dans les pays du Sud devient une priorité pour échapper aux contraintes des règlements antipollution, de l'État-providence ou du fordisme.** Cette recherche du coût le plus bas transforme d'ailleurs la nature des firmes multinationales, qui tendent à devenir globales avec des activités réparties sur toute la planète et même la nature du processus de production qui consiste à intégrer dans un produit fini des éléments d'origine géographique diverse. Face à ce mouvement qui leur échappe puisqu'il provient d'initiatives privées, **les États des pays développés prennent conscience dès les années 1970 de la nécessité de définir un « redéploiement industriel » vers les secteurs et les procédés à haute technologie où leurs avantages comparatifs restent inégalés.**

Le redéploiement industriel contemporain : l'exemple de l'acier

	1974		1983		Variation en % 1983/1974
	En 1000 t	En % du total	En 1000 t	En % du total	
Total CECA	**155 698**	**22,0**	**109 399**	**16,5**	**- 29,7**
Autres pays d'Europe occidentale					
Total Europe de l'Ouest	**186 598**	**26,4**	**143 547**	**21,7**	**- 23,1**
URSS	136 300	19,2	152 000	22,9	+ 11,5
Autres pays de l'Est	49300	6,9	59100	8,9	+ 19,9
Total Europe de l'Est	**185 600**	**26,1**	**211 100**	**31,8**	**+ 13,7**
États-Unis	132 018	18,6	75 624	11,4	- 42,7
Canada	13 593	1,9	12 828	1,9	- 5,6
Total Amérique du Nord	**145 611**	**20,5**	**88 542**	**13,3**	**- 39,3**
Japon	117 143	16,5	97 169	14,7	- 17,1
Afrique du Sud	5 839	0,8	7 004	1,1	+ 20,0
Australie et Nouvelle-Zélande	8 000	1,1	5 839	0,8	- 27,0
Ensemble Pays industriels	**648 791**	**91,4**	**553 111**	**83,4**	**- 14,7**
Amérique latine	17 800	2,5	28 900	4,4	+ 62,4
Asie[1]	41 200	5,8	75 522	11,4	+ 83,3
Afrique[2]	1 800	0,3	2 822	0,4	+ 56,8
Ensemble des pays en voie de développement	**60 800**	**8,6**	**109 626**	**16,6**	**+ 80,3**
Monde	**709 591**	**100,0**	**662 737**	**100,0**	**- 6,6**

1. Sans le Japon.
2. Sans l'Afrique du Sud.

25 LES MUTATIONS FIN DE SIÈCLE

Les deux dernières décennies du xxe siècle sont marquées par des changements considérables et pour la plupart inattendus.

Confrontés aux chocs pétroliers et à l'inefficacité des politiques traditionnelles de relance, les pays développés s'engagent dans une révolution néolibérale. Entamée résolument au Royaume-Uni par les conservateurs, revenus au pouvoir en 1979, et incarnée par la « dame de fer » Margaret Thatcher, cette révolution concerne aussi les États-Unis avec le double mandat du président Reagan. La vague libérale déteint également sur les autres pays capitalistes et sur la mondialisation : la libération des capitaux bouleverse les relations entre États et modifie le fonctionnement du capitalisme. Le changement le plus inattendu concerne l'idéologie communiste. En URSS, l'ultime tentative, conduite par Gorbatchev à partir de 1985, pour redonner vie à un système de plus en plus paralysé échoue. En 1989, à la surprise générale, le réveil des peuples d'Europe de l'Est conduit à des révolutions en chaîne qui balaient les régimes communistes. Symbole de ces révolutions, la chute du mur de Berlin débouche dès 1990 sur la réunification de l'Allemagne, suivie en 1991 de l'implosion de l'URSS. La fin de la guerre froide, exaltée par certains comme « la fin de l'histoire » et le triomphe planétaire de la « démocratie de marché », a notamment pour conséquence de modifier les perspectives européennes. L'Union européenne soutient la transition vers l'économie de marché et la démocratie des anciennes démocraties populaires avant d'engager au début du xxie siècle leur intégration dans une grande Europe. Exception notoire, la Chine découvre dans le « socialisme de marché » les moyens d'une expansion spectaculaire et d'une irruption irrésistible sur le marché mondial.

CHRONOLOGIE

1978 : Deng Xiaoping lance la Chine dans une ère de réformes

1979 : Margaret Thatcher devient Premier ministre britannique. Début de la révolution libérale

1980 : Ronald Reagan est élu président des États-Unis

1980-85 : La « révolution conservatrice » américaine se traduit par une vigoureuse reprise économique et une envolée du dollar

1985 : Gorbatchev, secrétaire général du parti communiste soviétique. Lancement de la *Perestroïka* en février 1986

1986-89 : Embellie économique dans les pays capitalistes

1989 : Les pays d'Europe centrale se libèrent du joug soviétique et communiste. Ouverture du mur de Berlin. Fin officielle de la guerre froide. Répression du « deuxième printemps de Pékin »

1990 : Réunification de l'Allemagne. Début de la « transition » dans les anciennes démocraties populaires

1991 : Les pays membres de l'URSS proclament leur indépendance

1994 : Fin de l'Uruguay Round. L'accord du GATT est remplacé par l'OMC, Organisation mondiale du commerce

1998 : Début des négociations en vue de l'adhésion des PECO à l'Union européenne

I. La résurgence du libéralisme

A. LE RETOUR EN FORCE DES THÉORIES LIBÉRALES

1. La critique de l'État-providence

Elle provient notamment des « théoriciens de l'offre » qui dénoncent toutes les rigidités bloquant l'esprit d'initiative et d'entreprise. L'une de leurs bibles est l'ouvrage publié en 1981 par **George Gilder, *Richesse et pauvreté***. Renouant avec les accents du pasteur Malthus, il s'en prend à toute la politique sociale. Elle est accusée de favoriser le parasitisme des bénéficiaires et, malgré la lourdeur des taxes et des charges qui accablent les créateurs de richesses, de nourrir les déficits de plus en plus lourds des budgets sociaux. En assurant les pauvres contre tous les risques, les aides sociales détruiraient en eux tout sens de l'initiative et du travail. Gilder veut donc supprimer progressivement ces aides en cessant de les indexer sur l'inflation. Persuadé que « **la Sécurité sociale érode le travail et maintient les pauvres dans la pauvreté** », il va jusqu'à écrire que « l'aide aux pauvres, aux divorcés, aux déviants, aux prodigues, ne peut que les inciter à se multiplier et constitue ainsi une menace d'éclatement pour la société ». Il condamne également toutes les subventions publiques aux entreprises en difficulté, les « canards boiteux » qui dégradent la compétitivité des économies capitalistes. Les pauvres ne doivent compter que sur eux-mêmes et travailler plus pour sortir de leur condition.

2. La critique de la fiscalité

■ Courbe de Laffer : « Trop d'impôt tue l'impôt »

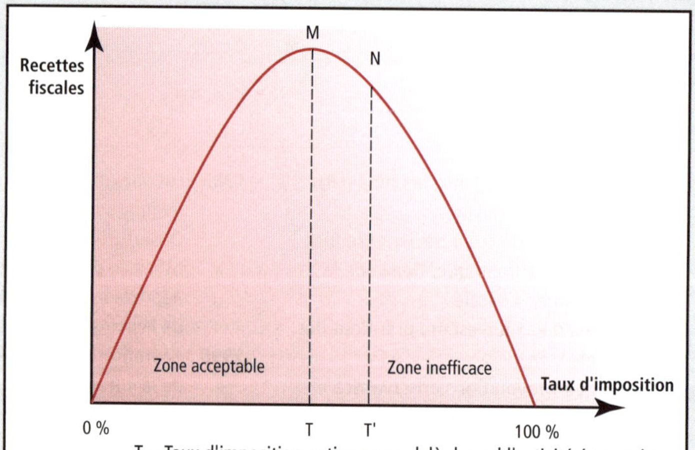

T = Taux d'imposition optimum au-delà duquel l'activité économique est découragée et les recettes fiscales effectives diminuent.

Elle est développée par les économistes californiens et notamment par Laffer, auteur en 1974 d'une célèbre courbe visant à démontrer que « trop d'impôt tue l'impôt ». Au fur et à mesure que la pression fiscale augmente, le rendement réel des impôts croît de moins en moins vite et au-delà d'un certain seuil, franchi depuis longtemps par les pays capitalistes, les recettes diminuent. Les taux excessifs de prélèvement sont accusés de freiner les initiatives, de réduire les investissements, de favoriser la fuite des capitaux, de pousser les plus hauts revenus à réduire leur activité, bref d'engendrer la stagnation. **Laffer**

fait donc de la défiscalisation un remède clé pour relancer la croissance : la baisse des taux apparaît comme un garant de l'augmentation des recettes à court ou moyen terme. Elle s'adresse évidemment non aux pauvres, qui ne paient pas d'impôt sur le revenu, mais aux classes moyennes et aux riches ainsi qu'aux entreprises à travers la réduction des taux d'imposition sur les bénéfices. Ce raisonnement a notamment débouché sur la fameuse « proposition 13 » du gouverneur de Californie Ronald Reagan qui a profité de cette réduction d'impôt pour se forger une popularité immédiate et entamer sa marche vers un destin fédéral.

3. La critique de l'inflation et de l'étatisme

Elle s'appuie surtout sur les travaux de l'école de Chicago dont le représentant le plus illustre est Milton Friedman, prix Nobel d'économie en 1976. **Monétariste, Friedman est un farouche adversaire de l'inflation qu'il attribue à la croissance excessive de la masse monétaire.** Dans son *Histoire monétaire des États-Unis*, il affirme que l'excès de monnaie créée par les Banques centrales sous la pression des gouvernements explique seul la récurrence des crises. Cet excès dérègle les prix, déchaîne toutes sortes de spéculations, suscite des « bulles » et empêche le marché de jouer son rôle d'équilibre. **Il faut donc revenir à la vérité des prix en contrôlant strictement la création monétaire.** Milton Friedman est aussi un **apôtre de la libre entreprise et de la seule loi du marché**. Dans son ouvrage majeur *Capitalisme et liberté*, publié en 1962, il reprend le message libéral de l'économiste autrichien Hayek et veut mettre fin à la vogue du keynésianisme. **Il affirme que la liberté économique conditionne la liberté politique** qui au contraire disparaît dans les systèmes planifiés communistes. **Flexibiliste, il milite pour que les taux de change des monnaies soient définis par la loi de l'offre et de la demande et par le marché.** Son influence a été considérable dans tous les pays capitalistes qui s'inspirent de sa doctrine dans leur politique de déréglementations, privatisations, lutte contre l'inflation et réduction du rôle de l'État. Conseiller des « dragons » asiatiques il inspire aussi la politique appliquée au Chili par Pinochet après le coup d'État de 1973.

B. DES EXPÉRIENCES NATIONALES SPECTACULAIRES

1. L'expérience thatchérienne en Angleterre

Premier ministre de 1979 à 1990, Margaret Thatcher mène avec vigueur et obstination une politique de rupture avec tout l'héritage des décennies précédentes. Elle procède à des **dénationalisations massives**, par vente totale ou partielle en Bourse d'entreprises publiques, dans tous les secteurs – énergie, transports, industrie, services –, et à une **déréglementation systématique** pour détruire les monopoles et réintroduire partout la concurrence et l'appel au privé. Elle réduit l'impôt direct sur les revenus et sur les bénéfices des entreprises, mais augmente les taux de la TVA qui pèse sur tous les consommateurs. **Le syndicalisme, qui regroupe en 1979 52 % des actifs, est l'une des cibles prioritaires de la « dame de fer »** qui y voit un facteur de paralysie et un pilier du conservatisme et veut obtenir une plus grande flexibilité des salaires et une plus grande mobilité des travailleurs. L'échec retentissant de la grève des charbonnages en 1984 traduit l'affaiblissement des syndicats qui souffrent aussi de la désindustrialisation et de la multiplication des emplois à temps partiel. La **lutte contre l'inflation** s'appuie sur le contrôle de la masse monétaire et une politique d'excédent budgétaire facilitée par les ventes des entreprises publiques et les substantielles recettes tirées du pétrole de la mer du Nord. Les taux d'intérêt, 18 % en 1979 et encore 9,5 % en 1988, les plus hauts d'Europe, attirent des capitaux flottants vers la City et suscitent **une très forte remontée initiale de la livre sterling**. Face à l'étranger, Margaret Thatcher affiche sa fidélité à l'atlantisme et une farouche hostilité au communisme, du moins jusqu'aux réformes menées par Gorbatchev. À l'égard de l'Europe, elle se crispe dans une **attitude souverainiste** : elle réclame et obtient une forte réduction de la contribution britannique au budget communautaire et refuse au nom de l'indépendance les contraintes du système monétaire européen. En 1982, elle s'engage dans la guerre des Malouines pour récupérer un lointain et minuscule résidu de l'empire britannique occupé par les Argentins. Le succès des armes britanniques nourrit la fierté nationale et lui vaut une forte popularité qui assure son maintien au pouvoir lors des élections de 1983 puis de 1987.

ZOOM ▶ Le thatchérisme : abaissement de l'État, exaltation de la nation

« Je veux nous voir travailler sur les choses que nous pouvons faire mieux ensemble que séparément. L'Europe sera plus forte si nous agissons ainsi que ce soit pour le commerce, la défense ou dans nos réalisations avec le reste du monde.

Mais pour travailler plus étroitement ensemble, il n'est pas nécessaire de centraliser le pouvoir à Bruxelles ni de confier à une bureaucratie spécialisée le soin de prendre les décisions. N'y a-t-il pas une ironie certaine quand, au moment même où des pays comme l'Union soviétique, qui ont essayé de tout diriger de façon centralisée, apprennent que la réussite dépend de la décentralisation du pouvoir et des décisions, certains, au sein de la Communauté, semblent vouloir prendre la direction opposée ?

Nous n'avons pas repoussé, avec succès, les limites du pouvoir de l'État en Grande-Bretagne pour nous les voir réimposer au niveau européen avec un super-État européen exerçant une nouvelle domination depuis Bruxelles. Certes, nous voulons voir une Europe plus unie, plus résolue sur ce qui lui est commun mais cela doit se faire d'une manière qui préserve les différentes traditions, les pouvoirs parlementaires et la fierté nationale de chaque pays, car c'est cela qui a été la source de la vitalité de l'Europe au cours des siècles.

Discours de Bruges de Margaret Thatcher, 28 septembre 1988.

2. La révolution conservatrice aux États-Unis

Les huit années de présidence de Ronald Reagan (1980-1988) symbolisent le réveil des États-Unis après les doutes des années 1970 et les déceptions de l'ère Carter. **Le reaganisme est nourri par trois courants. Le plus important est le lobby néolibéral,** qui inspire à cet ancien gouverneur, célèbre pour avoir réduit les impôts en Californie, un programme de défiscalisation, déréglementation et de démantèlement de la législation sociale, résumé dans le slogan « l'État n'est pas la solution mais le problème ». **Les monétaristes de l'école de Chicago** et Milton Friedman appuient une lutte contre l'inflation et le renforcement des disciplines monétaires, amorcées depuis 1979 par le nouveau directeur de la Fed, Paul Volcker. **Le lobby militaire** est sensible au slogan mobilisateur « *America is back* » et aux propos sur « l'empire du mal » soviétique qui annoncent une politique extérieure musclée et une pluie de dollars pour la Défense. Sa réélection triomphale en 1984 semble prouver l'adhésion de l'Amérique à une politique qui vise à liquider l'héritage rooseveltien et à renouer avec l'esprit des pionniers. Les résultats initiaux sont, il est vrai, inespérés : **le taux de change du dollar est dopé par le loyer élevé de l'argent** qui draine vers les États-Unis les capitaux du monde entier. Après une récession sévère jusqu'en 1982, **l'économie repart brutalement grâce aux dépenses militaires,** aux baisses d'impôts et aux investissements étrangers. La croissance crée des millions d'emplois, l'inflation recule, les industries automobiles et électroniques retrouvent leur dynamisme. À l'exception du Japon qui profite des achats américains, la réussite de « l'économie dominante » contraste avec les difficultés des autres pays capitalistes. La hausse du dollar pèse lourdement sur leurs factures énergétiques et l'aspiration des capitaux les oblige à relever leurs taux d'intérêt, ce qui freine la reprise. Quant à l'économie soviétique, elle est asphyxiée par la nouvelle course aux armements, ce qui contraint l'URSS à rechercher un dialogue pour tenter d'arrêter une surenchère qu'elle ne peut plus suivre.

Bilan de la révolution conservatrice américaine

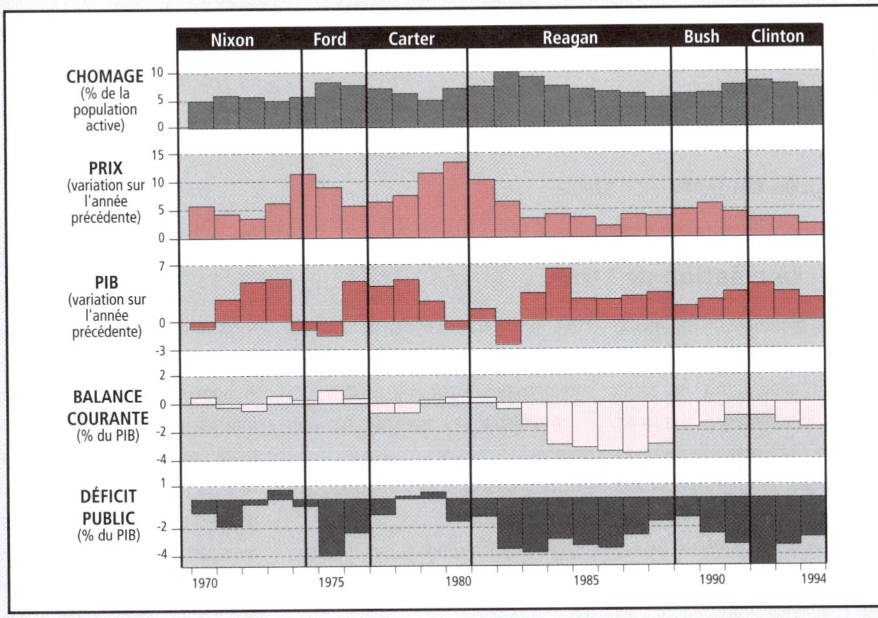

3. Des bilans mitigés

Les onze années du gouvernement Thatcher comportent à l'évidence un **coût élevé**. Margaret Thatcher a bénéficié à son arrivée du second choc pétrolier et de la remontée du dollar qui valorise les ressources pétrolières du pays mais, à la fin des années 1980, l'avantage disparaît avec la baisse des prix nominaux de l'or noir, le recul du dollar et la chute de la production pétrolière britannique. La désindustrialisation du pays est indiscutable : **un tiers des emplois industriels disparaît** malgré l'arrivée de capitaux extérieurs qui réalisent à la fin des années 1980 20 % du chiffre d'affaires de l'industrie. Le chômage qui touchait 5 % des actifs en 1979 dépasse 13 % à la fin de la décennie. Privés de crédits, la recherche et le développement stagnent, **les transports et le service public de santé se dégradent**. Le renforcement de la livre sterling freine les exportations et nourrit le déficit commercial. La défiscalisation et les privatisations profitent aux plus riches et **les inégalités sociales se creusent fortement**. Présentée comme une réplique du gaullisme, **la politique européenne encourage les égoïsmes nationaux**. L'intransigeance thatchérienne affaiblit les syndicats et aggrave les tensions en Irlande après les grèves de la faim entraînant la mort de militants de l'indépendance.

La politique reaganienne suscite elle aussi des **effets pervers**. Les dépenses militaires et les baisses d'impôt créent un **gouffre budgétaire** financé par des bons du Trésor largement souscrits par l'étranger. À la fin des années 1980, la dette nationale a progressé de 1000 milliards et les **États-Unis sont devenus les premiers débiteurs du monde**. La montée du dollar asphyxie les exportations et creuse le déficit commercial. Les inégalités s'aggravent : les revenus des plus favorisés progressent fortement mais la réduction même limitée des programmes sociaux aggrave la pauvreté, en particulier dans les populations noire et hispanique. Le chômage recule mais la flexibilité se traduit par la multiplication des emplois précaires et l'apparition de « travailleurs pauvres ». La déréglementation débouche sur une concurrence sauvage qui multiplie les faillites dont la plus retentissante est celle des caisses d'épargne en 1987. Lors de son second mandat, Reagan est d'ailleurs contraint à des révisions déchirantes. Il négocie avec les Banques centrales étrangères une baisse concertée du dollar, pour soulager les exportateurs américains. Le climat de détente avec l'URSS impose une révision des programmes militaires et le Congrès obtient une loi permettant de freiner le déficit du budget.

C. L'IMPACT LIBÉRAL SUR LA MONDIALISATION

1. Les progrès du libre-échange

ZOOM ▶ La création de l'OMC

L'Organisation mondiale du commerce a été créée en 1995 pour succéder au GATT (Accord général sur les tarifs douaniers et le commerce), qui avait été établi en 1947 après la Seconde Guerre mondiale. Son principal objectif est de définir des règles pour régir la politique commerciale de ses membres en vue de favoriser l'expansion du commerce international et d'élever les niveaux de vie. Ces règles cherchent à promouvoir la non-discrimination, la transparence et la prévisibilité dans la conduite des politiques commerciales. À cet effet, l'OMC :
- administre les accords commerciaux ;
- offre un cadre pour les négociations commerciales ;
- règle les différends commerciaux ;
- examine les politiques commerciales nationales ;
- aide les pays en développement en matière de politique commerciale au moyen de programmes d'assistance technique et de formation ;
- coopère avec d'autres organisations internationales.

L'OMC compte 135 membres, qui assurent 90 % du commerce mondial. La plupart des membres sont des États, mais certains sont des territoires douaniers. Plus de 30 pays sont en cours de négociation pour accéder à l'OMC. Les décisions sont prises par l'ensemble des membres, généralement par consensus.

Le huitième cycle de négociations commerciales multilatérales, lancé en 1986, a nécessité près de huit années de tractations. **L'Uruguay Round débouche enfin en avril 1994 sur l'accord de Marrakech signé par 124 pays et présenté comme un pas décisif dans la création d'un marché mondial. L'accord amorce la réintégration de l'agriculture, secteur jusque-là ultra-protégé, dans la concurrence** et les États-Unis obtiennent, malgré les réticences de l'Europe, une forte réduction des protections à l'entrée des produits agricoles et des subventions à l'exportation. Les droits de douane sur les produits industriels sont ramenés à 0 % sur huit secteurs et réduits pour les autres à moins de 4 %. Les pays du Sud ont obtenu que les accords multifibres qui limitaient la concurrence en matière de textiles soient démantelés en 10 ans. **La négociation sur la libération du commerce des services** a conduit à des tensions sur le commerce des images entre les États-Unis, premiers exportateurs mondiaux d'audiovisuel, et l'Union européenne, la France notamment défendant « l'exception culturelle ». L'accord de principe signé en 1994 prévoit donc des négociations spécifiques, sur les dossiers les plus délicats, services financiers, transports, télécommunications... Le changement le plus notable est la **création d'une organisation spécifique basée à Genève, l'OMC, Organisation mondiale du commerce**. Prenant la suite du GATT qui n'était qu'un accord entre parties contractantes, l'OMC est chargée de préparer les nouvelles négociations, de promouvoir « un système commercial multilatéral plus juste et plus ouvert » et dispose d'un ORD, Office de règlement des différends, pour trancher les nombreux litiges bilatéraux. Pendant les années 1980-2000, les échanges mondiaux restent très dynamiques et progressent plus vite que la production, accentuant l'interdépendance des économies.

■ Les tendances du commerce mondial fin de siècle

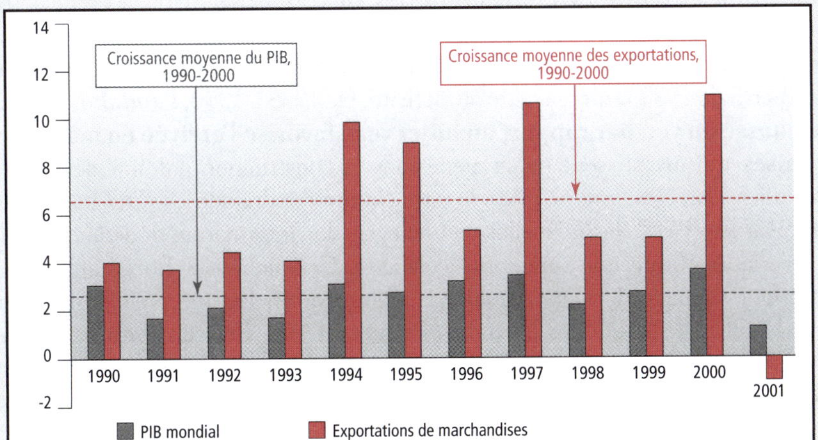

Source : QMC, Rapport annuel, 2002.

2. L'essor des investissements directs à l'étranger (IDE)

■ Les IDE dans le monde

Région/pays	Entrées d'IDE						
	1989-1994 Moyenne annuelle	**1995**	**1996**	**1997**	**1998**	**1999**	**2000**
Pays développés	**137,1**	**203,5**	**219,7**	**271,4**	**483,2**	**829,8**	**1 005,2**
Europe occidentale	79,8	117,2	114,9	137,5	273,4	485,3	633,2
Union européenne	76,6	113,5	109,6	127,6	261,1	467,2	617,3
Autres pays d'Europe occidentale	3,1	3,7	5,2	9,9	12,3	18,2	15,8
Japon	1,0	-	0,2	3,2	3,3	12,7	8,2
États-Unis	42,5	58,8	84,5	103,4	174,4	295,0	281,1
Pays en développement	**59,6**	**113,3**	**152,5**	**187,4**	**188,4**	**222,0**	**240,2**
Afrique	4,0	4,7	5,6	7,2	7,7	9,0	8,2
Amérique latine et Caraïbes	17,5	32,3	51,3	71,2	83,2	110,3	86,2
Asie et Pacifique	37,9	75,9	94,5	107,3	95,9	100,0	143,8
Asie	37,7	75,3	94,4	107,2	95,6	99,7	143,5
Asie occidentale	2,2	-	2,9	5,5	6,6	0,9	3,4
Asie centrale	0,4	1,7	2,1	3,2	3,0	2,6	2,7
Asie du Sud, de l'Est et du Sud-Est	35,1	73,6	89,4	98,5	86,0	96,2	137,3
Asie du Sud	0,8	2,9	3,7	4,9	3,5	3,1	3,0
Pacifique	0,2	0,6	0,2	0,1	0,3	0,3	0,3
Pays en développement d'Europe	0,2	0,5	1,1	1,7	1,6	2,7	2,0
Europe centrale et orientale	3,4	14,3	12,7	19,2	21,0	23,2	25,4
Monde	**200,1**	**331,3**	**384,9**	**477,9**	**692,5**	**1 075,0**	**1 270,8**

Les flux annuels d'IDE connaissent à la fin du siècle une progression spectaculaire : ils passent de **25 milliards de dollars au milieu des années 1970 à 50 milliards en 1985, 200 en 1990 et 1400 en l'an 2000 !** À cette même date, les stocks de dollars investis à l'étranger approchent les 7 000 milliards. Cette explosion s'accompagne d'une **modification et d'une diversification des flux**. Les États-Unis attirent désormais de nombreux investisseurs étrangers, séduits par les apports du reaganisme : déréglementation, défiscalisation, flexibilité salariale et recul des syndicats. La croissance de l'économie américaine à partir de 1982 renforce cette attractivité. De 1985 à 1990, **l'*endaka*, c'est-à-dire la forte hausse du yen par rapport au billet vert, favorise l'arrivée en masse des firmes japonaises** qui investissent notamment dans la construction automobile, l'électronique, l'immobilier. Dans les années 1990, le pays continue à drainer les IDE grâce à l'attraction exercée par les NTIC, les nouvelles technologies de l'information et de la communication, où l'Amérique affirme une supériorité éclatante. Cependant les firmes américaines poursuivent leur stratégie de mondialisation, notamment en Europe pour profiter du marché unique lancé en 1986 et dans les pays émergents d'Asie. **Pris ensemble, les pays de la Communauté européenne deviennent à partir des années 1980 les premiers fournisseurs mais aussi récepteurs d'IDE**, avec des volumes qui atteignent en 2000 plus de 600 milliards de dollars à l'entrée et 770 milliards à la sortie, loin devant les États-Unis. Les pays du Sud jouent un rôle croissant dans ces mouvements, notamment l'Asie-Pacifique, comme pays d'accueil avec plus de 20 % des flux mais aussi désormais comme exportateurs de capitaux. Le monde est donc confronté à des investissements croisés entre les trois pôles de la Triade, Europe occidentale, États-Unis et façade asiatique du Pacifique.

3. La déréglementation financière

L'impact du libéralisme le plus lourd de conséquences est lié à la suppression des contrôles nationaux de change, à la déréglementation boursière et bancaire, à la libre circulation des capitaux et à l'interconnexion entre les Bourses et les marchés financiers du monde entier. Cette déréglementation d'inspiration britannique et américaine supprime les cloisonnements entre les marchés des capitaux à court, moyen et long terme, ainsi qu'entre les banques de dépôt et les banques d'affaires. La création de ce marché unique et sans entraves devait, d'après ses partisans, conduire à une meilleure allocation des capitaux et, grâce à la concurrence, à un moindre coût de financement. En réalité, les opportunités de profit immédiat, induites par le flottement monétaire et par la guerre des taux d'intérêt face à une conjoncture économique incertaine, ont eu des effets bien différents. **La spéculation financière devient plus attractive que l'investissement réel, elle attire les énormes masses de capitaux détenus par les banques, les entreprises, les fonds communs de placement et les fonds de pension**, japonais ou américains en particulier. **Extrêmement volatils, constamment à la recherche d'un rendement maximum immédiat, ces capitaux suscitent une explosion des transactions financières mondiales** qui représentent en 2000 150 000 milliards de dollars, trente fois la valeur du commerce mondial. Ainsi se crée un « diktat des marchés financiers » qui s'impose à tous les acteurs, travailleurs, entreprises et États. **Le triomphe de la finance s'accompagne de l'apparition d'un nouveau capitalisme :** après le « capitalisme entrepreneurial » du XIXe siècle, fondé sur des entreprises individuelles ou familiales, après le « capitalisme managérial » des Trente Glorieuses dirigé par une « technostructure » capable selon l'économiste Galbraith d'imposer ses choix aux actionnaires et au marché, **les financiers et spéculateurs imposent un « capitalisme patrimonial »**. L'exigence de rentabilité maximale, qui vise à faire monter le cours des actions, modifie la gouvernance des entreprises : elle impose la chasse aux temps morts, la baisse des effectifs et l'intensification du travail pour le personnel restant. Elle suscite, comme le dit Daniel Cohen, l'apparition d'un « **nouveau stakhanovisme** » générateur d'insécurité, de stress et d'un malaise social de plus en plus visible, alors que les dirigeants cumulent des salaires exorbitants, des « stock-options » et des « parachutes dorés » et que les spéculateurs édifient des fortunes en un temps record.

II. L'effondrement du système soviétique

A. L'ASPHYXIE DE L'URSS

1. Des signes précoces de paralysie

ZOOM ▶ Qu'est-ce que la Perestroïka ? La définition de Gorbatchev

« La *Perestroïka* est une révolution. Une accélération décisive du développement socio-économique et culturel de la société soviétique, qui induit des transformations radicales pour atteindre un état qualitativement nouveau est sans aucun doute une tâche révolutionnaire. *Perestroïka*, cela signifie surmonter le processus de stagnation, rompre le mécanisme de freinage, créer des systèmes fiables et efficaces pour accélérer le progrès social et économique et lui donner un plus grand dynamisme. *Perestroïka*, cela signifie aussi l'initiative de masse. C'est le développement complet de la démocratie, l'autonomie socialiste, l'encouragement de l'initiative et des attitudes créatives, c'est aussi davantage d'ordre et de discipline, davantage de transparence, la critique et l'autocritique dans tous les domaines de notre société. C'est le respect le plus absolu pour l'individu et la prise en considération de la dignité de la personne.
Perestroïka, c'est l'intensification systématique de l'économie soviétique. »

Dès 1962, les analyses de l'économiste Liberman publiées dans la *Pravda* pointaient les maux structurels de l'économie soviétique : gaspillage de capital, retards de livraison paralysant les unités de production, mauvaise qualité des produits, pénurie permanente de biens de consommation délaissés au profit des secteurs de base ou de l'armement, retard technologique, productivité très basse, corruption généralisée, etc. Liberman dénonçait le zèle excessif de la bureaucratie et proposait de réduire et de modifier les indices à respecter pour donner un minimum d'autonomie aux « entreprises » et les pousser à améliorer leur productivité. Mais la réforme de 1965, qui s'inspire de ses travaux, a été sans effet réel, comme celles tentées dans les années 1970. **Le taux de croissance annuelle ne cesse de baisser et le retard sur l'Occident se creuse au grand dam d'une population de plus en plus frustrée.** Les chocs pétroliers ont été ressentis comme un remède miracle. Premier producteur mondial de pétrole en 1974, disposant de réserves considérables en hydrocarbures et notamment en gaz naturel, l'URSS pouvait désormais se procurer des quantités de devises et développer les achats à l'Ouest des céréales, produits alimentaires, machines et biens à haute technologie lui faisant défaut. Cette manne temporaire n'a fait en réalité que retarder les échéances, pousser Brejnev et ses successeurs à l'immobilisme et aggraver les défauts du système. Dès son arrivée au poste de secrétaire général du parti communiste soviétique, **en 1985, Gorbatchev ne peut que constater la paralysie du système.** En février 1986, il annonce une réforme aussi radicale que vitale pour sauver le pays et régénérer le communisme, la ***Perestroïka*** ou restructuration.

2. La tentative de révolution gorbatchévienne

Gorbatchev veut d'abord réduire le coût de la « surexpansion impériale » qui absorbe 20 % du PNB. Dès 1985, il renoue le dialogue avec les États-Unis. En 1987, il signe avec Reagan le traité de Washington qui prévoit en trois ans le démantèlement des missiles soviétiques et américains déployés en Europe. En 1988, il réduit toutes les aides militaires accordées à l'étranger et amorce le retrait des troupes soviétiques d'Afghanistan. En juillet 1991, il signe avec le président Bush (père), le traité Start 1 qui prévoit une réduction de 30 % des missiles nucléaires à longue portée des deux pays. Ces initiatives et de nombreux voyages en Occident lui valent une large popularité dans l'ensemble du « monde libre ». En URSS, **la *Perestroïka* veut ressusciter l'esprit d'initiative et l'innovation**. Gorbatchev autorise le travail individuel dès 1986, accorde une large autonomie aux entreprises étatiques et permet la création de coopératives en 1988, de même qu'il entreprend de rendre la terre aux paysans sous forme de location de longue durée. Pour lutter contre les blocages et les forces conservatrices, il fait appel à la *glasnost* ou transparence. La censure est supprimée, la liberté de parole rétablie, l'histoire officielle révisée. De nombreux dissidents, dont le plus célèbre est Sakharov, sont amnistiés et les victimes des procès staliniens sont réhabilitées. Pour renforcer le courant réformateur, il crée en 1989 un nouveau Parlement, le Congrès des députés du peuple, élu pour les deux tiers à bulletin secret sur candidatures multiples. **En 1990, le Congrès entérine l'abolition du « rôle dirigeant du Parti » et élit pour 5 ans Gorbatchev comme président de l'URSS.**

3. La fin de l'URSS

Populaire à l'étranger, Gorbatchev suscite des rancœurs dans son pays. La campagne initiale contre l'alcoolisme déclenche une forte incompréhension, la différenciation des salaires dans les entreprises et l'enrichissement des premiers coopérateurs heurtent la tradition égalitariste, la hausse des prix et l'aggravation des pénuries irritent les consommateurs. **La bureaucratie et la *Nomenklatura* dont les privilèges sont directement menacés multiplient les résistances.** La réduction des productions militaires crée un risque de chômage. **Gorbatchev se trouve aussi confronté au réveil des nationalités.** Dès 1986, des troubles éclatent au Kazakhstan où les Russes pourtant minoritaires monopolisent tous les postes de pouvoir. En 1987, apparaissent les premières manifestations indépendantistes dans les Pays baltes et, dans le Caucase, des affrontements en Arméniens et Azéris. Face aux grèves massives de 1989, dans les mines d'Ukraine et de Sibérie, et à l'apparition de forces centrifuges dans les Républiques, Gorbatchev hésite. Il interdit la grève dans les secteurs clés de l'économie, il rejette en 1990 le programme de transition accélérée vers l'économie de marché et refuse l'indépendance proclamée par les trois Pays baltes. En janvier 1991, il lance même les troupes russes sur Vilnius et Riga. **En août 1991, les conservateurs tentent un coup d'État qui aggrave le discrédit de Gorbatchev et profite à Eltsine, président de la Russie** qui a su mobiliser le peuple contre les putschistes. Maître de la situation, Eltsine interdit le parti communiste, reconnaît le droit à l'indépendance de toutes les Républiques et crée en novembre 1991 la CEI, Communauté des États indépendants regroupant onze des anciennes Républiques soviétiques. Le 25 décembre 1991, Gorbatchev est contraint de démissionner : président d'une URSS qui a implosé, il n'a plus aucune légitimité.

ZOOM ▶ Le dernier message de Gorbatchev lors de sa démission, 25 décembre 1991

« Une œuvre d'une importance historique a été accomplie.
– Le système totalitaire, qui a privé le pays de la possibilité qu'il aurait eue depuis longtemps de devenir heureux et prospère, a été liquidé.
– Une percée a été effectuée sur la voie des transformations démocratiques. Les élections libres, la liberté de la presse, les libertés religieuses, des organes de pouvoirs représentatifs et le multipartisme sont devenus une réalité. Les droits de l'homme sont reconnus comme le principe suprême.
– La marche vers une économie multiforme a commencé, l'égalité de toutes les formes de propriété s'établit. Dans le cadre de la réforme agraire, la paysannerie a commencé à renaître, le fermage est apparu, des millions d'hectares sont distribués aux habitants des villages et des villes. La liberté économique du producteur est entrée dans la loi, la liberté d'entreprendre, la privatisation et la constitution de la société par actions ont commencé à prendre force. [...]
Nous vivons dans ce nouveau monde.
– La guerre froide est finie, la menace d'une guerre mondiale est écartée, la course aux armements et la militarisation insensée qui a dénaturé notre économie, notre conscience sociale et notre morale sont stoppées.
Je veux encore une fois souligner que durant la période de transition j'ai fait tout de mon côté pour préserver un contrôle sûr des armes nucléaires.
– Nous nous sommes ouverts au monde, nous avons renoncé à l'ingérence dans les affaires d'autrui, à l'utilisation des forces armées en dehors du pays. En réponse, nous avons obtenu la confiance, la solidarité et le respect.
– Nous sommes devenus un des piliers principaux de la réorganisation de la civilisation contemporaine sur des principes pacifiques et démocratiques. »

B. LES RÉVOLUTIONS EN EUROPE CENTRALE

1. Vers un nouveau « Printemps des peuples »

Deux facteurs nouveaux modifient en profondeur le climat politique dans les démocraties populaires. En 1975, 35 chefs d'État et de gouvernement, réunis dans la Conférence pour la sécurité et la coopération en Europe (CSCE), signent **les accords d'Helsinki**. Les signataires reconnaissent les frontières nées de la Seconde Guerre mondiale, renoncent à utiliser la force pour régler leurs différends et approuvent le respect des libertés fondamentales. Souvent présentés à l'époque, à cause du premier point, comme une victoire soviétique, **ces accords et notamment la reconnaissance des droits de l'homme vont servir de base juridique et politique dans les démocraties populaires aux mouvements qui contestent la tutelle de l'URSS et les régimes communistes qu'elle a imposés,** le syndicat Solidarnosc et l'Église catholique en Pologne, la Charte 77 et le Forum civique fondés par Vaclav Havel en Tchécoslovaquie, le Forum démocratique en Hongrie, les organisations protestantes en RDA. Malgré la répression, ces mouvements ont une audience croissante dans des populations privées de liberté et victimes d'un système économique qui présente les mêmes carences qu'en URSS. Le deuxième facteur décisif est **l'attitude de Gorbatchev. Dès 1987, il abandonne la doctrine de souveraineté limitée énoncée par Brejnev en 1968**. Il souhaite ouvertement l'installation de gouvernements réformateurs proches de ses idées dans les démocraties populaires et veut donner des gages à l'Occident dont il attend un soutien politique. **En 1989, lorsque les événements se précipitent, les troupes de l'Armée rouge présentes en Europe de l'Est restent sur son ordre consignées dans leurs casernes.**

2. Une contagion révolutionnaire

La Pologne est le premier pays à se libérer du communisme. Depuis les années 1970, la contestation s'est développée autour de trois pôles, le syndicat ouvrier Solidarnosc créé et incarné par Lech Walesa, la majorité catholique, confortée par l'élection en 1978 d'un pape polonais sous le nom de Jean-Paul II, l'engagement des intellectuels. Malgré « l'état de siège » proclamé en 1982, le général Jaruzelski, chef du parti communiste et de l'État, est contraint progressivement de négocier avec une opposition dont l'audience populaire est de plus en plus large. En juin 1989, les élections concédées par un pouvoir aux abois marquent le triomphe de Solidarnosc et aboutissent un mois plus tard à la formation du premier gouvernement non communiste en Europe centrale depuis les lendemains de la guerre. **Le deuxième ébranlement se produit en Hongrie,** sous l'action conjuguée des communistes réformateurs et de l'opposition, groupée dans le Forum démocratique. **Dès mai 1989, les Hongrois ouvrent leur frontière avec l'Autriche** et en octobre la Hongrie cesse d'être une république « socialiste et populaire ». **La décision autrichienne précipite le changement en RDA** où Erich Honecker cherchait à maintenir un régime particulièrement stalinien, appuyé sur une police politique omniprésente, la Stasi. Aux manifestations de masse dans les grandes villes de RDA, s'ajoute l'exode massif de citoyens fuyant vers l'Ouest en passant par la Hongrie. En octobre, Honecker est contraint de démissionner **et le 10 novembre a lieu l'événement le plus symbolique des bouleversements en cours : l'ouverture du mur de Berlin,** au milieu d'une marée humaine fêtant les retrouvailles entre les deux parties de la ville. La contagion révolutionnaire s'accélère en fin d'année. **En Tchécoslovaquie, la « révolution de velours »** appuyée sur des manifestations de masse **fait tomber en 10 jours, du 17 au 27 novembre, le régime communiste**. Le 29 décembre, Vaclav Havel, héros de la dissidence, est élu à la présidence de la République. En décembre, le dictateur roumain Ceaucescu est contraint à la fuite. Repris presque immédiatement, le « génie des Carpates » est exécuté le 25 décembre après une parodie de procès.

3. La fin de l'affrontement Ouest-Est

Dès le mois de décembre 1989, Bush et Gorbatchev célèbrent lors de leur rencontre à Malte la fin de la guerre froide. Ce bouleversement géopolitique pèse d'abord sur le destin européen. Il rend possible la réunification de l'Allemagne conforme aux vœux du chancelier de la RFA Helmut Kohl. Dès le 1er juillet 1990, le deutschemark devient la monnaie unique allemande. L'ex-RDA entre dans la CEE et l'URSS accepte même son intégration dans l'OTAN contre 13 milliards de dollars pour rapatrier ses troupes. **Le 3 octobre 1990, la réunification allemande est officialisée,** après accord des quatre puissances occupantes de 1945 : États-Unis, URSS, Royaume-Uni et France. La fin du rideau de fer permet le rapprochement des deux parties de l'Europe. Dès 1990, les pays occidentaux créent la BERD, Banque européenne pour la reconstruction et le développement, destinée à aider les anciennes démocraties populaires et, en novembre, les 34 États membres de la CSCE (Conférence pour la sécurité et la coopération européenne créée par les accords d'Helsinki) adoptent la **Charte de Paris pour une nouvelle Europe qui célèbre « la fin de l'ère de la confrontation et de la division »** et approuve une réduction massive des armements conventionnels sur le continent. En 1991, la dissolution du Comecon, marché commun de l'Est créé en 1949, et du Pacte de Varsovie, imposé par les Soviétiques en 1955, renforce le climat de détente. La fin de l'ère bipolaire a de nombreux retentissements hors d'Europe. **Elle permet la fin des affrontements au Nicaragua** entre sandinistes soutenus par Moscou et *Contras* aidés par Washington. **Elle accélère la fin de l'apartheid en Afrique du Sud** : les États-Unis cessent de soutenir le régime de Pretoria et les firmes occidentales quittent le pays. Arrivé au pouvoir en septembre 1989, F. de Klerk libère en février 1990 Mandela, le leader de l'ANC, le mouvement de résistance des Noirs, et entreprend avec sa collaboration la construction d'une démocratie multiraciale ; les élections de 1994 marquent le triomphe de l'ANC, la création d'un gouvernement provisoire d'union nationale et l'arrivée de Mandela à la présidence de la République. **La pacification s'étend aussi au Cambodge** après le départ des troupes vietnamiennes en 1989, la fin du règne des Khmers rouges et le placement en 1991 du pays sous tutelle provisoire des Nations unies. **En 1991, le président Bush définit les principes d'un nouvel ordre mondial** fondé sur la démocratie, le libre-échange, le marché, le désarmement et Fukuyama croit pouvoir annoncer « la fin de l'histoire » et la victoire planétaire du capitalisme et de la démocratie.

C. LA TRANSITION POSTCOMMUNISTE

1. Des résurgences nationalistes

La disparition des pouvoirs communistes réveille des revendications identitaires et des poussées nationalistes plus ou moins sanglantes. Le retour de l'impérialisme est sensible en Russie qui invoque la présence de 25 millions de Russes dans les différentes Républiques de l'ex-URSS pour justifier sa volonté d'intervenir dans « l'étranger proche », notamment le Kazakhstan, la Géorgie ou les Pays baltes. En 1994, **l'armée russe ravage la Tchétchénie qui a osé proclamer son indépendance en 1991**. En Europe centrale, les divergences aboutissent en 1993 à un « divorce de velours » entre Tchèques et Slovaques et à la création de deux républiques. Beaucoup plus dramatique est le cas de la Yougoslavie. Tito avait réussi à maintenir un équilibre entre les différentes composantes de la Fédération yougoslave, malgré les haines nées de la Seconde Guerre mondiale, les différences de richesse et la coexistence de trois religions, catholique, orthodoxe et musulmane. Mais **Slobodan Milosevic, élu président de la Serbie en 1990, utilise délibérément le nationalisme pour trouver une légitimité postcommuniste.** Prétendant « rassembler tous les Serbes dans un seul et même État », il déclenche en juin 1991, au lendemain de la proclamation de l'indépendance de la Slovénie et de la Croatie (les provinces les plus riches), une guerre civile de reconquête accompagnée d'une politique de « purification ethnique ». La Communauté européenne, la première à tenter de réagir, puis l'ONU se révèlent impuissantes. La Forpronu, créée en 1992 pour s'interposer entre les combattants, ne peut empêcher l'armée serbe et les milices de mener un siège meurtrier à Sarajevo et de multiplier les exécutions sommaires et les viols de masse. Il faut attendre l'intervention en 1995 des États-Unis et des forces de l'OTAN pour imposer un processus de paix qui confirme le démantèlement de la Fédération et met fin à une guerre qui a fait 200 000 morts et 2 millions de réfugiés.

2. Les difficultés de la transition

Dans l'ensemble des PECO (Pays d'Europe centrale et orientale), **la transition ouvre un double chantier sans précédent historique : le passage d'une économie étatique et planifiée à une économie de marché, le remplacement d'un système totalitaire par des règles démocratiques**. La transition économique suppose notamment la privatisation des entreprises, la libération du commerce, c'est-à-dire la liberté des prix et des échanges de marchandises, de services et de capitaux, la réforme du système bancaire, la création d'un marché des capitaux, la définition d'un taux de change et la création des règles juridiques d'un État de droit. La transition politique commence avec la tenue en 1989-1990 des élections libres… prévues par l'accord de Yalta (1945), l'élaboration de constitutions démocratiques, la reconnaissance des libertés d'expression, de religion, d'association et le respect des droits de l'homme et de ceux des minorités. Ce double impératif se heurte à un contexte économique et social très perturbé. **Partout, la transition commence par une violente récession**, alimentée par l'arrêt du secteur militaro-industriel, l'obsolescence de nombreuses entreprises étatiques et l'effondrement du cadre d'échanges traditionnel entre pays communistes. L'ampleur des pénuries, jointe à la libération des prix, au déficit budgétaire et au flottement des monnaies, déclenche une **poussée inflationniste exceptionnelle** (600 % en Pologne en 1990, 2000 % en Russie en 1992, 10 000 % en Ukraine en 1993). L'explosion inflationniste et la poussée du chômage creusent les écarts entre les masses populaires un peu plus paupérisées et les premiers nouveaux riches bénéficiaires de la transition. Après ces difficultés initiales, **la reprise est plus ou moins précoce et convaincante selon les pays**. L'ex-RDA bénéficie de transferts financiers massifs venus de la partie occidentale. La Pologne qui a choisi une thérapie de choc dès 1990 commence à se redresser en 1992, suivie par la République tchèque et la Hongrie qui ont su attirer des capitaux étrangers. Les difficultés sont beaucoup plus durables pour les pays balkaniques, les pays baltes et les pays de la CEI.

Le choc de la transition et la reprise

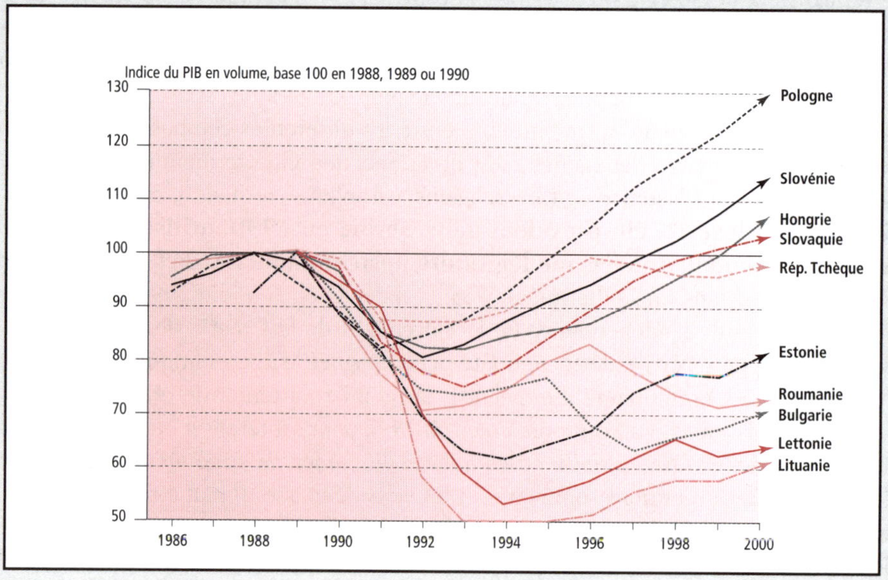

3. Le soutien de l'Union européenne

Dès 1989, la Communauté participe au programme PHARE (Pologne, Hongrie, aide à la reconstruction). Défini par l'OCDE, il est élargi dès 1990 à l'ensemble des PECO et recentré en 1993 sur la modernisation des infrastructures particulièrement délabrées, souvent dangereuses et sources de pollution. Elle consacre à ce programme des sommes croissantes : 5 milliards d'écus de 1989 à 1995, 6,7 milliards de 1995 à 2000 et 10,5 milliards d'euros pour la période 2000-2006. **Elle suscite la création en 1991 de la BERD, Banque européenne pour la reconstruction et le développement**, première institution financière internationale où l'Europe est majoritaire, destinée à accorder des prêts au secteur privé. **Entre 1991 et 1995, la Communauté signe des accords d'association avec tous les PECO.** Ces accords offrent un libre-échange pour les produits industriels venus des bénéficiaires qui ont 10 ans pour accorder la réciprocité. Pour les produits agricoles, les droits sont réduits mais encadrés par des contingents. Au bout de quelques années, les PECO réalisent près de 60 % de leurs échanges avec l'Union européenne. **En 1993, le sommet de Copenhague définit les 3 conditions d'adhésion à l'Union :** des institutions démocratiques stables respectant les droits de l'homme et des minorités ; une économie de marché viable capable de supporter le choc de l'adhésion ; une capacité à assumer les obligations de l'adhésion. En 1998, les négociations s'ouvrent avec 5 pays, élargies en 2000 à tous les PECO. Programmé pour le début du XXIe siècle, l'élargissement de l'Union européenne est qualifié par le président de la Commission de « **chance unique, historique de réconcilier notre continent avec lui-même** ».

D. L'EXCEPTION CHINOISE

1. l'invention du « socialisme de marché »

En 1978, deux ans après la mort de Mao, le XIe Congrès du parti communiste chinois reconnaît la prééminence de l'un de ses rivaux, persécuté pendant la « révolution culturelle » pour son pragmatisme, Deng Xiaoping. Il engage aussitôt des réformes destinées à rattraper l'énorme retard de la Chine sur ses voisins asiatiques. Définie en 1984, confirmée « pour cent ans » par Deng Xiaoping en 1992 et inscrite dans la Constitution en 1993, **la nouvelle ligne officielle est le « socialisme de marché ». Elle associe la dictature du parti et l'ouverture économique, fixe comme objectif la prospérité sans la démocratie et veut refaire de l'Empire du milieu une puissance hégémonique**. Les réformes intérieures sont radicales. **Les terres sont décollectivisées**, louées aux paysans par les autorités locales et les prix de vente des produits de l'agriculture progressivement libérés. La Chine passe en quelques années de 27 000 communes populaires géantes à plus de 200 millions de micro-exploitations. La modernisation de l'industrie est la deuxième priorité. **La planification centrale est démantelée, les entreprises étatiques non rentables fermées, le secteur non étatique fortement encouragé** ; la réforme salariale supprime l'emploi à vie, développe les primes de productivité et transfère au ministère du Travail les quelques protections sociales accordées jusque-là par l'entreprise. **À l'inverse de la « stratégie de la forteresse » et du slogan maoïste « Compter sur ses propres forces », Deng Xiaoping choisit une stratégie d'ouverture** pour attirer les capitaux et la technologie, trouver des débouchés sur le marché mondial et se procurer un peu partout les produits bruts nécessaires à la croissance économique du pays. **Dès 1980 apparaissent les premières ZES, Zones économiques spéciales, qui se sont ensuite multipliées notamment sur la côte orientale.** Elles offrent aux investisseurs de larges avantages fiscaux, une main-d'œuvre pléthorique, alimentée par l'afflux des paysans de l'intérieur, docile et à très bas prix, et le libre rapatriement des bénéfices, avec de plus à terme l'accès à l'énorme marché intérieur chinois. **Cette audace économique se double cependant d'un immobilisme politique.** Les manifestations de 1979 en faveur de la démocratisation, le premier « printemps de Pékin », sont réprimées et **Deng Xiaoping rappelle en 1982 « les quatre principes intangibles » : le cap socialiste, la dictature du prolétariat, le rôle dirigeant du parti et le marxisme-léninisme.** Le gel politique est confirmé par **l'écrasement en 1989 du « deuxième printemps de Pékin »** et la répression sanglante des étudiants rassemblés sur la place Tian'anmen. La Chine continue depuis cette date à traquer tous les dissidents, à réprimer violemment les velléités autonomistes au Tibet ou en Asie centrale et reste sourde à tous les appels internationaux en faveur des droits de l'homme.

2. Une croissance spectaculaire

■ L'ouverture de la Chine aux IDE

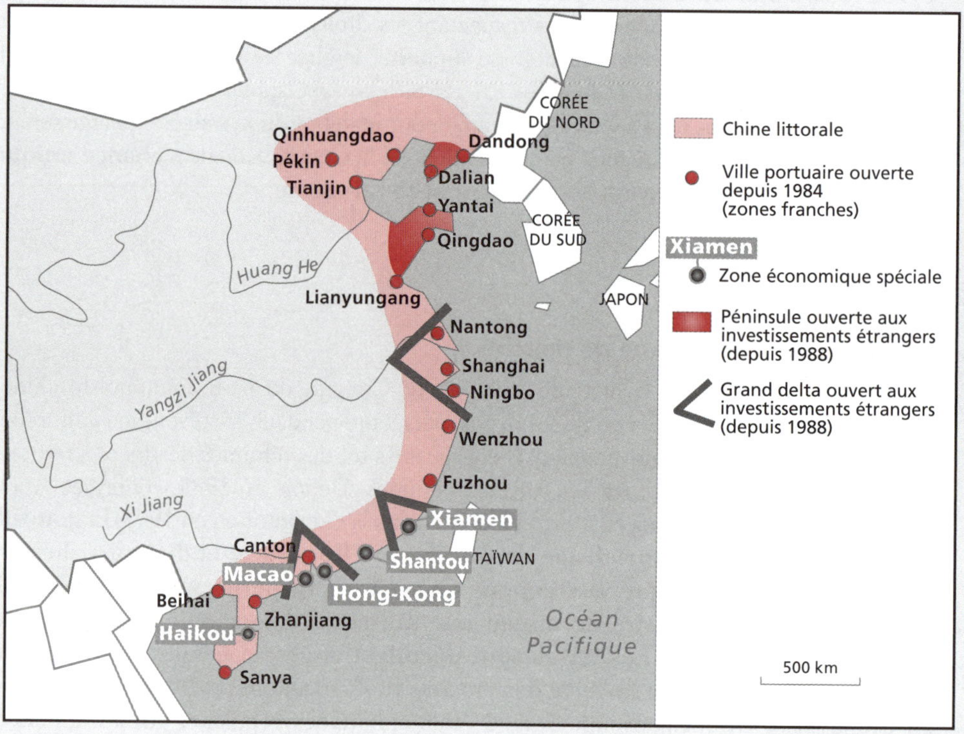

Depuis le début des années 1980, la Chine est entrée dans une phase de haute croissance avec des progressions annuelles du PNB entre 8 et 11 %. Cette croissance provient d'abord de l'afflux massif de capitaux étrangers, venus pour moitié des pays occidentaux et pour l'autre moitié des voisins asiatiques. Avec des flux annuels qui ne cessent de croître pour dépasser les 50 milliards de dollars au début du XXIe siècle, le stock d'IDE passe de 250 milliards de dollars en 1998 à plus de 500 en 2005 et plus de 700 en 2008. **Cette manne a transformé la Chine en usine du monde et l'association entre des bas salaires et une monnaie sous-évaluée, le yuan, dote le pays d'une force exportatrice sans équivalent.** Les produits *made in China* inondent les marchés des pays riches et dégagent un excédent commercial impressionnant, notamment avec les États-Unis et l'Union européenne. Avec une progression annuelle de ses ventes de 30 à 40 % la Chine – qui a été admise à l'OMC en 2001 – exporte aujourd'hui le tiers de sa production et est devenue le troisième exportateur mondial dès 2005. Le miracle économique chinois a entraîné un fort accroissement du pouvoir d'achat intérieur et un recul prononcé de la pauvreté, ainsi que la constitution d'une classe moyenne de plus de 300 millions de personnes. Cependant, **les inégalités sociales et régionales se sont aggravées** : à côté des fortunes souvent considérables des entrepreneurs et spéculateurs notamment dans les provinces maritimes, et de l'enrichissement rapide des dirigeants et cadres du parti, les provinces de l'intérieur affichent un grand retard : le revenu par tête atteint 6 000 dollars à Shanghai mais 600 seulement dans les provinces intérieures où la condition des paysans reste précaire, ce qui les pousse à affluer en masse dans la zone côtière où se concentrent les emplois. **Aux mutations de la société, s'ajoutent les transformations du paysage,** avec la multiplication d'infrastructures modernes notamment dans la partie orientale, une fièvre de construction qui transforme les grandes métropoles aux dépens des quartiers historiques impitoyablement rasés et qui fait proliférer les villes champignons dans les ZES, à l'exemple de Shenzhen, proche de Hong Kong, passée de 30 000 habitants au début des années 1980 à plus de 10 millions aujourd'hui.

3. Un nouveau péril jaune ?

■ Taux de croissance annuelle moyen du PIB de 1996 à 2005

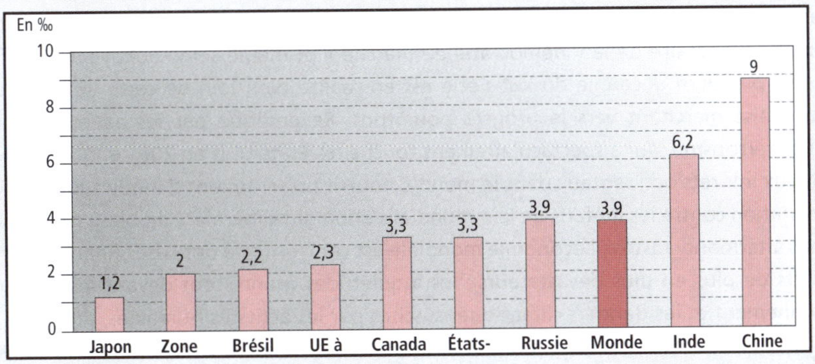

Les pays développés se sont d'abord inquiétés du déferlement des produits manufacturés de Chine, textiles, chaussures, jouets, électroménager, électronique et les innombrables produits d'une industrie de la contrefaçon omniprésente. Cette invasion supprime de nombreux emplois dans les industries de main-d'œuvre, pousse les entreprises à se délocaliser et suscite de profonds déséquilibres commerciaux (100 à 200 milliards de dollars annuels pour les États-Unis, 100 milliards pour l'Union européenne). Le déséquilibre est d'autant plus inquiétant que la production chinoise s'oriente rapidement vers des technologies évoluées et que les sommes consacrées à la recherche-développement sont les troisièmes du monde. Malgré l'inflation, **les écarts de salaires restent considérables et la Chine a réussi à rejeter toutes les pressions en faveur d'une revalorisation du yuan**. L'excédent commercial et l'afflux des capitaux ont permis à la Chine de se doter de réserves de change considérables en partie placées en bons du Trésor américain, ce qui lui donne une capacité de négociation exceptionnelle face à Washington. **À cette crainte d'une concurrence déloyale s'ajoute depuis le début du XXIe siècle un autre effet inattendu, l'augmentation du cours des matières premières.** La Chine importe de plus en plus de pétrole (300 millions de tonnes en 2005) et l'Agence internationale de l'énergie prévoit qu'elle sera le premier importateur mondial d'or noir dès 2010. S'ajoutent des achats croissants de produits alimentaires, notamment céréales et soja, car le pays représente 20 % de la population mondiale mais ne dispose que de 7 % de la surface agricole utile de la planète. Le pays importe enfin des volumes croissants de minerais et autres matières premières et développe d'ailleurs ses investissements en Afrique, Amérique latine, Canada, Moyen-Orient, pour sécuriser ses approvisionnements. L'effet de masse sur le marché mondial de ce géant démographique qui compte un milliard 300 millions d'habitants est donc double : **l'offre chinoise exerce un effet déflationniste sur les prix mondiaux des produits manufacturés mais la demande chinoise pousse inéluctablement à la hausse le cours de tous les produits bruts**. Contrairement aux prévisions occidentales, la croissance ne débouche pas sur un processus de démocratisation mais renforce la légitimité du parti communiste à l'intérieur et lui permet d'afficher ses ambitions extérieures : « l'Empire du milieu » veut occuper une position dominante dans le monde du XXIe siècle.

26 LE CLIMAT ÉCONOMIQUE MONDIAL À L'AUBE DU XXIe SIÈCLE

L'effondrement du système soviétique et la fin de la guerre froide avaient été accompagnés dans les années 1990 de commentaires enthousiastes sur la fin de la course aux armements, le triomphe planétaire de la « démocratie de marché » et même selon Fukuyama « la fin de l'histoire ». La première décennie du XXIe siècle est en réalité bien loin de cette vision idyllique d'un monde apaisé marchant vers le progrès pour tous. Revendiqué par les adeptes de l'islamisme radical, le terrorisme, qui a spectaculairement touché les États-Unis en 2001 et qui s'attaque ouvertement aux intérêts occidentaux dans le monde, nourrit un sentiment d'inquiétude et d'insécurité ; la contestation contre les méfaits de la « mondialis ation ultralibérale » mobilise des milliers d'organisations altermondialistes ; l'économie mondiale est confrontée à des crises financières récurrentes aux effets de plus en plus dévastateurs ; les inquiétudes grandissent devant les dégradations de l'environnement et les dangers climatiques suscités par les activités humaines, etc.

Face à ces nouveaux défis, la communauté internationale peine à trouver, faute de consensus, des réponses adaptées. Dans un monde devenu multipolaire, les revendications des pays émergents dont le poids est croissant – Chine, Brésil, mais aussi Inde, Afrique du Sud, Russie – divergent à l'évidence des positions des États-Unis ou des propositions des pays de l'Union européenne. Malgré d'innombrables réunions, l'OMC n'a pas réussi à officialiser le « programme de Doha pour le développement » destiné à approfondir les règles de libre-échange et à écarter les tentations protectionnistes. Dernier en date, le sommet de Copenhague sur le réchauffement climatique s'est terminé malgré l'urgence sans engagement réel des participants. Les recommandations du G20, nouvelle instance de régulation, face à la crise bancaire et à ses conséquences sur l'économie réelle, se heurtent à la résistance des milieux financiers. Les États ont certes réussi à éviter un effondrement du système bancaire international mais au prix d'un endettement public sans précédent qui introduit de nouvelles menaces. Privé d'une véritable gouvernance régulatrice, le monde actuel apparaît incertain, instable, profondément inégal et s'apparente même pour les plus pessimistes à un « *Titanic* en puissance »

CHRONOLOGIE

Mars 2000 : Début d'un krach boursier qui se prolonge jusqu'en 2003. Récession dans les pays développés et forte chute des IDE

Janvier 2001 : Premier Forum social altermondialiste

Septembre 2001 : Attentat contre les « tours jumelles » de Manhattan revendiqué par Al Qaïda

Novembre 2001 : Conférence ministérielle de l'OMC à Doha. Lancement du « programme de Doha pour le développement »

2003 : La reprise s'amorce dans les économies occidentales

2005 : La Conférence ministérielle de l'OMC à Hong Kong prolonge les négociations sur le cycle de Doha

Juillet 2007 :début de la crise des *subprimes* aux États-Unis

Septembre 2008 : La faillite de la banque d'affaires américaine Lehman Brothers fait craindre un effondrement du système financier mondial. Recul général des bourses de valeurs

Décembre 2008 : les États engagent de gigantesques plans de sauvetage des banques

Janvier 2009 : Annonce de plans publics de relance pour amortir les effets économiques et sociaux de la crise bancaire.

Décembre 2009 : La conférence ministérielle de l'OMC à Genève s'achève sans accord sur le programme de Doha. Échec du sommet de l'ONU à Copenhague sur le réchauffement climatique

Janvier 2010 : l'endettement excessif de certains États comme la Grèce, l'Espagne, le Portugal suscite la méfiance des milieux financiers et affaiblit la zone euro

I. Les tendances récentes de la mondialisation

A. L'IRRUPTION DES ANTI ET ALTERMONDIALISTES

1. Le choc médiatique de Seattle

Depuis l'accord de Marrakech en 1994, l'organe suprême de décision de l'OMC, la conférence ministérielle, réunit tous les deux ans les représentants des pays membres. La conférence de Seattle en novembre 1999 aurait dû adopter le programme d'un nouveau cycle de négociations destiné à poursuivre la libération des échanges de marchandises et de services. L'accord s'est révélé impossible par suite des divergences entre les États-Unis qui souhaitaient introduire une « clause sociale » contre les pays exploitant leur main-d'œuvre et les pays en développement qui y voyaient un protectionnisme déguisé. Mais **l'opinion publique a surtout retenu l'image d'une ville en état de siège investie par 50 000 manifestants venus de 80 pays différents pour dénoncer la « mondialisation ultralibérale** » accusée de ne profiter qu'aux multinationales et aux pays riches enfermés dans leur égoïsme. La mobilisation de Seattle ne relève pas cependant de la génération spontanée. **Les premiers rassemblements « antimondialistes » datent des années 1980**, par exemple à Londres en 1984 et Paris en 1989 lors de la célébration du bicentenaire de la Révolution française. L'organisation paysanne *Via Campesina* qui dénonce les conséquences du libre-échange agricole pour les pays pauvres apparaît en 1993. Dans la décennie 1990, les antimondialistes lancent des campagnes de boycott contre des multinationales en Amérique du Nord : Nike est accusée par exemple d'exploiter le travail des enfants du Tiers-monde, Exxon de polluer les océans et Monsanto de vouloir imposer des OGM. En 1997, les artistes et cinéastes français se mobilisent au nom de « l'exception culturelle » contre les projets de libération du commerce des images prévus par l'accord de Marrakech. **En 1998, la contestation se déchaîne contre le projet de l'AMI,** Accord multilatéral sur l'investissement, qui aurait donné tout pouvoir aux multinationales aux dépens des États. Après le succès de Seattle, les rassemblements se multiplient pour culminer en juillet 2001 à Gênes avec 200 000 manifestants. En janvier 2001, les contestataires organisent le premier Forum social à Porto Alegre au Brésil, au moment où siège le traditionnel forum de Davos réunissant les « maîtres du monde » et, à partir de 2002, ils créent des forums régionaux et nationaux, selon le mot d'ordre lancé par la guérilla zapatiste née au Mexique en 1994 « Penser global, agir local. »

2. Un rassemblement hétéroclite

Lors du deuxième Forum social, les antimondialistes se transforment officiellement en « altermondialistes » et se déclarent ouverts « au pluralisme et à la diversité des engagements ». L'altermondialisme regroupe effectivement des mouvements aux sensibilités très diverses dont les objectifs ne sont pas toujours compatibles. Il englobe de **nombreux mouvements sociaux défendant des intérêts spécifiques**, des organisations paysannes, des mouvements de défense des exclus, les sans-terre, les sans-papiers, sans emploi, sans logement, des mouvements féministes ou de défense des consommateurs. **Participent aussi des milliers d'ONG**, aux préoccupations humanitaires comme ATD Quart Monde, Oxfam, Frères des hommes, Jubilé, spécialisées dans la défense des droits de l'homme comme *Amnesty international* ou la Ligue des droits de l'homme, préoccupées d'environnement comme *Greenpeace*, d'aide médicale d'urgence comme Médecins sans frontières ou de commerce équitable comme Max Havelaar. On trouve aussi dans cette nébuleuse des mouvements qui se veulent des observatoires critiques de la mondialisation et privilégient les campagnes de sensibilisation comme ATTAC, « mouvement d'éducation populaire tourné vers l'action », ainsi que des organisations qui combattent les *sweat-shops*, ces ateliers nombreux en Asie au service des multinationales qui ne respectent aucune des règles de l'Organisation internationale du travail. Il faut aussi y ajouter le rôle souvent déterminant joué par **les groupes radicaux, anarchistes, anticapitalistes, néo-communistes, écologistes radicaux ou mouvements de guérilla** mais également **tous les souverainistes** qui prétendent défendre des intérêts nationaux et des identités culturelles menacées de disparition. Soucieux de gagner la bataille des idées, les altermondialistes s'appuient sur de nombreuses publications, revues, livres, journaux, tracts, rapports d'experts, pour peser sur l'opinion et utilisent Internet pour créer des réseaux transnationaux et préparer leurs rassemblements. Ils recourent aussi à l'action directe pour créer l'événement et attirer les médias, comme les occupations d'immeubles, les rassemblements de sans-papiers, les campagnes de boycott, les fauchages d'OGM, etc. À ces formes d'obstruction ou de « désobéissance civile » s'ajoutent lors des rassemblements contestataires des débordements de violence, pratiqués par des petits groupes cagoulés et vêtus de noir, les ***black blocks*** qui s'attaquent aux forces de l'ordre et aux symboles du capitalisme : banques, magasins, grandes surfaces, sièges d'entreprises.

3. Une longue liste de doléances

Malgré leur diversité et leur refus de toute organisation officielle, les altermondialistes prétendent proposer un programme alternatif conforme au slogan : « **un autre monde est possible** ». Les revendications agricoles y ont une large place. Défenseurs de l'autonomie alimentaire, de la biodiversité et des produits du terroir, **les altermondialistes condamnent l'agriculture productiviste** accusée de polluer l'environnement, de menacer la santé des consommateurs confrontés à la « malbouffe » et de ruiner les paysanneries du Sud, incapables de lutter contre les ventes subventionnées d'excédents venus du Nord. Ils dénoncent les pratiques des multinationales de l'agro-alimentaire, la diffusion des OGM, le protectionnisme agricole de pays riches, la spéculation sur les cours des produits de la terre. **Les revendications financières portent sur l'annulation de la dette des plus pauvres, le démantèlement des paradis fiscaux, la réforme des institutions financières** et d'abord du FMI accusé d'imposer aux pays en difficulté des politiques d'austérité aux effets sociaux désastreux. Les altermondialistes réclament aussi la taxation des transactions financières, des ventes d'armes, des activités polluantes (écotaxe), des investissements directs à l'étranger, bases d'un impôt de solidarité mondiale destiné à financer des actions prioritaires : la lutte contre les pandémies, l'accès au logement, à l'eau potable, à l'éducation… Héritiers de l'idéologie « tiers-mondiste », ils dénoncent le « commerce inégal », les règles libre-échangistes de l'OMC, la libération du commerce des services prévue par l'accord de Marrakech dont ils veulent exclure notamment l'éducation, la santé, la culture et opposent à la seule loi du marché les principes d'un « **commerce équitable** » protégeant les plus démunis. Ils accordent aussi une large place aux questions de l'environnement. Face au gaspillage de ressources naturelles limitées, énergie, eau, terres cultivables, et aux menaces sur la biodiversité, ils réclament **la promotion d'un « développement durable** » conforme aux objectifs de justice sociale et aux impératifs écologiques. Les plus radicaux se prononcent même pour la décroissance. À ce catalogue s'ajoutent enfin « la lutte contre toutes les formes de discrimination, de sexisme, de xénophobie et de racisme », et la mobilisation contre la pauvreté, la faim, l'analphabétisme, le travail des enfants pour créer « une société mondiale plus respectueuse de la dignité de chacun »

4. Des résultats modestes

Parfois présentée comme la naissance d'une « société civile globale », comme « l'incarnation de la résistance des peuples asservis » et même comme « le grand mouvement émancipateur du XXIe siècle », la mobilisation altermondialiste a réussi à capter à de nombreuses reprises la scène médiatique mais elle n'enregistre que des résultats modestes. **Les campagnes de sensibilisation ont certes accru l'audience du « commerce équitable** », amorcé par des ONG comme Max Havelaar ou Oxfam pour protéger les petits producteurs du Sud ; **elles ont mis à la mode le thème du « développement durable** » ; elles ont favorisé l'accès des pays pauvres aux médicaments génériques contre les pandémies, droit reconnu par l'OMC lors de la Conférence ministérielle de Hong Kong en 2005, malgré la résistance des grands laboratoires, farouches défenseurs des droits de la propriété intellectuelle. Mais les limites et les ambiguïtés restent fortes et les échecs sont aussi très nombreux. Les mouvements altermondialistes recrutent leurs adhérents dans les pays développés, surtout parmi les classes moyennes et les catégories privilégiées mais fort peu dans les classes populaires et les milieux ouvriers Dans les pays du Sud, ils trouvent surtout des échos auprès des organisations paysannes. Ils sont desservis par leur extrême diversité qui englobe « un peu de marxisme, de socialisme, d'anarchisme, d'environnementalisme, de tiers-mondisme, de droits-de-l'hommisme » et **la coexistence entre radicaux révolutionnaires et modérés réformistes empêche l'élaboration d'un programme cohérent et même d'une stratégie commune**. La sensibilité écologique fortement représentée peut certes estimer que la prise de conscience des dangers liés au réchauffement climatique progresse dans les populations mais elle continue à se heurter à la frilosité des politiques et aux divergences entre les États, comme le montre **l'échec du sommet de l'ONU à Copenhague en décembre 2009**, où les réticences des deux plus grands pays pollueurs, les États-Unis et plus encore la Chine, arguant de son droit au développement, ont empêché tout engagement précis et contraignant sur les émissions de gaz à effet de serre.

B. LE MULTILATÉRALISME FACE AUX INTÉRÊTS NATIONAUX

1. Un nouveau cycle de négociations trop ambitieux ?

Après l'échec de Seattle, **la conférence ministérielle de l'OMC réunie à Doha au Qatar en novembre 2001 adopte le programme du nouveau cycle de négociations comportant au total 12 thèmes touchant tous les aspects du commerce international**. Pour l'agriculture, il s'agissait de réduire substantiellement les subventions à l'exportation et les soutiens internes faussant la concurrence et de définir un TSD (traitement spécial et différencié) réservé aux pays en développement. Pour l'industrie, l'objectif était de réduire les droits et surtout de supprimer les pics tarifaires, tout en acceptant des protections pour les produits « sensibles ». Il était aussi prévu de poursuivre les négociations sur la libération du commerce des services conformément à l'accord général signé en 1994 sur la propriété intellectuelle, les règles anti-dumping et sur les quatre « questions de Singapour » adoptées en 1996 : accord multilatéral sur les IDE, transparence et ouverture des marchés publics, règles de concurrence et « facilitation des « échanges » visant à simplifier les procédures en douane. Mais **dès 2003, lors de la conférence ministérielle de Cancun, les profondes divergences Nord-Sud débouchent sur un blocage**. Il est venu d'abord des pays émergents : regroupés dans un G20 sous la direction du Brésil, de l'Inde, de la Chine et de l'Afrique du Sud, ils dénoncent l'égoïsme des États-Unis et de l'Union européenne peu pressés de s'engager sur un calendrier précis et concret de réductions des subventions à leurs agriculteurs. Les pays les plus pauvres, en particulier africains, ont formé un autre front du refus, le G90. Les désaccords portaient notamment sur la question du coton opposant 25 000 producteurs américains fortement subventionnés aux 11 millions de producteurs africains. La réduction des droits sur les produits industriels réclamée avec insistance par les pays riches est aussi rejetée par les pays pauvres pour qui la protection douanière est jugée indispensable pour permettre un décollage industriel et qui refusaient de se priver des importantes recettes fiscales prélevées sur les produits manufacturés importés. Enfin, l'ensemble des pays en développement, 121 membres sur 146, rejetait toute négociation sur les « questions de Singapour » et refusait de signer la déclaration finale jugée trop favorable aux pays les plus riches.

2. La longue et difficile recherche d'un compromis

Pour sauver le cycle de Doha, la direction de l'OMC a cherché à réduire le champ de négociation et à le rendre plus conforme aux demandes des pays du Sud. L'accord cadre obtenu en juillet 2004 abandonnait les « questions de Singapour » et réduisait sérieusement les ambitions en matière d'ouverture des marchés aux produits industriels : les PMA étaient d'emblée exemptés de toute concession tarifaire et les pays en développement obtenaient la possibilité de protéger fortement leurs produits sensibles. L'ouverture du marché des services était ramenée à de simples offres volontaires de libéralisation. Le cycle était donc recentré sur les questions agricoles avec notamment la fixation d'un calendrier pour éliminer les subventions à l'exportation et l'engagement à fixer des règles spécifiques pour le commerce du coton, produit essentiel pour certains pays africains comme le Mali, le Bénin, le Tchad et le Burkina Faso. **Les représentants des 149 pays membres réunis lors de la conférence ministérielle de décembre 2005 à Hong Kong ont réussi *in extremis* à signer un compromis d'étape** prévoyant notamment la fin des subventions aux exportations agricoles en 2013, la réduction des aides américaines aux producteurs de coton et l'ouverture quasi totale sans douane ni contingent des marchés des pays riches aux produits exportés par les PMA. Mais dès 2006, l'ampleur des divergences entre les différents groupes de pays membres ainsi que l'importance des intérêts en jeu et la complexité technique des dossiers n'ont cessé de faire traîner en longueur les négociations. Malgré les efforts déployés par la direction de l'OMC et les progrès obtenus, **le programme de développement de Doha restait en suspens lors de la conférence ministérielle de Genève fin 2009**. Le système de décision de l'OMC : l'accord de tous les pays membres sur la totalité du programme, est d'autant plus complexe à obtenir que le nombre de participants, 153 pays membres et 29 pays candidats en 2009, ne cesse d'augmenter. En plus des divergences nationales, le programme se heurte aussi à des critiques idéologiques. Les écologistes dénoncent l'oubli des préoccupations environnementales et nombre d'organisations altermondialistes continuent d'affirmer que l'accord serait une mauvaise nouvelle pour les pays pauvres et ne profiterait qu'aux plus puissants.

3. Des échanges mondiaux affectés de turbulences

Après la forte croissance du volume de marchandises échangées de 1990 à 2000, **la première décennie du XXIe siècle se caractérise par de fortes variations conjoncturelles**. Le commerce mondial a subi un coup d'arrêt en 2001 avec un recul de 1 % en volume et de 4 % en valeur, conséquence du krach boursier qui touche les valeurs des nouvelles technologies de l'information, mais aussi du choc du 11 septembre et du ralentissement des grandes économies mondiales. Les altermondialistes se sont empressés d'y voir le début d'une crise de la mondialisation, mais le commerce mondial repart progressivement avec des hausses en volume de 2,5 % en 2002, 4,5 % en 2003 et même 10 % en 2004. **Depuis 2004, l'envol du prix des produits bruts modifie les termes de l'échange**. Il trouve son origine dans la demande croissante des pays asiatiques et surtout de la Chine, devenue le premier importateur mondial des produits de base. Amplifiée par la spéculation, la hausse affecte tous les minerais, entraîne le triplement entre 2005 et 2008 des prix du blé, du maïs et du riz. et fait flamber le cours du baril de pétrole jusqu'à 130 dollars au printemps 2008. Cet envol enrichit les pays du Moyen-Orient, de l'Amérique latine, ainsi que la Russie, le Canada et certains pays africains mais il pèse lourdement sur les populations les plus pauvres, entraînant des émeutes de la faim. **Il marque un changement structurel : le début d'une ère durable de rareté et donc de cherté des matières premières,** alimentée par les besoins des pays émergents, la croissance de la population mondiale, voire le gaspillage des pays riches. La crise financière ouverte à l'été 2008 et ses répercussions économiques ont entraîné une contraction de la demande mondiale et donc une rechute du cours des produits bruts, à l'exception de l'or, traditionnelle valeur refuge, mais conjoncturelle et donc éphémère. **Le commerce mondial est également perturbé par l'instabilité des taux de change** alimentée par une masse considérable de capitaux spéculatifs : l'Europe souffre ainsi d'une perte de compétitivité liée à la hausse de l'euro par rapport au dollar et la Chine continue à profiter d'un yuan fortement sous-évalué malgré les pressions étrangères. Aux désordres monétaires s'ajoutent enfin les **profonds déséquilibres des balances commerciales** opposant notamment des pays dégageant de forts excédents – Chine, Allemagne et Japon – à des pays confrontés à de lourds déficits comme la France et surtout les États-Unis.

4. Des flux d'IDE en dents de scie

Après leur spectaculaire progression pendant les deux dernières décennies du XXe siècle, les IDE sont affectés de très fortes variations conjoncturelles. **Les flux annuels diminuent de 41 % en 2001, 21 % en 2002, 17 % en 2003, où ils ne représentent plus que 560 milliards de dollars contre 1400 en 2000.** Cette contraction, liée au krach boursier de 2001 et au choc du 11 septembre, porte essentiellement sur les investissements aux États-Unis et à moindre degré en Europe, alors que les flux vers les pays émergents reculent très peu et que l'Asie en particulier reste très attractive. De 2004 à 2007, avec le redressement des cours de bourse et l'embellie économique, les flux enflent de nouveau et dépassent en 2007 le niveau atteint en 2000. **La crise financière ouverte en 2008 et les difficultés économiques qui l'accompagnent entraînent une nouvelle contraction.** Les flux d'entrée dans les pays développés reculent de 29 % en 2008. Le découplage Nord-Sud est particulièrement prononcé : les flux vers l'Asie continuent à croître et la Chine enregistre un record en attirant 108 milliards de dollars. La ruée sur les ressources naturelles explique que les IDE continuent aussi à croître vers l'Amérique latine et vers l'Afrique. La composition des IDE évolue en effet : les industries manufacturières n'attirent plus que 30 % des investissements, contre 60 % pour les services (en particulier comptabilité, traitement de données, centres d'appel, mais aussi centres de recherche) et 10 % pour le secteur primaire dont la part est en forte croissance ; les campagnes de sensibilisation contre le pillage des ressources de la planète, le spectre de la pénurie et la forte hausse du cours des produits bruts expliquent cette réorientation qui devient même prioritaire pour certains investisseurs, comme la Chine qui veut sécuriser ses approvisionnements. **En 2009, les incertitudes financières et le climat de récession ont entraîné une nouvelle contraction des IDE de 40 %**, les ramenant à un total mondial de 1000 milliards de dollars et les organisations internationales ne prévoient qu'une faible reprise en 2010.

II. Des crises financières de plus en plus graves

A. LES PREMIÈRES ALERTES

1. Les crises des années 1980-90

La première crise, qui illustre les dangers du surendettement, touche le Mexique en 1982. Fort de son potentiel pétrolier, il a comme nombre de pays émergents multiplié les emprunts au cours des années 1970. Mais, en 1982, il est pris en tenaille par la hausse du dollar et des taux d'intérêts qui alourdissent le poids de la dette alors que la récession mondiale qui suit le second choc pétrolier réduit la demande d'or noir. Le Mexique est ainsi obligé de négocier un rééchelonnement de sa dette assorti par le FMI d'un « plan d'ajustement structurel », c'est-à-dire d'une politique d'austérité d'inspiration libérale, comportant blocage des salaires, libération des prix, ouverture aux marchandises et capitaux étrangers, privatisations, réduction des dépenses budgétaires. Après avoir été dans les années 1970 l'un des inspirateurs du « nouvel ordre économique mondial » réclamé par les pays en développement, le Mexique est ainsi contraint de s'aligner sur le néolibéralisme de son puissant voisin. **La seconde alerte, marquée par le krach boursier qui touche les États-Unis en 1987, illustre les effets pervers de la déréglementation financière imposée par l'administration reaganienne.** Celle-ci a notamment élargi les activités des caisses d'épargne, qui étaient strictement limitées et encadrées depuis le New Deal, en les autorisant à faire des placements à haut risque comme la promotion immobilière, la spéculation boursière, les prêts à la consommation… La chute des cours de l'immobilier notamment au Texas, reflet de la chute des prix du pétrole à partir de 1985, et le krach boursier de 1987 révèlent l'ampleur des risques pris par ces piliers de l'épargne populaire : 520 caisses d'épargne sur 2900 sont en situation de faillite à la fin de l'année, ce qui oblige le président Bush à mettre en place en 1988 un plan de sauvetage pour un coût de 158 milliards de dollars à la charge du contribuable.

2. La seconde crise mexicaine

Au début des années 1990, le Mexique est souvent cité en exemple comme « le meilleur élève du FMI » pour sa conversion au libéralisme. Amorcée en 1982 et accélérée à partir de 1987, elle s'était traduite notamment par la mise en flottement du peso, la privatisation de nombre d'entreprises publiques, l'abandon du protectionnisme, l'adhésion au GATT en 1986 et elle trouvait son couronnement avec la signature en 1992 de l'Alena, accord de libre-échange englobant Canada, États-Unis et Mexique et prévoyant la libre circulation dans l'espace nord-américain des marchandises, capitaux et services dans un délai de 10 ans. Coûteuse sur le plan social, cette conversion avait cependant permis de maîtriser l'inflation, de rétablir l'équilibre du budget et surtout de redonner confiance aux milieux financiers, entraînant l'afflux des capitaux étrangers : outre les investissements dans les *maquiladoras* de la frontière Nord, ces capitaux se plaçaient surtout en bons du Trésor à court terme indexés sur le dollar. En avril 1994, le Mexique est même admis dans l'OCDE. Mais en décembre éclate la révolte des Indiens du Chiapas protestant contre l'abandon officiel de la réforme agraire et dénonçant, au nom de la tradition zapatiste, l'inféodation du gouvernement aux intérêts américains symbolisée par la signature de l'Alena. Les succès de la guérilla dans les États du Sud et l'habileté médiatique de son porte-parole, le sous-commandant Marcos, déclenchent début 1995 une fuite des capitaux étrangers qui se traduit par l'effondrement de la Bourse de Mexico et une nouvelle chute du peso. Pour éviter une contagion à toute l'Amérique latine, le gouvernement américain et le FMI ont fourni une aide d'urgence de 50 milliards de dollars mais au prix d'un nouveau plan de rigueur qui plonge le pays dans une profonde récession. Après avoir été présenté comme un modèle d'insertion d'un pays émergent dans la mondialisation, **le Mexique apparaît en 1996 comme une victime de la « dictature des capitaux » dans une économie globalisée**.

3. La crise asiatique de 1997-99

Les capitaux spéculatifs qui quittent le Mexique en 1995 sont venus gonfler le flot financier attiré depuis le milieu des années 1980 par les pays émergents d'Asie. Ceux-ci sont en effet présentés par les analystes comme le nouveau centre actif du capitalisme, disposant d'avantages comparatifs sans équivalent : d'abord une main-d'œuvre surabondante, disciplinée et très bon marché, ensuite des taux de croissance impressionnants de l'ordre de 8 % l'an, un renouvellement très rapide des gammes de production, des excédents commerciaux substantiels et enfin une multitude de zones franches où les investisseurs étrangers ne subissent qu'un minimum de contraintes. L'afflux des investissements et plus encore des prêts interbancaires ne font que renforcer l'optimisme des spéculateurs en suscitant la prospérité des grandes places financières comme Singapour et Hong Kong et la flambée des valeurs boursières et de l'immobilier. **La crise qui s'amorce en juillet 1997 en Thaïlande et gagne rapidement toute la région à l'exception de la Chine et de Taiwan révèle brutalement le décalage entre les réalités asiatiques et l'imaginaire occidental.** Depuis 1993, la hausse du dollar auquel sont couplées la plupart des monnaies asiatiques, réduit la compétitivité et suscite des déficits commerciaux. La fuite brutale des capitaux met en lumière le surendettement général de la région, le surinvestissement dans de nombreux secteurs, l'imprudence et l'opacité des banques, la fragilité de nombreuses entreprises et notamment des grands conglomérats comme ceux de Corée du Sud couverts de dettes. Elle entraîne un effondrement des bulles boursières et immobilières, de nombreuses faillites, une forte récession accompagnée de chômage massif et de crises politiques. Le FMI est contraint de mobiliser 120 milliards de dollars pour sauver du sinistre des économies présentées jusque-là comme des modèles d'efficacité mais qui prospéraient d'abord sur l'exploitation de leur propre main-d'œuvre et sur le crédit international.

B. LE TOURNANT DU SIÈCLE

1. Les répercussions de la crise asiatique

Dans l'immédiat, la crise asiatique se révèle comme une divine surprise pour l'Europe occidentale et les États-Unis. Le reflux des capitaux se traduit en effet par une

« fuite vers la qualité » c'est-à-dire un repli vers les Bourses occidentales qui enregistrent en 1997 des plus-values inespérées, de 46 % à Francfort, 29 % à Paris, 25 % à Londres, 22 % à New York. De plus la chute de la demande asiatique déprime le cours de tous les produits bruts et en particulier du pétrole, éloignant le spectre de l'inflation et soulageant les balances commerciales et le budget des consommateurs occidentaux. Mais **cette crise suscite aussi de dangereuses métastases. Le premier ricochet touche la Russie** : le déficit commercial né de la chute des cours du baril de brut, moins de 10 dollars en 1998, auquel viennent s'ajouter les carences de la transition russe – la faiblesse de l'État, la puissance des oligarchies, le recul continu de la production depuis 1990 – déclenche une fuite massive des capitaux. Malgré l'annonce en juillet 1998 d'une aide internationale de 22 milliards de dollars, le rouble doit être profondément dévalué, ce qui suscite une bouffée de pessimisme et une forte rechute des Bourses occidentales à l'automne, que la FED ne réussit à bloquer qu'en injectant massivement des liquidités. **La crise russe nourrit aussi la méfiance à l'égard des pays trop endettés** ; en octobre 1998, c'est le Brésil qui subit une fuite des capitaux, réduisant de moitié ses réserves en devises et obligeant la communauté internationale à mobiliser 42 milliards de dollars en urgence. En 1999, la crise se propage à l'Argentine surendettée et qui souffrait depuis 1991 d'une monnaie couplée au dollar et surévaluée, asphyxiant les exportations et ruinant les producteurs internes au profit des fournisseurs étrangers. **Dans son rapport de 1999, la CNUCED constate que tous les pays en développement ont été plus ou moins affectés par la crise asiatique** en subissant à la fois une perte de recettes commerciales due à la chute du cours des produits bruts et une forte réduction des flux d'IDE.

2. le premier krach boursier du XXIe siècle

Le repli des capitaux spéculatifs « vers la qualité » amorcé dès 1997 nourrit un nouvel emballement boursier des places occidentales : au cours de l'année 1999, **le Dow Jones progresse de 20 %, le Nikkei de 30 %, le CAC 40 de 51 %**. Cette bulle financière se nourrit d'une conjoncture économique favorable dans les pays développés, des signes de reprise en Asie et en Russie et surtout des espoirs suscités par les promesses de la « nouvelle économie », fondée sur la révolution informatique. Après la machine à vapeur à la fin du XVIIIe siècle et l'électricité à la fin du XIXe, **l'informatique apparaît comme une nouvelle fée** capable d'assurer sur le long terme une croissance saine sans inflation, grâce aux progrès de productivité induits par les nouvelles technologies, et sans chômage grâce aux nouveaux marchés ouverts par cette révolution. Symbole de cet engouement, le Nasdaq qui cote les valeurs de la nouvelle économie ne cesse de monter et les *start up* qui se multiplient dans ce secteur trouvent sans difficulté des capitaux de risque pour financer leur croissance. Le retour à la réalité n'en est que plus brutal ; **amorcé au printemps 2000, le retournement qui dure jusqu'au printemps 2003** se traduit par une correction particulièrement sévère : le Nikkei japonais recule de 78 %, le Nasdaq de 73 %, l'indice boursier allemand de 64 %, le CAC 40 de 56 %. Cette débâcle financière qui intervient au moment où se développe la contestation des altermondialistes dénonçant notamment le « diktat des marchés financiers » est aggravée par le choc du 11 septembre 2001 et les craintes suscitées par cette spectaculaire irruption du terrorisme ; elle se traduit par une récession de la plupart des grandes économies mondiales, une forte chute des investissements à l'étranger, une poussée du chômage. **En janvier 2003, le forum de Davos choisit un programme révélateur, « restaurer la confiance »,** et l'administration Bush annonce un plan de relance de 670 milliards de dollars pour tenter de redonner des couleurs à l'économie américaine.

C. LE SÉISME FINANCIER DE 2008

1. Une crise bancaire dévastatrice

La crise suivante s'amorce à l'été 2007 dans les banques américaines qui ont multiplié depuis 2000 l'octroi de *subprimes*, crédits hypothécaires à taux variables permettant à des familles aux revenus modestes ou faibles d'acheter leur logement. Le relèvement des taux d'intérêt en 2007 pour freiner « l'exubérance exceptionnelle des marchés », illustrée par la remontée des valeurs boursières à leur niveau de janvier 2000, déclenche la catastrophe : **l'explosion des mensualités de remboursement rend insolvables des millions de foyers américains** entraînant après expulsion la mise en vente de leur logement et, par voie de conséquence, l'effondrement des prix de l'immobilier et l'arrêt des ouvertures de chantiers. Outre la fragilisation du système bancaire américain encombré de créances irrécouvrables, la crise concerne l'ensemble du système financier mondial : **ces prêts à haut risque ont été en effet noyés dans des produits financiers dérivés, revendus massivement à des fonds d'investissement ou à des banques un peu partout dans le monde**. Les pertes colossales annoncées dès 2008 – 24 milliards de dollars pour Merrill Lynch, 22 milliards pour Citigroup, 37 milliards pour la plus grande banque suisse, UBS – permettent de mesurer l'ampleur des dépréciations d'actifs que le FMI évalue fin 2008 à 1000 milliards de dollars pour le système financier mondial. La crise bancaire s'accompagne d'un nouveau krach boursier, d'une crise de confiance généralisée, d'un assèchement du crédit (*credit crunch*) et suscite en 2008 et 2009 une violente récession économique aux États-Unis, la plus forte depuis 1945, et en Europe où les pays les plus atteints sont l'Islande proche de la faillite, l'Angleterre, l'Espagne et la Grèce. **La crise met aussi en lumière une série de défaillances et de responsabilités** : celle du système fédéral de réserve américain (la Fed) qui a maintenu depuis 2000 des taux d'intérêt très bas et inondé le marché de liquidités ; celle de la déréglementation qui permet depuis les années 1980 aux banques de cumuler les fonctions de banques de dépôt et de banques d'affaires ; celle du système financier qui a « titrisé » ces crédits risqués en les noyant dans des produits dérivés opaques ; celle des agences de notation et des instances de régulation qui ont laissé faire sans alerter ; le tout illustrant la « finance folle » sans autre règle que celle du profit maximum, reflet de l'immoralité profonde d'un capitalisme gangrené par l'esprit de lucre.

2. Un sauvetage à la charge des États

La faillite le 15 septembre 2008 de la banque d'affaires Lehman Brothers, signant avec plus de 600 milliards de dollars la plus grande banqueroute de l'histoire américaine, a créé un véritable électrochoc en faisant surgir le spectre d'une répétition du scénario des années 1930 marqué par la défaillance en chaîne des grandes établissements financiers. Face au risque d'effondrement, **les États, les Banques centrales et la communauté internationale ont multiplié les mesures de sauvegarde**. Dès le 3 octobre, le Congrès américain approuve un plan de sauvetage des banques portant sur 700 milliards de dollars. Le 10 octobre, les pays membres du G7 annoncent leur volonté d'empêcher toute nouvelle faillite bancaire et, le 11, les pays membres de la zone euro s'accordent sur un plan de sauvetage de 1700 milliards d'euros. Les Banques centrales ont pour leur part réduit pratiquement à zéro leur taux d'escompte pour faciliter l'accès au crédit et permettre aux banques de reconstituer des profits. Les pouvoirs publics ont recouru aussi à de quasi-nationalisations, pour le géant américain de l'assurance AIG par exemple, ou en Angleterre pour la banque Northern Rock. **L'autre urgence a consisté à lutter contre la crise économique et sociale par de gigantesques plans de relance.** Dès novembre 2008, les pays du G20 s'accordent sur le recours au déficit budgétaire, les membres de l'UE renoncent temporairement aux règles adoptées à Maastricht et, en février 2009, le nouveau président américain Obama annonce un plan de relance de 800 milliards de dollars. Ces mesures n'ont cependant pas pu empêcher l'approfondissement de la récession économique en 2009 et par voie de conséquence l'explosion du chômage et de la précarité. Certes, des signes nets de reprise apparaissent à la fin de 2009, mais l'emploi continue à se dégrader et **l'endettement massif des États devient une préoccupation majeure** contraignant les pouvoirs publics à annoncer début 2010 des programmes de maîtrise des dépenses qui ne peuvent cependant qu'être limités pour ne pas susciter une rechute d'économies à peine convalescentes.

3. L'urgence d'une régulation financière internationale

Pour la plupart des observateurs comme pour les opinions publiques, **les gouvernements ne peuvent se limiter à des opérations de sauvetage et doivent élaborer au plus vite de nouvelles règles pour éviter de nouvelles crises de cette ampleur**. Dès avril 2009, le G20 – qui groupe les pays les plus riches et les pays émergents et apparaît désormais comme l'instance de régulation la plus conforme aux réalités d'un monde multipolaire – affirme la nécessité de contrôler les *hedge funds*, d'encadrer les bonus distribués aux *traders* des salles de marché et de lutter contre les paradis fiscaux placés sur une « liste grise » pour leur complaisance fiscale et leur opacité. Lors de sa réunion de septembre 2009 à Pittsburgh, **le G20 a engagé une réforme du FMI** qui renforce ses moyens d'action pour aider les pays menacés de faillite ainsi que les pays les plus pauvres mais lui confie aussi une mission de surveillance et de taxation des comportements déviants. Il a aussi créé un Conseil de stabilité financière destiné à éviter tout nouvel effet de surprise et à alerter en cas de nouveau risque de dérapage financier. Les États prennent également des mesures de régulation, comme la fiscalisation des bonus décidée par Londres et Paris, ou la volonté du gouvernement américain d'interdire aux banques de dépôt toute activité de salle de marché et de spéculation. Les pays membres de l'Union européenne se sont prononcés en décembre 2009 pour une taxation des transactions financières, sur le modèle de la taxe proposée dès 1972 par l'économiste Tobin pour freiner la spéculation sur les taux de change. **La régulation du système financier mondial, comme la lutte contre le réchauffement climatique, reste cependant un chantier à peine esquissé.** Début 2010, le retour des profits bancaires, l'annonce de nouveaux bonus considérables, la réapparition de nouvelles bulles boursières notamment en Asie montrent que la finance a déjà oublié la panique de 2008 et tend spontanément à renouer avec ses pratiques au nom des profits immédiats et sans tenir compte des risques à terme.

BIBLIOGRAPHIE

Ouvrages généraux

– Asselain Jean-Charles, *Histoire économique du XXe siècle*, Presses de Sciences Po, Dalloz 1995.
– Bairoch Paul, *Victoires et déboires*, tomes 2 et 3, Folio histoire, 1997.
– Berstein Serge et Milza Pierre, *Histoire du XXe siècle*, tomes 1 et 2, Hatier, 1986.
– Droz Bernard et Rowley Anthony, *Histoire générale du XXe siècle*, tomes 1,2 et 3, Le Seuil 1986-1988.
– Jouanneau Daniel, *Le GATT*, coll. « Que sais-je ? », PUF, 2003 (3e édition).
– Leon Pierre, *Histoire économique et sociale du monde*, tomes 4, 5 et 6, Colin, 1977.
– Maddison Angus, *L'économie mondiale 1820-1992, analyse et statistiques*, OCDE, 1995.
– Niveau Maurice, *Histoire des faits économiques contemporains*, PUF, 1966.
– Teulon Frédéric, *Dictionnaire d'histoire, économie, finance, géographie*, PUF, 1995.
– Zweig Stefan, *Le Monde d'hier, souvenirs d'un Européen*, Belfond, 1982.

Ouvrages par pays

• France

– Asselain Jean-Charles, *Histoire économique de la France*, tomes 1 et 2, Le Seuil, 1984.
– Berstein Serge et Milza Pierre, *Histoire de la France au XXe siècle*, Complexe, 1995.
– Caron François, *Histoire économique de la France*, Colin, 1981.
– Dupeux Georges, *La Société française 1789-1970*, Colin, 1973.
– Eck Jean-François, *Histoire de l'économie française depuis 1945*, Colin, 2004.
– Védrine Hubert, *Rapport sur la France et la mondialisation*, Fayard 2007.

• États-Unis

– Artaud Denise, *Le New Deal*, Colin, 1969.
– Artaud Denise, Kaspi André, *Histoire des États-Unis*, Colin, 1977.
– Nouailhat Yves-Henri, *Les États-Unis et le monde au XXe siècle*, Colin, 1997.
– Zinn Howard, *Le XXe siècle américain : une histoire populaire de 1890 à nos jours*, Éd. Agone, 2003.
– Kaspi André, *Les États-Unis d'aujourd'hui*, Tempus, Perrin, 2004.
– Todd Emmanuel, *Après l'empire*, Gallimard, 2002.

• Autres pays

– Castellan Georges, Guillen Pierre, *Histoire de l'Allemagne*, tomes 2, 3 et 4, Hatier, 1976.
– Bédarida François, *Histoire de l'Angleterre*, tomes 2 et 3, Hatier, 1974.
– Reischauer Edwin, *Histoire du Japon et des Japonais*, tomes 1 et 2, Le Seuil, 1973.
– Pelletier Philippe, *Le Japon*, Colin 1997.
– Laran Michel, *Russie-URSS 1870-1970*, Masson, 1973.
– Lorot Pascal, *Histoire de la perestroïka*, coll. « Que sais-je ? », PUF 1993.
– Fishman Ted, *La Chine, première entreprise mondiale*, Vuibert 2005.
– Domenach Jean-Luc, *Comprendre la Chine aujourd'hui*, Perrin, 2007.
– Pelletier Philippe, *Géopolitique de l'Asie*, Nathan, 2006.
– Elissalde B, *Géopolitique de l'Europe*, Nathan, 2006.

- **Enjeux internationaux**

  - Girault René, *Diplomatie européenne et impérialismes 1871-1914*, Masson, 1979.
  - Paillard Yvan G, *Expansion occidentale et dépendance mondiale*, Colin, 1994.
  - Fontaine André, *La Guerre froide 1917-1991*, Points Seuil, 2006.
  - Reich Robert, *L'Économie mondialisée*, Dunod, 1993.
  - Cohen Élie, *L'Ordre économique mondial*, Fayard, 2001.
  - Bénichi Régis, *Histoire de la mondialisation*, Vuibert, 2006.
  - Cohen Daniel, *La Mondialisation et ses ennemis*, Hachette, 2004.
  - Brunel Sylvie, *Le Développement durable*, PUF, 2007.
  - Chaliand Gérard, *Les Stratégies du terrorisme*, Desclée de Brouwer, 2003.
  - Collectif, *Les Crises du capitalisme*, Tempus, Perrin, 2009.
  - Collectif, *Mondialisation et crises financières*, La Documentation française, 2008.

INDEX

E

F

G

H

I

J

K

L

M

N

O

P

Q

R

S

T

U

V

W

X

Y

Z

Z